沈兼士年譜

酈千明 編著

四川辭書出版社

圖書在版編目(CIP)數據

沈兼士年譜/酈千明編著.—成都:四川辭書出版社,2022.1

ISBN 978-7-5579-0854-6

Ⅰ.①沈… Ⅱ.①酈… Ⅲ.①沈尹默(1883—1971)—年譜 Ⅳ.①K825.72

中國版本圖書館 CIP 數據核字(2021)第 107598 號

沈兼士年譜

SHENJIANSHI NIANPU

酈千明 編著

責任編輯 / 胡彥雙
封面設計 / 范春燕
責任印製 / 肖 鵬
出版發行 / 四川辭書出版社
地　　址 / 成都市槐樹街 2 號
郵政編碼 / 610031
開　　本 / 787 mm×1092 mm 1/16
印　　張 / 36.5
印　　刷 / 成都國圖廣告印務有限公司
版　　次 / 2022 年 1 月第 1 版
印　　次 / 2022 年 1 月第 1 次印刷
書　　號 / ISBN 978-7-5579-0854-6
定　　價 / 198.00 元

· 發行部電話:(028)87734281 87734332

沈兼士

沈兼士家系圖

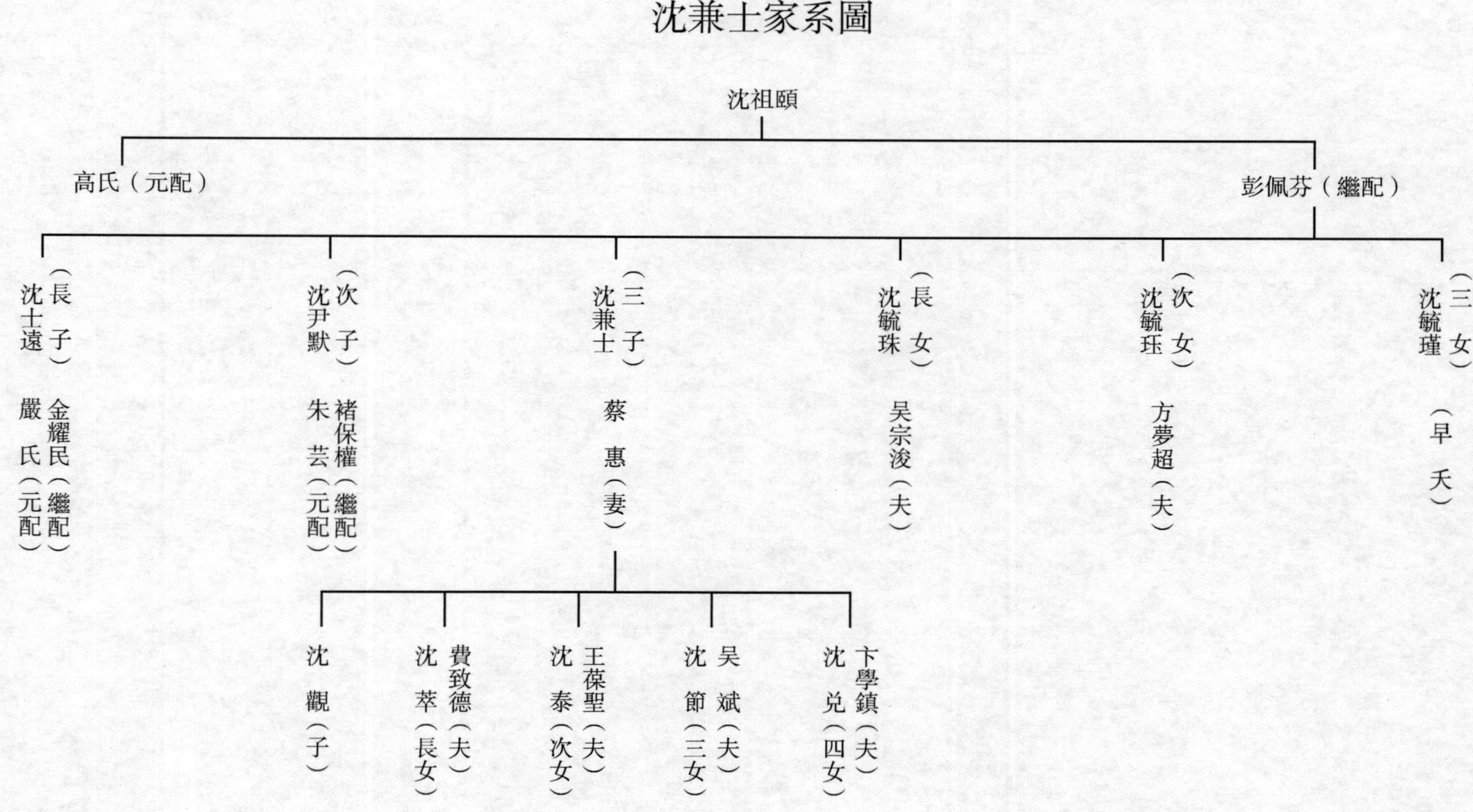

沈祖頤
高氏（元配）
彭佩芬（繼配）
（長子）沈士遠
金耀民（繼配）
嚴氏（元配）
（次子）沈尹默
褚保權（繼配）
朱芸（元配）
（三子）沈兼士
蔡惠（妻）
（長女）沈毓珠
吴宗浚（夫）
（次女）沈毓玨
方夢超（夫）
（三女）沈毓瑾
（早夭）
沈觀（子）
費致德（夫）
沈萃（長女）
王葆聖（夫）
沈泰（次女）
吴斌（夫）
沈節（三女）
卞學鎮（夫）
沈兑（四女）

前 言

今天知道沈兼士的人已不太多，但在民國知識界他是個響噹噹的人物。他原籍浙江吴興（今屬湖州市），出生在陝西漢陰。父祖輩都是精通翰墨的地方官吏，因家學淵源，他從小就打下了良好的國學基礎。1905 年秋赴日本自費留學，考入東京物理學校深造。課餘時師從章太炎學習語言文字學，孜孜以求，成爲章門“弟子成就者”。回國後，先後擔任北京大學教授兼研究所國學門主任、厦門大學教授兼國學研究院主任、故宫博物院文獻館館長、北平輔仁大學教授兼文學院院長、中央研究院歷史語言研究所兼任研究員，是著名的語言文字學家、文獻檔案學家。在北大，他與兄長沈士遠、沈尹默同爲文科教授，名重京師，人稱“北大三沈”。鑒於他在學術上的非凡成就，1947 年中央研究院評選首届院士，他被提名爲院士人選。時任北京大學校長的胡適對他十分推崇，在人文組提名中將其列在“中國文學”首位。可惜天不假年，因積勞成疾，他於同年 8 月在北平逝世。北平學術界在輔仁大學爲其舉行追悼大會，參加者千餘人。會上，主持人胡適懷着沉痛的心情宣布，應該爲逝者留下一部好傳記，幼年部分材料由沈士遠等提供，其餘在北京大學、研究所、輔仁大學、參加地下工作以及學術研究等五個方面的材料由各時期友人搜集整理。因時局動蕩，這一提議被擱置。

中華人民共和國成立後，沈兼士漸漸淡出人們的視野，直到改革開放後，才受到國内外學者的關注和討論，對其研究取得了一定的成果。尤其是二十世紀八十年代，《沈兼士學術論文集》《沈兼士先生誕生一百周年紀念論文集》等專著相繼出版，爲推動沈氏研究深入開展奠定了良好的基礎。但是與同時代其他文化名人如朱希祖、錢玄同、陳垣等相比，對沈兼士的研究還相對滯後。目前國内外對其家世生平和主要成就進行全面闡述和評價的成果尚是空白，連一部完整的年譜或傳記作品都没有。顯然，對這樣一位大學問家、偉大的愛國者，學界對他的關注和研究是遠遠不够的。十多年前，作者不揣淺陋，決定爲沈氏編撰一部年譜，以彌補基礎研究資料缺失的狀況，以利於讀者深入了解中國現代社會的狀况和學術思想發展的狀况，推動近現代教育史、文化學術史乃至近現代歷史的研究。

作者通過實地走訪、采風問俗、搜集散佚文獻，博采舊聞，彼此參照，辨僞清源，然後以譜主爲核心，以年月爲經緯，編成《沈兼士年譜》。此書并非僅僅對譜主生平行事做平面化的叙述和簡單羅列，而是通過對其生活歷史的詳細記録以彰顯其爲人、爲學的特點，進而彰顯其所在時代的整體生活場景與精神風貌。

縱觀沈兼士的一生，作爲著名學者，他在學術研究領域多有創見，培養人才卓有成效。

沈兼士早年的研究成果主要體現在《文字形義學》一書中。此書不僅對研究文字形義學的目的、方法等有獨到的見解，而且提出了“文字畫”的新學説。古人治“小學”，都是在“六書”的範圍内研究漢字，不敢越雷池一步。戴震提出“四體二用”説，認爲漢字衹有象形、指事、會意、形聲四種造字法，轉注和假借衹是用字法而不是造字法。清代小學家多數同意戴震的觀點。沈兼士受國外語言學理論和古文字研究的啓發，第一個提出從文字發展的角度來研究漢字的見解，從而打破了“六書”的舊框架和衹從形體上着眼的認識，進而厘清了漢字發展的整體狀况。他認爲漢字的源流變遷大致可分爲四個階段：文字畫、象形文字、表義字、表音字。“文字畫”學説被許多考古發現證實，對學界産生深遠的影響。後來他又在《初期意符文字之特性》一文中提出“意符字”的概念，認爲文字畫與漢字之間有一個過渡期，即初期意符字階段。這是對“文字畫”學説的一個重要補充，對後人深入探索漢字發展的軌迹具有重要啓迪意義。

他在語言文字學研究領域的另一大成就是提出了漢語字族學研究的方法并做出了範例，爲這一新學科的建立奠定了基礎。他的《右文説在訓詁學上之沿革及其推闡》《“鬼”字原始意義之試探》《聲訓論》等十多篇學術論文，系統總結了過去的聲訓理論、右文學説、音轉學説以及王念孫的因聲求義理論，揚棄舊説的失誤，吸收國外語言文字學理論的某些内容，爲研究漢語詞彙學、字族學指明了方嚮。

除研究語言文字學外，沈兼士在整理文獻檔案方面也頗有成績。1922 年他主持北京大學研究所國學門時，就請求教育部把整理清代内閣大庫檔案的任務交給北大。於是，北大開了高等學府整理清代檔案的先例。他親自指導學生和同人進行艱苦的整理工作，除區别種類及分别朝代外，還致力於編纂《明季兵科題行稿摘要彙編》《清九朝東省報銷册目録》《清代官印譜》等書。他們還彙編其他珍貴史料，如明宣宗實録底稿、明世宗實録底稿、明史料殘本、清太宗聖訓底稿等，這些都足以補官書之闕遺，正史之紕繆。這項工作的有效開展，不僅保存了大量珍貴的史料，而且培養了一大批人才。後來，他主持故宫博物院文獻館的工作，精心制訂整理計劃和方法，經過多年努力，把久經堆積、次序凌亂的大量清代檔案整理就緒。除編印各種史料外，他還將編成之各種檔案目録擇要出版，以供學者檢索參考，如《清軍機處檔案目録》《清内閣庫貯舊檔輯刊》《雍正硃批諭旨不録奏摺總目》《清季各國照會目録》《清代實録總目》《清内務府造辦處輿圖房圖目初編》等。他對文獻檔案的整理引起近世學者對於基本史料如檔案等的重視和應用，蔡元培曾高度稱贊他“有功史學”。

自1913年應聘到北京大學，除抗戰勝利前後三四年外，沈兼士没有離開過大學教學崗位，執教三十餘年。在北京大學、北京女子師範大學、燕京大學、北京師範大學、北平輔仁大學等校，爲大學生、研究生開設文字學、《説文解字》研究、初期意符字研究、《廣韻》研究等課程，受惠的學生數以千計，可謂桃李滿天下。其中不少人後來學有所成，成爲學界的後起之秀，如魏建功、陸宗達、周祖謨、羅庸、容庚、商承祚、趙蔭棠、顧頡剛、董作賓、丁聲樹、丁山等。

作爲愛國知識分子，沈兼士富於民族氣節和不屈的鬥志，深得時人的敬佩。他曾任天津中日中學校長，因日本人製造“濟南慘案”，憤而辭去校長一職。北平淪陷時，敵僞派人勸其出來做事，他嚴詞拒絶，還將來人痛罵一頓。全面抗戰爆發後，他與同人秘密組織“炎社”（後改名“華北文教協會”），擔任負責人，開展地下抗日活動。曾編輯出版《辛巳文録》，鼓勵不與日本人合作的學者撰寫文章；聯繫和護送青年去大後方參加抗戰工作；編印和傳閲《時事簡報》，鼓舞淪陷區知識分子的鬥志。這些秘密活動被日僞特務偵悉，他的名字上了敵人的黑名單，他被迫離開北平去重慶。其間，他寫下大量詩文，并在文末署“打鬼節”“除日”“抗志齋”等字樣，表達强烈的抗日愛國之情。

在爲人爲學及個人品德修養方面，沈兼士堪稱有古代士人遺風的謙謙君子，坦率、剛直、厚道、熱情，能急人之所急，提攜後進不遺餘力，爲世人之楷模。

他研究學問重師承而不墨守，求真求實，自辟蹊徑，創建新説。他出自章門，敬重師長，但對待學術問題，實事求是，從不亦步亦趨。例如章太炎曾懷疑甲骨文、金文，而他經過深入研究，敢於提出不同意見，曾著文説：“鐘鼎款識者，宋人謂之法帖，目爲法書之一種，亦無與於小學，自吴大澂、孫詒讓參取之以考古文，於是原始文字之真相乃明，而小學之内容又大變。……余竊以爲今日之研究小學，應以《説文》始，以金文卜辭終，其間貫串證發之事，則仍當本段氏《説文注》三者一貫之法以求之，開來繼往，捨此莫由。”（《説文通俗序》）再比如對方言的研究，章氏曾説：“夫治小學者，在乎比次聲音推迹故訓，以得語言之本。不在信好異文，廣徵形體。”他却認爲考察方言中的俗字，不應以形體，而是應以意義爲唯一目的，“意義弄得很清楚了，就算能事已盡，正不必拿和現在説話不相符的古字來替代俗字”（《一封討論歌謡的信》）。著名語言學家余嘉錫認爲“太炎學宗俞樾，而實不出清朝正統派學術。沈氏治小學綜合諸家，實又高出一等”。社會上人人都願做太炎門生，而作爲章氏得意弟子的他，當有人問起師承時，往往自稱“挂名而已”，表情十分淡然。

可是，在學生和弟子眼裏，沈兼士是一位“望之儼然，即之也温”的寬厚長者。北大學生周祖謨曾回憶説：“先生對後學期望甚殷，每每談到大興朱筠之愛士。在課堂上不斷鼓勵學生。常稱北大從來就具有優良傳統，三年準出一人才。前有魏建功，後有丁聲樹云云。”另一位學生李維棻在《風流儒雅憶吾師——記吴興沈兼士先生》一文中寫道：“先生日常在講席間，態度素極平易，亦嘗插以諢語，頗富幽默。某次上課點名，有一生名楊有家，先生即説：‘此乃女人名字。’時校并無女生，而該同學爲之羞赧不已，但尚不知孟子所云，男子生而爲之有室，女子生而爲之有家。致遺此笑柄。”他常年穿一件舊長袍，没有學者架子，而有典型的文人風骨，自甘清貧，兩袖清風。1945 年 8 月，他擔任教育部平津區教育特派員，負責接收敵僞文化教育機關。這個“肥差”没有讓他富起來，也没有讓他“貴”起來。他不願爲官，接收事務一結束，便又回到大學教書。他去世時没有留下任何財産，妻子患病，子女年幼，連喪葬費都是教育界同人籌募解決的，令人唏嘘感歎。

值此《沈兼士年譜》即將出版之際，特别要感謝沈兼士先生的小女兒沈兑教授，侄孫沈長慶先生，外甥女王新南女士，外甥費安琦、卞濤、吴盈先生。没有他們的熱情幫助，此書是不可能順利完成的。還要感謝四川辭書出版社的領導和編輯老師，决定出版這樣一部專業性較强的圖書，足以説明他們具有新時代出版人的學術情懷和文化擔當。

酈千明於杭州嬰兒港橋寓所
2020 年 5 月

凡　例

一、本書爲繁體橫排本，根據需要適當使用異體字。

二、本譜由正文、引用文獻與編者按語三部分組成，譜主年齡以傳統虛歲計算。

三、譜文儘可能詳細地記録譜主的活動情況。其中年月可考但日期不可考者，置於該月之末，標注“某某月”；年份可考而月日不可考者，置於該年之末，標注“是年”；衹能確定某時段者，以“年初”“月底”“上旬”“中旬”“下旬”“春”“夏”“秋”“冬”等標注。少數年份難定而史料重要的，則加“約”字。

四、引文儘可能使用文獻原稿、原件或首次發表（出版）的報紙雜志及典籍，如無文獻原稿、原件等第一手資料，則儘可能引用首次轉引的資料。

五、引文儘可能保留原始文獻的文字及格式。原文中出現的人名、字號以字號大小區分者，引文均予保留。原文中無法辨識的字，以□表示。

六、文獻中明顯的錯、漏字，以〈　〉標注錯字，以〔　〕標注改字，并用（　）加“編者注”加以説明；明顯的衍字、空缺、特殊符號等，則用（　）加“編者注”予以改正、補充或説明。未加“編者注”者，均爲文獻原貌。

七、譜主的學術論文大多已正式出版，有的版本較多，故本譜衹録篇名、書名或衹概括介紹内容，原文一概不收；少量未正式出版的學術論文，則全文附録於“譜主部分著述”中。譜主所作序、跋、詩詞、對聯、散文等，寫作或發表時間可考者，均予收録；其餘寫作或發表時間不可考者，亦歸於“譜主部分著述”内。

八、引文均標明出處，其中日記、日報等時效性强的原始文獻，如無特别標明，均爲當日所記。

九、需要説明的人物、事件背景或補充材料，同一件事有不同的記述，均在“按”中加以説明。

十、他人日記中涉及譜主的内容，一般均予收録。與友朋來往書信，凡時間可考者，均予收録；他人之間來往書信涉及譜主部分，則采取摘録的方式。

目　録

一八八七年　清光緒十三年　一歲

七月三十一日，出生於陝西省漢陰廳（今漢陰縣）的一個官宦家庭，祖籍浙江省歸安縣（今屬浙江省湖州市）。原名沈兼士，又名堅士、臤士。父祖頤，喜吟詩文，善作書法，曾任漢陰廳撫民通判。兄弟三人，居幼。長兄士遠，二兄尹默。又有姐妹三人，名毓珠、毓珏、毓瑾。

沈祖頤（1854—1903），號闇齋公，是我的曾祖父。於公，任内興學助教；於私，培養子女因材施教，男女一視同仁。

祖頤自幼受父沈際清影響，喜吟詩文，善寫書法，書宗歐陽詢，兼涉趙孟頫，中年尤喜北碑。弟兄二人，祖頤爲長，祖勳爲次，後因其叔金詔的生子祖壽在陝南被虜，生死不明，父親將弟祖勳過繼叔叔家。祖頤育有三子三女，子名士遠、尹默、兼士，三女名毓珠、毓珏、毓瑾。

據《重續興安府誌校注》第四卷“職官誌”“漢陰廳撫民通判”録載（其中稱其爲進士，待查）：“沈祖頤，浙江歸安縣人，進士，光緒八年（1882 年）四月署，十年十一月卸任。”……

（沈長慶《沈尹默家族往事》，第 81—82 頁）

父親沈兼士，又名堅士、臤士，原籍浙江省吴興縣，1887 年農曆六月十一日（公曆 7 月 31 日）出生於陝西省漢陰廳。

（《沈兑口述實録》[未刊稿]）

按：清代在新開發的地區和軍事要塞設置廳，爲地方行政機構。廳有直隸廳和散廳之别。前者隸於省，與府、直隸州平級；後者屬府管轄，與州、縣平級。漢陰廳與後面提及的定遠廳均屬散廳。

1935 年與三女沈節、四女沈兑合影

民國成立後，浙江省歸安縣與烏程縣合并爲吴興縣，故沈尹默、沈兼士等沈氏後人習慣上稱自己爲浙江省吴興縣人，在書法、詩文落款中常署“吴興沈尹默”“吴興沈兼士”等，個人履歷表“籍貫”一欄也填“浙江吴興”。今吴興縣已撤銷，歸入湖州市。

沈兼士又名博、撥、堅。據沈尹默《我和北大》中回憶，1905 年，他與弟弟沈兼士自費赴日留學。而《秦中官報》1905 年 9 月第 1 期載，是年陝西自費留日學生名單中有“沈實，浙江歸安縣文童”和“沈博，浙江歸安縣文童”兩名，前者是沈尹默，後者應爲沈兼士。又，據樂芝田、張迺芝、高景成《沈兼士先生事略》（《龍門雜誌》第六期），云：“先生蚤名撥，以字行，浙之吴興人，尹默之弟也。清季留學日本，卒業於東京物理學校。”又，沈兼士名堅依據有二：一、《朱希祖日記》1938 年 7 月 28 日云：“章師弟子甚多，幾累百盈千，然《自撰年譜》僅以黄侃季剛、錢夏德潛（玄同在日本時名號，後改玄同）、沈堅兼士、朱希祖逖先稱爲弟子成就者。”（朱元曙藏朱希祖日記原件）二、章太炎《自述學術次第》云：“《新方言》不過七八百條，輾轉訪求，字當逾倍。余成書以後，猶頗有所得者，今亦不能自續。弟子有沈堅者，實好斯事，其能繼余之志乎。”（《制言》

第二十五期）後來，沈兼士果然撰成《廣新方言》《今後研究方言之新趨勢》等學術文章，繼承老師章太炎之絶學，在方言研究領域頗具貢獻。

沈長慶（1942—　　），沈尹默之孫，現定居北京。

沈兑（1925—　　），沈兼士四女，現定居南京。

一九〇三年　清光緒二十九年　十七歲

春，父親沈祖頤逝世於陝南定遠廳（今鎮巴縣）任所，後舉家由漢陰遷居西安。

直至二十一歲，父親見背，始離山城，返居長安。（《沈尹默自述》）

先母彭氏諱佩芬，福建省侯官縣人。……清光緒癸卯春（1903）先府君以積勞終於定遠廳任所，身後蕭然，時先祖母年已七旬，不孝兄弟尚不能自食其力，長姊待字閨中，兩妹復幼，舉家僦居長安市小屋，日以菜羹和雜糧爲食，僅免凍餒。（《沈彭太夫人訃告》，轉引自沈長慶《沈尹默家族往事》第 90 頁）

一九〇五年　清光緒三十一年　十九歲

是年，與二兄沈尹默因非陝籍，未能入選陝西藩臺樊增祥選派的五十名本省籍學生留學日本，衹好自費和這批學生同赴日本求學。

一九〇五年（光緒三十一年），陝西藩臺樊增祥選派五十名陝西籍學生到日本留學（張季鸞即在其内），我和三弟沈兼士因非陝籍，不能入選，乃自費和他們同往日本求學，由一位四川名流徐自休先生率領赴日。當時，有一位在江西出生的浙江吴興人蔡寶善在陝西做候補縣官，因同鄉關係，蔡寫信給在日本留學的許炳堃（也是浙江湖州府同鄉），托其照顧我和兼士。抵日本時，炳堃特來迎迓，從此訂交。（沈尹默《我和北大》）

按：蔡寶善（1869—1939），字師愚，號孟庵，浙江德清人。清末任京師大學堂提調，陝西涇陽等縣知縣。民國後，歷任浙江海寧縣知事、内務部秘書、江蘇省公署咨議長、蘇常道尹等。卸任後卜居蘇州，組織詞社，詩酒唱和。工書法，擅詩詞，著有《觀復堂詩集》《聽潮音館詞集》等。其妹蔡惠後嫁予沈兼士。

一九〇六年　清光緒三十二年　二十歲

是年，考取日本東京物理學校，繼續在東京讀書。

我們兄弟在日本九個月，因家庭經濟不寬裕，無力供應繼續求學，兼士考取了日本鐵道學校，留日攻讀，我則於一九〇六年返國。（沈尹默《我和北大》）

父親 19 歲那年離開陝西，自費到日本留學，25 歲回國，在日本生活了 6 年。（《沈兑口述實録》［未刊稿］）

按：關於沈兼士在日本就讀學校，另一説法爲東京物理學校。如葛信益《沈兼士傳略》："先生早年游學日本，入東京物理學校攻讀，時章太炎先生亦居東瀛，先生從之學，并加入同盟會。”在北平輔仁大學任教時，沈兼士所填各種表格“畢業學校”一欄，也均爲日本東京物理學校。本譜從後一種説法。該校的前身是創辦於 1881 年的東京物理學講習所，1883 年改名爲東京物理學校，1949 年改組并更名爲東京理科大學。

一九〇七年　清光緒三十三年　二十一歲

是年，仍在日本東京物理學校讀書。參閲一九〇六年是年條。

約是年，作和樊增祥詩四首。

後來承先生書詩見賜。……1980 年摯友周一良先生持一百花詩箋譜來，稱其尊翁叔弢先生囑爲題字，辭不獲已，没想到箋譜中居然有兼士先生所題詩兩段，筆勢清雋有力，仍是昔日典型。前一段末題：“録四十年前和樊山消夏詩四首應叔弢先生雅教　丁亥孟春吴興沈兼士”，此四首恰恰是以前曾經寫給我的，歡忭無量，亟據原文録出。詩曰：

其一

一桁湘簾隔俗氛，鳥聲輕囀恰相聞。扇頭小品三王畫，麈尾清譚六代文，
蕉紙試書和曉露，松窗破睡看晴雲。縹緗自足芳蕓氣，曝罷衣衫可當薰。

其二

撥盡人間萬事繁，疏狂本自厭簪冠。籐床石枕隨宜設，花譜魚經引興看。
卍字爐香消日永，半天竹韻借秋寒。新詞愛讀樊川集，滿坐清風暑到難。

其三

樸素端應謝綺綾，輕絺衫子著單層，斛常汲水起居注，屏是司風左右丞。
香饌蓮花供作鮓，餹羹棗核琢成冰，邇來却爲蕭閑慣，孤負書窗短檠鐙。

其四

屋小如牽岸上槎，雕欞面面護輕紗，荷筩嫩碧斟郫酒，菊臘甘芳點越茶。
西嶽好從僧借榻，東湖漫約客浮家，此身不受緇塵汙，剥啄門前剩餖瓜。

案：先生誕生於 1887 年夏曆六月十一日，於 1947 年八月二日不幸因腦溢血逝世。先生之字即爲 1947 年二月所書。和樊樊山詩既作於四十年前，則年僅二十一歲。樊山（即樊增祥）爲李慈銘弟子。李慈銘是重視駢驪華麗的文字的，所以樊樊山的詩也趨向於華靡。先生的和詩才思横溢，文采秀發，屬對精妙，出人意表。由此可見先生年少夙慧，早已工詩。這也是先生得意之作，所以一書再書。

（周祖謨《懷念尊敬的恩師沈兼士先生》，《沈兼士先生誕生一百周年紀念論文集》）

一九〇八年　清光緒三十四年　二十二歲

是年，在日本從章太炎先生攻讀文字學。

錢玄同先生報告

在此時期中，〈地〉〔他〕（“地”字錯——編者注）有一點和我相反的意見。戊申、己酉兩年，我還在日本，我和今日在會的朱逷先〔先〕（“先”字漏——編者注）生、沈兼士先生、馬幼漁先生等人請章太炎先生講授“小學”——即文字學，我們們（“們”字衍——編者注）很感興趣。那時我們有極端復古的主張：以爲字音應照顧先（“先”字衍——編者注）亭林的主張，依古代古音去讀；字體應照江艮庭的主張，依古文籀篆去寫；在普通應用上，則廢除楷書，采用草體，以期便於書寫。我將這個意見寫信告訴他。他認爲文字學是極應研究的，而復古的主張則表示反對。……

（何士驥《補載單不庵先生追悼會記事（續）》，《北京大學日刊》1930年5月24日）

希祖於丙午秋至日本，留學早稻田大學。乙未，始與錢玄同、馬幼漁、沈兼士、周豫才、周啓明、許季黻等受業於本師，常至民報社，别在大成學校，請本師講授經子及音韻訓詁之學，常至師寓請益。

（朱希祖《本師章太炎先生口授少年事蹟筆記》，《制言》第二十五期）

按：此處朱希祖記從章太炎學爲丁未年（1907年），而其日記記爲戊申年（1908年）。又據錢玄同日記，最早聽章太炎講小學是1908年4月8日（禮拜三），地點爲東京帝國教育會，當天所講内容爲《説文》序。按事先商定，章氏每周三、六上課，周三爲下午三時至五時，周六爲下午二時至五時，每周共五小時。從4月11日（周六）起，地點改爲大成中學。綜上，朱、錢、沈等在日本從章太炎學的時間爲1908年。

一九〇九年　清宣統元年　二十三歲

三月三日，爲章太炎罰金事，外出籌款。

晚間有警察來炎處促其去，始知以《民報》罰金若再不交，明晨當下牢，做一百十五日苦工以償之。因之未生、兼士分頭出外籌款，乃始無事而歸。

（《錢玄同日記》）

三月二十二日，錢玄同借去《文心雕龍》劄記。

下午借取逖先、未生、卓身、兼士及余自己五本《文心雕龍》劄記，草録一通。

（《錢玄同日記》）

一九一〇年　清宣統二年　二十四歲

是年，沈尹默作五言詩《酬兼士弟懷舊山居之作》五首。

山城既多暇，况富少年情。理亂懷未營，舉家歌太平。
陽春二三月，桃柳粲已盈。觴詠陶嘉日，惠風和且清。

風和理易愜，時清韻益遼。聯吟坐臺榭，逸響出林皋。
何言朋從樂，分揚兄弟鑣。獎借念先德，四序儼崇朝。

四序各憮悰，攜手共言遠。遨游無近林，登城望雲巘。
川流帶縈紆，風烟日在眼。荒陬倘隱論，緬言時已晚。

時晚意多遠，人事紛拘牽。生死十載情，離夏孰能蠲？
臥痾鶯花笑，耽静池館研。夢寐在烟蘿，微尚逐浮塵。

浮塵詎易遠，微尚記前修。今時雖雲合，難爲夙昔游。
斝酒寫深尊，清言與子疇。舊歡信難再，舊念概徒留。

（沈尹默《秋明集》，北京書局印行，1929 年）

一九一一年　清宣統三年　二十五歲

是年，從日本留學歸國。

約是年，與浙江德清籍女子蔡惠結爲夫妻。

父親從日本留學歸國後，即與母親蔡惠結婚，時間大約在 1911 年。母親是浙江省德清縣人。（《沈兑口述實録》[未刊稿]）

約是年，在浙江嘉興教書。

我則於一九〇六年返國。回陝西住了一年，即還返浙江吴興閒居。不久，到杭州做事，曾在杭州高等學校代過課，在幼級師範教過半年書，又在第一中學教過課。第一中學校長馬幼漁和我弟兼士在日本同學，都是章太炎先生的門下弟子。其時，兼士也已從日本返國，在嘉興教書。（沈尹默《我和北大》）

一九一二年　民國元年　二十六歲

春，浙江省教育司成立，即供職其中，并與同人朱希祖、馬幼漁等邀請錢玄同也入該司服務。

十一月十三日，南京暨民國臨時政府……二節孟春客帝退位，中華全復。三節仲春浙江教育司成立，逖先、幼漁、堅士胥在其中，招余往，典保存文獻之事，遂至杭。（《錢玄同日記》1912 年 9 月 1 日）

九月二十日，錢玄同來約同至沈尹默家，與馬裕藻話别。

歸約堅士即至尹默家與幼漁話别，幼漁明晨歸矣。（《錢玄同日記》）

九月二十三日，告知錢玄同，扇子巷有屋可租，月租三十元。

昨日堅士謂扇子巷有一屋，月租卅元而不須押租。

（《錢玄同日記》1912 年 9 月 24 日）

九月二十九日，錢玄同來訪。

晨訪尹默、兼士即歸。（《錢玄同日記》）

十一月二十八日，晚錢玄同收到沈兼士信，邀其與朱壽門晤面。

晚八時，堅士來簡，謂壽門在彼，招我往，往即歸。（《錢玄同日記》）

十二月十九日，訪錢玄同。

朱逖先、尹默、堅士均來訪予於私宅。（《錢玄同日記》）

是年，遷居北京。

余於壬子入都，主吾鄉錢丈念劬家，勝友過從，極談醮之樂。

（《二進宫劇譜序》，沈兼士《段硯齋雜文》）

按：錢念劬（1853—?），字恂，浙江歸安（今屬湖州市）人，錢玄同長兄。清末先後在中國駐倫敦、巴黎、柏林、彼得堡、東京等使館任職，又任駐荷蘭、意大利等國公使。後加入光復會，參加辛亥革命。夫人單士厘爲北大教授單不庵之姊。

一九一三年　民國二年　二十七歲

一月五日，訪錢玄同。

晚八時頃，堅士偕仰先來。（《錢玄同日記》）

一月十七日，與大哥士遠、二哥尹默及張宗祥、朱希祖等共宴錢念劬。

今日冷僧、而翁、沈氏昆季宴阿兄於沈宅，余亦與焉。席間有北菜數具，爲平生所未嘗者，頗可口。（《錢玄同日記》）

按：冷僧，即張宗祥。而翁，即朱希祖。

一月十九日，赴北山路堅匏别墅單不庵宴席，同席有錢念劬、錢玄同、朱希祖、沈士遠、沈尹默、張宗祥等。

晨偕不庵至堅匏。今日不庵宴兄，囑而翁、關氏二兄弟、沈氏三兄弟及冷僧作陪，賓主皆相知熟人，談甚歡。（《錢玄同日記》）

按：不庵即單不庵，又作不厂、不广、不菴。堅匏别墅位於杭州市北山路上，是一座占地面積較大的中式莊園建築。背靠寶石山，南臨西湖，依山傍山，環境優美。它的主人是湖州南潯絲業巨賈劉氏家族。

二月二十三日、三月二日、三月九日，在《獨立周報》第二十一、二十二、二十三期連載論文《廣新方言》，署名“沈堅”。此文是仿其老師章太炎《新方言》而作，立足於對現代方言的實際調查與記録，主張以方言的静態描寫爲動態研究的前提，然後根據聲韻轉變的原理，廣引古代文獻，對今語進行考釋，上探語源，下明流變，考察方言詞語音韻層次的歷時變化，以見語言文字的變遷軌迹，從而探尋語根，推求本字。它既是中國現代方言學的專門著作，也是近現代漢語言文字學史上的一篇重要文獻。

二月二十五日，朱希祖作致沈兼士信。

上午寫錢中季、沈臤士、單不厂信，即付郵局寄去。（《朱希祖日記》）

二月二十八日，訪錢玄同。

晚堅士來。（《錢玄同日記》）

三月一日，晤錢玄同。

午後出浴，晤讓旃、堅士。（《錢玄同日記》）

三月六日，錢玄同來索回以前所借書籍、碑碣。

向堅士索還渠弟季前此所借書籍、碑碣。（《錢玄同日記》）

三月七日，錢玄同借去《二金蜨堂尺牘》。

向沈三借《二金㨗堂尺牘》（“㨗”應作“蜨”——編者注），內皆趙撝叔致魏稼孫書，信筆之作，時作詼諧之語。沉悶得此，頗足解頤。（《錢玄同日記》）

按：《二金蜨堂尺牘》爲清代著名書畫家、篆刻家趙之謙（字撝叔）的作品，光緒乙巳年（1905年）嚴氏小長廬館石印，由吴昌碩題寫書名。

三月九日，錢玄同來訪。

午間訪沈氏昆弟，堅士亦無聊萬分，相對愕然！（《錢玄同日記》）

三月十六日，《獨立周報》第二十四期（一九一三年第十號）刊登陳啓彤《廣新方言》一文，内有該報編輯康率群爲其作的跋文，談及同門沈兼士“比輯音字”，亦作有《廣新方言》一文。

諸夏方言，歧章已久。揚子雲始有《方言》之書，中間衰落，未聞嗣響。清之中葉，始有賡作，而其鉤探所極，猶未精湛。餘杭章太炎先生，居東講學，始有《新方言》之作，翔審往博，睥睨子雲。不肖常聞緒論，憶及鄉里之音，爲之疏釋者亦數十事，恩多譌誤，未敢示人。而同門沈臤士君，比輯音字，亦成《廣新方言》一書。頃者陳君管侯，復寄一書，亦曰《廣新方言》，準繩規矩，略同臤士。臤士浙人而久處吾秦，其於三輔之音，必能證疏疑網。陳君吴中儒者，亦必能知三吴發音之原。諸省學者，苟能如沈、陳二君治之之功，九服之音，既盡詮釋，審定國音，直反掌事。吾知與今日之空言統一讀音者，其效不可以道里計也。其亦如沈、陳二君之惠本報者，敢不拜嘉。是一時望於海内耆碩學士者也。又昔聞孫君少侯言，舊作《新方言》，約數千條，其書成則與太炎同時，多則兩倍之。孫君學有根柢，書必可觀，惜至今猶未及見。倘能公於世人，其功德當無量。若能屬本報代爲宣布，尤一時望也。

率群附志

三月二十三日，在《獨立周報》第二十五期發表《小學起廢》一文，署名“沈臤”。後被《庸言》第二卷第六號（一九一四年六月五日）轉載。此文認爲古人將“小學”附入六藝，用以研習經學，而輕視訓詁、音韻之學，是“渡江河而棄舟楫”。强調近代以來“小學”的範圍有所擴大，實際已包括文字、音韻、訓詁三種，因此贊同章太炎先生的提法，廢“小學”之舊名，統一稱爲“語言文字學”。

七月四日，請錢玄同書扇。

午前沈堅士來，囑以章師《正言論》書其扇，即書。午後書畢，送至其家。

（《錢玄同日記》）

七月十日，錢玄同來訪。

午間至沈家，遇蔡師愚，見其近作《兩湖雜詩》廿首，語多譏諫。師愚爲南海弟子，通今文經文，堅士之妻之兄也。（《錢玄同日記》）

七月十九日，與沈尹默訪錢玄同。

沈尹默、堅士來。（《錢玄同日記》）

十一月十三日，錢玄同在日記中提及，沈兼士曾與其討論學術問題，觀點有所不同。

堅士告我謂丄、丅二字，本不可象〔形〕，衹可指事。日、月衹可象形，然此二字必均爲倉頡所制。指示象形，未能强分先後，至形聲會意，則後世形聲字多，會意字少，似乎當聲在意後，故次序班似借乎許。其説與吾異，然亦有理，著於此以竢我再思索也。（《錢玄同日記》）

十一月十六日，早晨與錢玄同、沈尹默同出，購衣服。

晨，頌唐來，偕尹默、堅士同出，購褒衣。（《錢玄同日記》）

一九一四年　民國三年　二十八歲

六月十三日，遇魯迅。

至沈君默齋中，見其弟及馬幼輿，少頃錢中季亦至，語至晚歸。（《魯迅日記》）

九月十四日，與尹默同赴錢玄同生日宴。

今日爲陰七月廿五日。余生日，若從陰曆計算，當在今日。兄嫂特備肴食，并邀幼漁、沈氏昆弟、糉孫來陪。予惟程子之言，生日本不願加餐，重以阿兄盛意，未能抗違，故食之。（《錢玄同日記》）

九月十五日，清史館送來商例。

清史館中送來商例七份與大兄、堅士。（《錢玄同日記》）

九月十六日，錢玄同來訪。

晨訪幼漁及沈氏昆季，并見黄君篆丹，篆丹名家鶩，元同先生哲嗣也。

（《錢玄同日記》）

九月二十七日，因康寶忠將遠行，與錢玄同、朱希祖等在瑞記飯店爲其餞行，同席有黄侃、魯迅等。

上午得沈尹默、臤士、錢中季、馬幼漁、朱遏先函招午飯於瑞記飯店，正午

赴之，又有黄季剛、康性夫、曾不知字，共九人。（《魯迅日記》）

心孚明日將行，今日予與朱、馬、二沈宴之於瑞記。同座者爲季剛、通一、豫才，請季茀而未來。（《錢玄同日記》）

十二月十三日，在馬裕藻家遇見魯迅、許壽裳等。

午後季市來，又同至馬幼漁寓，見君默、叚士、逷先、中季。（《魯迅日記》）

十二月三十一日，在馬裕藻家遇見魯迅等。

上午往馬幼漁寓，見朱逷先、沈尹默、叚士、錢中季、汪旭初、〈吴〉〔胡〕（“吴”字錯——編者注）仰曾、許季市，午飯後歸。（《魯迅日記》）

約是年，入北京大學教授文字學。

（上略）沈兼士氏雖然有一個時期，被時代所激勵，曾經攻習過化學同鐵路方面的學問，但是因爲他幼時受過嚴格的“四書五經”訓練，青年時又曾從章太炎氏攻習文字學多年，所以便研究文字學了。可是他研究文字學，是用最新方法，并不是像從前治“小學”的那種舊方法。他民國三年起，在北京大學擔任教授文字學，直到現在，民國十年的時候，北京大學開辦國學門研究所，便是由沈氏主辦，他們用新的方法研究國學，使着整個的學術界，都受了他們的影響。……

（《文字學專家沈兼士 他研究文字學是用新的方法 故宫整理文獻工作大功已告成》，《世界日報》1935 年 9 月 10 日）

在北京大學執教時的沈兼士

一九一五年　民國四年　二十九歲

一月三十一日，與馬裕藻、錢玄同、沈尹默、朱希祖、汪東（旭初）、許壽裳、魯迅等八人公宴章太炎於章宅。

今日尹默、幼漁、我、堅士、逖先、旭初、季茀、預〈豫〉才（即魯迅——編者注）八人公宴炎師於其家，談宴甚歡。（《錢玄同日記》）

二月七日，赴致美齋朱希祖午宴，同席有錢念劬、錢玄同、錢稻孫、沈尹默、馬裕藻等人。

今日午逖先宴兄、稻、默、堅、幼、我諸人於致美齋。（《錢玄同日記》）

六月二十日，魯迅將《會稽雜集》三册，托朱希祖、錢玄同分贈給沈兼士等。

晚朱逷先、錢中季來，各遺《會稽雜〔集〕》一册，又以三册托分致沈尹默、叚士、馬幼漁。（《魯迅日記》）

六月，兒子沈觀出生。

沈兼士於公於私的教育一視同仁，雖對子女疼愛有加，但更嚴於教育，一子四女都大學畢業，學有所成。獨生子沈觀，字劭顒，生於1915年6月，是我的堂叔。當時在孔德學校任法語教授的陳聘之曾誇獎其聰敏過人，精通法文，年少即可翻譯法文著作，又自學英文。後就讀於輔仁大學，擅長寫作，人稱“文學青年”。他非常崇拜魯迅，魯迅也對沈觀寫作給予指導，并以魯迅自己翻譯的《引玉集》《死靈魂》等書贈給他。…… （沈長慶《沈尹默家族往事》，第178—179頁）

是年，在北京大學講授“中國哲學史”，從遠古講起，講了一個學期才講到周代。學生中有馮友蘭等。

（一）信古——學者具有此種態度較早，是最缺乏批判精神的，所以後來研究史學的對於這種態度漸漸發生轉變。我記得民國四年，沈兼士先生在北京大學講授《中國哲學史》，講了一學期功夫才講到周代，因爲他的哲學是由遠古講起的，而我們通常知先秦以前并没有哲學，那時確實没有哲學思想產生，所以那時不應引起我們的注意，或研究，而我國近來對於信古，仍有一部人是不遺餘力的，不管他們的動機是怎樣，他們那種的“復古運動”真是可驚，學校讀經便是最顯明的例子。

（二）疑古——關於疑古，是發生於信古以後，是研究史的另外一種態度，此種自較盲目的信古態度進步些，可是立於研究的立場上説，仍是屬於消〈積〉〔極〕（“積”字錯——編者注）方面的，而於研究的效率方面，亦不能得到滿意的進展；自然在我們所存在的古書中，僞書很多，所以不能全部盡信，孟子也曾這樣説過：“盡信書，不若無書。”也是這個意思，因爲要使絶對以信古的精神去研究，將定要發生嚴重的錯誤，而且這種錯誤是不可避免的，沈兼士先生和胡適先生是表現兩種不同的研究史學的態度，沈先生認爲的中國哲學史的發軔的時期比胡先生所認爲的較早，所以沈先生對於“先秦”以前的哲學以爲仍有研究之必要，而胡先生的《中國哲學史大綱》一書認爲中國哲學是應該自“先秦時期”開始，……

（馮友蘭《近年史學界對於中國古史之看法》，《骨鯁》第62期）

是年，在北京大學任教，曾編寫《文字形義學》講義。

一九一五年，兼士先生在北京大學任教時曾編過《文字形義學》講義，在《叙論》部分對於研究文字形義學的目的、方法等都有獨到的見解，影響很深遠，至今仍有參考價值。爲了了解研究他的學術思想及影響，就需要我們比較詳細地轉述。他説：研究文字形義學有三種目的：（1）“爲了研究中國古代哲學、文學等書，不能不通文字形義學；”（2）“爲了研究中國考古學、歷史學，不能不通文字形義學；”（3）“爲了研究中國國語、文法等學，不能不通文字形義學。”總之，他認爲“研究文字形義學是研究上述這些學科的基礎學科”。在舊日大學文科裏往往把這門課列爲一年級的必修課，基礎課，派教授來教，就是爲了打好基礎，便於學者搞好其他各門學科。兼士先生自己就多年教這門課，收到很好的效果。……
(葛信益《沈兼士傳略》,《沈兼士先生誕生一百周年紀念論文集》)

一九一六年　民國五年　三十歲

一月三日，錢玄同訪沈尹默，得知午後馬裕藻將邀請沈尹默、沈兼士、朱希祖等觀劇。

晨起遲。將至兄處，先至尹默處，悉今日午後，幼漁將邀兄及沈氏昆季、逷先及余觀劇，遂止不往。在尹默處遇心孚來索《中國學報》稿，余告以當世學者。
(《錢玄同日記》)

一月十五日，遇錢玄同，一起觀劇。

課畢，至東安市場，遇堅士，共入觀劇。 (《錢玄同日記》)

二月十一日，錢玄同來訪。

已，訪尹默、堅士，晤徐森玉。 (《錢玄同日記》)

一九一七年　民國六年　三十一歲

九月十二日，赴六味齋蔡元培宴席，同席有胡適、蔣竹莊、湯爾和、劉文典、陶孟和、沈尹默、馬裕藻、錢玄同等。

胡適之君於十日到京，今日孑民先生請他在六味齋吃飯，除胡、蔡兩君外，爲蔣竹莊、湯爾和、劉叔雅、陶孟和、沈尹默、沈兼士、馬幼漁及我。
(《錢玄同日記》)

九月十九日，下午錢玄同來訪，談及從六書次序發現造字進化的意見。

五時頃至尹默處，并晤蓬仙、逖先。我將由六書次序發現造字進化之意告兼士，兼士亦以爲然。 (《錢玄同日記》)

九月二十二日，與錢玄同戲仿漢代柏梁臺詩體，爲北大同人各作一句七言詩。

在尹默處晚餐，戲與兼士仿漢柏梁臺詩體，將大學中相識之人各如其學問、志趣作一句七言詩，頗有興味。詩如左。 (《錢玄同日記》)

按：原文如此，并未録詩。

十一月三十日，北京大學公布專任教員名單，沈兼士爲文科預科教授。

專任教員題名

文科本科教授

黄　侃　朱希祖　陳大齊　陳漢章　馬叙倫　徐仁錆　康寶忠　錢玄同

黄　節　周作人　胡　適　章士釗　吴　梅　葉浩吾　徐寶璜　賀之才

顧兆熊　張相文　辜湯生

文科預科教授

周思敬　馬裕藻　朱宗萊　沈尹默　楊敏曾　田北湖　沈兼士

（後略）

（《北京大學日刊》1917年11月30日）

一九一八年　民國七年　三十二歲

一月四日，錢玄同謄録沈兼士《論新文學與新字典》一文，準備在《新青年》發表。

燈下録兼士致我一書"論新文學與新字典"，上加以按語，擬登《新青年》。

（《錢玄同日記》）

按：此信刊登於同年2月15日出版的《新青年》第四卷第二號，題爲《新文學與新字典》。該期雜誌由錢玄同擔任輪值編輯。

一月十九日，蔡元培發起組織北大進德會，規定入會標準。甲種會員：不嫖、不賭、不娶妾。乙種會員：於前三戒外，加不作官吏、不作議員二戒。丙種會員：於前五戒外，又加不吸煙、不飲酒、不食肉三戒。

北京大學之進德會　蔡元培

今人恒言西方尚公德而東方尚私德，又以爲能盡公德，則私德之出入曾不足措意，是誤會也。……春秋三世之義，治起於衰亂之中，用心尚□粗，及歷升平而至太平，用心乃深而詳，故崇仁義譏二名，今仿其例，而重定進德會之等第如左：

甲種會員　不嫖、不賭、不娶妾。

乙種會員　於前三戒外，加不作官吏、不作議員二戒。

丙種會員　於前五戒外，又加不吸煙、不飲酒、不食肉三戒。

（後略）

（《北京大學日刊》1918年1月19日）

按：原文爲豎排，故稱"左"。後文中有"左列""右""右列"，均同此，不再加注。

二月一日，北京大學發布《北京大學徵集全國近世歌謡簡章》，指定沈兼士負責考訂方言。

北京大學徵集全國近世歌謡簡章

1、本大學擬於相當期限内，刊印左列二書。一、中國近世歌謡彙編。二、中國近世歌謡選粹。

2、其材料之徵集，用左列二法。一、本校教職員學生各就聞見所及，自行搜集。二、囑托各省官廳轉囑各縣學校或教育團體代爲搜集。

3、規定時期，自宋以及於當代。

4、入選之歌謡，當具左列各項資格之一：一、有關一地方一社會或一時代之人情風俗政教沿革者；二、寓意深遠，有類格言者；三、征夫野老游女怨婦之辭，不涉淫褻而自然成趣者；四、童謡讖語，似解非解而有天然之神韻者。

…………

8、此項徵集由左列四人分任其事。沈尹默主任一切，并編輯“選粹”；劉復擔任來稿之初次審定，并編輯“彙編”；錢玄同沈兼士考訂方言。

9、來稿之合用與否，寄稿人當予本校以自由審定之權。

10、定民國八年六月三十一（一字衍）日爲徵集截止期，九年十二月三十一日爲編輯告竣期，十年本校二十五周紀念日爲“彙編”“選粹”兩書出版期。

（《北京大學日刊》1918年2月1日）

按：《新青年》第四卷第三號轉載《北京大學徵集全國近世歌謡簡章》。此後的兩個月中，北京大學從全國各地徵集到各類歌謡達1100餘首，在《北京大學日刊》上陸續選載148首。

二月十五日，在《新青年》第四卷第二號發表《新文學與新字典》一文，即致錢玄同的一封信，主要討論新文學與字典編纂問題。照録如下：

玄同吾友：

文學改良，已習聞兄及胡、陳二君之論矣。弟現於新文學之基礎建設上，稍稍有所主張，其説如下：

應用之文，必須用俗語；文學之文亦可用俗語，固爲吾人之所公認；惟其爲文之性質不同，故其用字之範圍廣狹，亦宜因之而有區别。

應用之文，説理叙事，期於易知易能，故用字宜採狹義的標準字。今擬標準字典之編法大綱如左：

（一）采方言中之流行較廣者，每一義衹載一字；其餘“轉注”之字，一切不録。

（二）字形須合於六書之義。凡方言有本字而俗不知者，考出之。例如負舉爲“竭”，揉屈爲“㲉”。有本字而俗借他字爲之者，考正之。例如“一旻”作“一會”，“瘼病”作“毛病”。有本字而别造俗字者，附俗字於本字之下。例如“迦”作“卡”，皆須注明古今音變。

（三）不合六書之俗字，其本字不可考見而必需用者，别附録之。

文學中如“詩”“詞”“曲”等，多有格律音葉之限制，若專用一種標準字，恐有拘滯牽强之弊；故其範圍宜稍加廣，以資通融調劑。今擬文學字典之編法大綱如左：

（一）凡合於今之方言者，悉載之，不限於一義一字。

（二）同標準字典。

（三）同標準字典。

（四）不合於今之方言，而《説文》所載，古籍常見之字，别附一篇，以資考古。

弟對於國語之主張，大致如上所説，意在“求是”“致用”二者兼顧。惟病中屬思欠周密，又不能動筆，不能多言，特請人粗寫其大要如此；故引證説明，受多不詳晰，兄當能諒其意也。如有不妥處，尚祈賜教；并望於“國語研究會”中代弟發表之，以供同人討論。

此外尚有“文字上之中國古代社會進化觀”、“象形及指事字之解剖研究”、“新《爾雅》”三個擬題，茲不復詳其體例，病愈再當就正也。

沈兼士

該刊同時登出錢玄同的回信。照録如下：

惠書敬悉。足下所擬新字典擇字的標準，玄同很爲贊成。但鄙意以爲考求本字的最大目的，是要明白這字的意義和這字音讀的沿革變遷；所以在字典上，必須要考證確當，詳細説明。至於在應用一方面，衹可拿現在的聲音來做標準：例如某本字，在文言裏現讀甲音，白話裏應該用這個本字的地方也讀甲音，這類本字，自然應該採用；又如某本字在文言裏雖讀甲音，而白話裏應該用這個本字的地方，却讀了乙音，那就衹可寫一個和乙音相同的假借字了。本來“假借”一書，所包甚廣；小學家所謂“同音假借”者，固然有許多是寫别字；但是也有并非别字，因音變而不得不借用的。音變而别造一字的，就是“轉注”；音變而不造字，借用同音字的，就是“假借”：像那“老”字，由 Lao 音變爲 Khao 音，後來造“考”字，這就是“轉注”；然“考”字未造以前，借用同音的“丂”字（鐘鼎裏有這樣寫的），這就是“假借”。所以鄙見以爲像“瘼病”寫成“毛病”，正和“老”字寫“丂”字一樣；在字典上，必須講明“毛病”本作“瘼病”；——不然“毛”字的意義便不可通——而在應用上，則衹可寫“毛病”——因爲現在“瘼”字不讀做“毛”——庶幾不至和現在的聲音不合。尊見以爲然否？祈更賜教。

錢玄同

二月二十七日，北京大學發布進德會會員名單，沈兼士爲甲種會員。

進德會報告

甲種會員

陳獨秀　王建祖　温宗禹　陳廷均　劉家駿　吴匡時　何炳松　關應麟
沈尹默　石鴻翥　張善揚　俞同奎　陳世璋　鮑　璞　王季緒　陳　懷
馬裕藻　王星拱　朱宗萊　馬　衡　陳映璜　王啓常　韋鴻銘　張相文
賀之才　費家禄　陳長樂　楊敏曾　錢稻孫　康寶忠　陳大齊　魏友枋
張大椿　胡　適　林　損　馬叙倫　朱希祖　沈兼士　章士釗　黄振聲
馬寅初　王寵惠　羅文幹　何尚平　童學琦

乙種會員

崔　適　錢玄同　陳守真

（《北京大學日刊》1918年2月27日）

春，參加由蔡元培發起組織的新教育研究會討論修訂教科書問題會議，并在會上發言。

教育研究會討論修訂教科書問題的記録

（一九一八年春）

顧石君君：現行教科書之缺點：（一）材料之缺乏；（二）教授時之困難（程度不合於兒童之心理）。

…………

沈兼士君：小學教科書用白話，固當。然文言亦不能省。我以爲可仿日本之例，於白話以漸參入文言，則白話能進步，因現在之白話，缺點太多。中學以上，有資於古代文明之印證，不能不兼通文言。白話當以能宣諸口者爲準。有音無字者，宜求久廢不用之字以補之。

…………

沈兼士君：因沈君所言兒童道德，胡君所言廢修身，及李君所言改良修身，而發一感想。以爲兒童道德之不良，多由於家庭之牽掣。我以爲宜於學校中常開家庭懇親會，由學校與家庭互相討論，日本多有專書言之。且宜聯合本京各小學校教員常相討論。

…………

沈兼士君：去"泰"去"甚"之説，甚所贊成。即就商務印書館課本而言，其中如決非學生所能了解者先去之。

……

（高平叔編《蔡元培全集》第三卷第 160—167 頁）

按：孔德學校是 1917 年 12 月由蔡元培、李石曾、沈尹默、馬裕藻等創辦的一所新型學校，校址位於北京東城方巾巷華法教育會，校名取自法國實證主義哲學家奥古斯特·孔德之姓。包括沈兼士在内的許多北大教授曾在該校兼課，北大教員子女也多在此求學。後來，沈兼士曾任該校董事會董事、常務董事。孔德學校教務評議會成立後，蔡元培召集全體評議員及部分教員舉行教育研究會，討論修改教科書問題。他主持會議，并親自作這一討論的記録。

五月二十八日，北京大學進德會召開成立大會。

進德會報告

本會於二十八日午後四時，在文科第一教室開成立大會。先由校長述開會詞，并言今日本擬報告被選評議員、糾察員之姓名，惜檢票未畢，未知結果，擬稍緩宣告於日刊，又聲明各條界説。次李石曾君演説最新之道德學與宗教時代玄學時代不同而推於科學，有注重於性質者，有注重於致用者，要之均以博愛爲本，而進德會之各條件均與相合。次有朱君一鶚、丁君緒寶、何君以莊及其他會員演説。丁君主張會員當各依良心之旨趣以定各自之行業，會中不必有罰則；何君以病爲喻謂，既已入會即是舊病已愈，萬望小心保護不使再發；其他諸君亦各申其所見。次由校長申明進德之名非謂能守會規即爲有德，德者積極進行之事，而本會條件皆消極之事，非即以是爲德，乃謂入德者當有此戒律，即孟子人有不爲而後可以有爲之義也。乃宣告會畢，已六時矣。

(《北京大學日刊》1918年5月30日)

六月十八日，北京大學國史編纂處發布啓事，請陳獨秀、馬衡、沈兼士等參加於六月二十日在校長室舉行的茶話會，報告該處取得的成績，討論今後工作進行方法。

國史編纂處啓事（二）

陳獨秀、屠敬山、錢念劬、張蔚西、葉浩吾、王書衡、沈兼士、陳飛青、周啓孟、鄧文如、孫季芃、蒯耕崖、童亦韓、徐有懋、文訥、陳伯難、馬叔平諸先生公鑒：本處自組入北京大學以來，將及一年。今定於本月二十日午後在校長室開茶話會，報告已往之成績及討論將來進行之方法。届期敬請蒞會爲幸。北京大學國史編纂處啓。

(《北京大學日刊》1918年6月18日)

六月二十日，參加在校長室舉行的國史編纂處會議，傳閲徵集股及纂輯股所匯録的報告，討論今後工作進行方法。

國史編纂處開會

本月二十日午後三時，國史編纂處諸君在校長室開會。到者自蔡處長外，有屠敬山、張蔚西、葉浩吾、劉申叔、王書衡、文訥、沈兼士、鄧文如、孫季芃、童亦韓、蒯耕崖、徐貽孫諸君。傳觀徵集股及纂輯股事務員所彙録之報告，并討論此後進行方法。聞在校纂輯諸君已商定，暑假期中仿各機關例放假半日，午前仍照常治事。其重要之報告如左：

徵集股報告事項

一、各機關及個人所贈印刷品，計八十四種，共三千二百十一册。

二、前後購入中文書報及東西文書報，計中文書報一百十三種，共一千零零九册；東文書報三十一種，共七十五册；西文書報十七種，共二十四册。

三、本股所鈔書報及案卷，計二十種，共二百十七册。

四、已翻譯稿，計五種，共十册。

五、已編輯稿，計四册、圖十二張、圖説一册。

…………

纂輯員編成稿本報告（以收到報告之先後爲序）

…………

沈兼士先生　日文史料纂成之稿，外交時報第二十七卷第一號至第十一號之檢目，中央公論第三百五十四號之檢目。

(《北京大學日刊》1918年6月24日)

六月二十五日，所擬《徵集方言之辦法》，由北京大學正式公布。

本校紀事　徵集方言之辦法

沈兼士先生近擬《徵集方言之辦法》如後。

一、由北京大學國語研究所囑托各省教育廳徵集各省之方言，由各省教育廳委托各縣教育會或公立各學校長，徵集各縣之方言。

二、各縣徵集之方言，每月填表報告各該省教育廳，再由教育廳彙寄大學研究所。

三、各省教育廳委托徵集方言之人，必須通曉普通官話及熟習注音字母或羅馬字拼音者。

四、應徵之方言約分四種：

(1) 與通行官話有别者；

(2) 有音無字者；

(3) 習俗借用他字，按之語義而不適合者；

(4) 各地别造俗字者。

五、就上四種分爲十類：(一) 詞；(二) 言；(三) 稱謂；(四) 形體；(五) 服用；(六) 建築；(七) 天；(八) 地；(九) 植物；(十) 動物。

六、各省教育廳按照下列表式印訂成册，分給各徵集員，以便應用。

表式

方言	
注音	
類别	
解釋語意	
考正之方言	
説明攷正之理由	
附記	

七、填寫表格之注意有四：

(1) 表中第一格至第四格由各省徵集員填寫，第五格至第七格由大學研究所研究後填寫；

(2) 注音用注音字母或羅馬字均可，但務須確切；

(3) 方言中之有音無字者，以〇記之，下注其音；

(4) 各地造有俗字之語務須照寫，不可嫌其俚俗而改易他字。

八、各地誌乘中如有關於方言之記載，以及古近人私家之箸述，亦須囑托各省教育廳隨地隨時訪求，寄送大學研究所，以資參考。

沈兼士

(《北京大學日刊》1918年6月25日)

九月十五日，在《新青年》第五卷第三號發表新詩《真》。

我來香山已三月，領略風景不曾厭倦之。
人言“山惟草樹與泉石，未加雕飾何新奇?”
我言“草香樹色冷泉醜石都自有真趣，妙處恰如白話詩。”

十月十五日，在《新青年》第五卷第四號發表新詩《香山早起作，寄城裏的朋友們》。

天剛明，披了衣，拄了杖，
散步到石橋旁，
坐在箇石頭上，
受他山水的供養。
靜悄悄地，領略些帶露的草香，
聽一陣迎風的松響，
赤脚臨水，洗脫了骯髒。
這時候，自然的樂趣，
同那活潑的小孩子一樣。
一忽爾，山頭上吐出了太陽，
金閃閃的光，照得北京城隱約可望。
一般都是太陽照的地方，
何以城裏那樣煩熱，
鄉下這樣清凉?

十月十六日，在《北京大學日刊》刊登歌謠一則。

歌謠選　文科教授劉復編訂

（四四）沈兼士教授來稿

月光光，通通明。撑把傘，看丈人。丈人丈母不在家，掀開門簾看見他。粉紅臉，賽桃花。小小金蓮一拉抓。等得來年莊稼好，一頂花轎娶到家。

此歌通行於江西豐城縣。

十月十七日，在《北京大學日刊》再次刊登歌謠一則。此歌謠後由《歌謠周刊》第四十四號（一九二四年二月二十四日）轉載。

歌謠選　文科教授劉復編訂

沈兼士教授來稿

我娃乖，吃媽奶。爾爹要錢不回來。莊子又深狗又歪，那個賤人敢進來。

此歌通行於陝西西安。俗語謂兇曰歪。

十二月十五日，在《新青年》第五卷第六號發表《山中雜詩二首》。

山中雜詩一

［泉］

腦弱失眠宵洗脚，眼疲抛卷午澆頭。
愛他冷冷清清的，傍着梅邊自在流。

山中雜詩二

［西風大作，温度斗降，橋邊散步，寫所見。］

五更山雨振林木，晨起涼意先上足。
野貓親人去又來，殘蟬咽風斷難續。
赤膊小孩抱果筐，晌午橋頭行彳亍，
爲言“今日天氣凉，滿筐果子賣不出。
賣不出，不打緊。肚裏挨餓可難忍!”

十二月二十二日，錢玄同作致沈兼士信，談有關文字學的問題。

兼士兄：

半年没有看見你了，你近來好阿！你以前問我要荃仙的《文字學形義篇》，我老没有寄給你；現在我編……（原文缺——編者注）研究化學的方法來研究文字形，如·×十之類，是表一種意思的記號。此個話，我很以爲然。近來同周豫才（别名唐俟，又名魯迅）談到此事，他也有此類的議論。我請〈它〉〔他〕（“它”字錯——編者注）把已見到的寫一點給我。現在要請你也把已見到的隨時的録一録出，寄給我。我現在正在編大學本科的新講義，盡變從前舊面目。現在“第一講”於“字形變遷”的，已經做好，先在《月刊》一、二兩期上發表。以後編到“字的構成法”那一講，很要借重你同豫才兩人；并且决不没善，一定要説明“如叒沈兼士君怎樣説”“如叒周豫才君怎樣説”。敬請隨時寫示爲感爲托。

還有一句話要來問你：那龜甲同鐘鼎，你現在相信不相信？請你告訴我。我覺得鐘鼎裡容或有假的；看團甲，似乎靠得住也。許老頭兒講會意字，往往靠不住；我以爲可信的很少。你道對不對？

天冷了，臨流洗脚，恐怕要“不合事宜”了。

弟玄同　七、十二、廿二。

此信必復。

（北京大學檔案館藏檔，檔號：BD1927017-2）

按：信中“荃仙”，即蓬仙。朱宗萊（1881—1919），字蓬仙，浙江海寧人，早年留學日本，歸國後任浙江省立二中國文教師，1915 年執教於北京大學文科，著有《文字學形義篇》等。

一九一九年　民國八年　三十三歲

一月十四日，撰成《文字學之革新研究（字形部）》。後發表於《北京大學月刊》第一卷第二號，文後署“八年一月十四日稿”。此文認爲過去講字形就一字說一字的方式，總不免汗漫支離的毛病，提出用簡單的符號組合代表六書，這一組合由造字的原則和字體的最小分子構成，然後依據這一定義，來分析研究漢字，可以收到較好的效果。這是全新的研究文字的方法。

一月十五日，錢玄同收到沈兼士《文字學之革新研究（字形部）》一文，認爲觀點頗新穎，但一時尚難判斷。

接到兼士的來信，附有《文字學革新之研究（字形部）》研究一篇。他主張打破前人《六書》分例之法，對於字形之組合下一定義曰，又定研究之法=——（原文如此——編者注），其説頗爲新穎。我一時尚不能下斷語，擬細細的研究他一番再講。（《錢玄同日記》）

按：日記中"《文字學革新之研究（字形部）》"有誤，應爲《文字學之革新研究（字形部）》。

二月十二日，赴西車站京漢路食堂午餐，同席有陳大齊、周作人、錢玄同、朱希祖、劉半農、馬裕藻、許介之等。

午至西車站京漢路食堂午餐，同坐二陳（百年、亞牧）、二沈、錢、朱、劉、馬、許（介之）共十人。（《周作人日記》）

二月二十七日，《北京大學日刊》刊登沈兼士與劉復的來往書信各一封，討論歌謠選中某字的解釋問題。

沈劉二教授之通信

（一）沈教授致劉教授函

半農先生：

歌謠選七五末句中之"儕"字，尊注疑是"擠"字之誤，鄙意以爲不然。"儕"之本字當爲"齊"，讀如"儕"者，變音耳。"儕跌倒"者，齊跌倒也。尊意以爲何如。

兼士

（二）劉教授復沈教授之函

兼士先生：

尊論甚是，弟以"儕"字爲"擠"字之誤，其説當然不能成立。惟吴語以"儕"字平讀，作"也""竟"二字之義，亦甚普通。似不妨兩説并存也。

復

五月二日，《北京大學日刊》刊登《徐寶璜啓事二》，公布同人送李辛白父親賻儀清單，其中沈兼士送票洋一元。

徐寶璜啓事二

本校同人送李辛白先生封翁之賻儀，截至四月月底爲止，由會計課共收到現洋十三元正，票洋一百四十三元正。業由會計課送交辛白先生手收。兹將名單及數目表列於後，請鑒核。如有遺漏之處，請函知以便查明。再者賻儀全由會計課鄭陽和、江裕庭二先生代收，弟已代表同人致謝矣，合并聲明。

清 單

蔡子民先生票□元……沈兼士先生票一元……

六月二十一日，見周作人。

見沈兼士君。（《周作人日記》）

七月二十三日，周作人爲沈兼士在東京銀座及神田買書。

陰，上午至銀座及神田爲兼士、玄同買書。（《周作人日記》）

九月十四日，下午訪錢玄同，與沈士遠、朱希祖、錢玄同商議編輯《新語典》事。晚偕錢玄同、沈士遠到中央公園吃茶、吃點心、吃飯。

下午一時士遠來談，逖先、兼士亦來，四人共商編《新語典》事。五時偕士遠、兼士同到中央公園吃茶、吃點心、吃夜飯。與士遠談爲勞動社會編輯注音字母書報事。九時回舍，爲兼士録注音字母之音讀及與舊紐舊韻之相配。

（《錢玄同日記》）

九月二十五日，與蔡元培、馬寅初、李大釗、馬叙倫、錢玄同、馬裕藻等二十人聯名發布啓事，爲北大教授朱蓬仙（宗萊）病逝募集賻儀。

蔡元培等啓事

本校教職員諸先生公鑒：敬啓者，本校朱蓬仙教授（宗萊）因病逝世，身後蕭條。同人有欲致送賻儀者，請於十月十五日以前，送交本校會計課代收，以便彙送。至紉公誼。

李辛白　沈尹默　黄世暉　周同煌　馬寅初　劉文典　沈兼士　康寶忠

蔡元培　劉　復　朱希祖　鄭陽和　李大釗　沈士遠　馬裕藻　陳大齊

馬叙倫　錢玄同　段宗林　潘大道　同啓

（《北京大學日刊》1919年9月25日）

九月二十九日，與錢玄同商談編纂《新語典》。赴沈士遠沁芳樓晚宴，同席有錢玄同、沈尹默、康寶忠等。

十時起看報……十二時到東安市場替兼士買□□□□（原文殘缺——編者注）至沁芳樓吃飯。到大學去寫了一張孔德國文。與兼士談編《語典》事。

六時士遠邀尹默、兼士、心孚和我到沁芳樓吃飯。（《錢玄同日記》）

九月三十日，北京大學發放薪俸二百元。

存 根

大字第六十二號九月分，第一項第一目第二節沈兼士薪俸，金額弍百元（現五、中五）。右款已照數發訖。

中華民國八年九月卅日

（北京大學檔案館藏檔，檔號：BD1919039-1）

十月六日，參加北京大學國文教授會議，討論修訂教員會相關規章。

國文教授會開會紀事

十月六日（星期四）開國〈之〉〔文〕（“之”字錯——編者注）教授會，到會者十五人。

楊遜齋　陳子存　徐哲如　程演生　劉半農　吴瞿安　錢玄同　馬幼漁
沈士遠　魏仲車　沈兼士　沈朵山　毛夷庚　孟壽椿　朱希祖

提議組織教員會。

本年九月二十一日開國文教授會時，議决組織教員會。教員會之職務如下：

取自由集會，但每次討論之結果，須有記載。所討論之事項：

（一）教材及單位多少之改變。

（二）教授法之改良。

討論之結果，須提出於教授會。

教員會分五種：

（一）文學史教員會；

（二）文學教員會（詩、文、詞、曲）；

（三）文字學教員會；

（四）文法教員會；

（五）預科國文教員會。

本日重加討論修訂如下：

教員會分甲乙丙丁戊五種：

（一）甲部教員會（文學史及歐洲文學史教員屬之）。

（二）乙部教員會（詩文詞曲等教員屬之）。

（三）丙部教員會（文字學教員屬之）。

（四）丁部教員會（文法語法教員屬之）。

（五）戊部教員會（預科之國學概要及模範文教師屬之）。

會期分兩種：

（一）常會，每月一次，在第四星期之星期六下午三時開會。

（二）臨時會，由各部教員中提出意見書，報告國文教授會主任。由主任發函召集。其僅關於一部者，止開一部教員會。關於數部或全部者，則開數部或全部教員會。

開會地點，在國文研究所。

常會、臨時會各備記録簿，將提議各事，詳細記録，存於主任處備考。

（《北京大學日刊》1919年10月17日）

十月七日，錢玄同來訪。

四時到孔德學校去，因今日該校師生歡迎蔡先生。比到，則正散會，即偕兼

士同至其家。六時至九時在沈宅。（《錢玄同日記》）

十月九日，在東安市場遇錢玄同，共赴玉泉茶樓進晚餐。

到東安市場遇幼漁、沈氏兄弟、孔德諸教員。到球房滚地球，邀同觀戲。八時與兼士同在玉泉茶樓吃飯。（《錢玄同日記》）

十月十一日，周作人作致沈兼士信。

往校，致兼士函。（《周作人日記》）

十月十二日，訪周作人，未遇。

兼士至會館來訪，不值。（《周作人日記》）

十月十五日，與馬裕藻、周作人、劉半農、錢玄同、沈尹默、朱希祖等共十一人，參加北京大學國文學研究所會議，討論編纂《新語典》方法問題。

國文學研究所開會紀事

十月十五日，在國文研究所開研究會，議定編纂《語典》方法。到會者列下：

馬裕藻　周作人　劉　復　錢玄同　沈尹默　沈兼士　毛　常　常　惠
毛　準　沈　頣　朱希祖

國文研究所初定有研究《語典》一門，今春特請沈兼士先生爲《語典》總編輯。沈兼士先生乃提出語法編纂大旨一篇，其文録於後方。

本日議决之事如下：

語典二字，决定改爲語法。（國文研究所尚有研究辭典一門，亦决定將辭典二字改爲辭書。）

先編應用之語法，其關於古今之變遷、方土之差别，將來别行編纂。

編纂方法：（甲）依傍中國文法，編成假定的語法。（乙）依傍外國語法，編成假定的中國語法。編成之後，再用近代小説及其他口語文以審其當否？

擔任編纂者列下：

沈先生頣　擔任依傍中國文法編成假定的語法。

沈先生兼士　擔任依傍日本語法編成假定的中國語法。

常先生惠　擔任依傍法國語法，編成假定的中國語法。

錢先生玄同主張語法中應用語言，如現代普通語不敷用之處，可用古語（即自來文章中所通用者）及方言補之。

擔任編纂語法者，如有一部分已經成稿，先刷印分送於共同研究者，一星期後開會討論。

沈兼士先生所提出之語法編纂大旨書

（1）向來所用之語典名稱不合於今語，且意義甚爲含混，現擬改稱爲語法。

（2）語法内容，照例分爲三部，曰音、曰語、曰文。

(3) 三部之中語爲最要。即分〈晰〉〔析〕(“晰”字錯—編者注)的研究品詞在於語中之位置及其作用者也。現編語法，即由此著手。

(4) 我國現尚無標準口語，小學校所用之教科書，亦均以古文爲主。故選擇語法材料，不能不取之於小説，如《紅樓夢》《儒林外史》《官場現形記》之類。然以上諸書，不失之於古，即失之於土。現擬以北方教育社會所通用之語爲標準，而以小説爲參考之資，較爲妥當。

(5) 擬先選定標準語編纂應用之語法一部，然後就古今之變遷，方〈士〉〔土〕(“士”字錯——編者注)之差別，再編一部語法外篇，以備考查沿革、保存方言之用。

茲以圖表明之於下：

	B	AB綫表示方言之差別。
C ⟶	O	CO綫表示古今語之變遷。
	A	交點O表示現所假定之標準語。

(6) 我國文中所用之單字，語中多用雙字。此於注音上頗形便利。現編語法，擬儘量采用雙字之口語。

(7) 即宜設一語法調查會，以調查各地語法分布之狀况。

(8) 語法與詞書，一所以表示法式，一所以□殊名，交相爲用，缺一不可。現擬詞書與語法同時并編。

(《北京大學日刊》1919年10月18日)

十月十七日，北京大學會計課發布辦理已故朱蓬仙教授賻款報告，其中沈兼士捐票洋八元。

會計課經收已故教授朱蓬仙先生賻款報告

馮祖荀票洋二元，陳政票洋四元，楊昌濟現洋二元，俞九恒現洋一元，毛皋坤票洋一元，李宗裕現洋一元，錢王□現洋一元，沈尹默票洋八元，沈士遠票洋八元，沈兼士票洋八元……

以上共票洋一百零五元，現洋十七元。

(《北京大學日刊》1919年10月17日)

十月二十日，作致錢玄同信，討論《文論集要》與《模範文選》的分工，認爲前者是作文章的基本定理，後者是應用這個定理所作的範文。主張兩者合爲一編，可以互相參照。

玄同兄：你給尹默的信，主張把“模範文”中之《□□》《爲書》二十九篇托删去，與弟意信合。至於《史通》中弟所選之《言語》《敘事》《模擬》《煩省》及《辯言新説》内之關於文章作法諸段，均列入《文論集要》中，“模範文”内似可不必重見。因弟主張把《文論集要》和《模範文選》合爲一編，前者爲作文章的基本定理，後者爲應用這個定理的最佳作品，教者可以隨時互相參照。如此，然後可以算得是合於科學的組織，然後可以算得是有系統的學科。你説對不對？再《藝增》《載文》及《釋三九》諸篇，我的意思都想就共性照歸入《文論集要》中，你以爲何如？又聞你有討論"國學概要"的油印品，可以使我預聞嗎？我明天要還山，就此告别了。

沈兼士　十月廿日

（北京魯迅博物館、湖州市博物館《疑古玄同——錢玄同文物圖録》，第64頁）

按：當時因身體原因，沈兼士正在北京香山休養，故信中有"我明天要還山"之説。

十月二十一日，與沈士遠、沈尹默、馬裕藻、錢玄同等到沁芳樓共進晚餐。

七時偕士遠、尹默、兼士、幼漁諸人同到沁芳樓吃夜飯。（《錢玄同日記》）

十月二十五日，北京大學評議會選舉評議員，沈兼士得五票，落選。

本校布告

（一）二十五日午後二時，開評議會選舉會，各教授選舉評議員之單送到者共六十八紙。由蔡校長及徐寶璜、程振鈞二教授公同開檢。得票多數當選爲評議員者爲胡適、俞同奎、蔣夢麟、馬寅初、陶履恭、馬叙倫、陳大齊、張大椿、沈尹默、温宗禹、何育杰、朱希祖、賀之才、馬裕藻、黄振聲十五教授。尚有一名因朱錫齡、沈士遠、康寶忠、馮祖荀四教授同得二十八票，須待各教授通訊决選而定之。兹將各教授被選票數全載於後。

胡適　六十票　蔣夢麟　俞同奎各五十二票……沈兼士　龔湘各五票……

（《北京大學日刊》1919年10月27日）

十月三十一日及十一月一日、三日、四日，在《北京大學日刊》連載《兒童公育》一文。又在《新青年》第六卷第六號登載。此文大力鼓吹兒童公育的社會作用，認爲兒童教育應從家庭中脱離出來，完全推向社會，成立一個"兒童小社會"，它是"處理新世界一切問題之鎖鑰"。又從機構設置、教養人才、經費來源等諸多方面，提出具體的設想。文章最後總結説："欲解决社會一切問題，非先解决婦人問題不可；欲解决婦人問題，非先解决家族問題不可；欲解决家族問題，非先解决兒童問題不可。解决兒童問題之惟一良法，曰'兒童公育'。"

按：清末民初，面對内憂外患的時局，包括沈兼士在内的一部分思想激進的知識分子主張放棄各親其親、各子其子的傳統社會模式，設想建立一個無家庭、無夫婦、無父子的大同社會，即兒童出生之後，交由公立機構撫養和教育。這樣，父母衹需生育，而無撫養和教育的責任。他們相信這有助於實現教育平等和社會的根本改造，有助於婦女走出家庭。不過，這一主張忽視了兒童自身的訴求和人類對親情的基本需求，遭到另一部分人的激烈反對，從而引發一場關於"兒童公育"的争論。

十一月一日，在《新青年》第六卷第六號發表詩歌《"有趣"和"怕"》《春意》和《寄生蟲》。

“有趣”和“怕”

月色朦朦，竹影重重，鑑池水聲淙淙，我在池邊，弄水捉月。
撲通！跌下水裏去，拍手笑説：“有趣！有趣！”
今夜我在清如許，臨水看月，仿佛二十年前的境地。
却怕跳跳奔奔的小阿觀做我當初有趣的事。

春 意

斜陽半院，松影遮廊，我在水廊上閑坐；初春天氣，漸覺暖和。
廊下半開凍的方塘，注入清泠泠的春水，衝動冰澌，時起微波。
一雙白鴨，洗浴剛罷，站在冰塊上，𩇕翅刷毛，快活不過！
活潑潑的小阿觀，對着這個景緻，却也半晌不動，一聲不響的伴着我。

八年二月

寄生蟲

Distoma！你寄生我肚裏，十多年了。
我精神强的時候，你就弱些。
你精神强的時候，我就弱些。
弱之又弱，萬一至於死，不知你那時候還能够獨活嗎？

十一月十四日，與蔡元培、馬寅初等共十人聯名發布啓事，爲已故北大教授康寶忠（心孚）募集賻儀。

蔡元培等啓事

敬啓者，本月十六日（星期日）爲本校故教授康心孚先生家奠之期，本校諸公贈致挽辭，請逕交至西城石燈菴康宅，如致賻金，請於本月三十日以前交至本校會計課彙收（擬與本校所贈薪俸并儲爲康君遺孤教養之資），以便轉交康君家族。事此布啓。

蔡元培 馬寅初 馬裕藻 馬叙倫 朱希祖 陳大齊 錢玄同 沈士遠 沈尹默 沈兼士同啓。

（《北京大學日刊》1919年11月14日）

十一月十六日，錢玄同收到沈兼士寄來的《論“的”字“底”字之用法》一文，要求轉交《晨報》館。

得兼士寄來《論“的”字“底”字之用法》一文，囑我轉交《晨報》館，因附寄數語。

（《錢玄同日記》）

十一月十七日，錢玄同將沈兼士《論“的”字“底”字之用法》一文送《晨報》館。

十時將昨晚之稿連兼士之作謄清送《晨報》館。

（《錢玄同日記》）

十一月十九日，在《晨報》發表《我對於“的”字問題的意見》，文後有錢玄同的按語，一并照録如下：

我對於“的”字問題的意見 沈兼士

止水君説：“術語用底‘的’字，大概從‘鵠的’引申來底。”但是我據日本辭典中——

テミ（的）“接尾”漢語ニ添ヘニ屬スル。又ハ“ノ”，又ハ“ニ於クル”ノ意ヲ表ス語——“積極テキ”——“抽象テキ”（山田美妙、芳賀矢一兩本略同）

看來，止水君的話，似嫌附會。

又，止水君説：“中國文言裏，除名詞之外，從没有用過‘的’字底。”這也是拘於字形，忘却音變軌迹的説話。要知中國文中所謂“虚字”的，都是借音表意，與所謂借字的形義毫不相關，往往同一詞意，而古今所用的字不同，這就是字音變了，不得不另借他字的緣故。即如“的”字的意思，古代用“之”“者”“只”“尼”“□”等字去表他（参考章太炎師的《新方言》），及至以上諸字的聲音轉變，和口語不合了，然後又用“地”“底”“的”等字來表他，就是這個道理。若是株守着字形和本義講，那就拘滯難通了。

我以爲文字不過是記語言、别同異的一種約定符號。倘使時代變遷，某字已經失却記語言或别同異的效力，那就不得不另行約定。這是當然的道理。現在口語體文盛行，一句之中，“的”字數見，每每和譯名接尾的“的”字相混，所以另行約定“的”字的用法，也是可以認爲必要的。至於譯名中的“的”字，到底是由漢文“之”字“者”字轉變來的呢？還是由“鵠的”引申來的呢？我以爲都没有甚麼關係。衹要在“地”“底”“的”等字中約定兩字，叫他們分任職務就得。高談詁訓，徒事紛擾，是用不着的。

這篇文章，是我的朋友沈兼士君今天從香山寄來，叫我轉交《晨報》記者的。現在送上。

我對於“的”“底”等字字義的問題，所見完全和兼士君相同。因爲中國文字雖然號稱衍形衍義，其實六書之中，衍形的衹限於象形和指事二書，衍義者衹限於會意、形聲和轉注三書（形聲字雖然有半體表音，其實他還是會意的變相，所以還歸在衍義類中）。到了假借，除“引申”一部分以外，其餘都是借音，和本形本義全不相干。這實在是中國文字由衍形衍義而進化到音路上的第一步。所以漢唐以後增加的字義，十之七八都是假借，——都是假借中的借音，絶不問他的本義怎樣，引申義怎樣。名詞、動詞和形容詞尚多如此，那代、副、介、連、歎、助等詞，不消説得，自然全是借音了。我也以爲我們現在對於“的”字“底”字之類，衹須規定怎樣用法，就得了，不必牽涉到字義上去。

至於我對於用“的”用“底”的問題，我也主張分開的。我主張不僅分做“的”和“底”兩個字，應該分做“的”、“底”和“地”三個字，我以爲——

A.“之”字、“者”字和“只”字的變音，該用“底”。

B. 附屬於副詞的，該用“地”。

C. 那日本人新創用“的”字的，該用“的”。

這樣分法，似乎稍微明白一點。

但是今天早晨，我遇見陳獨秀君，他和我談起這個問題，他也主張分做三個字。不過他和我所主張的，那A、C兩條正是相反。他的理由，以爲“之”字、“者”字和“只”字的變音用“的”字，已經是“約定俗成”的了，斷不能再去改他，所以主張仍用“的”字。那日本人新創用“的”字的，雖然中國文中近來也用，究竟他的勢力遠比不上那“之”字、“者”字、“只”字變音的“的”字，所以不妨趁現在尚未“成俗”的時候，把他改用“底”字，庶幾可以和“的”字、“地”字分別。獨秀君所主張，大致如此。他爲這個問題，做了一篇文章，預備登在《新青年》七卷二號中。

我覺得獨秀君這個辦法，非常適當。因此，我就取消我自己的主張。從今以後，我做文章，就用獨秀君這個辦法。

不過我又以爲古文（指和現代語言不同的文章，不是桐城謬種所謂古文）裏的“之”字和“者”字，有些在現代語言裏還是沿用的，如“……之類”“……之中”“……之至”“老者”“勞動者”“犧牲者”……仍舊可以沿用“之”字和“者”字。一九、一一、一六，錢玄同附記。

按：是年11月12日，《晨報》刊登胡適《“的”字的用法》一文，引起部分學者的注意和討論。沈兼士此文（刊登時題目有所改動）就是針對參與討論的署名“止水”的文章，提出不同的意見。接着，周建侯、陳獨秀、黎錦熙、胡適、傅斯年、錢玄同均在該報發表有關討論這一問題的文章，表達各自的觀點和意見。

一九二〇年　民國九年　三十四歲

一月一日，在《新青年》第七卷第二號發表新詩《一個睡着過渡的人》。

呷呀呷呀，許多人摇櫓。一個人却在船裏昏沈沈地睡着，櫓聲也摇不醒他，浪花也打不醒他。

索郎索郎，好容易船到岸，豫備下錨了。睡着的人，居然不費一手一脚的勞力，也身隨着人渡了過來。

括達括達，一齊在岸邊大道上往前走。好夢初醒的人，今番再不使出一點脚腿底本能來，可就要“拉下”了。

（北方話“拉下”是落後底意思）

一月二十日，與胡適、陳大齊、馬裕藻、李大釗、馬叙倫、周作人、馬寅初、朱希祖等共五十五人，發起成立北京大學教職員會。

馬叙倫等啓事

我們大家在一個學校裏作事，很應該有一個聯絡情誼的組織，依互助的精神，籌謀本校全體的發展，增益團體生活的趣味。我們曾把這個意思和許多同人談過，都認爲有組織一個北京大學教職員會的必要。現在定於本星期三（即二十一日）晚七時，在第二院（理科）大禮堂，開一教職員全體會，商量商量。請諸位先生預先把組織的大綱想一想，到了那時，務必到會，是我們很盼望的。

俞星樞　周象賢　林　損　錢玄同　孫瑞林　張崧年　錢振椿　陳大齊　馬裕藻……沈兼士等公啓

（《北京大學日刊》1920年1月20日）

二月二十九日，長女沈萃在北京出生。

我母親沈萃是外公沈兼士、外婆蔡惠的長女，1920年2月29日在北京出生，早年畢業於北平孔德學校和幼稚師範學校，做過小學老師，1996年10月去世。

（《費安琦費安瑋口述實録》［未刊稿］）

按：費安琦、費安瑋分别是沈兼士長女沈萃之長子和二女，現均定居北京。

八月八日，許德鄰編《分類白話詩選》，由上海崇文書局出版。内收沈兼士早期新詩《香山早起作，寄城裏的朋友們》（歸入“卷一寫景類”）、《春意》（歸入“卷一寫景類”）和《山中雜詩》（歸入“卷二寫實類”）三首。

八月二十日，在《北京大學日刊》刊登啓事，公布新居地址。

沈兼士啓事

兼士現移居東城南小街老君堂西口四十一號。此白。

八月二十五日，撰成《研究文字學“形”和“義”的幾個方法》，後發表於《北京大學月刊》第一卷第八號。此文認爲向來還没有人對文字學“形體”進行過系統的符合科學方法的研究，於是提出六個研究的方法。一、“造字原則”發生程叙和古代人類思想發展的關係；二、“造字原則”應用法的研究；三、字體最小分子的研究；四、“龜甲文”和《説文》“重文”的研究；五、中國文字之史學的研究（文字形體上的中國古代社會進化觀）；六、縱横兩方面的訓詁研究法。

八月，撰成《造字原則發展之程叙説》，署“民國九年八月”。後收入《段硯齋雜文》。此文運用德國文化史學家藍浦瑞喜提就社會心理的歷史觀所擬人類思想發達的各個階段，來考察中國造字原則發達的進程，認爲六書原則的内容與之相契合。

九月二十日，與錢玄同、馬裕藻、單不庵、沈士遠同赴馬裕藻處。

六，與幼漁、不庵、士遠、兼士同至幼漁處。（《錢玄同日記》）

按：這裏的“六”指下午6時。

九月二十三日，周作人收到沈兼士信。

上午得高師函送表册，玄同、兼士函。（《周作人日記》）

十月十日，撰成《文論集要叙》。後發表於《北京大學月刊》第一卷第八號，又收入《段硯齋雜文》一書。照録如下：

《文論集要》是本校國文教授會選集古來講究著作詩文巧拙利病的文章。原選本來把這一部分抱括在《學術文》（現在改稱《國故論著集要》）裏邊。我當時有一點意見，曾於去年夏天寫信給尹默説："我的意見，想把選文的部目和内容，從學理上改變一下，把他分做三篇：第一篇選録關於學術思想的文章。第二篇選録關於講求公式利病的文章，就是作文章的基本方法；第三篇選録可以學的文章，就是應用作文基本方法的最佳作品。"去年冬天我又寫一封信給玄同説："我從前對於學術文和模範文的編輯方法上，有一點意見，曾在西山向兄説過。現在國文教授會諸君已采取鄙説，把學術文中關於講作文公式利病的東西抽出，另取一個名目，叫作'文論集要'。我以爲'文論集要'應當和'模範文選'合印成一本，并且須把講作文基本方法的放在前面，把合乎這些基本方法的作品放在後面；教者講授時應該以前者爲主，後者爲佐證，教學生去互相印證參考。而'模範文選'實在不如改名爲'參考用的文章'。"有人説爲甚麽不把古來各家討論文章利弊的學説，别裁去取，編成講義呢？我以爲對於這一層，也有幾點必須説明的理由：一、就體裁上説，《文論集要》仍爲選文的一部分。二、直陳古説，不加評論，留學生自動研究的餘地。三、預科擔任講授國文的人數甚多，勢必不能以一己的學説，齊一衆人的意趣。由上面所舉的三種理由看來，還是不編講義，比較上容易引起師生間活動研究的興味。現在《文論集要》的初稿已經編成付印，我把向來所抱的見解，寫在這裏，當作一篇叙文。民國九年雙十節於北京大學。

十一月一日，與周作人、錢玄同、沈士遠同赴中山公園喝茶、吃晚飯。

下午，章志君來訪。同玄同、士遠、兼士至公園茶飯，七時散。

（《周作人日記》）

十一月十一日，撰成《〈廣韻聲系〉叙及凡例》。後發表於《北京大學月刊》第一卷第八號及《北京大學日刊》同年 11 月 16 日。此文概述編輯《廣韻聲系》的原因、方法及凡例等。

《廣韻聲系》叙及凡例

自來研究古代聲韻之學，約可分爲三級：第一級但取証於《詩》《易》《離騷》。第二級進而知從《説文》聲母中尋得條例。惟［此］二級均據《廣韻》以外之例證以支〈酌〉［配］《廣韻》，不免有支離牴牾之弊。第三級更進而就《廣韻》［中聲］類［韻］部以爲研究之標準，若綱在網，信後來之加詳矣。然未嘗與《説文》聲母貫通劍治，故於三代至宋聲韻嬗變之狀況，猶嫌其不能作探源之論。

今草此編，就《廣韻》韻中取其聲母以爲綱，凡〈注〉［從］之爲聲者依次件系於下。其流衍之勢，出入之類，務使别曰詳晰，一覽無遺，庶幾縱可以洄溯千餘聲母遞次轉變之軌迹，横可以勾稽二百六韻分合相互之關係。至於二徐以來所訂《説文》形聲之是非，以及古音中上去入三聲有無分配之説，皆能不假外證，秩然就理。

大凡整〈形〉［理］一種學問，欲得真實圓滿之效果，首在以精密之方法，搜集可供研究之碻實材料。此書編纂時頗感乾枯繁瑣之苦，然他日考聲韻者得此，或足以助之而得意外之效果，亦未可知。

此編經始於民國三年之冬，時黄季剛君古本韻即在《廣韻》二百六韻中之説尚未出，其明年余病，遂輟稿焉。今擬續成前作，出而與大學同學諸人共商榷之，因序其編纂大旨如此。

九年十一月十一日沈兼士。

▲凡例

凡本韻中字之爲聲母者首記之，并記其反切而列記其所孳乳之字於其下。

子復爲母者，依次列系於最初聲母之後，提行低一格記之，并列記其孳乳之字於其下。如次孳乳之字又有聲母者，再低一格，記於其後。如此展轉，至畢乃止。

凡從一聲母之字而音不同者，各於首字下注明其反切。

凡字無從之以爲聲者，第記其字及其反切。

或體字無從之以爲聲者，第記其字於正體之下，注明爲某字之或。

或體而爲聲母者，系於正體之後，提行低一格記之，并記其孳乳之字於其下。

一字而正、或兩體所從之聲不同者，分系於其所從聲母之下，注明某爲某之或。

聲母之不在本韻者，加“聲”字以别之，并注明其在何韻。

所從之聲不在本韻，而其聲之聲母出於本韻者，先記最初聲母而系其聲於最初聲母之次，加“聲”字以别之，并記明其在何韻。

凡不明其所從之聲者，皆但記其字及其反切。

字有音義兩異，或義同音異而重見於一韻者，分列於各所從之聲母之下，并各注明其音義。

每韻之末，統記其韻中所有之聲母［并記其數］若干；不在本韻之聲母，各記其所在韻名於其下。

（《北京大學日刊》1920年11月16日）

按：按《更正》（《北京大學日刊》1920年11月17日）一文，對上文已作更正。

十二月七日，周作人寄沈兼士信。

寄兼士函。

（《周作人日記》）

十二月八日，作致顧頡剛函，討論歌謡中的文字問題。

沈兼士致顧銘堅函

顧銘堅先生：

《晨報》所載歌謠選《男孤孀》第十九句“如今在黄泉路上步黄房”，注“黄房”二字不解。我疑心“黄房”就同古書所用的“彷徨”“彷徉”“方羊”“房皇”“彷翔”“悵悵”一樣，是形容無所適貌。不知你以爲如何？

沈兼士。十二、八。

（《北京大學日刊》1920年12月11日）

按：顧銘堅，即顧頡剛。原名顧誦坤，字銘堅，號頡剛，江蘇蘇州人，現代著名歷史學家、民俗學家。沈兼士北大時期學生。

十二月九日，周作人收到沈兼士信。

上午，得兼士函。

（《周作人日記》）

十二月十二日，顧頡剛作致沈兼士信，討論歌謡語言文字問題。

兼士先生：

昨天在《日刊》上見到先生的一信，欣幸之至，已經函《晨報》更正了。我的意思，“黄房”决是“徨彷”二字之誤。其所以把“彷徨”二字顛倒的缘故，因爲“步”與“彷”是雙聲，雙聲的字在一個詞内説起來很順，而在二個詞内連説起來很逆，所以竟倒轉了。“徨”與“彷”是疊韻，雖是倒轉，仍舊諧韻，所以更是不覺其倒轉了。臆見未知然否？請先生鑒正。

我於民國三年在大學豫科時，曾上過先生半年多的課。後來因病休學，所以先生的課未能聽完全。我那時的名字是誦坤，不曉得先生還記得否？我在那時，最得實益的課衹有二種，一是先生的文字學，一是馬幼漁先生的國文。因此，對於兩位先生不能忘記。這兩年知道先生患了胃腸病，時以爲念。不知現在已完全痊可没有？

我在去年先輯吴歌，後來連帶及於吴諺，又連帶及於吴語。有許多尚在日記簿中，没有録出。若統行録出，已有十四五册了。所恨者，我於文字學太没有根柢，竟不能整理他；又是我犯了神經衰弱的病，要用功讀書也是困難，所以雖積聚了許多材料，没有法使他做成器用。現在先生給我一封信，我非常快樂。我很願意拿這些送給先生，讓先生來編審，我去搜集。不曉得先生肯不肯？先生雖是湖州人，離蘇州不遠，蘇州話一定能完全了解的。

我現在在本校圖書部編目課辦事，寓在大石作卅二號。先生有暇，請給我一封回信。

學生顧頡剛。九、十二、十二。

（《顧頡剛全集39 顧頡剛書信集 卷一》第501—502頁）

十二月十三日，與錢玄同、周作人聯合撰寫《北京大學歌謡徵集處啓事》，發起組織歌謡研究會，徵求會員以便從事歌謡徵集、彙編等工作。

北京大學歌謡徵集處啓事
發起歌謡研究會　徵求會員

本校徵集歌謡，到現今已經三年了。所有徵集的成績，一總不過一千七百餘首，有幾省分還一首都沒有。但是期限已到，明年本校紀念日的時候，彙編應該出版了。我們現在仍是歡迎投稿，但一面也想籌備編輯的進行方法，值適得到常維鈞先生的來信，所以我們便決定發起一個歌謡研究會，請同學中有研究歌謡的興味者自由加入，共謀進行。校外有熱心的人，也可以由會員紹介入會。詳細的辦法要等第一次開會時公同討論，現在衹將我們擬定要做的事項開列於下，請諸君注意。

（一）整理歌謡彙編的稿本　審音、定字、分類排比。

（二）編刊彙編以外的一地方的歌謡專集　由會員個人分別擔任編輯，大家加以幫助，供給比較研究的資料。

我們預定本年年假以前，開第一次會，商議一切，自明年起分別實行，諸君願加入的請於十九日以前投函本校第一院國文學教授會爲要。

十二月十三日　沈兼士　錢玄同　周作人

常君來函附於後。

沈尹默、沈兼士、錢玄同、周作人諸位先生們：

我們大學裏邊徵集歌謡，已經快有三年了。但是除去劉半農先生登在日刊的百十來首歌謡選外，沒有什麼别的結果。現在外邊的雜誌月刊周刊日刊，登載歌謡的却很是不少；還聽説教育部也要徵集他。由此看來，外邊研究歌謡的是一天比一天多了。

現在《晨報》上發表歌謡的顧頡剛先生、易家鉞先生，都有不少的好歌謡。還有郭紹虞先生也在《晨報》上時常的提倡。顧先生又在他的歌謡序裏説，采集了好幾百首了，還想將來自已印作專集。

我就從這兒生出許多感想來：原來我也是一個“歌謡迷”，已經搜集了二年了。除了二三百首歌謡外，還得著幾本外國研究歌謡的書。看了之後，愈加覺得他是要緊而有價值的東西了。我本也想印單行本，可是現今又不願草率從事。爲什麼呢？爲因個人的力量有限，歌謡上的疑問很多，非經大家一番研究討論，不能得到滿足的解決。

可是我們怎樣的大家研究呢？最好的是請你們衆位出來提倡，組織一個研究會，名字就叫“北京大學歌謡研究會”。無論什麼地方的人，都可以入會。并且還要請顧頡剛先生們把他們採集的歌謡也都送給到我們會裏。那時候我們會裏人多了，你整理湖南的，我整理湖北的，他整理浙江的，不是就成功了嗎？那也不愧我們大學徵集了幾年的工夫呀！

這就是我的一點意見，你們幾位先生以爲何如？

常惠　九年十二月一日

（《北京大學日刊》1920年12月14日）

十二月十六日，作致顧頡剛信，討論有關歌謡的語言文字問題。此信後收入《段硯齋雜文》一書。

一封討論歌謡的信

顧銘堅先生：

你給我的復信，已經收到了。你收集的吴歌、吴諺、吴語已有十四五種之多，用力之勤，至可佩服，承委托我幫忙編審，那是我很願意做的。

來信説："我的意見，'黄房'决是'徨彷'二字之誤。其所以把'彷徨'二字顛倒的緣故，因爲'黄'與'彷'是雙聲。雙聲的字，在一個詞内説起來很順，而在二個詞内連説起來很逆，所以竟倒轉了。'徨'與'彷'是疊韻，雖是倒轉，仍舊諧韻，所以更是不覺得倒轉了。此見未知然否？……"我以爲大凡疊韻或雙聲的形狀語，兩字的次序，本有互易的例。譬如古書中的"怳惚""惚怳"、"黄昏""昏黄"和俗語中的"張慌""慌張"皆是，并無别的理由，似可不必過事深求。

再原謌中所用的"黄房"，倘相沿本是如此寫法，大可不必改作"徨彷"，以存其真。就理論上説來，這類的字，本來不過是"托名標識"罷了。"黄房"之與"徨彷"，功用略無差别，不能竟説他是錯誤的。

我們現在研究歌謡裏的方言，就有俗字的説。——不是要攷他的古字——"本字"或"正字"。——究竟是甚麽，是要攷他的意義究竟是怎樣。仔細説起來，就是不應該以形體爲惟一目的，還像新方言那樣每語必求他的古字，應該以意義爲惟一目的，本著聲韻變遷的定律，去推尋其意義的範圍。意義弄得很清楚了，就算能事已盡，正不必拿和現在説話不相符合得古字來替代俗字。例如《晨報》十二月十一日所載京南的歌謡《月亮地》有句"月亮地，'凋'衣裳"，注："凋，亦洗也，不知是否此字？姑用之。"從聲韻上研究起來，北方人説的"ㄊㄡ"和"ㄔㄡ"，凋。南方人説的"ㄉㄚ"，都應該是"滌"字的音轉。"ㄊㄡ"是"滌"的古音。"ㄔㄡ"是疊韻相轉。"ㄉㄚ"是雙聲相轉。——我們研究方言的人，衹要從"ㄊㄡ""ㄔㄡ""ㄉㄚ"這些聲音裏面推尋出他是由"滌"變來的，是"洗"的意思，那就够了，却不必一定要把"滌"字復活了來代替俗用的"凋"字。又如你的"吴歌47"《哭七七》中有句"書童'擔'掃靈前座"，注："擔謂拂去灰塵，不知'擔'字怎麽寫法？"我們雖然知道内則"挑日膽之"的"膽"，是拂拭的意思，但是"膽"和"擔"都是一樣"依聲托事"假借來用的字，又何必妄生分别，定要用那不通俗的"膽"字替代那通俗的"擔"字。

至於歌謡中遇著有音無字的方言，且不必管他應該怎樣寫法，衹要拿注音符號來表出他的聲音就得。倘是攷出來的本字的聲音，恰好與今語相合，那也不妨拿來應用，但必須有個限定，就是要“現無流行的俗字，而其本字的聲音，又與今語相合的場合”，方才可以。

此外還有幾條意見，現在一并寫在下面，和你商榷。

地方歌謡應該注明流行所在的現代地名，不應用那廣狹異域界限不清的古代地名。你在《晨報》上所發表歌謡，都注一個“吴”字，這個“吴”字若指狹義的吴縣説，就説無可論的了。倘是襲用古代吴越之吴，那是我不甚以爲然的。

地方歌謡中所用的字，多與原歌謡的聲音不符，我以爲非旁注注音符號不可。

民謡可以分爲兩種：一種爲自然民謡；一種爲假作民謡。二者的同點，都是流行鄉里間的徒歌。二者的異點，假作民謡的命意屬辭，没有自然民謡那個單純直樸，其調子也漸變而流入彈詞小曲的範圍去了。例如廣東的粵謳，和你所采蘇州的戲婢十勸郎諸首皆是。我主張把這兩種民謡，分作兩類，所以示區别、明限制，不知你以爲何如？

十二月十六日　沈兼士

(《北京大學日刊》1920年12月21日)

同日，周作人寄沈兼士信。

上午，寄鄭陽和君《點滴》一部，玄同、兼士、芾仲、頡剛函。

(《周作人日記》)

十二月十九日，周作人寄沈兼士信。

上午，寄兼士、振鐸又趙、凌二君函。(《周作人日記》)

十二月二十一日，魏建功作致顧頡剛信，討論歌謡正俗字問題，對沈兼士的主張提出不同意見。

關於歌謡中正俗字問題給顧頡剛先生的一封信

頡剛先生：

今天《日刊》上“一封討論歌謡的信”，我很懷疑，本想商之沈先生的，就和先生談談罷。

沈先生説：“我們現在研究歌謡裏的方言，就有俗字的説，不是要考他的古字，‘本字’或‘正字’究竟是什麽，是要考他的意義究竟是怎樣，仔細説起來，就是不應該以形體爲惟一目的，還像《新方言》那樣每語必求他的古字，應該以意義爲惟一目的，本着聲韻變遷的定律去推尋其意義的範圍。意義弄得很清楚了，就算能事已盡；正不必拿和現在説話不相符合的古字來替代俗字。”我以爲言語的變遷是一定有個頭緒的，要整理今言的頭緒，自然要考究出他的古字來，再找出他變成今音的綫索。因爲古字是我們祖宗的語言，我們受的遺傳很多，不得不去研究古字，古字不必泥用以代“俗字”，古字的聲音若和今音相同，不妨用他，假如所謂俗字還不曾通俗，連本地采集的人都不知他是通俗的，我們就必須找出一個正確的字來替他了。例如《哭七七》的“擔”字是“膽”字，用“擔”字固未爲不可的。但是吴語“擔”字是否通俗字，這也是一個問題。沈先生説：“何必妄生分別，定要用那不通俗的‘膽’字替代那通俗的‘擔’字?”先生吴人，一見此“擔”字就不知作何寫法，足見不能通俗了，那麼，“擔”字必係未經通俗的字了。這種未經通俗的字，我們能找出一個古字和他的音恰同而意又合，何以是“妄生分別”呢？我以爲“擔”“膽”雖同音，而“擔”字毫無“拂拭的意思”的證據，自然以“膽”爲宜。不然，我們何必審定呢？且這些歌謡多半是没有通俗的寫本，都是流傳於口述的，我們徵集的人怎麼能不考訂一下再寫下來呢？我敢説：沈先生所謂通俗的字現在還没有呢，“擔”字不盡然是“依聲托事”。

沈先生又説：“至於歌謡中遇着有音無字的方言，且不必管他應該怎樣寫法，衹要拿注音符號來表出他的聲就得。”我以爲今音無字而有音的，就是言語的變遷，這種非可以注音足以了事，更不可“且不必管他應該怎樣寫法”。例如，我説的吴音和滬音的“啥”字是“什麼”之拼音，北京之“不用”拼讀如“甭”聲，吾鄉之“罷”字是“不要”之拼音。我們自應在這地方多注意，多研究，然後中國言語變遷大概也許有點頭緒。所以沈先生也説了的：“倘是考出來的本字的聲音恰好與今語相合，那也何妨拿來應用……”

沈先生説：“再原歌中所用的‘黄房’，倘……‘黄房’之與‘徨彷’功用略無差別，不能竟説他是錯誤的。”“黄房”若是一見了然，何得發生疑問呢？若是改了“徨彷”，人家一見就懂，我們有什麼不能改呢？功用固無差別，習慣上了解不能了解却是一個問題。假如我們寫成一個“恍惚”，依聲韻關係和“黄房”不也相近嗎（因爲“灰”之聲與“弗”之聲今人多相混的，如英文中“when”，多少人讀如“fen”）？但是我們因“徨彷”的意思是形容茫無所措的，“恍惚”却是形容顛倒的。“黄泉路上”斷不會步“恍惚”的，所以就審定了是“徨彷”。而且這類的歌，我們可以斷定是經過一位文人做出來的，不過原本已失，沿傳變成“黄房”了。我們研究言語學，對於這種變遷怎樣不要“過事深求”呢？我們要審定的就是這些。但是不必如從前研究小學的人説，某字俗訛，非應派寫成某古字不可，例如“啥”字，我們就不必説要寫做“什麼”。然而我們可以把他注解出來給大家知道知道。

沈先生主張分民謡爲兩類，我説，“自然”與“假作”很難分別。有許多歌謡是假作的，但是沿傳已久就像自然的了，我們怎麼辦？《男孤孀》，我們還可以斷定是假作的。有些兒歌是有意造的（習俗相傳這類的很多），但是很像天籟，我們哪兒分得出？我以爲衹有以“兒歌”，“童謡”，“山歌”，“情歌”，“漁歌”，“秧歌”這麼分好，《戲婢》，《十勸郎》自是情歌之列。

我是一個少年不識事理的人，見了沈先生這一篇大信，不覺亂説了一頓！愚見先生以爲何如？而且我以爲在廢“漢字”的主張未實現以前時，無論什麼

“字”，“句”，我們都要根據現時社會上言語意思來解釋，尋找這些方言的來歷，審定出一個原文來，而現行的與原文相通或相同的，我們自應用新的，去舊的，促進言語的進化。照沈先生那樣一説，我們要審定真不容易下手呀！

魏建功。1920年12月9日

（《魏建功文集3》第1—3頁）

按：《魏建功文集3》録此信署“1920年12月9日”不確。據信開頭句“今天《日刊》上‘一封討論歌謡的信’”，可知此信作於12月21日（參閲本年12月16日條）。信中“沈先生”指沈兼士。魏建功亦沈兼士北大時期學生。

十二月二十四日，北京大學教職員會總務會議主席姚憾在《北京大學日刊》刊登啓事，内附北大同人挽留馬叙倫繼續擔任教職員會主席的啓事，沈兼士列名其中。

北京大學教職員會總務會議主席姚憾啓事

茲將迭囑挽留馬夷初先生函件登布於左，敬希察覽，并祝台綏。

附迭囑挽留馬夷初先生函件於後。

…………

恨吾先生大鑒：敬啓者，自“五四”運動以來，教育界歷經波折，賴馬夷初先生等奔走維護其間，方得保持原狀。今閲日刊得悉馬先生函請解職，同人等默察教育前途事來未艾用，特函請先生切實挽留，俾得繼續任職，以竟全功。無任盼禱。此上，并祝教祉。（下列署名以簽名先後爲序）

馬聯緒　董聯桂　徐之傑……沈兼士　鄭壽仁……

一九二一年　民國十年　三十五歲

一月十二日，《北京大學日刊》刊登《新知書社招股廣告》，沈兼士爲該書社募股經收人之一。

新知書社招股廣告

本社附屬於北京大學新知編譯社内，以印刷發行新知編譯社之圖書、雜誌爲主要營業，以（一）代售國内各種有價值之圖書、雜誌，（二）由歐美日本返運書籍，（三）代印各處出版品等，（四）代售教育用品爲附屬營業。資本總額暫定爲兩萬元，共分四千股，每股五元。分四期招足，第一期先招五千元，業已開始招募，限於本年三月三十一日截止，募足時即行開辦。凡本校教職員及同學諸君願入股者，請向下列各處交足股款，領取收據，即於四月一日起换取股票。所有招股簡章組織，簡章除已揭載本月七、八兩日本校日刊及京滬各重要報紙外，有願索閲者，請函致南河沿大純公寓成舍我君，當即寄奉。

募股經收處

（一）北京大學學生銀行（北河沿第三院）

（二）李辛白君（第一院出版部主任室）
（三）沈士遠君（第一院庶務主任室）
（四）沈兼士君（第一院國文教授會）
（五）李大釗君（第一院圖書主任室）
（六）楊鍾健君（第二寄宿舍）
（七）吴前模君（第二寄宿舍）
（八）姚文林君（第一寄宿舍）
（九）邱益祥君（第一寄宿舍）
（十）羅敦偉君（第一寄宿舍）
（十一）郭夢良君（第一寄宿舍）
（十二）易家鉞君（西城宗帽胡同一號）
（十三）成平君（南河沿大純公寓）

一月十三、十四日，爲廣東嶺南大學聘請一國文、歷史教授，連續發布啓事。

沈兼士啓事

頃廣東嶺南大學擬請一教授，大學預科及中學之國文、歷史教師，須略通中國文字學者。每周功課約二十小時，每月薪金約九十元。同學中如有願就此聘者，請至東四老君堂四十一號，與兼士接洽可也！

（《北京大學日刊》1921年1月13、14日）

一月十五日，顧頡剛作致沈兼士信，談查檢書籍事。

八點半起身，朝事畢即到校，寫兼士、仲遠兩先生信。（《顧頡剛日記》）

兼士先生：

囑查數書，昨歸後檢叢書目，《義府》在錢熙祚所刻《指海》第二集，《字詁》在第五集。又檢《郘亭書目》，除《指海》一本外，有乾隆五十二年兩書合刊本，又有道光壬寅族從孫黄承吉合刊本。頃到校檢書目，《指海》也没有，可見這三刻都爲我校所無了。我意這二書都經收入《四庫》，先生要看，到京師圖書館取覽也便。

《毛詩古音考》，檢《郘亭目》，有《一齋全書》本、閩中徐氏明刊本、龍氏《敷文閣彙鈔》本、《學津詩源》本。檢我校書目，《敷文》、《學津》都没有，《陳一齋全集》有道光中刊本，在叢書類服字五號。

《古文尚書疏證》，在家刻本及《續經解》本外，尚有武億刊本、吴氏天津刊本。不曉得這兩種爲什麽絶不易見？

守常先生囑我下星期拿館裏貴重書籍檢別出來。我想"貴重"二字很無標準，先生有意見教導我麽？

學生顧頡剛。十、一、十五。

（《顧頡剛全集39 顧頡剛書信集 卷一》第502—503頁）

一月十七日，赴北大第一院，與錢玄同談話。

下午三時兼士來第一院，與談。 （《錢玄同日記》）

一月二十一日，與錢玄同晤面。

十一時至北大，晤兼士。 （《錢玄同日記》）

一月二十四日，顧頡剛作致沈兼士信，商談歌謡審定和刊發事。

兼士先生：

前天函及文稿均收到，業已轉寄晨報社。魏君從前已來過一函，謂“翁公聲音全同，不過平仄之異耳”一語，爲夜深神倦時誤寫，所以先生文内，此句已代爲隱去。想荷允可?

魏君是本校文預科二年級生。

晨報社收到許多歌謡，交我審定。但我一則無學，二則事務忙甚，研究且不能，遑云審定。我想這種稿子不如送給歌謡研究會，由會中公同審定。一面可以同晨報社商定，凡所得歌謡，都交給我們會裏，我們會裏所審定的，都交給《晨報》發表。這件事先生以爲可行否?我以爲會中自行刊報，一來没有錢，二來也没有專辦的人，倒不如這樣好。但歌謡研究會能不能公同研究，也是一個問題。

學生顧頡剛。十、一、廿四。

（《顧頡剛全集39 顧頡剛書信集 卷一》第503頁）

二月二日，二女沈泰在北京出生。

母親沈泰是我外公沈兼士、外婆蔡惠的二女兒，1921年2月2日出生於北京，早年在京華美專畢業，後定居天津。 （《王新南口述實録》［未刊稿］）

按：王新南是沈兼士二女兒沈泰之長女，現居天津。

三月三日，《北京大學日刊》刊登成舍我（成平）擬定的《新知書社計畫書》，内附該書社已入股人員清單，其中沈兼士股款爲五十元。

新知書社計畫書 （成平擬）

新知書社自決議組織以來，校内教職員諸同學及校外諸同志，多極爲贊成。先後正式擔任募股的，已有三四十位，所認股款已不少。現在籌備在即，所有社會一切計畫我暫且先擬定一個草案，預備提出於募股人大會及將來之股東大會，供大家的采擇。這個計畫書共分爲兩部：（一）開辦前之計畫；（二）開辦時之計畫。而每一部分内，又分有若干子目。茲詳述於下。

…………

李守常君三百元　沈士遠君五十元　沈兼士君五十元　李辛白君乙百元……

三月五日，顧頡剛作致沈兼士信。

在參考室，寫與幼漁、兼士、士遠諸先生信，接洽一切，并告春假後歸。

（《顧頡剛日記》）

三月七日，訪顧頡剛，勸其繼續留在北大研究所工作。

沈兼士先生來看我，道及我要歸家，他很覺得可惜，說現在學校裡要發議論的人多，要辦事的人便少，要負責任辦事的人更少。研究所將來教何人繼下，大是困難。（《顧頡剛日記》）

按：當時顧頡剛在北大圖書館做編目工作，兼管國文系參考室，因家事欲辭職回老家蘇州。沈兼士勸其留下在北大研究所工作。

三月二十一，顧頡剛作致沈兼士信，談編輯書目及分類事。

寫信（金侶琴、沈兼士）。（《顧頡剛日記》）

兼士先生：

來信讀悉。自罷課後，典書課無人在校，到書庫檢查書籍頗爲困難。惟在我歸去之前，總想把未做完各事辦完，當與典書課接洽，費二三日功夫，把這部分的目録編好。

先生說考釋文字的歸在文字學類，這固自就其所重；但我意也不妨兩目復見，取便檢閱。如《契文舉例》，一方面固可歸入文字學部商代文字類，一方面也可歸入古器文部龜甲考釋類。又如《隸韻》，一方面固可歸入文字學部漢代文字類，一方面也可歸入古器文部石文考釋類。從前人編目録，對於古代器文，擇其考釋文字多的，入之"小學"；擇其記載鐘鼎碑刻名目文字的，入之"金石"；擇其記載器物形狀的，入之"譜録"：一居經部，一居史部，一居子部。內容并不隔絕，而形式上各各隔絕，實在不是一個好方法。所以我主張把他打通了，拿研究的對象做一部一類的範圍：如一件東西而幾種學問全把他做對象的，便各各復見；務使分類與研究學問的境遇打成一片。我的意見如此，但我的學問實不足以相副，所以雖做分類的事情，却沒有把握使他滿意。願先生多多見教！

買書單已於上星期鈔出一紙，今附奉。

來信請寄大石作卅二號，以免爲校中延擱。

學生顧頡剛。十、三、廿一。

（北京大學檔案館藏檔，檔號：BD1927017-3）

三月二十四日，與顧頡剛、鄭奠（介石）商量研究所事，勸顧勿回家。

到研究所，兼士先生及介石兄來商研究所事，勸我弗歸。（《顧頡剛日記》）

三月二十八日，顧頡剛來訪。

至滕葉聲、鄭介石處，又與同至沈兼士先生處。……

今日至沈先生處，沈述馬先生意，欲我打消辭意，加我薪水使雇傭人服侍，此甚可感，但家中情形不能何！（《顧頡剛日記》）

按：日記中"馬先生"指馬裕藻。

四月一日，在《新青年》第八卷第六號發表新詩《小孩和小鴿——八年秋天在香山旅館》。

幾陣秋風，把避暑的大人先生都吹下山了。
旅館裏屋簷下被客人們嚇走的一群小鴿子，
慢慢的尋回了舊巢，咕咕的叫著。

後山坡幾個鄉下人，擔了收穫的高粱，
在夕陽影裏，唱著山歌往家裏走。
那一群小鴿子在白場上踱來踱去，
拾那遺剩下狼藉著的高粱粒兒吃。
吃完了走到山溪邊去喝水。

阿觀在旁邊站著看得出了神。
鴿子們却不怕他，時時别轉頭看一看，
依然伸著脖子一口一口的喝水。

四月四日，訪顧頡剛。

兼士先生來。（《顧頡剛日記》）

四月五日，顧頡剛作致沈兼士信，談圖書版本及目録分類事。

兼士先生：

《四庫提要》版本頃集得九種。明日到京師圖書館，當取各處圖書館書目所載版本一考。先生所藏本，亦請録示。

前呈目録，金石類中誤將磚甓瓦當歸入。今思此當立"陶類"，與明器同爲之屬。先生以爲然否?

學生顧頡剛。四月五日。

朝陽門内老君堂四十一號
沈兼士先生
大石作顧寄

（《顧頡剛全集 39 顧頡剛書信集 卷一》第504—505頁）

按：此件爲明信片。

四月十日，顧頡剛來訪。

到平伯、兼士先生處。（《顧頡剛日記》）

四月十二日，魯迅寄沈兼士信。

寄沈臤士信。（《魯迅日記》）

四月十四日，魯迅收到沈兼士信。

得沈兼士信。（《魯迅日記》）

四月十六日，魯迅寄沈兼士信。

上午寄沈兼士信。（《魯迅日記》）

四月十八日，魯迅收到沈兼士信。

下午得沈兼士信。（《魯迅日記》）

四月二十日，顧頡剛收到沈兼士信，沈兼士同意其回蘇州，顧頡剛非常高興。

今日接兼士先生信，許我歸去，大悦，即函告履安。（《顧頡剛日記》）

四月二十八日，魯迅收到沈兼士信。

得沈兼士信。（《魯迅日記》）

四月三十日，魯迅寄沈兼士信。

寄沈兼士信。（《魯迅日記》）

五月五日，顧頡剛作致沈兼士信。

寫守常、兼士、仲川等處信七封。（《顧頡剛日記》）

五月八日，魯迅收到沈兼士信。

上午得沈兼士信。（《魯迅日記》）

同日，吴虞日記中提及，據馬裕藻所説，沈兼士與錢玄同、周作人、魯迅等都是章太炎的弟子。

馬幼漁來，言下學期予可擔任諸子文及詩之一部。幼漁言，錢玄同、周作人、周豫才、朱希祖、沈士遠、沈尹默、沈兼士皆太炎門人。（《吴虞日記》）

按：因馬裕藻、沈尹默等推薦，北大聘吴虞爲文科教授。吴於 1921 年 5 月 7 日抵京報到。日記中提及沈士遠和沈尹默亦章太炎弟子不確。

五月十二日，魯迅寄沈兼士信。

午後寄沈兼士信。（《魯迅日記》）

五月十四日，赴廣陵春宴會，同席有胡適、錢玄同、蔣夢麟、朱希祖、吴虞、馬裕藻等。

幼漁由電話來催予，即叫車與君毅同至廣陵春。到者胡適之、錢玄同、蔣夢麟、朱希祖、沈兼士、沈士遠、單丕諸君。（《吴虞日記》）

五月十七日，魯迅收到沈兼士信。

得沈兼士信。（《魯迅日記》）

五月十九日，吴虞發信邀請沈兼士等於星期六在南園飯莊共進晚餐。

發信請馬幼漁、馬夷初、蔣夢麟、胡適之、朱逖先、錢玄同、沈兼士、沈士遠、陳惺儂、王弘實星期六午後七鐘，在南園飯莊晚餐。（《吴虞日記》）

同日，胡適在日記中提及，報紙刊登沈兼士等人爲謝楚楨《白話詩研究集》作的介紹廣告，胡不以爲然。

今天我做了一件略動感情的事。有中國公學舊同學謝楚楨君做了一部《白話詩研究集》，裏面的詩都是極不堪的詩。他曾拿來給我看，我説這裏面差不多没有一首可算是詩，我又説單有白話算不得詩。他後來結交了易家鉞、羅敦偉等一班新名士，他們把他捧作一個大詩人，他這部詩居然出版了！出版後，他來纏着我，要我替他在報上介紹，我完全拒絶了他。他後來〔竟〕在報上登出這樣一個大廣告：

介紹新出版的白話詩研究集

是書係謝楚楨先生苦心孤詣之作，全書約十萬言，内容：上半卷列詩録五十餘條，研究新詩作法，無美不備；并列詩談選一門，都係時下一般名人所作，下半卷列詩□百二十首，思精筆美；并列詩選一門（共三十餘首，内有女子詩十首），都係男女青年的傑作。討論批評，創造采集，無所不有，誠爲新文藝中别開生面之書。至如生活類中描寫社會各種婦女生活狀況（共三十三首，莊諧雜出，形容盡致），使人可怨可歌可笑，尤爲此書之一大特色。同人等因其於新詩界大有貢獻，特爲鄭重介紹，想凡有志研究新詩的人，當無不先睹爲快哩。

介紹人：沈兼士　李煜瀛　孟壽椿　易家鉞　孫幾伊　陳大悲　羅敦偉
瞿世英　楊樹達　郭夢良　陳顧遠　徐六幾同啓

我看了很不滿意於這幾位濫借名字的“名人”。……

（《胡適日記》）

五月二十一日，赴南園飯莊吴虞晚宴，同席有朱希祖、錢玄同、馬叙倫、沈士遠、蔣夢麟、胡適等。

六時雇車過賈家胡同南園。行至中途，值張作霖將來，道警蹕，遮斷交通，予乃步行而過，另覓車至南園，共去錢一百七十文。陳惺儂、馬幼漁、沈兼士先在，朱逖先、錢玄同、馬夷初、沈士遠、蔣夢麟、胡適之，王弘實均先後［至］。……席散，付銀十七元八角。（《吴虞日記》）

五月二十四日，在馬裕藻處遇吴虞，談甚久。

九時過馬幼漁，朱少濱（名師轍），沈兼士亦至，談久之。（《吴虞日記》）

五月三十一日，魯迅寄沈兼士信。

上午寄沈兼士信。

（《魯迅日記》）

六月一日，打電話告知錢玄同，教職員代表赴教育部討薪，結果很不滿意。

十時訪士遠，打聽今天教職員到教育部去討債底消息。士遠没有回來，於是在季明處坐了將近兩個鐘頭。後來打電話問兼士，知道新任教育次長馬鄰翼今天雖然到任，但是同他説話他總是一味圓滑敷衍，不得要領，最後答應本周金曜可以先發一些——并没有確實數目。代表認爲不滿意，非逼他負責任清積欠不可，談判到下午十一時尚無結果。代表今晚大概是不回家了。（《錢玄同日記》）

六月三日，與錢玄同、馬衡同赴孔德學校，勸告七年級學生上課。

我於十一時到沈宅，十二時偕叔平、兼士等到校開會。大家都主張召集七年級生，勸佢們上課。

（《錢玄同日記》）

按：孔德學校七年級學生因爲功課問題，全班都不來上學。沈兼士、錢玄同等校董就此事開會，勸導學生上課。

同日，赴新華門向北洋政府請願，被軍警毒打致傷。

京學生請願慘劇後之情況

教育風潮自前日（三日）新華門衛兵打傷教育次長馬鄰翼及校長、教職員、學生後，各界聞訊，均極憤激，定今日（五日）在天安門開國民大會，聞有多數團體加入。惟警界擬加崗兵三百餘名，步軍統領派兵一二營，以武力禁止開會，并不准入天安門。又中央公園開會中之全國報界聯合會，昨日下午開會時亦一致决定援助教職員學生，力争教育，并派代表八人往首善醫院慰問受傷諸人。學生聯合會昨日上午在高師開緊急會議，對於政府此次之處置，全體認爲破壞教育之鐵證，當即决定三條辦法。其中一條除争教育經費外，并運動教育獨立，使全國教育完全脱離政府關係。……

至於前日身受重傷之教職員學生，現在首善醫院醫治者，將及二十人。昨有人前往慰問，謂其創傷情，慘不忍覩。最堪注意之點，則其所受之傷，皆係刺刀所戳，而戳痕之所從入，不由背後，即由腦頂。可見受傷之人，皆於轉身迎走及倒地不能動之時，横被摧殘，并非有抵抗之舉動也。又全國報界聯合會，特推代表某君，昨日午後五時至首善醫院慰問，由閽者引至病室。室内列三榻，北大教職員代表沈兼士遠卧東榻，額際裹以藥布。據沈云，額部係受刺刀刺傷，腰際尚有槍柄重傷數處，神經大受震動，受傷頗重。高師教員黄人望則卧在西榻，腰間胸前均受刀柄重傷。醫專校長張焕文卧北榻，首裹藥布，後腦及腰背均受重傷，頸際被刺刀刺破。後又至一室，教職員代表主席馬叙倫卧北榻，額頸左眼均爲藥布所蔽，未見傷痕。據云，馬左眼微腫，腦後及身上均有傷痕。女高師教員湯璪貞卧西榻，身上雖無傷痕，然内部受傷頗重，亦非一二日可以痊癒。法專校長王家駒因在睡中，未獲見面。受傷諸人中，以張焕文、沈兼士二人受傷最重。……

（《申報》1921年6月7日）

按：鑒於教育經費短缺，政府長期拖欠教職員薪水，當日北京大學等八所國立高校校長、教職員和學生，冒雨赴總統府請願，不僅要求發放欠薪，還喊出教育基金和經費獨立的口號。當請願隊伍走到新華門時，遭到總統府衛隊的毒打，釀成“六三慘案”，亦稱“六三事件”。此次慘案驚動全國，一時群情激憤，紛紛通電聲援。北洋政府迫於壓力，派人出面調解，答應向師生謝罪，慰問傷者及承擔醫藥費，并承諾發放積欠的教職員薪水。

六月四日，在首善醫院養傷，接受全國報界聯合會代表采訪，介紹受傷情形。參閲本年六月三日條。

六月五日，回北大報告軍警圍守首善醫院，不許外人入内探視受傷教職員等情況。

下午，北大教職員開大會，聯席會議的幾個"重要"人，都不敢出席，譚仲逵躲到法國醫院去了。沈兼士自首善醫院來，報告今天軍警圍守醫院，不許人入内看視受傷教職員。他又説，院長方君跑了，院中醫藥與飲食都不周全。我聽了急請孟和打電話尋嚴季約（首善的副院長），請他照料。沈君後來告訴我説，他這番是故意過甚其辭，要聳動人的。這種手段，我很不贊成。政府很注意夷初，監視最嚴。夷初想移到法國醫院，警察不放他走。其實他儘可不必想走。

（《胡適日記》）

七月二十九日，北京大學入學考試委員會發布啓事，推定沈兼士等爲本年新生入學考試出題人。

入學考試委員會啓事

致各出題人

敬啓者，兹經本會公推先生爲本年新生入學考試出題人，敬祈按照左表科目制就題目（京滬同題），於八月七日以前送交遂安伯胡同四號顧孟餘先生匯收爲禱（本年本預科考試科目與去年同，招生簡章印出即行奉寄）。

北京大學入學考試委員會啓

十年七月二十九日

附入學考試出題科目人名表

國文：錢玄同　沈兼士

英文：楊子餘　郭汝熙

數學：程振鈞　丁燮林

（後略）

（王學珍、郭建榮《北京大學史料》第二卷中册，第850頁）

七月三十一日，訪周作人。

士遠、尹默、兼士、秣陵來談。（《周作人日記》）

八月一日，顧頡剛作致沈兼士信。

寫兼士先生信。

（《顧頡剛日記》）

八月五日，遇周作人。

遇兼士及夫人。

（《周作人日記》）

八月十九日，顧頡剛作致沈兼士信。

寫兼士先生信，父大人片。（《顧頡剛日記》）

八月二十二日，赴北大第三院大禮堂參加教職員會議。

八時赴北大第三院大禮堂，晤如皋汪鐵生（名寶珊）。頃之，馬夷初、譚仲逵、沈士遠、沈兼士、錢秣陵、黄人望、馬叔平均來，到者四十餘人。徐寳璜及某君提議上課，與夷初辯論。予意如有具體辦法，然後上課，則上課可爲辦法之一種；若無具體辦法，而僅以先上課爲辦法，則予决不敢贊同。延至十二時，尚無結果，予同士遠、兼士、叔平遂出院而歸。（《吴虞日記》）

按：當天北大在第三院大禮堂召開全體教職員會議，討論教育經費和是否恢復上課等問題。

同日，赴中央公園沈尹默晚宴，同席有魯迅、沈士遠、錢玄同、馬幼漁、張鳳舉（黄）等。

晚尹默在中央公園招飯，并晤士遠、玄同、幼漁、兼士及張君鳳舉，名黄。

（《魯迅日記》）

九月一日，赴宴賓樓馬裕藻晚宴，同席有魯迅、張鳳舉、蕭友梅、錢玄同、沈士遠、沈尹默等。

晚馬幼漁招飯於宴賓樓，同席張鳳舉、蕭友梅、錢玄同、沈士遠、尹默、兼士。（《魯迅日記》）

九月二日，顧頡剛來訪。

雇車至兼士先生、平伯、仲川、胡思聰、幼漁先生處。……

兼士先生謂周啓明先生卧病碧雲寺，恐係肺疾。醫禁其看書，而彼不能。又謂周豫才評聖陶小説，謂無論看什麽東西，便是一棵白菜，也看出大道理來。蓋不滿之辭也。兼士先生謂聖陶小説如陽明樀竹子。（《顧頡剛日記》）

九月三日，顧頡剛作致沈兼士信。

寫兼士先生信，爲昂若事。（《顧頡剛日記》）

九月五日，赴北大三院批閲入學考試卷，同閲者有吴虞、單不厂、馬裕藻、馬衡、沈士遠、錢玄同、朱希祖等。

八時至三院，晤劉叔雅、倫哲如、吴瞿安、單不厂、馬幼漁、馬叔平、沈士遠、沈兼士、錢玄同、朱逖先、錢秣陵、毛夷庚、李公甫諸人。……下午二時，至三院教員休息室，閲國文試卷四十餘本，佳者廖廖。閲卷到者，朱逖先、單不厂、馬幼漁、馬叔平、沈士遠、沈兼士、劉叔雅、毛夷庚。閲至五時過，用點心而散，付來去車錢十枚。（《吴虞日記》）

九月六日，與馬裕藻、單不庵、錢玄同、沈士遠、朱希祖等，在北京大學第三院批閲北京地區入學試驗國文試卷。

到第三院，閲本届北京入學試驗國文試卷。約閲百册。同座有幼漁、不广、玄同、兼士、士遠、又陵、夷庚、逖先諸先生。

昨兼士先生信來，道幼漁先生意，約入入學試驗委員會，大概有二三日的忙。

（《顧頡剛日記》）

八時過第三院，幼漁諸人尚未至。少頃，幼漁、玄同、逖先、不厂、士遠、兼士、夷庚、顧頡剛俱至。……閲卷至十二時開午飯，飯後，復閲卷至二時半，予約閲卷九十本，并代幼漁、兼士閲卷十餘本。（《吴虞日記》）

九月七日，與馬衡、沈士遠、單不庵等，在北京大學第三院閲上海地區入學試驗國文試卷。

到第三院看上海試卷，僅百餘卷。兼士、叔平、夷庚、士遠、不广五先生同觀。……昂若事（協和國文助教）大約可成，兼士先生約明日去接洽。

（《顧頡剛日記》）

九月八日，顧頡剛來訪。

偕昂若到兼士先生處，談半小時。（《顧頡剛日記》）

九月十二日，顧頡剛作致沈兼士信，談搜集《文論集要》材料事。

與兼士先生信，并抄出。（《顧頡剛日記》）

兼士先生：

囑覓《文論集要》材料，現已覓得十餘篇，録上，請審定：（略）

目録三紙附上。這目我已鈔上簡片，以待將來排次。惟如何排次，或依文體，或依時代，或依宗旨，當俟先生等商定後再做；一面我也要把原文都看過。

太炎先生《文學總略》一篇，下文學定義既嫌太廣泛，又必欲把前人論文的話盡行駁倒：無論主狹義的蕭統、阮元，主廣義的曾國藩，統行駡了。既斥章學誠竊文德之説於王充，自己又陰取他的修辭立誠之説。因此，此文説理有許多不圓滿處。我想還是把他節録的好，先生以爲何如？

學生顧頡剛。十、九、十二。

（《顧頡剛全集 39 顧頡剛書信集 卷一》第505—506頁）

九月十三日，北京大學考試委員會發布啓事，推定沈兼士等爲本年第二次新生入學考試出題人。

北京大學考試委員會啓事

敬啓者，本年第二次新生入學考試，已定自本月十□日起舉行，敬祈查照左表科目制就題目，務請於本月十六日以前送交遂安伯胡同四號顧孟餘先生匯收爲禱。

北京大學考試委員會啓

十年九月十三日

附入學考試出題科目人名表

國文（本預科） 錢玄同 沈兼士

英文（本預科） 楊子餘 郭汝熙

數學（本預科） 程振鈞 顔任光

（後略）

（王學珍、郭建榮《北京大學史料》第二卷中册，第852頁）

九月十四日，錢玄同來訪，同出北大預科招生國文試卷。

上午到沈家去。北大將行第二次預科招考，有信來叫我和沈兼士君擔任出國文題目，今天就在那出題：

（甲）文言譯白話。取材於《世説新語》。

（乙）白話譯文言。取材於《儒林外史》。

（丙）將一段文章標點。選了《稼軒詞》的序。 （《錢玄同日記》）

九月十五日，顧頡剛作致沈兼士信。

寫兼士先生信。 （《顧頡剛日記》）

九月十六日，錢玄同來訪，同出北大國文系本科第二次招生國文試卷。

訪沈氏弟兄，與兼士同出文本科第二次招生之國文題。題爲《晚周諸子之學説其影響之後世者若何?》 （《錢玄同日記》）

九月十七日，赴廣和居吴虞宴席。同席有馬裕藻、沈士遠、沈尹默、錢玄同等。

予過廣和居，付車錢十八枚。坐少頃，幼漁、兼士、士遠、玄同、尹默先後到，共付席銀四元九角一仙，小錢三十枚。席散已下午三時矣。 （《吴虞日記》）

吴虞君請在廣和居吃中飯，同座者爲沈士遠、沈尹默、沈兼士、馬裕藻四人。 （《錢玄同日記》）

九月十八日，訪蔡元培，未遇。

兼士來，未晤。 （《蔡元培日記》）

按：蔡元培從歐美考察教育歸來，於當日11時抵達北京，沈兼士即登門探望。

九月十九日，下午，與錢玄同、吴虞、沈士遠等同閲北大第二次招生國文試卷。

北大今年第二次招生於今日考國文，我派着監場及閲卷。上午八時到北大第二院去監場。此次來考之人較第一次多三分之一，預科六五六人，本科八人，分五個試場試驗。下午一至六時閲卷，同閲者有吴虞、沈士遠、沈兼士、顧頡剛、毛準、鄭奠、單不庵、馬叔平、劉文典、朱希祖諸君。 （《錢玄同日記》）

九月二十日，赴北大第三院閲入學試卷。在北大禮堂介紹吴虞見校長蔡元培。

八時，過北河沿第三院教員休息室閲試卷，到者錢玄同、單不厂、鄭介石、沈兼士、顧頡剛、毛夷庚，劉叔雅、沈士遠、馬叔平，……三時，各卷閲畢。予遂至大禮堂赴歡迎會，沈兼士介紹見蔡孑民，聽演説後，照像而散。（《吴虞日記》）

按：當天下午北大在第三院大禮堂召開全體教職員大會，歡迎蔡元培校長返校。

九月二十二日，作致北京大學入學考試委員會信，提出彙印分送北大歷屆各科入學試卷、把入學考試國文卷存入國文系參考室等兩條建議。

來　函

入學考試委員會諸先生：

我現在對於貴會有兩個建議。

一件是請把自民國元年以來歷屆入學試驗的各科題目，彙印分送各省學校（或發售亦可）。（一）可以考見本校對於各科試驗方法是否逐漸改良，并其趨勢如何。（二）使全國一般中學校都很明了本校考試的程度和趨向，以便有所預備。即如近兩屆考試的數學卷子不及格者過多，未始非中學畢業的程度與大學入學試驗的程度不相銜接之故。（三）每屆落第的學生們可以本着這個程度和趨向，自行預備。而社會上也可以本着這個程度和趨向，爲中學畢業生多設幾個預備升學的講習所，豈不是一舉而數善兼備的事情嗎。（四）倘能設法把北京專門以上各校的入學試驗題目總彙起來，印成一本，那更好了。

一件是請把入學考試的國文試卷撥存國文學系參考室，以爲教習和學生研究的材料。（一）我以此次閱卷的經驗看來，國文全卷清通的卷子，恐怕不過十分之一二，其他卷中不通之點，很可以按照文法學的分類把他統計起來，作成一表。并須將考生的出身學校分別注明，以便查考某處某校有某種的毛病，這實在是一件有趣而有益的事情。（二）國文教習教授文法和修辭的時候，每每苦於没有參照説明的材料，而入學考試卷中可以供此等材料的文字，觸目皆是，亟應搜取應用，這也是廢物利用的一種好法子。（三）及格諸卷，似宜按照班次，分別存儲於參考室裏邊，以便教習先行考查各個學生之程度，而後再施以相當之訓練。

上面所説的兩〔件〕事情，是否可行，尚祈斟酌。

沈兼士　九、二十二

（《北京大學日刊》1921年9月26日）

九月二十六日，與顧頡剛同看《圖書集成》等書籍。

到研究所擬校《直齋書録》，沈兼士先生來，約同看《圖書集成》，選《文論》，看《文學典》十册。（《顧頡剛日記》）

九月二十七日，蔡元培來訪。

訪士遠、尹默、堅士、幼漁、季銘、叔平。在沈宅午餐。（《蔡元培日記》）

九月二十七、二十八日，在《北京大學日刊》發表《中學國文之選授方法》一文。後轉載於《共進》一九二一年第四號、第五號。此文針對當時中學國文（指古體文）教學中存在的問題，從選文的範圍及方法和國文教授的方法兩方面，詳細論述應如何加以改進和實施。

九月二十八日，邀顧頡剛赴騾馬市通商號吃晚飯，同席有馬裕藻、沈士遠、鄭奠、朱希祖等。

兼士先生來，邀赴騾馬市通商號夜飯，即同去。同坐有逷先、幼漁、又陵、君默、士遠、介石諸先生。（《顧頡剛日記》）

九月三十日，赴南河沿射陽春馬裕藻、朱希祖、沈士遠晚宴，同席有吴虞、朱希祖、馬裕藻、沈士遠、錢玄同、沈尹默、馬衡、經亨頤（子淵）等。

下午六時，過南河沿射陽春。朱逖先、馬幼漁、沈士遠已在，玄同、兼士、尹默、叔平、經子淵、康心如先後至，小室精嚴，肴饌清潔。（《吴虞日記》）

晚，幼漁、逖先、士遠諸人餞尹默及康心如於射陽春，招我作陪。

（《錢玄同日記》）

同日，與顧頡剛談話。

與兼士先生、介石談話。（《顧頡剛日記》）

同日，北京大學發布校長啓事，決定組織預科委員會，并請沈兼士等擔任該委員會委員。

校長啓事

顧孟餘、丁巽甫、李仲揆、沈兼士、胡適之、朱逷先、王雪艇諸先生公鑒：本校預科爲本科各系之基礎，亟須切實整頓，嚴定標準，提高效率。前考試委員會及教務會議對於此事屢有決議，茲欲使責任有所專屬，決定組織一預科委員會，議定并執行一切關於預科課程及教授法之事件，并請先生等擔任該會委員，尅日集會，進行一切。是爲企禱！

蔡元培謹啓　九月二十九日

（《北京大學日刊》1921年9月30日）

十月二日，訪蔡元培，報告國學門國文學研究所應辦事務。

兼士來，示國學門國文學研究所應辦之事。（《蔡元培日記》）

同日，赴京漢車站食堂錢玄同爲沈尹默餞行，同席有沈士遠、馬裕藻、馬衡、馬季明、單不庵等。

今日午□，我在京漢車站食堂爲尹默餞行，邀士遠、兼士、幼漁、叔平、季明、不庵六人作陪，我和尹默兩人吃素菜。

北大研究所國學門近來打算積極進行，做出一點成績來，而因經費無着，無從措手。蔡先生不久將赴滬，他答應向南中富人如劉翰怡之類告助，要叫我們先擬一個進行的計劃，以便開口，今天下午尹默爲此事邀我們到他家裏去商量。

（《錢玄同日記》）

按：假期即將結束，沈尹默要回日本京都大學繼續進修，同人朋友紛紛設宴爲其餞行。

十月三日，與葉恭綽、陳垣（圓庵）、方夢超、沈士遠、沈尹默訪蔡元培，商談教育基金公債事。

午後二時，葉玉甫、陳圓庵、方夢超及沈氏三兄弟來，商教育基金公債事。玉甫説：交通附收賑捐，可改爲教育捐。 （《蔡元培日記》）

同日，顧頡剛作致沈兼士、馬裕藻信，談研究所分設講演室、參考室事。

歸寫兼士、幼漁兩先生函，即謄清。 （《顧頡剛日記》）

幼漁、兼士先生：

本日上午十時，我到研究所參考室，當時逷先生正與滕葉聲兄等數人講書，我在辦公桌上做了些事，隨後書記許襄兄來，我正交付鈔件，逷先先生即揮之使出，謂我們正在研究，不能進來，復揮我出，謂你們兩人都出去，我告以現在研究所尚未布置就緒，演講、參考、辦事，都祇好在一處，等將來分開之後，先生在這裏講演，我們在别室辦事好了。逷先先生應允了，我們都没出去。

…………

我看着本校各機關的隔膜，辦事上的隨便，十分覺得痛心。承諸位先生的不棄，教我管理研究所，我深願使研究所不像其他機關一般的暮氣，雖則我早則半年，遲則兩學期，終必請假侍養的，但我深願盡我的能力，在這時期裏，把研究所根柢打好，將來再覓一極適宜的人，代替我的職務，等我終養之後，再一心一意的爲研究所做事，因此，在創始的時候，不願有所通融遷就。但要把研究所辦好，不是我一個人出了力便可成功的，也必得校内同人的諒解，教員肯不使教員的皮氣，學生肯不使學生的皮氣，各各就各各的規範，事情就容易做，成績就容易有。若到參考室的人都放出自己在家裏的習慣，我們職員辛勤做得的結果，曾不足供他們一旦的摧陷，即使有肯負責任的職員，也必得心灰意懶，這研究所可就與别的機關一例的頽敗了。

諸位先生如以我這話爲然的，請指定一二間屋子，做研究所講演室，一面請朱先生改參考的名義爲講演，到這間屋子裏去做。原來定的幾間參考室，應讓辦事人安心做事，校内同人隨便看書，出入無禁。倘以爲於朱先生的面子上過不去，不能答應我這句話的，請把我辭掉。

學生顧頡剛。十、十、三。

（《顧頡剛全集 39 顧頡剛書信集 卷一》第506—507頁）

按：當時北京大學研究所國學門正在籌備中，因馬裕藻、沈兼士邀請，顧頡剛參與籌備工作。11月初，該機構正式成立，沈兼士爲國學門主任，顧頡剛爲助教，兼北大圖書館事。

同日，與燕樹棠、王星拱、朱希祖等同人聯名致函教務長，提議向全體教授和講師徵集各項課程綱目，作爲本學年教授及考試標準。

燕樹棠先生等致教務長函

教務長先生：

兹謹向先生提議："向各教授及講師徵集各項課程的詳細綱目。此項綱目限於本學年開學後三星期内，經由各系教授會決定，由教務長彙齊公布，作爲本學年各項每日教授及考試標準。”

燕樹棠　王星拱　朱希祖　沈兼士　王世杰　丁燮林　李仲揆　顔任光　胡　適

十月三日

（《北京大學日刊》1921年10月12日）

十月四日，蔡元培送來發行公債徵求意見廣告稿。

午前以發行公債事徵求意見廣告稿送沈氏兄弟酌定，夢超亦來。

（《蔡元培日記》）

十月五日，與顧頡剛談話，擬任其爲北大研究所秘書。

兼士先生到研究所，謂擬任我爲研究所秘書，可以管理全部事務。又言朱逷先向來戇頭戇腦，我們若把文哲與史學分開何如。此事我不贊成，以如此則研究所各自爲政，無益也。（《顧頡剛日記》）

十月六日，顧頡剛作致沈兼士信，主張北大國文系分立。

在四層樓發見空屋二間，喜其可擴充爲研究所，即走告守常先生。他回答我的話頭，頗有朱希祖不滿意於我之意。憤甚，即寫寄兼士先生信，主張國文系分立。（《顧頡剛日記》）

十月七日，訪顧頡剛，談分出國文系研究所很難。

兼士先生來，謂分出國文系研究所在勢甚難。又教我擔任一班改文章。我大起歸心，想十一月歸後不來服務。（《顧頡剛日記》）

同日，顧頡剛作致沈兼士信，談籌備研究所國學門事。

兼士先生：

今天我在四層樓上見有十五號室二間尚空，喜其去研究所甚近，擬取來做研究所事務室，把原擬做辦事的廿一號室一間，改做研究所講演室。……

我以爲我們所要緊的，祇是切切實實的做事，并不是與人争權限。而一般人祇知道争權限，却不知切實做事。譬如現在研究所國學門的史學一部分罷，他們祇知道保守從前史學系教員參考室的老樣子，祇知道容許教員做講演式的参考，祇知道教員以外的人要去看書，須得教員的允許，祇知道一星期祇有二三次教員的参考是事情，餘外就一概不問訊了。餘外一概不問訊，猶不失爲糊塗，偏偏一涉權限就抵死不肯讓人做得一件事，這實在太固陋了。我們現在不必與他們争權限，單把我們範圍縮小，使得他們無從干涉，而我們在這範圍裏，盡力脚踏實地去做。我們一天一天的做，他們一天一天的不做，不消長久，祇一二年已教他們够看了！我們好好兒做事，他們既無理由可以反對，又無精力可以模仿，我們踏穩了步驟去擴張，他們又奈何我們怎的！

我最恨的是敷衍做事，而去年在圖書館，今年在研究所，外界的情狀都逼我向敷衍一方面走。但環境可以抑制我的行動，終變不了我的性情，我終記着“與其敷衍，寧可不做”一句話。

本星期日上午十點，擬到幼漁先生處去。先生有暇能來嗎？如這日上午先生不到幼漁先生處，我當於下午趨前。

學生顧頡剛。十、十、七。

（《顧頡剛全集 39 顧頡剛書信集 卷一》第508—509頁）

十月八日，蔡元培來訪。

訪沈氏兄弟，并晤方夢超，留午餐。（《蔡元培日記》）

十月十日，顧頡剛作致沈兼士信，談功課事。

兼士先生：

來函讀悉。

改文功課我實在不願擔任。一，我終想本年年底或明年春假乞假侍養，不宜擔任功課。二，仍須上堂，才所不任。三，現在兼任二事，已冗忙之極，斷不宜再添一事。前日所以不即决絶者，以學校如實在顧不及時可由我暫代耳。今夷庚先生既可不走，負責有人，應聲明决計不就。請先生原諒！

明日約子水到研究所，商一布置全局之法。所得結果，當再奉聞。

幼漁先生處均此。

學生顧頡剛。十、十、十。

（《顧頡剛全集 39 顧頡剛書信集 卷一》第510頁）

十月十一日，訪顧頡剛，商請葉聖陶到北大任預科國文教員。

兼士先生來，謂夷庚走，公瀆假，預科國文教員少，擬請聖陶來，而慮其不肯負責任。予因薦伯祥，惟伯祥不如聖陶之有名，不知能成否。（《顧頡剛日記》）

十月十二日，與馬裕藻、錢玄同、鄭奠、單不庵等共商北大預科國文課分配事。

上午十時至沈宅，幼漁、兼士、介石、不庵相繼而來，爲商量北大預科國文之分配也。大家都在沈宅吃午飯。（《錢玄同日記》）

同日，顧頡剛作致沈兼士信。

寫兼士先生及聖陶信。

兼士先生要聖陶任預科國文，每周十一小時。當即轉述。但我的意思，聖陶是一個文學家，不是一個國文教員。國文教員必須研究國故，而聖陶絶不能也。

（《顧頡剛日記》）

十月十三日，與顧頡剛談，委托其轉請王伯祥到北大任預科國文教員。

到研究所，作擬組織草案未畢。與兼士先生、介石等談。

幼漁、兼士先生見我信，保舉伯祥，允我請，大慰。致電云，“厦門集美學校王伯祥，北大預科國文十一點，百五十圓，火速來，立覆。剛。”

（《顧頡剛日記》）

同日，北京大學公布《中國文學系課程指導書》(十年十月訂)，沈兼士所教科目爲“文字學概要”和“文字學B形義”，時間分別爲四課時和三課時。

中國文學系課程指導書(十年十月訂)

科　目	教　員	單　位
文字學概要(説明音形義之大略	沈兼士	4
俾得應用之以讀古書)	馬裕藻	4
古籍校讀法(乙)(述前代學者治學之方法)	馬裕藻	1
文學史概要(乙)(説明中國文學之流别及其利弊)	朱希祖	3
詩文名著選(選授歷代詩文之名著	吴　虞	4
籍以知文學之梗概)	劉毓盤	4
以上爲本系一年生必修之科目(入外國文學諸系及史學系、哲學系者，選修)		
文字學A音韻(乙)	錢玄同	3
文字學B形義	沈兼士	3
…………		
以上爲本系二三年生選修之科目		

(《北京大學日刊》1921年10月13日)

十月十八日，北京大學召開評議會會議，討論通過沈兼士等爲預科委員會委員。

評議會議事録　(十月十八日)

出席人：陳啓修　何育杰　胡　適　馮祖荀　朱希祖　陶孟和　沈士遠
李大釗　陳世璋　顧孟餘　張大椿　王星拱　俞星樞
馬叙倫、蔣夢麟、鄭壽仁三人不在京。

(一)韓述祖先生要求延長留學期間六個月，研究職業心理案。

議决：大多數，可决。

……

(四)預科委員會委員同意案。

議决：照原案通過。

預科委員會委員

顧孟餘　丁燮林　李四光　沈兼士　胡　適　朱希祖　王世杰

(王學珍、郭建榮《北京大學史料》第二卷上册，第164—165頁)

十月二十二日，與顧頡剛談。

與兼士先生談。(《顧頡剛日記》)

十月二十六日，顧頡剛作致沈兼士信。

寫兼士、適之兩先生，介石信。(《顧頡剛日記》)

十月二十九日，吴虞收到北大選舉評議員啓事，選定沈兼士、錢玄同等十六人。

北大來啓云：本校評議員，現屆改選之期。兹特印奉全體教授名單一份，請於名單中選定十六人，……計教授七十八人，予所選者陶履恭、朱經農、譚熙鴻、馬裕藻、周作人、沈兼士、錢玄同、吴梅、胡適、朱希祖、陳啓修、李大釗、顧孟餘、錢振椿、沈士遠、劉文興十六人也。（《吴虞日記》）

十月三十一日，吴虞贈沈兼士書一册。

與胡適之、高一涵、錢玄同、馬幼漁、馬叔平、沈士遠、沈兼士、單不厂、鄭介石各一册。（《吴虞日記》）

按：此前，吴虞將自己的文稿交上海亞東圖書館出版，命名《吴虞文録》。10月30日，他收到亞東圖書館經理汪原放寄來的新書300册，隨即分贈好友、同事。

十一月六日，顧頡剛來訪。

又至兼士先生處，談預科國文教科甚久。（《顧頡剛日記》）

十一月七日，蔡元培作致沈兼士信，請其擔任研究所國學門主任。

校長致沈兼士先生函

兼士先生大鑒：

徑啓者：本校研究所自議决歸并四門以來，分門籌備。現國學門已有頭緒，敬請先生爲本校研究所國學門主任，量爲布置，刻期進行。對於有關係之各學系，并請商同各系教授會主任辦理。專此奉布，并祝公綏。

蔡元培敬啓　十一月七日

（《北京大學日刊》1921年11月8日）

十一月八日，與顧頡剛商量布置北大國學門研究所主任室，并請其留所任職。

到所，兼士先生來，商量布置研究所主任室。……

今日《日刊》登蔡校長請兼士先生爲國學門研究所主任函，研究所事始定。兼士先生謂“你如要回去，我做此亦無味”。要我明年暑假歸，我未决。這“真教我難以調停”了！（《顧頡剛日記》）

十一月十一日，北京大學公布各行政委員會委員名單，沈兼士爲聘任委員會、出版委員會委員。

校長布告

本届本校各行政委員會委員，兹已完全委定，其名單如左：

（一）組織委員會：

馬寅初（長）　胡　適　譚熙鴻　顧孟餘　陶履恭　馬叙倫　陳世璋　沈士遠　陳啓修

（二）預算委員會：

譚熙鴻（長）　馬寅初　胡　適　顧孟餘　陳世璋　徐寶璜　沈士遠
王世杰　陶履恭　陳啓修　王星拱

（三）審計委員會：

徐寶璜（長）　丁燮林　朱錫齡　余文燦　黄振聲

（四）聘任委員會：

陶履恭（長）　胡　適　蔣夢麟　顧孟餘　陳啓修　譚熙鴻　陳世璋
李四光　沈兼士

（五）圖書委員會：

顧孟餘（長）　李大釗　陳世璋　葉　瀚　陶履恭　陳啓修　朱希祖
孫國璋　馬　衡

（六）庶務委員會：

朱錫齡（長）　沈士遠　徐寶璜　馬裕藻　羅惠僑　陳　懷　錢稻孫

（七）儀器委員會：

陳世璋（長）　譚熙鴻　李麟玉　李四光　顔任光　程瀛章　何　杰
何育杰　龔安慶

（八）出版委員會：

胡　適（長）　李辛白　錢玄同　陶履恭　王星拱　張祖訓　沈兼士

（《北京大學日刊》1921年11月11日）

十一月十九日，顧頡剛在日記中提及，沈兼士信中説，北京大學研究所國學門正處在創辦時期，極需顧去主持一切。

兼士先生來信，謂研究所當創辦時，極要我速去主持一切。　（《顧頡剛日記》）

按：當時顧頡剛因祖母患病，正在蘇州老家探親。

十一月二十日，顧頡剛作致沈兼士信，談回研究所國學門任職事。

寫兼士先生信。　（《顧頡剛日記》）

兼士先生：

前日來片讀悉。

我一定在月底北行，但現在有一件困難的事情，祇得向先生説：我此次歸來，原向人家借錢作盤費，料想出來時也可向家中籌措。不意家中無款可借，反對我起了不少的埋怨，總説，既不能賺錢顧家，反要從家裏拿錢出去，這種職業做他什麽。這使我頗爲難。我又是初做事，不曾儲蓄得分毫，可以臨時提取，因此，祇得請先生與會計課一商，將我十月份薪水先行匯出。想數目不大，事或易〈辨〉[辦]。第三院薪如能同匯，最好，因爲可以多付兩月家用，使他們定心。此事如先生以爲可行，務請從速。

…………

我現在在校辦事，承諸位先生的照顧，極爲順手。先生要我做到明年暑假，盛情厚意，我何忍固拒。但我對此有一項聲明，我於明年三四月須請假兩月，五月再到京任職。這有兩個原因：（一）家祖母衰態日增，春分節是一個緊要關頭，不得不伴侍在側。（二）現時我的繼母所以能不歸來，都緣我對家父説，我即歸家侍奉，母親可以不歸。若明年須一直做到暑假，則繼母歸來，便成事實；他一歸，使祖母反而感受不快。我現在祇説，我明年過了正月，就要回家的；到了四月，再説校中有信見招，須暫去一二月：如此，則我繼母過了新年，仍可回杭了。家中布置，非如此不安。我算盡許多法子，覺得惟有如此爲妥。請先生原諒我！

蔡校長病勢如何？念念。

學生顧頡剛。十、十一、二十。

（《顧頡剛全集 39 顧頡剛書信集 卷一》第 510—511 頁）

十一月二十三日，晤吴虞。

晤兼士、逖先、作人，逖先言友人有吴嘉紀《陋軒集》一部出讓，索價十二元。

（《吴虞日記》）

十一月二十八日，顧頡剛作致李大釗信，請會同沈兼士，將其十月份薪水支領并匯寄給他。

與守常先生信，囑其會同兼士先生，速將十月份薪支寄。（《顧頡剛日記》）

按：顧頡剛在北大圖書館和國學門研究所兩處任職，而李大釗爲北大圖書館主任，故請李、沈會同支領并匯寄其薪水到蘇州。

十二月二日，顧頡剛在日記中提及，王伯祥信中説，沈兼士談到北大支薪無希望，請顧在南方想辦法。顧頡剛作致沈兼士信。

寫平伯、伯祥、介泉、煥壎、兼士先生、爲璋、仲周、錚子、聖陶函。……

伯祥來信，謂兼士先生述及校中支薪無希望。囑我在南方設法，早日到京。因寫兼士先生信，告以此來，不但要籌路費，并請還家用，籌寓用，動一動就須百元的擔當。祇得續假。

（《顧頡剛日記》）

十二月四日，顧頡剛收到沈兼士信，説將匯寄三十元，請其即回校。顧頗爲難，回去，這筆錢祇够路費；不回，有違師長殷勤之意。

接兼士先生信，謂勉强弄到三十元，匯來，囑即去。……

今日接兼士先生信，頗使我爲難。説去罷，這數目祇够盤費；欠家用七十元，欠寓用一月，并去後的用度，從什麽地方出來？説不去罷，師長殷勤之意，請假兩星期之約，没有辦完的事，又如何可以隨便丢了！（《顧頡剛日記》）

十二月七日，顧頡剛作致沈兼士信。

寫兼士先生及伯祥、耀曾信。

（《顧頡剛日記》）

十二月十一日，作致胡適信，談對胡適《國語文學小史》的看法。照録如下：

給胡適之的一封信

適之先生：

你的《國語文學小史》，實在算是一部空前的傑作，不過據我的意思，你這部講義應該從殷周“詩三百篇”講起，方是窮源之論。日前曾以此意向玄同兄説過，玄同説：“適之的講義，所以斷自漢朝科舉制度發生以後講起者，是有所爲而發的。”昨天你對我説，玄同有信給你，也勸你從《詩經》講起。玄同的信我没有看見，不知道他的意思是怎麽樣的。現在我姑且把我的意見寫在下面，不知道有一點參考的價值没有？

就事實上説，《詩》裡面的《國風》《小雅》，實在是古代白話文學中最有研究價值的材料。似乎不應該學那孔丘修□一樣的故智，偏重主觀的筆削，看輕客觀的事實。

倘是照講義上所説：“《詩經》到漢朝已成了古文了，故不能不把他撇開。”那末，元朝的戲曲到現在又何嘗不已成了古文了嗎？——我以爲現在演唱的戲曲，不但崑曲是古文學的，就是號稱通俗的皮黄，其中“聽我道來”一類的説白，差不多都是抄襲元曲，也衹能算是古文的了。又現在有一派做白話的人，慣愛用“面龐兒”“那□□”“兀的”等類元曲中的字樣，我以爲這個和摹做“曰若稽古”的古文，不過百步與五十步的區别。使古語復活來補充現代語的缺乏，固然是很應該的辦法，但是以風流自賞的心理來襲用元曲裏面的詞頭，我却很不以爲然。——如此説來，豈不是國語文學史簡直的没有適當材料可取了；然而不然，國語文學史是縱方面説明白話文學在歷史上經過的狀况，所取的材料的要件，衹要在當時是白話的文學就够了，到後代雖已變成了古文，却仍不損失其爲國語文學史史料的資格。

講義上説：“漢武帝到現在，足足的二千年，古體文勢力也就保存了足足的二千年。元朝把科舉停了近八十年，白話的文學就蓬蓬勃勃的興起來了；科舉回來了，古文的勢力也回來了。直到現在，科舉廢了十幾年了，國語文學的運動方才起來。科舉若不廢止，國語的運動决不能這樣容易勝利。”這個話説得極是。——我也時常這樣想，唐時佛經體文、宋語録體文、清疏證體文，所以不能轉移一時的文風，而終處於中國文學史上别流的地位者，一半也是不能抵抗科舉的緣故；但是惟其不爲政府所提倡，所以才能保持他的精神，倘是一經政府提倡，就不免流於重形式無精採的毛病。比方元朝的曲子，曾經拿他來取過士，所以衹是胡□四折而毫無作意的曲子也就因此而多了，這一層也是應該注意的。——但是照這樣説來，當未有科學制度以前的白話文學，應該像未定一尊以前的諸子哲學一樣的，那〈們〉〔樣〕（“們”字錯——編者注）無拘檢的自由發展，豈不是更有研究的必要嗎？

無論那一個時代中間，都有貴族與平民兩種對待的文學存在，這是必然的現象，就是三百篇的“詩”，也不能一概而論。《國風》自然是平民的文學，“雅”裡面也有平民的文學，也有貴族的文學，“頌”就純粹是貴族的文學了。又“雅”或者可以算是周代的國語文學，而“風”就是當時各國的方言文學，《左傳》所説“吴季〈扎〉[札]（“扎”字錯——編者注）觀周樂”，和《漢書·地理誌》中間所論“域分”、“風俗”，都是以表示地理與文學的密切關係，所以由橫方面來觀察“風化芳臭氣澤之所及”，也是文學史上一件要緊的事，這個似乎也非從“詩”的《國風》講起不可。

沈兼士。十二、十一。

（《晨報副刊》1921年12月24日）

十二月十六日，顧頡剛作致沈兼士信，告於一星期内北上。

看今日所購書，寫兼士先生及伯祥二片，告於一星期內北行。（《顧頡剛日記》）

十二月二十一日，顧頡剛作致沈兼士信。

寫伯祥、爲璋、兼士先生片。（《顧頡剛日記》）

十二月二十四日，與胡適、譚仲逵等一起，陪同美國教育家孟禄博士到北京大學第三院大禮堂，由孟博士講演“大學之職務”問題。

孟禄博士在北大講演

講題爲《大學之職務》(The Function of the University)

美國大教育家孟禄博士，兩次來京，迭與都門教育界同人商榷中國實際教育上種種辦法，竟無暇爲公開的講演。今日（二十四日）始應北京大學之請，於午後四時在第三院大禮堂講演“大學之職務”問題。博士偕北大教授譚仲逵、胡適之、沈兼士等，由側門入場登講壇。首由譚氏向眾作介紹詞，略稱孟禄先生不僅是美國的大教育家，并且是世界的大教育家，此次遠來中國，調查中國教育狀況，最注重於中等教育，因爲中等教育，介乎小學、大學之間，關係極其重要。一方面須造成師範，用以發展小學教育；一方〔面〕（“面”字漏——編者注）又須提高程度，爲大學之預備。今日來吾們大學所欲講演者，爲大學職務一種題目，是蓋專就大學而言，即請孟禄先生賜教云云。語畢，孟禄氏就席講演，由胡適之翻譯。玆分項紀其演辭之要略如下：……（《申報》1921年12月28日）

十二月二十六日，顧頡剛來訪，同至北大第一院晤馬裕藻。

到兼士先生處。同出，至第一院，晤幼漁先生。（《顧頡剛日記》）

十二月二十九日，顧頡剛來訪，同至李大釗處，談書籍流通方法。

到校晤兼士先生，商所中進行事宜，同至守常先生處，談書籍流通方法。

（《顧頡剛日記》）

一九二二年　民國十一年　三十六歲

一月四日，蔡元培作致沈兼士信，談易培基贈送拓本給北京大學研究所國學門事，請沈兼士復函表達謝意。

兼士先生大鑒：

長沙易寅村培〔基〕（原文如此——編者注）因爲太炎先生之弟子喜搜羅金石品，前此曾以拓本若干種贈弟，自言當此時期尚營此等生活爲可笑。弟復函謂此等考古之學實新文化中所不可少，西洋均有此等研究所，北大國學研究所亦有此一部，云云。渠此次又送拓本百餘份，屬致校中金石攷訂室，并稱尚有考證，亦可録副寄來。原函奉覽，請先生致一較爲誠摯之謝函，即由先生署名，以便後來常與直接通訊。此函寫好，請并易君原函送弟處，弟再附一函寄去。前言地質調查所助款事，請先生寫一最簡之意見書，或即屬書記抄彼此來往函稿，以便提出。專此，敬祝

箸祺！

弟蔡元培敬啓　一月四日

（北京大學檔案館藏檔，檔號：BD1926011-17）

按：高平叔、王世儒編注《蔡元培書信集》（浙江教育出版社2000年版）也收録此信，注明寫信日期爲1922年1月4日。信尾有附言，云："再，聞研究所中有《西域考古圖録》，敬請檢賜一讀，因叔平先生言，中有人首蛇身像也。培再啓。"

一月十二日，顧頡剛作致沈兼士信，提出辭去在研究所國學門的職務。

寫兼士、守常二信，表示辭職。（《顧頡剛日記》）

兼士先生：

先生有暇時，請到研究所一談。最好請先生定一到所時間表，以便有事接洽時，可以按照鐘點，對外可以有一定時間的答覆。

我歸心極切，决擬於春假時辭職。深願在此三個月裏把所中根基打好。先生如能於一星期中來所二三次，每次一小時，已可將進行事宜商量妥貼。若現在初辦時各項均有秩序，將來一切處理便容易不少。

我因爲既須結束圖書館事務，爲圖書館設立貴重書庫，自己又須編書，所以不能長日在所。擬將每日下午二點至四點間爲到所辦事鐘點。

學生顧頡剛。十一、一、十二。

（《顧頡剛全集39 顧頡剛書信集 卷一》第511—512頁）

一月十四日，與顧頡剛談話。

到所，與兼士、守常兩先生談。（《顧頡剛日記》）

一月十六日，與顧頡剛商量研究所事務。

偕伯祥到研究所。兼士先生與我商量所中事務，擬啓事五道。……

幼漁先生提起請祝心淵先生代我，兼士先生不贊成，謂且待暑假再說。然予

已決定春假歸矣。（《顧頡剛日記》）

一月十六日，在北大晤吴虞。

飯後過北大上課，晤幼漁、士遠、兼士、玄同、叔平、作人。……作字致幼漁，言送兼士《夢溪筆談》事，并索日本人欲訪我者之名片，……（《吴虞日記》）

一月二十三日，與馬裕藻、錢玄同、沈士遠、朱希祖同在東華飯莊吃午飯。

上午在北大上課。午幼漁、士遠、兼士、逖先、玄同五人在東華飯莊吃飯，下午三時回家。（《錢玄同日記》）

一月二十四日，顧頡剛來訪，沈兼士向他轉述蔡元培的話，勸顧頡剛不要馬上辭職。

以兩夜未得安眠，精神倦極。以請假辦法與介泉、伯祥商量，他們均以爲然。因至兼士先生處請假，承得允。兼士先生述蔡校長言，囑予勿即辭職。并謂校中實無辦事人。予祇得應至暑假。（《顧頡剛日記》）

一月二十五日，與錢玄同談及漢字改革問題。

與啓明及兼士談及漢字改革問題，我主張應分兩層做——但兩層需同時做：(一) 改用拼音，(二) 句法歐化。（《錢玄同日記》）

同日，吴虞請術伯代寫致沈兼士賀年片。

術伯又爲予寫龔龍瞻、韓子原、沈兼士、……許同莘諸人賀年片。

（《吴虞日記》）

一月二十六日，吴虞收到沈兼士信。

沈兼士來信，致謝送《夢溪筆談》。（《吴虞日記》）

一月二十八日，赴東華飯莊單不庵夫婦請錢念劬夫婦宴，同席有沈士遠、錢玄同、錢稻孫等。

午回家，偕婠貞同至東華飯莊，今日不庵夫婦宴大兄嫂，叫我夫婦、稻孫、幼漁、士遠、兼士、黄鳴祥及張智揚女士作陪也。（《錢玄同日記》）

一月二十九日，與馬裕藻、沈士遠、朱希祖聯名在東華飯莊宴請錢念劬，應邀作陪的有單不庵、錢玄同、錢稻孫。

午，進城至東華飯莊，今日爲馬幼漁、沈士遠、兼士、朱逖先四人公宴大兄，叫不庵、稻孫及我作陪也。（《錢玄同日記》）

同日，吴虞贈送《文字源流考》一册。

又贈幼漁、兼士、玄同《文字源流考》各一册。（《吴虞日記》）

一月三十日，訪吴虞，贈《切韻》一册，未遇。

沈兼士來，贈予王國維寫印唐本《切韻》一册，予未歸，不值也。

（《吴虞日記》）

二月三日，下午赴北大國文系教授會事務室，參加討論本系年度預算問題會議。

下午四時，至國文系教授會開討論預算會，到者馬幼漁、沈兼士、吴瞿安、黄晦聞、陳漢章、劉子庚諸人，五時歸。（《吴虞日記》）

二月十一日，北京大學評議會召開第五次會議，討論通過研究所國學門委員會全體委員名單，國學門主任沈兼士爲該委員會當然委員。

校長布告

本届評議會第五次會議（十一年二月十一日），議決案應行公布者如左：

（一）教授之聘任與辭退均須經評議會之議決；

…………

（五）研究所國學門委員會全體委員名單

所長（當然委員長）

教務長、本門主任、圖書主任（均當然〈會〉［委］員）

馬裕藻　朱希祖　胡　適　錢玄同　周作人

（《北京大學日刊》1922年2月15日）

按：同年1月14日，北京大學評議會討論通過《研究所組織大綱》，正式成立研究所，由校長兼任所長，内設自然科學、社會科學、國學、外國文學四門。該校成立研究所是爲預備將來設大學院，并作爲畢業生繼續研究學術之所。此後，研究所國學門陸續設立登録室、研究室、編輯室及歌謡研究會、明清史料整理會、考古學會、風俗調查會、方言研究會等機構和組織。

二月十二日，赴煤市街濟南春宴會，同席有馬裕藻、胡適、吴虞、朱希祖及日本人小柳司氣太等。

七時步至煤市街濟南春，晤馬幼漁、胡適之、沈兼士、朱逖先、陳伯弢、陳重書、錢稻孫，日本小柳司氣太、藤塚鄰、井上以智爲、西田耕一、酒井忠道，席散歸。（《吴虞日記》）

二月十三日，贈送周作人《切均》殘本一册。

上午，往大學，兼士贈《切均》殘本一册。（《周作人日記》）

按：《切均》即《切韻》，“均”古同“韻”，又《廣均》即《廣韻》。

二月十五日，北京大學校長蔡元培作致研究所國學門委員會各委員信，通知定於二月十八日召開研究所國學門會議，請大家參加。沈兼士爲國學門委員會委員之一，也收到了通知。

研究所國學門委員會各委員公鑒：

本委員會定於十八日（星期六）午後三時，在第一院研究所國學門開會，届時務希出席爲荷。

蔡元培敬啓

二月十五日

(《北京大學日刊》1922年2月15日)

二月十六日，與顧頡剛商量研究所事務。

兼士先生來，商所中事，改草規則二份，并寫意見備議。 (《顧頡剛日記》)

二月十七日，赴研究所辦公。

兼士先生來，辦公務。 (《顧頡剛日記》)

二月十八日，參加北京大學研究所國學門委員會第一次會議，討論設立特別閱覽室、歌謡研究會工作等事項。

研究所國學門委員會第一次會議紀事（十一、二、十八）

委員長　蔡元培

委　員　顧孟餘　沈兼士　李大釗　馬裕藻　朱希祖　胡　適　錢玄同
周作人

一、報告

(1) 特别閲覽室設立之經過

沈兼士報告：本學門成立後，曾要求圖書館在四層樓本所附近設一特别閲覽室，以便將本所提用之書籍，公開閲覽。嗣以圖書館無人可調，遂未實行。但爲謀圖書館及本學門雙方事實上便利起見，實非有一特别閲覽室不可。現已在四層樓另辟一室，專供普通閲覽，暫由本門代爲經理，一面已請圖書館主任派人接管。且前次圖書委員會將本學門之提書規則取消，於研究上殊感不便。

李大釗謂圖書委員會對於研究所提用書籍，議決兩種辦法：①複本可借；②單本照借書規則辦理，限兩星期歸還。

馬裕藻謂從前研究所尚無特别閲覽室，圖書館或恐閲書者不便，所以取消提書規則，現在可再與商酌。

蔡元培謂可由本委員會向圖書主任聲明已設特别閲覽室情形，由圖書主任提出圖書委員會覆議。

(2) 歌謡研究會

沈兼士報告：歌謡研究會爲進行便利計，現已并入本學門。此刻最重要的事情是定音標及發表已經收集之材料。

(3) 考古學研究室

沈兼士報告：考古學研究室已經設立，本校前購得之甲骨及古代畫磚均已置入。校長又請羅叔藴先生爲通信導師。以後尚擬組織一考古學研究會，商請本校之美學家、地質學家、人類學家、化學家、工學家……對於研究或保存古物有興趣者加入之。俾古物之搜求和研究有一定之計畫，可以逐漸進行。一面與史學系聯合，一面還可以和校外古物學會等機關聯絡。

二、提議

(1) 研究規則

沈兼士提出〈規出〉〔研究〕（“規出”二字錯——編者注）規則草案，并説明本學門研究應打破學系觀念。本學門雖由中國文學、哲學、史學三系組成，而國學範圍所包甚廣，研究上不應限於三系。

胡適謂國學門以文字爲範圍而不以學科爲範圍，如有人研究中國數學史，本學門自可延請數學史家做導師。

沈兼士謂評議會議決之研究所組織大綱第六條，研究生以本校畢業生及未畢業生之有特别研究成績者爲限。惟新學制規定，入研究院者，似不限於大學一校之畢業生。本所規則應否修改？

蔡元培謂實在程度相當者亦不能拒絶，應有規則限制。可照本校未畢業生辦法，限於曾作特别研究已有成績者。

胡適謂組織大綱第六條及研究規則第一條，在“未畢業生”之後應加“及校外學者”五字。

蔡元培謂可提出議案，請詳議會追加。

結果議决“研究所國學門研究規則”如左：

(一) 凡本校畢業生有專門研究之志願及能力者，又未畢業生及校外學者曾作特别研究已有成績者，皆可隨時到本學門登録室報名，填寫研究項目，有著作者并呈送著作，一并由本學門委員會審查。其審查結果合格者，得領研究證到所研究。

(二) 凡本校畢業生及校外學者不能到校而有研究之志願者，得通信研究；其報名及審查手續，均照上條辦理。

(三) 研究生須將關於研究之經過及其成績隨時報告，以便在本學門所辦之雜誌中發表或入叢書。

(四) 研究生遇必要時，可要求本學門主任與有關系之各學系教授會代請本校教員及國内外專學者指導研究。

(五) 本校教員可以自由入所研究。

(六) 本校教員可以提出問題，招集研究生入所指導，或共同研究；惟須先期通知，經委員會通過。

(七) 本學門隨時聘請國内外學者爲專門講演；其公開與否，臨時定之。

(2) 獎學金

獎學金章程，公推胡適起草，俟草就後再行提出委員會公决。

(3) 雜誌

蔡元培提議以研究所四學門爲基本，每一學門出一種雜誌。議决：由研究所四學門分任編輯，每年每學門各分得三期，頁數不拘。

月份分配如下：

1、5、9——國學門

2、6、10——外國文學門（未成立以前由各相關之學系分組擔任）

3、7、11——自然科學門（未成立以前由各相關之學系分組擔任）

4、8、12——社會科學門（未成立以前由各相關之學系分組擔任）

國學門公推胡適爲主任編輯。

（4）研究員用紙問題

議決：無論教員學生，研究時的用紙均應自備。

（《北京大學日刊》1922年2月27日）

同日，赴東華飯莊馬衡午宴，同席有沈麟伯、沈士遠、馬裕藻、錢玄同等。又與胡適、錢玄同、馬裕藻、周作人、沈士遠在該飯莊同進晚餐。

午叔平邀食［於］東華飯莊，同席者爲麟伯、士遠、兼士、幼漁、隅卿諸人。食畢回家。午後三時，開研究所國學門委員會，結果將《北大月刊》改歸出版委員會辦理，每年十二期，分四門出版：（一）國學，（二）文學，（三）自然科學，（四）社會科學。晚餐同人自己出錢，在東華晚餐，中菜西吃，倒也很好，爲玄同、適之、幼漁、啓明、士遠、兼士六人，食畢至士遠來〈家〉談天。

（《錢玄同日記》）

晚同士遠、兼士、玄同、幼漁、適之至東華飯店飯，各出洋一元二角，九時散。

（《周作人日記》）

與玄同、兼士、士遠、幼漁、啓明，同去東華飯店吃飯，各人自出錢。這個法子是我們做學生時代常用的。

（《胡適日記》）

同日，在《北京大學日刊》發表《整理國故的幾個題目》。此文概述五個整理國故的問題：一、諸子所用學術專門名詞索引；二、分類書目提要；三、方言和方音之調查與研究；四、古代民族語言之調查與研究；五、日本吴漢音與中國古音之關係。

同日，張鳳舉作致沈兼士信，報告籌設北京大學研究所國學門考古學研究室及購買書籍等事宜。

張鳳峰（張鳳舉——編者注）**先生與沈兼士先生書**

張先生留學日本西京帝國大學，本學門主任沈兼士先生爲設〈備〉〔置〕（“備”字錯——編者注）考古學研究室，囑其訪問日本西京大學教授濱田先〈丁〉〔生〕（“丁”字錯——編者注）。茲得覆信，披露於下。

十一、三、三。　研究所國學門記。

兼士先生：

你寄尹默先生的信我讀了。昨天我們倆去大學訪了濱田先生，現在我將他所説做個報告。

濱田先生來此地已經十年，考古學當初不消說得没有，東大現在也還没有。他在這十年中去留學過三年，去時大學裡祇有考古學材料兩三件。後來他回校，帶了許多自己買來的東西，和給歐美博物館等處交换的東西。漸漸搜集起來，現在成了陳列室三間，内容都狠豐富。一間是中國的東西，有些是他去滿洲親身發掘來的，有些是别人買的或送的。一間是日本、朝鮮、臺灣、樺大等處的東西，大都是自己采取來的，或者是自己做的模型。再一間是西洋及印度的考古材料，自己去買的也有，和他國博物館交换也有，也有些是德國或其他所做的模型。至於印度或埃及的，是寄錢去那邊的采掘財團（oxposition fund），他便把寄東西給我們。

此地的考古學還没獨立，是附屬在史學裡。因爲學考古學難謀生，所以學的人非常少。大學學生專攻考古學還没有，但是不能因爲没學生便不去講求。這門學問狠費錢，每年此地專買東西和采掘時種種費用約二千元。濱田先生聽見我們設置考古研究室很快活，他勸我們最好將他和美學研究聯絡起來。倘若專學史學的人去弄，難免没有偏頗的地方，難免單把他當做補助史學研究的材料看，那是錯的。此地大學有這缺憾，他願我們避去。倘若初辦時存個計畫，將來要將他獨立做個研究所（lngtitnto），那麼結果一定好。要把他當做自然科學看，和理科大學的生物學研究一樣才行。他希望我們開初搜集中國材料，同時也須買取西洋的，比較研究，不可偏於一邊，免得將來生種種弊害，所以非養成年青又能通外國的文的人材不可。總之要知道本國，同時知道西洋的，然後研究的結果才得用。就在西洋，雖有許多考古學者，但多是歷史家兼的，所以言論總難得中。若請西洋人教，這一點要留意。芝加哥大學教授Snufer先生前於東方考古素有研究，著作也忠實，若能聘請他來，比請别人好。

辦考古學須得要有教授研究室、學生研究室、陳列實驗室（雖不是實驗室，但與實驗室相彷拂）和圖書室，此外要幻燈片或買或自製。此地有幻片多盒，因地分類，如圖書館的書目箱，缺幻燈用delinisoope，因爲他不但可以映幻燈片，并可映書裏的插圖。

和外國博物館或大學交换東西有一法，是多搜集中國的東西，好的自己保存，壞的也留着和人交换，剛才尹默先生來，又給我看你的信，買書事我們在此地時可以辦，請早將書單開下。另外抄上濱田先生所説應備書籍單一張，這些書總價千餘元，其中有價四百元的。書極好，不早買怕部數少容易絶版。此地大學考古報告由濱田先生送兩册，其餘六册已經絶版。

弟張黄　二一、二、一八。

（《北京大學日刊》1922年3月6日）

按：北大規定教授工作滿一定年限，可由學校公派出國游學一年。當時張鳳舉、沈尹默正在日本京都帝國大學游學。沈兼士爲籌設北大研究所國學門考古學研究室，特寫信委托張、沈拜訪日本京都帝國大學考古學教授濱田耕作，了解情况，諮詢意見，請求指導。濱田耕作果然提出了自己的意見和建議，對後來北大考古學研究室的設立大有裨益。此信所談正是這件事。信的落款時間“二一、二、一八”有誤，應爲“十一、二、一八”，即1922年2月18日。

二月十九日，參加北京大學研究所國學門歌謡研究會第二次會議，討論研究會任務及當時應做事項等。

歌謡研究會第二次會議提要

日期　十一年二月十九日下午三時

到會者（以簽名先後爲次）

李　皓　楊世清　羅　庸　白啓明　張幼懷　顧頡剛　常　惠　王儒廷
李滄萍　周作人　馬金濤　沈兼士　王雙鳳　何植三　曲雲皋　錢玄同
鐸爾孟

茲將當日議决各事列左

（甲）本會任務：

（1）徵集。

（2）整理。

（3）發表。

（A）徵集

（1）會員各擔任一處地方。

（2）會員托人擔任一處地方。

（3）登報徵求。

（4）發信與各縣高等小學，囑向小學生徵集。

（5）編著音標比較表及各項説明書，隨時發出。

（6）定寄稿酬報辦法。

（B）整理：

（1）音標——定注音字母與羅馬字比較表。

（2）方言——在會中另設方言一部，專研究歌謡中的方言。

（3）行款。

（4）分類——古的分時代，新的分地方。新舊歌謡的分別，以流行與否爲斷。

（5）整理的人——不限於籍貫而限於語言的明曉。

（C）發表

（1）月刊：

（一）名目——北京大學歌謡研究會月報。

（二）宗旨——①供給研究的原料。

②引起投稿的興味。

③引起討論的興味。

（三）輯編——①凡會員均爲編輯。

②會員選舉數人爲總編輯。

（四）分蘭——①古歌謡。

②現代歌謡。

③討論。

（2）叢書：

（一）一地方比較完全的先出。

（二）古人成書標點重印。

（乙）現在應作之事：

(a) 定注音字母與羅馬字比較表——由錢玄同先生擔任。

(b) 發信與本會會員，請其擔任本地歌謡之搜輯及托人徵集。

(c) 登報徵求會員。

(d) 登報徵求投稿。

(e) 發信與各縣高等小學，隨送説明書及月刊。

(f) 擬月刊辦法及説明書，付討論。

(g) 雇用本校學生充臨時書記。

（《北京大學日刊》1922年3月2日）

二月二十日，作致北京大學化學系教授會主任陳聘臣函，商討保存彩色畫磚的方法。

研究所國學門致化學系教授會主任陳聘臣先生函

敬啓者，研究所國學門考古學研究室藏有彩色畫磚兩方，欲與貴教授會討論保存彩色之方法，爲此函請先生一詢。貴教授會中如有對於此事有興味者，祈覆示，以便接洽爲荷。此上

聘臣先生

沈兼士　二、二十。

（《北京大學日刊》1922年2月21日）

同日，作致陳垣信，請求速批准友人梁叔五留學歐洲。

一九二二年二月二十日，來函

援庵先生左右：

久不晤教，惟道履安稣爲頌無量。茲有友人梁君叔五欲游學瑞士或英國，已由農專遞呈教部，敢懇先生速賜批准，俾遂求學之願，幸甚幸甚。叨在愛末，用敢奉懇，希亮之。專此，敬請著安。弟沈兼士頓首。

附呈梁君履歷一紙。二，二十。

（陳智超編注《陳垣來往書信集》第94頁）

按：陳垣時任北洋政府教育部次長。

同日，在北大晤吴虞。

飯後，過北大授課，晤逖先、作人、兼士、叔平，下課歸，途遇顧頡剛。下

星期日下午七時，在王府井大街路東東華飯店，公宴小柳、西田、藤塚、井上、竹田、酒井、蔡孑民。予同馬裕藻、沈兼士、朱希祖、胡適、陳容、陳漢章、錢稻孫、賀嗣章公份，大約每人出銀四元也。（《吴虞日記》）

二月二十一日，北京大學研究所國學門發布布告，沈兼士贈送該校唐寫本《切韻》三種一册。

研究所國學門布告

兹承

錢玄同先生惠贈唐寫本《唐韻》一册

沈兼士先生惠贈唐寫本《切韻》三種一册

特此聲謝　　十一、二、二十。

（《北京大學日刊》1922 年 2 月 21 日）

二月二十五日，顧頡剛作致沈兼士信，陳述不得不辭職原因。

到所，寫兼士先生信，縷陳不能不歸之故。（《顧頡剛日記》）

同日，《申報》刊登署名“平心”的《北大國學研究所之發展》一文，介紹北京大學研究所國學門主任沈兼士任職以來，積極籌備，制訂各種規則、表册，招録研究生，頗有成績。節録如下：

北京大學設立研究所，原爲創辦研究院之準備，曾於去年公布章程十條，并提先將研究所四門中國學一門，組織成立。該門主任沈兼士氏自任事以來，積極籌備。内則制定各種規則、表册；外則整理各圖書，分别部居，另度新館。現在内容，已辦理就緒。兩月之間，赴所報名及提出著述物者數十起。惟該所對於報名各研究生，審查極爲嚴格，計前後數十人中，經審查結果，認爲合格揭示校刊者衹有三人。（一）段頤，江西雩都人，北大英文系畢業，認定研究題目爲“黄河變遷史”；（二）羅庸，京兆大興人，北大國文學系畢業，認定研究題目爲“清代小學家書目提要及其治學方法”；（三）樓巍，浙江諸暨人，北大國文學系畢業，認定研究題目爲“唐詩源流”。該所爲便利規畫進行事務起見，復有一種委員會制度，係最近所擬定，日前曾草具規則十條，經評議會通過，由校長公布施行。其條文中規定委員重要任務有三：（一）審查研究生入所資格；（二）審查研究生研究所得之論文，或委托相關各學系之教員代爲審查；（三）核定獎金之給予。自經該項規則公布以後，所有各委員當即完全推定。除所長（校長兼任）、教務長、本門主任、圖書主任均當然爲委員外，計被推定者有馬裕藻、朱希祖、胡適、錢玄同、周作人五人。馬氏現爲中國文學系主任，朱氏現爲史學系主任。胡氏於中國哲學、文學方面，錢氏於中國文字學方面，周氏於我國文學方面，研究均極深邃。當未經設立委員會以前，所有審查研究生入所資格，均由各系教授會分别兼任。自此以後，則責有專歸矣。該委員會委員長仍由所長蔡孑民氏兼任，所有召集開會事宜，均由蔡氏先期發布通告。現已開會兩次，議定對於研究範圍，雖以文學、哲學、史學三系爲基本，但不專以文學、哲學、史學三系爲限。其有他系關涉國學者，如自然科學、社會科學，均可提出題目，特加研究。……

二月二十六日，赴錢念劬家吃中飯，同席有朱希祖、錢玄同、馬裕藻、馬衡、沈士遠等。

午至兄處，今日兄請逖先、兼士、幼漁、叔平、士遠、覲圭在家中吃飯。

（《錢玄同日記》）

同日，與朱希祖、周作人、馬衡、吴虞等在東華飯店宴請日本人小柳、西田等。

往東華飯店，到者小柳、竹田、藤塚、井上、酒井、西田、適之、幼漁、逖先、兼士、漢章、重舒、賀嗣章與予，凡六客八主人。共席錢二十五元。小費二元。每人共出銀三元四角。（《吴虞日記》）

同日，顧頡剛作致沈兼士信，談請假回原籍蘇州侍親事。

兼士先生：

數日來兩接家書，曉得我的祖母右手又中了，恐其一肢牽動全身，甚爲可怕。因此日來心緒極亂。甚欲與先生面談一切，而先生又未到校。今作函奉達。

我想於半個月內歸去，歸去之後須俟祖母之事解決而後再來。所謂解決，全愈固是，不諱亦是。我一個人在此，家中事既不定心，校中職務自然也不會喚起精神去做。若必欲强留在此，校中實益未必多，而使我對於祖母抱恨終天，亦不合人情。我自以爲很願意做事，研究所的事又是我很適宜的職業，若不是祖母身體如此，我決不肯説出不幹的話。

…………

我對於請假的事情，數日熟慮的結果，擬了四條辦法，寫在下面，請先生核奪。

（一）在半個月內務必找到代理人，俾可移交接管。

（二）代理至暑假爲止。暑假以後，如我可以北行，自必即來服務；否則由校中另行派人接管。對於我或宣布解職，或停職數年，均無不可。

（三）能北來與否，以家祖母的事情解決爲斷。

（四）現在擬請樓幼静先生代理。如校中另有人替代，我亦没有什麼成見。

又薪水擬支取本年一二兩個月，俾作歸資并寓中結束之用。

俟將來大事解決之後，眷屬接出來了，書籍也都搬出來了，然後可以定心住在北京，半天讀書，半天辦公，過正當的生活。研究所國學門的事務就是做了我的終身事業，我也願意。

家信二通閱後請見還。

學生顧頡剛。十一、二、廿六。

（《顧頡剛全集 39 顧頡剛書信集 卷一》第 512—513 頁）

二月二十七日，顧頡剛在日記中提及，沈兼士答應其請假。

兼士先生許我請假。樓幼静代理我的研究所助教。（《顧頡剛日記》）

二月二十八日，與顧頡剛談話。

到所，抄歌謡會速記録訖。寫信四五封。兼士先生來談。（《顧頡剛日記》）

三月二日，赴南小街羊尾巴胡同日本人西田宅晚宴，同席有馬裕藻、朱希祖、陳漢章、錢稻孫等。

晚六時半過東城南小街羊尾巴胡同西田先生晚餐，到者幼漁、逖先、兼士、伯弢、稻孫，胡適之、陳重舒未到。（《吴虞日記》）

三月四日，與顧頡剛談話。

到所與兼士先生略談。（《顧頡剛日記》）

三月九日，赴馬衡明湖村請羅振玉晚宴，同席有蔡元培、沈士遠、錢玄同、馬裕藻。

叔平今晚宴羅遺老於明湖村，同去者爲世、士、兼、幼諸人。（《錢玄同日記》）

三月十一日，蔡元培作致馮祖荀、王星拱、沈兼士等十三人信，邀請擔任國立《北京大學月刊》編輯員，并附編輯員名單。

致馮祖荀先生等請爲本校月刊編輯員

致馮祖荀　王星拱　譚熙鴻　沈兼士　陶孟和　王世杰　丁燮林　李仲揆　胡　適　朱希祖　顧孟餘　陳啓修　朱經農先生

先生大鑒，逕啓者，爲本校月刊事，擬組織一編輯部，敬請先生爲編輯員，并祈於本月十六日午後四時到第一院接待室商議。附奉編輯員名單一紙，并祝公綏

蔡元培敬啓

十一年三月十一日

國立北京大學月刊編輯員

馮祖荀先生　丁燮林先生　王星拱先生　李仲揆先生　譚熙鴻先生
胡　適先生　沈兼士先生　朱希祖先生　陶孟和先生　顧孟餘先生
王世杰先生　陳啓修先生　朱經農先生

（後略）

（王學珍、郭建榮《北京大學史料》第二卷中册，第2044頁）

三月十三日，參加北京大學研究所國學門委員會第二次會議，討論助學金及奬學金章程草案。

研究所國學門委員會第二次會議紀事（十一、三、十三）

委員長　蔡元培（請假）

委　員　顧孟餘（沈代）　沈兼士　李大釗　馬裕藻　朱希祖（請假）　胡　適　錢玄同　周作人

議决事件：

獎學金及助學金：

獎學金及助學金草章，由胡適擬定，提出委員會討論，結果，議决“國立北京大學助學金及獎學金條例”如左：

（後略）

（王學珍、郭建榮《北京大學史料》第二卷中册，第1444—1445頁）

同日，在北大研究所與顧頡剛談話。

到研究所，晤兼士先生，開所中事務會，列席。與兼士先生雜談。

（《顧頡剛日記》）

三月十八日，與顧頡剛晤面。

到研究所，晤兼士先生等。（《顧頡剛日記》）

三月十九日，在東華飯店宴請顧頡剛、葉聖陶、王伯祥等。

兼士先生在東華飯店請午飯。同座爲聖陶、伯祥。

席間，兼士先生謂“此次歸去，怕出自你夫人的意見，祖母之病不如是其甚罷。”夜飯中，仲川又謂“頡剛此次歸去，面子上説老太太，骨子裡爲的是少奶奶。”可見我的歸去頗惹人疑，其實冤了。（《顧頡剛日記》）

三月二十一日，北京大學《國學季刊》編輯部召開會議，議决編輯人員、使用標點符號等事項。沈兼士爲編輯之一。

下午，開《國學季刊》編輯部會，他們仍要我做主任編輯。是日議决了幾件事：

（1）編輯人：胡適、沈兼士、錢玄同、周作人、馬幼漁、朱逷先、李守常、單不广、劉叔雅、鄭奠、王伯祥。

（2）仍用横行，用全副標點符號。

（3）用英文作提要。

（4）定五月十五日出版，四月十五日收稿。（《胡適日記》）

三月二十三日，顧頡剛作致沈兼士信。

寫俞平伯、父大人、沈兼士、黄仲良信。（《顧頡剛日記》）

三月三十日，與錢玄同、馬裕藻、馬衡、馬廉、沈士遠在東華飯莊共進晚餐。

晚偕幼漁、叔平、隅卿、士遠、兼士共六人，食於東華飯莊。（《錢玄同日記》）

三月三十一日，與周作人、錢玄同、沈士遠、馬裕藻聯名在《晨報》發表《主張信教自由者的宣言》。此文後由《生命》第二卷第九、十號合刊（同年六月）轉載。照録如下：

主張信教自由者的宣言

我們不是任何宗教的信徒，我們不擁護任何宗教，也不贊成挑戰的反對任何宗教。我們認爲人們的信仰，應當有絶對的自由，不受任何人的干涉。除去法律的制裁以外，信教自由，載在約法，知識階級的人應首先遵守，至少也不應首先破壞。我們因此對於現在非基督教兼非宗教同盟的運動表示反對，特此宣言。

周作人、錢玄同、沈兼士、沈士遠、馬裕藻。

（《晨報》1922年3月31日）

四月一日，與沈士遠、單不庵、馬裕藻、朱希祖、馬衡、錢玄同、周作人等同人發布啓示，爲清室盜賣《四庫全書》事，要求北京大學速函教育部，提出於國務會議，速派員徹底查清真相，懲治盜犯，保存圖書。

爲清室盜賣四庫全書警告國人速起交涉啓

頃見上海三月二十六日時事新報及北京各報登載，“茲據日人方面消息，安居乾清宫之宣統，本年十六，已與蒙王之女郭佳氏訂婚，本年秋間即須舉行大禮。然因措辦經費毫無所出，清室優待費又拖欠不發，遂擬將儲存奉天之《四庫全書》，以一百二十萬元之價出售。一以稍蘇積困，次亦以爲宣統結婚經費。曾特派某某向駐京各國使署詢有無買主。最後聞得日本宫内省前因法國購得朝鮮《四庫全書》之一部分，甚爲珍重，頗羡之，久欲得中國之《四庫全書》，以壯日本觀瞻。某某乃與日本駐京公使署接洽，請其購買奉天之《四庫全書》。日使署當即電本國，宫内省以各國均欲得此世界珍寶，今乃送上門來，大喜過望，大有無論如何必須到手之意。現正在秘密交涉之中云”一節，令人不勝詫異之至！查《四庫全書》本有七部，即文淵、文津、文溯、文瀾、文源、文匯、文宗是也。今惟存文淵、文津、文溯、文瀾四閣之書。然文瀾所藏已非完備。惟文淵、文津、文溯三閣巋然獨存。今文津已歸京師圖書館，文淵尚在文淵閣中。文溯於民國三年政府曾派員將原書運京，由内務部派員點收，庋藏於保和殿中。今愛新覺羅〈渾〉〔溥〕（“渾”字錯——編者注）儀竟膽敢私行盜賣與外國人，不但毁棄寶書貽民國之恥辱，抑且盜竊公産，干刑律之條文。同人等身屬民國國民，爲保存我國文獻起見，斷不容坐視不問，茲擬請北京大學速函教育部，請其將此事提出國務會議，派員澈底清查，務須將盜賣主名者，向法庭提起訴訟，科以應得之罪，并將原書全部移交適當機關，妥爲保管。再查照優待條件，愛新覺羅溥儀本應遷出大内，移居頤和園中。至於禁城宫殿及所藏之圖書古物，皆係歷代相傳國家公共之産。其中如文淵閣《四庫全書》之類，尤爲可寶。——四庫成書，文淵最早，惟文淵爲最精。其他文溯、文津、文瀾三閣之書，不但字迹潦草，且卷數亦不甚可靠。——亟宜一律由我民國政府收回，籌設古物院一所，任人觀覽。如此辦法，既足以供研究學術者之參考，亦可使帝制餘孽稍戢斂其覬覦僥倖之逆謀，準理酌情，實屬兩當。特將此意公布之於國。凡我同志，其共圖之。

中華民國十一年四月一日

沈兼士　沈士遠　單不庵　馬裕藻　朱希祖　馬衡　錢玄同　周作人

（《北京大學日刊》1922年4月20日）

四月二日，陳獨秀作致周作人、錢玄同、沈兼士、沈士遠、馬裕藻信，提出反對《主張信教自由者的宣言》的意見。

“非宗教”聲中兩封重要的信

（一）陳獨秀致周作人錢玄同諸君信

啓明、玄同、兼士、士遠、幼漁諸先生：

頃在報上得見公等《主張信教自由者的宣言》，殊難索解。無論〈可〉〔何〕（“可”字錯——編者注）種主義、學説皆應許人有贊成、反對之自由。公等宣言頗尊重信教自由，但對於反對宗教者自由何以不加以容許？宗教果神聖不可侵犯麼？青年人發點狂思想、狂議論，似乎算不得什麼。像這種指斥宗教的舉動，在歐洲是時常有的，在中國還是萌芽，或者是青年界去迷信而趨理性的好現象，似乎不勞公等作反對運動。私人的言論反對，與政府的法律制裁不同，似乎也説不上什麼“干涉”“破壞”他們的自由，公等何以如此驚慌？此間非基督教學生開會已被禁止，我們的言論、集會的自由在哪里？基督教有許多强有力的後盾，又何勞公等爲之要求自由？公等真尊重自由麼？請尊重弱者的自由，勿拿自由、人道主義許多禮物向强者獻媚！

弟陳獨秀白　四月二日

（《民國日報》1922年4月7日）

四月六日，周作人寄沈兼士信。

上午，寄景深函、兼士函。（《周作人日記》）

四月十四日，胡適作致沈兼士信，談對王國維文章的校勘意見，請沈轉告作者。

兼士兄：

今日檢視前此點讀王静庵先生的文章，見上面略有校勘，不知當否。甚願先生寄與王先生一看，請他審定後交快郵寄回付印。我所欲問之點如下：

1、第一頁之末行，里昂喀洪，似喀洪是姓，而下頁第三行稱里氏，似當作喀氏。

2、第六頁第八行，“西畹、莱維 Sylvan Levi、美以愛 Meiller 三君”若 Sylvan Levi 是一人，則下文當作二君。此似有誤。

3、第七頁第七行，“牟列爾”是否即第五頁上之“牡列爾”？

4、此外有小誤數處，已爲校出，如十四頁第二行，小注“通”當作“統”；二頁三頁有筆誤。

又此文原題（法文），亦請王先生寫出，以便於作“提要”時，即用原題。

并請他注明原載之雜誌名稱、卷數、期數。全文句讀標點，亦望他校正。

我不知王先生的住址，故煩你代轉。

適 十一，四，十四

（《胡適全集》第 23 卷，第 330—331 頁）

按：信中“王静庵先生的文章”，指法國漢學家伯希和著、王國維翻譯的《近日東方古言語學及史學上之發明與其結論》。此文擬在北大《國學季刊》發表（後刊於第一卷第一號），胡適爲該刊主任編輯。

四月十五日，《先驅》半月刊第六號刊登署名“赤光”的評論文章《莫名其妙的滑稽宣言》，批評周作人、錢玄同、沈兼士、沈士遠、馬裕藻關於信仰自由的宣言。節録如下：

我們平日反對聖人之徒，反對僞理學，爲什麼？因爲他們終生的工作：除了將自己裝進一個糊塗昏亂的籠子以外，還要將以後一切的新生命一齊塞進他們那個骯髒惡濁的黑暗牢獄。假使我底記憶不錯，那麼，周作人和錢玄同兩位先生都還曾經站在我們這種反抗戰争底前線。但是現在却不然了：現在一班青年夥伴剛剛在設法刷洗兩千年以來糊塗昏亂的腦筋，而周作人、錢玄同，與沈兼士、沈士遠及馬裕藻諸先生却拚命地趕緊灌一劑迷魂湯，在他們各人剛才舉到嘴邊，預備喝下去醫醫他們所受的遺傳的瘋狂症的藥椀裏面放下些蒙汗藥；現在一班青年剛剛設法逃出爲害數千年、流毒無窮、磨牙吮血、殺人如麻的基督教底天羅地網，而周作人、錢玄同和沈兼士、沈士遠及馬裕藻諸先生却拚命地趕緊將他誘入一個悶葫蘆；現在一班青年剛剛在設法紥碎宗教的銅枷鐵鍊，站在爲光明而戰底前線作急先鋒，而周作人、錢玄同和沈兼士、沈士遠及馬裕藻諸先生却拚命設法將他們誘到一個迷魂陣！他們所主張信教自由者底宣言，就是迷魂湯和蒙汗藥底湯頭歌訣，就〈誘是〉〔是誘〕（“誘是”錯——編者注）人入悶葫蘆底招魂詞，就是誘人入迷魂陣底奇兵。

他們明明知道現在宰割天下，輔佐資産階級爲惡的是蛇一般狡猾、狼一般狠毒、蒼蠅一般可惡，狐狸一般陰險的基督教。他們明知道現在各國底法律是資産階級和基督教徒狼狽爲奸而製成，以保護他們對於封建諸侯對於舊教戰勝的威權和利益的。他們明明知道中國底所謂法律，不過是幾個可憐的東西留學生，從各國現成的憲法東挖西補雜湊成的刻板文章。他們却張大眼睛，直著頸子地喊：“我們認爲人們底信仰，應當有絶對的自由，不受任何人的干涉。除去法律的制裁以外，信教自由，載在約法，知識階級的人應當首先遵守，至少也不應當首先破壞。我們因此對於現在非基督教非宗教同盟的運動表示反對！”他們説“我們認〔爲〕（“爲”字漏——編者注）人們底信仰應當有絶對的自由，不受任何人的干涉”，他們却没有説明何以“人們底信仰應當有絶對的自由，不受任何人底干涉”。這就是無稽之談！他們在相對的宇宙中説“絶對的自由”，他們不是將中學堂的物理教本忘記了，就是時代錯誤！他們既没有説明信仰何以有絶對的自由，而僅僅仰仗些甚麼資產階級用爲掠奪的工具的法律的制裁和約法作根據，則五先生不啻自己表明是資產階級中的强盗，或者是資產階級盜賊的奴才！他們既知道現在宗教中的霸王，或者可以説現在僅有的宗教是基督教，却依據基督徒與資產階級狼狽爲奸的法律，“對於現在非基督教非宗教同盟的運動表示反對”，則五先生不啻是擁護基督教，不啻是基督教徒。而五先生却説“我們不是任何宗教的信徒，我們不擁護任何宗教”。不是粉白登場，就是掩耳盜鈴！

四月二十二日，與同人等作致北京政府教育部函，竭力反對將文溯閣藏《四庫全書》售於日本人。

［文溯閣原藏］　文溯閣在遼寧瀋陽故宫内，原爲清代發祥之地，故送藏全書一部。“閣在宫殿之西，正宇六楹，東西游廊二十五楹，明樓一座，敞軒五楹，南配房十七楹，東西南北耳房六楹，直房十四楹。又東更道内，南北耳房四楹，直房四楹。碑亭一座，宫門三楹。閣南檐前，恭懸御書清漢字‘文溯閣’匾額一。閣内嚮南，恭懸御書‘聖海沿洄’匾額一。……”

…………

［落於日人之手］　二十年（一九三一）“九一八”事變起，遼瀋陷日，閣書與城俱亡，事後日方假藉所謂“國立圖書館”之名義代爲封存。我國典藏，又失去其一矣！先是（民國十一年）清室曾以經濟困難，欲將文溯閣書，盜售於日，價已議定爲一百二十萬元；值北京大學教授沈兼士等於是年四月二十二日，致函教部，竭力反對，其事遂寢。日人多年熱望，“九一八”後竟如願以償，於劫我土地奴我人民之餘，復攫我文獻典籍以去，良可慨也！

（郭伯恭《四庫全書纂修考》第184—186頁）

四月二十四日，顧頡剛作致王國維信，談及奉北京大學研究所國學門主任沈兼士之命，商請將王氏散見各處的學術文章彙集成書，交北大刊印。

静安先生尊鑒：

服膺十載，前日得承教言，快慰無既。惟以拙於言辭，不能自達其愛慕之情。私衷拳拳，欲有所問業，如蒙不棄，許附於弟子之列，剛之幸也。當時匆匆，忘述一事。沈兼士先生前次談及，凡一家著述散見各帙者，均擬由研究所中彙刊爲叢書，先生所著書，以新法馭古學，凡所論斷，悉爲創獲，如得彙刊一集，俾研究國故者有所遵循，實爲盛業。因囑剛趨前接洽，可否由先生編定目録付校中刊印，至於向歸書肆出版者，版權上有無須行磋商之處，務請示及是幸！專上，敬請著安。

後學顧頡剛頓首。三月廿八日。

（《顧頡剛全集40 顧頡剛書信集 卷二》第107頁）

按：信之落款“三月廿八日”爲陰曆時間，陽曆爲4月24日。

四月二十六日，以北京大學研究所國學門主任名義發布啓事，要求國學門本學年研究員於暑假前將研究經過及成績上報，以便匯齊交委員會審查。

研究所國學門主任啓事

啓者：查本學門研究規則三條，"研究生須將關於研究之經過及其成績，隨時報告，以便在本學門所辦之雜誌中發表，或刊入叢書"。現規定於每學期之終，報告成績一次。本學年研究員務請於暑假前將研究之經過及其成績，報告至本學門，以便彙齊交委員會審查。

研究員對於本學門之設備及閱覽圖書方面，倘感有缺乏或不便之處，請隨時函告，以便逐漸改良，是爲至盼。

十一、四、二十六

（《北京大學日刊》1922年4月27日）

四月二十九日，北京大學教職員臨時代表團召開第一次會議，議決輪流出席各校教職員聯席會議名單，沈兼士列名其中。

本校教職員臨時代表團第一次會議議決事項

（十一、四、二十九日）

議決（一）本代表團出席各校教職員聯（席）會議之人，依下列方法定之：

A. 舊代表　每人輪流出席一次，其輪次依下列大會揭示之名次定之。

李守常　周象賢　王星拱　王紹瀛

B. 新代表　每次聯席會議須有四人出席，除下列名單上最初二人外，每繼續出席二次。各人出席之輪次，依下列大會揭示之名次定之。

何基鴻　沈士遠　陳啓修　黄右昌　胡適之　馬幼漁　胡春林　顧孟餘

程振鈞　燕樹棠　朱經農　高一涵　周同煌　馮漢叔　陳世璋　沈兼士

議決（二）明日本校代表出席聯席會議，取勸商態度，希望各校代表顧慮〈是〉〔時〕（"是"字錯——編者注）局紛亂，緩行總辭職，勉强維持現狀。

議決（三）本臨時會爲進行快便起見，應推出臨時主席、庶務、文牘、會計等，即推定陳啓修先生爲臨時主席，沈士遠先生爲庶務，周同煌先生、胡春林先生爲文牘，黄世暉先生、鄭陽和先生爲會計。

議決（四）明日聯席會議，應提出建議案，請各校派出索薪代表，會同校長團一致催促政府，限期給薪。

議決（五）現在奉直已開戰，應請本校代理總務長、教務長召集各部主任，開本校教職員臨時互助會，籌商維持方法。

（《北京大學日刊》1922年5月3日）

同日，下午錢玄同來訪。

午後至尹默家，并晤兼士諸人。（《錢玄同日記》）

五月三日，北京大學發布籌辦救濟婦孺所消息，沈兼士被推舉爲調查股主任幹事。

籌辦救濟婦孺所

近日近畿發生軍事，京師公益聯合會特在四城分設救濟婦孺所數十處，以備緊急時附近婦孺避難之處。本校擔任組織第二十五分所。昨日上午十時，本校爲籌辦此事，特在第一院接待室開會，列席者爲總務、注册、庶務三部及校醫室同人。結果議定本所之組織，并推定各股幹事，即日着手籌備一切。各幹事名單録列於下；救護規則及分所辦事説明書附焉，以供羅覽。

國立北京大學救濟婦孺所

（京師公益聯合會救濟婦孺第二十五分所）

一、本所組織分下列七股：

一總務股，二食品股，三衛生股，四糾察股，五幼稚股，六交際股，七調查股。

二、本所設正主幹一人、副主幹二人，綜理本所一切事務；各股設主任幹事一人，綜理各該股事務。

三、本所辦事處設在本校第一院，電話東□三三二一號。

職員名單

正主幹　沈士遠

副主幹　余文燦　段宗林

…………

調查股幹事

沈兼士（主任幹事）　章廷謙　谷源瑞　鄭陽和　余文燦　盧中岩

附京師公益聯合會救護股規則（略）

（《北京大學日刊》1922年5月3日）

五月十二日，北京大學注册部發布布告，沈兼士所授國文系一年級“文字學大意課”於周六補課兩小時。

注册部布告

國文系一年級沈兼士先生所授之文字學大意，定於本星期六午後二至四補課兩小時。此布。

五月十一日

（《北京大學日刊》1922年5月12日）

五月十六日，錢玄同來訪。

午後訪沈氏昆仲。（《錢玄同日記》）

五月十九日，與教職員代表同赴教育部索薪，并與該部交涉給大家供應晚餐。

飯後，同莘農過教育部索薪，八校教職員，到者一百四十餘人，舉出沈士遠、何海秋、高一涵、尹炎武、馬幼漁、王星拱爲代表接洽。旋由教育部同諸人步至交通部，八校所舉代表，同八校校長、教育部次長，同交通部次長交涉，直至下午九時後始簽字。允於五月三十號以前，給兩個月，衆人始散歸。是日天氣頗熱，予人甚倦，晚膳由沈兼士同該部餐房交涉，每人開點心一份，二十人一次，諸無聊者，争先坐位，予同莘農、叔平於第四次始得食。（《吴虞日記》）

五月二十五日，北京大學作致歷史博物館函，稱將派朱希祖、沈兼士、馬衡等前去接收該館所藏明末及清代檔案，請予接洽。

敬啓者，本校日前呈請教育部，將歷史博物館所藏明末及清代檔案撥校編訂，曾奉指令照準在案。兹特派本校史學系主任朱教授希祖、研究所國學門主任沈教授兼士、史學系講師馬衡三人，前赴貴館接收，希即派員接洽一切爲荷。此致歷史博物館。

北京大學啓　十一年五月二十五日

（北京大學檔案館藏檔，檔號：BD1922010-5）

按：1921年北洋政府教育部歷史博物館以經費困難爲由，把存放於該館的内閣大庫檔案當作廢紙賣於紙店。學者羅振玉獲悉後，出資贖回，然後招人檢理。後羅將其大部轉賣於别人，部分賣給了日本人。沈兼士等北京大學教授聞訊，即報告校長蔡元培，由學校出面請求教育部把整理内閣大庫檔案的任務交給北大，教育部批准這一請求。

五月二十六日，與錢玄同交談。

午後四時至孔德，開“校務討論會”……會後至士遠處談天，叔平、兼士、尹默、不庵均來。（《錢玄同日記》）

五月二十八日，錢玄同來訪。

訪士遠昆仲，并晤幼漁、兼士、適之、叔平。（《錢玄同日記》）

六月四日，晚上與錢玄同、沈士遠、沈尹默、馬衡、馬季明等到聚豐館吃飯。

晚偕——尹默、士遠，兼士、叔平、季明諸人同至東單二條聚豐館吃飯。

（《錢玄同日記》）

六月七日，訪單不庵，遇錢玄同，後同至沈士遠家。

午後訪不庵，兼士亦來，晚同至士遠家。（《錢玄同日記》）

六月十二日，晚上與錢玄同、沈士遠、沈尹默等在東華飯莊宴請孔德學校全體教員。

晚宴孔德教員全體於東華飯莊，主人爲馬氏三、沈氏三及我。（《錢玄同日記》）

六月十七日，作致蔡元培校長函，報告接收歷史博物館檔案情况，建議集合學者整理這批檔案。

研究所主任沈兼士先生致校長函

孑民先生大鑒：

兼士連同〔偕同〕（“偕同”二字衍——編者注）朱逷先、楊適夷、馬叔平、單不庵諸先生及研究所同人搬運歷史博物館檔案，已於今日下午搬運完畢，共計裝六十一箱，一千五百零二袋，分庋於第一院及第三院（詳另單）。此外尚有殿試卷及謄黄中之已經該館編有草目者，均未搬運。已商准該館將草目借與本校鈔一副本。查此次搬運來校之内閣檔案，卷帙極繁，非集合多數具學識有興會之人共同整理，頗難尅期奏效。以後關於此事之進行方法，尚祈先生酌奪，或另行召集一會議，共同商量辦理。統候尊裁，即請

公安

沈兼士　六、一七。

（《北京大學日刊》1922年6月19日）

六月二十六日，蔡元培發布啓事，召集沈兼士、胡適等教授開會，討論整理從歷史博物館接收的内閣檔案的方法。

校長啓事

逕啓者：

歷史博物館所藏内閣檔案，業經移交本校，急須整理，兹訂於二十八日（禮拜三）上午九時在第一院接待室開會，討論整理方法，務請

貴臨爲盼，順致

敬禮

蔡元培敬啓

十一年六月二十六日

胡適之　譚仲逵　李守常　沈士遠

朱逷先　楊適夷　何柏臣　陳伯弢

馬叔平　季革癡（李革癡——編者注）　沈兼士　單不庵

馬幼漁　黎稺鶴　黄仲良　胡文玉

（王學珍、郭建榮《北京大學史料》第二卷中册，第1519頁）

六月二十八日，晚上赴馬衡家宴，同席有錢玄同、沈士遠、沈尹默等。

訪士遠，與同至叔平家吃飯，叔平今晚宴客，爲沈大、二、三、麟伯、君哲及其弟兄數人。（《錢玄同日記》）

按：“沈大、二、三”依次指沈士遠、沈尹默、沈兼士，北大同人習慣如此稱呼。

六月二十九日，蔡元培致函朱希祖、沈尹默、沈兼士等十四人，暫定於七月三日開始整理歷史博物館明清内閣檔案。

與朱希祖等通知（一九二二年六月二十九日）

逕啓者：

歷史博物館所藏内閣檔案，業經全數移交，敬請先生指導整理。兹訂於七月三日開始，務請於三日（禮拜一）上午九時，到第三院教員休息室接洽，以便進

行爲盼。順頌

大安。

六月二十九日。
蔡元培敬啓。

朱逷先　陳百弢　沈士遠　沈兼士

胡適之　楊適夷　馬叔平　單不庵

劉叔雅　錢玄同　何柏臣　季革癡（李革癡——編者注）

馬幼漁　沈尹默

文牘課照繕分送。

（高平叔編《蔡元培全集》第四卷，第210—211頁）

六月三十日，陳垣作致葉恭綽信，稱沈兼士委托其約請葉氏到北大研究所國學門參觀。

一九二二年六月三十日，往函

承詢集寶展覽會，爲同鄉王斧軍所發起。……又北大研究所國學門主任沈兼士兩月前曾函請轉約我公參觀研究所（有明清史料多種，頗有一顧之價值）。當時以尊恙未痊，故未轉達。今欲乘此交卷，苟不以貴人事忙見拒，幸復我。沈函檢呈，此上譽老座右。陳垣頓首。六月卅日。

（陳智超編注《陳垣來往書信集》第172頁）

七月四日，與沈士遠、錢玄同、馬裕藻、沈尹默、單不庵等出北大預科入學試驗題目。晚上赴馬鑒宴會，同席有沈士遠、沈尹默、錢玄同、馬裕藻、馬衡、馬廉等。

午後至沈士遠來〈家〉，因約幼漁、不庵、兼士、尹默諸人出預科入學試驗題目也。今日出作文題一，標點題一，尚有解釋文義未濟。回家。晚季明吃客，同座者爲馬二、四、九、沈大、二、三、常揞卿諸人也。（《錢玄同日記》）

按："馬二、四、九"依次指馬氏兄弟馬裕藻（幼漁）、馬衡（叔平）、馬廉（隅卿），都是北大教員。

同日，與朱希祖、馬衡、單不庵、沈士遠、馬裕藻等，開始整理從教育部歷史博物館接收的清內閣大庫檔案。

研究所國學門重要紀事

（1）研究所組織大綱（十一年一月十四日評議會通過）

…………

（8）整理清內閣檔案之始末：

教育部歷史博物館所存之清內閣大庫檔案，爲研究近世史必要之參考物，前經研究所國學門主任沈兼士商請蔡元培校長，呈請教育部，將此項檔案移交本校代爲整理。於本年五月二十二日得教育部指令許可，校長乃囑托沈兼士、朱希祖、馬衡、單不庵、楊棟林諸教員前往歷史博物館辦理接收事宜。此項檔案，自明迄清之題本、報銷冊、揭帖、賀表、謄黄、金榜、起居注、實録……等均在其中。共計裝運六十二木箱，一千五百零二麻袋。檔案既移運到校，研究所國學門、史學系、中國文學系教職員沈兼士、朱希祖、馬衡、單不庵、楊棟林、沈士遠、馬裕藻、陳漢章、李泰棻、胡鳴盛、滕統音、劉紹陵、劉澄清及畢業生王光瑋，在校學生連蔭元、魏建功、張步武、潘傅霖、傅汝霖、魏江楓、陳友揆……等富有整理檔案之興趣者，組織一整理檔案會，於七月四日著手整理。其辦法約分三步：

第一步手續爲形式分類及區别年代。形式分類則分謄黄、敕諭、誥命、實録、試卷、表、題本、報銷冊……等類。年代則分天啓、崇禎、順治、康熙、雍正……等朝。

第二步手續爲編號摘由，如題本、報銷冊兩項爲檔案之大宗，并多係重要史料，故先著手。題本則就内容摘録年月，機關或區域及事實因果情形，再以事實性質歸納成若干總類（如命案、盜案、錢糧俸餉、建築、財政、軍政、學政、國際事件……等）。總類之下又分細目（如“命案”中分因奸謀殺、因仇謀殺、因戲誤殺……等目），然後編號上架。報銷冊則摘録年月、機關或區域及名目，大别其類有地丁、漕米、旗營、軍餉、墾牧、建築、浚治、清丈、鹽引課税、織造、鼓鑄、物價、給用火牌勘合、内府食品、支用柴炭煤斤、案件匯總，及大進、大出、四柱等黄冊各類。至於各項檔案中之特别重要者，隨時提出公布。

第三步手續爲報告整理成績，研究考證各重要事件，及分别編制統計表。凡各項已編號摘由之檔案，分别編目，或録全文登載本校日刊公布。其他如大政變、文字獄及一切史乘不詳之事件，則加以考證，編爲報告。題本、報銷冊分類後，即編成各地風俗狀況，犯罪行爲，歷朝對於人民之待遇，物價之比較……等統計表；即無甚重要之賀表、會試榜……等，將來亦擬利用之以編成歷朝職官人名表，地方文風統計表；其餘如公文程式及文字遞變之調查，歷朝官印之編譜，皆擬酌量緩急，分别進行。

自七月四日以迄九月三十日，先後摘編謄黄、題本、報銷冊、金榜……等類已近萬件。其中發現要件不少，兹擇其最重要者，録目於下：

（後略）

（《國學季刊》第一卷第一號，1923年1月）

七月十日，顧頡剛作致沈兼士信，討論有關蘇州角直鎮保聖寺羅漢像情況。

寫兼士先生、紹虞、萬里、聖陶、子清、伯安、康節信。（《顧頡剛日記》）

顧頡剛致沈兼士先生函

兼士先生：

（上略）兹寄上蘇州角直鎮保聖寺羅漢像兩分，計八幀。以一分贈先生，一分贈研究所。此像係唐代楊惠之所塑，惠之與吴道子同時，所畫像不及道子，憤改塑像。江南一帶，他塑的像本來很多，但别處經過兵燹，所存絶少。而角直一隅却保存至今。他塑的羅漢有幾項特點：（1）着色；（2）高下坐立參差不齊；（3）表現筋肉極顯露；（4）布置山水、樹木、龍虎等物極複雜。

楊氏所塑的像已經後人修過了好幾回，部位雖依然如故，神情已損失不少。惟（1）（2）兩幀坐着的兩尊没有修過。原來没有修過的共有四尊，有一尊作題壁狀，不幸前年屋頂坍塌，這兩尊也跟着倒下了。本來殿裏不很亮，不能拍照，現在光線都很好了。但再過數年，這幾尊羅漢上面的屋頂也要坍了，若現在不想個法子把他保存，則一千多年前塑像名手的作品也就絶滅了。我們若是聽他絶滅，實在是我們的恥辱。

我想這件事最好請先生與歷史博物館主任商酌，公呈内務部，請爲運京保存。如不便移轉，亦應遷出大殿，另蓋房屋，備玻璃櫃子安放。不知先生有意否？

（1）傳説是梁武帝像，因爲保聖寺是梁朝所建。我們看他穿了龍袍，額上皺皮甚多，顯出老年樣子。此説或者可信。

學生顧頡剛　七、十。

（《北京大學日刊》1922 年 7 月 22 日）

七月十一日，訪單不庵，遇錢玄同，同出北大本科招生試題。

十時訪不庵，適兼士來，同出大學考本科題目。（《錢玄同日記》）

同日，周作人來訪。

往什方院，見沈氏三兄弟、鳳舉、玄同等，下午五時返。（《周作人日記》）

七月十五日，北京大學發布《校務紀聞》，載明每周輪流到校整理内閣檔案名單，沈兼士輪值時間爲星期五。

校務紀聞

本校前由歷史博物館運來内閣檔案，兹經整理委員迭次會議，擬定今年暑假期内整理暫行之辦法，分列如左：

（1）整理之方法

（甲）分題本、謄黄、賀表、報銷、雜件六種。

（乙）以年代之遠近爲先後。自明崇禎迄清光、宣，依朝代年分先後爲次。

（丙）以各機關所屬之事務分類。如題本中可分吏、户、禮、兵、刑、工……等類。他倣此。

（丁）依區域分類。分中央、行省、藩屬等。

（2）編輯之方法

（甲）重要事件之研究。如大政變、文字獄及史乘不詳之事件等，加以考証，編爲報告。

（乙）分類統計。例如報銷册，可分“地丁”“錢糧”“賑濟”“命盜”“建造”“物價”……等類。此外方法，隨時增定。

(3) 整理員之組合

（甲）本校教職員由校長囑托者。

（乙）本校教職員、研究生、學生之志願加入者。

（丙）國内史學專家，來函請願加入整理，得本校許可者。

(4) 整理員之分配　有每周到校辦事之分配與每日職務之分配兩種。

（甲）每周整理員到校辦事之一覽表。

（一）每日到校辦事者。胡鳴盛、劉紹陵、劉澄清、連蔭元、吴德遠。

（二）每周輪流到校辦事者。

星期一　楊楊林（楊棟林——編者注）、張煦、陳友揆、滕統音、張紹詠、姚士鰲、鄭天挺

星期二　馬衡、谷源瑞、王光瑋、魏建功、姚揖讓、張紹詠、張步武

星期三　朱希祖、羅庸、傅汝霖、魏江楓、陳友揆、滕統音、鄭天挺

星期四　單不庵、張煦、陳友揆、傅汝霖、魏江楓、滕統音、張步武、姚揖讓、姚士鰲

星期五　沈兼士、羅庸、王光瑋、魏建功、滕統音、陳友揆、鄭天挺

星期六　陳漢章、谷源瑞、魏江楓、姚揖讓、張步武、陳友揆

（三）臨時加入者。馬裕藻、沈士遠

（後略）

（《北京大學日刊》1922 年 7 月 15 日）

同日，打電話通知錢玄同，北大預科國文試題印畢原稿不見，疑洩漏，要求重出。

兼士忽來電話云，北大預科國文試題昨付印，印畢原稿不見，疑有洩漏，須重出，真麻煩。（《錢玄同日記》）

七月二十二日，顧頡剛作致沈兼士信。

寫守常、緝熙、兼士先生信。（《顧頡剛日記》）

七月二十四日，與沈士遠、沈尹默、錢玄同、馬裕藻、馬衡等共九人閲北大預科試卷。

下午閲卷，卷（預科）凡一四〇本，今天九個人（沈大、二、三、馬二、四、錢、張黄、叔〈平〉、不庵）。（《錢玄同日記》）

七月二十五日，與沈士遠、沈尹默、錢玄同、馬裕藻、馬衡等共十一人閲北大預科試卷。

閲卷未畢。晚偕沈大、二同至公園。今日閲卷（預）者十一人，昨九人外加

二，周作人、楊適奎。（《錢玄同日記》）

七月二十六日，與馬氏兄弟、朱希祖、單不庵請錢玄同、沈士遠晚餐。

晚二馬、沈三、單、逖請我吃飯，尚有士遠，祇有我和士遠不花錢。

（《錢玄同日記》）

八月三日，午後錢玄同來訪，并與沈尹默、馬裕藻、馬衡、單不庵等到真光屋吃晚飯。

午後訪尹默，訪不庵，訪士遠，偕士、尹、幼、叔同至真光屋便晚餐。

（《錢玄同日記》）

八月五日，顧頡剛在日記中提及，沈兼士委托吴維清（緝熙）勸顧回校復職。

晨接伯祥信，轉到緝熙信，謂兼士先生重托他，一定要教我回校復職。因函告父親，説明如到北京，當與妻女同出之故。

兼士先生恐直接教我去要决裂，所以托緝熙轉托伯祥面勸。（《顧頡剛日記》）

八月六日，顧頡剛作致沈兼士信。

寫兼士先生信，請其托蔡先生函致商務，請延緩編書日期。（《顧頡剛日記》）

八月七日，與沈士遠、錢玄同、沈尹默、馬裕藻、馬衡、單不庵共八人，在北大閱上海來的試卷。

今日至北大閱上海來卷，計二百餘本。閱者八人：錢、沈大、二、三、馬二、四、單、張也。（《錢玄同日記》）

八月十一日，赴錢念劬在沈尹默家舉辦的午宴，同席有錢玄同、沈士遠、沈尹默等共九人。

午，兄在尹默家中請尹默吃飯，共九人：三錢，三沈，二馬，一單。多吃了一點酒，大出其汗。（《錢玄同日記》）

八月十五日，教育部國語統一籌備委員會召開會議，其中討論通過組織漢字省體委員會，擬定十三人爲委員，沈兼士名列其中。

衙門中開大會，今日議案凡四十六件……又本會提倡注音字母單用之試驗。一，錢玄同“减省漢字筆劃案”，議决通過。組織一個漢字省體委員會，擬定十三個人爲委員：錢玄同、陸基、胡適、王璞、楊樹達、方毅、廖立勳、黎錦熙、沈兼士、周作人、趙綸士、□□□（山西）、□□□（忘記了）。（《錢玄同日記》）

按：“衙門”指教育部國語統一籌備委員會，錢玄同爲該委員會委員兼常駐幹事。

八月十六日，作爲北京八校教職員代表，與八校校長及其他教職員代表共赴教育部，要求教育總長王寵惠同往交通部，追索所欠教育經費。

八校教職赴教部索薪之一幕

國立八校因經費問題，前日（十五）下午五點，八校教職員代表在美術學校開臨時聯席會議，請校長全體出席，共商辦法。首由聯席會議主席尹炎武質問校長方面連日與教育當局交涉之情形，及曾否有切實答覆。當由王家駒校長答言，除將連日奔走情形詳細報告外，并言教育當局對於經費問題并無切實答覆。一言以蔽之，仍無辦法而已。聯席會議方面乃質問校務討論會，王寵惠總長前次約定於星期三日上午答覆，倘届期答覆仍無頭緒，又不與同人齊往交通部索欠，校長方面是否仍有他種辦法，抑取如何應付方針。今距開學期已迫，校長方面對於開學問題究持如何態度，校長方面當鄭重聲明。無論如何，於開學之前，若無三個月經費，必不能開門，故至少亦須政府發給欠費三個月，始能開學，否則惟有請當局批准辭職，斷不留戀。雙方均以事既至此，無可如何，祇得嗟歎而散。昨日（十六日）上午八時，八校校長及教職員代表陸續到教育部會齊。王寵惠於上午九時到部，到部後即爲教育部員司所包圍，要求總長設法發給欠薪，雙方問答許久。八校代表至九時半已到約百人左右，不得已在大禮堂坐待。王氏至十點半始行出席。雙方寒暄畢，王氏首先報告連日奔走教育經費之經過情形。……代表等以王氏答覆不能滿意，當即要求王氏同往或派人同往交通部，向高恩洪追索。王不允，謂本人無暇，請再待數日，或有辦法，惟本人無論如何，不能同往，亦不願同往，本人并無同往之義務。王家駒校長當即説明教育當局應偕代表同往交通部之理由甚詳，仍請王氏代表同去。王仍不允，謂本人所能負責者祇此而已，望請代表原諒，無論如何，不願同去，亦不願派人同去。尹炎武對王氏所言“無此義務”之語，表示不承認，謂前次周自齊以總理兼教長時，亦曾派次長同往交部，有此先例，王總長不應推卻。王仍一再宣言不願同去。於是陳啓修、燕樹棠、沈士遠、沈兼士等反覆陳説法理上之理由，要求王氏必須同往，王仍堅執如前。時已下午一時仍無結果，最後代表方面表示退讓，請王氏與代表以一公函持往，王亦不允。代表此時甚爲憤慨，王見終不能全卻，乃允電詢高恩洪，代表等在大禮堂坐候。旋據王氏來言，高交長已允明日上午七時至九時之間，在交通部接見八校校長及代表，惟希望代表不必多人同去。於是約定每校公推代表五人，合校長共四十九人，於十七日上午六時半，先在法政專門學校會齊，然後同往交部，與高恩洪爲嚴重之交涉。時已下午一時二十分，衆始散去。

（《申報》1922年8月19日）

八月十八日，與胡適一起吃飯，談甚久。

與沈兼士同到公園吃飯，談甚久。

回家後，回想昨夜寫信與汪静之及今天與兼士談《詩經》的話，引起了我整理《詩經》的舊志願，就動手試寫《關雎》一篇，作個樣子。……（《胡適日記》）

同日，顧頡剛作致沈兼士信。

寫兼士先生信，并謄出。（《顧頡剛日記》）

八月十九日，北京大學發布季刊編輯員會議消息，附録業已延訂季刊編輯員名單，沈兼士爲國學組和文藝組編輯之一。

八月一日季刊編輯員討論會議决之條件

（一）本校發行季刊四種：（1）自然科學；（2）社會科學；（3）國學；（4）文藝。均自本年八月起，每季出一本。每本葉數，由各組自定之。

（二）季刊之形式：（1）横行用五號字。（2）紙張要好。（3）封面要美。（4）標點符號要完備。

…………

附録業已延訂之編輯員名單如左（此後續訂者補報）：

自然科學組

…………

國學組

胡適之（主任）　沈兼士　馬幼漁　錢玄同　蔡孑民　顧孟餘　李守常　劉叔雅　單不庵　□鐘□　鄭　奠　朱逷先　周啓明

文藝組

蔡孑民（主任）　沈尹默　沈兼士　胡適之　周豫才　周啓明　徐旭生　顧孟餘　宋春舫　陳師曾　錢稻孫　葉浩吾　馬叔平　蕭友梅　楊仲子　張鳳舉

（《北京大學日刊》1922年8月19日）

八月二十二日，撰成《國語問題之歷史的研究》。後發表於北京大學《國學季刊》第一卷第一號。此文認爲要想“統一國語”就應該注意中國文字和語言的關係，弄清致弊的原因，所以先論述文字的源流變遷及它與語言的關係，再説在這個情況下自然發生的弊病，最後提出補救的方法。

八月二十八日，周作人贈書一册。

上午，往禄米倉，以《雪朝》送士遠、鳳舉，又一本送兼士。（《周作人日記》）

八月二十九日，顧頡剛收到沈兼士信，并作回信。

兼士先生來快信，仍邀我去，并托我挽留伯祥聖陶到京。……

寫兼士先生信，約二千五百言，謄出。略看《七修類稿》。

兼士先生要與我父講理，我以爲此無益而有害，因爲舊社會中本不講理，因勸止之。（《顧頡剛日記》）

八月三十日，北京大學出席八校教職員聯合會議新代表名單揭曉，沈兼士以六十九票列名其中。

本校出席八校教職員聯合會議新代表名單（八月三十日開票）

馬裕藻七十八票　沈士遠七十七票　陳啓修七十三票　陳世璋七十三票

黄世暉七十一票	沈兼士六十九票	李辛白六十九票	王紹瀛六十七票
何基鴻六十七票	胡春林六十七票	丁緒寶六十四票	高一涵六十四票
譚熙鴻六十一票	鄭陽和六十票	朱錫齡五十七票	賀之才五十六票
周同煌五十三票	楊棟林五十二票	徐寶璜五十一票	楊蔭慶五十票
沈恩祉四十七票	費家禄四十六票	馬　衡四十五票	黄右昌四十二票

（《北京大學日刊》1922年9月2日）

八月，北社編《新詩年選（一九一九年）》，由上海亞東圖書館印行，内收録沈兼士早期新詩《寄生蟲》。

九月二日，錢玄同來訪。

訪兼士，渠示我以《△△△△△》（原文如此——編者注）一篇，擬登《國語月刊》。（《錢玄同日記》）

九月八日，顧頡剛在日記中提及，沈兼士來信仍邀其到北京大學任職。

夜間以股上濕痱癢醒，時方三點。竟未能眠。一半以兼士先生有信來，仍邀我到京，而商館中又有信來，催我速就稿件故也。（《顧頡剛日記》）

按：日記中“商館”，指上海商務印書館。

九月十四日，赴沈尹默家晚宴，同席有沈士遠、沈尹默、錢玄同、馬裕藻、馬衡、黎稚鶴、徐耀辰、張鳳舉等。

訪尹默，士遠、兼士、幼漁、叔平、稚鶴、耀辰、鳳舉、振南、蘘緑（振南的夫人）都在那兒，大家都吃尹默的晚飯。振南夫婦明天要到日本去了。

（《錢玄同日記》）

九月十九日，顧頡剛作致沈兼士信。

寫兼士先生、伯祥、聖陶、建初、康節等信。（《顧頡剛日記》）

九月二十日，顧頡剛作致沈兼士信。

寫父大人、兼士先生信。（《顧頡剛日記》）

九月二十一日，顧頡剛作致沈兼士信。

寫萬里、冰如、韓馨、堯衢、爲章、敬軒、仲周、聖陶、君武、子民先生、兼士先生信。（《顧頡剛日記》）

九月二十七日，陳垣作致沈兼士信，談其兩篇論文將刊發於北京大學《國學季刊》事。

一九二二年九月二十七日，往函

頃因事須即日南下，未及告別，至歉。大約一個月即可回京，相見仍不遠也。摩尼教稿遵命送上三分，火祆教稿亦已印就，并呈上。乞以此稿發刊，取銷前稿爲幸。藏經六册敬珍復，匆匆不盡，即請撰安！兼士先生。弟垣謹上。九月廿七夕。

火祆稿提要未及作，但大旨已盡在目録中，似不必詞費也。又及。

（陳智超編注《陳垣來往書信集》第 95 頁）

按：信中"摩尼教稿""火祆教稿"即陳垣所著《摩尼教入中國考》《火祆教入中國考》兩文，前者發表於北京大學研究所國學門《國學季刊》第 1 卷第 2 號，後者發表於該刊第 1 卷第 1 號。

九月三十日，與錢玄同、沈士遠、沈尹默、徐耀辰、馬衡、張鳳舉、馬廉共八人，到東華飯店吃晚飯。

午後三時訪士遠，并晤許多朋友，連我八個人，同到東華飯店吃夜飯。八個人是：錢玄同、沈士遠、沈尹默、沈兼士、徐耀辰、馬叔平、張鳳舉、馬隅卿。

（《錢玄同日記》）

同日，顧頡剛收到沈兼士信。

兼士先生至今日始有信來，聖陶請於明年去，建初衹有三小時功課。

（《顧頡剛日記》）

九月，撰成《籌畫北京大學研究所國學門經費建議書》。照録如下：

籌畫北京大學研究所國學門經費建議書 民國十一年九月

竊惟東方文化自古以中國爲中心，所以整理東方學以貢獻於世界，實爲中國人今日一種責無旁貸之任務。吾人對於從外國輸入之新學，曰我固不如人，猶可説也；此等自己家業，不但無人整理之、研究之，并保存而亦不能，一聽其流轉散佚，不知顧惜，如敦煌石室之秘籍發見於外人後，法、英、日本，均極重視，搜藏甚夥，且大都整理就緒；中國京師圖書館雖亦存儲若干，然僅外人與私家割棄餘剩之物耳；又如英人莫利遜文庫，就中收藏中國史學上貴重之材料極多，中國亦以無相當機關主持收買，遂爲日人岩崎氏所得；近聞已囑托東京帝國大學文學部整理研究，不久當有報告公布。以中國古物典籍如此之宏富，國人竟不能發揮光大，於世界學術界中争一立脚地，此非極可痛心之事耶！

國立北京大學年來設立研究所國學門，幸承海内外學者之贊助，規模得以粗具；然欲使其充分發展，則非有固定而且優裕之基金不可。大凡一種學問欲得美滿的效果，必基於系統的充分研究；而此系統的充分研究，又必有待於真確完備之材料。關於東方學之參考材料，範圍廣大，搜求既非易事，整理尤費工夫；兹略舉數事，以爲例證：

古代器物，爲考古學之重要材料。但此等材料向來皆零星向古董商人購入，於研究上之障礙甚大：

（1）古物之發現，多由於無意識偶然的發見；發掘者既無相當之學識，器物因之損壞者，往往而有；至於地層之紊亂，位置之錯移，更無論矣。此爲無意的損失。

(2) 古董商爲蒙混賞玩家起見，得於甲地者，往往冒稱出於乙土，連帶可以明了其時代者，故意错亂之以希圖善價；學者於此對於地方及年代遂不得不費一番無謂之考證，而不易更進爲比較綜合的研究。此爲有意的障礙。苟欲掃除此等弊病，必須集合各專門學者組織一古物調查發掘團，應用智慧的測量，爲考古學的發掘。譬如鉅鹿宋大觀故城，必須先行設計，然後開掘，再施以科學的整理，如意大利之於羅馬邦卑然，乃於學問爲真有益。他如安陽之甲骨，因風水忌諱而土人不敢采掘之地尚多；澠池石器時代之古物，雖經安特生博士發見，而我國學者從未身蒞其境。此一例也。

又如中國古代民族語言，爲學者所憑藉以探溯無文之世或載籍以外之事蹟的一種可貴之資料；其中可以考見現代文化與語言之源流及其系統之處，絶非淺尠。日本古民族蝦夷之語言，已由其國之學者搜集研究，於學問界有極大之貢獻。中國如西南各省苗、蠻諸族之語言，雖略經外人探討；然外人多不能深通中國之古音學及文字學，當然難得圓滿之效果。將來國語漸漸統一，此等絶好之考古資料，恐有湮没澌滅之患；此事亦亟須定一規模，從事調查。他如方言、方音、歌謡、諺語等普徧之調查，與精密之比較，皆不應蹉跎後時。然此等調查研究，均極艱苦，雖有相當之準備，莫能實行。此又一例也。

此外流傳國外者如《永樂大典》，莫利遜文庫，敦煌石室之書簡古物，均應設法調查，編次目録，分別審定，何者須迻鈔，何者須照像，何者須施氈拓，何者須作模型。至於國内之史蹟古物、舊書雅記之急須調查保存整理研究者，尤爲繁夥。揆諸理論，則亟待料理；按諸事實，則滯礙萬端。凡此種種，均非有負責之機關，充分之經費，相當之人材，長久之時日，莫能舉辦；而經費一層，尤爲先决問題。

國立北京大學研究所國學門對於以上所述多端，逐漸進行。其已著有成績者：歌謡研究會、清内閣大庫檔案會；正在籌備中者，有風俗調查會、風俗博物館、古蹟古物調查會、考古學研究室、方言研究會等。但爲經費所限制，無力發展，深爲可惜！若待大學預算增加，則現在固有之教育經費，尚不可靠，增加之期，殆猶河清之不可俟。玆幸各國對於庚子賠款均有退還我國興辦文化事業之主張，深望此事實行後能每年撥給北京大學研究所補助經費若干元（倘蒙國内外公私團體及個人捐助經費，亦極歡迎，其承受辦法，當另訂詳章），以爲搜集材料、培養人材、延聘學者、建築房屋之用。就此基礎，擴而充之，即可成一大學附屬之博物院，各學系均可於此取資參考。將來與各國間成績之交换，物品之贈借，均可規定一圓満之辦法，以共圖東方學術之發展。中國幸甚！學術幸甚！

（沈兼士《段硯齋雜文》）

十月二日，晤吴虞。

開學，九時至三院大禮堂，天氣晴朗，晤沈尹默、沈士遠、沈兼士、朱希

祖、楊適夷、蔡孑民、李石曾、胡適之、陶孟和、蔣夢麟、何海秋諸人，十二時歸。（《吴虞日記》）

十月四日，顧頡剛作致沈兼士信。

寫兼士先生信。（《顧頡剛日記》）

十月五日，祖母陸氏生日，北大同人十二人送來壽禮。

今天是沈士遠昆仲的祖母的生日。我們有十二個人，每人出份子二元，送了東華飯店的菜券去，算是祝壽。午後我到沈家去（我不向那可怪的老壽星像行禮），兩個兒子也去，一直到十時才走，他們回家。我回寄宿舍。（《錢玄同日記》）

十月六日，訪周作人。

上午橋川瀨沼來，士遠、尹默、兼士、鳳舉、耀辰來，飯後去。

（《周作人日記》）

十月十六日，錢玄同來訪。

七時訪士遠，并晤尹默、兼士、耀辰、鳳舉諸人。（《錢玄同日記》）

同日，與王世杰、朱希祖、丁燮林、李書華、沈士遠、周覽聯名作致蔡元培校長信，討論關於講義印刷費問題。

朱逷先教授等致校長函

子民校長先生：

本校講義印刷費歲達一萬餘元，然圖書擴充費爲數極微。現在學校既決定收納講義費，我們爲學校計，爲學生計，謹向先生提議，將所收講義費盡數撥歸圖書館，供買學生各種參考書籍之用。此種辦法，學校既可增加圖書支出，學生亦可減少買書費用，將來學校圖書充足，學生外國文程度增加，即可完全廢除講義。是否可行，敬請裁奪。

王世杰　沈兼士　朱希祖　丁燮林　沈士遠　李書華　周　覽同啓

十一、十、十六。

（《北京大學日刊》1922 年 10 月 18 日）

十月十九日，錢玄同閱沈兼士《國語問題之歷史的研究》原稿。

看沈兼士的《國語問題之歷史的研究》原稿，録之如後……（《錢玄同日記》）

十月二十日，與沈尹默、馬裕藻、朱希祖、周作人、張鳳舉等同學生商量，主張暫時停課。

午餐後，過北大上課，則沈尹默、沈兼士、馬幼漁、朱希祖、周作人、張鳳舉、劉子庚、鄭介石、陳某均在教授會，同學生集議，主張暫時停課，諸人均署名贊成，予亦當然署名。（《吴虞日記》）

按：因北洋政府不能按時劃撥經費，北京大學決定從新學年開始，向學生徵收講義費。蔡元培 9 月 8 日致張元濟信中說："教育經費無著，學校殆將停止，國將不國，文化摧殘，固意計中事。”北大學生反對學校收講義費，自10月17日至24日，發生“講義風潮”。17日下午，數十名學生涌向紅樓二層會計課，對職員肆口謾罵，并加恫嚇。18日晨，又有學生數十人至紅樓二層校長室，要求立即廢止講義費，經蔡元培校長詳爲解釋，而學生始終不予理睬。多名教員出面勸解，這些學生威迫狂號。蔡元培校長憤而辭職，總務長蔣夢麟等也相繼辭職。北大全體職員召集會議，議決自10月19日起停止辦公。一面向校長辭職，一面由全體職員分班到校輪流察看校舍，以防不虞。19日，北大全體學生發出宣言挽留蔡校長。24日，蔡元培回校復職，全體職員也一致復職，照常辦公。

同日，赴東華飯店馬裕藻、馬衡、馬鑒、馬廉兄弟晚宴，同席有馬叙倫、李大釗、邵裴子、錢玄同、沈士遠、沈尹默等。

晚餐馬氏兄弟四人（幼漁、叔平、季明、隅卿），請夷初在東華飯店吃飯，陪客是譚仲逵、李守常、邵裴子、錢玄同、沈氏三兄弟。席間談論，知此次風潮的去向於政局有關，什麼曹鋭、邊守靖、温其霖、楊度都是黑幕中人。學校處置此事，今將通告二紙粘在後面，以備查考。（《錢玄同日記》）

十月二十七日，北京大學研究所國學門發布通告，請有志於從王國維導師研究者前去報名。通告内附王國維致沈兼士信一封。

研究所國學門通告

王静安導師現在本門提出研究題目四條，有志從王先生研究者，請來報名。

…………

附王静安先生致沈兼士先生信

兼士先生有道：

前日辱手教，并屬提出研究題目，兹就一時鄙見所及，提出四條。唯古字母及共和以前年代二條，其事甚爲煩重，非數年之力所能畢事，姑提出以備一説而已。前日寄上新作書式古堂書畫匯考中所録唐韻後一篇，由叔平兄轉交，想蒙察入。題目四紙，附上呈收。專肅，敬候起居不盡。

王國維頓首

（《北京大學日刊》1922年10月27日）

按：此前北京大學研究所國學門已聘請校外學者羅振玉、王國維爲函授導師，指導研究生從事研究工作。

十月三十日，告訴吴虞《星報》稱贊其詩。

沈兼士言《星報》稱予詩，然予未見也。（《吴虞日記》）

十月三十一日，《申報》刊登消息，稱北京大學風潮已解决，但各宿舍貼有攻擊三沈（沈士遠、沈尹默、沈兼士）的匿名揭帖。

北大風潮解决後之餘聞

北京大學風潮，本月二十四日已完全解决，就現下之情形觀之，已無别項可慮之問題。雖各宿舍多貼有攻擊三沈（沈士遠、沈兼士、沈尹默）之匿名揭帖，而各通信社報館尚多散布驅沈之傳言，然此不過一部分人之私憾，未足視爲重輕。惟該校當局以此次風潮中學生頗有要求財政公開者，故特於今日始，在該校日刊宣布收支各款數目表。自茲之後，一般無根據與别有作用之謠言，當可自息。又教育部於本月二十三日特訓令該校，整頓校風。此訓令已發布於今日之北大日刊。兹録其原文如下：（略）

（《申報》1922年10月31日）

十一月二日，北京大學評議會評議員選舉揭曉，沈兼士得九票，落選。

校長啓事

本届本校評議員選舉已於昨日上午四時一刻，在第二院大講堂當衆開票，計收到選舉票共五十八張。茲記其結果如左：

譚熙鴻　四十二票　王星拱　四十二票　胡　適　四十一票

顧孟餘　三十票　李四光　二十九票　陶履恭　二十八票

馬裕藻　二十八票　陳啓修　二十六票　丁燮林　二十五票

李煜瀛　二十五票　李大釗　二十四票　朱希祖　二十三票

馮祖荀　二十三票

以上十三人當選

何基鴻　蔣夢麟　各二十一票

羅惠僑　何育杰　各二十票

陳世璋　沈士遠　各十九票

顔任光　賀之才　各十七票

王世杰　十五票

沈尹默　楊棟林　各十三票

温宗禹　十票

李書華　沈兼士　李麟玉　周作人　周　覽　楊震文　各九票

（後略）

十一年十一月三日

（《北京大學日刊》1922年11月3日）

十月十五日，參加北京大學成立二十五周年紀念籌備委員會第一次會議，討論紀念會期間的各項活動及籌備人員。

本校二十五周年紀念籌備委員會會議記事

下月十七日爲本校第二十五周年紀念日，曩曾有舉行紀念之擬議，現爲期已近，學校方面經校長酌請各部人員暨各教授，組織籌備委員會着手籌備。十五日下午四時，在第一院接待室開第一次會議。其情形如下：

出席委員　蔡元培　蔣夢麟　胡　適　羅惠僑　丁燮林　沈兼士　沈士遠　蕭友梅　馬　衡　李大釗　譚熙鴻　蘇甲榮　李四光

議決：

一、紀念會分學術講演、展覽、游藝三部。

1. 學術大講演，定於十二月十六日舉行。講演範圍爲最近二十五年來學術史，由各科教授、講師自由認定擔任。如講者較多，可延長時間於一星期内。

先期十日將講者、講題、講場容額公布。凡校内外願聽講者，先期報名，領取聽講券。

講演録編印成册，即作爲二十五周年紀念册。曾聽講者，得以半價購取。

2. 展覽分左列各種：

歷史部：研究所國學門整理之清代内閣檔案；研究所國學門考古室之古物金石類。

美術部：清理前書畫研究會之成績品，并臨時徵集本校教員、學生之書畫等美術品。

出版品部：徵集五四以來本校教職員、學生個人或團體之書報雜誌。

地質部：地質研究會采集之標本及報告。

3. 游藝分左列各種：

音樂演奏會，運動會（足球、隊球、籃球），烟火燈色。

關於學生表演之其餘各種游藝，隨學生自動的組織，惟以稍帶學術性質者爲限，地點須集中，時間須連續，不宜分地同時舉行。

二、展覽及游藝均於紀念日舉行，地點在第三院於禮堂旁操場支搭蓆棚。是日上午開紀念會畢，開全體大茶話會。

三、推定各部籌備員

學術講演　胡適之　羅惠僑

展覽　歷史部　沈兼士　馬　衡

美術部　錢稻孫

出版品部　李辛白　蘇甲榮

地質部　李四光

音樂會　蕭友梅

運動會　白雄遠

煙　火　燈　色　布置會場　沈士遠

（《北京大學日刊》1922年11月17日）

十一月十九日，顧頡剛作致沈兼士信，談不得不外出謀職事。

寫兼士先生信，即謄出。（《顧頡剛日記》）

［與兼士先生　十一、十一、十九］

（上略）

承詢我近狀，實在乏味已甚。自家祖母開弔之後，我就努力編書，可恨我不挣氣的身體又作梗了，發了一二十天劇烈的失眠，實在支持不下了。朱經農先生知道之後，勸我養息數月，此書交由伯祥代編下去。……

我本不欲出去謀事，但現在不得不去了。我去信與我父，説明謀到職事，祇做半年，過此仍要到京。這無論他准也罷，不准也罷，我終要這樣做了。我謀到事後，先把物件書籍運出，再牽妻女常常來往，到一年半後，讓我出去，固可好好的走，否則也未始不可逃去。前數月間，我也未嘗不想到逃，但因爲這不是我一個人的事，而且一切物件均在家裏，不能避免家人的眼目，所以祇得聽命。如就了上海的事，將來就無如我何了。

我初以爲在家守靈，很可借以讀書，但在這種的空氣裏，如何可以使人安心作事！正如萬生園中的野獸，雖是有地方食宿，但生活的真意義是失掉了！

幼漁、玄同、適之諸先生久不通訊，均念。俟有較安定的生活時再寫信。

（《顧頡剛全集 39 顧頡剛書信集 卷一》第514—515頁）

十一月二十日，蔡元培作致沈兼士信，談孫蜀丞著作事。

致沈兼士函（1922年11月20日）

兼士先生大鑒：

孫蜀丞送來《讀書膾餘》一册，意欲單行。鄙意不如采入《國學季刊》，再［將］來再輯成專書，特奉上，請酌定。弟已以此意告孫君矣。專此，敬請

著安

弟元培敬啓

十一月二十日

（高平叔、王世儒編注《蔡元培書信集》上，第640頁）

十一月二十一日，與錢玄同談漢語古音問題。

與兼士談古音上的問題。我覺得段玉裁、孔廣森以來，所謂合韻、對轉等説固應一掃而空，改用錢大昕雙聲相轉之説，但古音分部問題亦尚須研究。又用諧聲字的音符來定古音的辦法，亦有不合此音符者，其讀音豈能久而不變？試以後世之字作旁證，譬如“甲”字，《廣韻》，在△韻，其末當有塞聲之P。但製造局新制之“鉀”字，其甲聲但表Ka　（原文空缺——編者注）m之Ka音，若將來有人考鉀字之音，謂其首音當爲Kap，舉《廣韻》在　（原文空缺——編者注）韻作證，寧非笑話！又如“贓”字俗作“赃”，贓音ㄗㄤ，莊音ㄓㄨㄤ，二音本不相同，因江南人往往讀“莊”作ㄗㄤ音，故臧聲字改從莊聲。若將來有人據赃從莊聲，而謂赃字本音爲ㄓㄨㄤ。要知音符亦因時因地而有變遷，豈能單單據此以定古音哉！兼士以爲然。

（《錢玄同日記》）

十一月二十三日，參加北京大學成立二十五周年紀念籌備委員會第二次會議，討論籌備紀念會的各項活動及慶祝日程。

本校二十五周年紀念籌備委員會第二次會議紀事

（十一月二十三日下午五時）

出席委員 蔡元培 胡 適 蔣夢麟 馬 衡 錢稻孫 羅惠僑 沈兼士 蘇甲榮 李大釗（蔣代）

議决：

一、查本校第一次開學爲前清光緒二十四年即戊戌，即西歷一八九八年，推至本年十二月十七日，爲本校第二十五年之成立紀念日，而非二十五周年紀念日。故此次舉行慶祝，宜更正爲本校第二十五年之成立紀念會之籌備，即於此日起，籌備於一年中完成必須建設之事業，如圖書館、大會堂、大學叢書、校歌、二十五年内各種學術史等。

二、本年紀念節舉行慶祝，除取消煙火一項外，余仍照上次議决案籌備。至學術大講演，亦擬俟來年二十五周紀念時舉行之，但此次亦希望有教授數人於紀念日爲學術講演。

三、本委員會名義仍舊，負責籌備來年二十五周年紀念之一切事宜。

四、本校第二十五年之成立紀念日之慶祝日程如下：

十二月十七日 上午九時行開會式 下午二時學術講演 晚七時起演劇、音樂 展覽自上午九時起至下午五時

十八日 上午九時至十二時學術講演 下午二時至五時游藝 展覽自上〈上〉〔午〕（“上”字錯——編者注）九時起至下午五時

（《北京大學日刊》1922年11月25日）

十一月二十七日，顧頡剛在日記中提及，沈兼士來信又要他赴京。

兼士先生來信又要我到京，真難處置！ （《顧頡剛日記》）

十一月二十八日，顧頡剛作寄致沈兼士信。

寫寄兼士先生書。 （《顧頡剛日記》）

十一月二十九日，顧頡剛作致沈兼士信，談不能立即回京工作的原因。

［與兼士先生書 十一、十一、廿九］

兩接來信，讀悉一切。

先生要我回京服務，實在是一番好意；但我竟不能來。我覺得我要説的話太多了，不是一封信所寫得完的，所以寄上《縛住了嗎?》一册，請先生看看我們一家人來往的書札。在這上，可見我不能搬眷即不能到京之故。我并不是與我妻子感情特别厚，以至難解難分，實是在事勢上有不應遠離的緣故。

在這上，又可見我實在没有忘情於北大。我所以不能就來，因爲我的經濟上没有豫備得一個根柢。衹要我經濟上脚跟站得住了，每月準能把三四十元奉與我父，就不怕出來不得。

這一册書如有人要看，可以給他看，但千萬不要遺失。因爲這是我幾月來痛

苦的一點痕迹，不願意隨便丢了。看完之後請交與緝熙兄。

（《顧頡剛全集39顧頡剛書信集　卷一》第516頁）

十二月三日，請羅振玉在東華飯莊吃晚飯，同席有衛禮賢、蔡元培、陳垣、蔣夢麟、馬裕藻、馬衡、沈士遠、錢玄同、張鳳舉、朱希祖、胡適。

晚餐兼士請羅叔蘊在東華飯莊吃飯，我在陪客之列，同坐者十餘人，爲衛禮賢（德國人）、蔡孑民、陳援庵、蔣夢麟、馬幼漁、馬叔平、沈士遠、張鳳舉、朱逖先、胡適之諸人。

（《錢玄同日記》）

十二月八日，參加北京大學第二十五年成立紀念籌備委員會第三次會議，討論幹事部名單及入場券辦法，并被推定爲招待股幹事。

本校第二十五年之成立紀念籌備委員會第三次會議

（十二月八日下午四時半）

出席委員　馬　衡　錢稻孫　蕭友梅　羅惠僑　沈兼士　沈士遠　蔣夢麟　蘇甲榮

校長因事不能到會，托蔣總務長代理主席。

議决案：

一、校長交下此次紀念會臨時幹事部各股幹事名單。（見後）

二、大會場約可容九千人，擬印發入場券一萬五千張（以假定每日有三分之二人數到會爲標準），并規定入場券辦法。（見後）

三、規定程序單。（見後）

幹事部名單

幹事部　部長　蔣夢麟

會計股　主任　黄世暉　幹事　會計課事務員全體

文書股　主任　周同煌　幹事　文牘課事務員及書記全體　蘇甲榮　包開善　會場紀録　章廷謙　陳政　胡鳴盛　谷源瑞

庶務股　主任　沈士遠　幹事　雜務課全體職員　管理發給入場券　徐之傑

招待股　主任　李大釗　幹事　教授會主任全體　各部主任全體　譚熙鴻　丁燮林　李四光　沈兼士　沈尹默　胡春林　徐之傑

糾察股　主任　白雄遠　幹事　學生軍全體

（後略）

（《北京大學日刊》1922年12月9日）

十二月十四日，北京大學第二十五周年紀念籌備委員會公布展覽會歷史部布置及照料員名單，此次歷史部共分四室，沈兼士兼管該四室展覽。

本校第二十五周年紀念籌備委員會啓事（第七號）

此次本校第二十五年之成立紀念展覽會歷史部布置及照料員，經本會函約，請本校同人及學生多人襄同助理。茲將名單公布如左。

十二、十三。

〈覽展〉〔展覽〕（“覽展”錯——編者注）會歷史部布置及照料員名單

▲檔案第一室

朱逷先　張孟劬　單不庵　王光瑋　魏建功　傅掄元

▲檔案第二室

楊適夷　李革痴　張鳳舉　滕統音　劉澄清　李開先

▲太平御覽室

馬幼漁　劉叔雅　陳　弢　郭振唐　吴德遠　連蔭元

▲考古學室

馬叔平　葉浩吾　沈尹默　馬家驤　容　康　張　鵬

▲四室兼管

沈兼士　胡文玉　黄仲良

（《北京大學日刊》1922年12月14日）

十二月十六日，爲北京大學研究所國學門主辦的《歌謡周刊》撰寫《歌謡周刊緣起》一文，介紹北大從事歌謡徵集工作的由來。

歌謡周刊緣起

北京大學從事於歌謡的徵集，已經好幾年了。最初是劉半農先生管理這件事情。後來劉先生赴歐留學，便把這件事交給周作人先生，不幸周先生中間病了年餘，“歌謡研究會”裡面又没有負責料理的人，遂致中斷了些日子。及至今年“研究所國學門”成立以後，便把“歌謡研究會”重新整頓起來，仍請周作人先生主持其事。曾經開了一次會，大家决議發行一種歌謡刊物，其命意在於把已經收到的材料，編成一個有系統的報告，以爲將來做“彙編”和“選録”的長編，一方面也可藉此引起社會的注意和投稿者的興趣。現在《歌謡周刊》第一期定於本校二十五年成立紀念日出版，編輯者爲周作人先生、常惠先生，至於關於聲音和文字的審查，則錢玄同先生和兼士與聞其事，深願喜歡研究的人，多多賜教!

北京大學二十五年成立紀念之前一日

沈兼士

（《歌謡周刊》第一卷第一號，1922年12月17日）

按：北京大學成立周年紀念日是12月17日。

十二月十七日，北京大學《歌謡周刊》第一號刊登《發刊詞》，談及錢玄同、沈兼士負責擔任考訂方言。節録如下：

本校發起徵集全國近世歌謡，前後已有五年，但是因爲種種事情，不能順遂進行，以致所擬刊行的歌謡彙編和選録均未能編就，現在乘本年紀念日的機會創刊“歌謡周刊”，作爲徵集和討論的機關，庶幾集思廣益，使這編集歌謡的事業得有完成的日子。

歌謡徵集，發起於民國七年二月，由劉復、沈尹默、周作人三位教授擔任編輯，錢玄同、沈兼士二位教授擔任考訂方言。從五月末起，在日刊上揭載劉先生所編訂的“歌謡選”，共出一百四十八則。五四運動以後，進行暫時停頓，隨後劉沈二先生都出國留學去了，缺人主持，事務更不能發展。九年的冬天，組織“歌謡研究會”，管理其事，由沈兼士、周作人二先生主任。但是十年春天因爲經費問題，閉校數次，周先生又久病，這兩年裏幾乎一點都没有舉動，所以雖有五年的歲月，成績却很寥寥，這是不得不望大家共力合作，兼程并進，期補救於將來的了。

十二月二十一日，顧頡剛作致沈兼士信。

寫兼士先生、緝熙信。

（《顧頡剛日記》）

十二月二十三日，與沈士遠、沈尹默、錢玄同、馬裕藻、朱希祖、馬衡等十一人，約剛回國的陳大齊在沈士遠家中談天，共進晚餐。

陳百年回國了，今日我們十一個人——沈尹默，錢玄同、馬幼漁、朱逖先、馬叔平、徐耀辰、張鳳舉、馬季明、沈兼士、單不庵、沈士遠——約他在士遠家中談天，下午二時吃點心，六時吃晚飯。

（《錢玄同日記》）

十二月二十九日，錢玄同閱沈兼士擬發表於《國語月刊》一文的原稿。

將《國語月刊》中沈兼士和陸雨庵兩文原稿勘閲一過，擬明日寄交均荃付印。

（《錢玄同日記》）

十二月三十日，吴虞寄沈兼士賀年片。

寄胡雪生、傅沅叔……沈兼士……吴寄塵賀年片。

（《吴虞日記》）

是年，與馬裕藻、沈尹默、單不厂、錢玄同等共八人，被北京大學公布爲入學試驗閲卷及監場人員（國文）。

民國十一年入學試驗閲卷及監場人員名單

本、預國文	馬裕藻	沈尹默	沈兼士	單不厂	錢玄同	沈士遠	劉文典
	朱逖先						
本、預英文	胡　適	黄國聰	闞應麟	費家禄	楊蔭慶	郭汝熙	
本、預法文	李景忠	賀之才	宋春舫	徐旭生			

（後略）

（王學珍、郭建榮《北京大學史料》第二卷中册，第852—853頁）

是年，陳垣作致沈兼士信，對送覽的兩篇譯稿提出意見數條，并贈送書數册。

一九二二年，往函

兼士先生道右：

承示譯稿兩篇。吐谷渾一篇，敝處未有研究，不敢置一詞。艾君一篇，敝處所知亦少，謹舉數條如左，以備參考。

…………

兹呈上拙著《一賜樂業教考》及艾儒略著《利先生行迹》各一册。内有關於艾田事迹，已有紅筆旁識，請察閲。原譯稿并歐文原書二册均繳。拙著《摩尼教考》已油印，并呈政。此頌撰安。垣謹復。廿六日。

（陳智超編注《陳垣來往書信集》第94—95頁）

約是年，陳垣作致葉恭綽信，談沈兼士托其轉呈北大研究所國學門考古學室藏器拓本一件，請葉氏鑒别。

約一九二二年，往函

譽老尊鑒：

昨日北大研究所國學門主任沈兼士先生送來考古學室藏器拓本一單，屬轉呈尊處，并希有所賜教。又明清史料整理會藏明季清初重要文件極夥，能惠臨一覽，尤所歡迎。公暇請先期電示云云。專此謹達，并候起居。垣上。七日。

（陳智超編注《陳垣來往書信集》第172頁）

一九二三年　民國十二年　三十七歲

一月一日，赴周作人家宴，同席有沈士遠、沈尹默、張鳳舉、徐耀辰等。

周作人（他廢“字”，以“名”行了。從今以後，我就稱他“作人”，不再稱“啓明”了。）來信，叫我今日上午十時許到他的家裏去，有ㄕㄧㄦㄨㄎㄛ吃；他并且約沈士遠、沈尹默、沈兼士、張鳳舉、徐耀辰諸人都去。但我因有這“家宴”的預約，衹好不去了。（《錢玄同日記》）

一月三日，吴虞在日記中提及，沈兼士曾三年未授課，仍每年支全薪，認爲不公平。

午餐後過北大，同劉叔雅談。叔雅在北大六年，每月薪金貳百元，而沈兼士曾三年未授課，仍每年支全薪，可謂不平矣。（《吴虞日記》）

一月四日，與馬裕藻、蔡元培等二十七人，聯名刊發陳懷（孟沖）先生追悼大會通告。

陳孟沖先生追悼大會通告

北京大學教授、瑞安陳孟沖先生，力疾講學，徂逝京華，哲人云亡，剥膚等痛。惟以告凶之問，適在伏暑之中，表哀之禮，稽而未行，歲序淹遲，悽愴曷極。兹擇於一月七日下午二時，即陰曆十一月二十一日，在北京大學第三院大禮堂開追悼大會，藉發潛德，爰式方來。凡我同人，尚希戾止，不勝公感之至。

馬裕藻　許　燊　黄　尚　章獻猷　沈兼士　林　卓　徐象先　林大閭

洪彦亮　朱希祖　沈士遠　馬叙倫　蔡元培　劉毓盤　沈尹默　孫詒澤

馬　衡　倫　明　項　驤　洪彦遠　孫延釗　張爾田　許　璇　余宗達
郭鳳鳴　嚴汪熊　林　損　同啓

（《北京大學日刊》1923 年 1 月 4 日）

一月十日，與馬裕藻、沈士遠、沈尹默、朱希祖、張鳳舉等訪魯迅和周作人。

下午往燕大，歸後，逷先、幼漁、鳳擧、士遠、尹默、兼士來商談，飯後去。

（《周作人日記》）

晚朱逷先、張鳳擧、馬幼漁、沈士遠、尹默、臤士來，贈逷先以自藏專拓片一分。

（《魯迅日記》）

一月十二日，與徐寶璜、楊棟林、黄世暉、馬裕藻、鄭陽和、周同煌、胡春林等發布啓事，提議於十五日召開北京大學教職員會議，商討教職員會改選等事項。

敬啓者，本校教職員會，原議半年改選一次，現在時期已滿而主席又早經聲明辭職，本會召集無人，同人等因此提議，於本月十五日（下星期一）上午十二時，在第一院接待室會商辦法（備有午餐）。届時務請　賁臨爲荷。順頌
公綏

徐寶璜　楊棟林　黄世暉　馬裕藻　鄭陽和　周同煌　胡春林　沈兼士同啓

十二年一月十二日

（王學珍、郭建榮《北京大學史料》第二卷下册，第 2370 頁）

同日，約吴虞同入東方文化社。

沈兼士約予同入王天木所辦東方文化社。（《吴虞日記》）

一月十八日，北京大學教職員輪流出席聯席會議代表改選揭曉，沈兼士以八十六票當選。

北大教職員臨時代表團通告

本校教職員輪流出席聯席會議代表之二十四人，本届改選，業於昨日下午四時在第一院開票。計投票一百三十二張，當選人名及票數如下：

姓名	票數	姓名	票數	姓名	票數	姓名	票數
馬裕藻	（一二六）	周同煌	（一一六）	何基鴻	（一一一）	譚熙鴻	（一一〇）
羅惠僑	（一〇四）	鄭陽和	（九七）	楊棟林	（九三）	徐寶璜	（九三）
朱希祖	（九二）	李辛白	（九一）	沈兼士	（八六）	胡春林	（八六）
包尹輔	（七四）	沈士遠	（七二）	丁緒賢	（七一）	馬　衡	（七一）
黄右昌	（七一）	萬秀嶽	（六七）	王星拱	（六七）	沈恩祉	（六六）
馬叙倫	（六六）	李振彝	（六）	陳啓修	（六）	黄世暉	（六〇）

十二年一月十九日

（《北京大學日刊》1923 年 1 月 19 日）

同日，與北京大學同事馬裕藻、馬叙倫、朱希祖、馬衡等，開會商議蔡元培校長辭職事。

八時至九時，在北大上課後，因蔡孑民辭職事，馬幼漁、馬夷初、朱逖先、楊適夷、馬叔平、沈士遠、沈兼士、譚仲逵、李守常、陳百年、王撫五諸人，同會議辦法。

（《吴虞日記》）

按：爲抗議北京政府教育總長彭允彝干涉司法獨立、蹂躪人權的卑劣行徑，蔡元培於同年1月17日憤然辭職，離校赴津，并發表《不合作宣言》。北大同事馬裕藻、沈兼士等爲此事開會商議應對辦法。

一月二十日，北京大學公布蔣夢麟、沈兼士等教職員全體代表呈總統文，要求罷免教育總長彭允彝，慰留北大校長蔡元培。

本校教職員全體呈總統文

呈爲請予罷免教育總長彭允彝，并乞慰留北京大學校長蔡元培以維持教育而弭學潮事。竊北京大學校長蔡元培，長校以來，於今六年，群情悦服。近因見教育總長彭允彝溺職營私，舉措荒謬，羞與爲伍，憤而辭職。京師學界，極爲惶恐。查民國八年五月蔡校長因外交問題辭職，全國學界爲之擾攘者數月。此次事略相同，假使蔡校長不即回校，必致影響於教育前途甚大。顧彭允彝一日在職，則蔡校長一日不回。素仰我大總統重視教育，必不忍因彭允彝一人之故，致教育界又生波折。爲此迫切陳詞，懇請大總統立即罷免彭允彝教育總長之職，并切實慰留蔡校長，以安教育而彌學潮。學校幸甚，大局幸甚。謹呈

大總統

北京大學教職員全體代表

蔣夢麟　顧孟餘　譚熙鴻　陳啓修　何基鴻　楊棟林　羅惠僑

馬裕藻　朱希祖　陶履恭　王星拱　沈兼士　沈士遠　王世杰

馬叙倫　黄右昌　鄭陽和　胡春林　丁燮林等謹呈

（《北京大學日刊》1923年1月20日）

一月二十六日，與蔣夢麟、顧孟餘、陳啓修等共二十一名北京大學教職員臨時委員會委員發布啓事，稱學校同人如有事相商，可於該會開會時間前往接洽。

本校教職員臨時委員會委員啓事

本校自蔡校長離校後，由本校教職員全體於二十一日開大會，一致議決組織一臨時代表會，辦理挽留校長及其他一切相關事宜。本會根據大會之决議，即於當晚成立，并議定每日下午四時在第一院教務長室開會討論進行事宜。本校同人若有相商事件，請於本會開會時間，在該處與弟等接洽爲幸。

蔣夢麟（副主席）　顧孟餘　譚熙鴻　陳啓修（主席）　何基鴻

楊棟林（書記）　羅惠僑　馬裕藻　朱希祖　陶履恭　王星拱　沈兼士

沈士遠　王世杰（副主席）　黄右昌　鄭陽和　胡春林　丁燮林

徐寶璜　馬叙倫　周同煌等同啓

（《北京大學日刊》1923年1月26日）

一月三十一日，遇錢玄同。

訪士遠，遇着了，并遇不庵和兼士。（《錢玄同日記》）

一月，北京大學《國學季刊》第一卷第一號出版，沈兼士爲該刊編輯委員會委員之一。

編輯委員會

胡　適（主任）　沈兼士　周作人　顧孟餘　單不广　馬裕藻　劉文典　錢玄同　李大釗　朱希祖　鄭　奠

（《國學季刊》第一卷第一號，1923年1月）

二月五日，訪錢玄同，同到春華樓吃飯。將汪袞父文章轉交給錢玄同。

午兼士來訪，和他同到春華樓吃飯，并晤幼漁。兼士交來汪袞父的文章原稿和抄稿各五篇：（1）《釋金》、（2）《釋彝》、（3）《釋身》、（4）《△△》。

（《錢玄同日記》）

按：汪袞父即汪榮寶（1878—1933），早年游學日本，時任北京政府駐日公使。錢玄同日記中提到汪袞父的文章，其中《釋“皇”》和《歌戈魚虞模古讀考》兩篇刊登於《國學季刊》第一卷第二號。

二月六日，參加《國學季刊》編輯委員會會議，討論第二期編輯事宜。與錢玄同、馬衡共赴東華飯店吃西餐。

晨九時《國學季刊》編輯委員會開會，討論第二期的編輯事。到會者爲胡適之、徐旭生、周作人、馬幼漁、馬叔平、沈兼士、單不庵、錢玄同、鄭介石諸人。午偕兼士、叔平二人同至東華飯店吃西餐。（《錢玄同日記》）

同日，顧頡剛作致沈兼士信。

寫父大人、康伯、兼士先生信。（《顧頡剛日記》）

同日，《申報》刊登消息，稱北京大學教職員楊棟林、胡春林、沈兼士等百餘人聯名致函大理院代院長，要求審慎解釋羅案。

北大教職員請審慎解釋羅案

羅案聲請再議，北大教職員楊棟林、胡春林等因是舉聞將由大理院解釋法文以定其是非，特致函代理院長余棨昌，請勿屈於强禦，審慎解釋。原文如下：敬啓者，羅案發生，棟林等未敢短長於其間，誠以案情既重大而且複雜，已交法庭，自有公判，情實則羅君宜服其辜，雖親愛者不得而袒之，事虚則法律持平，理無屈濫。或有失出，人人得起而議之，無待棟林等之先置喙也。惟是既經法庭爲不起訴之宣布，即此案已告一結束。倘謂原處分錯誤，或有新證據發現，均不難依法别尋救濟，乃者先發逮捕之令，繼提申請之議，事出中樞，法庭承命，輿論譁然，以爲破壞司法蹂躪人權，而北京大學校長蔡君元培，且因此辭職，以申其憤慨。國内教育界又因此而先行紛擾。然棟林等以爲教育界一時之紛擾，所關者小，而法律所以保障人民之自由，苟一破壞，即任何人於任何地任何時皆可以受非法之侵陵。國家建立十年，禍亂相尋，生民愁苦，猶足以自慰者，此區區之法律，猶未破壞耳。今則并此而將不保。自羅君再被捕之後，輿論之激昂，外人之不平，固已播諸見聞，而近頃東省特别區法院亦且相詰難。聞將由貴院解釋，以定其是非，天下皆拭目以俟之。外人固將以此下治外法權之可與收回與否，國民亦必以此證此後人權之被蹂躪與否，而執事適居大理院，有解釋法文之權，握器持衡，措施必當，此棟林之所信也。顧當此暴力横行之際，深慮有干涉解釋之事。棟林等所以欲代全國之人而先呼籲於諸君子之前。《詩》曰“不畏强禦”，《老子》曰“以百姓之心爲心”，惟執事念之哉。草布區區，順候政綏。楊棟林、徐寶璜、胡春林、馬裕藻、沈兼士、蔣夢麟、譚熙鴻、黄右昌、馬叙倫、杜國庠、馬衡、沈士遠、鄭陽和、陳啓修等百餘人。

（《申報》1923年2月6日）

二月七日，赴東華飯店吃西餐，主人是錢念劬、單受茲、錢稻孫，同席有馬裕藻、馬衡、沈士遠、沈尹默等。

日前大兄生日，馬、沈諸人送他一張東華飯店的酒席券，他今日就請他們吃東華的西餐，共十一人：馬幼漁、馬叔平、沈士遠、沈尹默、沈兼士、馬夷初、單不庵、錢玄同、錢念劬、單受茲、錢稻孫。本有朱逖先，他到湖北去了，所以没有吃着。前六人是客，七八兩人是陪客，九、十、十一，是主人。

（《錢玄同日記》）

二月十六日，應朱希祖約請，到沈尹默家與同人談話。

上午九時，逷先來電話，他説前天晚上由上海到北京；今天上午，他約我們——士遠、尹默、兼士、幼漁、叔平、百年、鳳舉……在尹默家中談話。我於十時到那邊。

（《錢玄同日記》）

二月十七日，上午與馬裕藻、郁達夫、張鳳舉、徐耀辰、沈士遠、沈尹默、朱希祖等，應周作人邀請參加茶話會，談至下午。

午二弟邀郁達夫、張鳳舉、徐耀辰、沈士遠、尹默、臤士飯，馬幼漁、朱逷先亦至。談至下午。

（《魯迅日記》）

上午在家約友人茶話，到者達夫、鳳舉、耀辰、士遠、尹默、兼士、幼漁、逷先等八人，下午四時散去。

（《周作人日記》）

二月二十二日，方夢超邀請在中央公園來今雨軒宴會。

方夢超忽然請我們夫妻今天在中央公園來今雨軒吃午飯，已可怪矣，而知單上第一名竟是薛之珩（北京警察總監）！這未免太不拿我當人看了！我本想在知單上寫幾句得罪他的話，因爲他是沈家的親戚，他今天所請的還有沈氏弟兄、馬

氏弟兄諸人，我姑且捺住性子，勉强寫了“代知”兩字，至於赴宴的事，是當然不幹的了。（《錢玄同日記》）

按：方夢超爲沈兼士二妹沈雅君（毓珏）的丈夫，安徽桐城人，曾爲日本特務和國民黨特務。

二月二十三日，赴沈士遠家吃午飯，同席有沈尹默、張鳳舉、徐耀辰、郁達夫、錢玄同等。

士遠來電話，邀我到他家中去吃午飯，熟客有他們弟兄三人，張鳳舉、徐耀辰、馬幼漁、周氏兄弟二人諸人，生客則有郁達夫一人。（《錢玄同日記》）

三月三日，北京大學公布教職員臨時委員會常會决定及《臨時委員會委員值日表》，沈兼士與陳惺農、鄭陽和值日時間爲三月十日（星期六）上午九時半至十一時半及三月十四日（星期三）下午一時半至三時半。

本校教職員臨時委員諸先生大鑒：

本會於三月一號常會議决廢止每日下午四時開會一次之辦法，改爲每星期四下午四時開常會一次（地點仍在第一院教務長室），其餘時間由各委員分班到本會辦事處值日，謹此通知，并將所擬分值表抄録如下，務請諸位先生按時賁臨爲禱。順頌學祺。

國立北京大學教職員臨時委員會謹啓

臨時委員會委員值日表（星期日停止值日）

月日	星期	上午九時半至十一時半			下午一時半至三時半		
三月五日	一	馬幼漁	朱逷先	李辛白	顧孟餘	李革痴	谷輯五
六日	二	蔣夢麟	楊適夷	蘇演存	馬叔平	張鳳舉	周禹川
七日	三	馬夷初	王撫五	沈劍白	譚仲逵	楊中白	黄幼軒
八日	四	沈尹默	鄭介石	包尹輔	何海秋	陶孟和	丁巽甫
九日	五	杜守素	李守常	周俊甫	黄鞠馨	單不厂	沈士遠
十日	六	陳惺農	沈兼士	鄭陽和	陳君哲	陳百年	萬幼璞
十二日	一	徐伯軒	羅東里	胡默青	馬幼漁	朱逷先	李辛白
十三日	二	顧孟餘	李革痴	谷輯五	蔣夢麟	楊適夷	蘇演存
十四日	三	黄鞠馨	單不厂	沈士遠	陳惺農	沈兼士	鄭陽和
十五日	四	陳君哲	陳百年	萬幼璞	徐伯軒	羅東里	胡默青

（《北京大學日刊》1923年3月3日）

三月六日，魯迅收到沈兼士信。

晚得沈兼士信。（《魯迅日記》）

三月十八日，赴陳大齊家吃中飯，同席有沈士遠、沈尹默、張鳳舉、馬裕藻、錢玄同等。

到陳百年處，因爲他今天請吃中飯，同坐者爲士遠、尹默、兼士、風舉（鳳舉——編者注）、耀辰、不庵、幼漁、叔平、逖先諸人。 （《錢玄同日記》）

三月十九日，同意由北京大學研究所國學門購買書商送來的龔橙《理董許書》手稿兩册。

在校中見有書賈送來兩種抄本書：1. 龔橙《理董許書》手稿兩册。2. 天光居士的《古音表》四册。龔書昔見《譚復堂日記》道及（卷八、頁廿一），……我想先將其序用今體抄出，再行整理。此書索價百元，兼士已允由北大國學門研究所購買。 （《錢玄同日記》）

按：龔橙爲晚清思想家龔自珍之子。《理董許書》完全推翻《説文》之説，認爲古代没有形聲和轉注，衹有象形、指事和會意，此外皆爲假借。

三月二十五日，在中央公園長美軒爲梁素伍餞行。

下午五時至中央公園，遇沈氏三弟兄及方夢超、梁素伍、沈方等四人爲素伍在長美軒祖餞，因素伍不久將赴德國留學也，我於是便充了一名陪客。

（《錢玄同日記》）

四月四日，胡適在日記中提及，沈兼士等主張朱希祖的《蕭梁舊史考》應刊登在《國學季刊》第一卷第一期首篇，胡適認爲朱文僅考書目，應放在後半部。

《國學季刊》第一期，沈兼士諸君本擬以朱逷先的《蕭梁舊史考》排第一篇；我主張稍分類，以略多創作者列前，而朱作以僅考書目，故與顧頡剛《鄭樵著述考》并列後半。及第二期收稿時，朱稿來最後，故即排在《鄭樵著述考》之後。後來我又向新潮社取得頡剛之鄭樵考，詢知印刷所尚未排後半，故以此傳排在

（以下原文空缺——編者注）

（《胡適日記》）

四月五日，王國維作致沈兼士信，商談印刷古籍事。

研究所國學門通信

王静庵先生致研究所國學門主任函

兼士先生講席：昨領手書，敬承一是。弟前以北方新出古器物、書籍頗多，故頗思作一月之游，藉擴見聞，并與諸君子晤談，懷此有年，輒以事冗不克成行；未審今年此願得遂否！高郵王石臞先生訓詁音韻書手稿，去歲由其後裔售出。其稿本六七十册（皆小册），□散片等，現并在弟處。其訓詁一類，已發見□訓表二十一卷（原無書名，以《爾雅》《方言》《小爾雅》《廣雅》諸書訓詁。照王氏所定古韻部目，分爲二十一部，每部之中又分二十一部，如始字，在之部，則在十七卷；又初、哉二字，一在魚部，一在之部，則初字在第十八格，之字在第十七格。此表不獨檢查甚便，於聲音訓詁之關係，亦可以觀之）。釋大（?）七篇（原當有二十三篇，僅成七篇，專以雙聲説字）。《詩經群經楚辭韻譜》若干册，《周秦韻譜》《兩漢韻譜》各若干册，又《合韻譜》若干册（中間稍有闕佚，周秦同書，如《逸周書》等；洩初書，如繁露，《□詩外傳》等譜，未

(?))。唯《説文諧聲譜》一種，僅有初著手之稿；聞其定本在阮文達家，後已亡佚矣。頃劼一月之力，爲之清理，并擬照王氏分部及體例，爲補諧聲譜；此書大約翰怡當能刊之。弟擬撰一序録，當送呈左右，入《國學季刊》也。小集排成四分之三，大約夏秋當能告成，再行奉呈教。尊致翰怡書，渠已收到。蔣氏《長術輯要》板，在南潯，須孟蘋自往清出携至滬上不能印刷，故出書恐非易易也。高郵王氏雜稿亦頗不少，現雪堂編爲《王氏四世文集》，將來想必與訓詁音韻書同刊也。專肅，敬候起居不一。

弟國維再拜　寒食日

（《北京大學日刊》1923年4月13日）

四月十六日，赴廣和居張鳳舉晚宴，同席有魯迅、馬衡、沈尹默、徐耀辰等。

晚張鳳舉招飲於廣和居，同席爲澤村助教黎君、馬叔平、沈君默、堅士、徐耀辰。（《魯迅日記》）

四月十八日，顧頡剛寄《紅樓夢辨》給沈兼士。

將《紅樓夢辨》分寄兼士、玄同、幼漁、經農四先生、介泉、緝熙、萬里、敬軒、紹虞。

（《顧頡剛日記》）

四月二十五日，顧頡剛在日記中提及，在北大曾聽説沈兼士囑周作人爲《孔雀東南飛》標點，被婉言謝絶。

《孔雀東南飛》一詩，前年在北大，聞兼士先生囑啓明先生標點，啓明先生謝不敏。今日予大膽爲之，居然成功。可見事祇要做，不必管難不難也。

（《顧頡剛日記》）

五月七日，劉承幹作致沈兼士信，商談代售刻書事。

劉翰怡先生與國學門主任沈兼士先生書

兼士先生：

（上略）……尊允代售拙刻，流行卷帙，藉鼎力以傳，亦其幸矣。惟三千里程途相隔，寄遞維艱，稍緩，當檢集各種，酌定價目，托商務印書館運京。弟頻年來所刻叢書，恰分四種：一嘉業，一吴興，一求恕，一留餘。今嘉業叢編約秋間蕆事；此刻印存者，零星散卷，或有或無，不如俟其全面重印之，全部寄售，較相宜也。章實齋全書，弟去歲入都，急思就正諸公，先印十部；既而核閲，訛謬甚多，且杭郡近又寄到數篇，即已編刻，而誤字又在詧校，一俟竣工刷印，謹當寄數編托公分貽同好，藉結墨緣。荔□叢刻中長術輯要，已轉告蔣孟蘋舍親；據云：“板在菰城，久不歸去，他日返棹苕溪，當携申重付麻沙也。”……（下略）

愚弟劉承幹頓首五月七日

（《北京大學日刊》1923年5月16日）

按：劉承幹（1881—1963），字貞一，號翰怡，别署求恕居士，浙江吴興縣南潯鎮（今湖州市南潯區）人，近代著名藏書家與刻書家，爲“嘉業堂”藏書樓主人，曾利用藏書資源刊刻大量古籍。沈兼士與劉承幹爲同鄉。

五月十二日，與張鳳舉、徐耀辰、沈尹默、馬裕藻等共六人在東華飯店設宴，招待日本人田邊等。

午至東華飯店，宴田邊、田山、澤村、今西、清水五人，主人方面爲鳳舉、耀辰、尹默、兼士、幼漁等六人。（《周作人日記》）

按：因美國動議庚子賠款退還中國用於文化教育事業，日本不想退還，因此北京大學部分教員推舉周作人和張鳳舉去日本公使館接洽，後結識了澤村、今西、清水等人，爲便於雙方聯繫和交往，在同年10月14日成立了中日學術協會，結果以失敗告終。

五月十五日，遇錢玄同。

四時至晉振會觀覽，晤兼士，與同至長美軒，移時又雨，因即出城。

（《錢玄同日記》）

按：“晉振會”全稱爲晉振書畫展覽會，由山西籍人士組織成立，以書畫義賣所得賑濟晉災。此次活動地點在中央公園（今北京中山公園）。

五月十八日，顧頡剛作致沈兼士信。

寫兼士先生、焕壎、韓馨、勗初、美術會、君武、子水、梅心如信。

（《顧頡剛日記》）

五月二十三日，與馬裕藻、錢玄同等八人在東興樓宴請黄百新。

六時宴黄百新於東興樓，共有八個主人：馬幼漁，叔平，沈大、二、三，厥生，逖先，我。（《錢玄同日記》）

五月二十七日，與崔適、陳漢章、張爾田、馬幼漁、沈尹默、林損、吴虞等一起拍照。

四時過廠甸土地祠豐泰像館，時剛四時點半，諸人尚未到齊，予在豐記閲書。照像到者，崔適、陳漢章、張爾田、馬幼漁、沈尹默、沈兼士、林損、張黄。劉文典後至，未照。黄節先到賓晏春，無人而去。照像後同諸人坐車至賓晏春，已六時半矣。賓晏春爲四川館子，然殊不及春華樓之精美可口也。

（《吴虞日記》）

五月三十日，下午赴北京大學開教授會議。

午後一時至三時，在北大。……少頃開教授會，到者黄晦聞、沈尹默、兼士等。（《吴虞日記》）

六月二十三日，吴虞收到北大來函，内附國文門擔任入學考試閲卷及監場人員名單，沈兼士列名其中。

北大來函，定於七月二十六日起，舉行入學試驗，請予擔〈認〉〔任〕（“認”字錯——編者注）閲卷及監場事，國文門人員名單：馬幼漁　沈尹默　單不厂

錢玄同　沈士遠　劉文典　朱希祖　沈兼士　吴　虞　劉毓盤　陳君哲

（《吴虞日記》）

七月一日，赴陶園鄭奠晚宴，同席有沈士遠、沈尹默、馬裕藻、林損、陳君哲、單不庵、錢玄同。

晚七時，至粉坊、琉璃廠北口路東之“陶園”，赴鄭介石之請也。同座者爲：“（原文如此——編者注）沈氏三、馬幼漁、林公鐸、陳君哲、單不庵諸人。

（《錢玄同日記》）

七月七日，晤錢玄同。

因電詢叔平，知其已歸。即訪之，并晤兼士及森玉，他此番到洛陽去又買得幾個《漢石經》殘字。

（《錢玄同日記》）

七月八日，顧頡剛作致沈兼士信。

口授履安寫伯祥、叔永、介石、仲周、頌皋、兼士、又陵信。（《顧頡剛日記》）

按：履安，即殷履安，顧頡剛妻子。

七月十二日，在北京大學第一院，與沈尹默、錢玄同、馬裕藻同出國文試題。

至第一院，與兼士、尹默、幼漁同出國文試題。

（《錢玄同日記》）

七月十四日，北京大學平民夜校發布啓事，内附北大同人助學清單，其中沈兼士捐款十元。

北大平民夜校啓事

兹將□□□□爲心遠大學所經手之全部捐款，再行公布於左：

（上略）潘家洵先生捐洋二元　馬裕藻先生捐洋十元　沈尹默先生捐洋十元　賀之才先生捐洋十元　沈兼士先生捐洋十元……

心遠大學募捐經募人李崙華敬啓　七月十一日

（《北京大學日刊》1923 年 7 月 14 日）

七月十八日，顧頡剛作致沈兼士信。

寫緝熙、頌皋、平伯、康節、振鐸、邦華、介石、正甫、兼士先生信。

（《顧頡剛日記》）

七月二十九日，與沈尹默、錢玄同、陳大齊、馬幼漁至德國飯店共進晚餐。

晚與尹默、兼士、幼漁、百年，同至德國飯店晚餐。

（《錢玄同日記》）

八月一日，蔡元培作致沈兼士信。

致沈士遠、兼士、尹默昆弟、幼漁、逖先、百年、玄同、隅卿、叔平、鳳舉、稚鶴、鄭介石片。

（《蔡元培日記》）

按：同年 7 月，蔡元培再次赴歐洲考察。日記中提及的信片是在從香港到新加坡的途中所寫。

八月七日，在長美軒午餐，同席有周作人、沈士遠等。

至長美軒，同四沈、三馬、張、黎、陳、單諸君午餐。（《周作人日記》）

八月十三日，至北京高等師範學校閲卷。

今日至高師閲卷。今收到預科國文卷有一〇九三本之多，閲卷者九人：玄同、幼漁、尹、兼、名鴻、宇衆、不庵、鳳舉、稚鶴。今日未看完。（《錢玄同日記》）

八月二十一日，顧頡剛來訪。

與緝熙到兼士先生、王姨丈、平伯、仲川、介石處。（《顧頡剛日記》）

八月二十二日，顧頡剛來訪。

到兼士先生、幼漁先生處略談。（《顧頡剛日記》）

八月二十三日，與鄭奠、顧頡剛同至清華學校，商議保存古物辦法。

兼士先生、介石來，同至清華。議保存古物辦法，推予與谷源瑞君及吴琬女士起草。（《顧頡剛日記》）

八月二十六日，與顧頡剛在北大研究所晤面。

到研究所，晤兼士先生、旭生先生等。（《顧頡剛日記》）

九月四日，在哈達門德國飯店宴請顧頡剛、吴維清、趙萬里等，力邀顧頡剛回京工作。

與緝熙到東安市場買物。兼士先生、萬里來。介石來。

…………

到哈達門德國飯店，應兼士先生之招，同座有緝熙、萬里及蔡師愚先生之子。歸理物。

兼士先生竭力邀我回京，謂夢麟先生亦甚盼我回來。月薪可至一百五十元。予因提出三條件：(1) 每日辦半天公，(2) 用一書記伴予，(3) 指定辦事範圍。席間，兼士先生謂我爲臺柱子。因憶聖陶謂我爲朋友中的中心人物。介泉謂我爲朋友中的大阿哥，可以號召，均甚出意外。予深知自己不能幹，又深感人情隔膜，以爲真誠無感人之理。今師友乃如此云，要亦有感人於不自覺者耶？

（《顧頡剛日記》）

九月七日，顧頡剛作致沈兼士信。

寫兼士先生、聖陶、伯祥、平伯、紹虞、雁冰信。（《顧頡剛日記》）

九月八日，赴朱希祖家宴，同席有馬裕藻、馬衡、沈士遠、沈尹默、錢玄同、周作人、陳大齊、張鳳舉、單不庵等。

午至逷先處午餐，同坐二馬、三沈、玄同、百年、鳳舉、不厂共十二人，下午四時半返。（《周作人日記》）

九月十日，上午赴北大三院大禮堂參加開學典禮。

略座即至第三院大禮堂，行開學禮。教員到者，蔣夢麟、顧夢餘、沈士遠、沈兼士、單不厂、李書華、楊適夷諸人。（《吴虞日記》）

同日，赴來今雨軒沈尹默、張鳳舉午宴，同席有日本人今西、澤村、松浦及周作人、沈士遠、陳大齊等。

又至來今雨軒午餐，同坐今西、澤村、松浦、二馬、三沈、百年、鳳舉，係尹默、鳳舉爲主，下午四時返。（《周作人日記》）

九月十一日，赴擷英黎錦暉晚宴，同席有朱希祖、錢玄同、周作人、黎錦熙、陳大悲、蕭友梅等。

至擷英，赴黎錦暉君約，同坐黎劭西、陳大悲、蕭友梅、高惠亭、逷先、兼士、玄同，共十人，九時半回家。（《周作人日記》）

晚，巾卉請我在擷英吃飯，同座共十人：周作人、錢玄同、黎錦熙、沈兼士、蕭友梅、陳大悲、孫伏園、朱逖先、黎錦暉、高□□（原文如此——編者注）。（《錢玄同日記》）

九月十三日，顧頡剛作致沈兼士信，提出預支薪水一個月作運書到京費用。

作書致兼士先生，請預支薪一個月，作運書籍到京費用。（《顧頡剛日記》）

九月十四日，與錢玄同、沈士遠在德國飯店共進晚餐。

晚餐偕士遠、兼士同至德國飯店吃飯。（《錢玄同日記》）

九月十五日，吴虞收到馬裕藻派人送來的沈尹默、沈兼士、馬衡所書寫的條幅。

馬幼漁令人送尹默、兼士、叔平所書條幅來。（《吴虞日記》）

九月十七日，周作人寄贈小説一本。

寄郁達夫君小説集一本，又陶晶孫（鳳舉轉）、幼漁、兼士各一本。（《周作人日記》）

九月十八日，北京大學公布《中國文學系課程指導書（十二年至十三年度）》，沈兼士的科目爲“文字學大意”（四課時）、“文字學形義”（三課時）及補講科目“文字學形義”（三課時）。

中國文學系課程指導書（十二年至十三年度）

科　目	單　位	教　員
文字學大意	4	沈兼士
説明形義聲韻之大略，俾得應用之以讀古書。		馬裕藻
…………		
文字學		
聲韻	3	錢玄同
叙述古今聲韻之沿革及國音之發音，并説明古韻書研究之方法。		

形義	3	沈兼士

講授文字形體之構造及訓詁之條例，并系統的叙述古今學者對於形義之研究方法。

…………

補講科目

文字學形義（補）	3	沈兼士
文字學聲韻（補）	3	錢玄同

…………

（《北京大學日刊》1923年9月18日）

九月二十一日，馬衡作致沈兼士信，報告赴河南調查出土古物事。

研究所國學門通告

近來河南省孟津、新鄭兩縣，發見古器物多件，本所特請馬衡教授前往調查，兹接其來信，宣布如下：

兼士兄鑒：今晨抵鄭，寓車站大金亭旅館七十三號。午後，偕石醫官往十四師，至則軍中已先知之，蓋已接電故，極爲歡迎。靳師長在開封，約明後日可返，摭拓一事，須得靳許可，彼等不敢擅專。其器物約九十件，所定名稱，間有錯誤，爲訂正之。中有監一，形如達古齋藏器而略小，□盧一，形如長方盤，有文七，曰王子□，次之□□□，此爲向來言禮器者所未見。惟此器無銅鏽，文字清晰可見，其餘皆徧身青緑，不知有無文字，但亦有應刻字處而銅鏽較薄者，細驗實無文字，容俟見靳後，慫恿其剔鏽傳拓，然即使允别，亦非短時期所能蕆事。畢君（畢等寓青年會）今日聞已去過，聞副官言省長力阻外人參與，靳意亦雅不欲之，防其有私意也。照相，彼處已全數照過（已得者），係由漢口覓良工來照，樣張今日寄到，尚精工，將來可贈我校一份。酒器僅有壺、尊、罍、觥四種，其餘所差尚多（編鐘出十八枚，當尚有十四枚），想〈親〉〔新〕（“親”字錯——編者注）鄭土中尚有大批未出。明晨往新鄭察勘，已由其副官電囑保護矣。余續陳。此頌

箸安！

弟衡上〈古〉〔言〕（“古”字錯——編者注）九月二十一日

附：《河南新鄭發見古物之露布》（略）

（《北京大學日刊》1923年9月26日）

九月二十三、二十四日，馬衡連作致沈兼士信兩件，報告赴河南調查出土古物事。

研究所國學門通告

本所特請馬衡教授赴河南調查孟津、新鄭發見之古物去後，兹續接來信，宣布如下：

兼士兄鑒：前日寄呈一書，計已鑒及。昨往新鄭履勘，歸途誤車，又逢大

雨，附貨車回鄭，狼狽之狀，不言可喻。歸後，見郭君玉堂，得讀手書，敬悉一切。靳師長今晚可來，晤後即擬赴洛陽。陳列各器，今日又往詳細考察，除⋃盧一器外，餘皆無字。新鄭發掘地點，弟去時舊坑已填，新坑纔掘，實在無可看，僅據發掘人所報告繪一草圖，俟將來作報告時附呈。高、裘二君已晤及，弟告以“公等且竭力去幹，晤靳時不必要求，宜用全力向吴言之，或可有濟；余之此來，全爲考察，於省有國有，皆所贊成，第私人掠奪，或各團體朋分，則所反對耳”。專此。敬頌

箸安！

弟衡上言九月二十三日

又函

兼士兄鑒：昨函寄出後，靳師長即於五時抵鄭，高、裘二君來約弟晚餐，靳忽派副官來邀晚飯，遂與高、裘同往。其意似頗殷勤，大約完全爲名，故對於中央行政及學術機關之人極表歡迎，且謂“吴使復電，雖欲交本省教育機關籌款建館保存，而其個人之意，則希望歸諸都會保存”，堅囑我等設法由中央政府電請曹、吴撥歸中央陳列。⋃盧已屬永貴去拓，今先寄呈二紙，一存學校，一請轉致静安，其餘俟拓齊再寄。弟今日先赴洛陽，有信寄彼可也。此頌

日安！

弟衡上言九月二十四日

（《北京大學日刊》1923年9月28日）

九月二十五日，顧頡剛作致沈兼士信。

寫兼士先生、履安、薇生、紹虞信。（《顧頡剛日記》）

同日，祖母陸氏生辰，錢玄同前來祝壽。

沈家祖老太太生日，午往祝壽，在沈家吃了兩頓飯。（《錢玄同日記》）

九月三十日，參加北京大學研究所國學門在城南龍樹寺抱冰堂舉行的懇親會，并代表該學門在會上彙報上學年所辦理各項事業的經過及新學年預訂的各種計劃。再由蔣夢麟代校長致詞，最後舉行茶話會，并集體攝影留念，至下午五時散會。

研究所國學門懇親會記事 魏建功記

十二年九月三十日午後一時，國學門假城南龍樹寺之抱冰堂開懇親會。與會者有研究所所長，國學門主任，委員，導師，通信員，編輯員蔣夢麟、沈兼士、馬裕藻、周作人、張競生、鄭奠、譚熙鴻、陳垣、李泰棻、沈尹默、鐸爾孟、今西龍、伊鳳閣諸先生，及本國學門助教、書記、研究生，與古蹟古物調查會、歌謠會、風俗調查會、檔案整理會等屬於本國學門之各學術團體之會員，及新聞記者孫伏園先生，計共三十餘人。先由主任沈兼士致開會詞，略謂：

諸位先生，今天承大家的高興，來參與這個會，同人實在感激得很。原來我們開這個會，有兩個用意：一來是過去的一年之中同人不曾有個大聚會，所以趁

這個很好的秋天擇一個勝地，請大家到此茶會。二來是本學門上學年所辦各種事業經過情形，及本學年之豫定各種計劃，想在這個會裹報告給大家聽聽。現在分作幾部分來報告：

（一）編輯室　現在分作輯、編、譯三層來説：輯的方面，《太平御覽》《藝文類聚》《太平廣記》均已剪輯完畢，現正編定引用書目（原有書目者，增訂之）及分書校勘。又慧琳《一切經音義》，雖上海丁福保氏亦有編輯的計劃，但其内容似偏重《説文》一書（書尚未出版，序文則公布），我們的宗旨是重在各種佚書及音義之搜討，固不妨各行其是。此書整理之手續，係用表式抄寫，故稍覺遲緩，然總想一年之内將他趕完。再《文選注》亦已著手抄輯。次講到編的方面，國學門開辦，祇有年餘，又因限於人力，迫於經濟，所以未能積極進行，然大概也有一個計劃，想於本學年著手次第進行：

（1）分類書目：現在想研究國學的人，大家都苦於没有一些指示國學系統和内容的門徑書。我以指示門徑的第一步，須先要有一部精詳的書目。我們對於抱冰堂的主人張之洞所編的《書目問答》，大家雖然都不很滿意，然而當起頭研究國學的時候，都恐怕没有一個人不直接或間接得到不少的益處的，即此可見書目的功用了。張氏書目截至光緒元年爲止，我們須把近五十年來的重要書籍作一個詳細的著録，至於體例，當然也得重新改訂。我以爲最重要的有兩點：一是每目之下須加簡明的提要；二是各家文集筆記中有關於學術之重要論文，亦須擇〈尤〉〔優〕（“尤”字錯——編者注）標舉。

（2）學術年表：我國舊有各年表，如鄭樵《通誌・年譜》，則記一朝大事及正閏始末；萬斯同《歷代史表》，則記王侯將相公卿大臣興廢拜罷之由；《齊召南歷代帝王年表》，則記國家治亂興亡之事；至於中國數千年來文化演進與夫學術風尚昇降異同之迹，却没有人搜尋可以表現這些的材料，把他依次排比，作一個以文化學術爲主體的年表。我們現在想做這個工作，换言之，就是豫備作一個文化史的長篇（學者生卒年月及重要著作之出版年月亦須并載）。這種工作，取材的範圍不可不廣，不但一部《資治通鑑》是不够用，就是各正史所載關於藝文、儒林、文苑……的材料，也還嫌不足。大約歷代學者文人的專集筆記，均須涉獵採取，方能完成這件工作，這個事業雖然困難，我們却不應該畏難不做。

（3）諸子所用哲學名詞索引：研究學問的要件，材料與方法，必須并重，而搜集材料的方法，尤須精密，蓋不如此則不能得真確完備的材料。没有真確完備的材料，則研究所得的結果决計是不能美滿的。研究中國古代哲學，其重要的材料，就是諸子書中所用的各種學術專門名詞，譬如“天”“道”“性”“理”……等名詞，不但諸子各家的解釋，互有異同，就是一家的書裏面也有前後所説廣狹之義不同的；也有自己竟和自己衝突的。研究者於此，第一，倘是不觀其全，僅取一端以爲之説，則陷於偏而不全的毛病；第二，雖然通觀其全，然蔽於主觀的成見，或急欲己説之成立，稱舉共同於己者，而棄置其異於己者，則失却研究學問之忠實的道德，而陷於自欺欺人的毛病。現擬仿外國書籍索引的辦法，搜取周秦以及宋明諸子書中所用學術專門名詞及其解釋，分類彙纂（原文不加删節）。其目的：（A）與後人以分析研究的便利。（B）各家所用以解釋各種學術專門名詞的説話，歸納之便可定其名詞之界説。（C）有此完備真確的客觀材料，後世研究古代哲學者，可以減少許多爲人暗中蒙蔽的苦處；一切學者所慣弄的主觀武斷或斷章取義的毛病，可以一掃而空。戴震所謂“不以人蔽己，不以己自蔽”，非如此辦法，不能達到這個目的。關於實行以上各種計畫，我們已請顧頡剛先生來校幫忙辦理。

復次講到譯的方面。這一方面在過去一年之中，衹有一點零星的成績，却没積極進行，其原因也與上面所説編的方面相同。此次蔡孑民先生赴法，途次與李宗侗先生相遇，因談及譯書的事業，李先生建議把中國各種名著，翻譯成各國文字，并主張以石印的各種叢書或善本書，交换外國關於東方學的書籍和雜誌。蔡先生囑李先生來京後與我商辦。我想以後我們關於譯書的事情，可請李先生幫忙，總須於最短的時期中立定一個基礎才好。

（二）考古學研究室　本學門一年來關於考古學方面雖着力較多，而成績却還不甚佳。中國之考古學向無系統，古物之爲用，僅供古董家之摭玩而已。我們現在雖然確已逃出這個傳統的惡習範圍之外，知道用科學方法去研究，但爲財力所限，未能做到自行發掘、實地考證的地步。研究室所用的材料，均由市儈輾轉購得，器物之出土地點及其相互聯屬之關係，均不易知，故進步甚難。惟吾决不因此而遂消極，於是組織一古蹟古物調查會，希望與考古學有關係的各種專門學者多數加入，以便進行考古學上的一切事宜。經濟方面，尤望學校與以格外幫助。今年河南孟津、新鄭〈拙〉〔掘〕（“拙”字錯——編者注）獲周代古器甚多，爲宋以來最大之發現，於考古學上之貢獻極鉅。前商請蔣代校長撥款派馬叔平先生前往考察，不久當有報告來校。此項地點、時代及共存遺物均能明確知道的古物，實爲考古學上第一等的材料，我們建議移歸中央，交本校保存。尚望諸先生一致主張，於中外報紙上多多鼓吹。倘此事成功，則大學考古學陳列館之基礎已立，將來續長增高，發展自易；不但本學門之幸，即大學之地位亦可因之增高。

（三）歌謠研究會　歌謠研究會自并入國學門後，仍歸周作人先生主持；另闢一歌謠研究室，自去年本校紀念日起，發行周刊，由常惠先生擔任編輯，上學年本附北大日刊分送，現爲便於銷行計，已改單行。周刊發行以後，所得材料較前增多，近復得伊鳳閣先生對於研究方法及材料分類等有所指教；將來深望海内外同志共起對於歌謠作各方面種種之研究。再現擬在周刊中另闢一欄，專載古代記録或研究謠諺之書的目録及其内容之提要，以爲歌謠歷史的研究。此外蒐集一地方之歌謠已成專書者，擬編成叢刊，自本校二十五周年紀念起陸續出版；計脱稿者已有三部：一爲常先生之《京兆歌謠之一零》，一爲白啓明先生之《豫宛民眾藝術叢録》，一爲顧頡剛先生之《吴歙集録》。採集歌謠時，最困難之點爲各地歌謡中之方言標音問題，標音倘不正確，則歌謡中之意思、情趣、音節，至少也有一部分之損失。然此項標音之工具，注音字母和羅馬字母均不够用；至於新音標之選用，亦非集思廣益，未易遽定。現因方音方言之調查，有急須實行之必要。擬另組織一會，音標問題將來即在此會中解决。不知大家的意思如何?

（四）風俗調查會 上學年由張競生先生發起調查風俗，遂成立此會。印發表格，分由各同學假中分頭調查，現在陸續繳回者甚多，其中有價值者亦頗不少。我想將來亦須如歌謡的辦法，發行一種刊物，方能引起多數調查人的興味。再關於風俗之實物徵易，應采取朱逷先先生由近及遠之提議，先籌設京兆風俗陳列館，以示模範。

（五）整理檔案會 此外尚有一臨時性質之檔案會。自去年羅叔言先生購得八千餘麻〈裝〉〔袋〕（“裝”字錯——編者注）破碎檔案之後，我們才要求教育部把整理内閣大庫檔案的責任交給我們；當時承陳援庵先生的斡旋，此項檔案得歸大學。檔案之歸本校者，以題本、報銷册爲大宗。其雜件中發現之珍貴史料，亦頗不少。自去年暑假整理至今，未嘗間斷。本校同學亦多利用假期幫同整理；助教胡文玉先生於此事尤爲熱心，即假期中間及罷工時期，亦均從事料理，不曾休息。現在第一步分列朝代的手續大致完了。第二部的摘由，已將明季關於關東邊事及流寇之題稿千餘件摘録公布，現擬再行依年的先後復編一道，排印單行；此外清題本及報銷册之摘由，自當繼此進行。第三步内容的整理，當由政治、經濟、法律、歷史、風俗各專門學者分類去研究，此層却須藉助於全校同人的力量了。總之，國學門搜集及整理所得之各種材料（當然不限於檔案），完全係公開的供獻於全校、全國以至於全世界的學者，可以隨意的作各種的研究，絶對無畛域之限制，這是應該請大家特别注意的。

（六）《國學季刊》 大學四種季刊中有《國學季刊》，亦由本學門辦理，已出三期；第三期有須特别製版鑄字者，故印刷甚爲遲緩。近以清代學者戴震二百年的紀念（戴氏生於雍正元年十二月二十六日，即公曆一七二四・二・十四），同人擬以第五期《國學季刊》作爲“戴東原專號”，現在在此向大家報告一聲，以代徵文的廣告。我看這個題目不算枯窘：戴氏所治學術，方面極多，如小學、經學、算學、招學、地理、校勘……等，均可就其一門從事論述。此外或泛言其治學方法，或綜考皖學流派，或訂正段著年譜之疏失，用新方法再作一部戴氏年譜，均未嘗不可。大家倘能多多投稿，不勝歡迎。

以上是國學門一年中之過去情形及將來計劃的大略。不過照現在每月衹有很少的經費之研究所國學門看來，縱使有多少計劃，也恐是徒然。這一（年）來同人因爲張羅經費和房屋等種種庶務事，以致未能專力多做整理學術的事業；以後倘承學校當局及諸位先生的注意和指導，使現在已有之各種事業能够繼續發展，不遭夭折，這是同人所熱烈希望的。

次蔣代校長兼所長致詞，略謂……

次茶話，攝影，至五時始散。

（《北京大學日刊》1923年11月10日）

十月五日，顧頡剛作致沈兼士信，推薦陳乃乾到北大研究所工作。

書兼士先生信，薦陳乃乾於研究所。（《顧頡剛日記》）

十月六日，周作人贈書一册。

往北大，送玄同、幼漁、士遠、兼士書各一本。（《周作人日記》）

十月十二日，顧頡剛作致沈兼士信。

寫兼士先生、父大人、乃乾、史襄哉信。（《顧頡剛日記》）

十月十三日，與沈士遠、沈尹默、張鳳舉、徐耀辰等在禄米倉設晚宴，招待孫伏園、李小峰等客人。

下午伏園、小峰來，往禄米倉晚餐，客係郁、鄭、史、馬、陳等六人，三沈、張、徐、黎爲主，十時返。（《周作人日記》）

十月十七日，與錢玄同、沈尹默、馬裕藻、馬衡去四時春午餐。

午偕沈二、三，馬二、四同至四時春午餐。（《錢玄同日記》）

十月二十四日，北京大學評議會評議員選舉揭曉，沈兼士以二十七票當選。

校長布告

本校本届評議員選舉，已於昨日下午三時一刻在第二院大講堂當衆開票，計收到選舉票共六十七張，兹記其結果如左：

顧孟餘 五十六票　王星拱 四十六票　李煜瀛 四十一票

馬叙倫 四十票　李大釗 三十九票　陳大齊 三十六票

譚熙鴻 三十六票　馬裕藻 三十五票　沈士遠 三十四票

朱希祖 三十二票　馮祖荀 三十票　胡　適 二十八票

羅惠僑 二十八票　余文燦 二十七票　沈兼士 二十七票

沈尹默 二十六票

以上十六人當選

…………

十二年十月二十五日

（《北京大學日刊》1923年10月25日）

十月二十三日，祖母陸氏在北京逝世。

高祖母陸氏1923年10月23日在北京去世，享年93歲。

（沈長慶《沈尹默家族往事》第88頁）

十月二十五日，魯迅得知沈兼士祖母去世，給賻金二元。

晴。午後得沈士遠祖母夫人訃，賻二元。（《魯迅日記》）

十月二十七日，祖母開吊日，朋友兼同事周作人、錢玄同等或贈禮金或參加吊唁儀式。

上午沈宅開吊，不去，送禮二元。（《周作人日記》）

下午三時，至燕壽堂，沈老老太太開弔也。他們那位叔太爺一定要鬧什麼點主的鬼把戲，請蔣夢林點，顧孟餘與馬幼漁襄題，那老進進出出磕了許多頭，豈不可笑也乎哉耶！（《錢玄同日記》）

十月三十日，北京大學召開評議會第一次會議，議決通過沈兼士爲出版委員會委員長及聘任委員會委員。

校長布告

十二年十月三十日，十二年度評議會第一次會議，議決事件如左：

（一）照章選舉本會書記，到會者十人，馬君叙倫以七票當選。

（二）校長提出擬任十二年度至十三年度各委員會委員長、委員名單（蔡校長原擬），議决照單通過。（名單附後）

（三）校長提出擬裁撤財務部，仍照舊制設會計課，辦理出納等事宜；并提出財務委員會監督出納之辦法意見書，議决照辦。惟財務委員會監督出納辦法，應將意見書交財務委員會審議後，再行提出於本會。

附：各委員會委員長及委員名單

（一）組織委員會

王星拱（長） 顧孟餘 胡 適 陳世璋 馬叙倫 沈尹默 李書華

（二）財務委員會

李煜瀛（長） 顧孟餘 馮祖荀 李四光 馬裕藻 陳世璋 徐寶璜

（三）聘任委員會

陳大齊（長） 顧孟餘 胡 適 王星拱 何育杰 沈兼士 王世杰

（四）圖書委員會

顧孟餘（長） 朱希祖 馬 衡 單不厂 陶孟和 李煜瀛 皮宗石（主任）

（五）儀器委員會

何育杰（長） 顏任光 陳世璋 李四光 譚熙鴻 陳大齊 李麟玉（主任）

（六）出版委員會

沈兼士（長） 胡 適 王星拱 錢玄同 蕭友梅 錢稻孫 李辛白（主任）

（七）庶務委員會

馬叙倫（長） 錢稻孫 馬裕藻 徐寶璜 李四光 顧孟餘 沈士遠（主任）

（八）學生事業委員會

李大釗（長）　沈士遠　李煜瀛　蕭友梅　錢稻孫　羅惠僑

十二年十一月一日

（《北京大學日刊》1923年11月1日）

同日，顧頡剛作致沈兼士信。

寫介石、乃乾、萬里、頌禪、兼士先生信。（《顧頡剛日記》）

十一月三日，顧頡剛作致沈兼士信。

寫兼士先生及介泉信，爲搬家事。（《顧頡剛日記》）

十一月十二日，顧頡剛作致沈兼士信。

寫兼士先生及蔣義坤信。（《顧頡剛日記》）

十一月十五日，吴虞聽沈兼士説，教育經費又出現波折。

今日聞沈兼士言，及閲《益世報》，三十萬教育經費又生波折。殊可歎也。

（《吴虞日記》）

十一月二十日，參加北京大學教職員全體大會，討論因政府拖欠經費，學校是否執行八校教職員代表聯席會議來函，暫時關門停課。

十一月二十日本校教職員全體大會紀事

本日下午四時四十分開會，公推馬叙倫先生爲主席。

主席報告　今日因校費關係，得國立北京專門以上八校聯席會議來函，囑執行本月九日八校教職員大會議决關門事件，特開會討論。現在先請校長報告籌辦經費之經過。

…………

主席：現在應議對於八校教職員代表聯席會議來函囑執行關門之議决案，如何應付。

馬裕藻、沈兼士、沈尹默、沈劍白、周作人、陳大齊、楊適夷、譚熙鴻諸先生均以本校經費雖亦困難萬分，但現在既得到一個月零一個月之一成五，不能不暫行維持。且此次關門既非一種手段，當論各校事實，未可定同出於一樣步驟，其他各校因事實上過不去，不能不暫行關門，我們正可以此求社會之評解，俾之知各校關門者毫無意氣，而不關門者非故有所立異，實爲盡可以維持之力於可能的範圍内維持之，倘一旦亦到不能維持之地，亦祇好關門。此是事實問題，略有先後而已。但本校雖仍暫行維持，對於關門各校，仍當竭其力爲之謀恢復，故除暫緩執行關門外，其他仍是一致的進行。

周作人先生：請大家於主張維持之意見不必重複發表。

杜守素先生：動議請付表决。沈士遠先生附議。

主席：詳詢應付表决否，無異議。即以“本校校務仍舊維持外，其他事件仍與各校以同情之合作”付表决，大多數通過。

主席：以後進行方法應否在大會討論。

杜守素先生：主張不必在大會討論，仍由代表團辦理。附議者二人。

主席：可否不必付表决即交代表團辦理。衆無異議。

主席：現在須改選代表。

杜守素先生：主張現在事情緊急，須資熟手，暫時不必改選。附議者一人。

沈兼士先生：主張改選。

沈尹默先生：主張改選幾分之幾。

盛鐸先生：主張不必改選。

主席：暫時不必改選，亦須定一時期。衆“以任滿規定之六個月爲限”。多數通過。散會時已七時許矣。

（《北京大學日刊》1923年11月23、24日）

十一月二十三日，顧頡剛收到沈兼士信。

得兼士先生書，已匯一百五十元來。（《顧頡剛日記》）

十一月二十五日，顧頡剛作致沈兼士信。

寫緝熙、兼士先生、敬軒、陸步青信。（《顧頡剛日記》）

十二月一日，顧頡剛作致沈兼士信。

寫兼士先生、緝熙、履安、頌皋、聖陶、萬里信。（《顧頡剛日記》）

同日，國立北平師範大學外文系學生楊鴻烈撰成《拙作〈蘇曼殊傳〉後的幾句閒話——謝答周作人、沈兼士兩先生所寄給的信和詩》，稱沈兼士吊蘇曼殊詩，把蘇氏的脾氣和態度描寫得淋灕盡致。

拙作《蘇曼殊傳》後的幾句閒話
——謝答周作人、沈兼士兩先生所寄給的信和詩

我平常以爲歷史的範圍，無論小至個人，大至家族、社會、國家、世界，千言萬語，説來説去，牠的目的祇不過是求得真象而已（the attainment of true is the aingle aim of history）。梁任公先生説：“有志史學者，務持鑑空衡平之態度，極忠實以蒐集史料，極忠實以叙論之，使恰如其本來。當如格林威爾所云‘畫我須是我’，當如醫者之解剖，奏刀砉砉而無所謂惻隱之念擾我心曲也。”我作《曼殊傳》的時候，便是想本著這種目的，抱持這種態度，但我因“見聞有限”，所以許多地方總是放心不下！現在承作人先生指出“沙恭達綸一章”在《文學因緣》第六十三頁，并代抄太炎先生筆述的譯文，使我得明真相；……還有兼士先生寄給我的一首弔曼殊的古詩，把曼殊的脾氣和態度，描寫的淋灕盡致。於此更可見沈先生和曼殊友情的篤摯。現在將這詩和以前我所引太炎先生的《曼殊遺畫弁言》和沈尹默、劉半農兩先生的詩合起來看，就聯想到一年前讀過麥克來

(Maoaulay) 所著的《約翰生行述》(Life of samnel Johnson) 書裡，麥克來描寫約翰生那樣的貧困、飢餓、貪食、鹵莽、浪費，和品性狷介的地方，真和曼殊無獨有偶。……現在就將沈先生寄給我的信和詩公布於下：

頃讀《晨報》所登大作《蘇曼殊傳》，因記起我從前有一首弔曼殊的古詩，其中也約略寫出一點曼殊的脾氣和態度，特寄奉參考。鴻烈先生。沈兼士。

▲病中聞蘇曼殊以胃病死追懷往事悵然有作

智度寺中記初見（智度寺爲余昔在日京小石川寓居之所），輸心談笑日宴宴；新句傳吟駭世俗，袈裟點點疑櫻瓣。（曼殊有句云：袈裟點點疑櫻瓣，半是脂痕半淚痕。）人生貴在任自然，唧唧啾啾失天全；於子乃見真顏色，乞錢且買雪茄煙。（曼殊嘗困乏，向人借銀十元，以之盡購雪茄煙。）海外歸來感離索，失喜西湖逢行脚！孤山藕漿嗟至味，（曼殊一日游孤山放鶴亭，主者爲調藕粉餉之，歸來賞歎人物之美不離口。家兄士遠因戲之以詩云：今宵不兆興亡夢，夢到孤山吃藕漿）裘馬清狂興如昨。自爾南北各分張，吴江燕樹長相望。病裡忽聞君竟死，展讀遺書徒悢悢！

周、沈兩先生都是我平時極受影響、最欽服愛敬的人，這次都肯來幫忙指導，使我得着意外的高興和内心裡説不出來的感激！很希望以後常常如此的賜教。

一九二三，十二，一日師大。

（《晨報副刊》1923 年 12 月 6 日）

按：是年 11 月 22 日至 11 月 30 日，國立北平師範大學外文系學生楊鴻烈所著《蘇曼殊傳》在《晨報副刊》連載，沈兼士讀後，給楊寫信并附上舊詩一首。這是楊的回信。楊鴻烈(1903—1977)，又名炳堃，別名憲武，雲南普寧人。大學畢業後考入清華大學國學研究所研究歷史，後任上海中國公學歷史系主任、雲南大學師範學院院長兼教授、國立河南大學教授兼歷史系主任等職，著有《中國法制史》《中國法律發達史》等。

十二月八日，顧頡剛作致沈兼士信。

寫伯祥、秋白、夢旦、蔣竹莊、伯南、介泉、兼士、適之兩先生信。

（《顧頡剛日記》）

十二月十一日，赴來今雨軒午餐，同席有蔣百里、王國維、錢玄同、胡適、馬裕藻、朱希祖等，同爲紀念戴震誕生二百周年。

公約在來今雨軒午餐，替戴東原做生日也，賓客甚多，有林宰平、蔣百里、王國維、陳淵泉、孫公、高魯、陶知行（陶行知——編者注）、胡適之、沈兼士、馬幼漁、朱逖先……　　（原文如此——編者注）諸人。（《錢玄同日記》）

十二月十四日，顧頡剛來訪。

到兼士先生處。……

兼士先生告余，明年挈眷來時，校中可改爲編輯，庶不至受助教百二十元之限制。又謂薪可按月支取，不受欠薪影響。（《顧頡剛日記》）

十二月十七日，在《歌謠周年紀念增刊》發表《今後研究方言之新趨勢》。後連載於《順天時報》一九二四年四月二十三、二十四、二十五日，又收入《段

北京大學同人在中央公園來今雨軒聚會，右四爲沈兼士

硯齋雜文》一書。此文主張今後研究漢語方言應政學分途，求是與致用并重，融匯古今中外，提出了一套系統而科學的現代方言研究方法與應用理論，是中國現代方言學開創時期産生的具有歷史意義的文獻。

十二月二十日，與顧頡剛交談。

到研究所，與兼士先生及維鈞、建功等論事。（《顧頡剛日記》）

十二月二十二日，與顧頡剛談話。

到藏書室翻書。與兼士先生、維鈞、建功等談話。（《顧頡剛日記》）

十二月二十四日，顧頡剛在日記中提及曾告訴沈兼士明年爲研究所所辦事項。

予告兼士先生，明年我爲研究所作下列諸事：

一、編纂年表、地表、人表、地圖、著述考，著手讀前、後《漢書》、《通鑑》、《方輿紀要》。此四書約做兩年。

二、發表文字爲西漢學者地域表、東漢學者地域表二種。此事約做一年。

（《顧頡剛日記》）

十二月二十七日，顧頡剛作致沈兼士信。

到所，寫適之先生、兼士先生、江裕如、京華印書局、伯祥、雪村、彦長、蔭昶信，擬《歌謡》廣告。（《顧頡剛日記》）

十二月，三女沈節在北京出生。

母親沈節是我外公沈兼士、外婆蔡惠的三女，1923 年 12 月生於北京，南京藥學專科學校畢業，長期從事教育和中藥研究工作，2007 年 9 月去世。

（《吴盈口述實録》［未刊稿］）

按：吴盈爲沈兼士三女沈節之三子，現居北京。

是年，作致陳垣信，談及教育前途事等。

一九二三年，來函

援庵先生：

送上浙災振捐收據二紙，請查收。教潮前途頗足慮。先生亦有高見賜教否？敬頌撰安。弟兼士拜啓。

大著《摩尼教考》已編入《季刊》第二期。其中有須與外國原文對照者，適之已爲之加×矣。

（陳智超編注《陳垣來往書信集》第95頁）

是年，在北大講授文字學，學生中有丁山等。

方余之出中學校門也，家債累五百金，……越年，舅氏又召余赴京，半日在某中學任課，半日在北大旁聽，及入京，而某中學改組，事無望。舅氏分甘解衣、留住讀書。初則漫聽諸教授課，繼因興會所趨，在於文字訓詁，專讀吴興沈兼士師及錢玄同師課，錢師多病，惟沈先生風雨無間，按時到堂，得此大師指導，余及轉而專治文字形義。《釋名釋》首卷，即成於此時，時民國十二年，余年廿三。

…………

沈先生於書無所不讀，但在北大任文字學。余初從學，但治文字，繼治目録及乾嘉大師訓詁考證及金石文字。余今日學問，得有微末成就者，皆先生植其良好根基。惜余頑魯，未能深窺先生堂奥，先生道德文章，余惟望詳略而難矣！

（丁山《四十自序》，《中國文化》2017年第1期）

一九二四年　民國十三年　三十八歲

一月二日，顧頡剛作致沈兼士信。

寫兼士先生信。

（《顧頡剛日記》）

一月四日，在《北京大學日刊》刊登“恭賀新年”廣告。

恭賀新年

沈兼士

同日，北京大學注册部發出布告，稱沈兼士因喉病請假，所任功課待病癒後補授。

注册部布告

國文系教員沈兼士先生刻因喉病甚劇請假，所缺功課依病愈即行來校補授。

…………

十三年一月四日

（《北京大學日刊》1924年1月4日）

一月六日，顧頡剛作致沈兼士信。

寫履安、拾塵、兼士先生、介泉片。（《顧頡剛日記》）

一月八日，參加北京大學評議會第二次會議，討論學校經費問題。

十三年一月八日第二次評議會會議

馬叙倫　沈士遠　馮祖荀　羅惠僑　沈尹默　沈兼士　馬裕藻　余文燦
朱希祖　王星拱　顧孟餘　蔣夢麟　陳大齊

本校經濟問題：

蔣：印刷祇三張所開各款，皆係就歷年收支總數略爲結束，然亦未能盡無出入，不過所差不多耳，照上年十二月支出部份中之薪水一項而言，本校經濟前途實屬危險，因新聘教員過多，已超出預算甚大。

本校預算，尚係適用八年度預算，惟去年十一月經呈請增加八九萬，即以應解之學費轉充。緩商。

蔣：擬以下學期學費作抵，向銀行借銀壹萬元，備於陰曆年關償還鋪欠之若干。

議决：以下學期收入之學費作抵，向銀行借銀壹萬元，此款儲備陰曆年關分攤償還商鋪之用。

馬夷初：由本會致函校長，請其設法整頓行政方面，以期消耗費用之减少。

議决：通過。

（王學珍、郭建榮《北京大學史料》第二卷中册，第1905—1906頁）

一月十四日，顧頡剛作致沈兼士信，談研究所自設出版部事。

寫兼士先生信，論研究所自設出版部事。（《顧頡剛日記》）

兼士先生：

途中所發一函一片，想已覽及。我們自天龍山歸來，不幸我感受了風寒發熱，不能走路，祇得請萬里先歸。我住在晉祠，睡了兩天，到今早業已退凉；惟肢體依然疲乏得很，不敢即冒寒起程。俟體力稍健，便即下山。經此一病，又不得不向研究所再請幾天假，不勝歉仄。

昨天睡在炕上，没事做，就籌劃研究所自設出版部的方法。現在把想到的寫在下面，請先生核奪。

(1) 我們的出版部應避去“出版部”之名，稱爲“售書處”。如爲更穩妥一點計，可稱爲“臨時售書處”。如此，可不致與李辛白的出版部混淆，且亦不致引起校中無謂的干涉。

(2) 售書處的發動，可藉口於外界要求購買碑文影片，發一通告。通告的大意，是“邇來本所屢接外界來函，要求購買本所所藏之碑銘拓本及古器影片。今爲便於豫定起見，特在本所門口設立臨時售書處。兹將種類開列於下，凡欲購取者，請查照品名價格，填寫豫定單，於一個月後取件。”如此，似頗不露圭角。

等將來做得好，再逐步擴張起來；那時即有要反對我們的，也無如何了。

…………

昨天所想到的大約如此，先生以爲何如？我自已覺得學問方面的野心太大，真不能顧及事務方面；且性情木訥，在措施上不能活潑運用，即事務方面亦不適宜。我所以願意違性忍情而爲之者，實以生計上不能站定脚跟，對於學問之事即不能計日程功，上了軌道去走。滬上友人發起樸社，我所以甚願加入而擔任會計者以此。現在社中雖有欠繳，而一年來居然積到千四百元，覺得前途頗有希望。我雖不能在事務的外部活動，但尚可在事務的内部切實用力。五六年之後，樸社與研究所兩團體的出版事業得有鞏固的基礎，在版税及紅利上可以供給我的研究費用，不使學問之事再有挫折，亦不致因生計的不安而受家庭中的閒氣，那真是我極端的快樂了。

萬里歸後，擬在研究所中開一照片展覽會，把此次途中百餘頁照片陳列展覽，并擬定貨出賣。這事頗可作爲售書處發生的機會。

學生顧頡剛。十三、一、十四。

（《顧頡剛全集 39 顧頡剛書信集 卷一》第516—520頁）

按：時顧頡剛與陳萬里赴河南等地作考古參觀。樸社是1923年1月在上海成立的同人書店。它由供職於商務印書館的沈雁冰、鄭振鐸、葉聖陶、顧頡剛等發起，以後俞平伯、郭紹虞、朱自清等人加入。大家約定每人每月出10元錢存在銀行生息，到一定數目後作爲啓動書店資本，合作出版圖書。該社初期在上海，1925年在北平重組，至1937年12月解散。

一月十七日，北京大學教職員臨時代表團照章改選代表，當衆開票。沈兼士以一百零一票當選爲二十四位臨時代表之一。

本校教職員臨時代表團啓事

本團照章改選代表，已於本月十七日上午十一時在第二院接待室當衆開票，共計收到選舉票一百四十三張。兹特將當選代表名單宣布於左：

馬叙倫	一百零九票	譚熙鴻	一百零四票	沈兼士	一百零一票
羅惠僑	一百票	周同煌	九十八票	王星拱	九十七票
馬裕藻	九十六票	沈士遠	九十五票	黄世暉	九十五票
余文燦	九十票	馬　衡	八十七票	楊棟林	八十六票
沈尹默	八十四票	胡春林	八十一票	鄭陽和	八十一票
沈恩祉	七十四票	丁緒賢	七十一票	萬秀嶽	七十票
包尹輔	六十七票	李大釗	六十票	白雄飛	五十六票
王紹瀛	五十四票	李振彝	五十二票	盧　恩	五十二票

以上二十四位當選爲臨時代表。

十三年一月十八日

（《北京大學日刊》1924年1月18日）

一月十九日，赴安徽會館參加戴震生日二百年紀念會，并在會上演講。

學界公開戴東原生日二百年紀念會於安徽會館。梁任公師、胡適之、錢玄同、沈兼士、朱逖先皆有演説。（《積微翁回憶録》）

按：《積微翁回憶録》作者楊樹達（1885—1956），字遇夫，號積微，湖南長沙人，著名語言文字學家和史學家。此書爲作者據其日記所選述，故所記皆有年月日。

同日，顧頡剛來訪，未晤。

到兼士先生處，未晤。（《顧頡剛日記》）

同日，與單不庵、錢玄同、朱希祖、王星拱到春華樓吃飯。

會畢與不庵、逖先、撫五、兼士至春華樓吃飯。（《錢玄同日記》）

一月二十二日，顧頡剛作致沈兼士信。

寫雁冰、既澄、愈之、琢如、伯祥、聖陶、兼士先生信。（《顧頡剛日記》）

一月二十五日，顧頡剛在日記中提及，因沈兼士向北大代理校長蔣夢麟提議，任顧爲北大二十五周年紀念册編輯。

今日頗寒。廿五周年紀念册本不干我事，兼士先生以研究所無人加入，囑蔣代校長與我一信，同往編輯。今日開會，復被推爲第一編編輯主任（張綺山同任），從此又多此一事矣，奈何！（《顧頡剛日記》）

一月二十六日，參加北京大學評議會第三次會議，主要議題爲學校經費、移用日本退還庚子賠款作文化事業及學生旅行考察補助費用問題。

十三年一月二十六日第三次評議會

陳大齊　沈士遠　王星拱　余文燦　李煜瀛　馮祖荀　沈尹默　沈兼士

馬裕藻　顧孟餘　馬叙倫　朱希祖　蔣夢麟　羅惠僑

蔣：今日先討論年開經費問題。

校務討論會照教職員聯席會議所要求之數，提出於財教兩部，并説明辦法，由政府發若干成，并進行十五萬借款，俄圖賠款之第二次六萬二千餘，合成一個半月。

但照現在情勢看來，恐怕辦不到，以後學校將若何。

右案不開評議會，停止討論。

蔣：移用日本賠款（指日本退還庚子賠款——編者注）作文化事業問題。

關於此事，曾組織臨時委員會討論此事，并將討論的結果以本校名義請教部轉諮駐日公使，教部業已照諮。

日本公使方面，亦極贊成本校的提議，并願本校提出圖書館及研究所各委員的名單，現在將擬定之名單提出本會徵求同意，以便以本校名義送交日本公使。

顧：對於王國維爲所長不贊成，因其現任清宫職務。

照原單更改如下：圖書館長蔡、柯，精神科學所長蔡、陳，評議會委員加章炳麟、汪兆銘、吴敬恒，餘許崇儲均通過。

蔣：哲學系四年級生要求，援照地質學系成例補助旅行考察教育費。

沈尹默：可否待教育系成立後再議。

顧：關於此事須通盤籌劃。

沈兼士：是否應由教務長及其本系主任核其有此必要否再辦。

陳：似應看學校經濟情形而定。

馬叙倫：贊成顧説，交由教務會議核定辦法，再行提出。

馬裕藻：贊成。

通過。

（王學珍、郭建榮《北京大學史料》第二卷中册，第1948—1949頁）

同日，參加北京大學研究所國學門方言調查會成立會議，報告該會成立經過，并説明研究的範圍和方法。又主持推定該會主席，討論徵集方言的方法、發表文字的報刊等。

研究所國學門方言調查會成立紀事

一月二十六日午後二時，本校研究所國學門方音方言調查會開成立會。到會者三十餘人。兹將開會情形記録於下：

首由沈兼士先生報告本會成立之經過及説明研究範圍。謂五四以前本校原已設有國語研究所，旋以他故取消，甚爲可惜。現在因歌謡研究會收集材料漸多，爲整理歌謡計，大家都又感覺到方言有急須研究之必要。但研究方言并不是限於爲整理歌謡之工具，他的自身本具有獨立之精神。自來所謂國語的研究，應以縱方面的古代語（即揚雄所謂絶代語）和横方面的現代語（即揚雄所謂别國方言）爲研究的對象。但是關於現代語的聲韻組織和變化及其語法之形式，倒是没有調查明白，那末古代語雖然存在於載籍之中，也是不容易把他整理出一個系統來的。譬如古音學方面，古來的學者没有拿現代的方音作個基礎，以溯其原流變遷，所以不免有縮千載爲一時，混千里爲一地的毛病。因此我們不得不先把現代方言調查一番，然後再來利用之以整理古代語。方言調查的效用，於文化史、人種學、地理學上當有很大的貢獻，那是不用説的，其他還有兩點好處：一是國語統一方面，標準語的選擇，應該拿所謂普通話（并不是北京方言）和各省區之方言來比較其異同而後可以决定。教育部的讀書（“書”字衍——編者注）音統一會和國語統一會種種一切的急就的規定，是教育行政機關不得不取的一種應急的手段，我們這個會却不妨不求速效，一本學理去緩緩的調查和研究。我相信對於方言倘是没有完備的調查，精密的比較，不會有較妥的標準語産出的。一是標準語教授方面。教授標準語想叫他普及，第一非從矯正方音入手不可，我們倘是不明悉各地方音差别之點，在國語教授上也實在是一個大缺點。至於方言調查的範圍，當然是包含（1）音韻，（2）語法，（3）詞彙三類。關於這三類的調查方法，照理想説起來應該是分派專家出去就各地調查，現在却還做不到。我以爲似乎可以把應用的音標和表格規定出來，分布到各省區的學校，要求他們填寫報告。至於認爲重要的地點，然後再派專家出去調查，如此辦法，所得的材料，或者可以較爲普遍。這不過是我個人的意見，還望各位會員對於調查方言的具體辦法詳加討論，以便實行。再據研究所國學門的先例，凡成立一個會，須於會員中推舉一個主席，以專責成而利進行，現在先請將主席推定，再行討論。

次推定林玉堂（即林語堂——編者注）先生爲本會主席。……

次討論徵集方言之法。朱逷先先生謂須確定幾個能標音的人往各處調查。周啓明先生謂會中可組織一小團體，討論統一注音的方法，定一公共音標，然後再行調查。林玉堂先生謂音標用注音字母怕不够，一定要用羅馬字。但二十六個字母亦不够，我們應根據發音學字母定音標。錢玄同先生謂音標自以用國際音標爲最適宜，應請林先生負責，於本會中造就注音人才。周啓明先生謂會員可分爲二部：一部專力研究注音，一部衹要能明白表示本地的方言即可。王榮佳先生提議本會應購一收音機，衆贊成。馬幼漁先生謂標明聲調的方法應特別設法。林先生云：此事當仔細研究，將來或可定出符號，或用五線譜排列。又云：會中可製備地圖，請人分標語圈，語圈有下列四項：

(1) 自己的語言圈——以此爲中心。

(2) 語言互通圈。

(3) 言語漸不相通圈。

(4) 言語不通圈。

有此數項的記載，我們即可制出音區圖。

末復討論本會發表文字之報紙。議決：本會以《歌謡周刊》爲發表機關，《歌謡周刊》暫不必因登載方言而改名，俟至相當時機，或會中自設出版物，或將《歌謡周刊》改名合作。林先生并謂本會同人如有意見，請即書送《歌謡周刊》發表。四點半散會。

附到會人地域表（略）

（《北京大學日刊》1924年1月31日）

同日，北大研究所方言調查會開成立會議，命顧頡剛做速記。

研究所方言調查會開成立會，林玉堂先生主席，到者三十餘人。兼士先生强予爲速記。（《顧頡剛日記》）

一月二十八日，與顧頡剛交談。

到研究所，作前日方言會開成立會的紀事。兼士先生邀談，爲年假中辦事方法。（《顧頡剛日記》）

一月二十九日，顧頡剛作致沈兼士信。

到研究所，寫兼士先生信，送商館規約。（《顧頡剛日記》）

1924 年北京大學研究所國學門部分同人在北大三院合影，左起：徐炳昶、沈兼士、馬衡、胡適、李玄伯、朱希祖、陳垣

1924 年北京大學研究所國學門部分同人在北大三院花園合影，左起：黄文弼、徐炳昶、馬衡、李玄伯、沈兼士、陳垣

一月三十日，參加在北京大學第三院研究所國學門歌謡室召開的歌謡研究會會議，討論上學期會務進行情况及今後工作計劃，歡迎新會員加入。

歌謡研究會常會并歡迎新會員會紀事

歌謡研究會於十三年一月三十日下午二時，在第三院研究所國學門歌謡室開會，結束上學期會務并歡迎新會員。周作人先生主席，主席先致開會辭，略謂：……次，主席報告本學期成績：出版方面，計印行歌謡十八期；研究方面，以經濟關係，如參考書等，均未克多買。復提出今後計劃二大問題，付眾討論。

（一）與國學門方言調查會合作

主席謂：方言調查會雖不專爲歌謡而設，然而近來很覺得單拿漢字寫出歌謡，一定不能全行把那用漢字寫不出的記載出來；所以注音這件事，是感覺到最要緊的了。例如浙江紹興就有許多歌謡，不能用漢字寫出來，又不能用注音字母拼出來。這種困難問題，要怎樣解决？要怎樣加入方言調查會去解决這問題？

錢玄同先生説：這應該用音標注明方音的歌謡，用國語注明歌謡的意思，不必用漢字寫出。這個方法，看來甚覺煩複。但是在音標的種種問題未解决之前，也不妨一面用漢字寫出。那漢字寫不出的，就用音標注出。假若能寫出來，而還不足表他的音的，就兼用音標注出。再等音標整理有了頭緒，全注起音來。

沈兼士先生贊成錢先生的主張，不過關於全行注音方面，以爲原有漢字，仍當寫出。漢字可以做研究語根和語音遞變的依據，有了注音，就寫漢字也不致有意外的流弊。一方能在注音方面，特别注重，自然可以把古來訓詁家拿假借字來代表方言，和由假借字的字面上發生許多穿鑿的解釋，那種拙笨和傅會的毛病，都可以一掃而空了。最好下學期就提倡投稿者運用一種字母注音，而歌謡的形式，也要更改變直行爲横行。

…………

（二）擴大歌謡收集範圍。

主席謂：今後歌擬不僅搜集韻文的歌謡，想藉這個機會收集各地神話故事等等。關於山水風土、英雄人物、鬼神等傳説及童話，此時不收，將來恐怕就要感覺困難；所以歌謡有附帶收集的〈妨〉〔必〕（“妨”字錯——編者注）要。但是名稱也就不能不改做“民俗學會”；然而歌謡研究會知名於國内。一時改名，怕又反妨礙了歌謡的收集。請大家討論。

錢玄同先生謂：可以改名，但不妨注明“原歌謡研究會”字樣。因爲社會上最重名實，宜改名爲“平民文藝”……之類。

沈兼士先生不贊成錢先生的主張，謂：若要改名，宜以客觀材料命名，不宜取其效用的一端爲名。

…………

林玉堂先生謂：收集的目的該是注重在民間未經記載的文學；在這文學的材料上，再拿種種方面的眼光分析研究。

沈兼士先生贊成林先生的主張；并謂：收集的機關，就是歌謡研究會亦無不可。最要緊的是須請周、常諸先生趕緊擬定一個收集這些材料的章程。

錢玄同先生説明：適間擬定的名稱，不過臨時的，總不免非偏於“文學”一部，即屬於“民俗”全體；所以所謂“文學”範圍，也不能限定。林先生所説的似較妥當。或偏，或全，或改定，或仍舊，均無不可。

主席謂：附屬於歌謡，未爲不可。但所蒐集的項目，範圍不可定的太抽象；

將來擬印一說明書，并舉一二實例，以便收集就是。改名問題，且待將來。

常惠先生主張：儘先收集，不忙研究。

容肇祖先生提議：可登啓事，收集零碎的風俗方面的材料。

五時許，茶話，散會。

（《北京大學日刊》1924 年 2 月 28 日）

二月一日，顧頡剛來訪。

到兼士先生處略談。（《顧頡剛日記》）

二月四日，與周作人、馬裕藻、陳大齊、沈尹默同訪日本人湯中。

午後往六部口湯宅，同幼漁、百年、尹默、兼士訪湯中君……（《周作人日記》）

二月十二日，顧頡剛作致沈兼士信。

寫平伯、兼士先生信。（《顧頡剛日記》）

二月十八日，《申報》刊登消息，稱蔣夢麟、陳大齊、王星拱、沈兼士等四十七名北大教授聯名致函北洋政府外交部顧維鈞、王正廷，要求立即宣布恢復中俄邦交。

北大教授請復中俄邦交

自英意承認蘇俄後，世界各國對俄外交，均呈一新變化。吾國與俄壤地相接，懸案甚多，故先承認蘇俄，再開中俄會議，殆已爲時勢所需要。但我國外交當局自來即爲優柔仰息，近雖有承認蘇俄之擬議，而又返顧美日，不敢毅然立斷。國人中之有識者，至於今日，自不能再坐視，以使國家大計之一誤再誤。昨北京大學教授特致函顧維鈞、王正廷，望其即行宣布恢復中俄國交。原函略謂：俄國革命，國體變更，中俄邦交，因以暫輟，然此乃事勢所迫，國際常例，苟其主體已定，則邦交自當隨復。若夫或有日月之延，躊躕之慮，所以視其統治之力，而察其主體之固定與否？誠以玉帛既將，則信誓無更，謹之於前，庶以寡悔，非謂一旦解携遂無復合者也。俄自革命以還，既有年所。曩者猶有舊黨擾攘，可以却慮，比則蘇維埃共和國已大聯合，其四境已謐，寇逋就除，人情趣一，主體固定，尚復何所審顧。而俄使三至，訖無酬答，所以海内懷疑或受牽制。抑蘇俄以平民革命推覆帝政，縱其爲治方略未與我同，此其國内之情，無涉鄰與。言其宣揚民治，實吾良友，況俄之與我疆界相昆，不徒念魯衛之政，宜先諸國復其故交，即援連疆之誼，亦當應其嚶鳴。至於邇來外交之術，每於國交回復之際，輒有要求附之條件，揆之法理，難爲一談。違理之行，豈宜率效，況俄之於我，互助之勤，亦屢宣布。苟相與以誠，何至食言。若先以利合，後圖未可必也。所以思維再三，僉謂宜絶瞻顧冀望之懷，立遺尺一，復續兩國之交。先民有言，當仁不讓。夢麟等欲言之執事者有日矣，以爲執事折衝樽俎，見豈不同，而乃聲聞久寂，似畏前驅。今者着吾先鞭者已二國矣，寧當復使超軼絶塵，而甘局促自後於人哉！揚國聲而輯與國，惟執事之是圖云云。署名者蔣夢麟、陳大齊、王星拱、沈尹默、張競生、胡適、顧孟餘、湯爾和、馬叙倫、李煜瀛、馬裕藻、沈士遠、譚熙鴻、李大釗、朱希祖、沈兼士、陳源、丁燮林、陶孟和、周作人、林玉堂、周覽、皮宗石、郁達夫、江紹原等四十七人，皆北大教授中知名之士也。

（《申報》1924年2月18日）

同日，顧頡剛來訪。

遂至兼士先生處，又至君默先生處，未遇。……

兼士先生勸我不要做别的事，專爲研究所作事。我何嘗不願如此，但自己如何做得動主！（《顧頡剛日記》）

二月二十八日，召集顧頡剛等開會，討論對付臨時書記辦法。

兼士先生招開會，議對付臨時書記辦法。（《顧頡剛日記》）

二月二十九日，伊鳳閣作致沈兼士信，商談開課等事項。

研究所國學門通信

伊鳳閣導師致沈兼士主任函

兼士先生賜鑒：敬啓者，昨奉北大研究所來函，詢及西夏語何時開講，并擬與敝國交换關於東方學之書籍雜誌各節。弟因敝團參議達夫田日前返赤，團内事務覺忙，故西夏語之開講惟有俟伊回京後再行擇定日期。至於交换書籍，弟一二日内與閣下晤面時再談可也。尚希分神轉知前途爲盼。謹此，順頌

文祺

弟伊鳳閣上言　二月二十九日

（《北京大學日刊》1924年3月5日）

三月七日，顧頡剛在日記中提及，關於編輯北大紀念册一事本不想做，祇是沈兼士囑其做而已。

紀念册事本我所不願作，徒以兼士先生所囑，而研究所中實無甚事，不得不應。予之不能勉强徇人，不但在心情上如此，而身體亦復如此。（《顧頡剛日記》）

三月八日，參加北京大學評議會第四次會議，議決章廷謙出洋請仍給助教薪事，德國留學生毛準、姚士鰲請加學費及韓述祖教授催請寄薪等八項議案。

評議會議事録（三月八日）

第四次評議會

朱希祖　沈兼士　陳大齊　王星拱　余文燦　羅惠僑　馮祖荀羅惠僑代

沈尹默　沈士遠沈尹默代　譚熙鴻　李大釗譚代　蔣夢麟　馬裕藻　顧孟餘

（一）章廷謙出洋請仍給助教薪事。

沈尹默：恐他人援例無以應付。

議决：事實上礙難特開先例。

（二）德國留學生毛準、姚士鰲請加學費，由一百二十元至一百八十元。

朱：目下經濟情形與前不同，應酌量加給。

主席：贊成朱説。

尹：聽説毛準現在某處改學他種科目，與原來條件不符，本校應特别注意。

議决：俟毛、姚二生實在情形調查明白後再議增加，并請史學系主任函促二生履行條件按期報告。另致函朱主任。

（三）韓述祖教授催請寄薪。二次延期至十二年一月份止，但現已支至十二年四月份，透支已逾三個月。

校長報告，現已停止寄薪。

（四）劉復教授請延期至七月底事。

議决：准其延期至七月底。

（五）聘任委員會提出教授兼差停職後辦法："凡因兼差由教授改爲講師者，其後欲恢復教授時，須於兼差辭去後，在本校繼續任講師滿二年以上始得恢復。"

議决：依聘任委員會所擬辦理。

（六）會計員文牘員支薪例。

校長提出原案如下：本校文牘會計兩員一關全校公文，一關全校收支，責任綦重，擬改訂其支薪率如下：第一級一百四十，第二級一百二十，第三級一百，第四級九十，第五級八十。

議决：文牘課設文牘員一人，會計課設會〈議〉〔計〕（"議"字錯——編者注）員一人，其支薪率依校長提案辦理。

（七）孔德學校請增經費至每月一千元。

議决：移交財務委員會及教育系籌備委員會核議，於原有津貼外酌量增加。

（八）討論教育部令第二十三號新定國立大學校條例（特别討論董事會事）。

議决：推舉顧孟餘、陳百年、王撫五、沈兼士四先生起草意見書，再開會討論。

（王學珍、郭建榮《北京大學史料》第二卷上册，第176—177頁）

三月十日，顧頡剛寫致沈兼士信。

寫尹默、兼士兩先生信。（《顧頡剛日記》）

三月十二日，訪顧頡剛，囑往碧雲寺勘古墓。

兼士先生來，囑往碧雲寺勘古墓。……

碧雲寺陸謨克學院來信，謂在寺後發見一類似墳墓之物，現正發掘，要研究所中派人前往指導。於是又要我冒充考古家了！（《顧頡剛日記》）

三月十四日，參加北京大學評議會第一次臨時會議，討論《國立大學校條例》事。

評議會議事録（三月十四日）

第一次評議會臨時會

馬叙倫　羅惠僑　王星拱　李煜瀛　沈士遠　陳大齊　蔣夢麟　馮祖荀
馬裕藻　沈兼士　譚熙鴻　沈尹默　李大釗　朱希祖

蔣：今日開會完全爲大學條例問題，現在便可將起草委員所擬之草（原文如此）

陳：此稿由各委員討論後，由大齊總述其意見。

李煜瀛：此項曾對於大學條例及董事會因恐外界倭入學校不得不然，但須於表示外别有具體辦法。本大學有評議會，不必再設董事會，此是當然。大學重心在評議會，即在教授，似宜將選舉校長權予評議會，比予董事會爲適當，似不妨因此而起此種要求。

沈尹默：贊成李説。

沈兼士：對本大學宜有辦法，但須先討論宣定。

王星拱、馬裕藻，贊成沈兼士説。

主席蔣：現即討論宣定。

沈尹默：應删部設教育基金委員會。

王：不贊成删，但可修改。

蔣：先討論大體，本人主張逐條均駁。

馬：主張祇定主要部分。

沈兼士、馬：我們目的（一）不承認此條例，（二）董事會不宜設，祇須先對此點做去。

沈：大致同馬。

王：其餘不合的，可由將來修改舊令時再説。

陳：我們乃仍在根本反對此條例。

馬叙倫：贊成蔣説。

王：我們便是要使人知道，我們反對董事會。

馬叙倫：我們正欲利用舊令。

沈兼士：贊成馬叙倫，應加入即合法制定，此條例亦應反對。

馬：應顧到上次會議之主旨，不能不提董事會。

馬叙倫：此意誤會了。

沈兼士、沈尹默：可否將前一段修改詳細，以後側重董事會。

王星拱：可先表决，究竟單提董事會或大體□需提出。

譚：我要講的是在王先生請求表决以前的意見，我贊成須顧全上次會議之主旨，但須於部令方面再詳細一點，至於列條駁斥似可不必。

馬：我們最要緊的是反對新條例，不必提及舊令應修改與否，尤其重要，即反對董事會。

沈兼士：意見祇未紛歧，可當場將宣定修正。

陳：合法者衹不承認此意頗難説。

譚：我覺結論分量不足。

蔣：多數意見似不主張逐條駁斥，但應前後略加修改。

馬：可請陳、王、沈三位去商辦。

蔣：現在表决須將宣定大體中略加修改，表明於董事會前各條亦反對，使人明白實反對條例全體。仍由原主稿人辦理。

議决：顧孟餘先生等所擬對於教育部新定國立大學條例之宣言，照修改文句通過。

（王學珍、郭建榮《北京大學史料》第二卷上册，第177—178頁）

按：《國立大學校條例》由北洋政府教育部於1924年2月23日頒布實施。它仿效美國大學的治理模式，確立了董事會、評議會、教務會和教授會共治的結構，改變了原來由評議會（主要由教授組成）作爲大學最高權力機構的形式，因此遭到北京大學等大多數學校教員的反對。

三月十五日，下午與蔣夢麟、周作人、陳百年、沈尹默、馬裕藻等同教育次長羅文幹談話。

下午三時，同鳳舉至蔣宅，爲對華文化事，約尹默、百年、兼士、幼漁等同教育次長羅文幹談話。

（《周作人日記》）

同日，與胡適、李大釗、錢玄同、周作人等北京大學六十名教授聯名致函校長，批評教育部制定的《國立大學校條例》。

本校教授致校長公函　爲教部新頒大學條例事

敬啓者：近見政府公報載有教育部二月二十三日所制定之《國立大學校條例》，同人等均以爲既悖乎理，復昧於事，况以如此重要條例之變更，未聞教育部曾向教育界公開的討論，率而頒布，其蔑視學校及教員之人格，殊爲可憤。而該條例中謬誤之甚者，尤爲設置董事會一層，及其所訂董事任務與産生之方法。竊惟董事會之制度，國外大學，固亦有其先例；然此種制度之存在，率皆限於兩種性質之大學，其一爲純粹私立大學，其一爲公私合辦之大學，美英二國之大學，多屬於此兩類，以是董事會之制度，亦采用於其間。蓋此類大學之經費，或則完全捐自私人，或則由公共團體與私人協濟而來，事實上容或有不能不設董事機關之處。至於歐洲大陸之大學（尤其是法國大學）及日本大學，率皆國立并無董事會之機關。其校内一切事宜，由校内教授所選舉之機關處理，一二特殊事宜，則由國家教育行政主管部處理。此外自無須其他機關，徒使之與部校相衝突也。今教育部之於國立大學設立董事會，在原則上立論，同人等已覺其謬於模倣；且就吾國實際狀况而言，教育務求獨立，不宜轉入於政治之漩渦。今依教育部新頒之大學條例，第一届之董事，由教育總長直接聘任，以後董事由原有董事會推選；此種産生方法，實不知其命意之所在。夫國立學校之經費，政府應負籌措之責，無待於私人之捐助。縱令有待於私人之捐助，而歷年以來，國立學校經費困難，乃衆目共覩之事實，亦未見有私人解囊相助者，是吾國無有以捐款而具有董事資格者也。如此則教育部之所欲聘任及其所得聘任者，依吾人之揣度，不外於在野之官僚，或有力之政客。此等官僚政客，於學術上既無任何之專長，其對於校内一切情形，又皆隔閡不通，而不及校長及教員之清晰。今以之審議學校進行計劃及預算决算暨其他重要事項（新頒之大學條例所規定者），而謂其有良好之結果，非大愚即誣妄耳。况彼等素以政治活動爲生涯，其所以欲厠身於教育界者，非曾上臺者以此爲逋逃藪，即未上臺者以此爲製造場，一旦政治界中有活動之餘地，又將棄其董事任務而他去。是徒以我輩歷年累月，朝朝夕夕，口講指畫，胼手胝足之勞工，供其圓桌上偶爾的盲目的支配。吾輩何辜而受其顛倒謬誤之統治乎！且此輩一入學校，則教育事業，牽入政治漩渦之危險，更將層出不窮，是又勢所難免者也。或曰董事會中之分子，不必盡皆官僚政客，亦可延聘專門人材也。固然大學之外，專門人材大有人在，然專門人材之所以有重要價值者，在乎其能有細密的點滴的實行，非徒以其能爲概括的大體的計劃也。校外專門人材，如肯熱心擔任清苦教育事業，則大學校長自當延聘爲教授，上教室教書，入實驗室做實驗，日與學生直接相切磋，是誠爲大學之幸事。若云概括的計劃，可由校外專門人材主持，細密的實行，則以校内之校長及教員供其奔走，是又爲本末價值矣。總之，董事會之制度，在其他特別情形之下，未嘗無可以采擇之理由，然就吾國現狀言之，——尤其是就北京現狀言之——同人祇見其有弊而無利也。爲此函請校長向教育部嚴重交涉，根本取消，大學幸甚。此呈校長大鑒。

關應麟　胡濬濟　林玉堂　江紹原　沈溯明　李大釗　朱　洪　陳君哲
周　覽　宋春舫　顧孟餘　譚熙鴻　張競生　林　損　沈兼士　高仁山
陶孟和　黄　節　陳大齊　戴　夏　吴　虞　沈士遠　沈尹默……
陳世璋敬啓

十三年三月十五日

（《北京大學日刊》1924年3月17日）

三月十五至二十三日間，參加北京大學評議會會議，討論反對教育部修改《國立大學校條例》等事項，并發表意見。

評議會議事録

（A）此次開評議會係本校教授要求。

由顧孟餘先生説明原委：

聞教育部擬開專門以上校長會議，討論專門學校規程，關於董事一項，本校向持反對態度，應有何種表示，請評議會討論。

主席：現時不致開校長會議，但遲早終須開一次，前評議會致教育部函〈來〉〔未〕（“來”字錯——編者注）曾答復，可由校長個人交涉，將來不提董事會事。

馬裕藻：校長個人不便負責，可否由評議會再行設法正式宣示，此次評議會致教育部反對董事會函，部不答復實在非是。雖部尊重評議會意見，有本校可除外之表示，但究竟非正式的，設日後各大學均贊成，本校實處孤立地位。

沈尹默：請求教育部正式答復。

沈兼士：根本上前次大學修改令全部不妥，應反對，不但董事會已也。

顧孟餘：設召集校長會議討論《大學令》，通盤籌算本校應有表示，積極主張一切。

馬裕藻：本校合各科而成大學，其餘均爲單科大學，將來開校長會議時，除校長外是否應要求加入各科代表。

主席：（一）將來開校長會議時，可由本校要求，本校除校長外加入自然科學、社會科學及文學三代表。（二）又現時由評議會宣示反對修改《大學令》。可合東南大學等復科大學共同主張。（三）但不提董事會事項，設有特别情形可單獨主張願加入《大學令》。

馬裕藻：可根據前評議會主張，再致函教育部，催促答復，并加入前次宣示未盡之意。

主席：主張大學應有單獨令，因各處情形不同也，但共同的問題如大學程度何者得稱大學之類，可由共同大學條例規定之。

李煜瀛：雖本大學爲外界所忌，但多有仿效之者，如廣東大學等。現由北大、師大、廣大發起大學聯合會，可由該聯合會共同商酌辦法，以替代教育部所擬之大學條例。

沈兼士：贊成各大學有聯合之必要，但因各處情形之不同，欲得一共同條例必不可能，如女師大各主任有督促各教授之權，與本校之以教授爲本位者不同。

（一）公函催促教育部答復。

（二）由校内草大學條例，斟酌本校情形。

（三）與各大學共同討論條例。

李煜瀛：聯合討論并非規定共同條例，但討論各大學各個情形及性質規定各個條例，斷非教育部一令所能概括之。

顧孟餘：贊成北大自己單獨主張發表意見，大學聯合會爲聯合學術起見，亦有存在之必要。

主席：（一）大學條例不能統一。（二）教育部不能概括的修改。

沈士遠：（一）致函教育部催促答復前此反對董事會主張并擴充之以代發表意見，至必要時亦可發表宣言。（二）將來開校長會議時，要求加入自然科學、社會科學及文學三代表。

議决：請顧孟餘、陳大齊、沈兼士三先生起草催促教育部答復從前反對大學條例函（稿成後印送各評議員閱看不再開會討論）。

(B) 馬裕藻：北大既有津貼經費，可指派教授代表列席中華教育改進社大會，幫同指導一切，可得確實改進教育。

主席：俟下次中華教育改進社開董事會提出。

(C) 李守常教授通緝案，命令有“該犯身爲大學教授”一語，由評議會代表教授質問教育部，不得任意譭謗。

議決：由文牘課草函教育部質問。

（王學珍、郭建榮《北京大學史料》第二卷上册，第175—176頁）

按：此次評議會無開會日期及出席者姓名。據三月十五日本校教授致校長函，到三月二十四日評議會致函教育部，此會應在十五日至二十三日之間。

三月十八日，顧頡剛作致沈兼士信。

寫兼士先生、綺山、仲華信。（《顧頡剛日記》）

三月十九日，顧頡剛作致沈兼士信。

寫履安、孔平、適之、玄同、平伯、仲華、兼士諸先生信。（《顧頡剛日記》）

三月二十三日，《歌謡周刊》第四十八號刊登劉復致沈兼士等人信及沈兼士等人的回信，商討徵集、研究歌謡事宜。

通　訊

兼士、作人、維鈞三先生惠鑒，茲有事奉啓：

我校徵集歌謡，年來所得雖已不少，但在研究上，不免時時感到困難。至外人研究此學之方法，并其已得之結果，足以爲吾人之參證者，尤爲隔膜萬分。弟爲提議徵集歌謡之一人，故於此事甚爲關懷。適前月中巴黎大學助教職（所謂助教職者，已經考試尚未補實之謂）阿腦而特女士（Mademoiselle Thérèse P. Arnonld）開一私人的歌謡演講會，會中除一篇系統的演講外，中間例證，由女士自己并其他女士二人按曲歌唱，配以音樂，極饒趣味。至於演講詞，亦是一篇甚有價值之文章。弟當時甚爲感動，覺吾校徵集歌謡，若其中能有如此人材，成績豈可限量（此乃假設有一如此之中國人，非謂將此人搬到中國，便有如此能力）。昨日之早，弟又與女士於大學中相遇，談及我校亦有一歌謡徵集會，且言數年來已得之歌謡，數在四五千以上（此弟約想之詞），彼乃大爲驚奇。弟因問其能否幫忙，彼言苟有可以盡力之處，無不樂爲。弟覺此等門面話，空口説説，不如不説，故即乘便與彼爲下列之談話——

（問）若吾會欲聘女士爲一通信員，女士有暇爲之否？（因彼自辦一語言學校，亦甚忙碌也）

（答）多謝。要看職務之繁簡如何。

（問）職務當然不甚繁。大約每年寫長信三五封（或以短論文、演講稿等代之），其題目由女士自擇，但當 Universel 一點，不要太冷僻；否則於中國無用。最好是在方法上多多報告。此爲主要之職務。附帶職務即爲回答問題：有問題就回覆，没有問題就無事。再次是報告一年中關於歌謡之出版物。又吾會如需購買此等出版物，則代爲購寄。此不嫌太繁麼?

（答）那是很簡單：一年三五封長信，我還有這功夫。

（問）至於條件，就我的意思説，大約是二千至二千五百法郎一年，女士不嫌太少麼?

（答）多謝。那已很够，我并不計較這個。

我們的談話止於此。我想一年二千至二千五百法郎，祇是二百至二百五十元，一個小書記的薪水，學校雖窮，總還無傷元氣；而在我們會裡，却可以得到不少的幫助，所以今天寫這封信，請你們三位商量一商量：贊成，便請夢麟先生寫張聘書寄來。聘書中祇須説“今聘某人爲本校歌謡研究會通信員”便好，其餘條件，可由我同她用法文細訂，由我代表簽字，以歸簡便。如何之處，統希酌覆是幸。

劉復一月八日於巴黎。

半農先生：

來信敬悉。提議的事我們都很贊成，唯時值寒假，不能即時著手，現在已與學校方面接洽妥帖，不久可將聘書寄去，其餘一切手續便請你代表本會辦理。會中所蒐集的歌謡已有八千首以上，但是關於研究的方法和參考材料的確異常缺乏，因爲經費無著，一兩年裡可以説不曾買過什麼外國文參考書，中國書也不很多。目下本會所做的事幾乎偏在徵集，在研究一方面還不曾動手。如得有國外專門家如阿腦而特女士的數人爲通信員，擔任供給研究的方法和材料，并可代蒐書籍，於本會的進行當有很大的幫助。再本會於前次常會議定另行徵集神話、傳説、童話等散文故事，民俗學（Folk—lore）中這一部分的研究，法國也很發達，關於這一方面也希望便中調查近況見示一二。專此奉覆，不盡。

三月十五日　沈兼士　周作人　常　惠

三月二十五日，顧頡剛作致沈兼士信。

到所，寫仲華、援庵、父大人、兼士先生、遏先、介石信。　（《顧頡剛日記》）

同日，《申報》刊登消息，稱北京女子高等師範學校教員李泰棻、徐炳昶、沈兼士等三十餘人聯名發布宣言，反對教育部向該校派遣董事會。

各省教育界雜訊

▲北京女高師教員繼起否認董事會　自教育部頒布國立大學條例二十一條，内有各校組織董事會一條，惹起北大全體教職員之反對。前日女高師教職員，又以教育部前派女子高等師範董事，事先未得該校教職員之同意，故該校教員李泰棻等三十餘人，亦發一宣言否認。十九日該校評議會開會，關於部派董事一事，亦一致否認，并公函該校校長楊蔭榆，向部嚴重交涉，務必達到取消董事會而後止云。茲將宣言録後：楊蔭榆先生留學日美，以女子而長女校，人地兩宜，乃教

育部擅據勘定之大學條例，設立本校董事會，突派若干人與以所謂董事之名，使主審議校中進行計畫及預算決算暨其他重要事項。本校既屬國立，籌借經費，教育部責無旁貸。進行校務有校長及評議會與各科主任之主持，今忽以漠不相關之人，朝夕劬勞於教課，辛苦於事。與校相關既切，校務知之持課者，反悉受命於彼輩談笑風議之下，有妨教育獨立之精神，使學子永蒙其害。同人等義難坐視，誓不承認，謹此宣言。李泰棻、徐炳昶、黎世蘅、鄭奠、陳大齊、沈兼士、張澤堯、梁國常、馬裕藻、許世□、陳宗勗、鄭天挺、夏元瑮（夏元瑮——編者注）、趙永易、羅庸、傅種孫、趙廷炳、沈尹默、蕭文梅（蕭友梅——編者注）、馬衡、錢玄聞（錢玄同——編者注）、周作人、陳君碧、林玉堂、馬祖荀、朱希祖、周振禹、曾紹興、李大釗、黎錦熙。

（《申報》1924年3月25日）

四月一日，與王尚濟、李煜瀛等同人聯名刊登啓事，預定四月六日在北大第三院開會，追悼已故北京大學導師、上海美術專門學校教務長吴新吾。

吴新吾先生追悼會公啓

啓者，故國立北京大學導師、上海美術專門學校教務長、前國立北京美術專門學校教務長信陽吴新吾先生，法鼎抱沈，博絶麗之才，擅神化丹青之筆，十年鉛槧，萬里滄溟，譚藝則粉本猶新，課士則皋比如昨。惟我邦彦，實爲國光。遒以中華民國十三年二月二日道卒常州武進醫院，春秋四十，倚閭慈母，壽越耆齡，學語孤□，生才周晬，人生到此，天道如何。在昔尺波隙駟，既酬旨於秣陵，置酒弦琴，亦述誄於光禄，興言氣類，罔問古今。同人表慕才疏，傾河淚盡，冀魂歸於皋，復假象設於閒安。謹定於四月六日在國立北京大學第三院禮堂開會，爲位追悼，兼取先生生平作品羅列會堂，藉供展覽。想牙生之罷奏，譬匠石之廢斤，感不絶於余心無愆乎！前志恭疏短引，維以告哀，伏維大雅惠臨，光及存歿。臨啓悚惶，鑒察不盡。

王尚濟　李煜瀛……沈兼士　張　黄　錢稻孫……

（《北京大學日刊》1924年4月1日）

按：牙生即伯牙，春秋戰國時期著名琴師。

四月四日，顧頡剛作致沈兼士信。

寫援庵、適之、兼士、啓明四先生信。（《顧頡剛日記》）

四月九日，顧頡剛作致沈兼士信。

寫兼士先生、援庵先生、萬里信。（《顧頡剛日記》）

四月十日，與顧頡剛談話。

兼士先生招談。（《顧頡剛日記》）

同日，周作人來訪。

又至兼士處談，回家已一時。（《周作人日記》）

四月十一日，參加北京大學評議會第二次臨時會議，議決本會書記馬先生辭職等案。

評議會議事録（四月十一日）

第二次評議會臨時會

到會者：沈尹默　余文燦　馬裕藻　沈兼士　沈士遠　王星拱　譚熙鴻
蔣夢麟　馮祖荀（函請馬幼漁代表）

（一）本會書記馬先生辭職。

議决：挽留，由譚評議員替代本次書記事務。

（二）主席報告：

（甲）總規現正從事編置，下次交出。

（乙）預算超出過多。

（一）以教員薪水最多。

（二）擬將庶務支出及其他各項按比例核减。由財務委員會核批後再提出討論。

附本次經費收支報告。（現本校祇存一千五百八十四元五分二，除尚欠付多項支款外）。

（三）主席提出：

預科教授應否有選舉本科主任權。應候評議會决定。

王先生：本科兼系教授者，應同提出討論。

本案先議兼系教授之選舉權。

馬先生：對於兼系教授之選舉權，本校應從寬决定。

議决：

（一）本科一系教授兼有他系教科者，應有選舉他系主任權。但一門教科其性質屬於二系以上者，應由教務會議决定該科目屬某一系。

（二）預科教授兼有本科教科者，除有選舉預科主任之權外，仍有選舉該本科所屬學系之主任之權。本科教授兼有預科教科者，除有選舉該本科學系主任之權外，仍有選舉預科主任之權。（函教務會議）。

（三）西山天然療養院以有必要關係本校應仍有津貼案：

議决：暫定每年六百元，俟新預算成立時再行核增。

（王學珍、郭建榮《北京大學史料》第二卷上册，第178—179頁）

四月十八日，參加北京大學評議會第五次會議，討論决定教務會議議復學生旅行津貼案等。

四月十八日第五次評議會

到會者：羅惠僑　余文燦　沈尹默　沈士遠　馬叙倫　沈兼士　馬裕藻
譚熙鴻（馬夷初代）　王星拱（假）　李大釗

議案：

（一）教務會議議復學生旅行津貼案

議長報告：前移請教務會議規定辦法，茲接教務會移交前來規定三項辦法，如下函：

“1. 凡出外考察，爲本校課程之一部分者（此項考察，現時應以地質及化學兩條爲限），本校應予學生以津貼。

2. 凡對於臨時發生之特殊事體，經本校關係教授會之提議，并經教務會議之議決，認爲有指定學生出外考察并給予補助費之必要時，教務會議得將議決案提出於評議會，請其斟酌本校經費情形核准之。

3. 對於本校學生自動的組織之考察團體，本校概不給予津貼。”

議決：照原擬辦法通過。

（二）儀器部提出儀器保證金案

議長：報告提案内容，以賠償儀器一部分之價值爲原則，減少學校一部分擔負，并使學生能擔負賠償經費，大約專門化學出保證金十元，普通化學出保證金五元，目的在使學生對儀器特别留心，不致多所破壞。保證金分兩期交付，入後除賠償損失費外有餘退還。

馬裕藻：此係行政一方面事關係銀錢，且保證金爲暫時的，入後須退還，評議會可以不負責任，可由行政部自由處置。

馬夷初：一切規則必須經評議會議議决。

馬裕藻：此係無關學校支出及收入，在事實上辦得通辦不通有無把握。

馬夷初：此係法律問題，須經評議會議决，若以爲事實上辦得到辦不到須評議會審查可行或不可行再行决定，可否請儀器部先行從事實上確實審查後，再行决定。

馬裕藻：鑒於從前講義風潮，關於此案似應審慎，提議暫行保留。

議决：暫行保留。由儀器部再審慎審查。

（三）教育改進社擬請康恩博士來華講演，詢本校能否津貼費用案

議長：報告康博士來華費用七千五百元，由紐約到上海川資四千元，共約一萬一千五百元。

因經費困難無力津貼。

（四）日本移用賠款作文化事業案

沈尹（沈尹默——編者注）（文化事務委員會會員）報告：（原文空）

（王學珍、郭建榮《北京大學史料》第二卷中册，第1907頁）

四月二十二日，顧頡剛作致沈兼士信。

寫兼士、幼漁、静庵三先生、希白、伏園、萬里、聖陶、乃乾、昌之、新教育社信。

（《顧頡剛日記》）

四月二十四日，赴聚壽堂鄭奠晚宴，同席有錢玄同、沈尹默、馬裕藻，商量保全女高師教職問題。

鄭介石來柬，約至錢糧○○之聚壽堂晚餐。初不知何事，比往，始知客人止有四人：玄同、尹默、兼士、幼漁是也。爲商量保全女高師之飯碗問題，因擬先發制人，與楊爲難，真是無聊之極。如此大風，叫人趕來嘗此苦！（《錢玄同日記》）

四月二十五日，顧頡剛作致沈兼士信兩封。

寫兼士先生兩信，伯祥片。（《顧頡剛日記》）

五月四日，赴黎稚鶴晚宴，同席有錢玄同、馬裕藻、馬衡等。

六時回府，因今晚芳鄰黎稚鶴請吃晚飯也，同坐者爲馬二、四，沈大、二（未來）、三、張、徐、小徐諸人也。（《錢玄同日記》）

五月五日，在《北京大學日刊》刊登移居啓事。

沈兼士啓事

兼士現移居地安門内太平街十六號。

五月五日

五月六日，與顧頡剛談話。

沈兼士先生招談。（《顧頡剛日記》）

五月七日，顧頡剛作致沈兼士信。

寫兼士先生、不广先生、援庵先生、伏園、愈之信。（《顧頡剛日記》）

五月九日，參加北京大學評議會第三次特别會議，討論音樂傳習所請改名等議案。

評議會議事録（五月九日）

第三次特别會議

到會者：余文燦　沈士遠　陳大齊　馬裕藻　羅惠僑　譚熙鴻　蔣夢麟　沈尹默　顧孟餘　李大釗　沈兼士

（一）主席報告楊先生辭職事。

（二）主席報告經費事：下星期可望得八成七（五成五加三成二）或五成五。

（三）音樂傳習所請改名案：

議决：暫用原名。

（四）主席：本校派赴德國留學毛、姚二生增加學費案：

議决：准由一百二十元加至一百八十元。

（五）史學系主任朱先生請假，并以服務已過十年，請准全薪假一年。

議决：仍支半年全薪或全年半薪。

（六）主席提：臨時委員會之委派，向例不經評議會通過，但事後須報告，此節本校章程有明文規定，應否照向例辦理。

議决：照向例辦理。

（王學珍、郭建榮《北京大學史料》第二卷上册，第179頁）

同日，吴虞寄沈兼士信，談售書事。

寄沈兼士信，言暑假中歸里，售書研究所事。（《吴虞日記》）

按：吴虞計劃暑假回四川老家，預備將藏書賣給研究所國學門，故寫信與國學門主任沈兼士商談。

五月十二日，與顧頡剛談。

兼士先生來談。……

楊、韓事件發生，楊適夷辭職，其所授史學系上古史課，遏先先生要我擔任，托兼士先生言之。予却絶。（《顧頡剛日記》）

五月十三日，與吴虞談。

十時至北大，同沈尹默、兼士談，兼士言予書不用者，國學研究門，可以寄存保管，來時仍可取回。（《吴虞日記》）

五月十五日，參加研究所國學門風俗調查會會議，審查該會簡章，提出意見和建議。

研究所國學門風俗調查會開會紀事

五月十五日下午四時，研究所國學門風俗調查會開會，審查會章。是日到會者十餘人。由主任沈兼士先生引導各會員，參觀風俗陳列室之成績。至四時半開會。

主席張競生先生起立發言：請大家討論本會簡章。并分散印就之草章於各會員。

簡章中名稱一條，沈兼士先生體（"體"字衍——編者注）謂：沿用已久，亦無不當處，似不必再爲更改。衆無異議，照原文通過。其餘宗旨、會員、蒐集、整理各條，略由徐炳昶、單不庵、張競生、陳大齊、沈兼士、李世藩、董作賓諸先生討論修改，全體通過。

次由沈兼士先生提議：本會收到之材料，除原定表格之外，尚有多人自動的調查一種民族（如浙江之畲民）的生活情形，彙編成册。并有在本會表格所列各項目之外，自行分類，作種種研究者。此類材料，非常之好。應將其趕速發表，一來可以鼓勵投稿人之興趣，使其繼續工作；二來可以引起一般人的注意，以後收集材料，可望增多。請主席推定幾人爲審查員，從速審查發表。其材料較多者，不妨先選一種問題如婚姻之類發表之，以供比較研究之資。張競生先生謂：本人很願早日發表，以對付投稿者。至於審查即請在座諸先〈在〉〔生〕（"在"字錯——編者注）擔任之。表格材料較少，衹可先爲整理。并贊成沈先生主張，儘成册之材料發表。

末討論本會經費問題。沈兼士先生謂：本會籌設風俗博物館，關係重要，實爲本會之基本事業，亟應設法籌集款項，使早日成立，希望大家幫忙。并謂從前收到之一切關於風俗之材料，即請歐陽先生類集、編目，一面登報公布，一面分送諸同人，以促進行。時七點半，散會。

▲風俗調查會簡章（略）

（《北京大學日刊》1924 年 6 月 12 日）

五月十七日，參加北京大學研究所國學門方言研究會第二次常會，討論會章等事宜。

研究所國學門方言研〔究〕（“究”字漏——編者注）會
第二次常會紀事

五月十七日下午三時，研究所國學門方言調查會，開第二次常會。到會者：林玉堂、董作賓、温晉韓、容庚、容肇祖、張鵬翹、楊世清、尚獻生、鄭孝觀、陳懋治、汪怡、張煦、羅庸、顧頡剛、沈兼士，會員十六人。

首由主席林玉堂先生報告：本日開會，一討論會章，二討論進行事宜。報告畢，分散會章草案。

關於名稱一層，容肇祖先生謂：簡稱可改爲北大方言會。沈兼士先生謂：正式名稱，亦可作方言會。因爲方言一事，實不僅調查而已，同時須有研究。汪怡先生謂：不妨如調查或研究字樣以限制之。討論結果，改名爲“方言研究會”。林玉堂先生謂：外國人對於中國方言，非常注意，應許其加入本會，共同研究。沈兼士先生謂：贊成林先生主張，本會章程，亦可譯爲英文，以廣宣傳。林先生謂：本會如用英文名稱似可定爲“Hociety for Linguistie Research of China”。

次討論關於職員一條，結果改爲設主席一人，由全體會員公推，書記若干員，臨時酌定。沈兼士先生説明：本所分立各會，皆有主席一人，主持關於學術方面進行事宜；至於事務方面，則由研究所國學門主任派人負責辦理；各會皆然，簡章上不必詳細規定云。次復經容庚、汪怡、陳懋治諸先生詳細討論，逐條修改，付全體通過。簡章如下：

▲研究所國學門方言研究會簡章（略）

林玉堂先生報告本會經過情形，略謂：在上次常會之後，本會已進行之事項，一爲發表宣言書，説明本會調查的總旨，已經於京滬各報及《東方雜誌》第二十一卷第七號揭載。二爲特開標音原則一班講授方音字母及國際音標，本班已將畢業。中國比較發音學一班，因講聽的人都在標音原則一班研究標音，今爲期已近暑假，不及開講，當待將來補授。三、方音字母已由兄弟擬定一個草案，不日在《歌謠周刊》“〔方〕（“方”字漏——編者注）言標音專號”可以發表。此不過是我個人所擬定的，應請推出一委員會以審定此事。討論結果爲委員會無須公衆推定，祇由林先生私人邀請在歌謠討論應改良地方。將來實用標音，能否適用，自可臨時斟酌增删，一時無須審定。林先生謂：搜集方音地圖材料一事，本擬分發各省地圖以備填注，後在描印不便，擬改用表格式的調查表，依所得消息由方言研究會自己填成一方音地圖，待條例擬定後便可分發。林先生并謂：或由北京各會館同鄉會調查，亦是一法。將六句半鐘，主席宣告散會。

（《北京大學日刊》1924年6月12日）

五月十九日，參加北京大學研究所國學門考古學會會議，聽取主席報告該會成立經過，討論會章及各項工作。

研究所國學門考古學會開會紀事

五月十九日下午四時，北大研究所國學門古蹟古物調查會開會。到會者：葉瀚、李宗侗、陳萬里、沈兼士、韋奮鷹、容庚、馬衡、徐炳昶、董作賓、李煜瀛、鐸爾孟、陳垣，會員十二人。

主席馬衡先生報告本會成立的經過，并請討論會章及進行事宜。報告畢，分散會章草案，經眾詳細討論，將名稱、組織各項修正如左：

▲考古學會簡章

（1）本會之名稱　定名爲考古學會。

（2）本會之宗旨　用科學的方法調查、保存、研究中國過去人類之物質遺迹及遺物。——一切人類之意識的製作物，與無意識的遺迹、遺物，以及人類間接所遺留之家畜或食用之動物之骸骨、排泄物……等均在調查、保存、研究範圍之內。

（3）會員之組織　除考古學家外，應網羅地質學、人類學、金石學、文字學、美術史、宗教史、文明史、土俗學、動物學、化學……等各項專門學者，與熱心贊助本會會務者，協力合作。

（4）實行之方法　本會會員可本各有之特長，設爲分組，以利會務之進行。

一探險　二發掘　三鑒定　四修理　五保護　六紀録　七出版

（5）對於特別捐款之承受，另由詳則規定之。

（6）與國內外各同志團體之互相聯絡，另由詳則規定之。

（7）本會章程有未盡事宜，得於開會時提出修改之。

（《北京大學日刊》1924年6月12日）

五月二十一日，參加并主持北京大學研究所國學門整理檔案會第三届常會，議決摘録明題行稿等事項。

研究所國學門整理檔案會　第三届常年會紀事録

五月二十一日下午四時，本會在本校第三院研究所國學門主任室開第三届常年會。到會者：余文燦、陳漢章、單不庵、陳垣、王光偉（王光瑋——編者注）、胡鳴盛、皮宗石（單不庵代）、沈兼士、王有德（依簽名册之秩序）。

主席：沈兼士先生。

議決今後繼續整理檔案之事件五項：

（一）摘録明題行稿　此項文件自開始整理以來，即將摘由陸續登載日刊，并於去冬二十五周年紀念會時，編次年月，訂成二十二册，原擬即行出版。嗣因又發見數百件，遂又繼續摘由編號，大約暑假期中可以一律竣事，約計有一千三百餘件，均署摘録者姓名以示負責。俟摘録完畢後，先將原稿編號，然後與摘由對校，若摘由有誤，或不扼要處，即據原稿修正。并作人名、地名、時代各種索引，俾便於檢閱。此項審查，公推王有德先生初審，再由陳援庵先生復審。一俟明題行稿編竣後，即繼續整理清代題本。

（二）編報銷册目録　此項文件概屬清代之物，現已將朝代分就，以後祇須按朝代編次年月，區分地域，分别種類（如：地丁、兵馬、錢糧、鹽課、漕運、織造、内府食物、外用吃食、給用火牌勘合、棚扣銀數、大進大出……），編一詳目，以備經濟學系之參考。此項工作大約暑假期中可以完竣。

（三）彙集清代官印　清代官印，民國成立均已全行銷毁，將來此項工作告成，不惟可以作考證清代官印之用，且可以供研究美術之資料。此時第一步辦法先將各朝文武官賀表封套上之印文剪下，以官職爲經，地域爲緯，黏次成帖，并注明年代月日，及具印者姓名。第二步辦法，將來或再采取不甚重要之題本、揭貼、呈堂稿……印文以補其不足。

（四）編製陳列要件及明題行稿之目録片　將陳列室之各項要件及已經摘由之明題行稿撮要填入表片，與要件并陳，以便檢查。

（五）裝訂重要稿册　暑假中須將陳列室各種重要稿件裝訂蕆事（保存室所儲藏者，下學年始能著手裝訂）。又裱褙明題行稿（現已裱出四百餘件），已後改手卷式爲册葉式，合原稿二頁爲一頁，以便陳設及檢閱。

（六）滿文題本　此項文件約有百餘麻袋，擬由本會添請一語滿文者整理之。

整理檔案會辦事細則（略）

（《北京大學日刊》1924年6月12日）

五月二十三日，與顧頡剛談。

兼士先生、建功來談。（《顧頡剛日記》）

同日，赴忠信堂駱紹賓晚宴，同席有錢玄同、楊樹達、黎錦熙、馬裕藻、鄭奠等。

晚餐駱紹賓請吃飯在忠信堂。逖先（未來）、遇夫、劭西、兼士、幼漁、仲侃、介石諸人。（《錢玄同日記》）

五月二十六日，與顧頡剛談。

兼士先生來談。（《顧頡剛日記》）

五月二十八日，參加北京大學第九次評議會會議，討論由教務會議提出的設立東方文學系等事項。

評議會議事録

五月二十八日第九次評議會

到會者：蔣夢麟　沈士遠　朱希祖　余文燦　王星拱　沈兼士　譚熙鴻　沈尹默　馬裕藻　顧孟餘　羅惠僑　陳大齊

一、教務會議提出：下學年擬設東方文學系案。（主席提出教務長報告）

（1）因梵文本校已有講授，應使專門學習。

（2）日文，很爲重要，本校應加設講授。

上二文若各設專系似屬過，當故合設東方文學系。

關於經濟，校中可不增加，因已有教員可以擔任。籌備日文事擬請周作文［人］、張璜二教授擔任。

議決：添設東方文學系，自下學年起。

二、下學年添設“教育”及“東方文學”兩系，應向教育部要求增加預算案。

議決：通過。

三、東方文學系組織案。

議決：暫由教務長負責籌備及進行組織事宜。

（王學珍、郭建榮《北京大學史料》第二卷上册，第69頁）

六月一日，妻子蔡惠請錢玄同夫人吃飯。

回府一日，因婠貞赴沈二、三太太之宴也。（《錢玄同日記》）

按：婠貞即錢玄同妻子徐婠貞，沈二太太即沈尹默妻子朱蕓，沈三太太爲沈兼士妻子蔡惠。

六月二日，與顧頡剛談。

兼士先生來談。（《顧頡剛日記》）

六月三日，訪顧頡剛。

兼士先生來。（《顧頡剛日記》）

六月四日，參加北京大學評議會第十次會議，討論儀器保證金案等。

第十次評議會（十三年六月四日）

到會者：馬裕藻　朱希祖　顧孟餘　沈兼士　余文燦　馮祖荀　李煜瀛　沈士遠　蔣夢麟　羅惠僑　沈尹默　王星拱（沈兼士先生代）

主席報告：

（1）儀器保證金案。

前由儀器部提出評議會當未決定，已由校長定爲暫行規程俟後再提。

（2）辭退教授李景忠案。

李景忠要求多送六個月（薪），因已在校十三年，但按照規程祇能多送三個月（薪），已由校長酌辦。

提議事項：

(1) 交換教授暫行規程。教務會議提出。

議决：通過。

附交換教授暫行規章。

第一條　本校得與國內公立大學協定，按照下列之規章，交換教授。

第二條　本校派出之交換教授，每系同時不得過一人；同一教授在五年中，至多衹可派出一年。

凡由其他大學派來本校之交換教授，每系同時不得過一人；同一教授，每次在本校服務，至多不得過一年。

第三條　凡由本校派出之交換教授，或由其他大學指名，或由本校關係學系教授會推薦而得該大學之同意，每次經本校教務會議决定之。

凡由其他大學派來本校之交換教授，由該大學或本校關係學系提出，每次經本校教務會議議定之。

第四條　交換教授之期限，得依學課之性質及雙方大學關係學系之需要情形酌定爲半年或一年；交換教授應於每學期之始開始服務。

凡由本校派出之交換教授，在外一年或半年，應算入在校服務期內。

第五條　凡本校派出之交換教授，其原在本校擔任之學課，或暫由他教員代授，或暫停一年待至次年回校再授。派出半年之教授，其在本校擔任之學課，務盡其餘半年內酌量授完。

第六條　凡交換教授，其在他方大學服務中，由他方大學支給全薪（其數額不得少於該教授在原校所支之薪額）；此外并當由他方大學補給以住房租金及其他由遷地而生之特别用費。

第七條　凡交換教授，應由他方大學致送來往川資。

第八條　本規章遇必要時，由教務會議議决修正之。

(2) 研究所國學門修改章程。研究所國學門提出。

議决：通過。

（王學珍、郭建榮《北京大學史料》第二卷上册，第426—427頁）

六月八日，赴龍樹寺參加北京大學研究所委員會議，會後與顧頡剛等游陶然亭。

八點，雨中到龍樹寺，爲研究所委員會書記。來者有蔣夢麟、沈兼士、馬幼漁、周啓明、胡適之、張鳳舉、朱逿先、單不广、馬叔平、徐旭生，凡十人。十點半開會，三點半散會。

與文玉、澄清、兼士先生游陶然亭。（《顧頡剛日記》）

六月九日，北京大學注册部刊登布告，載明沈兼士所授“文字形義學”課考試時間。

注册部布告

沈兼士先生所授國文系《文字形義學》，定於本星期二（六月十日）上午十至十二時，在原教室舉行試驗。

（《北京大學日刊》1924年6月9日）

六月九日、十日，代表考古學會，兩次參加各學術團體代表會議，討論對美國退還部分庚款的使用和保管問題，并將議决事項分呈外交部、教育部及美國公使。

學術團體表示美退款之意見

中國科學社胡適、中國天文學會高魯、遠東生物學會李煜瀛、考古學會沈兼士、中國地學會陳垣、中國地質學會翁文灝、中國氣象學會蔣丙然等代表各學術團體，爲美國退還賠款事，曾於本月九日及十日爲兩度之集會，議决意見三項，分陳外交部、教育部及美國公使，用備采納施行。所列意見三項如下：（一）各種教育及其他文化事業中，中國現在所最需提倡而有輔助之必要者，尤爲專門科學之研究。蓋學術研究爲文化本源，而專門學生畢業後，亦必須有高深研究之機關，庶能有所造就，有所貢獻，故退還賠款中，應酌提相當成數，專以發展科學研究。（二）退還賠款應作爲固定基金，以維久遠。基金之保管及其利息用途之具體支配，則由基金委員會負其全責。蓋詳細支配非經慎重審議，難臻至當。不如將委員會先行成立，俾得負責有人也。（三）基金委員會之組織，聞美國方面已承認以中國委員居大多數。關於委員之資格，得有經驗聲望素著之人參與其間，誠屬有益。惟依上列原則委員責任，不但保管基金，亦且審議用途，故中國委員中應有相當額數，以熟悉中國教育及學術事業，并有相當成績之教育家或學者充任。

（《申報》1924年6月16日）

六月十一日，赴北京大學第二院宴客廳晚餐，同席有蔣夢麟、馬裕藻、黄晦聞、沈尹默、許守白、錢玄同、吴虞等。

四時半至二院宴客廳，到者蔣夢麟、馬幼漁、黄晦聞、沈尹默、沈兼士、許守白、錢玄同。

（《吴虞日記》）

六月十五日，參加北京大學研究所國學門第二次懇親會，報告該學門各項進行事項，討論今後填寫和編輯學術年表等工作。

國立北京大學研究所國學門第二次懇親會紀事 董作賓記

六月十五日，北京大學研究所國學門開第二次懇親會於北京宣武門外達智橋松筠庵，庵爲楊椒山先生故宅，亭榭軒敞，奇石嶙峋，雖近市廛，而别具山林風味，亦都中之一勝地也。是日到會者爲國學門委員、導師、職員、研究生，及整理檔案會、歌謡研究會、考古學會、方言研究會、風俗調查會各會會員，計六十五人。

下午二時齊集諫草堂開會，由國學門主任沈兼士先生起立發言，略謂：諸位先生：今天研究所國學門開懇親會，蔣夢麟先生本要蒞會，因臨時有事不能前來，故由兄弟在此招待大家。去年秋季本學門曾開懇親會於龍樹寺之抱冰堂。爾時發出之通知書不足百份，今年則達一百六十餘份，是人數方面已較去年發展。又去年開會時，本學門地址，猶在第一院四層樓上之一角，檔案、古物均不能陳列妥帖，且檔案會辦公地點隔在三院，辦事亦頗感困難。今幸得移至第三院工字樓，局面較大。同人等經營部務，半年以來規模亦已粗具，此皆可爲紀念者。

至於内容方面。歌謡會之成績，有周刊可以考見；檔案會則已將六十餘箱及三千餘蔴袋雜亂之材料，大略整理完畢，現正編纂三部目録：（一）要件總目，（二）明代題稿題要，（三）清代報銷册分類目録，約計暑假後均可出版。其餘新成立之風俗調查會、方言研究會、考古學會，經張競生、林玉堂、馬叔平諸先生極力提倡，均有相當之成績。編輯方面：重要之古代□書，輯纂將次完畢；此後工作，□趨□□著作□□。我想國學門所以有這一□成績，固然是由於二年來所長、委員的注意提倡和同事諸君的熱心努力，而其間惟一一致的精神，尤在於同人對於國學門的事情，都不當他是公家相迫的工作，而認爲自己志願的事業；所以團結愈固，進步亦速。本學門之基礎亦因之而深固，此同人之所共當忻慰者也。上禮拜委員會開會，胡適之先生提議修改奬學金章程，不限於本校畢業生；又爲研究生設顧問導師，并擬俟相當之時期，擴充研究所爲大學院；均經全體委員可決。加以近來國内外的學者，注意於中國學術的程度，一日甚似一日，我們應當應着這時勢的要求，大家努力爲北大建設一偉大之基礎，并以促成研究所其他三個學門之早日實現。

今天此會，總説起來，共有三個目的：一、在同人前報告一年來的經過；二、各會同人平時不□會面，藉此可以談談以後各會聯絡的方法，及應當進行的事項；三、對於校内向來幫助我們的各位先生，略表謝忱。再各位先生對於我們如有指教之處，請儘量地發揮高見！

旋將預先印成之學術年表稿紙，向到會各人分散，每人十分，并由沈兼士先生説明：今有一事奉托諸位先生，去年曾提議編輯學術年表，以爲作中國文化史之預備，前人所作年譜、年表等，對於文化事業多未注意，而僅羅列各種政治事項，今擬作此年表，以彌其缺。惟兹事體大，本所同人，力有未逮；因關於學紀載，正史通鑑之外，尚須旁求於各家文集、筆記之中，非少數人所能辦到者。故現在請諸位先生於讀書時見到有關學術者，即按年表格式填列，寄交本所顧頡剛先生。雖各人所研究者不同，而涉獵所見，衹要有關學術，即可隨時抄出。在諸位不過一舉手之勞，而集腋成裘，貢獻學術界已非淺鮮。將來編輯成書，仍列采録者姓字，一以酬答雅意，一以表明負責。祈大家隨時填送，并記明本人姓名，以便編列，不勝感盼。

次由顧頡剛先生説明年表填法，用完時可隨時向研究所索取。并云將破數年工夫，從事此業。日内再爲詳細説明，并舉例登日刊公布。

衛禮賢先生提議，謂西國編纂之年表，紀載全世界名人之生卒，遠如希臘、羅馬，亦皆有人，獨中國名人，未曾列入。我對於此事，很爲關念，應如何設法加入，請大家討論。

魏建功先生謂以前中央觀象臺之曆書，列入世界及中國名人生卒，不過較少。

沈兼士先〈時〉〔生〕（“時”字錯——編者注）謂：關於中國名人生卒之考定，本學門曾有此項計畫，由董作賓先生研究整理。刻擬先就疑筆録七種，另行編纂，合爲一書，體例較爲完美，候出版即當送請衛先生參考。

林玉堂先生提議仿照英國倫敦圖書館先例，搜羅名人手稿，妥爲保存。前在胡適之先生處得見《四松堂詩鈔》稿本據云：同時雖由他處又覓來刻本而終在稿本中有所發現。又如戴東原二百年紀念時，竟發現戴氏手稿。此次《國學季刊》將來發表一文爲王静安先生所得王念孫之遺稿，謂其中有許多重要材料，可知中國學者未刊行之稿本猶甚多。此種稿本多不過三二十年，即殘毁漫滅，亟宜設法保存。鄙意應由國學門特設一“名人手稿保存委員會”，定立章程，積極進行云。

沈兼士先生謂：林先生之提議非常贊成，本學門對於此項手稿亦異常注意，如陳澧之《説文聲統》、龍橙（龔橙——編者注）之《理董許書》，或已借鈔，或已購買，不過中國人對於名人手稿多作古董看待，價值異常昂貴，自非籌有的款不易收買。現在惟有對於不能收買之物當設法傳鈔或照像，收買一層亦當量力爲之。務望同人多爲介紹。

周作人先生附議：今報告一事，陶方琦先生手稿，其家珍藏猶多，倘能設法與其後人接洽，并非難事。因其家人頗願由北大代爲出版，而以版權歸之。

沈士遠先生附議：浙江孫仲容先生手稿甚富，應設法保存之。前在浙江時曾建議省政府，請其收藏於浙圖書館，迄未辦理。又宋平子先生之著述，當散見於殘簡破紙中，其初不過興之所至，率筆紀録，非有傳世之意。此種手稿，散失極多。聞《六齋平議》之外，尚有《六齋高議》，惜不得見。兩先生著作爲余生平極注意者，宜設法收輯，以免散遺。先决問題，即組織一“臨時委員會”，專理此事。

沈兼士先生謂：林、周、沈三位先生之意思，我均極贊成，當將三位先生意見，并爲一案，提出於委員會。

時已四時半，全體在宅之南院迎暉亭畔合影。還座，用茶點畢，五時許散會。

（《北京大學日刊》1924年6月27日）

六月十七日，錢玄同作致沈兼士信，轉來吴承仕（檢齋）信。

研究所國學門通信　錢玄同先生致研究所國學門主任函

兼士兄：

頃得吴檢齋來信，送上，請看。信中所問，請你用書面復我，我可轉與檢齋，想檢齋也就可以拿了你的信去復章先生了。

弟玄同　十三、六、十七。

（《北京大學日刊》1924年6月28日）

按：章先生指章太炎，沈兼士、錢玄同、吴承仕皆章門弟子。當時章太炎在寫作《清建國别記》，希望能參閲相關檔案資料，曾屢次致信吴承仕，請其儘快幫忙查閲檔案。吴托人探詢不得，遂於是年6月16日寫信（見《北京大學日刊》1924年6月28日）轉托於錢玄同。收到吴的信後，錢玄同第二天就給沈兼士寫信求助。此信即上述這一封。

同日，顧頡剛作致沈兼士信。

寫適之先生、孔平、兼士先生、援庵先生、遏先、不广信。　（《顧頡剛日記》）

六月十八日，赴長美軒楊樹達晚宴，商量北京師範大學國文系本科科目事，同席有錢玄同、黎稚鶴等。

遇夫約今晚在長美軒商師大國文本科科目事，四時半往，同座有馬、沈三、黎諸公。　（《錢玄同日記》）

六月十九日，顧頡剛作致沈兼士信。

寫兼士先生、仲華信。　（《顧頡剛日記》）

六月二十日，與顧頡剛談。

與兼士先生、建功、仲良談話。　（《顧頡剛日記》）

六月二十一日，顧頡剛作致沈兼士信。

寫聖陶、敬軒、平伯、兼士先生、幼漁先生信。　（《顧頡剛日記》）

六月二十五日，以北京大學研究所國學門名義，作致錢玄同信，回答章太炎托吴承仕查閲、選抄有關歷史檔案的問題。

研究所國學門復錢玄同先生函

玄同先生台鑒：

惠書及吴君檢齋函均收到。吴君函稱章太炎先生因撰《清建國别記》，欲在敝處迻録清代内閣檔案以資考證。敝處自前年赴歷史博物館搬運檔案到校，當即積極着手分類編目，其用意原在供校内外著述者之參考。今太炎先生既托吴君函商選抄檔案，謹照吴君所詢答復如下：

（一）敝處所存檔案約十萬件左右，除清代題本、報銷、賀表外，實録、起居注等重要文件，檔案保存室已編有目録，載在研究所國學門臨時特刊中（按臨時特刊已由檔案會贈送吴君）。明季兵科題行稿，檔案整理室亦編有詳細目録，逐日在北大日刊上發表。

（二）檔案保存室目録完全載於臨時特刊中，勿須另行鈔録；明季兵科題行稿細目，卷帙繁多，實難鈔録，最好請吴君往本校日刊課定購十一年九月至十三年六月底之日刊。則細目全在其中；如日刊課有殘缺之頁，不能檢齊，可以函商敝處補鈔。

（三）實録、起居注等重要文件，按照特刊中目録選鈔亦可。

（四）明季兵科題行稿細目，本年暑假内可以編成。一俟編輯告竣，即再審校付印。其餘重要文件亦擬陸續出版。

（五）明季題行稿細目，乃按照題行稿原件之内容摘要編輯；其他重要各件，某者宜影印，某者應選録，此時尚未議定具體辦法。

以上諸條請即先生轉達吴君察核。肅此函復，并頌

教祺！

國立北京大學研究所國學門啓

十三年六月二十五日

（《北京大學日刊》1924年6月28日）

按：這是沈兼士收到錢玄同6月17日來信後，以國立北京大學研究所國學門的名義寫的回信，并囑咐整理檔案會贈給吴承仕《國立北京大學廿五周年紀念研究所國學門臨時特刊》一册。

七月一日，訪顧頡剛。

兼士先生、郁周先生、萬里來。……

萬里要我到磁州，游響堂。兼士先生要我到西山，監掘大宫。（《顧頡剛日記》）

七月三日，顧頡剛作致沈兼士信。

寫兼士先生信。（《顧頡剛日記》）

七月七日，與顧頡剛談。

隅卿、兼士先生來談。（《顧頡剛日記》）

七月十二日，赴周作人、張鳳舉宴，同席有胡適、馬裕藻、日本人片上等。

下午，同鳳舉宴片上君，外適之、兼士、幼漁及巽伯、喬風，共八人。

（《周作人日記》）

七月十四日，與顧頡剛晤面。

晤兼士先生。（《顧頡剛日記》）

七月十七日，顧頡剛來訪。

王姨丈來，同至沈兼士先生處，爲投標事，晤幼漁、士遠、尹默諸先生。

（《顧頡剛日記》）

七月二十四日，顧頡剛作致沈兼士信。

寫兼士先生信，送改稿去。（《顧頡剛日記》）

七月二十七日，在森隆飯店宴請顧頡剛等。

到市場森隆飯莊，應兼士先生之約。……

今日同座：丁惟汾（鼎辰，山東日照）　常維鈞　潘□□　馬巽伯

（《顧頡剛日記》）

七月二十八日，赴北大第二院閱報考生國文試卷，同閱者馬裕藻、沈士遠、馬衡、錢玄同、朱希祖等。

到二院大學會議室閱國文試卷一百餘册。夜飯後歸。同閱卷者，幼漁、兼士、士遠、叔平、子庚、怡蓀、玄同、逷先、啓明諸先生。

談話。

投考生今日試國文，明日試英文，後日試數學。共二千五百人，分三院考試。佳卷甚少。

（《顧頡剛日記》）

七月二十九日，赴北大第二院閱報考生國文試卷，同閱者除昨日諸人外，還有沈尹默、黎稚鶴（世蘅）、李泰棻（革癡）。

到二院閱卷，終日凡二百册。夜飯後歸。閱卷者除昨日諸人外，有尹默、世蘅、革癡諸先生。

（《顧頡剛日記》）

八月一日，從當天開始，北京歷史博物館連續數天展覽來自河南信陽的出土文物，參觀人數眾多，其中有北京大學教員沈兼士、馬衡、顧頡剛、陳垣等。

京歷史博物館展覽會紀　天豪

京教部此次派社會司科員裘子善，往河南信陽州掘得古物多件，新製玻璃櫃十餘架，珍藏於歷史博物館。以此項新出土之古物，能顯出古代文明進化之痕迹，實有公開之價值，俾社會共同傳觀。爰自八月一日起，展覽數天，既不須入場券，又不限何種人，誠完全公開之展覽會也。茲誌其古物概數如下：（上古）石器二十九件，計石鑿九件、石砮十一件、石刀五件、石斧三件、石板一件。（上古）殘陶器十八件，殘陶器不知名者四件、殘鬲足五件、殘鬲一件、紡器五件、舂器一件、殘倉二件。（上古）玉器二件，計玉瑱、玉斧各一件。（上古）人骨十塊。（漢）陶器十九件，計瓿四件、瓶三件、罌四件、盎一件、□一件、鼎一件、壺三件、竈一件、陶倉一件。（漢）磁器九件，計磁盞一件、鐙五件、磁鋗三件。（漢）磚九件。內有一塊刻“永元十三年”五字，字畫尚清（析）〔晰〕（“析”字錯——編者注）可辨，書法極遒古可愛。（漢）銅器七件，金環一件，鼎足一件，釘三十二件，此物因剥蝕不堪，究竟爲銅爲鐵，似猶有疑問。（東漢）鐵器十件，甑五件，鐵刀二件，鐮一件，斧一件，鋸一件。此外有五銖錢六十三枚，經某博古家證明，確爲東漢時物。至各界參觀來賓，有金石家王國維、傅增湘、邵章、孫壯、金拱北等，北大古物研究所沈兼士、馬衡、顧頡剛、陳垣等，農商部地質調查所翁文灝等十餘人，兩院議員葉夏聲、雷殷等二百餘人，教育部羅次長以次百餘人。此外又有舒爾曼、福開森等五十餘人以及各界來賓，共計八

千餘人，亦可謂盛矣。

（《申報》1924年8月6日）

八月四日，章太炎作致沈兼士信，商談抄録清代建國史材料問題。

研究所國學門通信　章太炎先生致沈兼士先生函

堅士足下：適由丁鼎辰交來特刊一册，所録明清實録檔案諸書。鄙人於清稱後金，已得明茅瑞徵《東夷考略》記其檄文，次又檢清太宗與朝鮮王書亦稱我與瓦爾喀皆大金國後，證據已塙。閲大學所存内閣檔案，有天聰四年伐明誓師諭，自稱金國汗，此件亦是塙證。望將此件雇鈔寄來，文字當不甚多也。又鄙人歷考清之先祖，實受官於永樂時代。正統間有凡察者，即清人書中所謂范察。范察之兄子曰董山，成化時寇邊伏誅。而范察、董山之後，仍各襲封。董山子名脱羅，范察之子名字不見。大學現有實録，憲宗一代百九十三卷皆全，欲查成化三年、成化六年兩次破建州後，脱羅以外更有何人襲職。如其有之，是即范察之子；亦望將原文雇鈔可也。以上兩件，大約不過二千字，鈔資當不過千文，寄到以後，即將原資寄還也。此問興居康勝。章炳麟頓首。八月四日。

（《北京大學日刊》1924年10月4日）

收到以上章太炎信後，即回信答復相關問題。

研究所國學門通信　沈兼士先生復章太炎先生函

太炎夫子：月前曾由玄同轉到夫子致吴檢齋一函，敬悉近來從事撰述清代建國史欲搜集材料，當即答復一書，想已由檢齋轉達。繼因丁鼎辰南行之便，托其帶呈特刊一册，以便夫子按目索求。頃奉來教，所需天聰四年伐明誓師諭，茲照原文款式鈔呈。中間原缺數位，可以意度得之。至憲宗實録，係教育部京師圖書館所藏，前已告知檢齋，渠當已鈔寄矣。大學研究所國學門所藏關於清未入關以前之史料，計有二種：一爲清太宗實録及聖訓殘稿；一爲明崇禎一朝兵科關於關東戰事之題行稿。前者不久擬即鉛印成書，後者因有二千件之多，勢不能全印，現正從事編目及提要，大約年内可以竣事。先此奉聞，一俟將來出書，即當呈覽。再清代内閣大庫檔案，現在分存於教育部圖書館、歷史博物館及北京大學三處。而私家收藏者，如金息侯、羅叔言，均已編輯成書。金有滿洲老檔秘録，内閣大庫殘檔分目。雖有史料叢刊，恐均與清代建國史有關，將來皆可以參考也。夫子倘能北來一游，於搜集材料，當較便利，不知尊意如何？此復，敬頌

著安。

弟子沈士兼拜啓

（《北京大學日刊》1924年10月4日）

按：署名“沈士兼”應爲“沈兼士”。

八月五日，撰成《〈説文〉通俗序》。照録如下：

凡學名一家，必各具有歷史，其遞變演進之迹之表現於外者易知，至於受他

種潮流之影響，潛移默化以成此遞變之迹之故則難曉。學者於此苟不覃思深索其所以然之故，則於時代之精神，與夫今日對之所應取之態度，未有不矇然者；惟小學亦然，明以前之小學，異於清代，清代乾嘉時期之小學，又異於清之末葉，其所以異之故果何在邪？古韻學者，自宋吴棫以降迄於明陳第，但欲以明古詩無叶音耳，原無與於小學。自段玉裁利用之以注《説文》，於是形體、聲音、訓詁三者一貫之理乃明，而小學之内容大變。鐘鼎款識者，宋人謂之法帖，目爲法書之一種，亦無與於小學，自吴大澂、孫詒讓參取之以考古文，於是原始文字之真相乃明，而小學之内容又大變。由是知此遞變演進之非偶然，非受他種潮流之影響莫能使之然也。今之治小學者約有二派：戀舊者株守《説文》，既蹈拘攣不通之弊；眢新者盲從刻辭，復涉傅會無稽之嫌，封域自畫，莫肯溝通。斯皆未明夫小學史之内容，而矇然於其時代之精神，與夫今日對之所應取之態度者也。余竊以爲今日之研究小學，應以《説文》始，以金文卜辭終，其間貫串證發之事，則仍當本段氏《説文注》三者一貫之法以求之，開來繼往，捨此莫由。顧段氏《説文注》博大精深，學者對之每興望洋之歎，清道光間馬壽齡曾爲提要，於段氏之注分類撮鈔，頗便初學，或猶嫌其過繁。顧君頡剛近出其大父廉軍先生遺著《説文通俗》二卷，其書殆爲先生讀段注時之札記，中間於段氏所説本義借義、本字假字、正體俗體各事，鉤玄提要，隨字揭櫫，言簡而意賅，可爲讀段注者之津筏，亦即犟究小學之入門書也。余聞先生曩時與錢唐諸可寶、常州史恩綿兩先生相友善，兩先生於小學造詣頗深，則先生之以小學名家，固其宜矣。頡剛頃以其書付印，公諸同好，而問序於余，爰略叙近代小學變遷之史，以見先生此書裨益學者之匪淺尠也。民國十三年八月五日。

（沈兼士《段硯齋雜文》）

八月六日，勸顧頡剛在北京書局加股，顧遂被選爲候補董事。

到二院，爲北京書局選舉會事。兼士、尹默兩先生要予加股，遂被選得候補董事。

（《顧頡剛日記》）

八月七日，顧頡剛作致沈兼士信。

寫兼士、援庵兩先生、仲華信。

（《顧頡剛日記》）

八月十日，王國維致沈兼士、馬衡信，對北京大學考古學會《保存大宫山古蹟宣言》表示强烈不滿。

致沈兼士、馬衡 一九二四年八月十日

兼士、叔平仁兄鑒：

昨閲報紙，見北京大學考古學會《保存大宫山古蹟宣言》，不勝駭異。大宫山古蹟所在地是否官産，抑係皇室私産；又是否由皇室賞與洵貝勒，抑係洵貝勒自行購置，或竟如宣言書所謂强佔，均有研究之餘地。因洵貝勒之毁壞磚塔，而即謂其佔據官産，已無根據；更因此而牽涉皇室，則尤不知學會諸君何所據也。

至謂“亡清遺孽擅將歷代相傳之古器物據爲己有”，此語尤爲弟所不解。

夫有明一代學術至爲簡陋，其中葉以後諸帝尤不悦學，故明代内府殆無收藏可言。……其可謂歷代相傳之古器物者，近如國學之石鼓，稍遠者如房山之石經，遠者如長安之碑洞，皇室未嘗據爲己有也。其可謂歷代相傳之古籍者，惟内閣大庫之書籍多明文淵閣之遺，此於宣統初年，我皇上即以之立京師圖書館，其支流爲今之歷史博物館，皇室未嘗據爲己有也。

今日内府之所藏，皆本朝二百餘年之所蒐集，其大半購自民間，其小半得於臣工之所進奉，高宗純皇帝《御製文集·題跋》一類與《御製詩集注》中歷紀其事，可覆按也。故今日宫中儲藏與夫文華、武英諸殿陳列諸物，此二殿物民國尚未繳價以前。以古今中外之法律言之，固無一非皇室之私産，此民國《優待皇室條件》之所規定，法律之所保護，歷任政府之所曾以公文承認者也。夫以如此明白之私産而謂之佔據，是皇室於實際上并未佔據任何之財産，而學會諸君於文字上已侵犯明白之私産矣。夫不考内府收藏之歷史與“優待條件”是爲不智，知之而故爲是言是爲不仁。又考古學會反對内務部《古籍古物古蹟保存法草案意見書》，於民國當道提取古物陳列所古器作疑似之辭，而對皇室事，無論有無，不恤加以誣謗，且作斷定之語。吐剛茹柔是爲無勇，不識學會諸君於此將何居焉。又“優待條件”載，民國人民待大清皇帝以外國君主之禮，今宣言中指斥御名至於再三，不審世界何國對外國君主用此禮也？諸君苟已取銷民國而别建一新國家則已，若猶是中華民國之國立大學也，則於民國所以成立之條件與其保護財産之法律，必有遵守之義務。……

又弟此書乃以考古學者之資格敬告我同治此學之友，非以皇室侍從之資格告大學中之一團體也。知我罪我，弟自負責，無預他人，合并附告，伏希亮察。并候

起居不盡

弟王國維頓首

再啓者：

弟近來身體孱弱，又心緒甚爲惡劣，二兄前所屬研究生至敝寓諮詢一事，乞飭知停止，又研究所國學門導師名義亦乞取銷。又前胡君適之索取弟所作《書戴校〈水經注〉後》一篇，又容君希白鈔去金石文跋尾若干篇，均擬登大學《國學季刊》，此數文弟尚擬修正，乞飭主者停止排印，至爲感荷。

國維又頓首

（謝維揚、房鑫亮主編《王國維全集》第15卷，第859—862頁）

八月十五日，顧頡剛作致沈兼士信。

到校，寫伯祥、雲五、愈之、雁冰、秋白、昌之、士楨、兼士先生、孔平、汝璵、仲華信。

（《顧頡剛日記》）

八月十七日，訪顧頡剛。

兼士先生來談。（《顧頡剛日記》）

同日，章太炎作致沈兼士信，商談清代建國史材料問題。

研究所國學門通信

章太炎先生復沈兼士先生函

兼士足下：得書并清天聰四年諭，此乃入犯京師回攻永平時以諭地方軍民者，竟稱爲伐明誓師諭則誤也。金國汗之稱，明人載籍所據朝鮮咨文已然，初疑祇太祖稱之，今觀太宗亦爾，足知崇德始改稱清，天命、天聰皆稱金也（朝鮮諸史所書正爾）。而官書於其文告妄改爲滿洲皇帝，大抵《清實録》數次改□，非其原本矣。足下云成案尚多，喜甚。但鄙人所欲考者，今祇限於建州始封至萬曆四十七年奴兒哈赤稱後金國汗爲止（萬曆四十四年雖已改元天命，然尚秘之。四十六年攻破撫順求與明和，自稱建州國汗。并見明人著述）。蓋近得明人原刊書頗多，所考者正在此也。其後戰争之事，亦頗有可考者。清人於師敗將死，多諱之不録，雖如尼堪爲李定國所誅，亦但書歿於軍耳。按太祖於天命十一年正月攻寧遠不克，心不懌，至七月而終，關東人相傳太祖氣死，獨朝鮮史則謂攻甯遠時中箭後瘡發死。此與漢高爲英布流矢所中，歸長安乃崩，事例相同，而清官書諱之。此當攷者一也。太宗於崇德三年命岳托、多爾衮兩大將軍犯京師，其時宣大總督盧象昇赴援。據楊廷麟所作盧公事實，曾射殺一銀盔大將，首大如斗。而《清實録》及《開國方略》，皆云報捷時無岳托名，但以偏將杜度署名，太宗大罵。使者奏言貝勒岳托及輔國公瑪瞻俱病卒，太宗慟哭久之。然則二子必爲明軍所殺，所謂銀盔大將首大如斗者，殆即岳托，明人不知耳。此當攷者二也。但此種事狀，攷之官書，必已削去，而零種文案，或反有鎼未改之處，蓋清諸臣祇懼官書爲實據人所持，而文案□縷，則不能盡改也。此惟深心者，爲能攷耳。《明實録》已屬覞齋往鈔數事，清之世系，更有耑倪。至如“滿洲”二字，非其故名，而爲番僧所持贈，則《滿洲源流考》已吐實供。“愛新覺羅”四字，譯爲金之疏屬。然考崇德定制，太祖子孫祇稱覺羅，範察子孫并覺羅亦不得稱。若素以此著氏，則人人自知，何能强削。以此知愛新覺羅之著氏，非承之自古者。其先蓋本無姓，故或用明賜姓，成用侈姓，以達王官。大抵夷人不皆有氏族，或用部落，或用標識，或竟□之不具。此不能以中土習慣稽之也。僕離北京已八年，與諸子已久不相聚，然黄陂再起時，三次招我未赴，則此時似難冒昧也。書此，即問起居康勝。

章炳麟白。八月十七日

（《北京大學日刊》1924年10月4日）

八月二十一日，訪顧頡剛。

兼士先生、金源來談。（《顧頡剛日記》）

八月二十四日，訪顧頡剛。

岳丈、兼士先生、孔平、張志純來。（《顧頡剛日記》）

同日，妻子蔡惠赴錢玄同家。

今天上午沈大、黎來，馬咸來，馬巽來，沈大太太、三太太、馬二太太、五太太、陳太太來。（《錢玄同日記》）

八月二十五日，訪錢玄同，未遇。

沈三來，未遇。（《錢玄同日記》）

同日，顧頡剛作致沈兼士信。

寫兼士先生信。（《顧頡剛日記》）

八月二十六日，訪顧頡剛。

到兼士先生處，未晤。

萬里來。兼士先生來談。（《顧頡剛日記》）

八月二十七日，爲顧頡剛送行。

八點上車。韓馨兄弟、介泉送行。兼士先生、緝熙亦來。（《顧頡剛日記》）

按：當天顧頡剛回蘇州探親。

八月二十九日，周作人上午寄沈兼士函。

上午寄……三沈、逷先函。（《周作人日記》）

九月十一日，赴正陽樓林語堂晚宴，同席有沈士遠、沈尹默、馬裕藻等。

六時半至正陽樓，赴林玉堂君約，同坐三沈、二馬、錢、陳、張，共十人，九時半散。（《周作人日記》）

九月十五日，妻子蔡惠探望生病的錢玄同夫人徐婠貞。

下午㚴孫夫人及兼士夫人均來望綰貞的病。（《錢玄同日記》）

九月十七日，訪顧頡剛。

到兼士先生處，未遇。兼士先生來談。（《顧頡剛日記》）

九月二十日，北京大學教職員臨時代表團代表改選揭曉，沈兼士以一百票當選。

本校臨時代表改選紀事

本校教職員臨時代表團各代表任期屆滿，經本月八日全體教職員大會議決改選，旋於本月十八日發出選舉票，請全體教職員記名選舉，於二十日下午三時，在第二院宴會廳開票。其結果如左：

姓名票數

馬叙倫 117　馬裕藻 116　羅惠僑 111　譚熙鴻 111　周同煌 111　沈士遠 110

黄世暉 103　沈兼士 100　王星拱 91　余文燦 86　胡春林 84　鄭陽和 81
沈恩祉 75　萬秀嶽 72　包尹輔 70　李辛白 69　顧孟餘 66　沈尹默 65
馬　衡 64　盧　恩 59　徐寶璜 57　顏任光 55　陳大齊 55　丁緒賢 55
以上二十四位當選爲代表。
高一涵 54　李振彝 51　白鵬飛 48　朱錫齡 48　皮宗石 43　胡　適 41
周　豐 40
四十票以下者未列入

（《北京大學日刊》1924年9月24日）

九月二十二日，顧頡剛作致沈兼士信。

到所，寫父大人、又曾、誠安、希白、兼士先生、仲華信。（《顧頡剛日記》）

九月二十七日，參加北京大學評議會與教務會聯席會議，聽取校長報告經費問題，討論如何節省經費等議案。

評議會議事録（九月二十七日）

評議會與教務會議聯合會議

到者：顧、蔣、王星拱、楊芳、沈士遠、沈尹默、馬幼漁、羅惠僑、馮祖荀、沈兼士、王世杰、周覽、陳大齊、陳源、朱希祖、譚。

（一）校長報告

一、經費問題：（甲）已向銀行方面商妥，從十月起至一月止，銀行每月能填借若干，凑成薪水半數（俄款包在内），定於每月十日前按期發給。（乙）各部分行政方面發支竭力節省，以便能支付進行。

二、與教務會議聯席開會，因有關於解决教務問題。

（二）王世杰提議：關於經費節省問題可分兩類：一、關於已解决者，負責部分應切實實行。二、關於希望者請討論解决。提案如左：

希望案：希望校長對於本校講義糜費及講義印刷遲鈍情形設法救濟。

議决案：（甲）凡本校教員付印之講義，非經本教員之許可，本校不得發售。（乙）凡在中國有著作權之出版物，非經享有著作權者之同意，本校不得翻印。

以上通過。

（三）預科主任提出，本校男生李英致信注册部主任，有以手槍恫駭言語，實犯法紀，應即請查實開除學籍案。

議决：請校長查實辦理。

（四）教務長報告，本年取録新生馬榮禧致信教務處請求開課，語多無理，并將該函登報，應請懲辦。

議决：由校長牌示訓斥。

（五）教務會議報告，取消“華僑學生特别辦法”請備案。

（六）陳啓修教授繼續請假一年（由校長提出）：

議决：照准。

（七）整節教員職員等虚支薪俸等糜費。

議决：由校長查清辦理。

（王學珍、郭建榮《北京大學史料》第二卷上册，第179—180頁）

十月三日，北京大學公布《國文學系課程指導書（十三年至十四年度）》，沈兼士的科目爲“文字學大意”（四課時）、“文字學形義”（三課時）和補講科目“文字學形義”（二課時）。

國文學系課程指導書（十三年至十四年度）

科目	單位	教員
文字學大意	4	沈兼士
説明形義聲韻之大略，俾得應用之以讀古書。		馬裕藻
…………		
文字學		
聲韻	3	錢玄同
敘述古今聲韻之沿革及國音之發音，并説明古韻書研究之方法。		
形義	3	沈兼士
講授文字形體之構造及訓詁之條例，并系統的敘述古今學者對於形義之研究方法。		
…………		
補講科目		
文字學形義（補）	2	沈兼士
文字學聲韻（補）	2	錢玄同

（後略）

（《北京大學日刊》1924年10月3日）

十月九日，訪顧頡剛。

太玄先生、兼士先生來談。（《顧頡剛日記》）

同日，北京大學評議會評議員選舉揭曉，沈兼士以二十六票當選。

校長布告

本校本届評議會選舉已於本月九日午後四時在第二院宴會廳當衆開票，計收到選舉票五十八張，除不署名應作廢票一張外，共計五十七票。茲記其結果如左：（十六票以下者從略）

胡　適48　顧孟餘47　王星拱42　李煜瀛36　丁燮林36　陳大齊36

馬裕藻32　馬敘倫29　譚熙鴻28　王世杰28　沈尹默27　沈兼士26

石　英25　羅惠僑25　周　覽24　李四光24　朱希祖24

以上十七人當選。

馮祖荀21　高一涵21　皮宗石19　余文燦18　沈士遠18　何育杰18

周作人17　燕樹棠16　朱錫齡16

十三年十月九日

（《北京大學日刊》1924年10月11日）

十月十五日，參加北京大學評議會第一次會議，校長照章宣布選舉本會書記，議决沈漱明教授請假等案。

評議會議事録（十三年十月十五日）

第一次評議會會議

到會者：蔣夢麟　朱希祖　沈兼士　馬裕藻　李煜瀛　譚熙鴻　周　覽

李四光　丁燮林　羅惠僑　王星拱　王世杰　沈尹默（續到）

一、由校長照章宣布選舉本會書記，其選舉結果如次：

陳大齊三票　王世杰四票（當選）　王星拱二票　周　覽一票　羅惠僑一票

王世杰當選爲書記。

二、沈漱明教授請假問題（校長提出）

議决：本校考慮其請假原因及本校功課情形，不能允其請假，請校長通函接洽辦理，如本人不能到校，即由校長通知解約。

三、本校學生李净川毆傷本校學生周用事。

議决：應令李净川退學。

（王學珍、郭建榮《北京大學史料》第二卷上册，第180頁）

十月二十二日，參加北京大學評議會第二次會議，討論學校經費問題等事項，并被會議通過爲財務委員會、聘任委員會委員。

評議會議事録（十三年十月二十二日）

第二次會議

到會者：石　瑛　王星拱　羅惠僑　沈尹默　李石曾　陳大齊　馬裕藻

周　覽　朱希祖　顧孟餘　沈兼士　王世杰　蔣夢麟　譚熙鴻

丁燮林

一、主席報告本校經費事宜

本校自現在至明年一月止，可靠經費約五萬元左右，每月可發教員薪俸五成。明年一月後可望由俄國庚款項下設法籌發百萬元債券，充八校經費。

二、主席提出各委員會名單，經全體同意通過。名單如次：

（1）財務委員會：王星拱（長）　顧孟餘　王世杰　馬裕藻　余文燦

沈兼士　羅惠僑

（2）聘任委員會：陳大齊（長）　顧孟餘　王星拱　王世杰　丁燮林

沈兼士　周　覽

(3) 組織委員會：王世杰（長） 丁燮林 王星拱 余文燦 譚熙鴻
顧孟餘 羅惠僑 沈士遠 馬裕藻
(4) 圖書委員會：顧孟餘（長） 朱希祖 馬叙倫 單不厂 袁同禮
李煜瀛 皮宗石（當然）
(5) 儀器委員會：李四光（長） 顔任光 丁燮林 王星拱 李書華
譚熙鴻 李麟玉
(6) 庶務委員會：羅惠僑（長） 馬叙倫 沈士遠 沈尹默 李四光
王 烈 余文燦（當然）

出版委員會須改組暫緩派。

學生事業委員會暫緩派。

三、王星拱先生提議：（沈兼士先生附議）

本校應向教育部反對提取俄款充軍事教育費，俄款委員會中國委員，應由教育界人選充。

以上議案經全體通過，并經本會推定周覽、王星拱及本會秘書爲起稿員。

（王學珍、郭建榮《北京大學史料》第二卷上册，第180—181頁）

十月二十四日，與顧頡剛等談。

到所……與兼士先生、幼漁先生談話。（《顧頡剛日記》）

十月二十六日，顧頡剛來訪。

到兼士先生處，爲伏園事。（《顧頡剛日記》）

十月二十八日，參加北京大學評議會會議，討論兩項議案：一、各委員會委員辭職允准事件及李四光、胡適辭評議員事件；二、校長提議，請蔡元培先生回校。

評議會議事録（十三年十月二十八日）

到會者：石 瑛 陳大齊 丁燮林 王星拱 沈兼士 李煜瀛 周 覽
朱希祖 馬裕藻 羅惠僑 顧孟餘 王世杰 蔣夢麟 沈尹默

一、各委員會委員辭職允准事件及李四光、胡適辭評議員事件

1. 王世杰辭聘任及財務委員職。

議決：准其辭職，以皮宗石補聘任委員，沈士遠補財務委員。

2. 王星拱辭財務委員長及組織委員職。

議決：不准其辭財務委員長職。其組織委員職，以沈兼士補充。

3. 李四光辭儀器委員長職及庶務委員職。

議決：不准其辭儀器委員長職，其庶務委員以徐寶璜補充。

4. 李四光、胡適辭評議員職。

議決：由校長去函挽留。

二、校長提議，請蔡孑民先生回校

議決：由蔣代校長及評議會去電敦促速回。

（王學珍、郭建榮《北京大學史料》第二卷上册，第181頁）

同日，顧頡剛作致沈兼士信。

到校，寫兼士先生、伏園、錫五信。（《顧頡剛日記》）

十一月四日，顧頡剛作致沈兼士信。

寫兼士先生、昌之信。（《顧頡剛日記》）

十一月六日，邀請顧頡剛加入整理清宮物件會。

到所，兼士先生邀加入整理清宮物件會。（《顧頡剛日記》）

按：是年10月23日，直系將領馮玉祥發動北京政變，將所部改稱爲國民軍。11月5日，馮部將鹿鍾麟奉命將清朝末代皇帝溥儀逐出皇宮，隨即成立“辦理清室善後委員會”（後去“辦理”二字），以李石曾爲委員長，聘請蔡元培、陳垣、沈兼士、俞同奎等爲委員，另有寶熙、羅振玉、耆齡等5人爲遜清皇室代表，又特聘莊蘊寬等3人爲監察員。該委員會的主要任務是負責清理清宮財物，沈兼士邀請顧頡剛參加的正是這項工作。

十一月九日，顧頡剛來訪，未遇。

到兼士先生處，未遇。（《顧頡剛日記》）

同日，參加清室善後委員會會議，討論清室眷屬出宮等問題。

清室眷屬出宮問題　政府委員交涉之經過

清室善後委員會紀事　清室善後委員會，於九日上午十一時開議，仍假神武門內前三旗警衛第一分隊之辦公處爲會議地點。列席者計有十一人，爲委員長李煜瀛，政府委員易培基（由他人代表）、范源濂、俞同奎、沈兼士、鹿鍾麟、張璧，清室代表載潤、紹英、寶熙、耆齡。先由李煜瀛發言：目下屬於委員應辦之事殊少，而屬於軍警應辦之事則尚多，蓋住在宮內之人，今尚未盡數出宮，其他問題實無從説起也。鹿鍾麟謂此言誠然，依本人意見，目下尚有應先行辦理者計有三事：第一、宮内住人未盡出宮，則軍警所負之責任即一日未了，故目下之第一要着，即在繼續實行遣散在宮之一切人等；第二、各宮各殿之人完全搬出之後，即行一一封鎖，以免疏虞；第三、兩老妃今尚未出宮，强迫請其出宮，固失吾人之本意，但將如何而後能使其歡歡喜喜自動的出宮。兩老妃之應出宮，實爲當然之舉，但年老者不免固執，故最好能稍寬其時日，以待疏解。鹿云，關於兩妃之出宮問題，吾等如欲强迫實行，則在當日已强迫之矣。惟其不欲强迫，故直至今日，仍在此徵求諸君之意見，故關於“强迫”兩字，貴代表當亦信其不至此者。唯兩太妃一日未出宮，則吾等之責任即未了。若如貴代表所言，姑容其居住，則尤爲吾等之所未安。蓋溥儀既已出宮，事實上此宮殿亦已移交政府之手。今假使此年皆六十以上之老太太在宮中再住一二年，倘在此一二年中適有疾病或其他事故發生，則其責任將屬誰乎？以此之故，實不能不亟設法使之樂於出宮也。鹿語已，清室代表自謂地位困難，不便更發表意見。於是鹿司令等乃於與政府委員協商之後，即決定三事如下：（一）關於兩老妃出宮事宜，由鹿本人與張總監再往醇邸磋商。（二）關於遣散宮人，仍由清室繼續遣散。（三）封閉各無人居住之宫殿，仍由國務院派員督同軍警辦理。議决之後，時已十二時，鹿、張遂復同往醇邸矣。

（《申報》1924年11月18日）

十一月十日，《申報》刊登消息，稱清室善後委員會成立。民國政府方面，汪精衛、俞同奎、沈兼士等七人爲該委員會委員。

國内專電

●北京電　清室善後會員，清方紹英、載潤、耆齡、崇熙（寶熙——編者注）四人；民國方面，汪精衛、俞同奎、沈兼士、范源濂、鹿鍾麟、張璧合李七人，以易培基代汪。另由李石曾委員長名義，聘專門委員。（九日下午八鐘）

（《申報》1924年11月10日）

按：電文中“李”指，清室善後委員會委員長李石曾（煜瀛）。

十一月十七日，顧頡剛作致沈兼士信。

寫兼士先生及仲華信。（《顧頡剛日記》）

十一月十九日，晤吴虞。

三時半至第二院一年級讀書會，晤沈尹默、馬幼漁、沈兼士諸人，六時散會。

（《吴虞日記》）

同日，北京大學國文學系一年級讀書會發布通告，載明沈兼士爲“讀《説文》方法”的指導老師。

國文學系一年級讀書會通告（第二號）

本會第一次常會定於十九日（星期三）下午三時半在第二院大學會議室舉行，除專函敦請教師外，希全體會員準時到會。玆先將提出各項題目通告於左：

題目	提出人	指導師
《周易》	葉含章	單不厂先生
《韓非子》	王峰翔	吴又陵先生
詩經以前之詩歌	張　瑜	朱逷先先生
《詩經》	徐□瑞	沈尹默、黄晦聞先生
二　南	余世沅	沈尹默、黄晦聞先生
《楚辭》	修垣、陳敏	沈尹默、黄晦聞先生
王陽明學術	黄孝徵	單不厂先生
《大學》	符邦寧	單不厂先生
文中子	蕭奠川	單不厂先生
蘇東坡之生平及其作品	楊晶華	吴又陵、沈尹默先生
讀《説文》方法	吴時英	錢玄同、沈兼士、馬幼漁先生

（《北京大學日刊》1924年11月19日）

十一月二十日，作爲清室善後委員會委員，隨同該委員會委員長李煜瀛及内務、教育部有關人員暨軍方代表等，赴故宫檢查近日所封各宫殿。

清廢帝出宫後之所聞

▲清宫查封續誌　清宫善後，前日下午五時，鹿鍾麟、張璧邀紹英等在委員會面商兩事。（一）請榮惠太妃早日遷出重華宫，與瑜太妃同居。（二）希望兩太妃指定何日出宫。紹英允入宫請示。今日上午紹英入見兩太妃後，即以電話致鹿、張，關於兩宫合并問題，瑨太妃允於日内收拾行李，大約二三天内，即可遷居。惟須俟瑾太妃靈柩出殯後，在宫外覓妥相當住宅，即行搬遷出宫。鹿以爲迹近延宕，不允通融。磋商至再，對於瑨太妃移出重華宫，不得再逾三天限期，同時即速在宫外租典房屋，與瑾太妃靈柩，本月二十三日同時出宫。清室聞可同意，大抵十六日上午，即可封鎖重華宫矣。昨日上午委員會於乾清宫後尚有一二處未查封，即行補封，分爲二組出發，正午查封完竣。另由委員會會同内務、教育兩部派員，暨北大、軍警當局，組織總查組，檢查近日所封各宫殿。遇有不妥，隨時加封添鎖，以昭慎重。十一時由李委員長率領鹿派代表丁營長，張派代表閻署長，北大沈兼士、顧孟餘等十餘人及軍警各一排，由神武門出發，入春華門。門内爲雨花閣、楚宗樓、宗華殿，〈迄〉〔迤〕（“迄”字錯——編者注）邐至御花園、養心殿、永壽宫、翊坤宫、長春宫、坤甯宫、交泰殿、延禧宫、儲秀宫、承乾宫、昭仁殿等，直至下午四時封鎖竣事。各辦事員在軍機處午餐。聞養心殿藏有散氏盤，係清初阮文達公〔元〕（“元”字漏——編者注）所獻，係上古三代時物。有一真一贋，藏於殿中。又承乾宫内，有龍睛金魚缸，約都二百餘尾，奇種異様，皆外間向不經見。游泳物中，有丹鳳種者兩缸。其中大小丹鳳魚各三尾，大者約有一英尺長。至去年被焚之春華門内中正殿，至今餘燼猶存。聞某外人願以六十萬元爲清室壽，易此殘址，溥君未允。該殿之旁，綠草芊緜，曠地頗廣，聞係溥君伉儷，暇日嫻習自由車之地。昭仁殿中向藏歷朝書畫，此中多爲海内孤本，懸有天廚，琳琅滿目，美不勝收。其餘宫殿尚未着手。其東路之甯壽宫，現無人居，中藏有清歷代寶物暨奉熱行宫、頤和園中收回寶物，封鎖綦嚴。此外西邊之慈甯宫、壽康宫，因瑜太妃未遷，瑾太妃靈柩在内，太極殿又有瑜太妃物件，經紹英等□之李委員長，均暫不查封。

（《申報》1924年11月21日）

十一月二十八日，北京大學評議會召開會議，討論通過沈兼士等爲北大歡迎孫中山先生臨時委員會委員。

評議會議事録（十三年十一月二十八日）

到會者：譚熙鴻　丁燮林　王星拱　陳大齊　周　覽　石　瑛　羅惠僑　朱希祖　蔣夢麟　王世杰

一、校長報告：

上星期原擬於星期日（二十三日）開評議及教務聯席會議，討論本校校長改爲特任職問題，嗣因星期六日攝政内閣與執政府辦交代，本校校長改特任職問題遂不能進行計議，故將原定召集會議之計畫中止。

二、李四光、胡適先生辭職問題：

議决：請校長去函挽留，如本人不願復職，即以他人補充。

三、本校規程編訂事宜。

議决：兩星期後星期六開特别關於規程編訂事宜之會議。

四、歡迎孫中山先生問題。

議决：組織臨時委員會辦理此事。此項委員會以石瑛（長）、王星拱、王世杰、丁燮林、沈兼士、顧孟餘、余文燦充之。

（王學珍、郭建榮《北京大學史料》第二卷上册，第181—182頁）

同日，訪顧頡剛。

兼士先生、徐森玉先生、裘子元先生來談。（《顧頡剛日記》）

十一月二十九日，北京大學公布評議會議决關於歡迎孫中山先生事件，沈兼士爲臨時委員會委員。

評議會議决關於歡迎孫中山先生事件

（一）中山先生到京日，本校放假一天。

（二）歡迎秩序單及一切進行，由臨時委員會主持之。

歡迎中山先生臨時委員會名單

石瑛（長） 王星拱 王世杰 丁燮林 沈兼士 顧孟餘 余文燦

（《北京大學日刊》1924年11月29日）

十一月三十日，顧頡剛來訪。

與尚嚴、介泉至兼士先生處。（《顧頡剛日記》）

十二月六、七日，劉半農作致沈兼士信，商談北京大學研究所國學門聘請法國漢學家伯希和爲外籍教授，與法國交换學術雜誌等事項。

研究所國學門通信 劉半農致研究所國學門主任函

兼士尊兄：前星期寄奉一函，想已寄到。伯希和君已於前星期六同他正式談過，他的聘書已經收受，且寫了一封正式信與我，聲明受聘，今録附呈。關於待遇一層，弟問過蔡先生，他説可依□王諸公之例，月送百金，弟本此接洽通過。關於期限一層，伯君問是否逐年通知？弟説不甚清楚，此事乞兄斟酌。如覺逐年通知太麻煩，即以暫定期限告我，但弟覺逐年通知有伸縮餘地，辦法頗好也。此外尚有一事，亦是關於伯君的。他昨天寫信給我，説明年四月埃及開羅地方要開一地理學大會，主會的是埃及王，此會雖名地理學會，但因開在埃及，主要事項仍在考古，故各國考古學者、歷史學者、地理學者，以及此等諸學之團體代表，無不到會，他自己頗有到會的意思，但此行需費甚大，一時尚猶豫也。假使去，他極願同時兼做北大研究所國學門的代表。他又説此事對於北大可增不少之聲價，願極力爲之。如北大決意要他去，請先用電報通知，以便决定；隨後補一正式委派信。此事如何辦法，希用電覆。以上將較大之事説完。以下説些小事：

（一）研究所國學門之法文正式譯名，弟與伯希和商譯爲：Instirne de Sinologie de L Universit Nationple de Púkin
如有不妥，希爲改正示知，否則作爲定譯。

（二）已答應交换之雜誌有四種：1、《亞洲雜誌》，2、《通報》，3、《琪眉博物院年報》，4、琪眉博物院出版之《宗教史年報》。希將《國學季刊》第一、二、三號各四份寄來，以交换此四種雜誌之一九二四年號。將來如何交换法，辦妥後奉聞。

（三）《通報》是伯希和主持，彼允將最近四年各號寄贈。（此報尚有全份留存荷蘭出版人處。但此出版人衹肯賣，不肯交换。全份約價一千六百法郎。）

（四）《亞洲雜誌》是法國研究東方學的官書。研究所中不可不備全份。但亞洲學會中已無全份者，即最近出版各號亦多賣缺（如一九二二年全年賣完）。其尚存者，自然可以出賣，而且可以交换。若要到坊間去找全份的，價值至少在二萬法郎以上，而且即使有二萬法郎在手，也未必能立刻找到也。

（五）《通報》亦是重要書。全份價衹一千六百法郎。由伯希和去交涉，或尚可减價。如研究所中能籌一百五十元，大約即可辦到。但此等書印刷甚少，極易賣缺，尚望速即着手。

（六）琪眉博物院所出兩種年報，比較不甚重要，可不必設法買全。

（七）琪眉博物院尚有叢書三種（一種四開，一種八開，一種十二開，以四開者爲最重要），總價約八千〈方〉[元]。但其中賣缺者尚多，弟當細爲研究其尚未賣完之各種，以便將來用出版品交换。

（八）以上所説亞洲學會及琪眉博物院出版品，均可以研究所出版品交换（求其價值相當）。但此間所注意者爲大部書（如《藝文類聚》《太平廣記》等），不是零碎印本，望兄示知此數種書何時可以出版，價值大致若干，以便接洽定一交换之計畫（如有將要絶版之書籍，可囑其留下一份，免得賣完後無辦法），俟將來我方出書之後，實行交换。

（九）董康説唐刻本《切韻》，確有之，但疑是五代，至早亦是唐末，不全，衹有十餘殘卷（大小不等）。如要照相，望早早示知。價值以半打計算，約是一千餘法郎（研究所衹能得四份，因照章須以二份贈與國家圖書館也）。如須收回底片，當與照像人特别交涉。

（十）《巴黎國家圖書館漢文書目》可以買，計兩本，價不出三百萬。又有一《補目》，亦已印，伯希和可贈一份。

（十一）敦煌寫本目尚未正式編訂，而且不知何時可以編出，現在衹有一份全無條理之臨時目録，且衹有一份，伯希和家中亦無副本。如要鈔，惟有按照看書規則，天天進館抄寫，需時約一月左右。寫到此地，實在頭昏得不能再寫了，

即此説聲再會。并問
箸安。

弟劉復頓首　十二月六日

再研究所出版品目録中有“叙里亞文景教經（?）”及“希伯來文刻石”二種，其影片及打本已由鋼和泰君寄與伯希和考查。伯希和謂前一種的是叙里亞文景教經，大約是十四紀的叙里亞文。後一種不知是何文字，但决不是希伯來。

阿腦女士之研究歌謡報告，已定編目有四：一民歌通論，二聖誕歌，三民歌與神話，四民歌與戲劇。大約一月底二月初可寄出兩編，附聞。

再《國學季刊》所登文章，每期均由伯希和□在《通報》中作介紹文，因此歐洲學術團體近中頗有知《國學季刊》者。照此做去，十年後我研究所必爲世界學術團體中一重要會員，此則我兄努力之結果，我輩應一致致謝。第四期已集稿否？急欲先一覩其題目於日刊中也。

寫至此處，加上前信所寫，已將兄六月二十六日信中各條覆完（尚賸《永樂大典》一條，容再探），希即逐條細閲，并隨即作覆。

復再拜　七日晨

（《北京大學日刊》1925年2月20日）

十二月八日，顧頡剛作致沈兼士信。

寫兼士先生、紹原、尚嚴信。（《顧頡剛日記》）

十二月九日，赴胡適宴會，同席有陳去病、蔣夢麟、顧頡剛、馬裕藻、陳垣等。

到適之先生處吃夜飯，以東大三先生來調查清宫事邀宴也。

夜餐同座：陳去病　顧實　柳翼謀　蔣夢麟　陳垣　李宗侗　沈兼士　馬裕藻

（《顧頡剛日記》）

十二月十二日，北京大學發放薪俸一百四十元。

存　根

大字第　號二月分下半月第　項第　目第　節沈兼士薪俸，金額一百四十元正。右款已照數發訖。

中華民國十三年十二月十二日

（北京大學檔案館藏檔，檔號：BD1919037-2）

十二月二十二日，赴神武門參加清室善後委員會籌備查點會議，議決拒絶執政府命令，按期開始清宫物品點查工作。

清室善後委員會不受執政命令

清室善後委員會查封手續完畢，即行預備開始查點，特於二十日委員會議决查點規則十八條。宣布規則以後，即於二十二日下午在神武門開籌備查點會議，到會者有委員會會長、委員、監察員、軍警、各部所派助理員及委員會所聘顧問等，如李煜瀛、易培基、鹿鍾麟、沈兼士、吴敬恒、莊藴寬、楊天驥、高魯、劉馥（劉復——編者注）、馮如玖（馮汝玖——編者注）、金紹城、謝恩隆、高步瀛、徐紹貞、徐謙、俞同奎、陳去病、陳垣、楊樹達、裘善元、方萬笏、陶履謙、丁振國、徐紹前、江恒源等六十一人。先由委員長李煜瀛主席，報告查封手續既告完竣，急宜從事開始點查，即自明日起開始辦事，惟有一言爲到會諸君告者，今日忽接内務部轉來執政府公函。云："逕啓者，本日准臨時執政府秘書廳函開，奉執政諭據報，清室善後委員會於本月二十三日點查清宫物件，現清室善後之事正在籌議辦法，該委員會未便遽行查點，着内務部暨警衛司令查止等因，相應函達貴部，希即查照辦理等因。除函知京畿警衛司令部外，相應函達查照，務將查點清宫物件事宜，從緩辦理可也。此致清室善後委員會。内務部啓。"查本會係由委員會委員、監察員、軍警、各部所派助理員及本會所聘學術專門家組織而成，非如其他行政機關可以隨時聽候政府命令者可比，且查點係本會内部手續，本會既已承受保管，决不能不知其中究有何物，其有若干。正如受人委托保管一包銀錢，决不能不知包中所有銀錢數目，而貿然負此責任也。故個人對於原則上，主張反抗執政府此種命令。至於事實方面若何辦理，則請到會諸公詳細討論。嗣楊天驥發言，謂余即《清室善後委員會條例》起草者之一，個中情形比爲熟悉，予以爲執政命令儘可不顧，本會仍照前議進行可也。次易培基發言，謂執政府此次舉動，簡直是互相勾結代清室曹錕報仇，反革國民軍之命，殊無遵守之必要。次鹿鍾麟發言，謂予本不欲發言，惟余既爲本會委員，又爲警衛司令，兩方情形較爲熟悉，故爲簡單報告。余本首先主張查點之一人，蓋余既費種種手續，將清室遷出宫禁及將清宫完全封鎖，此第三步即爲查點，此爲余所不得不主張者，否則即有後任之人，亦無從交代也。惟昨晤執政〔政〕（"政"字衍——編者注）府方面人物，知雙方似有誤解，彼輩所言乃有不能爲在座諸公言者，故余主張稍稍從緩，數日後必有妥當辦法，今日尚未至决裂時也。次吴敬恒發言，謂今日之會爲明日查點之預備會，查點與分配不同，既欲保管，即非查點不可，否則保管者不知所保管者爲何物，有此理乎？古昔君主時代尚有伏闕請求收回成命面折庭諍之事，豈有臨時執政之命而不可以要求收回者。次葉浩吾發言，謂查點係委員會内部事件，行政機關無干涉之理由，此爲本會表明心迹，若此而竟放棄，則異日種種誣陷均在意中。次由主席與監察員莊藴寬綜合各人意見，請楊天驥、吴敬恒起草，答復内務部達執政府。文云：

敬復者，奉函開等因，查本會於本月二十日議决，於二十三日查點清宫物件，係本會内應有手續。又本會查點規則係會同軍警各機關及各項專門學術人員分組辦理，亦係由本會會議决定，似非單純行政機關可比，萬難中止。除由警衛司令部另行函復外，相應函復内務部。清室善後委員會。

并决定次日點查，五時許散會。散會後，經警察以開會情形報告政府。内長龔心湛方卧病醫院，以電話約莊氏往談，叙述友誼，請其從事和緩。莊氏謂絶無改變决議之理，惟有政府當局自行改正其錯誤之手續。有與執政府接近者屢勸李氏和緩從事，李亦與莊取同一態度，嚴詞拒絶。念三日爲開始點查之期，委員會如前日所定程序進行。惟因各方代表尚未到齊，仍未開始點查。念四日必將實行云。

（《民國日報》1924年12月31日）

十二月二十四日，參加北京大學評議會會議，討論大學條例問題等事項。

評議會議事録（十三年十二月二十四日）

（專記附注）因胡適、馬叙倫、李四光三先生辭職，本會已以本年度候補當選人馮祖荀、高一涵、皮宗石三先生補充

到會者：皮宗石　陳大齊　周　覽　顧孟餘　王星拱　馬裕藻　沈兼士
王世杰　蔣夢麟　沈尹默（馬代）　譚熙鴻（杰代）　丁燮林

一、大學條例問題

事由：本年二月間教育部曾頒布一種國立大學條例，當經本校評議會反對，近又由教育部專門司長俞同奎自稱以“私人名義”送交本校及他校校長一種大學條例草案，該草案内仍設有“理事會”之規定，與國立大學條例之“董事會”性質相同。

議决：應由評議會致函教育部。

（1）請其取消十三年二月國立大學條例。

（2）表示反對新大學條例草案。

二、蔡孑民先生來信聲明暫不能回國。

議决：由評議會致函蔡先生仍催其速回。

三、預科教授會組織問題

事由：教務會議提出修改之三條件：（另紙附）

“1. 將預科教授會組織大綱改爲永久規則（原定試辦一年）。

“2. 將該大綱所設置之分會議主席及預科主任之任期定爲兩年。

“3. 上項會議主席及預科主任之選舉，須與本科各系主任之選舉同時舉行。”

議决：（一）教務會議所提出之三條件通過，即請教務長依該條件修正現行之預科教授會組織大綱，提出完全之草案於本會。（二）現任預科主任及分會議主席於次届本科各系主任改選時改選。

（王學珍、郭建榮《北京大學史料》第二卷上册，第182—183頁）

同日，顧頡剛作致沈兼士信。

寫平伯、兼士先生、濬哲、愈之、乃乾信。（《顧頡剛日記》）

同日，下午參加清室善後委員會組織的檢查坤寧宫物品工作。

清宫物件昨日開始點查

關於點查清宫物件問題，善後委員會委員長李煜瀛早决定於昨日舉行。兹聞

李事先曾通知清室暨軍警、司法機關各部派員參預。而清室及軍警、檢察官上午均未派員，僅教部派員參預。李迭次電話催請無效，乃與各委員商定，不能因彼等不來，貽誤進行。遂會同駐紮清宫保護之軍隊丁營長、段營附等，着手辦理。先在籌備處派定檢查人員，計分上、下午兩組。上午檢查乾清宫，下午檢查坤寧宫。上午組長爲陳去病，組員陳宗漢、唐佐、胡鳴盛、蔣夢麐、董作賓、潘傳霖、徐鴻寶、陶履謙、顧頡剛、黄文弼、李宗侗、莊蘊寬、莊尚嚴。下午組長爲徐協貞，組員爲葛文濬、江恒源、羅庸、王斧、徐德楨、嚴智開、陳去病、沈兼士、馬裕藻、金紹城等。至檢查結果，當另有報告也。

又前次查封之時，本有國務院、清室内務府、清室善後委員會、警衛總司令部四處封條。茲以國務院、清室内務府無人到場，李委員長即會同駐在清宫之軍隊及委員會人員共同啓封，着手辦理云。

（《晨報》1924年12月25日）

十二月二十九日，委托馬裕藻代表參加北京大學評議會會議，討論關於編訂校章等議案。

評議會議事録（十三年十二月二十九日）

到會者：石　瑛　丁燮林　朱希祖　馬裕藻　陳大齊　馮祖荀　周　覽

沈尹默　蔣夢麟　王世杰　沈兼士馬代　譚熙鴻

本日特開會議討論組織委員會提出關於編訂校章之各議案（議案另粘）

一、此次修正增減的標準

議决：四個標準：

（1）條文互相衝突者應修正。

（2）條文與事實矛盾者應修正。

（3）主要事項而未經條文規定者應補充。

（4）現制與學校進行不適宜者應修改。

二、大學令及大學條例問題（原議案（一））

議决：本届編訂校章，應僅以本校民國九年現行章程爲基礎。

三、本校各系各組□教務會議組織問題（議案二）

議决：仍依九年章程，僅設教務會議及學系教授會。

但相關各學系至少於每學年終及每學年末，應由教務長召集常會一次，審議相關各學系課程等事宜。

四、教授待遇問題（議案三）

議决（一）兼職問題應有次之兩種限制

（甲）教授兼官吏絶對不許。

（乙）其他公共機關之重要職務須經評議會許可。

（丙）本年三月八日評議會所定，關於由教授改講師者恢復教授資格之限制仍保存。

議決（二）教授種別問題

教授應僅分爲教授及助教授。

議決（三）教授薪俸問題

十一年三月二十五日職員薪俸規則依次所記修正之。

1. 校長薪俸改爲：第一級八百元，第二級六百元，第三級四百元。

2. 原第（二）款“本科教授”改爲“教授”字樣。

3. 原第（三）款取消。

4. 助教薪俸增加兩級至一百六十元。

（王學珍、郭建榮《北京大學史料》第二卷上册，第183—184頁）

十二月三十日，在《北京大學日刊》刊登賀年廣告。

賀年。恕不另柬。

沈兼士

一九二五年　民國十四年　三十九歲

一月四日，與顧頡剛談。

與介泉同至介石處弔孝，與兼士先生等談話。（《顧頡剛日記》）

一月十日，顧頡剛作致沈兼士信。

寫兼士先生信。（《顧頡剛日記》）

一月三十一日，赴東興樓周作人、張鳳舉午宴，同席有陶孟和夫婦、郁達夫、沈尹默、林語堂等共二十三人。

十二時進城，至東興樓，今日啓明、鳳舉因陶孟和夫婦回京、郁達夫將赴武昌教書，因爲此宴。賓主到者，計廿三人：

陶孟和△　沈性仁△　郁達夫　沈尹默　沈兼士　林玉堂△　陳通伯△　徐志摩△　鄧叔存△（以蟄，完白之玄孫）　陳百年　李玄伯　徐旭生　馬幼漁　馬叔平　皮皓白　周鯁生△　劉光一△　楊遇夫△　丁巽甫　江紹原　周作人　張鳳舉　錢玄同（《錢玄同日記》）

二月二日，中午與錢玄同、沈尹默等十人在森隆飯店宴請陶孟和、林語堂、郁達夫等。

十二時至森隆，今日爲我等十人（我、沈二、三、馬二、四、玄伯、旭生、百年、叔存、遇夫）請了十七個客（陶孟和、沈性仁、郁達夫、林玉堂、通伯、志摩、皓白、鯁生、堯一、巽甫、紹原、作人、鳳舉、適之、撫五、士遠、楊振聲），而性仁、志摩、鯁生、巽甫、鳳舉、士遠六人未來，又吃得醺然。

（《錢玄同日記》）

二月九日，作致孫伏園信，談《京報副刊》徵求“青年必讀書十部”事，并列出自選的十部書。

沈兼士先生選

伏園先生：

在許多日子以前承你寄了一張選填“青年必讀書十部”的單子給我，當時因爲事忙，并且覺得這個題目之下的文章很不易做，本來打算不交卷的。原來一般青年所要最低限度的必需知識，當然須求之於學校的教科書及講義之中，這個我知道不是徵求者所需要的答案。此外大之如講社會主義的書，小之如談個人衛生的書，又何嘗不是青年應備的常識，那又太汗漫，不是十部所能概括的。後來一想，在别一種解釋之下，或者可以勉强寫出一個答案。所謂别一種解釋者，即指中國青年在學校講義之外關於本國歷史所必需的最低限度的知識而言。這個解釋或者錯會了題意，文章却有法下筆了。假使你認爲文不對題，給它一個 0 分也好。

你寄來的格式紙，破得很利害，不能用了，現在就把答案寫在這裏：

(1)《科學方法論》

這是正確思想，指示方法的惟一門徑書。

(2)《書目答問》

譬如用兵，這是參謀用的一幅險要地圖。

(3)《中國歷史研究法》

(4)《經學歷史》

(5)《中國哲學史大綱》(上卷)

(6)《詩經》

(7)《史記》

一切古代思想、學術、政治、制度之原，均可於此書中求之。

(8)《漢書》

文體文辭具備，竊以爲與其讀《文選》，不如讀《漢書》，固不必僅作史書看也。

(9)《杜詩》

一洗選體詩之濫調，無體不具，説無體不精，宋元以來之作者無能出其範圍。

(10)《儒林外史》

一幅近世中等社會之縮圖，讀之可見儒教之流毒，固不僅爲科舉時代寫照也。

沈兼士　九日。

書數拘於十部，當然難免“削足就履”的毛病。《哲學史大綱》是大學的一種講義，并且尚未完成，舉了出來，或者未免失當。

(《京報副刊》1925 年 2 月 25 日)

按：1925年1月4日，《京報副刊》刊登《一九二五新年本刊之二大徵求△青年愛讀書十部△青年必讀書十部説明》，由該報編輯孫伏園發起的兩個關於青年讀書的徵求活動拉開了序幕。"青年愛讀書"——"是希望全國青年各將平時最愛讀的書，無論是那一種性質或那一個方面祇要是書便得，寫出十部來"。"青年必讀書十部"是由編輯部"備券投寄海内外名流學者，詢問他們究竟今日的青年有那十部書是非讀不可的"。結果後一項徵求共收到胡適、梁啓超、周作人、徐志摩、魯迅、林語堂、沈兼士等共78份答卷。這些答卷從2月11日起陸續刊布於《京報副刊》，到4月9日刊畢。此事在知識界引起較大轟動，由此引發圍繞"青年必讀書"問題的争論一直延續至今，成爲尚無定論的學界"公案"。沈兼士答卷發表於《京報副刊》2月25日，故此信應作於1月4日至2月25日之間。又沈氏信中落款爲9日，寫作時間應爲1月9日或2月9日。又據此信開頭稱"在許多日子以前承你寄了一張選填'青年必讀書十部'的單子給我"，可知此信應作於2月9日。

二月十日，顧頡剛作致沈兼士信。

口授履安，寫兼士先生、平伯、萬里信。 （《顧頡剛日記》）

二月十五日，赴北京大學第三院參加歡送陳萬里赴西北考察會，并作贈辭。

早起即往第三院，希淵、兼士、叔平三先生已先在，會談頗久。十時，國學門研究所歡送會開會，到會者有沈兼士、馬叔平、袁希淵、胡適之、葉浩吾、林玉堂、陳援庵、張鳳舉、沈尹默、黄仲良、李玄伯、徐旭生、常維鈞、容希白、朱騮先、錢稻孫諸先生。先由叔平先生致歡送辭，次爲余之答辭。兼士、適之、希淵、玉堂、浩吾諸先生均有贈言。 （陳萬里《西行日記》）

按：1925年春，美國哈佛大學考古隊華爾納等將赴敦煌考察，出於其辨認沿途文字古迹、嚮導協助的需求，由福開森從中介紹，邀請北京大學研究所國學門派人參加，在以華爾納、翟蔭等人爲主的美國敦煌考古隊的資助下，北大研究所國學門派陳萬里同往調查。2月16日從北京出發，7月31日回到北京，歷時五個半月。回到北京後，他把沿途記録的所見所聞整理成日記體的游記《西行日記》，先在《北京大學研究所國學門周刊》第一卷連載，又於次年由北京樸社出版。這次考察所得文物曾在國學門陳列展覽。這是北大研究所國學門及考古學會第一次派人進行野外考察，於學術研究頗具意義。

同日，顧頡剛作致沈兼士信。

寫兼士先生信，即送去。 （《顧頡剛日記》）

二月十六日，赴北京西車站送陳萬里等去西北考察。

十一時，到三院，取得西行參考書數種；悉兼士、叔平、仲良、希白諸公今早均到車站相送，可感也。……兼士、叔平、維鈞、仲良諸先生均來車站相送，并晤振玉。 （陳萬里《西行日記》）

二月二十二日，顧頡剛作致沈兼士信。

寫兼士先生、適之先生、既澄、尚嚴信。 （《顧頡剛日記》）

二月二十三日，顧頡剛作致沈兼士信。

寫尹默先生、兼士先生、叔平先生、維鈞、誠安、秋白、瀚澄、紹虞、芝生、振鐸、予同信。（《顧頡剛日記》）

1925年2月25日北京文化界人士合影。前排左起：葉瀚、黄文弼、陳萬里、沈兼士、胡適，二排左起：沈尹默、馬衡、林語堂、韋奮鷹、張鳳舉，三排左起：陳垣、容庚、李玄伯、袁復禮、朱家驊、常惠、佚名

二月二十六日，顧頡剛作致沈兼士信。

寫濬哲、悟梅、平伯、尹默先生、兼士先生、仲川信。（《顧頡剛日記》）

三月二日，參加北京大學評議會會議，討論預科教授會組織大綱等事項。

評議會議事録（十四年三月二日）

到會者：高一涵　羅惠僑　余文燦　周鯁生　顧孟餘　李石曾　馬裕藻
沈兼士　蔣夢麟　王世杰　皮宗石　譚熙鴻

一、預科教授會組織大綱。

議決：照修正案通過（修正案正文粘附）

預科教授會組織大綱

（一）預科教授會，以擔任預科課程之教授組成。

（二）預科教授會之會議分爲兩種，即：

1、總會議，開會時教授全體出席，議定關於預科全部之事項。

2、分會議，分爲甲、乙、丙三股：

甲股分會議，議定關於國文、歷史、地理、論理學等科目之事項；

乙股分會議，議定關於外國語科目之事項；

丙股分會議，議定關於數學、物理、化學、博物等科目之事項。

以上三種分會議開會時，由擔任各該科目之教授出席。

（三）上條所稱之三股教授，各選分會議主席一人，分會議之主席三人選定後，由預科全體教授於三人中選舉預科主任一人，總會議開會時，由預科主任主席。

預科主任執行關於預科功課之事務，并出席教務會議。

（四）分會議主席及預科主任之任期，均爲兩年；其改選與本科學系主任改選同時舉行。

（五）預科規則與課程，經預科教授會議決後，提交教務會議審查公決之。

（六）以上組織大綱，遇必要時，由評議會隨時修改之。

二、徐志摩先生請假事。

議決：不能承認。

三、教授請假事宜。

議決：嗣後凡教授任職未滿五年期限者，非有次列原因之一，并經評議會議決，不得請假：

（一）因校務他往；

（二）因本人遭值不可抵抗之事故；

（三）因重要的學術事務。

（王學珍、郭建榮《北京大學史料》第二卷上册，第184—185頁）

按：論理學爲邏輯學的舊稱。

三月五日，顧頡剛作致沈兼士信。

寫兼士先生信。（《顧頡剛日記》）

三月九日，參加北京大學評議會會議，討論校長報告本校曾經提交政府的預算案之數額等事項。

評議會議事録（十四年三月九日）

到會者：馬裕藻　周鯁生　譚熙鴻　沈尹默　沈兼士　朱希祖　馮祖荀　蔣夢麟　王世杰　顧孟餘

一、校長報告，本校曾經提交政府的預算案之數額。

（甲）每年經常費，一百〇二萬有零。

（乙）每年臨時費，二十萬有零。

二、關於校外人員在本校講演事宜。

議決：

（甲）凡本校以本校名義，敦請校外人員在本校講演，須經教務會議議決。倘應時間匆促或其他特別障礙不能及時召集教務會議，須得由校長會同教務長或相關學系主任決定行之。

（乙）凡本校教職員、學生，以及教職員學生所組織之團體，如欲借用本校房屋敦請校外人員講演，須經教務會議議決。

續議大學章程案（續十三年十二月二十九日會議）

一、財務問題

議决：

（甲）財務委員會仍保存。

（乙）會計課衹能嚴格照預算支付款項，凡預算内所列款項，有須預經一番審查始能支付者，須經賦有此項審查權能之校長或其他機關審查，始能照付，會計課不能行使任何審查之權。

（丙）三月，應由總務長責成會計課將收入支出詳細底賬送交財務委員會審核，俾便報告評議會。

（王學珍、郭建榮《北京大學史料》第二卷上册，第185頁）

同日，顧頡剛作致沈兼士信。

寫兼士先生、文玉、振鐸、伯祥、既澄、康節信。（《顧頡剛日記》）

三月十一日，訪顧頡剛。

寫兼士先生、萬里、聖陶信。兼士先生來談。（《顧頡剛日記》）

三月十二日，陳萬里在西安收到沈兼士信，并附有甘肅省省長歡迎赴甘調查敦煌古迹來電等。

兼士先生來信，并附甘肅陸兼省長歡迎赴甘調查敦煌古迹來電、家書，係二月十九日所發者。（陳萬里《西行日記》）

三月十三日，顧頡剛作致沈兼士信。

到校，寫伏園、兼士先生、仲逵信。（《顧頡剛日記》）

三月十四日，參加北京大學評議會會議，討論本校學生會請求津貼等事項。

評議會議事録（十四年三月十四日）

到會者：李煜瀛　高一涵　余文燦　陳大齊　朱希祖　沈兼士　羅惠僑
蔣夢麟　王世杰　譚熙鴻　顧孟餘　沈尹默

一、本校學生會請求津貼事

議决：暫定每年由本校津貼三百元。

二、校長報告張競生教授致本校函件（關於北京大學叢書審查手續事）。

三、本校對於王九齡長教應持態度案。

議决：以本校名義反對之，如王來到任，本校即與教部脱離關係。

（王學珍、郭建榮《北京大學史料》第二卷上册，第185—186頁）

三月十七日，因錢玄同妻子生日，妻子蔡惠應邀赴錢家吃飯。

她們都走了——婠貞生日，沈氏三人、馬二、五、朱、黎、陳八人送了一桌席，故生日婠貞請他們的伊們吃飯也。（《錢玄同日記》）

同日，顧頡剛作致沈兼士信。

寫兼士先生信。 （《顧頡剛日記》）

三月二十三日，顧頡剛作致沈兼士信。

作祭文訖，寫兼士先生信送去。 （《顧頡剛日記》）

三月二十四日，訪顧頡剛。

兼士先生來。 （《顧頡剛日記》）

三月二十五日，顧頡剛作致沈兼士信。

到校，修改所作文，寫逮曾、兼士先生、紹虞、劉澤民、厦大周刊社信。 （《顧頡剛日記》）

三月二十七日，顧頡剛作致沈兼士信。

寫兼士先生、彦堂、國文教授會、乃乾、平伯信。 （《顧頡剛日記》）

三月三十日，顧頡剛作致沈兼士信。

寫兼士先生、聖陶、建功、逮曾、西瀅、平伯信。 （《顧頡剛日記》）

三月三十一日，與朱希祖、徐旭生、單不庵等陪周子揚參觀北大。

到校，寫維鈞信。伴天水周子揚先生（名希武）參觀。同伴者有兼士、逷先、旭生、玄伯、不广諸先生。 （《顧頡剛日記》）

同日，與馬衡、單不庵、朱希祖在東華飯店設午宴請客，來客有周子揚、胡適、錢玄同、陳垣等。

不庵來信，云擬請△△（原文如此——編者注）來賓周子揚在東華吃午飯，囑我先陪，即往。所請之客二人：一周子揚；一是湖州人△△△（原文如此——編者注）。陪客爲適之、玄同、玄伯、旭生、援庵、△△（原文如此——編者注）。主人四：叔平、兼士、不庵、朱逖先也。 （《錢玄同日記》）

四月十日，顧頡剛作致沈兼士信。

到所，寫援庵先生、兼士先生、維鈞、李儼、紹原、仲華、小峰信。 （《顧頡剛日記》）

同日，收到陳萬里來電兩件，談西北考察事。

四月十日下午五時收到陳萬里先生電兩件

大學沈兼士先生：刻到省，翟蔭君擬在敦煌剥離一洞壁畫運我校，囑電校取同意。想必贊成，并請電商陸省長，盼速覆，便進行。電寄蘭州南關繼美棧内謙和公司轉萬里。魚。

大學沈兼士先生：頃發敷衍翟魚電，詳情函告，覆電吊云事贊同。應商事多，今年無及。京寓想安，款如何？速電謙和萬里。魚。

（北京大學檔案館藏檔，檔號：BD1925021-5）

四月十一日，發致陳萬里電，談考察經費事。

四月十一日致陳萬里先生電一件

蘭州南關繼美棧謙和公司陳萬里先生：電悉，款匯二百，請向財陸接洽。余俟接詳函再覆，如不及待，請就近酌辦。兼。真。

(北京大學檔案館藏檔，檔號：BD1925021-5)

同日，《晨報》刊登消息，稱中華圖書館協會將於明日在北京中央公園開發起人大會，由大會推舉籌備委員，再召集成立大會。沈兼士爲該會發起人之一。

中華圖書館協會之籌備

北京、南京、上海、江蘇、天津各地圖書館協會，近發起組織中華圖書館協會，以研究圖書館學術，發展圖書館事業爲宗旨。尚有教育界中人，加入發起。聞已定四月十二日，在中央公園來今雨軒開發起人大會，由大會中推出籌備委員，再行召集成立大會云。茲録其緣起及簡章草案於後：

（一）緣起　周官外史，掌三皇五帝之書，達書名於四方。我國之有圖書館，蓋已權輿於是，所以弘敭文化，普及教育，固不待西説東來，而後知其功用也。徒以後世怠於講求，□失本義，藏之中秘，惠不逮民，扃之私家，施不及衆。矧以世傳難久，散佚居多，固步頻更，喪亡每遇，二三有志，徒堅抱器之滅，歷代帝君，虚飾右文之興，文教之衰，由來久矣。近雖取法歐美，頗有設施，顧尚館自爲政，不相聞問，將取遠□，實待他山。同人服務典藏，行能無似，深苦觀摩乏術，商榷莫由，茲經公同商議，請集全國圖書館，及斯學專家，爲中華圖書館協會，本集思廣益之方，爲提槧懷鉛之助。邦人君子，幸垂鑒焉。

發起人：蔡元培、梁啓超、黄炎培、張伯苓、熊希齡、顔惠慶、汪兆銘、袁希濤、丁文江、傅增湘、胡適、馬叙倫、蔣夢麟、江庸、林長民、楊蔭榆、范源廉、易培基……顧孟餘、胡石青、沈兼士、張彭春、翁文灝、沈祖榮、楊銓、鄧萃英、查良釗、胡詒穀、陳裕光、洪維廉、韋棣華、盧錫榮、胡慶生、南京圖書館協會、江蘇圖書館協會、上海圖書館協會、天津圖書館協會、北京圖書館協會

（二）簡章草案（略）

(《晨報》1925 年 4 月 11 日)

四月十二日，赴宣南春黎子鶴晚宴，同席有沈士遠、沈尹默、錢玄同等。

晚餐黎子鶴請吃飯（宣南春），賓主共十人：三沈、二馬、錢、麟伯、二張、主人也。

(《錢玄同日記》)

四月十三日，顧頡剛作致沈兼士信。

寫紹虞、兼士先生、小峰信。

(《顧頡剛日記》)

四月十五日，赴中央公園長美軒黎錦熙晚宴，同席有沈尹默、錢玄同、馬裕藻等。

畢，至衙門與劭西、一庵同至公園，今日劭西請客（他榮任女師大國文部主

任矣）（長美軒）也。三沈（大未到）、幼漁、逖先、一庵、啓明（未來）、玄同。

（《錢玄同日記》）

四月十六日，收到陳萬里來電，談西北考察經費事。

四月十六日收到陳萬里先生來電一件

速譯轉大學國學門主任沈兼士先生：頃發灰甲敷衍翟電，翟已向甘長商，未獲同意。華納亦西來，我校以“華囊離京應商事多，無人接洽”爲詞，祇能明年進行來復。用款付廳長，在京祈趙星垣兄接洽，由廳長電甘廳陸長劃付，至盼。蓰里。灰乙。

（北京大學檔案館藏檔，檔號：BD1925021-6）

四月十七日，發致陳萬里電，談考察經費事。

四月一七致陳萬里先生電一件

蘭州南關繼美棧謙和公司陳萬里先生：電悉，華納離京應商事無人接洽，祇能明年進行。款真日已電匯財陸。兼。銑。

陳先生灰甲電迄今尚未接到。

（北京大學檔案館藏檔，檔號：BD1925021-6）

四月二十二日，顧頡剛作致沈兼士信。

寫仲華、兼士先生信。（《顧頡剛日記》）

四月二十三日，訪顧頡剛。

兼士先生來談。（《顧頡剛日記》）

四月二十七日，顧頡剛作致沈兼士信。

寫兼士先生、旭生、建功信。（《顧頡剛日記》）

四月二十八日，赴北京大學第二院宴會廳，參加國立北京大學等四校聯合舉行的歡迎法國公使宴會。

四大學公宴法公使

國立北京大學、東南大學、廣東大學、中法大學四校，以法國退還賠款案解決，關係中國教育，殊爲重要，特發起公宴駐京法國公使，以聯絡感情，并謝其注意中國教育。先由四大學校長蔣夢麟（北大）、胡敦復（東南）、鄒海濱（廣大）、李石曾（中法大）聯名發出請帖，於四月二十八日下午八時，在北京大學第二院宴會廳舉行。是日赴席者，法國方面除法使及其參贊、書記外，尚有熱心中法教育、實業事業之竇道、貝熙業、鐸爾孟、馬素等十三人。中國方面除主席四人外，有李潤章、吴弼剛、周鯁生、李仲逵、李聖章、宋春舫、佘文燦、高魯、陳孟釗、顧孟餘、易培基、王輔五、李玄伯、徐旭生、高一涵、趙少侯、楊宗伯、王雪艇、陳百年、王海帆、丁燮林、賀之才、蕭子昇、馬幼漁、譚仲逵、范稚和、戴修駿、沈尹默、沈兼士、齊雲青、皮皓白、胡適、蔡元、彭志雲、羅惠僑、陶孟如（陶孟和——編者注）、王鏡儒、朱希祖、馬叙倫等四十餘人。八時許入席，十時半後散席。四大學校長公推李石曾致歡迎詞，旋法公使馬德爾（de martel）有長篇答詞，雙方演説均甚重要，皆希望中法文化事業之進行。兹録李石曾氏歡迎詞及法使答詞如左：（略）

（《晨報》1925年5月1日）

同日，顧頡剛作致沈兼士信。

寫兼士先生、建功、仲華、玉堂信。（《顧頡剛日記》）

五月七日，北京女子師範大學學生自治會開講演會，校長楊蔭榆與學生發生激烈衝突。兩天后，楊宣布開除該自治會成員六人學籍。學生群情激憤，誓將楊驅逐出校。

京女師大風潮又擴大

北京女師大五七日開講演會時，自治會職員阻止楊蔭榆到會。兹聞楊竟開除該會之職員六人，已正式發出布告。該校學生方面，則因久已不認楊爲校長，見此布告後，群情頗憤，聲言誓爲自治會後援，必驅楊出校而後已，風潮已愈益擴大。并聞該校之運動會，亦因楊氏禁阻，停止開會。學生咸以爲失信於人，益唧之刺骨云。

（《益世報》1925年5月11日）

五月九日，赴北京書局開會，商量翻印古書事宜，到會者還有陳大齊、馬裕藻、單不庵、陳垣、錢玄同。

下午四時至南池子飛龍橋十三號北京書局開會，商量翻印古書事情。到會者百年（主席）、幼漁、兼士、不庵、援庵、我也。（《錢玄同日記》）

五月十日，參加在北京大學第二院宴會廳舉行的國文系四年級師生聯歡會。

國文系四年級師生聯歡會開會記事

五月十日午後三時，本會假二院宴會廳舉行師生聯歡會。到會者除蔣校長、顧教務長因要公未能出席外，本系教員有馬幼漁、黄晦聞、沈尹默、沈兼士、林公鐸諸先生。同學到會者計二十九人，臨時推舉魏建功君爲主席，宣布開會理由。繼由馬幼漁先生致訓詞，并説明校長、教務長不到會的原因。後諸先生均不以正式演説爲然，遂不拘形迹，彼此談話。嗣因天氣關係，提前攝影。畢，復回原席，繼續暢談。至四時半散會，誠吾系中之盛會也。

國文系民十同學會啓　五月十二日

（《北京大學日刊》1925年5月13日）

五月十三日，赴女師大開會，討論國文教員對於此次學生反對校長楊蔭榆開除學生事件的辦法，到會者有錢玄同、馬裕藻、黎錦熙等。

與劭西同至女師。本來今日國文系應於下午四時開會討論劭西所擬之《女師大國文學系四年學程草案》，因有此變故，故由幼漁提議改爲討論國文教員對於學潮之辦法。到者祇六人：錢、馬、沈三、黎、魯、王璞也。又到了理科主任文範村元模來。商量結果，先由黎、文二人以主任資格去向楊蔭榆抗議開除學生之不當及違法因由評議會議决也。仍由該二人以友誼資格“勸退”。（《錢玄同日記》）

五月二十二日，訪顧頡剛。

伏園、兼士先生來談。（《顧頡剛日記》）

五月二十七日，因北京女子師範大學校長楊蔭榆以學校評議會名義，宣布開除學生自治會職員六人，時在女師大兼職的魯迅、周作人、馬裕藻、李泰棻、沈尹默、錢玄同、沈兼士等七名教員，聯名在《京報》發表《對於北京女子師範大學風潮宣言》，公開支援女師大學生的正義鬥争。照録如下：

溯本校不安之狀，蓋已半載有餘，時有隱顯，以至現在。其間亦未見學校當局有所反省，竭誠處理，使之消弭。迨五月七日校内講演時，學生勸校長楊蔭榆先生退席後，楊先生乃於飯館召集校員若干燕飲，繼即以評議部名義，將學生自治會職員六人（文預科四人理預科一人國文系一人）揭示開除，由是全校譁然，有堅拒楊先生長校之事變。而楊先生亦遂遍送感言，又馳書學生家屬，其文甚繁。第觀其已經公表者，則大概諄諄以“品學”二字立言，使不諳此事始末者見之，一若此次風潮，爲校長整飭風紀之所致。然品性學業，皆有可徵，六人學業，俱非不良，至於品性一端，平素尤絶無懲戒記過之迹，以此與開除并論，而又若離若合，殊有混淆黑白之嫌。况六人俱爲自治會職員，倘非長才，衆人何由公舉。不滿於校長者倘非公意，則開除之後，全校何至譁然。所罰果當其罪，則本系之兩主任何至事前并不與聞，繼遂相率引退。可知公論尚在人心，曲直早經顯見，偏私謬戾之舉，究非空言曲説所能掩飾也。同人忝爲教員，因知大概，義難默爾，敢布區區，惟關心教育者察焉。

國文系教員　馬裕藻
國文系教員　沈尹默
國文系教員　周樹人
史學系主任教員　李泰棻
國文系教員　錢玄同
國文系教員　沈兼士
國文系教員　周作人

五月二十九日，顧頡剛作致沈兼士信。

到所，改作出品説明，寫兼士先生信。（《顧頡剛日記》）

五月三十一日，《女師大月刊》第一百零九期轉載《對於北京女子師範大學風潮宣言》。

按：宣言原件有許廣平的題記，云："魯迅擬稿，針對楊蔭榆的'感言'，爲學生仗義執言，并邀請馬裕藻先生轉請其他先生連名的宣言。"

六月三日，訪顧頡剛。

到所，維鈞、兼士先生、伏園、建功來談。 （《顧頡剛日記》）

六月八日，參加北京大學師生在第一院操場的集會，并推選代表，即赴吉兆胡同段祺瑞府邸，要求北洋政府采取措施，援助上海爆發的"五卅慘案"。

京商學界一致援助滬案

▲北大師生赴執政府請願　八日上午十時，北京大學教職員二百餘人，同學生代表等在該校第二院宴會廳開緊急會議，討論援助滬案問題，比決定二項。（一）請政府即日派兵到滬，保護我國人民生命；（二）要求政府即日令英、日兩國駐使退出國境。外具説帖一件，向執政府請願。至午後二時，該校師生齊赴該校第一院操場會合，到者約千五百餘人，外國教員（英人除外，該校教員無日人）如經濟學教授額爾德（德人）、英文學系教授柯勞文等亦均到場。由漢花園出發，直赴鐵獅子胡同執政府，比推蔣夢麟、王世杰、周鯁生、胡庶華四人爲代表。侍從武官衛興武聞訊，急出接見，比稱執政已回邸。各代表云，今日非見執政不可。衛即電吉兆胡同請示，段命衛邀代表前來接談。衛即與四代表乘汽車轉赴吉兆胡同，大隊步行隨之。詎至吉兆胡同時，有衛隊數十人，全副武裝，持槍露刃，阻請願隊前行。教授沈士遠、沈兼士等當趨前向衛隊演説，學生代表等亦紛紛大聲向衛隊勸導，略謂"我們此次見執政是愛國運動，國家練兵是對外的，不是壓迫同胞的。我們此次請願是請執政派兵保護上海中國人的，不是請執政派兵打中國人的。諸位亦是國民，未必連這個道理不懂"云云。詎衛隊仍不放行，於是有學生多人大呼"冲進去"，此時小有衝突，然衛隊立即退散。衛興武聞請願大隊已至段邸門首，急出招待。聞衛隊阻攔之事，極爲慚恧，當向衆極力道歉。是時段已與四代表接見，代表要求立即下令派軍隊赴滬租界，并請英、日政府召回公使。段答："此事關係重大，宜慎重考慮。明日閣議席上當可提出，交衆詳細討論，再行决定。"代表等當力陳此舉之爲必要，段又謂："聽説外面有罷工之事，此舉損失在我，與人何害？深望諸位剴切勸導，以免工人吃虧。"各代表答："此乃不得已之動作，代表等早已知之，特事勢至此，不得不走這條路。"次段又謂："英、日兩國公使均稱上海此事含有過激意味，確否？"各代表比將滬案之經過及學生不得不援助工人之實情，一一説明，并謂政府萬勿聽信英、日之捏詞，段亦首肯。各代表認爲満意，比即將説帖親交段，興辭出邸。當四代表與段晤談時，大隊因代表久不出，當又推李石曾、徐炳昶入内，良久六代表同出，報告大隊，衆認爲満意，遂列隊回校。

（《申報》1925年6月13日）

六月十五日，與李四光、高仁山等四十五人代表北京國立各學校教職員作致各校長函，要求在財政部撥給國立各校積欠經費一百五十萬元中捐出十萬元，救助上海“五卅慘案”中的失業同胞。

國立各校教職員致各校長函

逕啓者：此次滬上工學界被英日人慘殺，國人莫不髮指，弱國對外，武力既難以敵人，所恃者敦在經濟絶交，冀足制敵人死命。竊意罷工罷市不宜波及全國，致徒增苦痛。惟上海租界内已實行罷工罷市，自必須堅持到底，方可望收外交勝利。此次失業之同胞，據報載不下二三十萬，亟待救濟，設不幸一旦接濟難繼，交涉緣之失敗，虎頭蛇尾之譏，所關尚小，國脈因而斬絶，所關實大。今假定衹十萬人按最〈抵〉〔低〕（“抵”字錯——編者注）生活計算，已需五萬元。今雖各方已紛起募捐，預料所得恐仍有限，故不可不籌一大宗之接濟。同人等以爲莫如由此次政府所撥給國立各校積欠經費一百五十萬中提捐十萬。前北大教員大會時，曾有人提議將此款一百五十萬全數捐作救濟滬案失業者之用。同人等以爲教育界自身亦殊困窮，此議非惟過於高調。即教育界願全數犧牲矣，而政府亦决不能將款即行付出。今若提捐十萬，在分得此款各校想不致有人持何異議，而要求政府立時付出，爲數有限，恐亦不便拒絶推諉。用是同人等謹向列位校長先生提議，“請國立各校從政府應允撥給之積欠經費一百五十萬内，提捐十萬，爲救助滬案失業工人之用”。此款請政府飭財政部如數立時付出，交各位校長即日匯至上海。如荷贊同，務希即日議决進行，不勝感幸。再尚有欲聲明者，列位校長先生各爲本校之正式領袖，有處分學校財政之全權；以此款不及十分之一捐助失業同胞，教育界同人自無不表同情，似無須再徵求任何一方教職員之意見，致誤迫切之時機也。

沈兼士　李四光　高仁山　陳映璜　蕭友梅　譚熙鴻　胡　適　陳翰笙
王家吉　馬裕藻　顧振福　孫慶霖　茅乃煌　林玉堂　陳大齊　查良釗
陳彰祺　余天休　劉玉峰　劉天華　徐炳昶　馬寅初　朱家驊　顔任光
黄文弼　徐誦明　徐佐夏　張歆海　朱希祖　張　煦　楊敷海　李書華
余文燦　鄭　奠　章廷謙　吴承洛　羅惠僑　鄭陽和　顧頡剛　蘇甲榮
陶　玄　楊蔭慶　周同煌　孫雲鑄　陳　政仝啓

十四年六月十五日

（《北京大學日刊》1925年6月16日）

同日，顧頡剛作致沈兼士信。

寫孔麟甫、梁鐸、紹虞、正甫、伯祥、振鐸、葵如、文玉、乃乾、幼漁先生、兼士先生信。

（《顧頡剛日記》）

六月十六日，顧頡剛寫沈兼士回條。

寫兼士先生回條。

（《顧頡剛日記》）

六月二十日，吴承仕作致沈兼士、陳垣信，通報清宫發現被盗事。

一九二五年六月二十日，來函

堅士、援庵先生：

昨在清宫點查休息室，聞劉含章君宣言，前在太極殿、長春宫等處發見被盗之迹，靴痕手印，了了分明，法當請地方司法官廳，偵查檢舉。如官廳認爲所遺罪迹無保存之必要時，始能開始點查。今案既未破，而太極、長春諸處，均已點查，則委員會之處置，實爲不當云云。弟等以劉君所述，甚有理致，故昨日下午同人一律不到第一組執行職務，以避嫌疑，并致函李委員長詰問其開點太極、長春之故。其函弟亦署名，明日當可發送矣。弟於此事前無所知，果如劉君所言，則委員會至少亦當負過失之責。劉君又言，足印似爲皮鞋形，其端甚纖云云，言外尤有深意。不審二兄深知開點之始末否？弟昨在場親見親聞，故以奉告。手此，順頌日佳。弟承仕頓首。六月二十日。

（陳智超編注《陳垣來往書信集》第185—186頁）

按：信中“李委員長”指李煜瀛，時爲清室善後委員會委員長。

六月二十六日，顧頡剛作致沈兼士信。

寫玄同、兼士二先生信。

（《顧頡剛日記》）

六月二十八日，作致顧頡剛信，談安肅縣浣衣塘孟姜女事迹。

安肅縣的浣衣塘

頡剛兄：

《小方壺齋輿地叢鈔》五帙，黄鈞宰《北征日記》八，安肅縣條云：

白塔村有崇國寺，塔在寺後，堊墁色白，有重建孟姜女廟碑，有濯衣塘，俗傳孟姜女浣衣處，一名浣衣塘。

此節不記尊著已採入否？姑鈔奉一覽。

兼士。十四，六，二十八。

頡剛案，安肅縣的浣衣塘，他處説起已多，惟在崇國寺附近，則尚係初見。

兼士師又有信來，道及柴桑《京師偶記》（記山海關孟姜女墓，見通訊十七）在《小方壺齋輿地叢鈔》六帙内。

（《北京大學研究所國學門周刊》第一卷第三期，1925年10月28日）

按：其時顧頡剛正在編輯《北京大學研究所國學門周刊》“孟姜女故事研究”專題，此信談的就是這個問題。

同日，顧頡剛作致李宗侗、沈兼士信，談去清宫整理書畫事。

玄伯、兼士先生：

昨承玄伯先生見約，到清宫整理書畫，此事甚所願爲，惟思前瞻後，有不得不説明者數事，故先陳之：

一、每星期至多三個半天。（因他種事務甚忙，至多衹得抽出這一點功夫。）

二、請添聘俞平伯先生爲顧問，與剛同作此事。（俞先生對於書畫頗有興趣，與剛相稔，知其甚可靠。與之同作，可以早日完功。）

…………

以上八條，爲兩日内所想到者。剛自知太無才幹，不能爲臨時之肆應，祇得於着手之初，一切規定，才可放手做去。如不幸有人干涉，謂剛與平伯非書畫專家，整理之事不應由兩人包辦，請告以此次之整理爲第一度之整理，祇在分别朝代，分别御制與非御制，并非審定真贋，將來作第二度整理時，當再請專家辦理。

以上所言，能否照辦，務請審核示知，俾定去就。

顧頡剛敬上。十四、六、廿八。

（《顧頡剛全集40 顧頡剛書信集 卷二》第266—267頁）

七月十日，赴北京師範大學閲卷，同閲卷者有楊樹達、馬裕藻、黎錦熙、錢玄同、朱希祖等共八人。

至師大閲卷。卷凡九百本，閲卷者八人（楊遇夫、沈兼士、馬幼漁、黎劭西、夏宇衆、錢玄同、朱逖先、徐名鴻），種類有四（1. 作文；2. 方法；3. 標點；4. 翻譯。）。

（《錢玄同日記》）

七月十二日，程樹德作致沈兼士信，談及《琱玉集》中杞良妻滴血事。

《琱玉集》中的杞良妻滴血

兼士仁兄學長惠鑒：

大示拜悉，茲將拙著《律考》中“滴血”一條雜抄呈覽。

《琱玉集》，弟未見。此條係從李蒓客《越縵堂日記》摘出。楊守敬有《古逸叢書》，未知曾蒐及之否？據李氏云，是書中土久佚，惟日本有之。弟記彙刻書目中有之，惟忘其在何種叢書中。匆匆，不暇檢也。

杞良、華周事，昔人每與孟姜女混而爲一，如《哀江南賦》“城崩杞婦之哭”，即其一例。他書尚多有之。此條明言秦始皇北築長城，則其爲孟姜女事審矣。“仲姿”即孟姜女之名，他書不經見。

專復，敬頌著安。

弟程樹德頓首。七月十二日。

（《北京大學研究所國學門周刊》第一卷第三期，1925年10月28日）

七月十六日，顧頡剛作致沈兼士信。

寫敬軒、賡中、天挺、建功、適之先生、冠三、彬龢、兼士先生、緝熙、仲川、既澄、彦堂信。

（《顧頡剛日記》）

七月二十日，撰成《金文編序》。照録如下：

鐘鼎之學，由來尚矣。其源流變遷，略可得而言焉。自宋夏竦祖述汗簡著《古文四聲韻》，雖曰參考古器文字，所録金文，才數字耳。元祐之後，古器倍出，乃有專門之作，語其方法，可分二派：王楚之《鐘鼎篆韻》，杜從古之《集篆古文韻海》，薛尚功之《廣鐘鼎篆韻》，党懷英之《鐘鼎集韻》，楊鉤之《增廣鐘鼎篆韻》，吾丘衍之《續古篆韻》，朱雲之《金石韻府》，汪立名之《鐘鼎字源》之屬，以韻隸字，取便檢尋，此一派也。吕大臨之《考古圖》、《宣和博古圖》，王俅之《嘯堂集古録》，薛尚功之《歷代鐘鼎彝器款識》，王厚之之《鐘鼎款識》，摹寫器款，考釋全文，此又一派也。前者爲摹印家之所宗尚，後者亦不過備法帖之一格，雖編帙已有佚亡，今就其存者而觀之，别擇去取，踳譌複沓，殆皆無與於文字學。及清代乾嘉以還，《説文》之學大昌。阮元吴式芬徐同柏劉心源諸家取其緒餘，考釋款識，率能原本六書，辨正形體，較諸吕、薛之書，此善於彼矣。吴氏大澂復更張王、杜分韻之體，一以許書五百四十部首爲綱，羅列鼎彝之銘文，用補《説文》之古籀，取材既嚴，考訂亦謹，卓爾成一家言。孫氏詒讓繼之作《名原》，以窮文字之本。金文之學乃與文字學相得而其用益顯，乾嘉以來定一尊於《説文》之學風於焉丕變，推原其始，要不能不歸功於吴氏《説文古籀補》。顧近數十年鼎彝之出愈夥，而吴書所載，學者每慊其未備（清黄士陵箸《續説文古籀補》，其書未見）。容君希白爰仿其例以補之，體裁考釋，益加精詳。而余尤善其坿録中增收畫文字一類，爲能識文字製作之原。蓋《説文》所載之象形文字，去古既遠，殆已由圖畫演進而爲符號。……凡此之類，例證頗多。苟能循兹以求，則六書製作之消息不難意會。較之曩昔媷媷以《説文》部首當字原者，其得失爲何如乎?

居嘗謂現代治文字學者之先務有二事：一以卜辭金文參驗《説文》以索形體之原始，斯學吴大澂孫詒讓羅振玉王國維四家已引其端緒；一以古代字書傳注所載之音訓參驗《説文》以探語言之根株，此則惟陳鱣自序其《説文解字正義》有云“鱣箸此書，思盡讀倉雅字書，每於古訓遺文，單詞片語，零行依附，獲則取之，以資佐證”，似用此法，惜其書未傳於世。合斯二者以究古代文字語言之系統，庶幾得所憑藉，可免擿埴冥行之虞矣。

抑更有進者，治金文學者，自宋迄清雖不下數十家，大扺皮傅形似，望文生訓，求其如王引之所謂“揆之本文而協，驗之他卷而通”者，猶不多覯。欲矯其弊，莫善於每一器款之下，彙録各家釋文，錯綜參校，辨其句度，考其辭例，引而申之，以盡其義類。如是，則此編中不能盡識之字未必終不可識，即古書辭句之難解者，與夫真僞混殽者，或亦可因之而有所闡明，容君其亦有意於此乎？中華民國十四年七月二十日。

（沈兼士《段硯齋雜文》）

七月二十三日，撰成《〈説文段注〉摘例序》。照録如下：

余於大學教授文字學，每詔諸生以入門之法，在於熟讀段茂堂《説文注》。其書麤觀之，似汗漫無歸宿，讀者儻能以其散見於全書中發凡啓例之論，最而録之，參互以求，綱領亦自易得。竊謂段氏注中所舉之例，約可分爲四端：一、説明許書之例。如桑下之釋讀若，祝下藋下之釋一曰，玒下莪下之釋某屬，蘇下之釋引經，靈下説複舉隸字之例，湔字揭《説文》屬辭之法是也。二、論古來造字命名之例。如以聲爲義之理，注於璠璣芋葉之下，凡物之小者謂之子，或謂之女，艸類之大者多曰牛、曰馬，見於蒻著之條。統言不分，析言有别，因垗蘇以箸其説。二字爲名，不可删一，舉苓耳以例其餘是也。三、兼明他書訓詁之例。如祇下之言讀爲當爲，余下之言古今字，窺下舉《廣韻》先今後古之例，嵒下明《釋文》本又作之條是也。四、段氏自明作注之例。如一下標明古韻分部，琫注詳考古今原流，其他説音則有同部合韻，釋義則有本訓引申義，皆其作注之例也。綜上四端，或引申之，貫串證發，以盡他書訓詁之類例；或櫽栝之，參互錯綜，以訂本書詞意之僢歧；如此則不僅古籍之字義可以盡明，即文字與語言之構造及變遷，亦可藉此以溯尋其端委。清代乾嘉以來，文字學之能脱離經學坿庸，一躍而蔚然成大國者，其關鍵端在乎是，學者所宜知也。昔馬壽齡箸《説文段注撰要》，標目雖分九類，舉例未盡四端，余嘗慊焉！閔子元召學既卒業，以其所爲《段注摘例》見示，采録頗爲精詳，校讀一過，輒弁數語而歸之。民國十四年七月二十三日。

（沈兼士《段硯齋雜文》）

七月二十八日，赴北大閲卷。

鎮日閲卷。寫悟梅信，送抄件。本年同閲卷者：啓明先生、幼漁先生、兼士先生、士遠先生、玄同先生、鳳舉、天挺、君哲、張育海。（《顧頡剛日記》）

八月一日，吴承仕作致沈兼士、陳垣信，認爲點查故宫時發現的康有爲等復辟函件應公布報端，使民眾周知。

一九二五年八月一日，來函

兼士、援庵先生鑒：

昨檢閲養心殿，發見康有爲、升允、金梁、江亢虎等陰謀復辟函件數事。其事皆在癸、甲之際。可知溥儀自復辟失敗以後，了無悔禍之意。此次驅逐出宫，待遇已爲寬大，而論者頗多誤會，如胡適之輩，且表同情於廢帝，尤足淆亂觀聽。事後復有自命遺老如劉若曾之流，呈請執政，爲之緩頰，是是非終未大白於天下也。意謂上述文件，應在報端公布，使民眾周知。既足以閑執讒人之口，即將來處分故宫舊物，亦足使清室遺孽，不得妄有主張。務請極力主持，隨時發表，於事至爲有益。順候起居康勝。弟承仕頓首。八月一日。

（陳智超編注《陳垣來往書信集》第186頁）

按：信中“癸、甲之際”，指1923（癸亥）、1924（甲子）年間。

沈兼士四女沈兑

八月二日，四女沈兑生於北京。

父母生我們兄妹五人，我最小，上面有一個哥哥、三個姐姐。我是 1925 年 8 月 2 日生在北京，小學、中學就讀孔德學校，大學就讀私立北平輔仁大學，現定居南京。（《沈兑口述實録》［未刊稿］）

八月四日，參加清室善後委員會委員、監察員聯席會議，討論内閣會議通過案例，主張反對閣議。

清室善後委員會發表復辟文件

昨日（四日）清室善後委員會開委員、監察員聯席會議，到會者易培基（汪精衛代表）、顧孟餘（教育會會長）、袁同禮（黄郛代表）、褚民誼（吴敬恒代表）、史之照（于右任代表）、任四瀛（警衛司令鹿鍾麟代表）、王法勤（張繼代表）、沈兼士、馬裕藻（蔡元培代表）、俞同奎、李煜瀛、胡若愚、徐謙、陳垣、張壁十二人。首由委員長宣布開會，并報告數月以來進行會務，略分三項：（一）點查經過情形；（二）籌備圖書博物館情形；（三）接收保管各田園、房産情形。繼又報告本日有應討論之重要事項，即星期六閣議通過例案，内有臨時法制院呈核京師警察廳保管清室内務府及奉宸苑各産條例，議決照辦一則。此事就手續言之，顯係違背委員會條例；就事實言之，各方對政府機關規於官産向多變賣拆毁情事，不能得人民信用。故政府之命令，似難遵從，應請到會諸君討論，并議决辦法。繼由常務委員陳垣報告，前日點查員在宫中發見去歲種種秘密奏摺文件，事關復辟密謀，由此證之，對於清室之處置，不爲太過，且於鞏固國本，誠爲必要，由此亦可證明此次閣議及數月以來政府對於委員會態度之不當。繼由委員徐謙、監察員顧孟餘相繼發言，皆謂此乃有關國本之重大問題，故委員會不僅應與政府争權限，而應説明革命時期内之事業，及政府處臨時執政之地位，絶無變更及推倒革命事業之權，并當將此大義宣告全國。委員沈兼士、馬裕藻、俞同奎、陳垣、胡若愚等均表同意，主張從速發表宣言。沈兼士并主張同時反對閣議。委員張壁提議將宣言電達或函達與此次反正有關之各軍領袖。李委員長提議辦法，謂應一面發表宣言，一面致函政府，反對閣議。經全體議决照辦，并推定宣言及公函起草員。又决定將新發見之秘密文件附同宣言發表。秘密文件最重要者，爲内務大臣金梁及康有爲等復辟密謀，如若何以清室財産爲籌款之方法，若何準備人材，若何交接軍事權要及客卿等等。尤足令人注意者，爲此等陰謀即在去年夏秋間，與處置清室時期相距不遠也。

（《申報》1925 年 8 月 7 日）

八月五日，赴東興樓張鳳舉、徐耀辰晚宴，同席有郁達夫、馬幼漁父子、沈士遠、錢玄同、周作人等。

下午六時半往東興樓，鳳舉、耀辰爲主，劉侃元、達夫、幼漁父子、士遠、兼士、玄同，共十人，大醉歸。

（《周作人日記》）

六時半至東興樓，今日張鳳舉、徐耀辰兩人請一位△△△（原文如此——編者注）吃飯。同座者有郁達夫、沈士遠、周作人、馬幼漁、沈兼士、馬巽伯諸人。我吃得大醉，胡言亂語，瞎鬧一陣。食畢，他們又到東安市場打地球，我從不會打，也從不敢打（不願在人前獻醜），今日因大醉，居然打了幾次，無一中者。

（《錢玄同日記》）

八月七日，教育部派員接收北京女子師範大學，陳問咸爲接收主任，遭該校學生拒絶。

京女師大生與教部對抗

教育部七日派員四人，接收女師大，推陳問咸爲接收主任。陳等到校後，曾將未住人各房間鎖封，晚間并派部役前往看守，因被學生拒絶，部役又退出。八早教部因準備招待日本參觀團，遂亦無人到校過問矣。……至學生方面，八日下午四時，曾開校務維持會，學生所推之委員十人全到，教職員到者有沈兼士、沈尹默、周作人、文範村八人。當由學生提出議案，約分三點：（一）維持現在住校學生生活辦法。衹求煤、水、電燈等事，設法使其不得停止。至一切食物，則由學生自備。其餘如招考費用及臨時費用，則須另行設法。（二）處分現住校内之差役。校役自再行移入校内後，在校内自由行動，不服使唤。與庶務交涉，彼亦不負責任。現應議定處分方法。（三）校務進行問題。即預備招生等事，所有章士釗之部令，概置不理。茲將該校維持會職員姓名探誌如下：(1) 校務行政主任馬叙倫（附學生二）；(2) 總務主任周樹人、李春棻（李泰棻——編者注）（附學生二）；(3) 教務主任文範村、沈尹默（附學生二）；(4) 事務主任陸滋勇、齋務主任郭劍秋（附學生二）。教長章士釗於下令停辦女師大之前一夜，曾上呈執政，係章本人之手筆。……

（《申報》1925年8月11日）

八月八日，下午二時，參加北京大學研究所國學門歡迎陳萬里調查敦煌返京會議，并作爲主席主持此會。

研究所國學門紀事

十四年八月八日下午二時在研究所國學門開歡迎陳萬里先生調查敦煌古蹟返京之紀事

沈兼士先生主席，略謂：陳萬里先生調查敦煌古蹟返京，考古學會、風俗調查會、歌謠研究會同人特於今日開會歡迎。從前往敦煌調查者多係外國學者，本國人前往調查者，以陳先生爲第一人。現在請陳先生報告一切經過。

陳萬里先生報告，略謂：（略）

沈主席末謂：同人聽了陳先生的報告當甚滿意。陳先生尚有詳細的日記，開學後當由國學門周刊發表。再陳先生所攝照相甚多，現正在整理中，大約一月後，可以特闢一室陳列展覽。

（《北京大學日刊》1925年8月15日）

同日，下午四時，參加北京女子師範大學校務維持會，并被推選爲教務主任。參閲本年八月七日條。

八月十日，參加北京女子師範大學教員、學生聯席會議，决定采用委員制維持校務，并準備向外界或學生家長募集臨時費用。

女師大停辦令正式發表

女師大停辦一事，雖經閣議議决，但延至九日，尚未正式發表，蓋因執政府之秘書廳尚未以閣議議决停辦一事通知教育部也。十日教育［部］已接得秘書廳通知，乃正式對女師大發出停辦之訓令。其令文如下：爲訓令事，准臨時執政府秘書廳公函内開，准貴部提出北京女子師範大學請暫停辦，由部派員接管，以資整頓。該校校長楊蔭榆，另有位置一案，茲經國務會議議决照辦，相應函達，查照等因到部，合亟令行該校，仰即遵照此令。中華民國十四年八月十日，教育總長署名。章士釗十日早十時到教育部，囑令前派接收女師大陳問咸、張邦華、戴修騭、柯興昌四員即到該校清查器具。四部員遂於午後三時齊赴該校，由該校庶務員按册查點。截止午後六時，各該員尚在校中清查。至學生方面，因該校會計既被教部接收，器具係一種死物，任其清查一次，亦無多大關係，故未阻攔。又該校教員、學生，十日下午曾開聯席會議，教員方面到者有馬幼漁、王文山、沈兼士、周樹人、周作人、殷平陸、張仲和、劉吴卓生、謝循初、孫逢禎十四人，學生到者有三十餘人，由馬幼漁主席。聞會議内容，係因馬叙倫、文元模等均表示不與聞此事，遂决定用委員制，從教員中公推委員九人，學生中公推委員十二人。至臨時費用，則擬向外界或各生家長募捐。又該校學生自治會十日曾具有一極長之呈文上段執政，内容係將章士釗之原呈逐條駁覆。同時另有公函一件致章士釗，請其退職，其文亦有數千字之多云。

（《申報》1925年8月13日）

八月十五日，《甲寅》周刊第一卷第五號刊登時評《北京女子師範大學》，無理指責北京大學教授兼北京女子師範大學教授沈兼士等組織校務維持會，支援女師大學生違抗教育部命令，以達到征服異己的目的。照録如下：

北京女子師範大學，既經部令停辦，連日部派接收該校專員陳君問咸、戴君修騭、柯君興昌等，點收物件，尚未完竣。女生二十餘人，亦尚未遷出，大有違抗部令相爲終始之勢。查該女生等，閨門稚質，少不更事，負笈京府，列名上庠，本體既幼弱可憐，且類有家督保人，交相維護。逾軌梗令之事，豈所能爲。其故，則有北大教授兼該校教授沈君兼士、馬君幼漁、周君作人等，擅名閥閲，膽智不凡，興建校務維持會，誓爲諸女生之武夫干城，强令守死不去，以嘗試其征服異己之計。至該女生等之真正利益，恐亦未遑講求。實則教部暫停該校，乃出於萬不得已。三日曰停，三月曰停，三年亦曰停。該校停辦期間之久暫，殆以四圍之情狀爲斷。該校女生繼續求學之志願，部意當然充分爲之顧惜。所得顧惜之度，亦以女生自處之本態爲衡。此中消息，惟真有心教育及家有子女者善參焉可矣。

按：《甲寅》周刊爲綜合性刊物，是章士釗 1914 年所辦的《甲寅》月刊的延續。章以北洋政府司法總長兼教育總長的力量支持刊物。該刊經常刊登反映段祺瑞政府意旨的時評，故被稱之爲“廣告性的半官報”。它與南方的《學衡》雜誌相呼應，成爲復古派的主要陣地。

八月十八日，程樹德致沈兼士信，談及綏中縣孟姜祠事。

綏中縣的孟姜祠

兼士老兄鑑：

頃閱《東三省古蹟遺聞》（本月新在奉天出版，友人購贈）内有孟姜女事蹟一條，録以奉上：

孟姜祠，在綏中縣，有殿二楹，四圍皆石垣，爲千年前之建築物。孟姜者，秦貞婦許氏也。始皇修長城，夫被徵役，十餘年未歸，因勞而亡。孟姜往覓夫骸，危坐城下號泣。長城崩頽，露夫骸骨。始皇聞而異之，厚葬其夫，欲納爲妃，孟姜觸石而死，始皇建祠祀之。祠前有望夫石，相傳即其墓。祠内有宋文天祥聯，其文曰：“秦皇安在哉，萬里長城築怨。姜女未亡也，千秋片石銘貞。”

按此條係采該地父老傳聞，雖不盡可信，而孟姜女之姓則尚可信，蓋春秋許本姜姓也。信國聯不可信。墓之所在，他書亦無可考也。

此請著安。

弟樹德上。八月十八日。

（《北京大學研究所國學門周刊》第一卷第三期，1925 年 10 月 28 日）

八月十九日，《益世報》刊登消息，稱日前章士釗主持教育部部務會議，決定將北京女子師範大學改組爲女子大學。

京女師大改組女子大學

日前上午十時，教育部召集部務會議，總長章士釗以次重要部員均列席，結果關於女師大問題，決定（一）將女師大改組爲國立北京女子大學；（二）就教育部設籌備處，籌備一切事宜，由章自任籌備處長，各參事司長均爲籌備員，即日開始籌備；（三）舊有之女師大學生，即行設法令得繼續上課，由各參事司長詳爲規劃，再行核奪。至未來之女子大學校址，是否仍舊，其組織方法如何，則均由籌備處酌量核辦云。

（《益世報》1925 年 8 月 19 日）

按：女師大被北洋軍閥接收後，臨時在西城宫門口南小街宗帽胡同 14 號舉行開學典禮，沈兼士、沈尹默等義務爲學生授課。

八月二十六日，與李石曾、李書華等四十二名北大教職員聯名發表《反對章士釗的宣言》。

反對章士釗的宣言

章士釗思想陳腐，行爲卑鄙。他作司法總長兼教育總長的第一着，就是接二連三的訓令各校，禁止學生開會紀念國恥。第二着就是提倡荒謬絶倫的復古運動，壓迫新思想，抹殺時代精神，以固寵而保禄位。

他被驅逐以後，還不曉得後悔，乘英日慘殺同胞、外交緊急的時候，竟自鬼鬼祟祟回了教育總長的任，真正臉厚已極。并且他對於禁止愛國運動的一切訓令，任意抵賴，稱爲“黠者僞造”（見《甲寅》周刊），教育訓令曾經在各校懸挂，這豈是一句話就能掩飾過去的嗎？就是一切“訓令”真是“黠者僞造”，那末，彼時他自己還做著司法總長，何以竟不能依法檢舉呢？

自從他捲土重來以後，藉整頓學風名目，行摧殘教育的計劃。對於女師大的風潮，不用公允的辦法解決，竟用武裝警察强迫解散該校。又用巡警老媽强迫拉出女生。直接壓迫女師大，間接示威於教育界，并且可藉此壓倒種種的愛國運動，達到他一網打盡的目的。

因爲上列的緣故，所以今天我們要出來抵抗他，反對他爲教育長官。

國立北京大學教員　王尚濟　王仁輔　朱家驊　朱希祖　朱　洪　李書華
李宗侗　李麟玉　李辛白　李煜瀛　吴文潞　沈士遠　沈尹默　沈兼士
周樹人　周作人　林　損　馬裕藻　馬　衡　徐炳昶　徐寶璜　翁之龍
陳大齊　陳君哲　陳　倬　張鳳舉　張　頤　屠孝實　馮祖荀　賀之才
葉　瀚　楊　芳　楊震文　趙承易　劉文典　黎世蘅　錢玄同　戴　夏
關應麟　譚熙鴻　顧孟餘

十四、八、二六

（《北京大學日刊》1925年8月29日）

同日，與李石曾、李書華等十七人聯名發表《爲反對章士釗事致本校同事的公函》。

爲反對章士釗事致本校同事的公函

敬啓者，閲報知胡適等十七教授對於評議會通過不承認章士釗爲教育總長一案有所抗議；我們係贊成該議案的人，也有意見想表示一下。

查本校以學校名義否認無恥政客爲教育長官，最早有反對彭允彝一案，當時全校一致，别無異議。現在胡適等十七教授雖是主張“政教分離”，但似并無否認彭案前例之意，所以不承認無恥政客爲教育長官，事屬可行，當無疑義。

章士釗與彭允彝同爲無恥政客，彭允彝“干涉司法獨立，蹂躪人權”，致引起知識階級的義憤、蔡校長的不合作、與本校的宣言否認；章士釗摧殘教育，蹂躪人權，并且貢諛説誑，不要人格，其卑鄙齷齪不亞於彭允彝，而有害於中國教育前途則尤爲過之。據胡適教授等的意見，本校倘若對於教部取否認之極端手段，“應以教部對於本校地位有直接加害行爲之場合爲限”。查彭允彝引起蔡校長辭職及本校否認之理由，即在其越權參與查辦羅文幹一案。羅文幹雖曾爲本校講師，但此次之被構陷，實因其爲王内閣（即所謂好人内閣）閣員的緣故，本校於地位上本未受到什麼直接的損害，徒以爲正義故，尚且那樣地反抗。現在章士釗對於北京教育下手摧殘，更憑藉權位提倡復古，仇視新文學新思想，與羅文幹案相較，彭其加害於教育界者更爲直接更爲猛烈。本校本反對彭允彝的精神，當然更應反抗。此理本至明顯，不待識者而後知，且與胡適教授等的意見亦正相合者也。

至於關於經濟方面，則現在情形與彭允彝時代并無差異。章士釗到任以來，曾爲北京大學籌過若干經費，本校同人當各知悉。即使章士釗真能按月撥付，或并清償積欠，但既是彭允彝一樣的無恥政客，同人亦當爲公義而犧牲利益，維持最高學府之尊嚴。如若忽變態度，拋棄歷來所歎贊提倡之“狂狷的精神”，而采取“有奶便是娘”主義，我們不能不爲北大同人羞之。

胡適之先生在《努力》三十九期上説得好，“教育界攻擊彭允彝，并不是攻擊他本身，乃是攻擊他所代表的東西。第一，他代表無恥。第二，他代表政府和國會要用維持一個無恥政客來整飭學風的荒謬態度”。我們再加一句，“第三，他代表文字思想道德制度上的復古運動”。這就足以説明“章士釗代表什麽”，而反對章士釗爲教育總長之合理，也就顯而易見了。

評議會爲大學最高機關，所議决案件，他種機關當然無推翻之權。此次反對章士釗爲教育總長一案，評議會中反對此案的少數評議員，在會場中兩次均參加表决，在閉會以前評議會書記朗讀此案原文時，少數反對派之評議員亦均在場，明明認此案之成立已無疑義。我們特將對於此案的意見，敬爲諸同事陳之，幸賜鑒察。

王尚濟　朱希祖　李煜瀛　李書華　李麟玉　李宗侗　沈士遠　沈兼士
沈尹默　周作人　馬裕藻　馬　衡　徐炳昶　馮祖荀　楊震文　譚熙鴻
顧孟餘

十四、八、二六

（《北京大學日刊》1925年8月29日）

八月二十八日，參加北京大學評議會教務會議談話會，討論北大脱離教育部和關於政治及其他對外重大問題兩項建議案。

八月二十八日評議會教務會議談話會

列席者：蔣夢麟　高一涵　王星拱　余文燦　羅惠僑　馬裕藻　陳大齊
胡　適　王　烈　楊　芳　朱家驊　顏任光　沈尹默　丁燮林
李煜瀛　顧孟餘　周　覽　沈士遠　馮祖荀　朱希祖　譚熙鴻
沈兼士　皮宗石　王仁輔　王世杰

建議案二，各由列席會員分别自動的簽名。

（一）建議於校長者：“同人建議於校長，請其對於本月十八日評議會議决案，斟酌情形停止執行。”

簽名者：胡　適　高一涵　皮宗石　王　烈　丁燮林　王星拱　余文燦
羅惠僑　顔任光　周　覽　王世杰　王仁輔

（二）建議於評議會者："同人願建議評議會，請求議定：評議會凡對於政治問題，以及其他與本校無直接關係之重大問題，倘有所議决，須經評議會之二度議决；或經由評議會與教務會議聯席會議之覆决；或經由教授大會之覆决，始能執行。"

簽名者：王世杰　皮宗石　丁燮林　高一涵　王　烈　顔任光　王仁輔
沈尹默　胡　適　王星拱　余文燦　羅惠僑　馬裕藻　朱希祖
馮祖荀　楊　芳　陳大齊　沈兼士　顧孟餘　朱家驊　周　覽
譚熙鴻

八月二十八日宣布

（《北京大學日刊》1925 年 8 月 29 日）

北大獨立事件尚未解决

北京大學因脱離教育部問題，於二十八日上午九時在第二院會議廳開評教聯席大會。此會之招集在覆議争執未决之十八日評議會議决案。届時到會者，評議員有李煜瀛、顧兆熊、沈尹默、馬裕藻、朱希祖、馮祖荀、譚熙鴻、王世杰、周覽、王星拱、丁燮林、皮宗石、高一涵、羅惠僑、余文燦、陳大齊、沈兼士等十七人，教授主任有胡適、陳大齊、楊芳、朱家驊、馬裕藻、朱希祖、顧兆熊、周覽、王世杰、丁燮林、顔任光、王仁輔、王烈、王星拱、沈士遠等十五人。除去重複，實共二十四人。代理校長蔣夢麟主席。九時半，主席宣告開會。贊成獨立派李煜瀛等八人首即聲明不承認此會爲正式會，不能覆議十八日評議會之議决案。陳大齊言"評教聯席會議"無法律上的根據。此問題争執甚久，後由反對派王世杰、胡適等提議讓步，改此會爲談話會，所有表决衹取建議書的形式，對學校無拘束力，馬裕藻等尚堅決反對表决。直至十二時許，方决定各用簽名形式表示意見，作爲建議案。建議案凡兩件：（一）北大脱離教部事，得由校長酌量情形，停止執行。簽名同意者十二人，不簽名者十二人。（二）凡關於政治及其他對外重大問題，評議會之議决案須經評議會第二度之覆議，或評教聯席會議之覆議或全體教授會之覆議，方爲有效。右案簽名同意者二十二人，不簽名者李煜瀛、顧兆熊二人。散會時聞已下午一時半，計共開會四時半。昨日列席者有約，不以會議結果在報章發表。右所記乃間接得諸北大某教授并參證各方面可靠消息而成者。……

（《申報》1925 年 8 月 31 日）

八月三十一日，參加由蔣夢麟主持召開的北京大學評議會會議，通過北大與教育部脱離關係的决定。

北大宣告决定脱離教部

北京大學脱離教部問題，三十一日復經該大學評議會開會討論，到會者蔣夢麟、李煜瀛、王世杰、高一涵、陳大齊、馬裕藻、馮祖荀、沈尹默、沈兼士、譚熙鳴（譚熙鴻——編者注）、羅惠僑、余文燦、顧兆熊、朱希祖等十五人。先討論北大是否繼續執行脱離教部問題。首由主席蔣夢麟發言，略謂本問題有兩種主張，然今日爲對外關係起見，不宜内部自召破裂，示人以弱，此案既經議決，宜繼續執行脱離教部，一切由本人負責辦理云云。此案遂決定。次議及評議會權限問題。一派主張評議會爲最高機關，所謂評議會與教務會之聯席會議，并非有法定根據。此種聯會不過一種自由表示意見之茶話會。另一派則主張聯席會議雖無法定根據，然在否認反對王九齡長部時曾開會表決，已有先例，故仍主張遇有重大事件，應由聯席會決定。是日評議會，亦即爲調和此兩派意見而開，當時有評議員曾提議，凡關於政治及其他與北大無直接關係之重大問題，須召集評教聯席會議決，方爲有效。在反對與教部脱離關係者，多贊成此案。所謂政治及其他與北大無直接關係云云，事實上亦殊費解釋。又有主張提議變更評議會議事細則，嗣後遇重大事件，須經會員四分〔之〕（“之”字漏——編者注）三之票決。討論良久，仍難決定，遂一面宣告與教部脱離，一面將評議會權限問題移在下次繼續討論。至北大脱離教部之影響，查年來北大與教部之關係，事實上衹有經費問題。教部方面，三十一得北大決定脱離消息，已揚言不再爲北大撥款，并擬通告銀行界不向北大通融。而北大方面對於此層，亦擬有對抗辦法。又據贊成脱離教部者言，所謂脱離教部，不過爲脱離教育部長章士釗，并非反對教部，而反對脱離者，則謂反對章教長實際上無異反對教育部機關。此層解釋，亦有不同云。

（《申報》1925年9月3日）

九月八日，《申報》刊登消息，稱教育部司長劉百昭向記者發表意見，提及北京大學除李煜瀛、沈兼士等少數教授外，其餘均反對脱離教育部。

教育部敦促蔡元培回國

教部專門司長劉百昭對於應付北大獨立一事，曾向某通信社記者發表意見數點，雖屬一面之詞，然亦有足注意之價值。茲照録於左：

（劉云）此次北大獨立，内部意見確不一致，以余調查所得，照該校現有評議員教授人數而論，前日評教聯席會，本爲十與十四之比，但因李四光早赴俄國科學會會議，王星拱又赴安徽另有任務，遂成十與十二之比。即就此比例核計，内中除李煜瀛、顧孟餘、馬裕藻、沈兼士、沈尹默、陳大齊等數人而外，餘均反對脱離教部。惟因彼輩堅執評議會少數人之決議，而繼續獨立之事仍得通過。按劉以上所云，與事實確有未符，上月十八日評議會係以七票對六票通過北大獨立案，其後兩次會議真相皆詳本報，可以參證。教部此時衹有暫停經費，以促彼方之反省。（記者問）教部除停給經費，有無第二步辦法？（劉答）教部因將夢麟（蔣夢麟——編者注）係代理校長資格，對此重大事故當然不能完全負責。此時除停給經費外，決定致電該校正式校長蔡孑民先生，詢問辦法，并促其早日回京處理一切。此項電報日内即可發出。……

（《申報》1925 年 9 月 8 日）

九月十二日，打電話招周作人至北大研究所。

兼士電招云半農已到，往研究所。（《周作人日記》）

九月十八日，赴東興樓周作人、張鳳舉、徐耀辰晚宴，同席有沈尹默、俞平伯、沈士遠、江紹原等。

五時至東興樓，與鳳舉、耀辰共宴客，共十二人（三沈、二李［玄伯不至］、徐、江、俞、馬）。（《周作人日記》）

同日，顧頡剛、吴維清（緝熙）來訪。

與緝熙到兼士先生處，爲代銷清宫出版品。（《顧頡剛日記》）

九月二十五日，顧頡剛作致沈兼士信。

寫兼士先生、子震、仲川、國任信。（《顧頡剛日記》）

九月二十六日，赴北京飯店濱田、原田、小林晚宴，同席有周作人、張鳳舉、馬衡。

晚至北京飯店，應濱田、原田、小林之約，同去者兼士、鳳舉、叔平，歸家已十一時半。（《周作人日記》）

按：五四運動以後，國内反對帝國主義的愛國民主運動空前高漲，從列强手中收回各項主權已成爲廣大民衆的共識，其中當然包括收回教育主權。時日本人阪西（即坂西——編者注）、土肥原等與北京大學部分教授商議，在原有中日學術協會基礎上，設立中日教育會，同時商議將日本人辦的天津同文書院改爲中國赴日留學生的預備學校——中日學院。濱田、原田、小林等是從事具體洽談此事的日方人員，中方爲沈兼士、馬衡、周作人、張鳳舉等。

1925 年北京教育界人士與日本友人合影，左三爲沈兼士

1925年清室善后委員會部分同人在故宮養心殿前留影，左三容庚、左四黄文弼、左七沈兼士、左八陳垣、左九馬衡、左十李玄伯、左十一胡鳴盛

九月二十九日，赴故宫清室善後委員會委員室參加該委員會會議，討論故宫博物院成立和文淵閣《四庫全書》保管等問題。

清室善後委員會重要會議

清室善後委員會，二十九日上午十時，在故宫委員室舉行會議，委員到會者有胡若愚、蔣夢麟（代表蔡元培）、易培基（代表汪兆銘）、徐巽（代表徐謙）、李煜瀛、沈兼士、陳垣、黄郛、葛文濬、于右任、袁同禮（代表張壁）、鹿鍾麟等十二人。當由委員長李煜瀛報告，本日應行討論事項，最重要者爲：（一）故宫博物院；（二）文淵閣《四庫全書》。關於故宫博物院，由籌備主任易培基報告年來籌備經過情形，并討論所擬之各項章程草案，由各委員逐條討論，略有修正，當即通過《故宫博物院臨時組織大綱》四條，《臨時董事會章程》八條，《臨時理事會章程》九條。通過後，由主席宣告故宫博物院成立，衆鼓掌。次商議博物院開幕典禮日期，一致議决於雙十節舉行。旋由籌備主任提出臨時董事會名單，經各委員逐一通過，計臨時董事爲嚴修、盧永祥、薛篤弼、蔡元培、熊希齡、張學良、張壁、莊蘊寬、鹿鍾麟、許世英、梁士詒、黄郛、范源廉、胡若愚、吴敬恒、李祖紳、李仲三、汪大燮、王正廷、于右任、李煜瀛等二十一人。關於文淵閣《四庫全書》，僉以本委員自接收故宫以前，以宫内物件不得移出宫外爲原則，文淵閣《四庫全書》既歸本會保管，自爲宫内之一部份，况該閣地點適中，建築得法，又爲專置《四庫全書》而建，亟應將此歷史上遺迹保存，以重古物。今故宫圖書館籌備告竣，不日開放，萬不能使其劃歸他處，全體委員均一致主張，至爲堅决。旋由鹿委員鍾麟表示，自去年溥儀出宫後，本人負守衛重責，不敢稍辭勞怨情形，各委員均致慰勞之意。至十二時半散會。當由委員會分送各委員影印復辟文件，并全體同往參觀文淵閣。

（《申報》1925年10月2日）

十月四日，遇顧頡剛。

遇兼士先生。（《顧頡剛日記》）

十月八日，參加北京大學教職員滬案後援會全體委員會議，議决召開教職員全體大會，報告委員會辦事經過情形等四項内容。

十月八日本校教職員滬案後援會開全體委員會

到會者 蔣夢麟 燕樹棠 陳翰笙 譚熙鴻 丁燮林 余文燦 胡春林 高仁山 倪品真 朱家驊 林玉堂 張欣海 沈兼士 沈士遠

議决：一、開教職員全體大會，報告委員會辦事經過情形，并提議今後進行辦法，請衆公决。

二、開大會日期由幹事定之。

三、報告書公推高仁山先生起草。

四、今後進行辦法，公推林玉堂先生擬定。

（《北京大學日刊》1925年10月9日）

十月十四日，在東興樓宴請顧頡剛等。

到東興樓，兼士先生邀宴也。（《顧頡剛日記》）

十月十八日，參加北京大學研究所國學門在北海濠濮間舉行的第三次懇親會，并代表該學門報告工作任務，討論《北京大學研究所國學門周刊》的體例問題。

本學門第三次懇親會紀事

本學門每年開懇親會一次，前年九月三十日在城南龍樹寺抱冰堂，去年六月十五日在宣外達智橋松筠庵，紀録均見《國學季刊》。今年第三次懇親會，十月十八日下午二時在北海濠濮間舉行。到會本所同人共三十九人。先在濠濮間假山上照相，次就座，由沈兼士主任報告，大要如下：

（1）本所周刊出版，外間稍有誤會，以爲季刊停止，改出周刊。其實季刊編輯會直隸於學校，不在本所系統之内；而本門各部分整理所得之各項材料，僅一《歌謡周刊》不敷作發表之用，乃始有擴大爲本門周刊之計劃，此後各部分材料即在周刊内發表。

（2）歌謡在周刊内所占地位，自不能如《歌謡周刊》時之大，故擬發行專集，由劉半農、周作人、常維鈞、顧頡剛諸先生商酌進行。

（3）研究生著作，擬即分别審查，印行叢書。

（4）研究生證書及學位，已由胡適之先生等擬定大學院章程，惟迄未提出，將來大學院計劃通過實行，自可照章辦理。

(5) 方言調查會成立經年，尚未見如何具體之成績，今劉半農先生歸國，此後方言會即由劉半農、林玉堂二先生主持之。

(6) 考古學會方面，前由陳萬里先生親往敦煌調查，得照片甚多，日内將開一展覽會。此次馬叔平先生又親往朝鮮樂浪郡調查漢古塚，旬月即可回國，必有具體報告。

沈主任報告畢，到會諸君對於周刊體例有所討論。次由劉半農教授演説，辭見下期本刊。演説畢，馬幼漁教授提議收集方音，一以作本會餘興，一以作劉教授收蓄方音之先聲。乃由劉先生出“到底怎麽樣”爲題，到會者按座次發音，魏建功先生以國際音標記録之，如另篇。

散會已傍晚六時半矣。

(《北京大學研究所國學門周刊》第一卷第三期，1925年10月28日)

同日，顧頡剛作致沈兼士信，要求辭職。

寫兼士先生信，辭職。

…………

予近來愈弄愈不喜爲人作事，研究所中，無論如何沈先生容忍我，總不能不做些事，而做事則便致怨艾。所以遲遲未絶者，以在出版方面略有趣味耳。今日沈先生在懇親會中對於我所編之《周刊》有不滿意之言，因此决心辭職，庶可專心爲學。(《顧頡剛日記》)

十月二十日，訪顧頡剛。

兼士先生來，挽留。(《顧頡剛日記》)

十月二十七日，北京大學評議會評議員選舉揭曉，沈兼士以三十七票當選。

校長布告

本届評議員選舉於本月二十七日開票，計收到票數七十六紙（内廢票一紙），實計七十五紙，其結果如下：

顧孟餘 四十八票　陳大齊 四十七票　譚熙鴻 四十二票　朱希祖 四十二票
胡　適 四十二票　李煜瀛 四十一票　朱家驊 三十八票　沈尹默 三十七票
馬裕藻 三十七票　馮祖荀 三十七票　沈兼士 三十七票　丁燮林 三十四票
高一涵 三十二票　徐炳昶 三十二票　李書華 三十二票　周　覽 三十一票
王世杰 三十一票

以上十七人當選

候補當選者（票數同者次序經抽簽排定）

李麟玉 二十九票　李宗侗 二十九票　李四光 二十九票　陳　源 二十八票
陶履恭 二十八票　皮宗石 二十八票　張鳳舉 二十八票

二十八票以下者從略。

(《北京大學日刊》1925年10月28日)

十月，北平故宫博物院正式成立。沈兼士首先關注的是宫内檔案，着手組織人員進行保存和整理。

民國十三年十一月，清室善後委員會成立，開始點查故宫文物。十四年十月，故宫博物院成立。當時沈兼士先生首先注意的就是檔案，於是將宫中各處經過點查手續的檔案隨時集中在南三所，預備整理。十五年一月，又向國務院接收軍機處檔案，移存大高殿。至於内閣大庫檔案，一向認爲秘藏，外人所得見到的，不過是流落出來的少數文册；庫貯情形，誰也不甚了然。而且這種檔案與軍機處的檔案，互相表裏，確屬最重要的參證資料，所以沈先生尤其特别關心，遂即建議設法清理。可是因爲地址屬於古物陳列所管轄，一時尚不便點查。直到北伐告成，沈先生重提舊議，主張將内閣大庫檔案提前着手；然而結果仍舊發生種種困難，未得如願。一直遷延到十九年，兩庫點查才算竣事。

（王梅莊《整理内閣大庫雜亂檔案記》，《文獻論叢》1936 年）

十一月二日，吴承仕作致沈兼士信，談及漢初儒道之争問題。

漢初儒道之争

兼士尊兄：

北大《國學周刊》三期均領，甚感！

胡適之論漢初儒道之争，弟亦思得數事足資參證：

赤烏四年，闞澤對孫權曰："漢景帝以《老子》義體尤深，改子爲經，始立道學。敕令朝野悉諷誦之。"（《弘明集》引《吴書》）又法琳《辨正論》注引《漢官儀》："景帝已來，於國學立道學館，以教學徒，不許人間别立館舍。"又道宣《辨惑篇序》："開東夏道學館。"（并見《廣弘明集》）是漢文時始立傳記博士，景帝時乃立道學，至武帝世乃罷百家而立五經。所稱百家，似包有《老子》、《孟子》。《藝文誌》有《老子》《鄰氏》《傅氏》《徐氏》《經傳》，足爲《老子》講經之證。景帝改子爲經，似謂老子之書足與六經相比，明漢初人視經獨尊，不與他書等也。

此意不知當否，乞教之！

順頌撰安！

弟承仕頓首。十一月二日。

（《北京大學研究所國學門周刊》第一卷第六期，1925 年 11 月 18 日）

按：信中"北大《國學周刊》"指《北京大學研究所國學門周刊》。

十一月十四日，顧頡剛作致沈兼士信。

到校，寫玄同、兼士先生信。（《顧頡剛日記》）

十一月二十四日，參加北京大學研究所國學門同人歡迎李仲揆、陳惺農兩教授茶話會，并致開會辭。

學術界消息　本學門同人歡迎李、陳二教授茶會紀事

十一月二十四日，下午四時，本學門同人特開茶話會，歡迎李仲揆、陳惺農兩教授。李教授代表北大赴蘇俄科學院二百年紀念會，陳教授留俄考察，均係新回中國。本學門爲請兩先生演講蘇俄關於東方學術情形，故開此會。是日到會者計二十四人，代理所長蔣先生因病未曾説話，由主任沈先生致辭開會。次由李先生演説參加紀念會情形，并傳觀關於學術機關的影片畢，陳先生演説關於蘇俄學者的生活，而尤以末尾所談游俄所見瑣事，足以引人感覺興趣，加深印象云。兩先生演説辭另録。

（《北京大學研究所國學門周刊》第一卷第十二期，1925年12月30日）

十二月十一日，撰成《吴歌序》。照録如下：

頡剛編的《吴歌》，四年前我曾於《晨報副鐫》上讀過一小部分，并因研究《男孤孀》裏“如今在黄泉路上步黄房”的“黄房”、《哭七七》裏“吽安童擔掃靈前座”的“擔”字，與頡剛、建功寫過兩封信討論考證歌謡中方言的方法，其時研究所國學門還没有成立，現在我們的歌謡研究會出版各地專集，《吴歌》就是其中的第一種，編者因我是他的老朋友，吽我在卷頭寫幾行字，雖然我對於歌謡，尤其是蘇州的歌謡没有一點研究，却不能不在這裏説幾句外行話，聊盡老友之誼。

“國語的文學”和“文學的國語”，固然是我們大家熱心要提倡的。但是這個决不是單靠著少數新文學家做幾首白話詩文可以奏凱；也不是國語統一會規定幾句標準話就算成功的。我以爲最需要的參考材料，就是有歷史性和民族性而與文學和國語本身都有關係的歌謡，歌謡之中尤以江蘇的爲能以優美之文辭，表現豐富之情緒。《漢書·地理誌》論吴地風俗的一段説：

始楚賢臣屈原被讒放流，作《離騷》諸賦以自傷悼，後有宋玉、唐勒之屬慕而述之，皆以顯名。漢興，高祖王兄子濞於吴，招致天下之娱游子弟，枚乘、鄒陽、嚴夫子之徒興於文景之際，而淮南王安亦都壽春，招致賓客著書，而吴有嚴助、朱買臣貴顯漢朝，文辭并發，故世傳“楚辭”。其失巧而少信，……本吴、粤與楚接比，數相并兼，故民俗略同。

而《藝文誌》載地方歌詩，《吴楚汝南歌詩》十五篇實居其首，這是江蘇歌謡在歷史上的價值。現在頡剛搜集的吴歌，雖不能説盡是有精彩的技巧和思想，但是那種旖旎温柔、情文兼至的風調，總不能不推牠爲南方歌謡中的巨擘，這一點就足以值得研究文學和國語的人的注意。

這裡還有一點要附帶聲明的，就是此書的命名問題。從前我雖曾反對過用“吴歈”“吴歌”等名稱，以爲不應該以廣狹異域界限不清的古代國名範圍現代的歌謡，如今我却幡然改途，不反對而贊成了。你看楊雄《絶代語釋别國方言》裏所注明的方言，通行至狹的是楚、秦、晉、宋、……等國；稍廣則注燕代、荊吴、周鄭、雍梁、南楚江湘之間……等名；更廣則注自關而西秦晉梁益之間、晉

宋衛魯之間、汝潁梁宋之間、陳齊海岱之間等名；却没有一處用漢代當時郡縣名稱的。有人疑此爲古人著書體例疏略，或是拘泥好古之弊，其實不然。要知道方言因交通的關係而仍是變動不居的，倘是要把牠分布的形勢通行的區域劃分得很清楚，那非經過一番實地精密的調查，委實難於確定，所以與其失之於狹，毋寧失之於廣，這或者是楊雄用較廣的國界和山脈河流來範圍一種方言的用意。歌謡的性質也和方言彷彿，所以我終於同意於頡剛之命此書曰《吴歌》。民國十四年十二月十一日。

（沈兼士《段硯齋雜文》）

按：顧頡剛編著的《吴歌甲集》由北京大學研究所國學門歌謡研究會於 1926 年 7 月出版，它是顧氏與歌謡研究會同人集體工作的結晶。時任北大研究所國學門主任沈兼士應顧頡剛等的要求，撰寫了這篇序言。

十二月二十日，參加中日教育會成立大會，并被推舉爲天津中日學院院長。

爲了應對中國收回教育權的運動，東亞同文會理事大内暢三來津商討解決辦法，通過與周作人的商量，決定成立中日教育會，成員由北大 5 人、東亞同文會 1 人、天津同文書院 2 人構成。學校交由中日教育會經營，經費仍由東亞同文會負擔。東亞同文會與外務省文化事業部商量後予以承認。中日教育會的成員名單爲：北京大學周作人、沈尹默、陳大齊、馬裕藻、張鳳舉，東亞同文會的大内暢三，天津同文書院的江藤榮吉、張庭芝。1925 年 12 月 20 日，中日教育會正式在北京成立，決定事項如下：會長爲周作人；學校改名爲中日學院；廢除名譽院長職，改由北京大學教授沈兼士任院長；監督的名稱改爲總務長，其他職位未變；教育會的事務、會計等工作由幹事負責；教職員没有變動。作爲觀察員，沈兼士和藤江幹事出席了此次會議。

（萬魯建《天津中日學院始末》，《天津檔案》2014 年第 5 期）

以前對於中日問題，還不能没有幻想，希望它能够和平解決，因此徒勞的作些活動，第一次的中日學術協會，已經失敗了，第二次又來計劃改革同文書院，設立了中日教育會。這也是由於坂西和土肥原的介紹，與東亞同文會的代表大内見面，商議將天津的同文書院改爲中國學生的留日預備學校的事宜。……

九月五日，午在東興樓與尹默幼漁鳳舉百年，共宴大内江藤土肥原，及方夢超四人。這以後中日教育會便算成立了，議定以天津同文書院爲基礎，設立中日學院，先辦初中高中部份，再擴充到大學部，其教務方面完全由中國人主持，教務長則請原有的張子秀擔任，另外請會裏派一個院長前去，并請會員二人去任兩門功課。結果推定陳百年去教論理學，馬幼漁去教國文，每周一次，院長則請沈兼士任之，因爲在北京住家，不能常駐天津，所以衹好時常往來京津之間。……

（《中日學院》，周作人《知堂回想録》第 519—520 頁）

按：中日學院名義上爲大學，其實各方面均不具備辦大學的條件，衹相當於歐美大學的預科。開始時確立學制爲六年，初、高級中學各三年。第二年又改爲四二制，即初中四年、高中二年。1927年4月，該校獲得中華民國教育部許可，校名繼續維持，其中學部改稱爲私立中日中學校。該校辦學經費雖由日方提供，但主辦權完全掌握在中國人手中。

十二月二十五日，顧頡剛作致沈兼士信。

到校，寫聖陶、伯祥、調孚、紹虞、雁晴、芝生、玄伯、佩弦、兼士先生、援庵先生、緝熙、尚嚴、伏園、維鈞信。（《顧頡剛日記》）

十二月，北京大學《國學季刊》第二卷第一號出版發行，沈兼士仍爲該刊編輯委員會委員之一。

編輯委員會

胡 適（主任） 朱希祖 沈兼士 周作人 馬裕藻 陳 垣 單不广 劉文典 鋼和泰 鄭 奠 錢玄同 顧孟餘 顧頡剛

（《國學季刊》第二卷第一號，1925年12月）

是年，參加由北京大學同人發起組成的駝群社。

駝群社自民國十四年北京大學同人發起，每月一聚餐，取任重致遠之意。社員爲沈士遠、尹默、兼士三昆仲，馬幼漁、叔平、隅卿三昆仲，李潤章、李聖章、陳援庵、劉半農、周啓明、張鳳舉、徐效臣、俞平伯、陳百年、李玄伯、徐旭生及余，然時有出入。（《朱希祖日記》1929年1月27日）

是年，吴承仕作致沈兼士、陳垣信，談故宫點查事。

一九二五年，來函

今日檢得載恬日記及溥儀日記數册，皆屬秘要之件。欲提出而軍人不許，望即提出爲要。又吾輩點查員，是否應受軍人指揮？彼輩常沮撓檢查員行事，亦乞注意。此上兼士、援庵二兄。弟承仕白。

（陳智超編注《陳垣來往書信集》第186頁）

一九二六年　民國十五年　四十歲

一月一日，赴周作人家午宴，同席有沈士遠、沈尹默、錢玄同、馬裕藻、劉半農、徐耀辰等。

上午邀三沈、錢、馬、劉、徐、三張、二孫及川島飲屠蘇、吃雜煮，下午均去。（《周作人日記》）

十一時許至周二家，飲屠蘇雜煮シルコ，又ハ中國飯，共十四人（錢、沈、沈、沈、馬、徐、張、小張、龔、半、孫、孫、章、周）。（《錢玄同日記》）

一月二日，顧頡剛作致沈兼士信。

寫兼士先生信。（《顧頡剛日記》）

一月四日，訪顧頡剛。

兼士先生來談。（《顧頡剛日記》）

同日，在《北京大學日刊》刊登賀年廣告。

賀年。恕不另柬。

沈兼士

同日，魯迅收到沈兼士信。

上午得沈兼士信。（《魯迅日記》）

一月六日，顧頡剛作致沈兼士信。

到校，寫父大人、小峰、正甫、平伯、兼士先生、新城、掞藜、敬文信。

（《顧頡剛日記》）

一月十一日，北京女子師範大學公布本校選舉産生出席北京國立各校教職員代表聯席會議代表八名，沈兼士列名其中。

教職員會代表業經選出

國立各校教職員代表聯席會議本校出席代表，前經總務處文牘部函請各教職員通信選舉，業於上月底截止。日前校務維持會開會時當衆開票，結果當選八代表姓名及票數如左：

（一）馬裕藻五十一票　（二）許壽裳四十八票　（三）鄭　奠三十七票

（四）陳啓修十九票　（五）林玉堂十七票　（六）鍾書衡十六票

（七）沈兼士十五票　（八）周樹人十五票

（《女師大周刊》第117期，1926年1月11日）

一月二十日，撰成《文字學書目提要叙録》。後發表於《北京大學研究所國學門月刊》第一卷第五號，又收入《段硯齋雜文》。此文概括介紹編輯文字學書目提要的意義和目的，説明編輯凡例及目録分類情況，是研究文字學的必備知識，爲學者的研究工作提供了極大的便利。

二月一日，訪顧頡剛。

兼士先生、叔平先生來談。（《顧頡剛日記》）

二月三日，與沈士遠、陳百年、陳君哲等共三十八人發布啓事，爲原北京大學畢業生王雲衢逝世開追悼大會。

王君雲衢追悼大會公啓

蓋聞向生西游，淚墮山陽之笛；巨卿感夢，言踐素車之馳。道阻時緜，猶深悲感；况音塵在目，幽冥驟隔，如我王君者乎！

王君，名倬漢，字雲衢，又字巧生，浙江嵊縣人也。秉性醰粹，挺姿貞亮。幼就外傳，神志早朗；長入成均，鑽研益切。是以言有壇宇，行有防表。跌蕩文史之囿，優游學術之場。蓋抱璞懷珍，瀕乎其不可及也。民國八年，畢業於國立北京大學，黌舍未離，聘簡紛至。君乃孤風絶侶，婉辭以謝。尋以摯友之敦勸，多士之企慕，先後任天津南開、北京清華等校講席。善誘善誨，未形倦容。如切如磋，爲學日益。方期金聲玉振，長惠士林。孰意雹碎霜凋，遽捐館舍。以民國十四年十一月三日，卒於杭州之寄廬。春秋僅三十有三。某等誼切斯人，情深傷感。爰定於十五年二月二十五日（即陰歷正月十三日）在北京大學第三院大禮堂，開追悼會，藉抒哀忱。所願雲窗舊雨，梓里親知，錫以鴻章，并煩玉趾。春蘭秋菊，想馨欬於生平。薤露蒿歌，慰逝者於泉壤。謹啓。

發起人 王肇祥 朱 洪 朱其煇 沈士遠 沈兼士 邵裴子 李宗裕
李宗武 何以莊 林 彬 周亞衛 俞士鎮 姜 奎 胡鳴盛
范文瀾 馬志恒 孫延杲 翁之龍 陶書丞 陶熙孫 陳百年
陳君哲 彭仲鐸 張 煦 黄文弼 曾劭勳 喻 鑑 董 威
趙廷炳 趙迺傳 趙水澄 潘 淵 鄭 奠 駱鳴凱 錢王倬
薛祥綏 羅莘田 羅 庸（以筆畫多寡爲次序）

如蒙賜以挽詞，乞寄北京西城西四集雅士四號潘企華君，或東城弓絃胡同大口袋五號李仲侃君，或地外錢串胡同九號羅莘田君代收。

（《北京大學日刊》1926年2月3日）

同日，顧頡剛作致沈兼士信。

寫兼士先生、語堂、賓于、玄同先生信。（《顧頡剛日記》）

二月六日，顧頡剛作致沈兼士信。

寫兼士先生、守和，印刷課信。（《顧頡剛日記》）

二月十三日，顧頡剛作致沈兼士信。

寫兼士先生、守和、擘黄、經庵、佩弦、曹晉卿、施子京、平伯信。

（《顧頡剛日記》）

二月十七日，顧頡剛來訪。

到兼士先生處，并晤幼漁、士遠兩先生。（《顧頡剛日記》）

二月十九日，顧頡剛作致沈兼士信。

到研究所，寫兼士先生信，校《吴歌》。（《顧頡剛日記》）

二月二十二日，顧頡剛作致沈兼士信。

到校，寫緝熙、金甫、小峰、印刷課、兼士先生、遇夫、維鈞、伏園、萬里信。（《顧頡剛日記》）

二月二十四日，北京女子師範大學公布本學期已聘定學科教員名單，沈兼士列名其中。

本學期各學科教員已經聘定

教授三十三人内各學科主任九人

周樹人 沈兼士 李德膏 張 煦 朱希祖 沈尹默 沈士遠 馬裕藻（以上國文學）

周作人　徐祖正　陸肇曾　趙承易　孫逢楨（以上英文學）

…………

（《女師大周刊·寒假增刊》，1926 年 2 月 24 日）

二月二十六日，顧頡剛作致沈兼士信。

到校，寫兼士先生、小峰、丹庭、萬里、紹原、伏園、谷鳳田信。

（《顧頡剛日記》）

二月二十七日，訪顧頡剛。與陳垣、徐旭生、張鳳舉、沈士遠、朱希祖、徐耀辰等駝群社成員同游天寧寺、白雲觀。

兼士先生來。萬里來。寫賓于信。

與履安同到廣和居，會駝群社諸先生，同游彰儀門外天寧寺，又至白雲觀。六點歸。

…………

廣和居著名菜爲江豆腐、潘魚、粉皮燒魚等。此店自康熙中間設，至今二百餘年矣。

今日同游人：援庵　兼士　旭生　鳳舉　祖正　潤章　士遠　萬里　遏先

（《顧頡剛日記》）

三月五日，與夫人蔡惠到劉半農家吃晚飯，同席有錢玄同夫婦、沈尹默夫婦、馬裕藻夫婦。

傍晚同婠至半農家，他今天請我們吃飯，我夫婦、沈二夫婦、三夫婦、馬二夫婦。

（《錢玄同日記》）

三月十七日，與顧頡剛談。

到所，看山西永濟壁畫，與兼士先生談話。（《顧頡剛日記》）

三月十九日，顧頡剛作致沈兼士信。

到校，寫兼士先生、子震、谷鳳田、四穆、悟梅、孔平、姚名達、小峰、萬里信。

（《顧頡剛日記》）

三月二十二日，顧頡剛作致沈兼士信。

到校，寫父大人、仲周、兼士先生信。（《顧頡剛日記》）

三月三十日，顧頡剛來訪，未遇。

到兼士先生處，未晤……

兼士先生有被通緝之説，故近日避入東交民巷法國醫院，實過慮也。

（《顧頡剛日記》）

四月四日，奉軍轟炸北京，在故宮南三所擲炸彈一枚，事後與陳垣、李宗侗、馬衡等同人察看現場，拾得銅螺蓋、碎鐵片各一個。

次年"3.18"慘案後，李煜瀛、易培基被段祺瑞通緝，故宫頓失領導，於是急忙推舉出莊蘊寬爲維持員，以暫時維持局面。不久，馮玉祥國民軍與直魯（奉系）聯軍開戰失利，段祺瑞出走，鹿鍾麟撤退，北京一時没有了政府，暫組織起治安委員會以維持治安。故宫原由國民軍駐守，這時國民軍撤出，衹得請内務部的警衛隊接防。理事會决定由理事陳垣爲代表，辦理駐防交接手續，定於4月5日開交接的會。不想就在開會的前一天（4月4日），奉軍轟炸北京，并在故宫南三所門外扔擲炸彈一顆，這分明是對次日交接事的威脅。但故宫同人并未被炸彈嚇倒，次日交接會仍照舊舉行。在會上，陳垣發言斥責，説明軍隊换防衹是爲保衛，不是接管故宫。

會後，善委會及工作人員九人到擲彈現場視看，衹見南三所旁門的門板震掉，遍地瓦礫。他們在現場拾得銅螺絲蓋一枚，及碎鐵片各一，并在擲炸彈處種了一米多高的小柏樹一棵，以爲紀念。螺蓋帽直徑四釐米，中間有一小孔，厚二釐米，下有直徑三釐米的螺絲紋。陳垣寫一題記，以記其事，後刻在螺蓋面上，題曰：

丙寅寒食，有飛機擲炸彈於故宫南三所前，余與莊思緘、沈兼士、俞星樞、李玄伯、馬叔平、胡文玉、吴稼農、吴景洲、李春圃諸君往觀。拾銅螺蓋、鐵碎片各一。翌日植柏於其處。新會陳垣記。

丙寅，一九二六年。寒食，清明前一日，即4月4日。莊蘊寬字思緘，俞同奎字星樞，李宗侗字玄伯，馬衡字叔平，吴瀛字景洲。都是故宫同人。

（《陳垣在故宫博物院》，《勵耘承學録》第114—115頁）

四月五日，參加清室善後委員會會議，先聽常務委員陳垣報告該委員會及故宫博物院成立之經過，再聽陳垣、莊蘊寬演説等。

清委會開會歡迎莊蘊寬

五日上午八時，清委會開會，歡迎莊思緘。到會者除監察員、各部院助理員及顧問外，各界人士有胡維德、柯劭忞、屈映光、羅鴻年、胡仁源、劉汝賢、陳任中、過之瀚、吴家駒、張貽惠、林風眠、魏鳳山（王士珍代表）、熊斌、何基鴻、譚丹崖、徐鴻寶、朱淇、林萬里及鹿鍾麟代表陳繼淹、沈兼士、俞同奎等百餘人。首由常務委員陳垣述清室善後委員會及故宫博物院成立之經過。

陳垣演説　此事係黄郛攝政内閣時代，由鹿鍾麟、張璧、李石曾等請宣統出宫，迄今已閲十七月。外人認爲應當□□機關，實因本會全賴各方面人員之努力，除事務員、書記支少額薪俸外，純係義務。計十七個月，總收支□購置、修理等費，僅十一萬餘元，慘澹經營，以至今日。比因委員長李石曾因被政府通緝，前月二十六日本會曾開委員、監察員聯席會議，議决公推董事盧子嘉、莊思緘爲維持員，因盧、莊□□對本會維護最力。現盧因京津阻隔不在京，莊先生以義不容辭，毅然擔任，故今日特開會歡迎。至於宫中守衛，除由國軍負責外，門内原有中一區警察駐守門外，并有保安隊，但鹿總司令屢言國軍不能長久擔任，應由會自編守衛，輒因經費無着，不能實行。現莊先生擬借古物陳列所警衛六十名，暫時擔任。今日之會，除歡迎莊先生外，并感謝國軍一年來守衛之勞苦。今請莊先生主席，發表意見。

莊思緘演説 今日承大家歡迎不敢當，鄙人爲監察員之一，又爲博物院董事，當然負責維持。政府中人，亦爲國民一分子，對此國民人人應有保護之文化事業機關，自應維持。凡不欲維持者，即非國民，即無人格。國軍在此駐守紀律嚴明，深知公家物品，一草一木，不得移動，至可欽佩。從前鹿司令屢言軍士不能常用駐守，應由故宫自練警衛。現鹿司令又申前議，倉卒間勢難辦到。承屈總長慨允，借古物陳列所警察六十名，改編院警，改换徽章，今日接防。外邊對駐軍爲種種謠言，深望來賓一爲查勘。外間又言内、教二部，將收歸部辦，探詢教内當局，均云無收歸政府之意，即賈總理亦以爲此事應脱離政治範圍，以免爲惡勢力所左右。此種主張，實爲正當。至於本會事業，亦爲共産之一，不過共諸國民，非共諸個人而已。共産學説，各國皆有，且有共産黨議員。無論李石曾、易培基等非共産黨，即使研究共産學説，亦不得指爲罪名，深望政府中人加以補救。鄙人能力薄弱，深望大家指教。旋由湯鐵樵、何基鴻、壽鵬飛等相繼發言，大致主張博物院應脱離政治關係及籌款辦法。

繼由莊思緘報告景山、壽皇殿、頤和園尚未點查，應請鹿司令代表轉告駐軍留意保護。旋因來賓等要往天壇植樹，乃散會，攝影。是時國軍鋪蓋俱置在神武門内，要求當衆檢查，并要求同到各宫殿查看，遂由京師高等檢察廳長吴家駒、司法部參事湯鐵樵、鹿鍾麟代表陳繼淹、舊守衛軍連長楊德清、新衛隊長莊慶等同至各宫，視察一周云。

(《順天時報》1926 年 4 月 6 日)

四月六日，清室善後委員會委員長李煜瀛遭北京政府通緝。與陳垣等該委員會重要成員發起召集顧問及職員，討論維持委員會工作的方法，决定推選盧永祥、莊藴寬二人表面上主持會務。

莊藴寬接收清委會以後

清室善後委員會，前日該會委員長李煜瀛被政府下令通緝，國民一軍又有退讓消息。爲避免政府乘機没收起見，特由該會中〈堅中〉〔中堅〕（“堅中”錯——編者注）人物陳垣、沈兼士等發起召集各顧問及各重要職員，討論維持方法，比决定推盧永祥、莊藴寬二人在表面上主持會務，實際上仍希望依舊准行也。不料莊被推定後，即高高興興於前日到會接收，臨時各部總、次長亦到場。屈映光并當場派某等爲處長，某某爲隊長，某某爲稽查有所守衛事宜。又派定保安、警衛接收云。

昨日一早莊又帶審計官四員到會清查一切，并要稽核帳目。聞該會自成立以來，確已用款十一萬元，此次莊主張澈查帳目，蓋亦澄本清源之法耳，姑誌之以待將來。

（《順天時報》1926年4月8日）

四月七日，顧頡剛作致沈兼士信。

到校，寫兼士先生、賓于、仲華、濬哲、佩弦信。（《顧頡剛日記》）

四月十四日，顧頡剛作致沈兼士信。

到校，寫兼士先生、平伯、玄同先生、周友蓮、印刷課信。（《顧頡剛日記》）

四月二十八日，與顧頡剛談。

與兼士先生及建功談話。（《顧頡剛日記》）

五月十七日，顧頡剛作致沈兼士信。

到校，寫兼士先生信。（《顧頡剛日記》）

五月十九日，訪顧頡剛。

兼士先生來談。（《顧頡剛日記》）

五月二十日，易培基作致沈兼士信，討論壁畫問題。

關於壁畫之討論

（一）易培基（寅村）先生致沈兼士先生書

兼士我兄左右：

不見又將匝月，何以消遣？去季北大所購畫壁，沈沈夥頤，得未曾有。弟亦有數方，但小塊耳。幽居無事，記出畫壁故事數則，寫以奉教。

《朝野僉載》："唐瀛州饒陽令竇知范貪。有一里正死，令門内一人爲里正繪壁相，如出錢一貫，范自納之。"

又《獨異誌》："開元中，將軍斐旻居母喪，詣道子，請於東都天官寺畫神鬼數壁，以資冥助。"

壁畫之事，始於李唐，而緣於喪主冥福之用。

又《語石記》："金皇統中，長清臨岩寺，傅大士梵相及觀音菩薩，皆洛陽雍簡畫。元光二年，僧祖昭繪達摩相。"

大概唐及五季，畫壁多神鬼道教之景。宋元以降，則多佛相，不僅色澤之分也。以爲如何？尊處儻有詳訂，尤望見示。專頌

近安。

弟基再拜

（《北京大學研究所國學門月刊》第一卷第一號，1926年10月20日）

按：該刊同時刊登《（二）黃文弼（仲良）先生致易先生書》，顯然是黃文弼按沈兼士所托而寫的回信。信開頭云："寅村先生大鑒：五月二十日致兼士先生函，讀悉。所抄壁畫故事數則，甚精，可爲考訂壁畫之助；謝謝。"可知，易培基此信作於五月二十日。

五月二十四日，顧頡剛來訪。

到兼士先生處。（《顧頡剛日記》）

六月三日，顧頡剛來訪，未遇。回訪顧。

到兼士先生處，未遇……兼士先生來。（《顧頡剛日記》）

六月六日，赴定府大街東龍頭井公教大學花園（舊濤貝勒府），參加北京大學研究所國學門第四次懇親會，任會議主席，并作國學門今後計劃重點在出版和講演兩方面的講話。

研究所國學門第四次懇親會紀事

六月六日下午，國學門假定府大街東，龍頭井，公教大學花園（舊濤貝勒府）開第四次懇親會。到會者合國學門委員、導師、助教、事務員、書記、研究生，及各學會會員等計四十八人。二時許，正式開會。

代理所長蔣夢麐（即蔣夢麟——編者注）先生因事未到，由國學門主任沈兼士先生主席致詞，略謂：——

“國學門懇親會每年一次，向在秋季舉行，此次特別提前；適袁希淵先生新從山西考查古物回來，大家急欲知其發掘之情形，因即請其到會講演，現已承袁先生許諾。

“從前懇親會都是借一名勝地方聚談。此次承公教大學諸位神父、陳援庵先生、英千里先生假地開會，并備茶點，招待優渥，同人不勝感謝之至！

“從前每次開會均有主任報告一年來進行之事項一節，未免使聽者感覺乾燥，茲已另行編印成册，請衆披覽。至於國學門將來計劃擬趨重在二點，可爲諸先生道之：

“1. 出版——國學門數年來所得成績，頗足供學術界之需求，特以經濟關係，不能充量刊印公布。個人嘗謂，大學設備，圖書、儀器兩項固爲緊要；而出版事業尤宜兼重。蔣代理校長亦云，彼當時留學美國哥侖比亞大學，即以該校出版物豐富之故。惟願以後大學經費漸漸充裕，俾能按照計劃着手進行（亟待印刷之書目見《紀事》中）。

“2. 講演——國學門已往之工夫多用於蒐集整理方面，關於研究方面尚未能充分進行。今後將多請專門學者指導研究生，并規定定期講演（講演録即在周刊發表），以鼓舞同人研究之興趣。

“再向來懇親會衹偏重於聯絡感情，此次由劉半農先生提議宣讀論文辦法（每一學會至少一人）下學年似可實行。

“關於本日講演之事除袁希淵先生外，尚有胡適之先生、江紹原先生。胡先生行將赴歐，中國學術材料頗有流散於海外者；從來留學界雖不乏學者，而能對於此項材料加以搜討，則非胡先生莫能勝任！此行深望其能幫助國内學術界，對於此項材料常常通信報告。今日此會即藉以歡送胡先生。其次江紹原先生，江先生前與周啓明先生以討論中國禮俗，得有禮部總次長之尊號，近來江先生之研究，漸漸由詼諧而益趨於專門的，將來國學門風俗學會即擬請其主持。但江先生日來患病，不知尚能講演否?”

…………

末由鄭穎蓀、張鵬翹兩先生鼓琴，作爲餘興。鄭、張二先生皆在北大音樂傳習所專研究古琴，是日所奏三曲如下：《平沙落雁》、《長門怨》(鄭先生奏)、《擣衣》(張先生奏)。

在公教大學園中攝影而散，時已五時。

(《北京大學研究所國學門月刊》第一卷第一號，1926年10月20日)

六月十三日，中午與周作人、沈尹默、張鳳舉、劉半農共宴俄國詩人第干家。

午同尹默、兼士、鳳舉、半農共宴俄詩人第干家，共十人。下午散去。

(《周作人日記》)

六月十八日，顧頡剛來訪。

到兼士先生處，爲《周刊》事。 (《顧頡剛日記》)

同日，魯迅收到沈兼士信。

得兼士信。 (《魯迅日記》)

六月十九日，在森隆飯店宴請胡適，同席有顧頡剛等。

到森隆，兼士先生宴適之先生也。 (《顧頡剛日記》)

同日，訪魯迅。

兼士來。 (《魯迅日記》)

六月二十一日，顧頡剛作致沈兼士信。

寫援庵先生、元善、維鈞、伏園、予同、伯祥、兼士先生信。(《顧頡剛日記》)

六月二十四日，顧頡剛作致沈兼士信。

寫伏園、兼士先生、山立、元胎信。 (《顧頡剛日記》)

同日，《申報》刊登消息，稱厦門大學下學期將聘請沈兼士爲研究院主任兼文科國學系主任。

專電

[厦門] 厦大下學期改分文理、商、教、法、醫、工、教育七科，增設國學研究院，聘北大教授林玉堂爲文科主任兼研究院總秘書，沈兼士爲研究院主任兼文科國學系主任，周樹人、顧頡剛爲教授。又擬聘錢玄同或劉半農，餘各科多原各系主任繼。(二十三日下午九鐘)

(《申報》1926年6月24日)

六月二十八日，《申報》刊登消息，稱北京大學研究所國學門教授沈兼士對整理國學頗有成績，因此厦門大學聘其爲將要成立的國學研究院主任兼文科國學系主任。

厦大之大更張 蜀生

［厦門通信］厦門大學自經民國十三年風潮後，即并八科爲文、理兩科，復分各系隸屬之，蓋經重創後徐俟恢復中之一種從權辦法也。現該校歷兩年之過程，内部漸臻安固。校主陳嘉庚氏去年南洋樹膠營業獲利，增撥基金及經費，而本年上季第一届本科生畢業，校長林文慶乃决自秋季始，恢復分科原狀，爲大規模之擴充。經校務會通過，分設文、理、教育、商、法、醫、工等七科，并增設國學研究院。各科主任，即以文科教育系主任孫貴定爲教育科主任，商學系主任陳燦爲商科主任，理科主任劉樹杞仍舊，醫、工兩科亦内定有人。現文科主任黄開宗改任法科，惟文科主任無人，特聘北大方音學教授林玉堂充任，并兼國學研究院總秘書。林爲留美、留德博士，曾任北京女師大英文系主任及主《國民新報》英文筆政，與北大中教授多友善。林受聘後，并薦北大國學研究院主任沈兼士及教授周樹人（魯迅）、顧頡剛，以沈爲將來之厦大國學研究院主任兼文科國學系主任，周、顧則爲文科教授，經已聘定。林尚薦孫伏園、錢玄同及劉半農，催尚未定。孫須俟沈兼士來後，由沈以私人名義徵求其同意與否而定。錢、劉二人則擬擇一聘請云。至厦大此次之設國學研究院，聞以沈兼士、顧頡剛等在北大對國學之整理已有成績，而該校絀於經費，致沈等著書竟無力付梓，其他亦感於經濟之壓迫，無由進展。林玉堂乃以厦大將設國學研究院，商請其來厦。沈復函謂，苟厦大於開辦費外，五年内有若干經常費之把握，則余等必能予以相當之成績。林玉堂徵得文慶同意後，復書報可，沈、顧等乃决行。……

（《申報》1926年6月28日）

六月三十日，顧頡剛來訪，未遇。

到兼士先生處，未遇，即歸。（《顧頡剛日記》）

七月一日，顧頡剛收到沈兼士送去的厦門大學聘書二張，一爲研究所導師，一爲大學教授。

兼士先生送來厦門大學聘書二紙，一研究所導師，一百六十元；一大學教授，八十元。以北方尚無相當職事，祇得允之。擬於八月中行。（《顧頡剛日記》）

同日，魯迅收到沈兼士信。

晚得兼士信。（《魯迅日記》）

七月二日，顧頡剛作致沈兼士信。

寫兼士先生信，草研究所致王周函件及商務函。（《顧頡剛日記》）

七月三日，赴北京飯店參加東亞考古學會宴會。

到北京飯店，東亞考古學會招宴也。

今日同席：兼士先生　尹默先生　張鳳舉　徐旭生　援庵先生　萬里　羅庸　裘子元　翁文灝　李四光　幼漁先生　朱希祖　仲良　小林　濱田　島村孝三郎　尚有日人五六人。（《顧頡剛日記》）

按：1926年6月30日，由中日學者發起的東方考古學會舉行成立大會。7月3日，日本學者歸國前在北京飯店設宴答謝中國學者，出席者多數與北大相關又熱衷於考古事業，是東方考古學會的骨幹。

七月四日，顧頡剛來訪。

與介泉到兼士先生處……

到厦門後，北大《國學門周刊》事擬請馮女士代理。今日與兼士先生言之，他贊成。（《顧頡剛日記》）

按：日記中“北大《國學門周刊》”，全稱爲《北京大學研究所國學門周刊》。“馮女士”指時任北京大學研究所國學門助教的馮淑蘭，即馮沅君（1900—1974），河南唐河人，作家、戲曲史家。

同日，訪魯迅。

兼士來。（《魯迅日記》）

七月五日，訪顧頡剛。

兼士先生來。（《顧頡剛日記》）

七月七日，魯迅收到沈兼士信，即復。

得兼士信，即復。（《魯迅日記》）

七月八日，魯迅來訪。

午後訪兼士。（《魯迅日記》）

同日，參加沈士遠、錢玄同、徐旭生、李潤章、馬廉宴席。

又士遠、玄同、旭生、潤章、隅卿五先生約宴。今日同席：……（二）尹默　適之　兼士　半農　援庵　玄伯　紹原諸先生及五主人……（《顧頡剛日記》）

七月九日，爲陳萬里《西行日記》作序。

西行日記序一

方前年，美國敦煌考古隊之邀請本校派人參加也，余以敦煌近廿年來外人已屢至其地；顧我國學者以考古爲目的而往者，此殆爲嚆矢，苟非得智力卓絶之士，慮弗克負荷。適陳君萬里奮發欲往，余與叔平亦審諦微陳君莫能當其事者。既行，六閲月而返。雖於敦煌未遑作從容精密之探險，然如記中所載，其成績固已足驚歎。至其愛護國寶，維持校譽，孤詣苦心，尚有爲楮墨所不暇及者。然則陳君此行，於國人及本校之光榮爲何如乎！陳君固多才藝，故記中議論旁涉，莫不精澈。即其寫景抒情之筆，亦皆妙造自然，使讀者得卧游之趣。往昔載籍，録金石者，多乏山水之清音；寫景物者，每略史蹟之考訂。兩勝兼擅，厥維酈注《水經》，陳君兹記，殆足嗣響。惜全書現尚未印畢，未得快讀一過，而陳君索序甚急，聊書數語，用誌感佩之意云爾。中華民國十五年七月九日沈兼士叙於北京大學研究所國學門。

（陳萬里《西行日記 北京大學研究所國學門實地調查報告》）

七月十一日，赴什剎海會賢堂陳垣宴席。

到什剎海會賢堂，援庵先生招宴也。……

今日同席：適之先生 尹默先生 兼士先生 叔平先生 亮丞先生 劉廷芳 簡又文 黄晦聞 援庵先生 仲益 （《顧頡剛日記》）

七月十三日，北京大學發沈兼士函，請其繼續擔任研究所國學門主任職務。

（文牘課收發文件事由單） 七月十三日

▲發出文件一件 —致沈兼士先生請繼續擔任研究所國學門主任函

（《北京大學日刊》1926 年 7 月 28 日）

七月十四日，顧頡剛作致沈兼士信片。

寫兼士先生片。 （《顧頡剛日記》）

七月十七日，顧頡剛作致沈兼士信。

寫兼士先生、幼漁先生、平伯、緝熙、謝女士、山立信。 （《顧頡剛日記》）

七月二十日，顧頡剛從馬衡處得知當日爲沈兼士四十壽辰。

今日爲兼士先生四十壽辰，我們都未知道。晚晤叔平先生始知之。

（《顧頡剛日記》）

七月二十三日，訪顧頡剛。

兼士先生來。 （《顧頡剛日記》）

七月二十七日，訪顧頡剛。

兼士先生來。 （《顧頡剛日記》）

同日，魯迅收到沈兼士信。

得兼士信。 （《魯迅日記》）

七月二十八日，魯迅來訪。

下午訪兼士，收厦門大學薪水四百，旅費百。 （《魯迅日記》）

按：1926 年夏，經時任厦門大學文科主任兼國學研究院秘書林語堂推薦，該校聘請沈兼士爲國學研究院主任兼文科國文系主任，魯迅任文科國文系教授兼國學研究院研究教授。這是該校預付給魯迅的薪水和前往厦門的旅費，由沈兼士轉交。

同日，與顧頡剛、魯迅等商量厦門大學國文系課程及研究院事。赴周同煌等人來今雨軒晚宴，同席有顧頡剛等。

到紹原處，到兼士先生處，商量厦大國文系課程及研究院進行計畫。同來者有魯迅、張亮塵、萬里、丁增熙諸先生。

到來今雨軒，故宫博物文獻部同人餞别也。

今晚主人：尹國輔　王師曾　史明（淦生）　萬秀嶽　周同煌（俊甫）　劉儒林（雅齋）　潘傳霖（薪初）

客：兼士先生　萬里　振玉　予

（《顧頡剛日記》）

七月二十九日，《晨報》刊登消息，稱北京大學教授沈兼士等已被厦門大學聘爲教員，不久將南下任職。

北大教授多往厦大

北大各教授，因教育經費無著，下半年一切進行，均感困難，故均另謀他就。查現在已到厦門大學者有林玉堂等三數人。準備日内南下者，尚有周樹人、沈兼士、顧頡剛、陳萬里等十餘人。因厦大秋後擬設國學門，故北大國文系教員被聘者頗多。又沈等并擬帶助手多人一同前往云。

（《晨報》1926年7月29日）

七月三十一日，《申報》刊登消息，稱厦門大學已聘定沈兼士爲將要成立的國學研究院主任兼文科國文系主任。

厦門大學之積極整頓　蜀生

[厦門通信] 厦門大學伏假後大更張，仍分設文、理、法、教、工、商、醫七科，并新聘北大教授林語堂（原名玉堂）、沈兼士、周樹人（魯迅）、顧頡剛任文科及國學教授，并决於下屆創設國學研究院。現定文科主任爲林語堂。林爲人云，渠主張以英人授英國文學、法人授法科文學、德人授德科文學，以本國人授本國文學，必較深明著切。現正向國内外物色人選中，已聘定之沈、周、顧等則任整理國學。沈爲北大研究院[所]國學門主任，即以任下屆創辦之國學研究院主任，并兼文科國文系主任。又以黄堅爲研究院襄理。此外續經聘定之教授，則有東南大學動物學教授秉志、南開大學數學教授蔣立夫。擬聘請而尚在接洽中者，則有著名人類學家、俄人 S. M. Shirokgoroff 專任研究中國人種問題。至前擬聘之錢玄同、劉半農二氏，錢以疾本期不能來，劉則以北大有不能立即脱去之任務，暫時亦不能來云。

（《申報》1926年7月31日）

同日，上海開明書店正式開幕。該書店受北京大學研究所國學門主任沈兼士委托，發行該所國學門出版的周刊和叢書。

開明書店明日開幕

本埠寶山路寶山里開明書店係由新女性社改組，因原有範圍狹小，不敷展布，特添招股本，擴充範圍，經營出版事業。聞主持其事者均係新文化界巨子。出版書籍雜誌，對於實質形式并皆注重。其定期刊物除原有之《新女性》外，并擬新出月刊一種，定名“一般”，專供中等學生及一般智識階級之閱讀，以新文學家夏丏尊爲主任編輯，定於九月五日發行創刊號。國立北京大學研究所出版之國學門周刊，爲研究國故學之重要刊物，近因北大經費支絀，特由研究所主任沈兼士委托該書店發行。其餘出版書籍，除舊有之婦女問題研究會叢書外，聞上海之文學周報社叢書、北京之狂飆社叢書、江灣復旦大學黎明社之黎明叢書、北京大學研究所之國學門叢書，均已與該書店訂約，托其發行。……

（《申報》1926年7月30日）

八月二日，《申報》刊登消息，稱厦門大學新聘教員沈兼士等約十日可抵厦。

本館專電

［厦門］厦大新聘教員沈兼士、顧頡剛、陳萬里來電約蒸（十日）可到厦，周樹人須再緩二周。（一日下午十鐘）

（《申報》1926年8月2日）

八月三日，與陳垣、馬衡、朱希祖、李宗侗（玄伯）等共進晚餐。

到守和處，餞别也。十一點歸。

今晚同席：援庵先生　兼士先生　叔平先生　逖先先生　玄伯先生　希淵　俄人吴老德、阿理克二先生

（《顧頡剛日記》）

同日，魯迅收到沈兼士信，即復。

上午得兼士信，即復。

（《魯迅日記》）

八月四日，訪魯迅，同往松筠閣看土俑。

上午兼士來，同往松筠閣視土俑。

（《魯迅日記》）

同日，赴李宗侗福全館晚宴，同席有陳垣、馬衡、徐旭生、袁同禮（守和）等。

到福全館，玄伯先生邀宴……

今夜同席：

玄伯先生處：援庵先生　兼士先生　叔平先生　旭生先生　邦華　文玉　守和

（《顧頡剛日記》）

八月八日，赴德國飯店沈尹默、馬裕藻、張鳳舉晚宴，同席有魯迅、馬裕藻兒子。

晚幼漁、尹默、鳳舉在德國飯店餞行，坐中又有兼士及幼漁令郎。

（《魯迅日記》）

按：當時沈兼士、魯迅即將離開北京去厦門大學執教，沈尹默、馬裕藻、張鳳舉等朋友爲他們餞行。

八月十一日，顧頡剛作致沈兼士信。

寫父大人、仲澐、崇年、逮曾、仲川等、兼士先生、彬龢信。（《顧頡剛日記》）

八月十七日，訪顧頡剛。

十二點，兼士先生來。

（《顧頡剛日記》）

八月十八日，顧頡剛來訪，同到西園進餐。後回訪，并同乘車到上海。

六時許，到清華旅館，訪兼士先生，同到西園進點……兼士先生來，留飯。

與兼士先生同到平海路李家，又到俞樓看夷初先生，未遇……

與履安、艮男、兼士先生同乘六點車，十點三刻到上海，即上新寧輪……

予原意明日到滬，昨夜兼士先生來，囑今晚同行，仍擬於明日登輪也。

（《顧頡剛日記》）

八月二十一日，《申報》刊登消息，稱故宫博物院原分古物館、圖書館兩部門，沈兼士爲圖書館副館長。

北京通信　所謂故宫博物院暫行保管問題

成立半年余之故宫博物院，忽有暫行保管之辦法，通過於十四日之閣議，聞者詑之。……

至故宫博物院之由來，則清室善後委員會所遞嬗。該院分兩部：一古物館館長易培基，副以高衡；一圖書館館長陳垣，副以沈兼士。而古物館中附一美術部，圖書館中附一文獻部。先是自十三年冬起，清室善後委員會開始點查，而原委員中之清室四人不肯到會，即由委會另行推舉，其中有奉方二人。其點查則由委員、顧問及各行政、司法機關所派之助理員合作，一軍一警監視之。印行目録若干册，委員會與段政府間始即發生意見，政府之經費不給，乃就點查已竣部分開放參觀售券，以資用度。至去年十月十日，乃組成博物院，仍分部售券參觀。及今年“三·一八案”起，李煜瀛、易培基通緝，該會、該院領袖去三之二，乃公推莊蘊寬爲保管員。……

（《申報》1926年8月21日）

八月二十二日，赴厦門大學校長林文慶家午飯，同席有顧頡剛、林語堂等。

與玉堂先生等到林文慶先生處吃午飯，午後進茶點閒談……

今日同席：孫蔚深　劉楚青　邵□□　朱志滌夫婦　兼士先生　增熙　介泉　振玉　萬里　忭民　我　林文慶夫婦

（《顧頡剛日記》）

按：據顧頡剛日記載，沈兼士與顧頡剛等於8月21日下午抵厦門大學。

八月二十四日，與顧頡剛等游南普陀寺，并在寺中吃晚飯。

與兼士先生等游南普陀寺。即在寺中吃夜飯。（《顧頡剛日記》）

八月二十六日，《申報》刊登消息，稱厦門大學新聘教授沈兼士已抵厦。

專　電

［厦門］厦大新聘教授沈兼士等已到厦，周樹人須稍緩。（二十五日下午十鐘）

（《申報》1926年8月26日）

八月二十九日，赴國學院宴會，同席有林文慶、顧頡剛、林語堂、孫伏園等。又與顧頡剛到林語堂處商量國學院與國學系組織事宜。

子才邀宴於本院。……

與兼士先生到玉堂先生處商量國學院與國學系組織事。十二點歸。

今日同席：林校長　貴定　朱鏡宙　玉堂　玉苑　兼士先生　萬里　介泉　丁山　伏園　許校醫　徐聲金　（《顧頡剛日記》）

九月四日，訪魯迅。

語堂、兼士、伏園來寓，即雇船移入厦門大學。（《魯迅日記》）

按：當天下午一時魯迅抵厦門，暫寓中和旅館。沈兼士、林語堂、孫伏園聞訊，即赴旅館探望。

九月五日，與顧頡剛等游鼓浪嶼。

與兼士先生、振玉、萬里、介泉、丁山同到鼓浪嶼。在洞天福地吃西餐。

（《顧頡剛日記》）

九月八日，顧頡剛在日記中提及，同到厦門大學的人都勸沈兼士就職。

爲此間職務事，開會議，勸兼士先生就職。……

同來諸人，聘書至今未發，大家覺得不安，僉意是兼士先生不就職之故，因共勸之。（《顧頡剛日記》）

同日，周作人收到沈兼士信。

晚紹原來，得兼士、伏園函。（《周作人日記》）

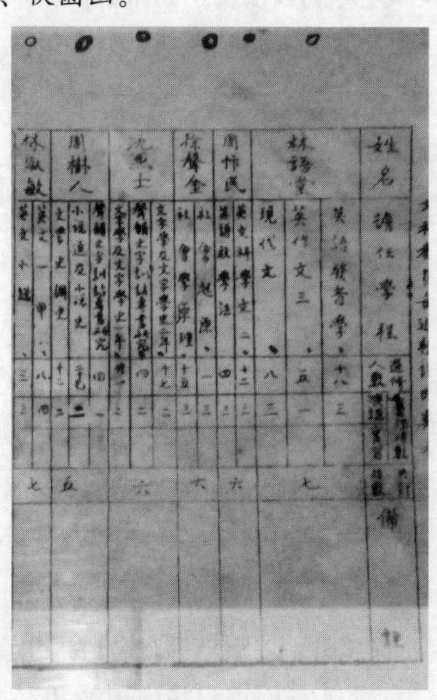

姓名	林語堂			周作民		徐聲金		沈兼士			周樹人			林淑敏	
擔任學程	英語發音學	英作文三	現代文	英史科學文二	英語教學法	社會起原	社會學原理	文字學及文字學史二年	[illegible]	文字學及文字學史一年級	[illegible]	小說[illegible]及小說史	文學史綱史	英文一甲	英文小說
[illegible]	十八	五	八	十二	四	一	十五	十七	四	[illegible]	四	[illegible]	十二	八	三
[illegible]	三	一	三	三	三	三	三	二	二	二	一	二	二	四	三
	七			六		六		六			五			七	
備註															

厦門大學教員名册

九月九日，贈魯迅書一册。

夜戥士贈景印《教宗禁約》一分。（《魯迅日記》）

同日，周作人寄沈兼士信。

上午寄兼士、喬風函。（《周作人日記》）

九月十四日，應葉采真邀請，與顧頡剛、孫伏園等游集美，共進午餐。

采真邀游集美，以集美艦行，同游者爲兼士先生、萬里、介泉、丁山、伏園及我六人。九點許啓行，十一點到。采真邀午膳後，由陳延庭先生及剛森導游各處。四點半出，乘原輪歸。抵校已夜。今日同席：我們六人、宋文翰、蔣本豐、陳延庭、葉采真。（《顧頡剛日記》）

九月十九日，赴南普陀午餐，同席有魯迅、林語堂、孫伏園等。

戴錫璋、宋文翰來邀至南普陀午餐，莊奎章在寺相俟，同坐又有語堂、兼士、伏園。（《魯迅日記》）

九月二十一日，與魯迅、孫伏園同往東園午餐，同席有朱鏡宙、黄莫京、周醒南等。

朱鏡宙約在東園午餐，午前與戥士、伏園同往，坐中又有黄莫京、周醒南及其他五人，未詢其名。（《魯迅日記》）

九月二十六日，與顧頡剛等到鼓浪嶼，訪朱鐸民。

與兼士先生及萬里、介泉、振玉到鼓浪嶼，訪和清先生看房屋三所，訪朱鐸民，略談。（《顧頡剛日記》）

十月一日，與顧頡剛談。

與介泉及兼士先生談話。（《顧頡剛日記》）

十月五日，遇顧頡剛。

遇兼士先生。（《顧頡剛日記》）

十月九日，送魯迅唐墓誌打本。

兼士贈唐人墓誌打本二枚。（《魯迅日記》）

十月十五日，與顧頡剛、孫伏園等同游白鹿洞、虎溪。

與兼士、亮丞先生、伏園、振玉、介泉、丁山、昺衡、及學生四人同游白鹿洞、虎溪。（《顧頡剛日記》）

十月十六日，汪大燮、熊希齡、王寵惠等聯名致函北京政府國務院，要求暫行組織故宫博物院維持會，負責典守故宫，并内附該維持會名單，沈兼士爲會員之一。

維持故宫博物院續聞　昨致國務院之公函

關於諸老維持故宫博物院一節，已記昨報。兹探得各老致國務院公函録左。

敬啓者，查故宫博物院儲藏歷代重寶，關係我國文物，異常重要。前此組織清室善後委員會，并繼續成立故宫博物院董理事會，先後進行，一年有餘。前月政府復有保管委員會之設立，旋以正副委員長同時辭職，致會務因以停頓。曩者藴寬以情勢所迫，勉力維持，瞬逾半載，才輇任重，隕越時虞。而兹事體大，斷非獨力所能久支。大燮等或任博特院董事，或任保管會委員，自應共籌妥策，暫資維繫。當經集議，擬由本院前後同人商請各方名流，暫行組織故宫博物院維持會，集合群力，賡續負責典守。一俟有正式組織機關成立，此會即行解散。用特附具維持會同人名單，函請貴院查酌見復爲荷。此致國務院。汪大燮、熊希齡、王寵惠、顔惠慶、范源廉、江瀚、莊藴寬敬啓。

又故宫博物〔院〕（“院”字漏——編者注）維持會名單如下：

王士珍、趙爾巽、孫寶琦、江瀚、柯劭忞（柯劭忞——編者注）、汪大燮、熊希齡、顔惠慶、梁士詒、顧維鈞、王寵惠、莊藴寬、湯爾和、潘復、任可澄、盧永祥、張學良、韓麟春、于珍、梁起超（梁啓超——編者注）、許世英、范源廉、蔡元培、葉恭綽、張弧、胡若愚、何煜、陳垣、楊度、俞同奎、馬衡、袁同禮、吴瀛、沈兼士、湯鐵樵、李宗侗、吴承仕。

（《順天時報》1926年10月17日）

同日，張星烺作致陳垣信，談及沈兼士决定離開厦門大學，返回北京。

一九二六年十月十六日，來函

援庵先生大鑒：

别後次日即離京至津乘船至滬，復由滬轉厦，到達目的地已陽曆八月廿九日矣。……兼士先生現已决意回京，不欲再問此間事，大約四五日後彼即動身北上矣。此間天氣現仍甚熱，房内衣短衫即可矣。專此，即問文祺。張星烺謹啓。十月十六日。

（陳智超編注《陳垣來往書信集》第241頁）

按：因不堪厦門大學人事紛争，排擠打壓，沈兼士决定重回北京大學。

十月十七日，赴厦門南軒顧頡剛等餞别宴會。

到厦門市南軒，爲兼士先生餞别。同席：亮丞先生、萬里、介泉、孟恕、振玉、莘田……

今日席中，除魚翅燕窩外，貴重之菜有燒豬。以小豬仿燒鴨例烤之，味甚美。價須四五元。

（《顧頡剛日記》）

十月十八日，赴南普陀寺同人餞行晚宴。

晚同人六人共餞兼士於南普陀寺。

（《魯迅日記》）

十月二十日，顧頡剛在日記中提及沈兼士患感冒。

寅初先生一到即病，玉堂先生病亦不癒。兼士先生亦患感冒。此間蚊蠅過多，終年有病，不適久居也。 （《顧頡剛日記》）

十月二十三日，與顧頡剛等到海濱拾貝殼。

到元胎處吃湯團。與其夫婦及兼士先生及介泉同到海濱拾貝殼，頗得佳者。 （《顧頡剛日記》）

同日，與魯迅同寄朱家驊信。

上午與兼士同寄朱騮先信。 （《魯迅日記》）

按：當時許壽裳失業，沈兼士與魯迅聯名給中山大學校長朱家驊寫信，介紹許壽裳往該校任教。

十月二十七日，辭別魯迅。

晨兼士來別。 （《魯迅日記》）

同日，顧頡剛等來碼頭送行。

與介泉、元胎等送兼士先生及振玉上蘇州船，與介泉、元胎夫婦到鼓浪嶼白室吃飯。 （《顧頡剛日記》）

十月三十日，顧頡剛作致沈兼士信。

寫兼士先生及孟真信。 （《顧頡剛日記》）

十一月五日，顧頡剛作致沈兼士信。

寫兼士先生、陳繩夫、沅君、芝生、夏卓如、父大人、盧逮曾、乃乾、聖三信。 （《顧頡剛日記》）

十一月十三日，顧頡剛作致沈兼士信。

寫兼士先生、敬文、希白、平伯、乃乾信。 （《顧頡剛日記》）

十一月十九日，北京大學評議會評議員選舉揭曉，沈兼士以二十四票當選。

校長布告

本校本届評議員選舉已於本月十九日午後四時在第二院宴會廳當衆開票，計收到選舉票四十三張，兹記其結果如左：

徐炳昶 三十票　陳大齊 二十六票　譚熙鴻 二十五票
沈兼士 二十四票　李書華 二十四票　朱希祖 二十三票
樊際昌 二十二票　馬裕藻 二十票　周　覽 十九票
李宗侗 十九票　沈尹默 十六票　王星拱 十六票

以上十二人當選爲評議員

余文燦 十六票　王世杰 十五票　劉　復 十四票
高一涵 十四票　燕樹棠 十二票　朱錫齡 十二票
張鳳舉 十二票　陳翰笙 十一票　周作人 十一票
石　瑛 十票　丁燮林 十票　陳　源 十票

皮宗石 八票　　吴應麟 八票　　丁緒賢 八票

馬　衡 六票

五票以下從略

以上票數相同者其次序均經抽籤排定。

（《北京大學日刊》1926年11月20日）

北大評議會改選　徐炳昶等十二人當選

北京大學雖爲校長制，但一切設施，實由評議會主持，故該評議會力量極大。每届改選，各教授靡不極力競争。現聞該校評議會已於昨日改選，結果亦經宣布，聞係徐炳昶、陳大齊、沈兼士、沈尹默、周鯁生等十二人當選。

（《晨報》1926年11月21日）

十一月二十日，北京大學公布《國文學系課程指導書（十五年至十六年度）》，沈兼士所授有共同必修科目“中國文字聲韻概要”（四課時）、分類必修及選修科目“中國文字及訓詁”（三課時）和“中國文字及訓詁補［三］”（二課時）。

國文學系課程指導書（十五年至十六年度）

（1）共同必修科目

科目	單位	教員
中國文字聲韻概要	4	沈兼士 馬裕藻
中國詩名著選（坿作文）	3	沈尹默
中國文名著選（坿作文）	3	鄭　奠
中國文學史概要	3	朱希祖

以上各科，宜在第一學年以内修了。

（2）分類必修及選修科目（本年度三年級以上諸生，當然不受分類與必修之拘束。）

A類

科目	單位	教員
語音學（坿實驗）	3	劉　復

實驗依選修者人數之多寡分爲二組，或三組。每組每周實驗二小時，作一單位計算。

科目	單位	教員
言語學大意	1	劉　復
中國文字及訓詁	3	沈兼士
中國文字及訓詁補（三）	2	沈兼士

凡特注（三）字者，爲三年以上之科目。注（四）字者彷此例。

（後略）

（《北京大學日刊》1926年11月20日）

十二月四日，顧頡剛作致沈兼士信。

寫忭民、山立、沅君、兼士先生、張春暉、乃乾、紹虞、名達、佩真、魯弟、志希信。

（《顧頡剛日記》）

十二月七日，北京大學公布各行政委員會名單，沈兼士爲聘任委員會和校舍委員會委員。

校長布告

本届各委員會委員長及委員名單，業經本月六日提出評議會通過，茲特宣布於下：

一　組織委員會：王世杰（長）　皮宗石　朱希祖　沈尹默　黄　節　高仁山　張鳳舉

二　圖書委員會：皮宗石（長）　朱希祖　黄　節　李宗侗　燕樹棠　高仁山　袁同禮（當然）

三　財務委員會：譚熙鴻（長）　馬裕藻　樊際昌　朱錫齡　陳大齊　關應麟　王星拱　徐炳昶　李書華

四　聘任委員會：徐炳昶（長）　王世杰　温宗禹　沈兼士　周　覽　樊際昌　劉半農　温毓慶　王仁輔

五　儀器委員會：王星拱（長）　丁緒賢　温毓慶　譚熙鴻　王紹瀛　李書華　楊肇濂

六　校舍委員會：樊際昌（長）　陳翰笙　沈兼士　馬裕藻　蘇甲榮　袁同禮　余文燦（當然）

十五年十二月七日

（《北京大學日刊》1926年12月7日）

十二月九日，顧頡剛作致沈兼士信。

寫兼士先生、適之師母、乃乾、志希、叔存、亦寧、赤霞丈、仲澐、友松、逮曾、謝雲聲信。

（《顧頡剛日記》）

同日，下午三時赴歐美同學會參加茶話會，爲籌商故宫博物院事。到會者有王士珍、顧維鈞、王式通、柯劭忞等三十餘人，討論通過故宫博物院維持會名單及章程十條，并公推該會會長、副會長及基金委員。

故宫博物院維持會成立

汪大燮、熊希齡、顏惠慶等七人爲籌商故宫博物院事，僉請各界要人茶會，已見報端。昨日下午三時在歐美同學會開茶話會，到者有王士珍、顧維鈞、王式通、柯劭忞、夏仁虎、何煜、趙椿年、吴瀛、余紹宋、袁同禮、曾維蕃、沈兼士、湯鐵樵、汪□芝、祁耀川、彭濟群、馬衡、于珍、王琦、陳興亞、邢士廉、張學良、韓麟春（傅鑫代表）、俞同奎、楊廷溥等三十餘人。公推汪大燮主席，報告組織維持會之經過，當即宣讀所擬之章程十條，逐一通過。又公推江瀚爲正會長，莊蘊寬、王寵惠爲副會長，并推定顧維鈞、潘復、葉恭綽、夏仁虎、胡若愚、湯鐵樵、趙椿年、何煜八人爲基金委員。至五時半始行散會云，并聞于珍等對於故宫博物院内部各事宜，亦允爲盡量幫忙云。

（《順天時報》1926年12月10日）

十二月十四日，魯迅寄沈兼士信。

寄兼士信。（《魯迅日記》）

十二月十五日，在北海設晚宴，招待張鳳舉、徐耀辰、周作人、江紹原等。

兼士招往北海晚餐，同坐鳳舉、耀辰、尹默、紹原，共六人，九時半回家。

（《周作人日記》）

同日，與王式通、江庸、湯鐵樵、吴瀛等共十人，被故宫博物院維持會聘爲該會常務維持員。

江瀚與故宫博物院　發表十個常務委員

故宫博物院自成立維持會後，進行不遺餘力，除基金委員范源濂等業經先後聘定外，其會長江瀚，副會長莊蘊寬、王寵惠，决定於本月十七日下午三時到會就職。該會全體職員并决定於江、王、莊就職後，即開歡迎大會。又該會昨日聘定常務維持員十人，其姓名如下：王式通、江庸、湯鐵樵、吴瀛、沈兼士、袁同禮、李玄伯、馬叔平、俞同奎、余紹宋，但教部落選矣。

（《益世報》1926年12月16日）

十二月十六日，與周作人、張鳳舉、馬衡、沈尹默等宴請日本人重松、和田等。

七時在大陸飯店，同鳳舉、叔平、尹默、兼士宴重松、和田、今村、瀧池、小林、永持、阪西、大内、智原、陳援庵，共十五人，十一時始回家。

（《周作人日記》）

十二月十七日，《順天時報》刊登消息，稱故宫博物院維持會已經成立，該會共有會員六十人，已在國務院備案。沈兼士爲該會會員之一。

故宫博物院維持會組織就緒

故宫博物院維持會於上星期四在歐美同學會正式成立，當經公推江瀚爲會長，莊蘊寬、王寵惠爲副會長，顧維鈞、葉恭綽等八人爲基金委員，其情形已迭誌昨報。兹聞該院維持會共有會員六十人，率皆國内之名流及有力者，已於日昨在國務院備案。聞爲王士珍、趙爾巽、孫寶琦、江瀚、柯劭忞、汪大燮、熊希齡、顔惠慶、梁士詒、顧維鈞、王寵惠、莊蘊寬、湯爾和、潘復、任可澄、盧永祥、張學良、韓麟春、于珍、梁啓超、許世英、范源濂、蔡元培、葉恭綽、張弧、胡若愚、何煜、陳垣、楊度、俞同奎、馬衡、袁同禮、吴瀛、沈兼士、湯鐵樵、李宗侗、吴承仕……孫潤宇等，誠蹌蹌一堂云。

（《順天時報》1926年12月17日）

十二月十九日，魯迅收到沈兼士信，即回復。

得兼士信，十日發，即復之。（《魯迅日記》）

261219 **致沈兼士**

兼士兄：

十四日奉一函，係寄至天津，想已達。頃得十四日手書，具悉種種。厦校本系削減經費，經語堂以辭職力爭後，已復原，但仍難信，可減可復，既復亦仍可減耳。語堂恐終不能久居，近亦頗思他往，然一時亦難定，因有家室之累。亮公則甚適，悠悠然。弟仍定於學期末離去；此校國文科第一年級生，因見滬報而來者，恐亦多將相率轉學，留者至多一人而已。季黻多日無信，弟亦不知其何往，殊奇。孫公於今日上船；程某（前函誤作鄭）渴欲補缺，顧公語語堂，謂得兄信，如此主張，而不出信相示，弟頗疑之。黄堅到厦，向語堂言兄當於陰曆新年復來，而告孫公則云不來，其説頗不可究詰。語堂究竟忠厚，似乎不甚有所知，然亦無法救之，但冀其一旦大悟，速離此間，乃幸耳。文學史稿編制太草率，至正月末約可至漢末，挂漏滋多，可否免其獻醜，稍積歲月，倘得修正，當奉覽也。丁公亦大有去志；而矛塵大約將到矣；陳石遺忽來，居於鎮南關，國學院中人紛紛往拜之。專此，敬頌

褆福

弟迅十二月十九日上午

（《魯迅全集》第十一卷，第516—517頁）

按："亮公"即張星烺（1888—1951），字亮塵，江蘇泗陽人，歷史學家。繼沈兼士之後，任厦門大學國學院主任。"丁公"即丁山（1901—1952），安徽和縣人，沈兼士北大學生，時任厦門大學國學院助教。

十二月二十五日，顧頡剛在日記中提及，沈兼士將其反對川島的話都告訴了魯迅兄弟。

兼士先生甚不可信，我反對川島的話，他全都告與魯迅兄弟了。

（《顧頡剛日記》）

十二月三十一日，魯迅作致李小峰信，談及沈兼士已從厦門大學辭職，他自己也决定要離開。

厦門通信

小峯兄：

二十七日寄出稿子兩篇，想已到。……

前天開會議，連國學院的周刊也幾乎印不成了；然而校長的意思，却要添顧問，如理科主任之流，都是顧問，據説是所以連絡感情的。我真不懂厦門的風俗，爲什麼研究國學，就會傷理科主任之流的感情，而必用顧問的繩，將他絡住？聯絡感情法我没有研究過；兼士又已辭職，所以我决計也走了。現在去放假不過三星期，本來暫停也無妨，然而這里對於教職員的薪水，有時是錙銖必較

的，離開學校十來天也想扣，所以我不來沾放假中的薪水的便宜，至今天止，扣足一月。昨天已經出題考試，作一結束了。閱卷當在下月，但是不取分文。看完就走，刊物請暫勿寄來，待我有了駐足之所，當即函告，那時再寄罷。

…………

魯迅　十二月三十一日

（《語絲》1927 年第 114 期）

一九二七年　民國十六年　四十一歲

一月一日，赴周作人家宴，同席有錢玄同、馬裕藻、馬廉、沈士遠等。

上午十時上豈明家去，他是每年元旦一定要請幾位老朋友去吃屠蘇酒，ZONI 等等的。今年請了十個人：疑古、幼漁、隅卿、士遠、尹默、兼士、耀辰、民生、半農、百年。祇有百年没有到。先吃屠蘇酒 ZONI，都是純粹的日本菜，後來吃午飯，是中國菜。

（《錢玄同日記》）

1927 年元旦苦雨齋聚會，后排左起：周作人、沈尹默、沈兼士、蘇民生，前排左起：沈士遠、劉半農、馬裕藻、徐耀辰、錢玄同

一月二日，魯迅寄沈兼士信。

上午寄兼士信。

（《魯迅日記》）

一月八日，赴故宫博物院參加第一次常務委員會議，討論議决清室各貝勒函請將陳列室皇帝遺像仍歸還壽皇殿陳列等三案，并被會議推舉爲故宫保管股副主任、典守股主任。

故宫常務委員會組織就緒

故宫博物院前日下午三時，召集第一次常務委員會議，計出席者有委員長江瀚，委員王式通、江庸、余紹宋、湯鐵樵、吴瀛、沈兼士、俞同奎、馬衡、李宗同（李宗侗——編者注）及陳興亞、邢士廉代表某君等十餘人。由江瀚主席，提出議案三項：（一）清室各貝勒函請將陳列室皇帝遺像仍歸還壽皇殿陳列案。（二）分股主任人選案。（三）辦事細則案。討論結果，關於第一案，陳興亞主張依照該貝勒所請，將各皇帝遺像，移還壽皇殿陳列，以示提倡孝敬之意。議決照辦。關於第二案，（1）推定王式通爲總務股正主任，湯鐵樵、吴瀛、江庸、余紹宋爲副主任，分掌文牘、庶務、會計三課職務。（2）推定陳興亞爲警衛股正主任，邢士廉爲副主任。（3）推定陳垣爲保管股正主任，湯鐵樵、江庸、沈兼士、吴瀛爲副主任。（4）推定沈兼士爲典守股正主任，李宗侗、湯鐵樵爲副主任。（5）推定余同奎（俞同奎——編者注）爲招待股正主任，李宗侗爲副主任。（6）推定余同奎（俞同奎——編者注）爲建設股正主任，馬恒（馬衡——編者注）、余紹宋、彭濟群爲副主任。關於第三案，通過常務委員會辦事細則十四條，於七時散會。

（《晨報》1927年1月10日）

一月十四日，魯迅寄沈兼士信。

上午寄兼士信。（《魯迅日記》）

一月十七日，《申報》刊登消息，稱厦門大學國學研究院主任沈兼士、文科教授周樹人（魯迅）等因種種原因，陸續辭職離開。

厦門大學發生學潮

［十二日厦門通信］厦門大學自民十三學潮後，受創頗鉅，兩年來始逐漸恢復，今竟又以學潮聞矣。七日學生要求校長罷免理科主任兼大學秘書劉樹杞，限十二時答復。八日乃罷課，現尚未决。茲述其致因及經過如次。

（一）風潮之致因　風潮發生後，記者晤國學院某當局者，據其談話如下：劉樹杞與校長林文慶私感頗佳，對校務有甚大之建議力，而其秘書之地位又可預及全校事。今夏林文慶聘北大教授林語堂爲文科主任，語堂乃薦北大教授兼國學研究院主任沈兼士及北大教授顧頡剛、周樹人（魯迅）、陳萬里、孫伏園、張星烺，創設國學研究院，文慶任院長，沈任主任，顧、陳、張任教授，孫任編輯，語堂兼秘書，周則爲厦大文科教授。沈等原抱一國學研究之絶大願望而來，擬以歷年著作在北大無有刊行者陸續在厦大出版，此外計畫規模亦至宏大，故厦大秋季經費預算，國學院竟訂至常年費一萬四千元之多。九月沈兼士既來，擬具研究院章程送校長，劉任秘書加以改易，削主任之權，而院長總攬之，主任在院長指揮命令下行事，如最要之“本院教授由主任提出，請院長聘任”，劉改爲“由主任呈請院長核准聘任”。沈已感不快，語人曰如是主任，任何人均可作，不必我沈兼士耶。沈到不及二月即以赴英國庚款委員會（沈爲庚款委員）爲由赴滬。沈之席不暇暖而去，其原因尚非以辦事掣肘，而别有在。先是沈未來，原擬以生物院三樓爲其下榻所，詎至則理科教授已居之，沈乃移其行囊入二樓空室。劉復以理科名義定其爲室地質室，揭（地質室）之招於門首。林文慶出而轉圜，以己之校長圖書室讓沈，理科教授復函校長反對（此函林語堂曾見之）。沈至是乃不得不去矣，然尚擬復來也。嗣在滬得函，知國學院經費經校務會議由月一萬四千元減爲四百元（按此四百元似指雜費，教授薪當不在内，待查）。刊行沈、顧等著作，學校已表示無力。知己無可爲，乃决不來（指學校當局方面謂國學院之核減經費爲陳嘉庚營業不佳，厦大經費全部□減結果）。嗣孫伏園亦以與學校意見不合辭去，頻行托魯代領餘薪，孫以十二月十八日去〈校學〉〔學校〕（“校學”錯——編者注）致薪僅及十一月，魯迅以爲即不十二月全薪，亦應計十八日之值以付。魯迅本有去意，且已受中山大學之聘，遂亦於一月四日提出辭職，聲明至十二月三十一日止，與厦大脱離關係。魯迅故博厦大多數學生好感，學生於六日開歡送會，七日乃發生驅劉風潮矣，蓋認凡此種種均劉主之也。……

（《申報》1927年1月17日）

一月二十六日，北京大學發布通知，研究所國學門自本年三月五日起每月舉行演講一次，沈兼士爲第四次月講演講人，時間是六月五日，題目爲“求語根的一個方法”。

北京大學研究所國學門“月講”題目

三月五日　陳援菴先生講　回回教（伊斯蘭教在當時中國的舊稱——編者注）進中國的源流

四月五日　劉半農先生講　從五音六律説到三百六十律

五月五日　馬幼漁先生講　戴東原對於古音學的貢獻

六月五日　沈兼士先生講　求語根的一個方法

本學門根據第八次委員會之議决，自本年三月五日起，每月五日舉行演講一次，暑假及寒假除外。

此項演講，性質較爲專門，故聽講座祇設四十個。除本學門保留五個外，餘三十五個編號印券，任人索取，以索完爲止。

凡欲聽講者，請於每次講演前一禮拜之内向本學門登録室索券，并請留下姓名。函索者請附郵票。

凡已索券而不能到者，至遲當於演講之前一日將券寄還，以便另給他人。

凡索券不到，而又不將券退回，至二次之多者，此後再來索券，本學門得拒絶之。

演講地點：三院本學門演講室。

時　　間：每月五日晚八時五分準。

（《北京大學日刊》1927年1月26日）

一月，梅生編《中國婦女問題討論集（續集）》由上海新文化書社印行，内收沈兼士《兒童公育》一文。

二月五日，顧頡剛作致沈兼士信。顧在日記中提及，沈兼士處處疑忌其爲胡適派人物。

寫謝雲聲、石岑、彬龢、芝生（二）、清華歷史系、援庵先生、沅君女士、魯弟、康媛、兼士先生、萬里信……

兼士先生與我相處三年，而處處疑忌我爲胡適之派，我反對伏園、川島全是爲公，而彼對人揚言，以爲是黨争。可見他之拉我，非能知我，乃徒思用我耳。今日去函，辭北大職務。（《顧頡剛日記》）

二月二十日，顧頡剛作致沈尹默、沈兼士信，談及購買圖書事。節録如下：

上月游福州，爲國學院買書六百元。歸後向學校取錢，乃謂林校長離校，無人負責簽字，至今書籍仍置福州。兹將書單奉覽。此行所得誌書及福建人之文集甚多，又有汲古閣《十七史》一部，共價六百元，頗不貴。未知孔德或中日學院需此否？如要，請將款項寄至福州協和大學陳錫襄先生處，能電匯最好，因書賈盼望已久也。書價共六百卅元，最好加寄四五十元，請錫襄覓轉運公司運京。如孔德不要，未知北京圖書館要否？景山書社要否？請就近與守和、緝熙諸兄一商。如孔德要，但須剔出許多已有的書，剛亦可將剔出之書自己買下，惟書價須俟到京時再奉還耳。

林校長三月五號回厦。此項書籍要與不要，均請來一簡短之電。如北京有人要，剛便可告他閲時已久，書估不耐，業已退去。如無人要，剛亦當逼其付款也。剛所以希望北京方面買，因厦大方面毫無學問氣味，不值得留在此地也。

（《致沈尹默、沈兼士（1927年2月20日）》，《顧頡剛全集39　顧頡剛書信集　卷二》第288—289頁）

二月二十一日，北京公教大學附屬輔仁社第二學期開學，沈兼士爲該校新聘教師，教授文字學。

民一六（一九二七）

二月二十一日，輔仁社第二學期開學。新聘沈兼士、尹石公二先生教授文字學、國文等課；戴敏、邢錫禮二司鐸教授英文、音樂、數學。

（《輔仁大事記》，《輔仁生活》第八期）

按：北京公教大學由羅馬教廷委托美國本篤會籌備設立，1925年7月學校建成，由美國人奥圖爾任校長。同年，該校另闢一部開設國學專修科，講授中國文學、歷史、哲學、英文、數學等課，作爲升入大學的預科，取名爲北京公教大學附屬輔仁社，英斂之任社長。1927年，輔仁社更名爲私立北京輔仁大學。按當時教育部的規定，沈兼士爲北大教授，到輔仁兼課衹能任講師。

同日，顧頡剛作致沈尹默、沈兼士信。

寫父大人、魯弟、尹默、兼士二先生、希白信。（《顧頡剛日記》）

三月四日，顧頡剛作致沈兼士信。

寫兼士先生信，詳告此次風潮狀況，凡四千餘言。（《顧頡剛日記》）

三月六日，顧頡剛校點給沈兼士的“書”。

校點與兼士先生書。（《顧頡剛日記》）

按：顧頡剛日記中，校點的多爲著作。此處是寫給沈兼士的信，還是幫沈兼士校點圖書，存疑。

三月九日，瑞典人斯文赫定作致沈兼士信，談西北科學考查事。

先生亦熱愛祖國考古事業。……1927 年，瑞典人斯文赫定將在新疆、甘肅地區進行考察，已經外交部批准同意。兼士先生得知，乃以北京大學研究所國學門名義，召集北京各學術團體討論此事。斯文赫定考查隊，原文爲 Sven Hedin Contral Asia Expedition 譯成漢文是斯文赫定中亞探險隊或遠征隊。在討論會上大家認爲中國人不能接受探險遠征之稱。對於巴比倫、迦太基等現在已不存在之國家，或可一用，獨立國家斷未有能靦顔忍受者，并致函外交部停發瑞典人斯文赫定等護照。又致函綏遠、甘肅、新疆各省，阻止調查進行。鑒於此種情形，斯文赫定乃致函沈兼士先生：“沈兼士先生大鑒：敬啓者，讀報得悉本月五號，北京各學術團體開會，反對敝人新疆之行。敝人深知開會諸君反對之主旨在疑敝人欲將中國歷史資料與藝術遺物盡量攜取。兹特奉告：敝人匪惟絶無攜取此等器物之意，且對開會諸君所宣示者極表贊同。蓋敝人曾向中國政府自動提出：以此行所獲歷史文物全數留存中國，足以證明之也。敝人并於此聲明願與任何學術機關或團體共同磋商，處置此項資料辦法，兹勞先生將此函達於上次開會諸君之前，如諸君有需詢之處，敝人極願親爲答復。此外并盼諸君擇一考古或歷史方面素有經驗之人與敝人同行，將來此君一切費用當由敝人負擔也。專此，順請教安。斯文赫定謹啓。三月九日。”

次日斯文赫定又親到北京大學訪兼士先生，由兼士先生、徐炳昶先生與馬衡先生接見。兼士先生將中國各學術團體所定之六項原則答之。原則大體是聯合組織調查，采集文物在中國保存，不得侵犯中國主權，采集材料要合科學進行，如有損壞要懲辦等等。經磋商決定中瑞兩方聯合組織考查，中國方面十人，瑞典十七人。中國團長徐炳昶，團員袁復禮、黄文弼等十人。瑞典團長斯文赫定，團員奥古斯丁、拉遜法朗等十七人，包括醫生等人員。詳情俱見《中國學術團體協會西北科學考查團報告》。

（單士元《兼士先生在檔案和考古事業中的功勳》，《沈兼士先生誕生一百周年紀念論文集》）

按：是年，瑞典人斯文赫定組織“中亞細亞遠征隊”計劃對中國西北部進行考查，北京大學考古學會、歷史博物館、古物陳列所、故宫博物院、清華學校研究院、中華圖書館協會、中央觀象臺、京師圖書館、北京圖書館等學術團體，皆認爲瑞典人此舉係學術侵略，遂組織中國學術團體協會，發表宣言反對。協會成立後，與斯文赫定進行多次協商，雙方同意共同組成“西北科學考查團”，由北大教授徐炳昶（旭生）任中方團長，另有黄文弼、袁希淵、龔元忠等參加。定於五月八日由京出發。往返路線爲由北京經包頭、索果諾爾（東居延海）、哈密、迪化（烏魯木齊舊稱）、羅希諾爾至車爾成。考查期限預定爲兩年，結果達三年多。

三月十日，斯文赫定來訪。參閲本年三月九日條。

三月十二日，《益世報》刊登消息，稱沈兼士與馬衡、羅庸等將於日内啓程，前往日本參加東方考古學協會成立大會。

東亞考古學會及東方考古學協會

上年十一月起，日本考古學專家島村孝三郎等，曾來北京與中國考古學者協商，謂東京帝大、西京帝大擬組織一東亞考古學會，定明年（今年）三月開會，請中國派員加入。同時中國方面又提出意見，擬以東亞考古學會爲基礎，加入北京大學考古學會、歷史博物館、地質調查所等處，組織一東方考古學會協會。現兩會已在東京部署就緒，并派小林胖生於月前到京商洽一切。前數日東京方面曾來電説明該兩會决定最遲在三月二十七、二十八兩日開成立會。東亞考古學協會已推定蔡元培爲會長，囑小林胖生迅約中國會員前往開會。旋因蔡氏不能來京，未能定局。嗣得蔡復電，謂决定由杭經福州直赴東京，故北大考古學會推定國學門主任沈兼士、考古學教授馬衡，歷史博物館推定編輯主任羅庸爲出席代表，并另推教授張黄專任蔡元培翻譯，隨同小林胖生於今、明兩日由津出發。惟此項會輿，於東亞［考］古學前途至有關係，日本方面亦希望教部派員加入，故該部以部轄歷史博物館特派員羅庸兼任代表，但因川資無着，遂提出閣議請財部撥給旅費五百元。至本届會期（三月二十七、二十八日）兩國出席代表，中國爲蔡元培、馬衡、沈兼士、羅庸，日本爲濱田耕作、島村孝三郎、小林胖生等云。

（《益世報》1927 年 3 月 12 日）

三月十五日，《晨報》刊登消息，稱教育部特派參加東亞考古學會代表羅庸和北京大學教授沈兼士、馬衡，决定於本月十六日上午離京前往日本，二十日可抵達東京。

羅沈馬明早赴日　參加東亞考古學會

教部特派參加東亞考古學會代表羅庸，及北大國學門教授沈兼士、馬衡，决定本月十六日上午八時，由京奉通車出京。日本考古學會代表小林胖生，已於昨日早車赴大連，并約定十七日早與羅、沈、馬三人在奉天晤面，即於是日下午乘車到釜山上船，抵馬關上陸，二十日下午八時可抵東京云。

（《晨報》1927 年 3 月 15 日）

三月十六日，與馬衡、羅庸乘京奉火車離京，前往日本參加東亞考古學會會議。

東亞考古學會代表今晨出發

出席日本東亞考古學會之北大代表沈兼士、馬衡等，定於今晨（十六）八時十五分，乘京奉車出發，教育部兼歷史博物館代表羅庸亦同行。羅氏携有該館頌詞，擬在開會時宣讀，緣歷史博物館并未正式加入中日考古協會，此次係以國際之學術界友誼關係，前往祝賀，并携有該館所製古代車□模型數件，分贈東西兩京帝國大學博物館，以資聯絡云。

（《晨報》1927年3月16日）

三月二十七日，参加在日本東京帝國大學召開的東方考古學協會年會，演講《從古器款識上推尋六書以前之文字畫》。後此文發表在《輔仁學誌》第一卷第一期，文前注："十六年三月，在日本東京帝國大學，開東方考古學協會年會時講演。"此文首次提出"文字畫"的概念，"在文字還没有發明以前，用一種粗笨的圖畫來表現事物的狀態、行動并數量的觀念"。作者進一步説："就余之所研究，不但《説文》中之獨體象形、指事字非原始文字，即金文中之獨體象形、指事字，亦不得認爲即原始文字之真相。蓋於六書文字時期之前，應尚有一階段，爲六書文字之導源，今姑定名爲'文字畫時期'。'文字畫'之可見於今者，即鐘鼎學家所謂殷商鐘鼎中之'圖形'是也。"認爲"文字之起源，實由於紀事之繪畫"。并由此得出《中國文字發達系統表》，藉以表明文字畫與六書文字之關係。他的這一觀點，對後世影響很大，獲得大多數學者的認同。

(a) 東亞考古學會（附東方考古學會） 日俄戰後，日本的政治上、軍事上、經濟上勢力，逐次由朝鮮半島，伸張至我國東四省，同時日本學術界的研究調查範圍，亦漸次擴張到此方面來了。……及至大正十四年（民國十四年）日本東京帝大及京都帝大，得文化事業部的後援，先行組織東亞考古學會起來，然後以學會的名義，向中國北京大學研究所國學門考古學研究室接洽，聯合組織東方考古學會，名義上是"雙方聯絡交换智識，以謀東方考古學"的發達，實則日方已豫定利用此會名義去發掘東三省方面的遺蹟了。當時雙方對於發掘遺物，亦有協定。甲方於其國境内發掘遺物，乙方得派代表參觀并貢獻方見；如甲方捐出款項，希望乙方於其國境内某地點采掘，苟乙方同意，得由乙方商請地方當局從事采掘，其所得資料，應由乙方報告，并設法保存；所得資料如一方欲單獨發表其研究的結果，須俟正式報告出版後，始能發表。至民國十五年六月即在北京大學第二院開成立會。次年三月，中國北京歷史博物館編輯部主任羅庸、北京大學教授馬衡、北京大學國學門主任沈兼士等三人，偕日人小林胖生氏（東亞考古學會及東方考古學協會幹事）赴東京，参加東亞考古學會的成立會，并舉行東方考古學協會第二次總會（决定嗣後每年開總會一次）。三月二十七日，自午後一時起，在東京帝國大學山上會議所，開演講大會，當時雙方演講下列各題：

(1) 模製考工記車制述略　羅 庸
(2) 中國之銅器時代　馬 衡
(3) 從古器款識上推尋六書以前之文字畫　沈兼士
(4) 漢代の繪絹　原田淑人
(5) 支那の古玉器と日本の勾玉　濱田耕作

(6) 樂浪出土の封泥じ就て * 池内宏

[備考] 上舉各題演辭全文，後由兩學會刊行《考古學論叢》(一)，惟附*號者，未及收入

(王古魯編著《最近日人研究中國學術之一斑》，第206—207頁)

四月六日，與馬衡等抵達韓國漢城（今首爾）訪問，先期到達的張鳳舉、魏建功來車站迎接。

余以四月五日達漢城。翌晨訪兒島博士，座中悉鳳舉先生新至，在高橋博士許，因相見於花月食堂；又得知兼士、叔平先生一行將於其夕續至，傍晚七時與鳳舉先生共赴車站接之。七日，同游朝鮮總督府博物館，四時頃造訪高橋宅。因高橋介，往清雲洞觀韓巫舞。

出總督府前光化門，西北行，經通義洞、孝子洞，而宮井洞，皆廣坦通衢。高橋宅在宮井洞，漸入山路。由高橋宅更西北行，趨坡而登，道東有一院落，位山腰，土垣瓦舍，神社所在也。門懸木牌，曰“同榮社致誠堂”。時晚禱畢，巫他往；高橋覓一韓人招之還，使爲演作。

舞所在門内東屋中，狹而長，約二楹。屋東南二壁張神像，西北二面設户闥。沿壁陳供桌，供事亦如華俗。棚頂有漢字幡幢，惜未能入内審視。神像凡十有一幀，南壁四而東壁七，惟不獲知其名，詢諸韓人，亦未能道，或不肯告也，茲記其畫狀如次：

…………

七時許始相偕下山，還至朝鮮ホテル；赴一“更科”家，分别進食“天井”、“月見”果腹。同游者兼士，鳳舉，膺中，小林，高田，高橋，森諸先生，及叔平先生叔侄。後二十二日追記於光化門寓樓。

(天行《清雲巫舞（僑韓瑣談之三）》，《語絲》1927年第134期)

按：沈兼士與馬衡等在日本參加東方考古學協會成立大會後，回國時順道訪問韓國。天行，魏建功字。

四月七日，與馬衡、張鳳舉、魏建功等同游朝鮮總督府博物館。參閲本年四月六日條。

四月八日，赴漢城李王職雅樂部參觀，同行者有魏建功、羅膺中等。傍晚，離開漢城回國。

“禮失而求諸野”。這是我們聽了朝鮮李王職雅樂以後互相談論的話頭。從前魏文侯聽了雅樂要打磕睡的，我們這次聽了却很興奮。固然樂器與他那時的已經不能全同，而且這地點和所處的境界更是兩樣了。

那是四月八日的下午，我們由高橋先生介紹，赴李王職雅樂部參觀。先看他們的陳列室。陳列的樂器目録如下：

…………

自第四至第七四曲可以見到高麗音樂的特色。這種特色就是他們民族性的表徵，大概屬於悲壯的沉重的方面。雖然曲是宴樂用的，而使人感情却絲毫不得快樂，也實在使人不得不如此的不快樂。每曲之終，都用拍板拍三下，五下或四下結束他。

我們由兼士先生在題名册上首先題了一行“中華民國十六年四月八日……”然後依次題署畢，就退出了雅樂部。這時已是將近五點鐘，七點鐘的時候，他們便離了京城西北行，回到我現在應呼做“祖國”的北京去了。

在臨行之前，𦙍中發了幾張信片先往北京，他衹寫了“座中泣下誰最多？——江州司馬青衫濕”兩句詩做這次“聞雅”的報告。

六月八日記，後其時已兩月。

(天行《僑韓瑣談·四雅樂》,《語絲》1927 年第 137 期)

四月十五日，北京大學注册部刊登布告，載明沈兼士已回到北京，自下星期起照常上課。

注册部布告

沈兼士先生現已回京，自下星期二起照常授課。此布。

(《北京大學日刊》1927 年 4 月 15 日)

五月九日，與沈士遠、沈尹默、朱希祖、劉半農等到北大研究所爲徐旭生、黄文弼等赴西北考察送行，攝影誌别，置酒餞行。

學術消息　本學門歡送西北攷查團紀事

北京各學術團體與瑞典人合組之西北科學攷查團的經過，已詳前條。五月九日爲該團出發之期，中國方面如徐旭生、黄仲良、龔元忠、馬葉謙、李憲之、劉衍淮、崔鶴峰諸團員，均於上午九時前齊集北大三院本所。十一時許，由三院乘汽車往西直門京綏車站。瑞典人斯文赫丁等亦到。繼因西人的行李車中塗輪壞，故所乘專車本定爲十時五十分開，竟延到十二時半方開。本學門送行者有沈兼

1927 年 5 月，北京各學術團體代表在西直門車站歡送西北科學考查團出發時合影，左五爲沈兼士

士、劉半農、莊尚嚴、李振鄭、李子開、劉濬哲、金希賢、常維鈞、馮沅君諸人。餘如各團員之親友，到站送行者尤多。更有周肇祥先生撰《新出塞曲》印散行者及送者爲紀念云。

（《北京大學研究所國學門月刊》第一卷第六號，1927年9月）

晨，學者、學生齊集研究所，余育三、沈兼士、沈士遠、沈尹默、朱逷先、劉半農均至研究所送行，并攝影誌别。沈先生并置酒餞行，旋即出發。……

（黄文弼著，黄烈整理《黄文弼蒙新考察日記：1927—1930》第1頁）

五月二十八日，北京大學研究所國學門刊登通知，載明第四次月講於六月五日舉行，講演者爲沈兼士，欲聽講者務必到該學門登録室領取聽講券。

研究所國學門第四次月講

講演者　沈兼士教授

題　目　求語根的一個方法

時　間　六月五日晚八時

地　點　本校第三院研究所國學門講演室

凡欲聽講演者，請到研究所國學門登録室領取聽講券爲要。

五月二十七日

（《北京大學日刊》1927年5月28日）

六月五日，主持北京大學研究所國學門第四次月講，演講的題目爲“求語根的一個方法”。

沈兼士前晚講演　題爲求語根的一個方法

前（五日）晚八時，北京大學研究所國學門舉行第四次月講，講題爲“求語根的一個方法”，講者爲該所主任沈兼士。其重要節目爲：（一）何謂語根？（二）古代字書與語根之關係。（三）宋代字母與語根之關係。（四）可用以試驗之語根研究法。（五）餘語。略謂語根者即語言之形式的最初基礎，言語乃由語根分化之語詞，一般言語學者謂中國爲單綴語，保存語根原狀，無甚變化，實有可商量之餘地。蓋由字之形音兩方面觀之，亦可見其分化之源流，特中國歷來學者多重視單字而忽略語詞耳。次又評論《説文》《方言》《釋名》三書在研究語根上之價值，歷叙由宋以來諸學者論及語根之篇章，終得研究所得，列表七張由幻燈映示聽者。是晚聽講者計三十七人，至十時半始散。

（《晨報》1927年6月7日）

同日，徐旭生從西北致信沈兼士和馬衡，詳細介紹考察情形。

學術消息　西北科學攷查團消息

西北科學攷查團由京出發情形，已載前期本刊“學術消息”欄内。今再將該團團員、本校教授徐旭生先生致本校沈兼士、馬叔平二教教（“教”字衍——編者注）授書節録於下。

（上略）我們現在所住底地方，叫作ㄇㄧㄥㄎㄐㄚㄕㄚ，大約屬茂明安旗，在白靈廟西南八九十里。因爲赫定的駝子還没有買齊，大約仍有三兩禮拜的逗留。可是雖説如此，我們并不煩悶，因爲材料到處皆是。據希淵説：再停兩個月，作不完的事情。前幾天同黄仲良、丁仲良、龔獅醒、Bergman、莊永成、靳士貴同到白靈廟。白靈廟爲貝勒廟的訛音，爲喀爾喀右旗札薩克貝勒的廟。但此爲漢名，蒙人則稱ㄅㄚㄉㄡㄦㄍㄚㄥㄨㄇ（音不甚準因人小異）。靠ㄞㄅㄨㄍㄢ河，即《蒙古游牧記》中之愛布哈河。廟甚大，康熙年間所建，民國二年爲兵所燬，現重建，工尚未完。廟中建築〈壁〉［壁］畫，爲一種攙雜混合品，極有意義。但因喇嘛的貪婪及其他各原因，我們止參觀一正殿。廟外有小村，爲漢人貿易之所，約二十餘家。緣ㄞㄅㄨㄍㄢ河，古物頗多。黄仲良同莊永成向東北方河之下游，尋找ㄉㄠㄌㄧㄇㄙㄨㄇ的廢廟及金淨州遺址（ㄙㄨㄇ蒙文廟也），希望頗奢。仲良雖頗中書卷毒，但很能走路耐勞，成績頗佳。我們此次出來後悔没有求得蒙藏院的公事，在蒙古行走，頗感不便。白靈廟之不能全看，即其一端。我想請二位給理事會説一説，請他們設法求得蒙藏院一公事寄到甘肅毛目縣郵局代收，等到我們到哈什諾爾派人去取。我們的歸途，大家有意入陽關、玉門不入嘉峪，横貫甘、凉，過阿拉善，進河套，訪統萬故城。那時候蒙藏院的公事還很有用處。前給適之函一封，請他在英款中設一點法子，不曉得他接到没有，請向他一問。款項困難，到處荊棘，將來外國人所發表底非常成功，而我們所發表的太不像様，每次念及，異常躊躇。如果適之能在英款中想出法子，有米才能炊飯也。

六月五日。

（《北京大學研究所國學門月刊》第一卷第七、八號合刊，1927年11月20日）

六月二十五日，北京大學研究所國學門發布通告，載明沈兼士、馬衡兩位教授赴日本參加東方考古學協會會議帶回的印刷品清單。

研究所國學門通告

本學門沈兼士、馬叔平先生赴日參加東方考古學協會帶來之印刷品，列目於下：

東京帝國大學樂浪郡王盱墓發掘品目録　一件

東京帝國大學下總姥山貝塚發掘調查豫報　一册

東京帝室博物館案内繪畫部　一册

東洋文庫沿革略　一册

…………

人文地理　（同）四頁

奉天名勝繪葉書　四張

十六年六月八日

（《北京大學日刊》1927年6月25日）

六月二十六日，顧頡剛作致沈兼士信。

寫伯祥聖陶信、兼士先生信。（《顧頡剛日記》）

六月二十八日，顧頡剛作致沈兼士信，談自厦門大學分别後情況。

兼士先生：

此半年中生活不安已甚，遂致未能通候，爲罪。剛現在爲廣州中大購書，先到杭州，下星期或到上海。日來書賈群集於門，每日看頭本數百種，又有議價點書諸事，忙極。賜書讀悉。胸中有許多話要奉告，但此一星期中實在無暇矣。

此半年中，一班無聊人爲我造謡不少，使我得嘗嘗世味，也好。先生來書中，所謂“粤事亦已辭去”，及“幾個書呆子鬧意見，遂使外界乘隙得以施其破壞之手段”，恐亦中彼輩之謡，與上函所陳事相同。此中是非，得暇終當一辨。剛胸懷坦白，言行無慚，不怕人家攻擊造謡。盡彼輩之力破壞我，衹須我得暇作一長文，當盡撥雲霧而見青天耳。暇日當先告先生，此函或者將來亦可公布。（先生謂不求明了，此甚不可，因爲我們都是極熟的人，不應含糊。）

剛下半年仍往廣州。萬里現在杭州大方伯廣濟醫院作總務主任。介泉在農業及商業教書。川島在省務會議任記録。莘田在民政廳作科員。介石、四穆、仲瑜均在教育廳。杭州頗不寂寞，不厂先生在圖書館中，亦已見過。杭州經費支絀，大學恐難成立。適之先生住上海極司菲爾路A49。元胎在粤，其通信處爲廣州榨粉街一一九。丁山下半年亦到粤。孟恕在杭州商業教書。

事冗，恕不多告。餘容續陳。

學生顧頡剛。十六、六、廿八。

（《顧頡剛全集39 顧頡剛書信集 卷一》第520—521頁）

六月二十九日，顧頡剛作致沈兼士信，談其北大研究所國學門職務擬請馮沅君接任。

歸，寫仲川、緝熙、崇年、伯祥、孟真、兼士、騮先、莘田信。

（《顧頡剛日記》）

兼士先生：

有二事久想奉告，前日作函乃竟忘了。敬補述於下：

其一，先生所識之徐起行，去年曾請我們吃過一頓飯。年底，他來找先生，告以已歸。他説，他生病，住醫院一個月，欠了醫院多少錢，還不出，請諸位先生幫助。那時因爲他曾經請過先生、亮丞先生、介泉及剛，故亮丞先生拿出四十元來。事後，介泉及剛已各還十元，先生亦應派得十元。不料過了幾時，他這人厦門不見了。有人説他因爲欠債太多，逃避了。後來乃知他持了醫院賬單，向各處借錢，被騙者不止我們。因此知道，他那天請我們吃飯，已不懷好意。此款，亮丞先生到京時，請先生還他。

其二，北大研究所的職務，我已無法回復了，擬請沅君女士即真。未知先生以爲然否？請即日核奪示知。北大尚欠剛薪水七百餘元，如將來可拿到，乞先生費神代領，因剛尚欠人一千五百元，甚願早日還清也。（我對於北大研究所，始終愛護。我實在不願走。但有何法可留呢？魯迅因爲我曾任研究所助教，在匿名揭帖上説我在北大中祇作書記，這不必辨。我決不在這資格上計較，先生亦不必以此相疑。我祇要北大能給我現洋月一百五十元，我還是願來作助教的。）

建功通訊處乞見告。

餘容得暇詳陳。敬請大安。

學生顧頡剛。六月廿九號。

（北京大學檔案館藏檔，檔號：BD1927017-3）

七月十七日，魯迅致章廷謙信，提及廣州大學電聘沈兼士等教授，均不應。

又例如，廣大電聘三沈二馬陳朱皆不至，來信頗有以廣大爲失敗之口吻。

（《270717致章廷謙》，《魯迅書信1》第394頁）

七月二十二日，顧頡剛作致沈兼士信，質問有關問題。

寫伯祥信、式湘信、兼士先生信。……

下午大雨，稍涼。履安轉來漢口《民國日報》，載魯迅與伏園信，謂“想不到反對民黨，使兼士憤憤的顧頡剛到廣州來當教授了”，因去函質問兼士先生，是否有此言。

（《顧頡剛日記》）

兼士先生：

（上略）

茲得家信，知魯迅及謝玉生、孫伏園等在漢口《中央日報》上横加誣蔑，謂剛在厦門時反對國民黨，到廣州後將爲反革命之生力軍。其中最奇怪者，謂魯迅説我反對民黨，使得兼士先生憤憤云云。剛以前受了他們的攻擊，因爲没有證據，所以不曾回手。現在證據已給我拿到了，這一份副刊，當照相製版，俾天下人公覽。剛秋間到粤，如魯迅們尚未行，即當在法庭提起訴訟，聽候法律解決。此事既與先生有關，不得不專函奉告，請先生詳細答覆我下列數事：

（一）我在厦時有無反對國民黨之事（據先生所知）？

（二）先生對於我的行事有無不滿之處？如何憤憤？

（三）先生的脱離厦大，和我有無關係？

請接函後即日見覆，雙挂號寄至上海寶山路商務印書館編譯所王伯祥兄處轉交。如不承賜覆，則法庭中不得不屈尊駕一到，作一證人也。此事與剛終生名譽有關，不得不爾，冒犯尊嚴，伏乞見諒。敬請大安。

學生顧頡剛上。十六、七、廿二。馬坡巷。

再，此函請先生保存，將來或者用得到。

（《顧頡剛全集39 顧頡剛書信集　卷一》第522頁）

八月二十二日，程生作致沈兼士信，索要《文字形義學》書稿及抄録文字學方面書籍事。

兼士兄：

你的《文字形義學》講義（鉛印的），我以前拿到第一六三頁（講戴侗的《六書故》未完）。不知以後尚有印出者否？此時弟已不能再到講義課去要，故直接函詢，如這以後尚有若干頁，可否檢賜一份？至爲感盼！

明李登的《摭古遺文》，其書是否尚可買到，抑除四庫外，不可得見？弟從未見過此書，近因抄龔半倫之書，見他常引此書，頗想一看，故以奉詢，乞示知爲荷。

龔書居然抄完了。因爲原書雜用楷書、行書之筆勢寫他孜定之古文，實在不容易看得明白，兼之詮釋又極簡略，初抄時，誤處疑處均極多，後來抄得多了，才漸漸地有些了解，今尚須復校一通。好在亡校那天，我和劉濬哲串通了，留了一封信在研究所，説此書須陽九月中旬方能抄畢送還，故此時復審尚來得及也。我以爲此書在文字學史上是狠有牠的地位的，牠是激蕩時代牠的外太公們極端尊信許書的大反動，牠又是激蕩時代尊信漢（東漢）學以後更進一步要想踢開漢代，直接三代那個環境裡的事物。牠在小學上的地位，與經學上的今文家言完全相同：破壞方面，厥功至偉；建設方面，□謬亦至多；而"懷疑"和"大膽假設"的精神是極可佩服的。他假設的新説，現在從甲文、金文證明是對的也狠有些。我因爲有上列的意見，故嘗以想勸先生們買此稿本。得來幾次借來，我想抄出，終於没有抄成。此次居然把牠草草録出一個底稿，至爲忻然。鄙意想把牠仔仔細細地審校數過，將來國研光復以後，擬把牠用通行字體精鈔出板，以存文字學上一段史料，想吾兄當亦不以爲非乎！弟對於龔氏父子實有所阿好，故至樂於從事寫。

弟程生。

十六，八，廿二。

（北京大學檔案館藏檔，檔號：BD1927017-5）

按：程生，即程演生（1888—1955），字源銓，别號天柱外史、寂寞程生，安徽懷寧人。早年留學英、法、日等國，曾任北京大學教授，參加新文化運動。後任暨南大學教授、安徽省第一師範學校校長、安徽大學校長等。

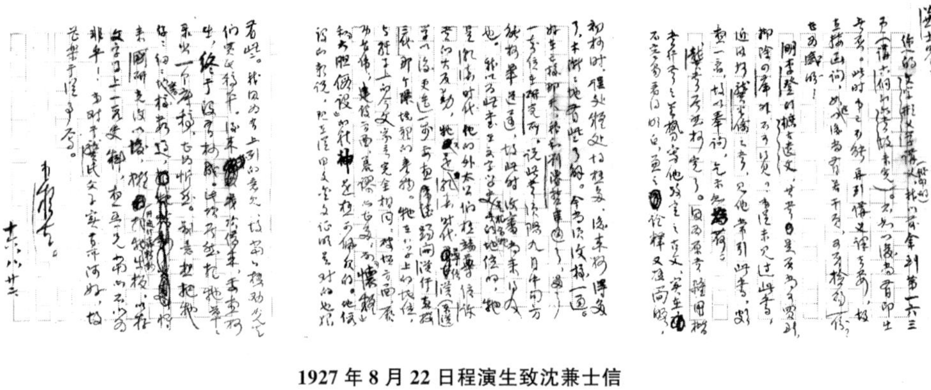

1927 年 8 月 22 日程演生致沈兼士信

八月二十八日，顧頡剛作致沈兼士信，談有人稱其反對國民黨事。

兼士先生：

接賜書，悉九校改組，先生已與研究所脱離關係，七年之功，廢於一旦，思之悵歎。未知彼方接收之後，研究所能否續辦，爲念。下學期未知先生是否專任津校之事？如事無可爲，甚盼南來也。

前函奉詢以先生所知，是否頡剛曾在厦反對民黨，及先生在厦有無因頡剛反對民黨而憤憤之事，未蒙明答，無任耿耿。此在魯迅先生，對剛感情極壞，原不難加以死刑之罪名，而先生與剛則同處八年，情感素洽，如猶不肯代爲洗刷，直使剛無顔立於社會。故仍盼先生明白證明。（如剛確有反對民黨之事實，亦請先生勿爲隱蔽，從實發表。）

近日北方舊友，來者甚多，每從刺訊，恒得彼輩對剛所宣傳之流言，而此流言與在厦在粤所聞者一致，足徵彼輩對剛，具有成謀，非偶爾爲之。自審待人寬厚，從事謹慎，而無意中竟得如許仇讎，豈果有前生惡業耶？“憂心悄悄，慍於群小，覯閔既多，受侮不少”，我之謂矣。每咏白居易詩云：“天平山上白雲泉，雲自無心水自閑。何必奔衝山下去，更添波浪向人間。”以今思昔，覺前數年生涯如在天上。徒以不堪生計之迫，舍北而南。結果，衹還去了五百元的債，而反贏得一身流言，半年中之生命消磨於憤誹之中，以較昔年，損失甚矣。天乎佑吾，願此生數十年中，不再遇魯迅先生其人也！

前發之雙挂號信，正值憤怨之際，措辭當有過處，乞諒之。近日受師友慰藉，以他人同情消自己塊壘，鬱抑漸平矣。特彼輩處心積慮，欲相加害，終不免懔懔耳。

敬請大安。

學生顧頡剛。民國十六年八月廿八日。

（《顧頡剛全集 39 顧頡剛書信集 卷一》第 523—524 頁）

八月二十九日，顧頡剛作致沈兼士信。

在孟真處寫沈兼士、馬夷初、徐中舒、陳乃乾信。（《顧頡剛日記》）

九月十三日，赴森隆飯店魏建功、馬廉晚宴，同席有張鳳舉、沈尹默、馬裕藻等，賓主共十三人。

晚餐建功和隅卿在森隆請客，我很吃不下，而且興趣也很壞。賓主共十三人：鳳舉、尹默、兼士、幼漁、援庵、膺中、召貽、半農、啓明、△△（原文如此——編者注）、玄同、建功、隅卿。

（《錢玄同日記》）

九月十七日，與錢玄同、徐森玉、馬裕藻、黎錦熙、劉半農、朱希祖、陳大齊設晚宴，招待日本人高煙畑彦次郎等十二人及張鳳舉、周作人（未到）。

晚餐我們八個中國主人請十二〈人〉[個]日本人還席，又請兩個中國人作陪：

高煙畑彦次郎、那波利貞、中野長右衛門

竹田復、後藤俊瑞、長澤規矩也

今村完道、永持德一、小林胖生

智原喜太郎、張鳳舉、周啓明。(未到)

主人（八人）：玄同、森玉、幼漁、兼士、劭西、半農、遏先、百年。共吃了五十一元（假洋菜席），每人攤着六元四角也。

（《錢玄同日記》）

九月三十日，赴正味館錢玄同、黎錦熙晚宴，商量編輯字典事宜。

晚與劭西同請兼士在正味吃飯，商欲在所謂國學館也者之中設一字典部，編一部古今方國的字典，蓋因ㄍㄊㄔ會已連開水也没有喝，不復能維持，而聞國學院有賠款（法、美、日）希望，故擬獻地圖也。結果請兼存記，相機行事。

（《錢玄同日記》）

按：ㄍㄊㄔ會，即國語統一籌備委員會。錢玄同是該委員會委員之一。

1927 年 10 月中日學者在北京西長安街宴會后合影，前排左一爲沈兼士

是年，私立北京輔仁大學成立，被推選爲該校董事會成員之一。

1927 年，按北洋政府教育部的《私立學校條例》第三條規定，私立學校應組織董事會，設置正副校長。

學校制定《董事會章程》。《章程》規定：董事會負責經營本校全部責任。董事會的成員：校長、副校長爲當然董事；教職員中代表 3 人，其中中國 2 人，外國 1 人；與本校有關係之公教司牧及司鐸共 8 人，由公教各團體選派；另由董事長聘請 2 人。規定名額共 15 人，按教育部的規定，董事會須中國人占多數，并推選中國籍董事 1 人爲董事長。

…………

《董事會章程》制定後，學校確定了董事會名單：

本校代表五人：

奥圖爾（本校校長，美國人）

陳　垣（本校副校長）

沈兼士（本校教授）

英千里（本校注册課長）

和樹德（本校會計主任，美國人）

推選者八人：

剛恒毅（羅馬教宗駐華代表，義大利人）

趙懷義（直隸宣化公教司牧）

孫德楨（直隸蠡縣公教司牧）

陳國砥（山西臨縣公教司牧）

司泰萊（美國本篤會總會長，美國人）

貫利東（美國本篤會駐華代表，美國人）

富成功（北京公教司牧，法國人）

伊德風（北京本篤會院長，美國人）

聘請者二人：

徐振鵬（前海軍次長）

慕元甫（前北洋大學教授）

（北京輔仁大學校友會編《北京輔仁大學校史》，第6—8頁）

按：表中注沈兼士爲“教授”不確，應爲“講師”。

一九二八年　民國十七年　四十二歲

二月五日，朱希祖夫人來拜年。

下午母親至東城陳百年、馬幼漁、沈尹默、沈兼士、朱小汀、富家拜年。

（《仲嫻日記》）

按：仲嫻爲朱希祖次女朱倓的字。她早年入北京女子師範大學和北京大學學習。1946年任廣州中山圖書館館長，并在廣州文化大學及省立文理學院兼課。二十世紀五十年代在香港當小學教員，直至退休。《仲嫻日記》附於《朱希祖日記》(中華書局2012年版)。

二月十日，盧冀野著《時代新聲》由上海泰東圖書局出版，内收沈兼士早期新詩《春意》，詩前注：“沈氏亦北大教授，詩最清雋，録一首。”

二月二十四日，京師大學校國學館發出通知，請研究生自認導師，并另發已取研究生名單，請各導師分組審查。沈兼士爲研究生楊晶華自請認定的導師，又爲已取研究生林之棠、許森的審查導師。

國學館之研究生與導師 導師由研究生自認

國學館昨日發出通知，請研究生自認導師，并另發已取研究生名單，請各導師分組審查。茲分誌如左：

（一）通函　敬啓者，本館爲得收實效起見，茲擬由本館提出題目，招取研究生，從事研究，擬請台端，酌擬題目交下，以便提出。其需要及適宜時，擬并可由導師介紹有研究學力之學生，由本館酌准入館研究，以宏造就。但一切仍依規則辦理，敬希督照。再者本屆招取之研究生，應請導師分別認定指導。茲送上研究生名單一件，請台端認定指導之研究生賜復，以便轉知。又研究生之已自請認定導師者，亦并開單附上，敬祈查照爲荷。

（二）研究生自請認定導師

研究生名姓	研究題目	自請認定之導師
儲皖峰	蓮社考	陳垣　陳寅恪　李翊灼　梅光義　尹炎武
楊晶華	漢賦之研究	江瀚　朱希祖　邵瑞彭　柯劭忞　沈尹默　錢玄同　沈兼士　陳垣
金受申	清代詩學概論	江瀚　朱希祖　沈尹默　邵瑞彭
班書閣	清儒論易卮言　中國歷代盜賊考	江瀚　朱希祖　沈尹默　邵瑞彭　鄧之誠
李慎言	史學概論　孟荀之異同	陳垣　陳任中　陳寅恪　江瀚　錢玄同　朱希祖
李家瑞	宋代思想史	李翊灼　劉復
裴占榮	易經	李翊灼
熊天健	中國經濟思想史　中國經濟史	朱希祖　邵瑞彭　鄧之誠　柯劭忞　江瀚
王森然	明堂制度攷	朱希祖　袁同禮　陳垣　陳寅恪　陳任中　徐鴻寶　鄧之誠

（三）已取研究生姓名

姓　名	題　目	審　查　導　師
王溜生	漢魏六朝詩及其詩人	邵瑞彭　朱希祖
金受申	清代詩學概論	邵瑞彭
熊天健	中國經濟思想史　中國經濟史	鄧之誠　邵瑞彭
傅振倫	劉知幾之史學	鄧之誠　朱希祖　陳垣　邵瑞彭　尹炎武
王森然	明堂制度考	朱希祖　鄧之誠　尹炎武　陳垣
戴明揚	三統術	尹炎武　朱希祖　邵瑞彭　陳垣
李家瑞	宋代思想史	李翊灼
俞梧生	中國交通史	鄧之誠
閻樹善	書目考	邵瑞彭　朱希祖　陳垣　鄧之誠　尹炎武
林之棠	《詩經》研究　《方言》比較研究	沈兼士　邵瑞彭

許　森	《説文》方言考	沈兼士　邵瑞彭
蔡尚思	孔子之人生哲學	梅光義
裴占榮	易經	李翊灼
王碩如	孔子的政治哲學	李翊灼

（《晨報》1928年2月25日）

按：京師大學校是由北大、師大、工大、法大、農大、女師大和美專等北京地區九所國立學校合并而成。1927年8月，中華民國軍政府發布命令，合并北京國立九所學校，改組爲京師大學校。該校分設文科、理科、醫科、法科等五科五部，又設國學館作爲專門研究機構。1928年6月，國民革命軍佔領北京，南京國民政府延續九校合并的現實，改名爲中華大學，京師大學校時期結束。

二月二十六日，赴北池子大名洋行日本人長澤規矩也、智原喜太郎晚宴，同席有錢玄同、馬裕藻、馬衡、劉半農等。

晚日本人長澤規矩也、智原喜太郎二人請我們：錢、馬二、四、九、沈三、朱、半等在北池子大名洋行中吃飯，竟吃不下，酒也一點兒也没有喝，吃完聽説書，説《武松打虎》，也無以聽，歸。（《錢玄同日記》）

三月五日，赴京師大學校法科第二院參加國學研究館本届研究生第一次會集，并行師生見面禮。

國學館昨開會　研究生第一次合集

京大國學研究館昨日下午三時，假法科第二院舉行本届研究生第一次會集。到會者除館長葉恭綽外，有導師江瀚、陳垣、陳任中、梅光義、周作人、沈兼士、朱希祖等二十餘人，事務員及助教十餘人。研究生有王森然、儲皖峰、李慎言、林之棠、楊晶華等二十餘人。開會時，首行師生相見禮，繼由葉恭綽講演"國學之重要及研究法"，次請導師江瀚講演，以時較晚，旋即攝影散會，頗極一時之盛云。

（《晨報》1928年3月6日）

三月七日，在孔德學校晤錢玄同。

至孔德晤建功、兼士，建贈我一朝鮮筆，長鋒紫毫，名"龍泉劍"，試之甚佳。

（《錢玄同日記》）

三月十二日，《申報》刊登消息，稱蔡元培、傅斯年、沈兼士等二十人被聘爲大學院古物保管委員會委員，并已議決該委員會組織條例九條。

大學院古物保管委員與條例

大學院古物保管委員會委員張繼、傅斯年、蔡元培、沈兼士、張静江、陳寅恪、易培基、李濟之、胡適、朱家驊、李四光、顧頡剛、李宗侗、馬衡、李石曾、劉復、高魯、袁復禮、徐炳昶、翁文灝等二十人已經分别函聘，并經議決大學院古物保管委員會組織條例九條擇録於下。（一）本會爲中華民國大學院專門委員會之一，專管計劃全國古物古蹟保管研究及發掘等事宜。（二）本會設委員十一人至二十人，由大學院院長函聘之。（三）本會設主任委員一人，主持本會會務；秘書一人，商同主任委員處理本會一切進行事宜。（四）本會設事務員若干人，商承主任委員，辦理本會一切事項。（五）本會爲便利會務進行起見，得於各省設委員會分會。（六）本會全體會議每月舉行一次，以主任委員爲主席。（七）本會推定常務委員五人至七人，每周開常務會議一次。（八）本會爲研究便利起見，得延聘專家，設分組委員會，其細則另定之。（九）本大綱經大學院院長核准施行。

（《申報》1928年3月12日）

三月二十日，在孔德學校與錢玄同談文字形體。

至孔德談談，兼士亦來，談文字形體。（《錢玄同日記》）

六月十日，參加北京大學評議員及各學系、科、部、研究所主任、主席會議，討論北大學生復校運動會要求接收學校事宜，議定沈兼士會同學生代表接收研究所。

致評議員公函

民國十七年六月十日，教務長陳大齊教授召集評議員及各學系、科、部、研究所主任、主席開會，討論接收北大事宜。原函列後：

敬啓者，北大學生復校運動會要求北大同人接收學校，亟待開會籌商，茲定於六月十日（星期日）上午九時，邀請評議員及各學系、科、部、研究所主任、主席在二院大學會議室開會，討論一切，務請屆時撥冗早臨。此上

先生

陳大齊謹啓

六月九日

到會者：白雄遠　胡壯猷　朱錫齡　沈兼士　朱希祖　王紹瀛　馬裕藻　陳大齊　楊震文　袁同禮　劉　復

敬啓者，本校同人應本校學生復校運動會之請求，爰於本月十日召集各學系、科、部、研究所主任會議，議決暫行完全恢復原狀，維持至中央政府有明令發表正式辦法時爲止。茲訂於明日上午九時，會同學生代表接收一、二、三院各機關所有○○○部、○○○課事宜，請

先生會同接收，屆時即乞

惠臨本校第二院接洽一切爲荷。此致

先生

北京大學啓

六月十日

圖書部　袁同禮先生……研究所　沈兼士先生……

（王學珍、郭建榮《北京大學史料》第二卷上册，第19—20頁）

到會者　白雄遠　胡壯猷　朱錫齡　沈兼士　楊震文　朱希祖　王紹瀛　馬裕藻　陳大齊　袁同禮　劉　復

一、應否應學生之要求實行接收？議決實行接收。

二、接收時應否會同學生代表？議決應准學生代表參加。

三、應完全恢復北京大學原狀否？議決暫行完全恢復原狀，維持至中央政府有明令發表正式辦法時爲止。

（北京大學檔案館藏檔，檔號：BD1928004-3）

按：1928年6月，國民政府决定派員接收原屬北洋軍閥統治的北京大學，并將其改名爲中華大學。此議遭到北大師生的强烈反對。北大組織復校運動委員會，呼籲恢復北大原有名稱和組織。

同日，《申報》刊登消息，稱由陳垣、沈兼士等發起成立北京文物臨時維護會，負責保護文物。

晉軍入北京之前後

［北京］京組文物臨時維護會，由陳垣、沈兼士、馬衡、徐鴻寶、劉復、裘子元等所發起，負責保護。（六日下午十鐘）

（《申報》1928年6月10日）

六月二十日，《申報》刊登消息，稱沈兼士、馬衡、蕭瑜、俞同奎受易培基指派，負責接收故宫。

北京近聞

［北京］易培基派沈兼士、馬衡、蕭瑜、俞同奎接收故宫。（十九日下午九鐘）

（《申報》1928年6月20日）

六月二十九日，《申報》刊登消息，稱沈兼士、蕭瑜、馬衡、俞同奎、吴瀛接收清史館完畢。

北京要訊

［北平］故宫委員派沈兼士、蕭瑜、馬衡、俞同奎、吴瀛接收清史館完竣。（二十八日下午九鐘）

（《申報》1928年6月29日）

七月八日，與俞同奎、馬衡、吴瀛、蕭瑜等故宫接收委員聯名發布聲明，歷陳故宫博物院迭經摧殘，幾經奮鬥，幸得保存，請求國民政府保全故宫，萬不能與逆産等量齊觀，以期保存數千年來中國文化之精粹。

故宫博物院開放三天

［九日北平訊］故宫博物院自接收後，由接收委員馬衡、沈兼士、吴瀛、俞同奎、蕭瑜等嚴密封鎖，停止參觀。頃聞中央方面以現在黨政軍各界領袖群集北平，應即特别開放，歡迎參觀，藉表慶祝。該委員等得訊後，即約集院中人員，積極籌備，舉行大規模之歡迎會，已經規定自今日起，接續開放三天，每日下午一時在該院降雪軒潔備茶點迎候。

據聞今日所請者爲蔣介石、馮玉祥、閻錫山、李宗仁四司令，白崇禧、鹿鍾麟、李品仙、朱培德、方振武諸將領暨宋美齡、李德麟、吴稚暉、邵力子、張群、周震麟、田桐、沈尹默、段子均、石敬亭、何其鞏諸同志，特别市長何成濬暨軍政機關要人。

昨已發出請柬數千份，臨時并請公安局酌派軍警幫同維持秩序。昨日派員規畫參觀路線，一切布置，均已妥貼。并聞該院接收委員擬就一種説明，係陳述該院迭被摧殘，幾經奮鬥，幸得繼續保管，以至今日。并請主持保全故宫博物院原案，萬不能與逆産等量齊觀各情由，擬由今日當場散布。兹將原文録左。

逕啓者，故宫博物院自十三年十一月攝政時期爲貫澈革命目的，勸導溥儀出宫，由李石曾先生等組織辦理清室善後委員會，接收故宫及頤和園，以及前清室内務府所屬一切財産，約集社會各界人士，合力工作。并於十四年十月成立故宫博物院，以期保存數千年來吾國文化之精粹，并由國民軍鹿總司令瑞伯擔任保衛。十五年四月，國民軍退出北平，當經李先生及鹿總司令及善後會同人等公推莊思緘先生繼續維持。十五年十一月，復由同人公同組織維持會管理。而宫外財産以失去軍隊之保衛，如頤和園及一切其他房産，或爲軍閥還諸清室，或爲各官署任意私賣佔據。其時反動分子、清室餘孽對於本院事業摧殘破壞，無時或已，并於馮總司令、鹿總司令、李先生及同人等任意造作蜚語，詆毁誣衊，無在不用其極。本院僅得保存，不絶如縷。其間杜錫珪内閣時，明令趙爾巽等接收本院，危害同人。幾經奮鬥抵抗，始得無事。情勢尤殆，十六年十一月奉方另組管理委員會，强欲接收，所幸委員長王聘卿先生尚能繼續保管，以至今日。兹國民政府光復北平，并經議决委派易寅邨先生接收在案，本院幸得出險。方慶文化事業幸以不墜，乃聞國府經委員亨頤提議故宫文物爲逆産，廢置故宫博物院，拍賣院内所有一切物品等語。無論故宫文物爲我國數千年歷史所遺，萬不能與逆産等量齊觀。萬一所議實行，則我國數千年文物不散於軍閥横恣之手，而喪於我國民政府光復故物之後，不幸使反動分子、清室餘孽、當時横加蜚議者今乃振振有詞。同人等聲譽、辛苦固不足惜，我國民政府其何以自解於天下後世。擬請迅電主持，保全故宫博物院原案，不勝萬幸。故宫博物院接收委員沈兼士、俞同奎、馬衡、吴瀛、蕭瑜同啓。七月八日。

（《申報》1928 年 7 月 14 日）

八月三十一日，《申報》刊登署名“程行之”的《東陵盜掘案紀詳》一文，稱北平文物維護會獲悉有人將東陵盜掘的文物賣給洋商，便由代表馬衡、沈兼士致函北平警備司令部，請將事主逮捕歸案。節録如下：

東陵慘遭盜掘一案爲北平最近發生之重大事件，舉國人士，咸加注意，業經略載滬報。兹又得友人函述，除寶物尚有未經載及者外，處置此案情形當亦爲世人所亟欲聞者。兹并誌之，以謝吾友。

…………

▲破案情形　諸物搬運時，臨時失竊者爲數不少。有弁兵某甲攜一小箱逃至青島，被巡警弋獲，值洋約十萬元。孫、譚等外，尚有不少分贓者。譚之一部分，則運至天津日本租界吉野某街號其弟譚淞庭處，在津零賣不少。隨又由其弟運極少之物至北平售賣，寓中國飯店第八、九兩號，終日狂嫖，揮金如土，已引起偵探之注目。譚弟不知北平珠寶行情，由茶役某甲介紹琉璃廠尊石齋主人黄伯川與之交易。黄父在四川任鹽道，積資不少，依母周氏以居，本人在郵務局供職，月入六百十元。尊〈古〉〔石〕（“古”字錯——編者注）齋係僱人代爲經理。黄年三十三，固一翩翩公子，與西商往來頗久。譚賣出之物，由其輾轉販與西人，成六約十三萬餘元。此事聞於北平文物維護會，代表馬衡、沈兼士具呈北平警備司令部，請至中國飯店逮捕，同時衛戍司令部亦接有報告。偵探至中國飯店時，譚蘊江已外出，將其弟與黄逮捕。又偵知伊在清華園洗澡，尚有何成濬、徐源泉二人。譚之護兵拒捕，又添兵士一排，將澡堂包圍。何禁護兵開槍，始獲。開堂審訊，譚不服。何成濬、徐源泉當晚將譚保出，迄今尚押在第六軍團總指揮部。譚爲魯人，在褚玉璞督直任内充官産處長，政聲欠佳，褚下令槍斃，時適孫殿英保譚爲旅長，其事始寢。黄伯川在衛戍司令部内願繳五萬元贖罪，其母尤爲焦灼。衛戍司令部參謀長朱綬光注意此案，譚在津有寓處三，金屋藏嬌，此時頗爲懺悔，其如夫人各方活動甚力，冀譚出獄，因此爲譚緩頰者頗不乏人。司令部以此案情重大，未便決斷，將移政治分會或中央辦理云。

（《申報》1928年8月31日）

九月十七日，《申報》刊登消息，稱北平大學各學院院長人選已定，沈兼士爲國學研究所所長。

北平各校開學有望

北平各校接收後，適值五中全會開會，當局無暇顧及。五中全會閉會後，國府中人又各因事離京，致北平各校之進行極受影響。近來中央政局行將組織就緒，因而北平各校開學亦有希望。近日李石曾、李書華等積極與財政當局接洽經費，聞有解決辦法，下月可望開學。李石曾對於中華大學校長一職，雖已兩次辭職，但李氏與北平教育關係極深，仍願以個人名義，對於籌劃經費，極力贊助云。又訊，北平各學院院長人選，聞大體已定計，文學院陳大齊，理學院李麟玉，……國學研究所沈兼士，預科劉半農等。（大中社）

九月二十一日，《申報》刊登消息，稱大學院古物保管委員會主席張繼日前呈文中央政治會議，請保持《故宫博物院組織條例》原案，兼駁中央委員經亨頤廢除故宫博物院、拍賣古物之提議。呈文中還提及參與點查故宫文物的沈兼士、馬衡等，都能擔保“從前已經有人製成贋品，攜去换易真物的把戲”的謡言不足信。

張繼請中央保存故宫博物院

大學院古物保管委員會主席張繼日前呈中央政治會議，請保持《故宫博物院組織條例》原案，兼駁中央委員經亨頤廢除故宫博物院、拍賣古物之提議。昨由中央政治會議議决，轉中央常會，保持原案。兹將張繼原呈探録如次。

竊故宫博物院成立已將四年，竭數百人之心力，維持於危難之中，幸免段、張諸逆之摧殘。北伐既成，北京既克，鈞會正式通過《故宫博物院組織條例》，派員接收。保障文化之功，中外人士所共欽仰。乃昨讀報章，見經委員亨頤廢除故宫博物院、拍賣古物之提案，不勝惶駭。考其所持，約有五端。（一）故宫博物院名稱不通；（二）研究皇帝所用的物事是預備將來要作皇帝；（三）圖書文獻非博物院所應有；（四）逆産應當拍賣；（五）保管問題强詞奪理，莫此爲甚。今謹逐條批駁，爲我政治會議諸公陳之。

…………

（五）經委員又説“從前已經有人製成贋品，攜去换易真物的把戲”，想係對於馮總司令玉祥、鹿總指揮鍾麟而言。當時清室遺老恨溥儀之被逐，奉系諸逆畏國民軍之威嚴，亟思有以中之，造作謡言，載諸報紙，别有政治作用，遂有種種傳説，然馮總司令之以未履宫門一步，鹿總指揮之奉公守法，不畏勤勞。凡參與清宫品點查者，類能道之。本會委員馬衡、沈兼士諸君身與目擊，尤能絶對擔保人言之不足信。經委員此説采及流言，想明察如政治諸公必不輕信之也。……

（《申報》1928年9月21日）

九月二十七日，下午與朱希祖、馬衡、陳垣等討論中日古物研究會之日本人采掘大連古物問題。

下午父至舊研究所處與沈兼士、馬叔平、陳援庵諸先生討論中日古物研究會之日人采掘大連之古物問題，父主張反對日人挖掘，因美國人欲至蒙古采掘，中國方面不應，則日人擬至大連亦當不應。東方考古協會居然不反對而反派人去助掘。古物保留中國猶可説，古物如前旅順之篦子窩掘采悉被日人取去，故父提議取消此協定，但沈等不允。（《仲嫻日記》）

十月六日，赴新晨報館李慶芳、鄧之誠晚宴，同席有錢玄同、馬衡、陳垣、楊丙辰、黎錦熙、朱希祖、劉半農等。

晚赴李慶芳與鄧之誠（文如）之請，在新晨報館。同座有兼、叔、援，尹高林、楊丙辰、劭、逖、半、……諸人。（《錢玄同日記》）

十月二十一日，錢玄同收到北大上課表，見沈兼士的文字形義課歸在他的名下，感到奇怪。

北大學生忽送上課表來，將沈三之形義亦入我名下。奇！（《錢玄同日記》）

十一月九日，《申報》刊登消息，稱沈兼士已被聘請爲清華大學國文學系教員。

國立清華學校之新設施

自清華正式改爲國立大學，校長羅家倫就職以來，校中頓换一新生命。在教育狀况停頓之北方，實具有一番新精神。羅氏於開學日曾發表辦清華之具體意見，而對此後青年之思想、文藝體力，有寧願其笨重，而不願其小巧，更應努力前進，從光明、偉大、樸實路上走去。兹將各方面所得消息足供記載者，述録如左，以供各地讀者之參考。

▲教務方面 由羅家倫氏聘楊振聲爲教務長，各系普通現象皆加各教授及功課。羅氏聘請教授抱甯缺勿濫主義，學校當局前於接洽者，爲數至多。惟各經濟學家唐有壬、法學家燕樹棠等均因負有職務，不克來校。兹將各學系之主任、教授、講師以及羅氏所發表辦理各學系之方針與變動分記如下：（一）國文學系。希望能造成一近代化的國文學系，因國學在新文化運動中實佔有〔相〕（“相”字漏——編者注）當的地位，但必須用科學方法去整理，哲學態度去分析。楊振聲（兼主任）、劉文典、錢玄同、俞平伯、沈兼士、楊樹達、朱自清、張煦。……

（《申報》1928年11月9日）

十一月十三日，參加北平大學第一次校務會議，討論教授待遇暫行章程等事項。

平大第一次校務會議

北平大學校務會議昨日（十三）上午九時在中海北平大學校長辦公處舉行，到會有副校長李書華、代理秘書長蕭瑜、國學研究所所長沈兼士，各學院院長經利彬、徐誦明、謝淵洲、俞同奎、張鳳舉、段憩棠、崔步瀛等十人，李書華主席。開會情形如下：（一）主席報告大學委員會北平分會第一次常會，通過北平大學本部規程，并説明其中要點。（二）本學年爲時已晚，房屋尚未預備，北平大學之文理兩預科，今年暫緩另設，仍由各學院分別辦理。（三）本年各學院在院長視事以前所招新生，由院長加以考查。如手續欠完備，須重行甄别。未招生者，招生事宜概歸院長辦理。（四）通過《北平大學本部教員待遇暫行章程》（附後）。（五）發行《北平大學日刊》，各學院即不單獨出刊。兹録教員待遇暫行章程如後。（略）

（《新晨報》1928年11月14日）

按：1928年9月，國民政府决定采取大學區制，中華大學改爲北平大學，原北京大學并入北平大學。次年1月，原北京大學改爲北平大學北大學院。1929年7月，大學區制停止執行，北大學院改爲國立北京大學。

十二月二十四日，參加北平大學第三次校務會議，討論其他國立大學學生借讀問題等事項。

昨日北平大學之校務會議議决要案共計六條

北平大學昨日上午十時，舉行第三次會議，到會李煜瀛、李書華、沈兼士、段憩棠、徐悲鴻、徐誦明、董時進、俞同奎、張鳳翥（張鳳舉——編者注）、經利彬、謝瀛洲、王鳳儀、成平。議決案如下：

（一）其他國立大學學生，請求借讀者，在各國立大學借讀辦法未互相訂定以前，概不照准。本校各學院，此學院學生，亦不得向他學院借讀。

（二）此學院之系主任，不得再兼其他學院之系主任。

（三）寒假時期，照教育部最近頒布教程辦。

（四）校旗、校徽公推徐院長悲鴻設計，交下次會議討論。

（五）講師薪俸，每月按四星期計算。

（六）由大學校長辦公處，通函各學院，本學期學費，一體照章徵收。

（《新晨報》1928年12月25日）

十二月二十九日，《申報》刊登消息，稱沈兼士爲新組成的北平大學國學研究所所長。

北平大學組織之一斑

國立北平大學成立後，所有大學本部組織及各學院內部雖已粗事布署，但全部仍未臻於完備。茲先將大學本部已有之組織情形及各院院長人名，彙誌如左。

▲大學本部　校長李煜瀛，副校長李書華，秘書長成平，秘書吴前模、安貞祥，文書組主任陳懋治，會計組主任黄世暉，庶務股長齊□，日刊股長左鴻勛，高等教育王鳳儀，普通教育處長何鳳華。

▲各學院及附屬各校　文學院院長陳大齊（張定璜代），理學院院長王星拱（經利彬代），……國學研究所長沈兼士，……

（《申報》1928年12月29日）

一九二九年　民國十八年　四十三歲

一月一日，與沈士遠、沈尹默、馬裕藻、馬廉、劉半農、錢玄同等赴周作人家宴。

上午循例在苦雨齋飲屠蘇，到者如左：士遠、尹默、兼士、幼漁、季明、隅卿、稷如、半農、玄同、鳳舉、耀辰、稚雈、平伯，下午四時散。（《周作人日記》）

晨十時半至豈明家，這是他數年以來要請吃的日本屠蘇也。今年共十四人，連小孩共十六人。玄同、豈明、士遠、尹默及子、兼士、平伯、鳳舉、子雈、稷如、幼漁、季明及子、隅卿、半農、耀辰也。飲得太遲，故中飯竟吃不下了。

（《錢玄同日記》）

一月二日，因故未赴李遇安等宴請。

晚李遇安、王馥琴、陸晶清三人在忠信堂請吃晚飯，同坐者爲劭西、一庵、豈明、耀辰，尚有沈二、三未到。（《錢玄同日記》）

1929年元旦苦雨齋聚會，后排左起：沈尹默、徐耀辰、周作人、沈士遠、劉半農、馬裕藻、黎世衡、沈兼士、諶亞達，前排左起：張鳳舉、俞平伯、馬隅卿、馬豫、馬季明、錢玄同

一月十三日，中國史學會在北京師範大學成立，被推選爲該會九委員之一。

午後一時至師範大學開中國史學會成立會。到會者有北京大學、清華大學、師範大學、燕京大學、輔仁大學、女子師範大學六校教授、學生共九十四人。三時開會，群推余爲主席。報告籌備情形，討論通過簡章。時爲時已晚，城外來者有十餘人退席。選舉委員九人。共七十六人投票，余得七十四票、陳垣六十票、羅家倫四十九票、錢玄同四十三票、王桐齡四十一票、張星烺三十九票、沈兼士三十三票、陳衡哲三十一票、馬衡三十票當選。候補者陶孟和、袁同禮、蕭一山、劉崇鋐、翁文灝。（《朱希祖日記》）

朱逖先等組織“中國史學會”，今日開成立會。我當選爲委員。當選者共9人：(1) 朱希祖，(2) 陳垣，(3) 羅家倫，(4) 錢玄同，(5) 王桐齡，(6) 張星烺，(7) 沈兼士，(8) 陳衡哲，(9) 馬衡。（《錢玄同日記》）

一月二十日，赴輔仁大學參加中國史學會第一次委員會議，選舉主席及各部主任。

二時赴輔仁大學開中國史學會第一次委員會。互選主席、部主任等。到會者，余及陳垣、馬衡、沈兼士、張星烺、陳衡哲、王桐齡，乃行互選，結果余當選爲主席及征審部主任，編譯部陳垣，出版部王桐齡，圖書部張星烺。時錢玄同亦到會，委員惟羅家倫不來。（《朱希祖日記》）

一月二十六日，赴周作人宅，與周作人、馬裕藻、陳垣、馬衡、張鳳舉、沈尹默、劉半農、馬廉共宴胡適等。

午同幼漁、援菴、叔平、鳳舉、尹默、兼士、半農、隅卿，共在苦雨齋宴適之、潤章，唯旭生未至，下午散。（《周作人日記》）

一月二十七日，赴東興樓李大章晚宴，同席有張鳳舉、經利彬、羅家倫、胡適等。

晚飯李大章宴於東興樓，爲張鳳舉、經利彬、張少涵、沈兼士、羅家倫、文元模、錢玄同、徐旭生、胡適之、任叔永。（《錢玄同日記》）

一月三十一日，赴東興樓童禧文晚宴，同席有周作人、温源寧、張鳳舉、徐耀辰、沈尹默等共十人。

六時至東興樓童禧文君之招，來客源寧、洗凡、海秋、鳳舉、耀辰、尹默、兼士、稷如等，共十人，十時回家。（《周作人日記》）

二月一日，赴忠信堂周作民午宴，同席有周作人、胡適、任鴻雋、丁文江、沈尹默、張鳳舉、陶孟和等。

午至忠信堂，赴周作民君招，來者適之、叔永、在君、尹默、兼士、鳳舉、稚隺、洗凡、孟和等。（《周作人日記》）

二月六日，赴馬廉午宴，同席有周作人、胡適、馬裕藻、馬衡、沈尹默、錢玄同等。

午往孔德，因隅卿招宴適之，到者幼漁、尗平、尹默、兼士、召貽、淑周、玄同等，下午四時回家。（《周作人日記》）

按：尗平即叔平（馬衡）。

二月九日，赴周作人、張鳳舉、徐耀辰午宴，同席馬裕藻、馬衡、馬廉、沈尹默等。

午與鳳舉、耀辰宴□伯。此外來者幼漁、叔平、隅卿、尹默、兼士、子隺、平伯八人，下午三時散去。（《周作人日記》）

按：子隺即稚隺、稚鶴（黎稚鶴）

二月二十一日，赴忠信堂飯店朱希祖午宴，同席有胡適、陳垣、馬衡、徐旭生等。飯後參加中國史學會會議，通過聘請幹事十二人、書記和會計二人。

正午至西長安街忠信堂飯店請客午餐，到者胡適之、徐旭生、陳援庵、沈兼士、馬叔平、任叔永、陳衡哲及伯商大兒。飯後，胡、徐、任三君先去，陳君及余等五人開中國史學會。通過幹事十二人，書記、會計二人。又討論致蔡孑民書，僉主修改後發。是日所請尚有張亮塵、王嵽山、羅志希三君未到，而援庵遇事發諷，頗令人不悦。（《朱希祖日記》）

二月二十五日，赴彰林春陳君哲晚宴，同席有周作人、馬裕藻、馬衡、馬廉、沈尹默、錢玄同、劉半農等。

七時往彰林春，赴君哲之招，到者幼漁、叔平、隅卿、尹默、兼士、玄同、半農及徐君等，共十人，十時回家。（《周作人日記》）

二月，北大學院發薪資二百八十元。

職教員支薪表　十八年二月份

院　長	陳大齊	六〇〇	二月二十七日就職
院主任	何基鴻	四〇〇	仝
…………			
本科教授	王仁輔	二八〇	
…………			
	馬裕藻	二八〇	
	沈兼士	二八〇	
	劉　復	二八〇	

（後略）

（北京大學檔案館藏檔，檔號：BD1928001-4）

三月一日，國民政府第二十二次國務會議議決沈兼士爲故宫博物院文獻館副館長。

昨日之國務會議

［南京］一日國府第二十二次國務會議，到蔣中正、胡漢民、孫科、王寵惠、陳果夫、蔡元培、譚延闓、何應欽，主席蔣中正。決議案如下：

…………

（二）決議，派易培基兼北平故宫博物院古物館長，張繼兼文獻館長，莊蘊寬兼圖書館長，馬衡爲古物館副館長，沈兼士爲文獻館副館長，袁同禮爲圖書館副館長。

…………

（《申報》1929年3月2日）

三月四日，參加北大學院第一次各系科教授會聯席會議，討論學校一切組織俱照舊制等事項，并就相關問題提出個人意見。

北大學院各系科教授會聯席會議記録

十八年三月四日

第一次各系科教授會聯席會議

到會者：王紹瀛　韓述祖　胡濬濟　胡壯猷　夏元瑮　馬　衡　朱希祖
王尚濟　王仁輔　關應麟　李麟玉　楊震文　黄右昌　馬裕藻
鄧以蟄　沈兼士　劉　復　劉文典　温源寧　何基鴻　徐寶璜
樊際昌

主席陳報告：

（1）來平經過。

（2）希望本星期五上課。

（3）一切組織俱照舊制，惟依調解辦法，新增一、二、三三院主任及預科主任，又因教務總務無人負責，不能進行，暫請王星拱先生兼任總務長，何基鴻先生兼任教務長，將來再照舊章辦理。

（4）留平教授之有相當鐘點者，仍繼續聘請。

（5）新教授及舊講師之應改爲教授者，擬俟聘任委員會成立再提出。

（6）新講師不得不先聘將來再請追認。

（7）職員擬不多聘，唯求人與事相符（保管員照舊聘請）。

（8）學生會來函，要求將十六年秋京大所收編級生無條件取消，本預科一年級之未經入學考試者亦取消，并附建議案如下（本預科一年級生之已經入學考試者，若有條件的承認時，則給以考試一次，不及格者留級）。京大生來函要求與舊生同樣待遇（報告至此并代述兩方面的理由）。兩方均要求派代表列席解釋，以不合本院舊章，已一概拒絶。至京大生人數及入學資格等，請何教務長報告。

沈兼士：北大向無教授會議，恐與舊章抵觸，轉滋糾紛。或作爲一種徵求意見之集會，請考慮，如可認爲正式會議應先將本會組織法規定。馬裕藻：贊成。

劉文典：可以□權。

楊震文：應慎重。

劉復：如以討論結果用此名義發表殊不妥。當能作爲集思廣益之談話會。

黄右昌：五四、三一八，挽留蔡先生，均舉行過此種會議。

徐伯軒、樊際昌：此會不得不開，亦不能不顧慮到此會的性質。徐提議本會在評議會未成立以前，代理評議會職權。

馬裕藻：應加兼代教務會議。

朱希祖：贊成徐之提議。

何基鴻：此會不能説無根據，因評議會員本由教授推舉。

各教授紛紛發表意見後，由主席提議，北大向有各系科教授會聯席會議，今日集會，即作爲“各系科教授會聯席會議”。何基鴻、楊震文、馬裕藻附議。主席付表决，全體通過。

何教務長基鴻報告：

京大所招新生種類甚多，有補習班，有預科一二年級，有本科一二三年級。其中又分①經過入學考試者，②轉學（未經考試者），③特准者，④法大預科畢業來升學者，⑤一年級未完升入二年級者。同人討論此問題時，宜注意之點“即以國家金錢辦學，能多造就一人即多造就一人”。

討論結果。議决

（1）補習班學生俟本院招考預科一年級新生時，准其一律與考。

（2）凡依特准與轉學或特别旁聽入學而未經入學試驗各生，一律取消學籍，其願入本科旁聽者，須依本院旁聽生規則，受旁聽生試驗。

（3）預科一年級生經過入學試驗，其入學試驗平均分數在四十五分以上而學期試驗及格者，准其升級。不滿四十五分者仍留原級。

（4）本科一年級生，經過入學試驗，其入學試驗平均分數在四十五分以上而學期試驗及格者准其升級，不滿四十五分者仍留原級。

（5）本科二年級以上各生其有轉學資格者，依照本院轉學規則辦理，其無轉學規則資格者一律取銷學籍。

（6）預科二年級生其入學試驗平均分數在四十五分以上而學期試驗及格者，補行預科一年級學年試驗，及格者得升入本科，不及格者取銷學籍。

（王學珍、郭建榮《北京大學史料》第二卷中册，第 1300—1301 頁）

三月十日，朱希祖在日記中提及，與陳垣、沈兼士、劉半農共同具名，作致蔡元培信，推薦常伯琦爲中央研究院天文研究所研究員。

又寫蔡孑民先生信，薦常伯琦爲中央研究院天文研究所研究員，與陳援庵、沈兼士、劉半農同具名。（《朱希祖日記》）

三月十七日，北大學院評議會選舉揭曉，沈兼士以十票當選爲評議員。

本届評議員姓名　十八年三月十七日選舉

何基鴻　十七票　王　烈　十五票　夏元瑮　十三票　馬裕藻　十一票　胡濬濟　十一票　朱希祖　十票　沈兼士　十票

以上七人當選爲本届評議員，候補評議員名次如下：

胡壯猷　九票　關應麟　九票　王仁輔　九票　劉　復　九票

以上四人票數相同，由院長抽定名次如上。

（《北京大學日刊》1929 年 4 月 13 日）

同日，赴故宫博物院任職。

平津要聞

［北平］張繼、馬衡、沈兼士、袁同禮昨到故宫博物院就正副館長。（十八日下午十鐘）

（《申報》1929 年 3 月 19 日）

三月十八日，北大學院評議會通過各常設委員會名單，沈兼士爲校舍委員會委員。

本届常設委員會委員姓名　十八年三月十八日評議會通過

（一）組織委員會：朱希祖（長）　何基鴻　馬裕藻　王尚濟　王仁輔　黄右昌　沈士遠

（二）圖書委員會：劉　復（長）　鄧以蟄　徐寶璜　胡壯猷　夏元瑮　周作人　馬　衡（當然）

（三）財務委員會：王　烈（長）　何基鴻　胡濬濟　朱希祖　馬　衡　徐寶璜　賀之才

（四）聘任委員會：何基鴻（長）　馬裕藻　關應麟　温源寧　王仁輔

王　烈　楊震文

（五）儀器委員會：夏元瑮（長）　樊際昌　劉　復　丁緒賢　温宗禹

經利彬　李麟玉（當然）

（六）校舍委員會：關應麟（長）　王　烈　胡濬濟（當然）　馬裕藻

何基鴻　沈兼士　李麟玉

（《北京大學日刊》1929年4月13日）

三月二十二日，在《燕京大學校刊》發表演講稿《國學研究之我見》。照録如下：

國學研究之我見　講演者沈兼士先生　筆述者李德榮

（一）引言

“……關於國學的研究，這話説來很長；今天衹就個人的經驗，和觀察既往思潮的結果，作一個簡單的談話。……研究國學的方法很多，不過最重要的，當具歷史的眼光，并認清各派學術的背景，方能得到結果。今爲明了起見，將近世五百年來學術發展的歷史，分三期討論如下……

（二）近世五百年學術的三個時期

（A）獨斷研究的時期

明清間的文學，雖不算“道學派”的黄金時代，不過思潮所趨，總不離“道學”彩色，雖然有幾派學者——例如朱、吕——不以談“玄”爲主，然而大勢所歸，却傾於“明心見性”一點。明中葉後，姚江派和佛門的“禪宗”混爲一家，於是勢焰奔騰，奄及全國。及至明末之二三十年間，“道”派學術，雖屬尾聲，然有“東林”“復社”等團體，作□根本臺柱，不過這些黨人，雖以講學爲名，骨子裏，却含有政治的意味；這種精神，固堪欽佩，不過事實上，每每以一人之常識，爲論理的標準，因此對於學術的供獻，實屬麟角鳳毛！至於明末的幾年，學者有以“致知格物”爲標語者；但，老實説，他們不過以此爲招牌，藉以弄弄筆頭罷了！總之，明清間的文學，成效很少，緣故是：學者以一人的主觀，爲學術的準則，所以自私的地方，實在不少……不過有一點，是我們當注意的，即是姚江派的反應。姚江派，反應有三：一是姚江派自身的反應，最重要者，乃以劉蕺山的一派最爲漂亮，他的主旨，不但對龍（溪）、王（畿）諸人所述的王學，痛下砭針，并把王派的空玄成分，改去不少。第二種便是反對空玄的趨勢，清代以前的文學，既然偏重理論，所以沿革下來，漸使學者生厭，於是一種反動思想——尋求自然的趨勢——便應運而生了，試看徐霞客的《霞客游記》，宋應星的《天工開物》便是此點的佐證。第三種便是“經世致用”學説的囂起，這種學説，雖受西學輸入的影響，但爲姚江學派的反應，也是不能否認的事實。以上三點，對於當時的學派，雖然影響很少，但對後世學潮的改變，却有相當的關係……

（B）清代的考古學派

清代的學潮，便是“考古學”的全盛時期，不過從以上的幾種反動看來，清初的文學，本有趨於自然科學的可能，但實際上，却成了考據古典的文學，其故安在呢？最大的原因有兩種，一因教意之爭——明末和清初的教士，爲應和信徒的心理起見，曾許中國教徒，崇拜“天”“祖”，但羅馬教皇，不明真象，遂於康熙四十三年，下令禁止，致惹中人的反感！結果，公使被囚，教士被逐，而西學之輸入，遂亦油然中止了！二因中國學者，對於“藝成而下”的學問，一向不甚注意，所以結果，便走入“文獻”的路上去了，不過“文獻”的路途很廣，却又趨於“文獻”的考古方面者，不能不歸咎於文字之獄了！

康雍以後，宋學很盛，不過反宋學——漢學，同時也很澎湃，結果，乾嘉間的學潮，便爲漢學佔有了。漢學的學者，共有四派，即惠定宇的吴派，以信古爲重心；戴東原的皖派，以考古爲重心。此外還有焦里堂、汪容甫的揚州派，章學誠、全祖望的浙東派，對於史學方面，全有很大的貢獻。他們的工作很多，最重要的，有史料的鑑别，僞書的辨正，佚事的編輯，經學的箋注，此外對於文字、音韻、地理、算術、金石、方誌、叢書、類書……等等，也有相當的工作。總之，乾嘉年間的考古學，可爲清代文化的結晶，而主要之兩點，乃爲經學與史學的發展。這種思潮，與前代學術根本不同，因爲此時學者，先有一種考據，并以考據之結果，爲學術的基礎，自能升堂入室，而與獨斷文字，判然不同了。除去以上的考古派之外，龔自珍和魏源兩人的著述，乃以考古學爲背景，但祇“經世致用”爲目標，惜乎勢力薄弱，所以成效無幾。

〈(a)〉〔(C)〕（“(a)”錯——編者注）考古學的落潮時期

因爲洪楊之亂，舉國騷然，加以匪患日亟，外侮頻仍，祇弄得風聲鶴唳，滿目瘡痍，而考古學風，遂漸成過去，而反漢學之宋學思想，亦於此時醖釀了，同時〈雅〉〔鴉〕（“雅”字錯——編者注）片戰後，教士重來，更因喪師辱國，國人漸次覺醒，因把二百年來，所蔑棄的“洋貨”——西學，重又研究起來。同治以後，秩序漸復，學術方面，亦漸内榮，雖然根本學術，仍依考古正宗，不過明〈未〉〔末〕（“未”字錯——編者注）遺老的思想，便於此時復活了，而顧亭林、黄梨洲……等人之“經世致用”的説法，復爲學者所重視，而“獨求其是”的論調，因此甚囂塵上了……

總之，清代三百年的學術，始終未離考古的彩色，而理論的背景，又以考古爲根據，所以各種論調，不失嚴密的優點。雖然中葉之後，因受“外潮”的影響，學術方面，漸趨蜕化，惜乎學潮起伏，精神終未貫澈，所以“經世致用”之説，雖則昌旺一時，但成功之點，終歸考古——經、史方面……

（三）清代學術的缺點

清代文學的優點，便是根據歷史，而爲考古的學術，不過牠的缺點，亦不能代爲隱瞞。第一就是方法和態度的不健全，譬如漢派學者——惠、戴、焦、汪諸人，對於文字、音韻，以及算學、地理等等，雖有相當研究，惜其研究之目的，非在各該科的本身，但以該科爲媒介，用釋經史之用，因此，他們雖研究了文字學，但爲注釋經文而起；雖研究了歷史，但限於片面的觀察，而非歷史的整個；雖研究……但……，因此，清代的學者，對於“藝成而下”的學問，雖有相當研究，但不使其成爲獨立的學科，可算是一大遺憾！第二是關於取材方面的缺點，清代的學潮，雖由主觀的冥想，改爲客觀的考察，不過取材方面，每限於紙片上東西，範圍既狹，材料自不豐富，再因限於經典，故所考之史料，不能充分的應用，因而好多地方，難有圓滿的發揮。此外雖有幾派學者，提倡“寔踐學説”，不過終未占勢，所以寔際上，也無成績可言。

（四）研究國學應取的步驟

研究學術應取的步驟很多，不過最重要的，除去考古之外，對於時政方面，尤當加以研究。例如清代學術的板滯，便是偏重經典，弗論時政的結果，因此現代學者，既見覆轍於前，當自慎之於後，庶使祖國文學，漸呈活潑氣象。第二是讀者要明了文學之爲物，并非單純的東西，科學的成分，也是應有的原素。第三是關於小説的研究，古人對於小説，以爲道聽途説，無關宏旨，不過小説之中，實有“歷史”、“思潮”、“時間”……等爲背景，不但應當研究，更當加以扶持，使成獨立的學科。第四是當有“風俗”的研究，差不多的學者，全是知古而不知今，所以取材方面，對於古代東西，每很完備，但對現代民風，實欠明了！故清代學術，欠少成效的緣故，便是缺少風俗研究的結局。第五是關於圖書的設備，無論是研究古學或近文，不能無圖書館和陳列館的設備，因爲研究學問，没有參考是不成功的。不過常人對此，每多不以爲意，就連因考古而著名的清代學者，也多忽視此點，所以清代學術——考古學——，雖似登峯造極，然而許多地方，還是不很澈底。近者北平一隅，已有陳列館之設，可惜經濟方面時感困難，未來發展尚在期望之中。最後的一點就是研究國學當取分工的程式。例如華北一帶多古帝建都之地，以爲考古中心，當較分外適宜。南方民族繁多，以爲民風、言語研究之中心，誰曰不宜？因此各依地利，分工研究，事半功倍，此理大明……

（五）結論

總之，清代學術，給我們很大的教訓。第一關於“考古”的研究，是我們當引爲法的；第二對於時政的忽略，是我們當以爲鑑的——雖然清儒的忽略時政，還有其他的緣故（文字獄）——此外對於科學、民俗、語言等等，亦當加以注意。

（六）附帶的兩點

附帶的兩點，一是現代學者，當注意東洋史的著作，因爲我國自古，從無東洋史之著，日本雖有，但以日本爲中心，這種情形，對於中國之外交、國際之地位，以及建設等問題，全没有切膚的關係！因此，中國學者，對於著作以中國爲中心之東洋史，當加以計劃考慮。第二是關於語言方面，世界之語言，本以歐洲爲中心，不過以中國的人口而論，任何國家，皆難與之匹敵，處此情形之下，雖不望其他國家，概以中文爲中心，但至少亦當立於平衡地位，因此對於這一點，也希望大家加以注意。……”

（《燕京大學校刊》第二十五期，1929 年 3 月 22 日）

四月十九日，《申報》刊登《羅家倫談清華實際現狀（續昨）》一文，談及該校今年新聘沈兼士爲文字學教授。節録如下：

（問）清華募捐固屬笑話，但向政府請款何嘗不可試辦。……（問）聞先生去後新聘教授、講師多人，人選甚嚴，可得聞歟？（答）在余任内去職之教授有以裁撤學系而去職者，如農學、體育等系教授。是有以當求更適當之人擔任者，如中國文學系教授足計。今年所聘教授、講師，如翁文灝先生之地學，哥崙比亞大學教授葛利普先生之古生物學，陳楨先生之生物學，吴正之先生之物理學，楊振聲先生之文學，普林斯頓大學教授恪而温之政治學，郭雲觀、何基鴻先生之法學，劉彦先生之中國外交史，錢玄同、沈兼士先生之文字，馬叔平先生之金石學，劉叔雅先生之漢魏六朝文學，馮友蘭、黄子通先生之哲學，其餘若薩本棟、浦薛鳳、王化成、吴韞珍諸先生，皆係新添之教授，爲清華畢業而有專門學術者也。……

四月二十四日，北平大學北大學院評議會召開第三次會議，議決仍請沈兼士任研究所國學門主任等事項。

國立北平大學北大學院布告

兹將本月二十四日第三次評議會議決案公布如左：

克蘭夫人獎學金餘額一千零七十四元，已由京大辦公處挪作别用。院長爲保持對外信用計，擬先由北大學院經費中墊出，另由北平大學辦公處索還事。議决：通過。

研究所國學門問題

議决：應請院長敦請沈兼士先生繼續爲該門主任，即日負責積極進行。每月開支暫仍照北京大學時代數目辦理。

（後略）

（《北京大學日刊》1929 年 4 月 29 日）

五月四日，與沈士遠、周作人、沈尹默、馬裕藻、馬衡等在中央公園水榭公宴徐耀辰及其家人。

午至公園水榭，公宴耀辰及其母妹，凡兩席，主人爲士遠、尹默、兼士、幼漁、叔平、夢超、稷如、夢超、子雀，共十人，下午三時散。（《周作人日記》）

按：日記中有兩個“夢超”，顯係筆誤。

五月六日，顧頡剛來訪，未遇。

到兼士、叔平兩先生處，均未遇。（《顧頡剛日記》）

五月十日，赴劉半農宴會，同席有傅斯年、陳垣、馬衡、錢玄同、趙元任、顧頡剛等。

到劉半農先生處，赴宴，并看其照片。

今晚同席：孟真　援庵　叔平　兼士　玄同　元任　予（以上客）　半農（主）　（《顧頡剛日記》）

五月十二日，與陳垣共設午宴於西長安街忠信堂，招待傅斯年、魏建功、馬衡、趙元任、顧頡剛等。

到西長安街忠信堂，應陳、沈兩先生邀宴……

今午同席：孟真　建功　叔平　季明　元任　寅恪　希白　紹虞　介泉　半農　予（以上客）　兼士　援庵（主）　（《顧頡剛日記》）

五月二十日，魯迅來訪，未遇。

午後訪兼士，未遇。　（《魯迅日記》）

五月二十一日，顧頡剛作致沈兼士信。

寫健卿、兼士先生、賓于信。　（《顧頡剛日記》）

六月二日，訪魯迅。

午後沈兼士來。　（《魯迅日記》）

六月九日，赴歐美同學會潘家洵（介泉）午宴，同席有傅斯年、俞平伯、馬裕藻、馬衡、周作人。

午至歐美同學會，介泉招飲，來孟真、平伯、幼漁、叔平、兼士等，下午三時回家。　（《周作人日記》）

六月十五日，北平大學北大學院公布《國學季刊》編輯委員會委員名單，沈兼士爲編輯委員會委員。

本院布告

茲將季刊編輯委員會委員姓名宣布於左：

自然科學季刊　經利彬　孫雲鑄　王　烈　丁庶爲　夏元瑮　王仁輔　秦　汾

國學季刊　朱希祖　馬裕藻　劉　復　沈兼士　錢玄同　馬　衡　陳　垣

社會科學季刊　黄右昌　何基鴻　樊際昌　徐炳昶　陳寅恪　徐寶璜　陶孟和

（《北京大學日刊》1929年6月15日）

六月二十六日，北平大學北大學院評議會第七次會議議決研究所國學門委員會名單，沈兼士爲該委員會委員。

國立北平大學北大學院布告

茲將本月二十六日第七次評議會議決案公布如左：

院長提出研究所國學門委員名單　沈兼士　馬裕藻　朱希祖　劉　復　馬　衡
議决：通過。

（《北京大學日刊》1929 年 6 月 28 日）

七月二十八日，魯迅收到沈兼士信及委托未名社轉寄的畫册影印件。
得兼士信并《郭仲理畫椰拓本》影片十二枚，未名社代寄來。（《魯迅日記》）

七月，私立北平輔仁大學公布校董會名單，張繼爲董事長，馬良、柯劭忞、傅增湘、沈兼士等二十六人爲董事。

私立北平輔仁大學校校董會董事名單　中華民國十八年七月

董事長	張　繼	河北滄縣	前北平政治分會主席	北平東城大取燈胡同
董事	馬　良	江蘇鎮江	前國立北京大學校長	上海徐家匯土山灣
董事	柯劭忞	山東膠縣	前清史館館長	北平太僕寺街
董事	傅增湘	四川江安	前教育總長	北平西城石老娘胡同
董事	陸徵祥	上海	前國務總理	比國本篤會
董事	貢桑諾爾布	蒙古	前蒙藏院總裁	北平景山太平街
董事	張相文	江蘇泗陽	中國地質學會會長	江蘇鎮江焦山松寥閣通誌局
董事	陳大齊	浙江海鹽	北平大學北大學院院長	北平後門東板橋
董事	沈尹默	浙江吴興	河北省政府委員兼教育廳長	北平東城什坊院
董事	朱志堯	上海	前上海求新製造廠總經理	上海徐家匯土山灣轉
董事	陸伯鴻	上海	上海華商電車公司總經理	同前
董事	霍明志	北平	北平私立自强中學校長	北平西什庫夾道
董事	剛恒毅	意國	羅馬教宗駐華代表	北平東城廼茲府
董事	孫德楨	北平	蠡縣區主教	河北蠡縣天主堂
董事	陳國砥	山西太原	汾陽區主教	汾陽天主堂
董事	朱開敏	上海	海門區主教	江蘇海門天主堂
董事	胡若山	浙江台州	台州區主教	浙江台州海門天主堂
董事	張智良	熱河	東蒙古區主教	山海關南海沿天主堂
董事	程有猷	河北宣化	宣化區主教	宣化天主堂
董事	伊德風	美國	北平本篤會院長	本校
董事	陳　垣	廣東新會	本校校長	北平西城翊教寺
董事	奥圖爾	美國	本校校務長	本校
董事	沈兼士	浙江吴興	本校教授	北平東城什坊院
董事	劉　復	江蘇江陰	本校教務長	北平東城大阮府胡同
董事	鮑尼腓	美國	本校事務長	本校
董事	高福德	美國	本校訓育主任	本校
董事	英千里	北平	本校教授	北平西城定阜大街二號

（北京師範大學檔案館藏檔，檔號：6.1-0005-0001）

八月三日，周作人委托北京大學收發課轉送沈兼士書一册。
又《永目集》托北大收發課轉送幼漁、叔平、兼士、半農四人。

（《周作人日記》）

八月十四日，晚與周作人、馬裕藻、陳大齊、沈尹默在東興樓共宴日本人藤江真文和張子秀。

七時至東興樓，與尹默、幼漁、百年、兼士共宴藤江真文、張子秀二君，十時半回家。 （《周作人日記》）

八月十五日，在東興樓宴請周作人等。

晚赴東興堂［樓］，兼士招飲，客共十四人。 （《周作人日記》）

九月二十日，被私立北平輔仁大學聘請爲該校教授。

私立北平輔仁大學校聘書稿

聘書（中華民國十八年九月二十日時封發）

敬聘　　　先生爲本校　　　此訂

校長

劉　復先生	教務長
英千里先生	教授
沈兼士先生	教授
尹炎武先生	教授兼國文學系主任

（北京師範大學檔案館藏檔，檔號：6.1-0034-0001）

九月二十三日，周作人來訪，未遇。

下午往訪兼士，不值。 （《周作人日記》）

九月二十四日，北京大學公布《國立北京大學民國十八年度國文學系課程概要》，沈兼士所授課目爲“中國文字聲韻概要”和“中國文字及訓詁”，時間分别爲四課時和三課時。

國立北京大學民國十八年度國文學系課程概要

中國文字聲韻概要	4 單位	教員沈兼士、馬裕藻
中國文名著選	3	鄭　奠
中國詩名著選	3	俞平伯
中國文學史概要	3	朱希祖
以上一年級必修		
語音學	3	劉　俊（劉復——編者注）
語音學實驗	2	劉　俊（同上）
言語學大意	1	劉　俊（同上）
中國文字及訓詁	3	沈兼士
中國聲韻沿革	2	錢玄同

中國聲韻沿革（補）		2	錢玄同
接前學年			
清儒韻學書研究	三年以上選修	2	馬裕藻

以上 A 類關於語言文學者屬之

（後略）

（《北京大學日刊》1929 年 9 月 24 日）

九月三十日，赴沈尹默、方夢超晚宴，同席有周作人、李石曾、陳大齊、馬裕藻、馬衡、張鳳舉及日本人坂西、小山。

七時至什方院，尹默、夢超招飲，來者坂西、小山、石曾、百年、幼漁、叔平、鳳舉、兼士等十一人，十一時回家。（《周作人日記》）

十月九日，赴李石曾宴會，同席有周作人、馬衡、沈尹默、陳大齊、馬裕藻、張鳳舉、方夢超及日本人坂西、小山。

午搭乘叔平汽車至朝陽門大街建設委員會，赴石曾宴會，來者阪西、小山、尹默、兼士、百年、幼漁、叔平、鳳舉、夢超等十許人。（《周作人日記》）

十月十七日，北京大學評議會選舉揭曉，沈兼士以十七票當選爲評議員。

國立北京大學布告

本校本屆評議會選舉，已於本月十七日午後二時在第二院會議室當眾開票，計收到選舉票四十二張，茲將其結果公布如左：

當選評議員：

何基鴻	三十四票	王　烈	三十三票	馬裕藻	二十七票
關應麟	二十五票	夏元瑮	二十四票	朱希祖	二十二票
劉　復	二十二票	沈兼士	十七票	徐寶璜	十七票
胡濬濟	十六票	馬　衡	十六票	王仁輔	十五票
李書華	十四票	抽籤當選			

候補評議員票數同者，以抽籤決定次序：

楊震文	十四票	朱錫齡	十四票	樊際昌	十四票	周作人	十三票
經利彬	十三票	胡壯猷	十三票	賀之才	十二票		

十八年十月十八日

（《北京大學日刊》1929 年 10 月 19 日）

十月二十一日，北京大學研究所國學門發布通告，議決該學門委員值日表，沈兼士輪值期爲周三下午。

研究所國學門通告

本門委員會第三次會議議決，自本星期五日起，本門委員在所輪流值日。茲將值日表披露於左：

研究所國學門委員值日表

周日 時間	一	二	三	四	五	六
上午				馬裕藻		朱希祖
下午	馬衡	陳大齊 劉　復	沈兼士		劉　復	

（《北京大學日刊》1929年10月21日）

十一月三日，中午在東興樓宴請周作人、沈尹默、陳大齊及日本人大内、藤江、智原等。

午至東興樓，赴兼士約，來者大内、藤江、智原、子秀、尹默、百年。

（《周作人日記》）

十一月四日，北京大學評議會議決慰留沈兼士請辭評議員職務，并通過其爲聘任委員會委員。

國立北京大學布告

兹將十一月四日評議會議决案應行公布於左：

（一）推舉本會書記

議决：請劉復教授擔任。

（二）沈兼士先生辭評議員問題

議决：慰留。

（三）組織、圖書、財務、聘任、儀器、校舍、庶務及學生事業委員會委員名單：

一、組織委員會：賀之才長　何基鴻　黄右昌　馬裕藻　李書華　張貽惠　關應麟

二、圖書委員會：周作人長　温源寧　王紹瀛　楊公庶　朱錫齡　秦　瓚　馬　衡（當然）

三、財務委員會：徐寶璜長　王　烈　夏元瑮　何基鴻　朱希祖　韓述組（韓述祖——編者注）　黄國聰

四、聘任委員會：何基鴻長　王　烈　關應麟　沈兼士　張　頤　王仁輔　徐寶璜

五、儀器委員會：經利彬長　孫雲鑄　樊際昌　劉　復　文元模　丁緒賢　李麟玉（當然）

六、校舍委員會：王　烈長　胡濬濟　梅卓生　周作仁　楊震文　趙　淞

朱錫齡

七、庶務委員會：胡壯猷長 鄭 奠 王 烈 戴 夏 黄右昌 陳君哲 胡濬濟（當然）

八、學生事業委員會：關應麟長 張 煦 王尚濟 童德禧 何基鴻 胡壯猷 徐祖正 王 烈 徐寶璜

議决：照校長提出名單修正通過。

（後略）

十八年十一月五日

（《北京大學日刊》1929 年 11 月 6 日）

十一月六日，中午在德國飯店爲張鳳舉設餞行宴，同席有周作人、沈尹默、徐耀辰。

午至德國飯店，兼士爲鳳舉餞行，尹默、耀辰亦來。（《周作人日記》）

十一月八日，因往天津，未赴沈尹默、周作人、馬裕藻、陳大齊在東興樓所設晚宴。

七時至東興樓，與尹默、幼漁、百年共宴大内、智原、叔平、耀辰。唯兼士往天津去，不能來。十時回家。

（《周作人日記》）

十一月九日，北京大學公布研究所國學門招收研究生通告，導師沈兼士的指導科目爲文字學。

研究所國學門招研究生通告

一、資格：甲、在國内外大學畢業者。

乙、有特别著作者。

二、招考手續

1、報名時填寫報名單（報名單由本所印就，報名時可先來所索取或函索）。

2、提出研究題目并呈繳説明書，説明所提題目之研究方法及目的。

3、無論具有甲乙何項資格，均須呈繳舊日著作。

4、將著作及説明書審查完畢後，再舉行口試；如因道遠不能來所，准其通信研究，研究完畢發給證書之前，仍舉行口試。

三、導師指導科目

朱希祖 明清史

葉 瀚 雕刻瓷器之研究

黄 節 漢魏六朝詩

馬裕藻 古聲韻學

馬 衡 金石學

沈兼士 文字學

劉 復 語音學

四、研究年限　二年至四年，依研究成績定之。

五、報名時間　自登報日起至十一月三十日截止。每日上午九時至十一時，下午二時至五時。

六、報名地點　北平東安門北河沿北京大學第三院研究所國學門登録室。

七、奬學金額　本門設有奬學金額八人，每年五百元者二人，三百元者二人，二百元者四人，以研究終了之成績爲標準。如無相當之成績，則寧缺毋濫。至前設之助學金額，不再設立。

（《北京大學日刊》1929年11月9日）

十一月十三日，參加私立北平輔仁大學新校舍奠基典禮。

本校舉行新校舍奠基禮

張繼陳垣出席致詞　羅馬教宗代表奠基

十一月十三日上午十一時半，本校舉行新校舍奠基典禮，敦請羅馬教宗駐華代表剛恒毅主教奠基，參加者共七百餘人，儀式甚爲隆重。禮畢，并舉行歡宴，至午後二時餘而散。茲將經過情形，分録於次。本校係美國本篤會於民國十四年開辦，今年暑假後，遵照教育部大學組織法，完成大學辦理，改組董事會。於暑期在本校南院開工增建樓房一所，計四百餘間。除辦公室、實驗室、工作室外，所有教室可容學生五百餘人，寄宿舍亦可容學生五百餘人，大禮堂可容千餘人。全樓建築裝置等費，共用國幣六十二萬元，期於明年暑假中落成，作爲大學本科及高中校舍。現在大學校舍，將來即作爲初中校舍。現新舍基礎已經完成，奠基石在新舍址南部中央，成四尺餘高，寬、長各約二尺之長方形，上部鑿下方孔，中儲銅匣，匣中置陳垣校長之報告詞，及董事會、職教員、學生全體名單。碑之南面書“紀中華民國十八年十一月十三日羅馬宗座駐華代表剛恒毅爲北平輔仁大學奠基於此”，西面爲同意義之拉丁文字，右上交叉懸黨國旗及總理遺像。參加典禮者，有本校董事長張繼，董事沈尹默、沈兼士、陳大齊等，校長陳垣、校務長奥圖爾、教務長劉復、新舍工程師葛利思、本篤會院長伊德風及全校教職員、學生、記者等。學生一律着學生軍制服，由軍事教員白雄遠率領參加。至十二時，舉行典禮，張繼主席，行禮如儀。首由主席致詞，略謂今日輔大奠基典禮，承諸位光臨，深覺榮幸，余以爲人類知道的有限，故極不滿足，日日努力求新知識，總理説“知難易行”，足見知識的範圍太大，必思想與信仰都自由，始能求得新知識，望諸位扶助本校前進不已云云。

（《輔大校刊》第一號，1929年12月15日）

十一月二十四日，上午赴故宫博物院參加文獻館第五次專門委員會會議，議决壽安宫“方略”移存太極殿等事項。

故宫博物院文獻館專門委員會重要决議

國聞通信社云，昨日上午故宫博物院文獻館開第五次專門委員會，到會者張繼、沈兼士、李宗侗、陳垣、俞同奎、朱希祖、朱師轍，及館中全體職員，主席張繼。開會如儀後，次第議決：一、壽皇殿所存《方略》移存大高殿；一、清史館檔案從速提取，先大致分類，一面將關係比較重要者儘先編目；一、本館需用參考書籍，與圖書館接洽借用，至關於明末及清代參考書籍，爲本院所無者，可酌量購置；一、關於清宮軼事之記載，請朱委員逷先審定；一、檔案名稱解草稿請陳委員援庵審定；一、議决清史館存貯之《光緒洋務始末》當爲王亮借用，應請秘書處函催交還，并通知清華學校聲明該件係屬公物，在本院與王君交涉未妥以前，切勿購買；一、關於戲本及戲箱之整理，請齊如山、劉半農、馬隅卿三君指導進行；一、函請專門委員將清代重要案件開示題目，以便蒐集材料。至十二時全體攝影閉會。

（天津《大公報》1929年11月25日）

十一月二十九日，北京大學研究所國學門再次發布通告，公布導師及指導科目，沈兼士指導科目爲文字學。

研究所國學門通告

本所導師指導科目：

朱希祖　明清史
葉　瀚　雕刻瓷器之研究
黄　節　漢魏六朝詩
馬裕藻　古聲韻學
馬　衡　金石學
沈兼士　文字學
劉　復　語音學
鋼和泰　宗教史　宗教美術
陳　垣　中國基督教史

（《北京大學日刊》1929年11月29日）

十一月，國立北平研究院史學研究會成立，沈兼士被聘爲該會會員之一。

史學研究會

本會於民國十八年十一月成立。已聘白眉初、李宗侗、吴敬恒、汪中、沈兼士、沈尹默、馬衡、馬廉、徐炳昶、陳垣、翁文灝、陸鼎恒、張繼、齊宗康、劉慎諤、樂鈞士、蕭瑜、朱希祖諸君爲會員，李宗侗爲常務會員兼幹事，本院院長及副院長爲當然會員。

（《國立北平研究院院務彙報》第一卷第一期）

十二月二十八日，赴東興樓周作人、馬裕藻、馬衡、錢玄同午宴，同席有温源寧、顧頡剛、陳大齊、黎稚鶴等。

午至東興樓，同幼漁、叔平、玄同共宴卓君庸、温源寧及頡剛、子隺、百年、兼士，下午四時回家。

（《周作人日記》）

十二月，北京大學《國學季刊》第二卷第二號出版發行，沈兼士仍爲該刊編輯委員會委員之一。

編輯委員會

朱希祖（主任） 沈兼士 馬裕藻 馬 衡 陳 垣 劉 復 錢玄同

（《國學季刊》第二卷第二號，1929年12月）

一九三〇年 民國十九年 四十四歲

一月二十一日，黄文弼作致沈兼士、馬衡信，詳談在新疆考查文物古迹等情况。

西北科學考查團本校研究所國學門特派員黄文弼先生
由迪化致馮叔平（馬叔平——編者注）**沈兼士兩先生信**

兼士、叔平先生大鑒：

別來將及三載，念慕殊深。頃接齊電，敬悉先生等均安好如恒，曷勝欣慰。弼於十八年正由阿克蘇到庫車後（已前想徐先生均談及不贅），三月即由庫車南行，經沙雅穿塔克拉馬堪大沙漠，日有五日得達于闐。中途雖因工作便利繞道，然終能達到目的地，人畜一無損傷，亦自慶幸。抵于後，休息兪旬，又出發考查。兩度入沙，雖因天氣漸煖，風沙彌漫，不克盡量工作，然於沙漠之構造、河流之變遷、交通之轉移亦略得其彷彿。在于闐一月即返。和闐、和于一帶，前英人斯坦思曾三次游歷，古蹟古物掇拾殆淨，竟無吾人下手之地。在和勾留月餘，又西返至葉爾羌，至喀什葛爾，沿途工作亦略有采集。在喀什購買風俗品、經文書籍，勾留約十餘日，即東轉經巴楚至阿克蘇時，已中秋節也。於是，與前年路線會。又在巴楚之托和沙賴掘拾古物兩箱，并覓出古蹟三四，惜不暇詳細工作耳。又由阿克蘇至庫車，運輸前去年所存采集品，於十一月初抵迪化。計自十七年三月由迪出發南行考查，十八年十一月回迪，共計十八閱月，約采集古物四十二箱，各類均有少許，然以木瓦陶爲最多，而泥塑佛像殘傷實居其半。曾意十七年春德人椿克爾在和闐發掘古廟，出現佛像甚多。時弼亦至焉者，在一個大沙漠的兩峰，兩個不同方向的考古者先後發現同一樣的東西，非關人力，亦有數存理焉。抵迪化後，即整理各采集品，由已雇定歸化駱駝運回北平（詳致半農先生函中）。弼於十六年四月由北京出發，訖今計二載又九閱月，戈壁湖灘備歷，艱苦至此，亦心力交瘁，不堪再用，故擬束歸休息。不料到迪後俄道梗阻，草地太冷，遂逗留迪化作浪漫派的生活。今接北大研究所國學門來電，驚喜交集，如一個小孩子久別了他的母親，在外遨游戲耍正在困倦思歸的時候，突聞牠母親叫喚的聲音，安得不涕泗交流，況曾經過一番人事的變遷呀（聞十六年冬北大改組研究所爲國學館）。現氣候冷甚，擬稍煖即東歸，陽歷四月中當可抵平也。又聞守和先生曾來函述及文弼被命爲古物保管委員會委員，此時弼遠在邊陲，消息阻

滯，致未即時奉函申謝，甚歉。溥泉先生處亦懇代爲致意。餘不一一。肅此，
敬頌
撰安

黄文弼敬上　一月二十一日

士遠、尹默、幼漁、垣庵、玄伯、守和諸先生均此問好。

（《北京大學日刊》1930 年 4 月 2 日）

二月十四日，與馬裕藻、陳大齊、方夢超共設晚宴，招待周作人、文範村等。

六時至幼漁處，幼漁、百年、兼士、夢超爲主宴客，來文範村、章鴻釗及旭生等，十時散。（《周作人日記》）

三月十五日，《故宫周刊》第二十三期第一版刊登沈兼士半身像片一幀，介紹稱“本院理事兼文獻館副館長沈兼士先生”。

同日，私立北平輔仁大學公布《本校各系各級課程及教員所任科目時數一覽》，沈兼士所任科目爲國文系二年級“文字學”（二課時）、“廣韻研究”（二課時），三年級“文字學名著研究”（二課時）、“廣韻研究”（二課時），史學系二年級“文字學”（二課時）。

本校各系各級課程及教員所任科目時數一覽

院别	系别	年級	科目	教員	時數
文學院	國文學系	一年級	中國學術史	尹炎武	二
…………					
文學院	國文學系	二年級	名著選讀	尹炎武	二
			目録學	尹炎武	二
			中國文學史	朱希祖	二
			音韻學	魏建功	二
			文字學	沈兼士	二
			廣韻研究	沈兼士	二
…………					
	國文系	三年級	辭賦	郝立權	二
			詩	郝立權	二
			文學詳論	郝立權	三
			金石學	馬衡	二
			詞曲	許之衡	二
			名著選讀	尹炎武	二
			文字學名著研究	沈兼士	二

		廣韻研究	沈兼士	二

…………

史學系	二年級	中國史（魏晉南北朝）	高亞賓	二
		四奇傳研究	張星烺	二
		西洋史	卓譪學	三
		中國近百年史	朱希祖	二
		文字學	沈兼士	二

（後略）

（《輔大校刊》第六號，1930年3月15日）

三月十七日，北京大學各學系主任選舉揭曉，沈兼士得一票，落選國文系主任。

國立北京大學布告

本校各學系主任照章在第二學期之初改選半數，并經抽籤决定。本届應行改選主任之各學系爲物理、化學、地質、哲學、心理、國文、史學、法律等八系。兹將改選結果公布如左：

物理學系共收四票　夏元瑮　三（當選）　李書華　一

化學系共收五票　胡壯猷　二（校長加一票當選）　丁緒賢　二　李麟玉　一

地質學系共收四票　王烈　三（當選）　孫雲鑄　一

哲學系共收四票　張頤　三（當選）　徐炳昶　一

心理學系共收三票　樊際昌　二（當選）　童德禧　一

國文系共收七票　馬裕藻　六（當選）　沈兼士　一

史學系共收三票　朱希祖　二（當選）　馬衡　一

法律學系共收三票　何基鴻　二（當選）　黄右昌　一

十九年三月十七日

（《北京大學日刊》1930年3月18日）

三月十八日，與陳大齊、何基鴻等共八人聯名發起爲原北京大學教授衛禮賢開追悼演講會。

衛禮賢先生追悼演講會啓事

逕啓者，衛禮賢 R. Willielm 先生前任本校教授有年，熱心指導，成績優美，生平著作宏富，溝通中西文化厥功尤偉。近聞在德逝世，學界中失此鉅子，深堪惋惜。兹定於本月二十一日下午七時，在第二院大禮堂開會追悼，并約與衛先生有舊者數人分任演講，務望本校同人届時到會参加爲幸。此啓

發起人　陳大齊　何基鴻　王　烈　沈兼士　馬　衡　楊震文　石坦安　劉　鈞

（《北京大學日刊》1930年3月18日）

三月二十日，與陳大齊、沈尹默、朱希祖、錢玄同、傅斯年等共二十五人，

發布爲已故北京大學教授單不庵開追悼會的啓事，并擬醵集賻金作爲單氏遺孤教養之資。

蕭山單不广先生追悼會啓

啓者，蕭山單不广先生，性行高潔，學問閎深。前在北京大學教授多年，循循善誘，不懈不倦。〈左〉〔後〕（“左”字錯——編者注）任中央研究院研究員，僑居滬瀆，閉户深研。本年一月十三〈目〉〔日〕（“目”字錯——編者注）因病逝世，哲人其萎，曷勝悲惻。同人等爰議三月三十日下午二時在北京大學第三院開會以資追悼。再，不广先生在世時，潛心學殖，不事生産，卧病累月，負債綦鉅，棺殮之資，胥出借貸，遺孤幼弱，復鮮宗親。同人等念死者之懿德，憫生者之無怙，并議醵集賻金，以充遺孤教養之資。

諸君子行不广先生或交好有素，或共事多年，諒蒙樂予贊同，共襄斯舉。此啓。

發起人：

王　烈　馬　衡　傅斯年　沈尹默　馬　廉　楊樹達　沈兼士　陳大齊
趙萬里　朱希祖　陳君哲　劉　復　何基鴻　張　頤　劉文典　周作人
張　煦　鄭　奠　林　損　張勁先　錢玄同　徐炳昶　張智揚　錢稻孫
馬裕藻

如蒙賜賻，敬請北京大學會計課代收。

（《北京大學日刊》1930年3月20日）

三月三十日，與北大同人陳大齊、馬裕藻、馬衡、錢玄同等，共同參加在北京大學第三院舉行的單不庵先生追悼會。

補載單不庵先生追悼會記事　何士驥

單先生於去年三月在上海得了腦膜炎的傳染病，纏綿病榻者十個月，終於治不好，不幸竟於今年一月十三日逝世了。

先生一生治學勤奮，誨人不倦，道德高尚，出處狷介。凡是認得他的，或是受過他教育的，無不十分敬佩他的。三月三十日，北京大學及北平教育界，在北大第三院爲單先生開追悼會（到會者有陳百年、馬幼漁、馬叔平、馬太玄、錢玄同、錢稻孫、朱逷先、沈兼士、林公鐸、楊遇夫、朱彙臣、陳君哲、趙萬里先生等五十餘人）。錢玄同先生等囑我和朱彙臣先生記録。後來馬幼漁先生又囑我把它整理出來，在北大日刊上發表，以資紀念。我因爲不會作文，朱（彙臣）先生又事務很忙，所以記録的很不好。内中各部分，雖然大都由各位先生親自改正過，然仍恐不免有記錯的地方。這是我應該〈識〉〔道〕（“識”字錯——編者注）歉的。

五月二十日驥附識

（《北京大學日刊》1930年5月23日）

四月二十日，赴忠信堂周作人、朱希祖、馬裕藻午宴，同席有劉半農、馬衡、陳垣、錢稻孫等。

午至忠信堂，與逷先、幼漁共宴原田淑人君，并邀百年、旭生、半農、叔平、援菴、稻孫、兼士，共十一人，下午二時半散。

（《周作人日記》）

五月八日，在東興樓設晚宴，招待陳大齊、周作人、沈尹默、馬裕藻。

七時至東興樓兼士約，來者百年、尹默、幼漁，共五人，十時回家。

（《周作人日記》）

五月二十七日，離開北平。

北平近聞

［北平］〈古〉〔故〕（“古”字錯——編者注）宫博物院沈兼士、馬衡離平。（二十七日專電）

（《申報》1930年5月28日）

六月十日，黄文弼作致沈兼士等信，再次詳談在新疆考查文物古迹等情況。

西北科學考查團團員黄仲良君自迪化來函

伯年、幼漁、叔平、兼士、半農、逷先先生均鑒：

今春致半農先生函，諒邀鑒及。日前返迪，接半農先生致袁希淵先生電，并李子開君致弼函，藉悉種切。弼自去冬由〈於〉〔于〕（“於”字錯——編者注）闐返迪後，本擬即時東歸。因天氣甚冷，俄道亦未通暢，而吐魯番、鄯善一帶爲古時西域文化中樞，故擬乘此時前往視查，作一有系統之研究。於二月中旬至吐魯番之雅爾湖，爲古交河郡地，工作結果發現字磚及陶器之屬若干，以長歷推其年號，可補高昌世系之闕。轉至哈拉和卓及魯克沁一帶考查，并在魯克沁南五六日程覓得一帶古址，結果頗爲美滿。蓋遠古人類居住之遺迹史，後國外之通往，藉此可得一證明也。現各采集品已交白萬玉，由草地運平。現弼與丁仲良先生由俄道東歸，正準備一切，日内即可起程。趨領教益之期，當非遠也。計弼自一九二八離開北京，迄今三載有奇。承諸位先生之關愛，多方幫助，俾弼得稍有所采獲，私自慶感，然以後之事，務尚多希諸位先生指導一切，不勝感荷。專此，即頌

撰安

黄文弼再拜上　六月十日

士遠、君默、旭生、守和、玄伯、援庵諸先生均此問安。

（《北京大學日刊》1930年7月12日）

六月十七日，周作人致俞平伯信，談及送沈士遠、沈尹默、沈兼士母親壽禮事。

平伯兄：

送沈府之禮，由耀辰轉托黎公子寉代辦，大約是個障子，各人出四（?）塊錢，係黎、徐、俞、周四人聯名。詳情我尚未知道，請兄便中直接問耀辰可也。隅卿往天津去了，而且他們諸馬恐自有組織，故遵照耀辰之説不等他回來商議也。匆匆。尊文昨已見到。

十七日　作人

（《周作人致俞平伯（1930年6月17日）》，孫玉蓉編《周作人俞平伯往來通信集》第138頁）

六月十八日，顧頡剛在日記中提及，明日爲沈兼士母親生日，將趁機前去拜訪。

明日爲沈兼士先生之太夫人七十歲（應是“七十九歲”——編者注）壽辰，予此半年絶未拜客，趁此機會，進城一天。（《顧頡剛日記》）

六月十九日，家人在會賢堂設宴慶祝母親沈老太太壽辰。

指爲沈士遠、沈尹默、沈兼士之母送壽禮。1930年6月19日，沈府在會賢堂擺宴爲沈老太太祝壽。

（《周作人致俞平伯（1930年6月17日）》中“沈府之禮”注，孫玉蓉編《周作人俞平伯往來通信集》第139頁）

同日，顧頡剛來賀沈兼士母親大壽。

到什刹海會賢堂，賀沈老太太七十九歲壽。（《顧頡剛日記》）

六月二十五日，北京大學畢業同學録籌備會會計股刊登啓事，公布教員捐款清單，沈兼士捐洋二元。

畢業同學録籌備會會計股啓事

本股收費及募捐情形，前曾在日刊上公布一次。現第二批亦已收齊，特再公布於後，以告結束。

（一）同學方面收費情形

…………

（二）教員募捐情形

—收國文系教員捐洋肆拾柒元，現收肆拾元（經手人吴守成）。計開：

金九經先生貳元（收）　鄭　奠先生貳元（收）　俞平伯先生貳元（收）

許之衡先生貳元（收）　范文瀾先生貳元（收）　沈兼士先生貳元（收）

徐祖正先生貳元（收）……

（《北京大學日刊》1930年6月25日）

上半年，北平輔仁大學輔仁社公布本年夏令講習會講題、演講者及演講日期。沈兼士演講的題目爲“研究文字學之新趨勢”，時間分别爲八月六日和七日上午十時至十二時。

北平輔仁大學輔仁社十九年夏令講習會

題　目	演講者	日　期
…………		
人本主義之流行於歐洲各國	狄哲納司鐸	八月六日上午九時至十時
研究文字學之新趨勢	沈兼士先生	六日上午十時至十二時
明得爾律	奥圖爾博士	六日下午三時至四時或四時至五時
推理作用及觀念作用	師立模博士	八月七日上午八時至九時
誓反教與誓反教之領袖	狄哲納司鐸	七日上午九時至十時
研究文字學之新趨勢（續）	沈兼士先生	七日上午十時至十二時

（後略）

（《北平輔仁大學輔仁社十九年夏令講習會講題》第5—6頁）

七月十一日，訪周作人，參加中日學院會議。

下午雨後，尹默、兼士、百年、幼漁、子秀、藤江諸人來。晚飯後，開中日學院會議。十時後去。（《周作人日記》）

七月十二日，赴沈尹默、陳大齊、馬裕藻東興樓午宴，同席有日本人藤江及周作人等。

午至東興樓，百年、幼漁、尹默招待藤江、子秀、兼士等共七人，下午二時回家。（《周作人日記》）

七月二十日，顧頡剛來訪。

到兼士先生處，晤之，并晤沅君。（《顧頡剛日記》）

八月二十一日，被私立北平輔仁大學聘請爲該校教授。

私立北平輔仁大學校聘書稿

聘書（中華民國十九年八月廿一日時封發）

敬聘　　先生爲本校　　此訂

校長

劉　復先生	本大學教務長兼高中部主任
尹炎武先生	本大學教授兼國文學系主任
張星烺先生	本大學教授兼史學系主任
沈兼士先生	本大學教授
朱希祖先生	本大學教授

（北京師範大學檔案館藏檔，檔號：6.1-0034-0001）

九月十四日，赴蓉園陸侃如、馮沅君夫婦午宴，同席有黄節、劉文典、馮友蘭、徐旭生、陳垣、顧頡剛等。

乘十點半車進城，到書社，馬幼漁先生處，到蓉園應宴。

…………

今午同席：沈兼士　黄晦聞　劉叔雅　馮友蘭　徐旭生夫婦　許守白　雲南某君　陳援庵　予（以上客）　陸侃如夫婦（主）　（《顧頡剛日記》）

九月二十一日，參加北京大學研究所國學門考古學會舉行的赴西北科學考查人員歸來歡迎會，并在會上發言。

西北科學考查團在新疆攷古情形報告　黄文弼

（在北大歡迎會席上演説）

北大前派參加西北科學考查團之黄文弼氏，新由迪化歸平，該校考古學會特於月之二十一日上午開會歡迎，并請黄氏講演在新工作情形。首由陳大齊致辭，大意云：黄先生此行前後三年，經過許多艱難困苦，成功而歸。外人在新考古者甚多，我國人今以黄先生爲第一，而其所得材料之豐富，亦不亞外人，尤可慶幸云云。次沈兼士演説，大意謂我國的科學的考古事業，今尚在幼稚時代，人材、經濟及環境，均有種種困難，黄先生當時勇往直前，今果戰勝一切，成功而歸，現在國内學術機關，已漸注意考古及民俗學之研究，但在六七年前，衹北大同人注意於此，不但開通風氣而已，今果有偉大成功，至於以後應如何繼續努力，尚應研究進行之策云云。次由黄文弼報告在新工作情形，略謂：

余於西曆一九二七年四月間由北平出發，迄今三年有奇，其中經過之困難，誠如陳先生所云。蓋凡作一事，創始者難。余等此次係參加外國科學團體，與外國科學家共同工作，在中國本爲第一次，公然能工作三年之久，探得如許材料而歸，亦大幸也。然余雖在前方努力奮鬬，設無先生等在後方籌畫，幫助一切，亦不能有如許成功，故對於先生等，尤不能不表示謝意。然余考查之事業，雖暫告結束，而材料之整理與工作之繼續，其事務之繁鉅，或有過於考查之時，適沈先生説，以後應如何繼續工作，所當研究，此尤弼所歡欣而自勉者也。至於此次工作情形，歷時既久，經過亦多，適纔回平，整日忙於私事，擬稍暇即將工作過去詳細情形，報告本會。現特述其大略，請諸位先生指教。

（後略）

（《女師大學術季刊》第一卷第四期，1930年12月）

按：黄文弼與丁道衡、龔元忠等西北科學考查團第一批團員，結束西北科學考查工作後，於本月中旬經滿洲里返回北平。

九月二十八日，赴慶林春常惠、魏建功晚宴。同席有台静農、顧頡剛等。

到慶林春赴宴，與彦堂同回静心齋。

…………

今晚同席：黄仲良　丁道衡（仲良）　沈兼士　莊尚嚴　胡文玉　臺静農　董彦堂　容希白　予（以上客）　常維鈞　魏建功（以上主）　（《顧頡剛日記》）

十月二日，錢玄同來訪。

十一時訪兼士，定爲“説文”段注，兩家公用，我名“《説文》研究”，他名“文字及訓詁”。　（《錢玄同日記》）

按：當時沈兼士在北京師範大學兼課，錢玄同爲師大國文系主任，正在制訂該系功課表。

十月十三日，北京大學評議會選舉揭曉，沈兼士以十八票當選爲評議員。

國立北京大學布告

本校本届評議會選舉，已於本月十三日上午十時在第二院會議室當眾開票，計收到三十二張，兹將其結果公布如左：

當選評議員

王　烈	二十六票	馬裕藻	二十五票	何基鴻	二十四票
劉　復	二十票	沈兼士	十八票	樊際昌	十八票
胡　適	十六票	朱希祖	十五票	朱錫齡	十五票
王仁輔	十四票	賀之才	十四票	馬　衡	十二票
夏元瑮	十一票				

候補評議員票數同者，以抽籤决定次序。

徐炳昶	十票	周作人	十票	陶履恭	十票
楊震文	十票	童德禧	九票	胡濬濟	九票

十九年十月十四日

（《北京大學日刊》1930年10月15日）

十月十四日，北京大學公布《國文學系課程指導書》，沈兼士所授課目爲“中國文字聲韻概要”“中國文字及訓詁”和“中國文字及訓詁補（三）”，時間依次爲四課時、三課時和一課時。

國文學系課程指導書

（十九年九月至二十年六月）

緒　言

本指導書所列學科，專以本年度所有課程爲限。其排列科目之順序，完全依十四年改訂之本系學科組織大綱而定。(1) 共同必修科目，本年度之一年級生適用之。(2) 分類必修及選修科目等項，二年級以上諸生適用之。(3) 共同選修科目，一年級生與二年級以上諸生均適用之。按本系科目内容，實包含中國語言文字學、中國文學兩系之全部及考古學之一部。目下本校爲經濟力所拘束，不能分别成立各系，不得已暫由一系包括辦理，兹所分三類，即根據上述理由而定。其中B類較稱粗備，而A類則所差尚多。關於方言一部，猶未萌芽，殊覺遺憾。本年度雖擬努力實行，終爲才、財二者所限，故與昨年度相較，仍無多大進步。惟本年度二年級以上諸生，對於A、B兩類所列各科，務須擇一類而全修之，或選修其大部，以作文字學、文學二者分途專攻之準備。至於C類科目雖少，不甚完備，然本系或他系諸生，能全體選修，或大部選修，實多裨助。

（凡本系課程有變更或增減時，由注册部隨時通告。）

本系學生所修科目，依組織大綱之規定，除外國語外，須滿六十四單位，方許畢業。而六十四單位中，所選本系科目，至少不得在四十四單位以下。

（本系組織大綱，附見本系指導書後，此處從略。）

(1) 共同必修科目

科　目	單　位	教　員
中國文字聲韻概要	4	沈兼士　馬裕藻
中國詩名著選（附作文）	3	俞平伯
中國文名著選（附作文）	3	鄭　奠
中國文學史概要	3	朱希祖

以上各科，宜在第一學年以內修了。

(2) 分類必修及選修科目

（本年度二年級以上諸生，對於 A、B 二類，自應依分類之約束，惟何者必修，何者選修，暫緩規定。）

A 類

科　目	單　位	教　員
語音學		劉　復
語音學實驗		劉　復
言語學大意		劉　復

本年劉復教授因在研究所爲方言研究之工作甚忙，故以上三科暫停一年。

中國文字及訓詁	3	沈兼士
中國〔文〕（“文”字漏——編者注）字及訓詁補（三）	1	沈兼士

凡注（三）字者，爲三年以上之科目，注（四）字者仿此例。

（後略）

（《北京大學日刊》1930年10月14日）

同日，錢玄同作致沈兼士信，商談北京師範大學兼課事宜。

兼士義兄：

因爲恐防你不在家，故先寫此信，帶了牠去奉訪。

師大國文系功課表，至遲到了明日（十五）上午，必不能不交去了，故吾兄所任之課有急切决定之必要。

日前所談添授“《方言》研究”兩小時，此事務懇允許，至禱至盼！師大現有“《說文》研究”及“《爾疋》研究”，再加上“《方言》研究”，更見美備。且吾兄所談研究《方言》的新方法，鄙意極有昭示學子之必要，故務請惠允。又“文字形義學”或“文字學形義”，我總覺得有些“欠亨”，故權照北大改爲“文字及訓詁”，兩校所教，材料異同，程式異同，詳略異同，均可不問。要之此名“亨”於彼名是一定的，故弟擬改用，想吾兄當不以爲非也。

今晚務懇賜一電話至孔德（東二四七〇），决定此信中所言之事。

弟玄同言。

十九，十，十四，下午五時。

（北京大學檔案館藏檔，檔號：BD1927017-2）

同日，錢玄同來訪，商定師大兼課事。

六時頃訪兼士，决定其課爲文字及訓詁（舊名文字形義學，不通）2，古文研究 1（此課極新穎有用）。（《錢玄同日記》）

十月十五日，偕劉半農、戴明揚訪錢玄同，試圖與劉、錢聯合推薦戴到師大上課，結果未談妥。

由兼士、半農二人約戴明揚，北大十八年夏畢業生來談。劉、沈二人欲托我仨薦他於師大，我覺甚難，他亦不願，遂作罷。（《錢玄同日記》）

十月十八日，在天津蓬萊春設晚宴，招待日本人大内江藤、吉岡及周作人等。

上午十一時發東車站，三時到天津東站，中日學院遣李君來接，四時後在藤江君處小飲。七時往蓬萊春，兼士邀大内江藤、吉岡及子秀宴會。十時回學院，宿樓上校長室。（《周作人日記》）

十月二十二日，私立北平輔仁大學公布《大學部各系科課程表》，沈兼士所任科目爲國文系第二年"文字學"（二學分）、國文系第三年"文字學名著研究"（二學分）、史學系第二年"文字學"（二學分）。

大學部各系科課程表

文學院國文學系第一年

…………

文學院國文學系第二年

科目	每期學分	教員
名著選讀（包括駢散文）	二	尹炎武
中國文學史（續）	二	朱希祖
文字學	二	沈兼士

…………

文學院國文學系第三年

科目	每期學分	教員
名著選讀（續）	二	尹炎武
辭賦	二	郝立權
曲	一	許之衡
文字學名著研究	二	沈兼士

…………

文學院史學系第二年

科　目	每期學分	教　員
中國史（秦漢）	二	余嘉錫
中國史（魏晉南北朝）	二	尹炎武
西洋史	三	Gonarllus Diez
文字學	二	沈兼士

（後略）

（《輔大校刊》第二卷第四期，1930 年 10 月 22 日）

十月二十五日，訪周作人，與沈尹默、陳大齊、周作人等及日本人大内、藤江開會討論中日學院事。

下午兼士、子秀、大内、藤江、尹默、百年、幼漁來，飯後會議，中日學院事，十時去。（《周作人日記》）

十月二十六日，妻子蔡惠在東興樓宴請錢玄同夫婦等。

午回府，偕婠貞同至東興樓，因沈三太太賞飯也。蓋三太太今春生日，我們太太們送了禮，故□□及考□也（原文如此——編者注）。（《錢玄同日記》）

十二月十八日，北京大學公布研究所國學門招收研究生通告，其中沈兼士指導科目爲文字學。

國立北京大學研究所國學門招研究生通告

一、資格　凡具左列資格之一者得報名應試。

甲、在國内外大學本科畢業者，但國内大學以公立及教育部立案之私立者爲限。

乙、未在前項學校畢業，志願研究國學，曾有專門著作經本所審查合格者。

以甲項資格報名者應呈繳文憑。

二、招致手續：

1、報名時填寫報名單（報名單由本所印就，可先來所索取或函索）。

2、提出研究題目，并呈繳説明書説明所提題目之研究方法及目的（所提題目須在下列指導科目範圍以内）。

3、無論具有甲、乙何項資格，均須呈繳舊日著作。

4、將著作及説明書審查完畢後，再舉行筆試及口試，筆試科目依投致在所研究之科目定之。

三、導師指導科目：

朱希祖　明清史

黄　節　漢魏六朝詩

馬裕藻　古聲韻學

馬　衡　古器物學　金石學

沈兼士　文字學

劉　復　語音學　　方言研究

鋼和泰　宗教史　　宗教美術

陳　垣　中國基督教史研究　元史研究　由元典章所見之元代社會風俗　元典章之語體文研究

徐炳昶　中國古代哲學（至東漢末止）

周作人　中國歌謠

錢玄同　音韻沿革研究　《説文》研究

沈尹默　唐詩（一）初唐詩（二）中晚唐詩（三）杜甫詩

許之衡　詞典研究

四、研究年限：

研究生在本所研究年限，至少二年，至多五年。每半年須將研究情況及已得結果報告一次。如繼續兩次未提出報告者，得取消其研究生資格。

研究生於入所後最初二年必須在所研究。

五、報名時間　自登報日起至十二月廿日截止，每日上午九時至十一時，下午二時至五時。

六、報名地點　北平東安門北河沿北京大學第三院研究所國學門登録室。

七、獎學金額　本門設有獎學金額八人，每年五百元者二人，三百元者二人，二百元者四人，以研究終了之成績爲標準。如無相當之成績，則寧缺毋濫。至前設之助學金額，不再設立。

（《北京大學日刊》1930年12月18日）

一九三一年　民國二十年　四十五歲

一月十六日，北京大學發布溜冰會鳴謝啓事，内附溜冰場建築捐款名單。沈兼士捐洋五元。

北大溜冰會鳴謝啓事

敝會此次建築冰場，因學校津貼不敷，特向本校教職員諸先生募捐。蒙諸先生熱誠捐助，使敝會冰場得以早日完成，敝會同人不勝感荷。玆將一二三四各組捐款諸先生芳名，分列於左，用表謝忱。

第一組第一院（負責人任傳鼎、孫祺藩、古柏年、王尉遲）

馬約翰先生捐洋二十元　劉鈞先生捐洋十元　沈兼士先生捐洋五元　錢玄同先生捐洋二元　樊際昌先生捐洋二元　周作人先生捐洋五元……

（《北京大學日刊》1931年1月16日）

一月十八日，赴來今雨軒章演群午宴，同席有陳大齊、錢玄同、馬裕藻等，商量刻印崔適遺著事宜。

午，章演群賞飯於來今雨軒，約百年、兼士、寓南、幼漁及我，商刻崔師遺文遺詩事。文稿詩稿均在演群家，他連原稿及他的抄本均交下。我們主張由北大出版《崔觶甫先生遺著》，好在《探原》《復始》及《足徵記》均已由北大出版，則此當然可也。飯畢回府。

（《錢玄同日記》）

二月八日，赴黄仲良午宴，同席有朱希祖、馬裕藻、馬衡、魏建功、馬叙倫、傅斯年、顧頡剛等。

赴仲良宴後，到林宰平先生處，未晤……

今午同席：朱逿先　馬幼漁　叔平　魏建功　胡文玉　馬彝初　傅孟真　馮芝生　常維鈞　盧木齋　商錫永 田培林　董彦堂　李濟之　劉半農　沈兼士等共約五十人　黄仲良（主）

（《顧頡剛日記》）

三月三日，赴北京飯店參加戲劇家焦菊隱與林素珊女士的結婚典禮。

焦菊隱燕爾新婚

詩人焦菊隱氏，現在平主辦戲曲專科學校。三月三日，焦氏與林素珊女士舉行婚禮於北京飯店大禮堂，由沈尹默氏及李石曾夫人證婚。是日到會來賓，有沈兼士、劉廷芳、徐志摩、孫席珍、宗真甫、余上沅、熊佛西等數百人，平中名流，濟濟一堂，頗極一時之盛。禮堂中懸挂喜軸喜聯，琳琅满目，美不勝收。其中以周作人氏條幅及余上沅氏對聯爲最别致。周氏條幅云："君情如烈火，妾性似乾柴；今朝相碰着，爆出火星來。"余氏聯云："舊上元節（本年三月三日適值舊上元節），新天河配。特煩合演，准代（平俗書'帶'作'代'）洞房。"

（《現代文學評論》第一卷第一期，1931年4月10日）

四月二日，向松江廉價購得新拓《急就篇》。

兼士向松江購得新拓《急就篇》，價一元五角，可謂廉矣。（《錢玄同日記》）

四月三日，《申報》刊登消息，稱指導整理北平市文化委員會委員人選已經決定，沈兼士爲該委員會委員之一。

平市文化委員會全體委員名單

［南京］指導整理北平市文化委員會委員人選已經决定，即將由國府分别函聘。名單如下：會長蔣中正，副張學良、李煜瀛，委員于右任、于學忠、于鳳至、王寵惠、王正廷、王揖唐、王樹常、王樹翰、孔祥熙、朱啓鈐、朱光沐、朱其慧、任鴻雋、江翰、宋子文、宋靄齡、宋振渠（宋振榘——編者注）、李書華、李麟玉、沈兼士、沈尹默……

（《申報》1931年4月3日）

四月八日，赴徐耀辰家吃晚飯，同席有沈尹默、馬裕藻、周作人、錢玄同等。

晚餐耀辰賞飯於其家，同去者爲沈二、三，馬二、九，建功、豈明諸人。

（《錢玄同日記》）

六月十二日，北京大學一九三一級畢業同學録籌備委員會發布通告，附載教員捐款清單。沈兼士捐助三元。

一九三一級畢業同學録籌備委員會通告

本届畢業同學録承諸師長多所捐助，兹將捐款人台銜及銀數刊登於左，以誌謝忱。

校長蔣夢麟先生 二十元　注册部主任樊際昌先生 十元……

國文系

馬裕藻先生　五元　　林損先生　三元　　黄節先生　三元

沈兼士先生　三元　　張煦先生　三元……

（《北京大學日刊》1931 年 6 月 12 日）

六月二十日，北京大學發布下學期部分聘任教員名單，沈兼士爲中國文學系兼職教授。沈時任故宫博物院文獻館館長。

北京大學兩系主任聘就

北京大學下學期聘任教員，前日（二十日）已發表一部名，中國文學系主任爲馬裕藻，教授爲黄節、劉復、林損、錢玄同、沈兼士、俞平伯。此外尚有學者數人，由馬氏正在接洽，一二日内亦可發表。外國文學系係由德、法、英、日四系合組而成，分爲各組，系主任爲温源寧，兼英文組主任。日文組主任周作人，法文組主任賀之才，德文組楊震文。劉復因任女院院長，沈兼士任故宫博物院文獻館館長，錢玄同任師大中國文學系主任，周作人任女子文學系主任，依章在北京大學兼職不兼薪云。

（《京報》1931 年 6 月 22 日）

七月二十八日，赴北師大閲卷，并在擷英飯店用午餐。

九時至師大閲卷，共請了十五個人：幼漁、仲雲、魯安、劭西、兼士、既澄、遇夫、檢齋、辛旨、紹賓、金源、蜀丞、宇衆、玄同、樂夫也。樂夫因病來函不到，遇夫今天看清華卷，説明明天來，惟檢齋一人不到耳（！）……中飯同至擷英雅（公款），晚六時散。（《錢玄同日記》）

七月三十一日，《京報》刊登《蔣夢麟分别聘請接洽新教授》一文，稱沈兼士等被北京大學校長蔣夢麟聘爲該校文學院名譽教授。節録如下：

又訊，北京大學分文理法三學院，下學年行政組織系統業已改變，取消評議會，設立校務會議，以全體教授副教授所選出之代表若干人及校長各學院院長、各學系主任組織之，校長蔣夢麟爲主席。蔣氏於必要時，依照大學組織法，延聘專家列席，但其人數并不超過全體人數五分之一。校務會議審議下列事項：（一）大學預算，（二）各學院學系之設立及廢止，（三）大學課程，（四）大學内部各種規則，（五）關於學生試驗事項，（六）關於學生訓育事項，（七）校長交議事項。該會議得設各種委員會，以利校務之進行。教授問題，校長蔣夢麟最爲注意，向各方奔走，聘定下學年教授甚多。該校老教授之在其他大學任專職者，聘之爲名譽教授。尚有新教授數人，正在接洽中。兹將下學年教授名單，覓録如左：

…………

（二）文學院院長由校長蔣夢麟暫兼。（1）國文系，馬裕藻、劉復、黄節、林損、許之衡、鄭奠、俞平伯、沈尹默（名譽教授）、沈兼士（名譽教授）、錢玄同（名譽教授）、陳垣（名譽教授）。（2）外國語文系，……

按："外國語文系"即"外國文學系"。

八月一日，開始擔任輔仁大學代理校長職務，校長陳垣因個人著述需要，報請教育局准假一年。

沈兼士在北平輔仁大學執教時

8月1日　陳垣因個人著述亟待整理，報請教育局准假一年，由董事沈兼士代理校長職務，於是日開始到校任事。

（劉乃和、周少川等著《陳垣年譜配圖長編》上，第311頁）

九月九日，北京大學公布《國文學系課程指導書摘要》，沈兼士所授課目爲"中國文字聲韻概要""中國文字及訓詁"和"右文研究"，時間依次爲四課時、三課時和一課時。

國文學系課程指導書摘要

（二十年九月至二十一年六月）

緒　言

本指導書所列學科，專以本年度所有課程爲限。其排列科目之順序，完全依十四年改訂之本系學科組織大綱而定。（1）共同必修科目，本年度之一年級生志願入本系者適用之。（2）分類必修及選修科目等項，本系二年級生適用之。（3）共同選修科目，除一年級生另有規訂外，凡本系二年級以上諸生均適用之。又本年度本系二年級以上諸生，對於A、B兩類所列各科務擇一類而全修之，或選修其大部，以作文字學、文學二者分途專攻之準備。至於C類科目雖少，不甚完備，然本系或他系諸生，能全體選修，或大部選修，實多裨助。

（凡本系課程有變更或增減時，由注册部隨時通告。）

（1）共同必修科目

科　目	單　位	教　員
中國文字聲韻概要	4	沈兼士　馬裕藻
中國詩名著選（附實習）	3	俞平伯
中國文名著選（附實習）	3	林　損
中國文學史概要	3	馮淑蘭

以上各科，宜在第一學年以内修了。

（2）分類必修及選修科目

（本年度二年級以上諸生，對於A、B二類，自應依分類之約束。惟何者必修，何者選修，暫緩規定。）

A類

科　目	單　位	教　員
語音學	2	劉　復
語音學實驗	2	劉　復
中國文字及訓詁	3	沈兼士
右文研究	1	沈兼士

（後略）

（《北京大學日刊》1931年9月9日）

九月十二日，錢玄同來訪，未遇。

三時訪兼士不值，均爲功課事，因甚疲累，即回孔德。（《錢玄同日記》）

按：日記中“功課事”，指北師大國文系新學期各位教員的課程及時間，當時錢玄同正在負責擬訂課表。

九月十三日，錢玄同來訪，未遇。

午後訪范仲澐、沈三、楊遇夫、吴檢齋、許之衡、董魯庵六人，沈、吴、許三人均未晤。（《錢玄同日記》）

九月十四日，訪錢玄同。

晨許守白、沈三均來。（《錢玄同日記》）

九月十八日，《申報》刊登廣告，稱上海北四川路良友圖書印刷公司最新出版《當代中國名人録》，編纂者樊蔭南，叙述中國最近黨、政、學、商各界名人之事實，所録之人分姓名、别號、年歲、籍貫、出身、歷任職務、現任職務，所載皆以民國二十年六月爲准。全書四百餘頁四十餘萬言，用上等毛道林精印洋裝金字，列舉名人以姓氏筆劃爲序。沈兼士名列其中。

九月二十日，下午五時，代表私立北平輔仁大學參加平津學術團體對日聯合會成立大會，討論該聯合會名稱、地點、經費、組織等事項。大會主席爲北京大學校長蔣夢麟，陳中平、褚保權和陳楚涵擔任記録。

平津學術團體對日聯合會成立大會記録

時間：二十年九月二十日（星期日）午後五時

出席者：	單位	代表
	朝陽學院	江庸 沈均代
	燕京大學	吴雷川
	中法大學	蘇毓梯
	清華大學	葉企孫
	北平師範大學	徐炳昶
	北洋工學院	王季緒 徐炳昶代
	中國學院	余同甲
	民國學院	張西曼
	北平大學法學院	白鵬飛
	交通大學北平鐵道管理學院	徐承燠
	北平大學醫學院	徐誦明
	北平大學工學院	程干雲
	北平大學俄文法政學院	王之相
	北京大學	蔣夢麟
	北平大學	沈尹默
	北平大學女子文理學院	沈尹默代
	北平大學農學院	許璇
	平民學院	房績堯
	輔仁大學	沈兼士
	北平大學藝術學院	楊仲子
	中央研究院	傅斯年
	北洋工學院	徐治代
	北平圖書館	袁同禮 傅斯年代
	華北學院	蕭瑜
	天然博物院	蕭瑜
	故宫博物院	畢會代

主席：蔣夢麟

記録：陳中平　褚保權　陳楚涵

討論事項：

一、關於名稱。

議决：定名爲“平津學術團體對日聯合會”

二、關於地點。

議决：以本會名義函商北平研究院，借用北平大學校長辦公處後進空房。

三、經費。

議决：第一次暫由各學院（各大學均以學院爲單位）及各學術機關，各擔任壹百元，以後辦法另行商訂。

四、關於組織。

議决：本會設常務委員會，由北京大學、師範大學、北平大學、清華大學、北平研究院、北平圖書館、南開大學、中國學院、燕京大學九代表組織之。

常務委員會分三組：

（1）總務組。内分文書會計庶務三股，由北平大學擔任。

（2）宣傳組。由北京大學擔任，組織全體委員加入，共同擔任對外文字宣傳的工作。（一）對於各國人民，（二）對於國際聯盟，（三）對於日本人民。

（3）指導組。由師範大學擔任，組織全體委員加入。

五、關於常務委員會開會日期。

議决：九月二十一日（星期一）下午五時在北平大學校長辦公處開第一次會議。

散會：下午八時。

（王學珍、郭建榮《北京大學史料》第二卷下册，第2777—2779頁）

九月二十一日，北京大學國文系教授會發布通告，稱沈兼士所授“中國文字及訓詁”仍依上學期每周二小時作二單位計算。

國文系教授會通告

沈兼士先生所授“中國文字及訓詁”一科，仍依前學期每周二小時作二單位計算。

九月十八日

（《北京大學日刊》1931年9月21日）

十月十五日，通知天津中日中學學生，學校停課兩星期，請即日離校，各返原籍。

天津中日中學停課

［北平］天津日人主辦之中日中學，十五日起停課兩星期。校長沈兼士面告各華生，即日離校，各返原籍。（十五日專電）

（《申報》1931年10月16日）

十二月一日，參加輔仁大學始業典禮，并致開學訓詞，談及輔仁大學立案及校長陳垣在學術界的貢獻。

12 月 1 日　輔仁大學舉行始業典禮，沈兼士致開學訓詞，由輔仁大學在教育部立案談及陳垣在學術界的貢獻：

“此次是本校立案後的第一次始業典禮。立案的經過是很繁艱難鉅的，由陳校長劉前教務長及本校各位美國朋友的努力，始有今日的結果；這是很不容易的，由私人創辦的輔仁社，一步一步進到了今日的大學，并且很快地立了案；這立案的成功，并非憑一二人的私情，乃是同人努力協作的結果。”“最後，再講一點自己個人素來的感想，鄙人常常對朋友説，中國的學術界倘要使世界注意，須要先有兩種貢獻：第一關於東洋史的研究，近年來本校校長陳援庵先生，及本校歷史系主任張星烺先生皆各有極成功的著述，開吾國研究的風氣。東鄰的日人，及遠處西洋的歐洲人，於此種學問，且早有獨到的研究。我國本鄉本土的事情，到遠不如外人知道的詳細，這豈不是大羞辱！且東洋史的研究，自然不能不以中國爲中心，現在叫外人來代庖，立脚點既與中國人不同，其持論恐不免時有偏見，這一層是尤不可不注意的。”“從前鄙人辦北京大學國學研究所的時候，曾糾合多數學者，共同擔任此種重大的工作，那時陳援庵校長就是中間一個最努力的。當時我們見到中國近代史最重要的材料就是清代的內閣檔案，也就請陳先生指導整理；現在一般人都知道檔案之價值，便是那時所開的風氣。後來我們又參加故宫博物院的創立，現在的規模，多是陳先生當時所艱難締造的。至於鄙人之服務本校，是與陳先生在學術界合作的第三次。”

（劉乃和、周少川等著《陳垣年譜配圖長編》下，第 312—313 頁）

一九三二年　民國二十一年　四十六歲

一月十四日，晤錢玄同。

晤兼士，謂陳援庵近以一百元購得王念孫《廣雅疏證》手稿三册，中多塗抹之語，蓋不取其多，務取其必要也。（《錢玄同日記》）

二月一日，余嘉錫受沈兼士委托，邀請楊樹達去輔仁大學任教。

余季豫來，示沈兼士托渠致意，邀余往輔仁大學任教。（《積微翁回憶録》）

二月四日，訪周作人。

兼士來訪。（《周作人日記》）

二月十三日，訪周作人。

上午兼士來訪。（《周作人日記》）

二月二十五日，下午周作人應沈兼士邀請，赴輔仁大學講演。

下午三時應兼士之約，往輔仁大學講演，五時了，即返。（《周作人日記》）

三月，北京大學《國學季刊》第三卷第一號出版發行，仍爲該刊編輯委員會委員之一。

編輯委員會委員録

[以姓氏筆畫爲序]

丁文江　朱希祖　沈兼士　周作人　胡　適（主席）　馬裕藻　馬　衡　陳受頤　黄文弼　湯用彤　趙萬里　劉　復　鄭　奠　錢玄同　魏建功（編輯主任）

（《國學季刊》第三卷第一號，1932年3月）

三、四月，邀請北京大學教授周作人到輔仁大學，爲該校大學生講授“中國新文學的源流”。

小引

本年三四月間，沈兼士先生來叫我到輔仁大學去講演。説話本來非我所長，况且又是學術講演的性質，更使我覺得爲難，但是沈先生是我十多年的老朋友，實在也不好推辭，所以硬起頭皮去講了幾次，所講的題目從頭就没有定好，仿彿衹是什麽關於新文學的什麽之類，既未編講義，也没有寫出綱領來，衹信口開河地説下去就完了。……

（周作人講校《中國新文學的源流》，北平人文書店1932年）

四月三日，楊樹達收到沈兼士來信，談及收到楊贈書《積微居文録》，説“讀大集，獲益不鮮”。

前以《積微居文録》贈沈兼士；今日得其書云：“讀大集，獲益不鮮。”問《釋名聲證》已成否。（《積微翁回憶録》）

四月十三日，與馬裕藻、何基鴻（海秋）、劉半農在東興樓設午宴，招待朱家驊、羅家倫、周作人等。

午至東興樓，應幼漁、海秋、兼士、半農之招，來賓騮先、志希、麟伯，共八人，二時半回家。（《周作人日記》）

四月十八日，赴馬裕藻晚宴，同席有章太炎、朱希祖、錢玄同、周作人、俞平伯、胡適等。

七時往西板橋，應幼漁之約，見太炎先生、逷先、玄同、兼士、平伯、半農、天行、適之、夢鄰，共十一人，十時回家。（《周作人日記》）

五月四日，赴北海女師大舊生晚宴，同席有周作人、徐耀辰、馬裕藻、沈尹默等。

四時往北海，應女師大舊生之招，在仿膳飯，共來尹默、耀辰、幼漁、兼士、劭西、川島夫婦、羅静軒、張平江、程志毅、李桂生、黄節文等，吕雲章、朱侶柏二人未到，九時散。（《周作人日記》）

五月七日，與周作人、沈尹默、馬裕藻、徐耀辰、黎錦熙共宴女師大舊學生。

六時往擷英，與尹默、兼士、幼漁、耀辰、劭西共宴女師大舊生，來呂雲章、程志毅、朱侶柏、黄節文、羅静軒、張平江、李桂生、孫斐君及川島，共十五人，十時回家。

（《周作人日記》）

五月十五日，赴周作人家宴，同席有章太炎、錢玄同、朱希祖、俞平伯等。

天行來，共磨墨，托幼漁以汽車迓太炎先生來晚飯，玄同、逷先、兼士、平伯亦來，共八人。用日本料理五品、紹興菜三品，外加常饌。十時半，仍以車與玄同送太炎先生回去，在院中照一相。

（《周作人日記》）

我下午四時至周宅，今日啓明賞飯於其家，日本與紹興合璧，日本菜極佳。同座爲朱、馬、沈三、俞、魏也。大家均請老夫子寫字，他稱平伯爲“世大兄”。

（《錢玄同日記》）

按：周作人的老師章太炎爲清末大儒俞樾的弟子，俞平伯爲俞樾曾孫，章太炎尊稱俞平伯爲“世大兄”。

五月十六日，與朱希祖在朱宅設晚宴，招待章太炎、周作人、錢玄同、馬裕藻、劉半農等。

五時許至朱逖先家，今天他與沈三賞老夫子吃飯也，即昨日原班，惟平伯未來，又添龔鎮洲與劉半農。

（《錢玄同日記》）

六時赴逷先之招，來者太炎先生及秘書龔君、玄同、幼漁、兼士、半農、天行，共八人，十時半回家。

（《周作人日記》）

五月，章太炎應沈兼士之請，爲其所藏《窺園圖記》題跋。

費玉衡《窺園圖》，王西莊作記，江艮庭書。大旨以爲藏、修、息、游，皆學之事。余案，楊子稱“公儀子、董仲舒之才之邵也”，公儀有拔園葵事，仲舒不窺園，亦謂不治園圃之業以自殖耳。《潛夫論》稱仲舒家給富，故能不窺園，其義愈明，非謂仲舒不游觀園林也。吴下風俗，士大夫多置田園，窺園可也。所謂讀書先須治生耳，亦豈竟以息、游爲學耶？費君蓋誤解《漢書》，王、江二公又爲辭以緣飾之，美則美矣，殆近郢書而燕説者也。余弟子沈兼士得此卷，屬余跋尾，爲説其事如此。

民國廿一年五月，章炳麟

（朱玉麒《元白先生所藏〈窺園圖記〉題跋》，《文獻季刊》2006年第2期）

按：《窺園圖記》是清代乾隆年間著名學者王鳴盛爲經學家費玉衡《窺園圖》所作的題記。記文由王鳴盛口占、江聲以小篆書之并作附記。民國年間，圖、記分散，而《窺園圖記》爲沈兼士所得，便分請當時的學者、名流題跋留念。

六月二日，赴慶林春章廷謙（川島）等晚宴，同席有馬裕藻、周作人、馬衡、馬叙倫、劉半農、陳垣等。

晚往慶林春，應石君、川島之招，來者幼漁、叔平、夷初、兼士、半農、援菴，共九人，十時回家。

（《周作人日記》）

六月十九日，魏建功作致沈兼士信，談對沈氏著作《右文説在訓詁學上之沿革及其推闡》的認識和意見。

上兼士師論右文研究書

兼師函〈文〉〔丈〕（“文”字錯——編者注）：承示尊著先生著《右文説在訓詁學〔上〕（“上”字漏——編者注）之沿革及其推闡》一文，爲蔡先生周甲紀念論文。授余，讀其稿本，繹誦至再，矩矱既度，周行可遵，發讀開宗，若有深感。蓋曠觀儕輩，擅專精詣，每有論列，無不勝生：卓識警闢，生不如丁丁山；沈思緻密，生不如羅莘田；精鑒定而有工力，生不如容希白；善探索而有膽氣，生不如董彦堂。年來學術風尚，趨重語言文字。諸子之外，亦頗多士。研究方法，與時俱進。而目的態度，多難饜望。守舊之徒，姑置不論；新進之士，不外二失：或拘墟局部，不求會通；或滅裂牽强，不知務實。前者尚不失實事求是，功倍效緩而已；後者則但圖嘩眾取寵，浮光掠影，命暫價賤，重可惜也。此時代之所豢養，生活之所驅迫，早熟之果，聊以充饑，轉相標引，蔚成風氣。是故顓蒙隅伏，竊尚沾喜，以爲幸者。昔在中學，受南通孫伯龍先生、徐亦軒先生業，即志趨文字之學。及入大學，沃聞語根、探源之教，參循疑古先生音韻之説，并承兼受頑劣，獨守誇愚自摯，漸窺其兆也。

前年寫《音軌條例》，冀以音韻原則羅列文字，示其孳乳線索，一以貫穿故書訓詁，一以探求原始語況。在母校講義名曰《古音系研究》，實旨可謂古語探求方法論。吾師既已披閱其内容矣。今讀師著，敢陳一得，伏乞誨正。

按古文字自鐘鼎甲骨繼出，六書條例，已有不足用。右文之名，於舊形聲例中，似更爲狹隘。推右文之説真價，又應一貫形音義三者而言。文字未有之先，音聲已含其義；方有文字之初，形體實兼表其義；既有文字之後，則形或兼音義，或不兼音義，或兼音而不兼義，或兼義而不兼音。其兼義而不兼音，或即本初有文字之舊相沿而下者；其并兼音義，或更承未有文字之先之舊相沿而下者。如是以論語根，其字或晚出，音乃承朔而音不存初況字反爲初文者，自必不少於是。欲論音義，必先就形聲字中求形義、形音二者，以觀其先後演變孳乳，則聲訓之例，似有助於音義，而無與於形義、形音。蓋聲訓之起，去形義之初已遠，時代生活思想不能無影響，而形音之間，又不能無變遷，此劉成國書所以可備考漢代音而不能據爲探語根之典要也。

…………

是故形符音準兩事，竊以爲最關重要，固皆先生夙所啓發。至於審形考誼、察音論世、如何以定其源流孳乳，則猶待先生進而誨之也。

謹肅，敬請

鈞安

學生魏建功謹上

一九三二年六月十九日

（《魏建功文集 4》第188—191頁）

七月二日，與王烈、顧頡剛等在歐美同學會宴請蔡元培、任鴻雋等。

到董事會看三角畫會。……到歐美同學會赴宴。

因蔡先生先赴張學良之宴，九時半始來，故席散已十一時矣。……

今晚同席：蔡孑民　任叔永　陳通伯　金叔初　周詒春（以上客）　王烈　王承傳　王訪漁　李四光　李方桂　李宗侗　李濟　李麟玉　何基鴻　汪敬熙　沈尹默　沈兼士　秉志　周炳琳　胡先驌　徐炳昶　徐中舒　徐鴻翼　唐鉞　孫洪芬　袁復禮　袁同禮　翁文灝　梅貽琦　馬衡　馬叙倫　馬裕藻　陳垣　張頤　張準　黄文弼　陶孟和　馮友蘭　傅斯年　裘善元　楊亮功　樊際昌　劉樹杞　劉復　蔡樂生　黎錦熙　錢玄同　盧于道　謝壽康　羅常培　嚴濟慈　予（以上主）

（《顧頡剛日記》）

八月三日，傅增湘作致沈兼士信，介紹新從美國畢業回國的楊承祚入輔仁大學教書。

一九三二年八月三日，致沈兼士函

兼士先生閣下：

睽教至念。茲懇者：楊生承祚新自美國畢業回國，成績頗優，又爲故人之子。弟喜其志向堅卓，特爲介紹於本校。下學期開始，教課必有增加或改動，敬懇執事告本科主任，能否分配鐘點，俾得用其所長。附上該生履歷，其所習經濟各科目，均可勝任也。祈雅意裁成，無任感荷。此候台安！弟傅增湘拜啓。八月三日。

（陳智超編注《陳垣來往書信集》第81頁）

按：是年8月8日，傅增湘又作致輔仁大學校長陳垣信，在介紹楊承祚時，稱“曾作介紹於沈兼士許，附有略歷，敬祈我公推愛”。

九月一日，林之棠編《學術文》由北平華盛書社出版，内收《王國維致沈兼士書》。參閲一九二二年十月二十七日條。

九月十一日，赴玉華臺魏建功午宴，同席有黎錦熙、錢玄同、台静農、顧頡剛等。

到蔚秀園散步。……到十二時，至玉華臺吃飯。

…………

今午同席：余季豫　黎劭西　沈兼士　錢玄同　白滌洲　台静農　容希白　郭紹虞　鄭振鐸　予（以上客）　魏建功（主）

（《顧頡剛日記》）

午天行賞飯於玉華臺，同座爲鄭西諦、郭紹虞、余季豫、容希白、黎劭西、沈兼士、台静農、顧頡剛諸人。

（《錢玄同日記》）

九月三十日，錢玄同寄致沈兼士信。

午後回孔德，發信致六人：幼漁、馬竟荃、劉叔雅、周啓明、朱逷先、沈兼士也。用我與吴檢齋出名，邀他們明晚在大〈六〉［陸］春商《章叢書續編》墊

款事也。（《錢玄同日記》）

按：章太炎《章叢書續編》出版經費需大家墊付，結果每人各攤一百四十元。

九月，周作人講校《中國新文學的源流》，由北平人文書店印行，沈兼士題寫書名。參閱本年三、四月條。

按：這是周作人應沈兼士之邀，在輔仁大學的幾次講演集印而成的書。

十月一日，赴大陸春公宴，同席有錢玄同、周作人、吴承仕（檢齋）、朱希祖等，共商出資爲老師章太炎刻書事。

六時至大陸春，玄同、檢齋爲太炎刻書事招飲，後因逷先有粤行改爲公宴，來者兼士、幼漁（馬節代表）、馬竞荃君等，共七人。計刻書共須千百元，大約以八人計，各出百四十元也。九時回家。（《周作人日記》）

十月二十四日，與蔣夢麟、劉復、馬裕藻、周作人等共十二人聯名致電蔡元培、吴稚暉等，爲營救陳獨秀事。

蔣夢麟等致蔡元培等電

教育部朱部長騮先兄譯轉蔡孑民先生、吴稚暉先生、戴季陶先生、張静江先生、陳果夫先生公鑒：育密報載陳獨秀君被逮解京。陳君以往倡導文化、贊助革命，功績甚偉，近年舉動偶或偏激，其主張已爲彼黨所不容。務懇俯念前勞，交由司法機關從寬辦理。諸公黨國柱石，一言九鼎，務請曲賜矜全。懇切晉詞，諸維霽照。蔣夢麟、徐頌明、劉復、馬裕藻、周作人、陶履恭、錢玄同、沈兼士、周炳琳、徐鴻寶、趙萬里、樊際昌叩。敬。

（《1932年蔡元培等營救陳獨秀函電輯録》，《檔案與史學》1995年第1期）

按：信中“敬”指時間，爲24日。是年10月15日，陳獨秀在上海被捕。

十月二十三日，顧頡剛作致沈兼士信。

寫壽彝、静農、兼士先生、皖峰、伯祥信。（《顧頡剛日記》）

十一月一日，作致陳垣信，談《窺園圖記》題簽事。

一九三二年十一月一日，來函

援庵先生史席：

《窺園圖記》移稿闕字，遵命補填。惟“其”字斷爛，不知是否，乞諦察爲荷。原帙每行字數十九，憶前曾以照像奉贈，試一復按如何？復頌著安。弟制兼士頓首。十一月一日夜。

錢竹汀題圖詩若有照相，乞見賜一分爲盼。

（陳智超編注《陳垣來往書信集》第99頁）

十一月十八日，赴同和居夜飯，同席有魯迅、李霽野、台静農、常惠等。

霽野、静農來，晚維鈞來，即同往同和居夜飯，兼士及仲澐已先在。

（《魯迅日記》）

十一月十九日，赴馬裕藻家吃晚飯，同席有魯迅、台静農、魏建功等。

下午訪幼漁，見留夜飯，同席兼士、静農、建功、仲澐、幼漁及其幼子，共七人。

（《魯迅日記》）

十一月二十日，魯迅作致許廣平信，談及台静農、魏建功、沈兼士等北平諸老友待他甚好，沈兼士還邀請他去輔仁大學演講。

321120 **致許廣平**

（上略）

我到此後，紫佩，静農，寄野，建功，兼士，幼漁，皆待我甚好，這種老朋友的態度，在上海勢利之邦是看不見的。我已應允他們於星期二（廿二）到北大、輔仁大學各講演一回，又要到女子學院去講一回，日子未定。至於所講，那不消説是平和的，也必不離於文學，可勿遠念。

…………

（《魯迅全集》第十二卷，第 122—123 頁）

十一月二十二日，在東興樓設晚宴招待魯迅等人，臨别贈魯迅書六册。

時已晚，兼士即邀赴東興樓夜飯，同席十一人，臨别并贈《清代文字獄檔》六本。

（《魯迅日記》）

十一月二十三日，魯迅作致許廣平信，談及赴輔仁大學演講及沈兼士在東興樓招待晚飯等。

321123 **致許廣平**

（上略）

北京不冷，仍無需外套，真奇。我亦很好，昨天往北大講半點鐘，聽者七八百，因我要求以國文系爲限，而不料尚有此數；次即往輔仁大學講半點鐘，聽者千一二百人。將夕，兼士即在東興樓招宴，同席十一人，多舊相識，此地人士，似尚存友情，故頗歡暢，殊不似上海文人之反臉不相識也。

…………

（《魯迅全集》第十二卷，第 124 頁）

按：魯迅在輔仁大學講演的題目爲《今春的兩種感想》，後收入《集外集拾遺》。

十一月二十六日，托台静農轉贈魯迅《考古學論叢》《輔仁學誌》等。

静農來，并持來《考古學論叢》（弍）一本，《輔仁學誌》第一卷第二期至第三卷第二期共五本，皆兼士所贈。

（《魯迅日記》）

十二月四日，陳垣應沈兼士之請，爲其所藏《窺園圖記》題跋。參閲本年五月條。

《史記·儒林傳》言董仲舒爲博士，三年不觀於舍園；又言仲舒相膠西王，疾免居家，至卒不治産業。《漢書》因之。不窺園與不治産本是二事。《法言》言

“董仲舒之才之邵”，李軌以拔園葵、不窺園分注之，未嘗以不窺園爲不治産也。《潛夫論》言董仲舒家富，“終身不問家事”，未嘗言董仲舒家富故能不窺園也。章先生混而一之，偶未檢耳。

余舊藏有錢竹汀先生隸書《題費君窺園圖》三絶句，與西莊此記同時作。其一、二首已見《潛研堂詩續集》，其三云：“古《易》家風溯漢儒，九師秘旨啓榛蕪。元亭寂寞書成後，曾有侯芭問字無?”時竹汀主講紫陽書院。西莊瞽目復明，亦是年秋初事也。附識於此，以報兼士先生。

壬申大雪前三日，新會陳垣

（朱玉麒《元白先生所藏〈窺園圖記〉題跋》，《文獻季刊》2006 年第 2 期）

十二月十日，赴廣和飯莊川島、李季谷午宴，同席有馬裕藻、馬衡、劉半農、周作人等。

十二時至廣和飯莊，應川島、季谷之招，叔平、幼漁、半農、兼士亦來，下午二時半散。（《周作人日記》）

十二月二十三日，魯迅寄沈兼士信及書三册。

寄兼士信并書三本，以贈其子。（《魯迅日記》）

十二月三十日，赴法國公使館參加歡迎伯希和午宴，同席有胡適、李書華、劉半農、蔣夢麟、陳垣、顧頡剛等，約三十餘人。

與煨蓮夫婦同坐汽車到法公使館赴歡迎伯希和之宴。三時，席散，即歸。……

今午同席：伯希和　翁文灝　傅沅叔　胡適之　李書華　劉半農　陳援庵　蔣夢麐　張亮丞　馬叔平　沈兼士　黄文弼　李玄伯　李麟玉　傅孟真　丁在君　羅莘田　邵可侣　鐸爾孟　沈尹默　陳寅恪　洪煨蓮　李濟之　予等約三十餘人（以上客）　法公使衛禮孟　參贊雷因（主）（《顧頡剛日記》）

是年，在輔仁大學教授文字學課，用朱宗萊《文字學形義篇》作講義，學生中有王棟岑等。

1932 年，我考入輔仁大學中文系。早在開學以前，就有朋友告訴我，北京的著名學者有所謂“三沈二馬”，沈先生是三沈之一，曾先後在北京大學、清華大學、女子文理學院任教，是我國有名的文字學家，在文字學、訓詁學方面，造詣深邃，著述豐富，作出了突出貢獻，深爲學術界所推重。我當時聽了，深深慶幸自己能有這樣一位著名的學者做老師。

就在我入學的第一個學期，沈先生開始教我們文字學，講義是朱宗萊的《文字學形義篇》，我記得他第一次上課，布衣長衫，藹然可親。講起課來，旁徵博引，内容十分豐富，全班同學都聚精會神地聽講，下課以後，還有同學圍著講桌向他請教。

給我印象最深的一課是沈先生講右文説。他從右文説的起源，講到右文説的沿革，又從分析諸家的得失，講到中國文字演進的程序，搜求豐富，條理縝密，講了兩堂課還没講完。我和另一個同學，因爲初次接觸這門課程，感到內容十分新穎，聽得津津有味，已經下課了，還追着沈先生邊走邊談，一直跟他進入辦公室，還捨不得走，甚至把下一堂邏輯學課也忘掉了，等跑去上邏輯學課，已經遲到十多分鐘了。教邏輯學的老師倒没責備我們，但不少同學都以詫異的目光注視我們，使我們很難爲情。但這次沈先生對我的教導，使我至今難忘，因爲他不僅使我對右文説有了進一步的認識，而且啓迪我們如何運用科學方法從事學問。因此在我心目中，他一直是一個誨人不倦的長者。

（王棟岑《懷念沈兼士先生》，《沈兼士先生誕生一百周年紀念論文集》）

是年，任北京大學國文學系名譽教授，講授文字學概要和《説文解字》研究，學生中有周祖謨等。

1932年，我考入北京大學中國語言文學系，先生任名譽教授，講授文字學概要和《説文解字》研究。文字學概要所采用的教材是朱宗萊編的《文字學形義篇》，其中講"六書"的部分是先生所編（"轉注"以前），但那祇是供學生參考而已，每次上課，他抒發己見，對於文字的起源和發展以及前代有關文字學的書籍都提出個人的看法，以啓迪學生進行思考，勿爲舊説所宥；同時拈出問題，指導學生如何學習，如何進行研究，舉一反三，這是最可寶貴的知識。

先生對後學期望甚殷，每每談到大興朱筠之愛士。在課堂上不斷鼓勵學生。常稱北大從來就具有優良傳統，三年準出一人才。前有魏建功，後有丁聲樹云云。囑從讀張之洞《書目答問》入手，首先要有廣博的書籍知識，然後由博以返約。先生講授《説文解字》應用段氏注，從許氏序談起，然後討論書中的體例，對段氏之誅守本字本義，殊不以爲然。并舉出俞曲園《考定文字義》拘牽許書，實貽誤後人，而章太炎之好求本字，言古韻，列成均圖，似乎音讀無不可通轉，都不可從。先生識見宏通，對推考字義主形音義三者貫串證發，乃是顛撲不破之論。對解决學術問題，他非常重視科學方法，而且重實證，重有實際的確實材料。隨心所欲的推測，他是不贊成的。這種嚴謹的態度，深入探討的精神，使我受到極深刻的教育。

（周祖謨《懷念尊敬的恩師沈兼士先生》，《沈兼士先生誕生一百周年紀念論文集》）

一九三三年　民國二十二年　四十七歲

二月四日，赴徐耀辰晚宴，同席有周作人、沈士遠、沈尹默、馬裕藻等。

六時至耀辰處晚餐，來者士遠、尹默、兼士、幼漁、叔平、稻孫、子隺及耀辰兄弟，十時半回家。

（《周作人日記》）

二月五日，因病未赴豐澤園周作人、江紹原、黎稚鶴晚宴。

下午六時往豐澤園，與紹原、子隺共請客，來者士遠、尹默、叔平、聖章、

慧修、耀辰、禧文、旭生八人，兼士因病未到，十時回家。（《周作人日記》）

二月六日，母親彭太夫人在北京寓所去世，享年八十二歲。

我的曾祖父沈祖頤原配高氏，繼室彭氏。彭氏生於清咸豐壬子年（1852年）五月二十三日辰時，民國22年（1933年）2月6日未時去世，享年82歲。她是我的曾祖母，是“三沈”的母親。（沈長慶《沈尹默家族往事》第87頁）

二月七日，次日爲母親去世第三天。

沈老太太明日接三，得通知。（《周作人日記》）

得沈宅報喪條，知沈氏三昆仲之太夫人於昨日逝世，明日接三。

（《錢玄同日記》）

二月八日，母親喪事依舊例舉行，親友前來吊孝。

上午回家。……五時至禄米倉沈宅弔孝，六時半持香送庫。畢即偕馬四至其家談天。

沈宅喪事一切照舊。和尚唪經，孝子披麻匍匐在孝幔中。回憶十年前其祖母逝世，士遠做承重孫，僅衣白衣且在幔外站着，彼且告我，曾見李石曾之母死，石曾衣福洛克孝袍而包黑紗於臂，謂此實宜效法，此時因母尚在，若祖母之喪不從舊制，母將傷心，將來母死當用此法，而竟……噫！人老……（《錢玄同日記》）

二月二十六日，錢玄同到福壽堂參加沈家開弔儀式。

即至福壽堂，今日沈家開弔也。（《錢玄同日記》）

三月五日，與沈士遠、沈尹默赴德國飯店錢玄同晚宴。

晚宴沈氏三兄弟於德國飯店。因大、二二人明日行也。（《錢玄同日記》）

按：當時沈士遠在浙江省教育廳任職，沈尹默在上海任中法交换出版委員會主任。

三月二十八日，中國考古會在上海召開第二次籌備會議，推請劉半農、沈兼士、傅斯年等爲發起人。

中國考古會之發起

金石家顧鼎梅、關百益、田玉芝聯合滕固博士及藝術家劉海粟、王濟遠所發起之中國考古會，於第一次籌備會議後，曾邀請海内專家加入。昨日在辣斐德路海廬開第二次籌備會議，到蔡元培、葉恭綽、□體智、劉海粟、關百益、田玉芝、顧鼎梅、王濟遠、滕固等。公推蔡元培主席，王濟遠紀録。討論創立是會之意義，以搜考歷代遺物、發揚吾國文化爲宗旨，議決：（一）本會名稱應改爲“中國考古會”；（二）成立日期擬定四月内；（三）推請劉半農、沈兼士、傅斯年、沈尹默、徐森玉、容庚、馬叔平、商承祚、柯昌泗、李濟之、陳垣、陳寅恪、董作賓、謝英伯、陳蘿生、蔡哲夫、胡毅、曾傳軺、李博仁、周輝域、陳世凱、周慶雲、文素松、張静江、張溥泉、衛聚賢、張鳳、鄭師許、王獻唐、袁同禮、戴季陶、朱子橋、朱啓鈐、梁惠成、張嘉謀爲發起人；（四）公推董玉甫整理會章草案。

（《申報》1933年3月29日）

四月四日，黃節應沈兼士之請，爲其所藏《窺園圖記》題跋。參閱一九三二年五月條。

《論衡·儒增篇》曰："儒書言：董仲舒讀《春秋》，專精一思，志不在他，三年不窺園菜。""仲舒雖精，亦時解休；解休之閑，猶宜游於門庭之側。則能至門庭，何嫌不窺園菜？聞用精者，察物不見，存道以亡身；不聞不至門庭，坐思三年，不及窺園也。《尚書·毋佚》曰：'君子所，其毋逸，先知稼穡之艱難，乃佚'者也。"觀仲任所言，當時以不窺園爲不游息，仲任已箸論非之。至王厚齋《困學紀聞》記董仲舒三年不窺園，與趙昱歷年潛思不窺園、桓榮十五年不窺家園并論，皆以不窺園爲不游息，益見此説由來已誤，非費、王、江三子始也。西莊作《窺園圖記》，頗自負；而艮庭篆法樸雅，所引"一張一弛"義，亦出《論衡》。兼士先生得此，宜其珍愛之矣。

《御覽》八百九十七引《鄒子》云："董仲舒三年不窺園圃。"案：《周禮·大宰職》曰："園圃，毓草木。"曰園圃者，則非游息之園林也。又《御覽》九百七十六引桓譚《新論》云："董仲舒專精於述古，年六十餘，不窺園中菜。"案：《史記·貨殖傳》"果菜千鍾"，言駔儈之富。諸書記董子事，曰"不窺園圃"，曰"不窺園菜"，而《論衡》并及稼穡之事，其爲種植治生、非勤學之義明矣。《新論》所言仲舒"年六十餘，不窺園中菜"，即《潛夫論》所云"終身不問家事"也。余説《詩》至《節南山》，讀董子對策引《詩》謂"周室之衰，其卿大夫緩於誼而急於利"、"居君子之位而爲庶人之行"，董子必有慨乎言之，則其"不窺園"義，蓋如此爾。《潛夫論》以爲由於家富，是未知董子之志者也。兼士先生以爲何如？

癸酉寒食，黄節

（朱玉麒《元白先生所藏〈窺園圖記〉題跋》，《文獻季刊》2006年第2期）

四月二十三日，北平市各革命團體和市民在香山萬安公墓舉行李大釗公葬儀式。此前，北京大學李大釗生前同人蔣夢麟、胡適、沈尹默、沈兼士、馬裕藻等發起爲其募捐安葬之資。

一九三三年，四月念三，北平市民革命各團體爲李大釗同志舉行公葬於香山萬安公墓。

北大教授劉半農受同人之托起草的墓碑也未能用。碑文爲：

"故國立北京大學教授李君墓碑，君諱大釗，字守常，河北樂亭縣人。早歲入北洋法政專門學校，習政治經濟之學。既淬業東游日本入早稻田大學，所詣益精。歸國後作爲文章布之《甲寅》、《新青年》諸報，理致謹嚴，思度宏遠，見者稱道。以民國七年一月改任北京大學圖書館事，九年九月任政治、史學兩系教授兼任北京高等師範學校、女子高等師範學校教員。君溫良長厚，處己以約、接物以誠，爲學不疲、誨人不倦，是以從游日衆，名滿域中。會張作霖自稱大元帥於北京，政出武夫、儒冠可溺，遂逮君及同游六十餘衆，而令何豐林按其獄，君與路友于、張伯華、鄧文輝等二十人遂同罹於難。風淒雨横，摧此英賢，嗚呼傷哉。君生於清光緒十五年十月六日，死於民國十六年四月二十八日，春秋三十有九。夫人趙氏紉蘭，子三震華、光華、欣華，女二星華、炎華。越六年其友王烈、傅基鴻（何基鴻——編者注）、沈尹默、沈兼士、周作人、胡適、馬裕藻、馬衡、傅斯年、蔣夢麟、樊際昌、劉復、錢玄同等創議募資，爲營窀穸，遂於民國二十二年□月□日葬君於北平西山萬安公墓，戴候斯穴，揮涕愴愴，惟神魂之得所，迪吾民於愷康。”

（韓一德、姚維斗《李大釗生平紀年》第210頁）

四月二十五日，私立北平輔仁大學發致北平市研究憲法草案聯合會公函，告知該校所屬學院院長及法學教授名單，沈兼士任文學院院長。

私立北平輔仁大學校稿去文字第　號

北平市研究憲法草案聯合會

（中華民國二十二年四月廿五日　時封發）

逕啓者，案准函開請貴校將各學院院長及法學教授開單見示等因，茲檢送本校各學院院長及教授名單，相應函達查照。此致

北平市研究憲法草案聯合會

輔仁大學啓

附單　輔仁大學所屬學院院長及教授名單

文學院院長沈兼士

教育學院院長張懷

教授黄倫芳

（北京師範大學檔案館藏檔，檔號：6.1-0027-0001）

任北平輔仁大學文學院院長時的沈兼士

五月十三日，《申報》刊登中國考古會成立消息，邀請沈兼士等參加該會成立大會。

考古會成立會

今日下午二時假明復圖書館舉行，中央研究院長蔡子民與名流葉譽虎、劉海粟，考古家李濟之、關百益、顧鼎梅，畫家王濟遠、滕若渠博士等所發起之中國考古會，業經籌備數月，通函邀請海内賢探加入，現已大致就緒，今將名單通函等録於後。

名單　于右任、鄒適廬、高野侯、楊劍心、閻甘園、馬叔平、滕若渠、劉半農、沈兼士、沈尹默、徐森玉……。

通函　中國歷代遺物，非僅欣賞美術之所宜珍襲，抑亦研究歷史之必要資料，無論政府社會，皆有維護搜討之責，顧比年以還，災事迭興，勝區零落，現存遺物與夫出土寶藏，不罹自然銷亡，即遭海外劫奪，社會人士深痛惜之。蔡孑民、葉譽虎、劉海粟、顧鼎梅、關百益、王濟遠、滕若渠諸先生有鑑於此，特發起中國考古會，以群力搜考先民遺澤，維護前代文物砌磋流通，相觀而善，曾於三月十四日至十五日舉行籌備會議，經決議敦請先期署名發起，以資提倡，并訂於五月十四日下午二時假上海亞爾培路五三三號明復圖書館開成立大會，如荷贊許，即希届時并退撥冗賁臨，共觀厥成，文化前途，不勝幸甚。

大會　今日（十四日）下午二時，該會特假本埠亞爾培路五三三號明復圖書館舉行成立大會，修正會章草案，并選舉委員會及討論各項提案。

（《申報》1933年5月13日）

五月三十日，私立北平輔仁大學公布《輔仁大學文學院中國文學系課程表及課程説明（民國二十一年度）》，其中沈兼士所授課程爲“文字學綱要”“文字學史”“文字學名著研究（段玉裁《説文解字注》）”和“專題研究‘右文’”等。

輔仁大學文學院中國文學系課程表及課程説明（民國二十一年度）

Ⅱ　課程説明

目録學　余嘉錫（略）

文字學綱要　沈兼士

（1）文字學定義。

（2）文字發達史。

（3）六書之舊説與新説。

（4）訓詁之理論及法式。

（5）指示重要字書之用法并實習。

聲韻學綱要　白滌洲（略）

中國文學史　范文瀾（略）

作文（一年級）　朱肇洛（略）

文字學史　沈兼士

其講述之要點如下：

（1）歷代目録家所定小學之範圍。

（2）《説文》及《説文》前後之小學書。

（3）蒼雅學之興替。

（4）《説文》學之拘守派、獨斷派、實證派。

（5）應用的小學與理論的文字學。

(6) 古韻學與文字學。

(7) 鐘鼎學與文字學。

(8) 方言學與文字學。

(9) 文字學與聲韻學之新分野。

(10) 新文字學之建設。

(11) 系統的評論歷代文字學之重要學説。

(12) 文字學參考書舉要。

聲韻學史　魏建功（略）

文字學名著研究　段玉裁《説文解字注》　沈兼士

本形、音、義三者一貫之理，講述時注意下列各點：

(1) 許書之體例。

(2) 段注之體例及與六書音韻表之關係。

(3) 以卜辭、金文比較研究《説文》中之意符字。

(4) 意符字演變爲音符字之史迹。

(5) 由音符字孳乳之系統探索古代語言分化之形勢。

(6)《説文》分部法及解字法在訓詁學上發生之流弊。

(7)《説文》説解不盡是本義。

(8) 以其它古訓比較《説文》字義之短長。

(9) 轉注字與轉語之關係。

(10)《説文》與現代方言。

(11) 複音辭在《説文》中之解釋法。

(12) 重文之研究。

訓詁名著研究　駱鴻凱（略）

聲韻名著研究　《國故論衡》（上卷）、《等韻一得》　魏建功（略）

專題研究"右文"　沈兼士

宋人王子韶治字學，演其義爲〈古〉〔右〕（"古"字錯——編者注）文，清代學者亦嘗論及，惟各家均缺乏系統的探討，今擬講述之要目如下：

(1) 右文之源流。

(2) 右文説與一般"聲訓"之關係。

(3) 各家學説之比較評論。

(4) 假定〈古〉〔右〕（"古"字錯——編者注）文之一般公式。

(5) 右文在訓詁學上之功用。

(6) 右文與校勘學之關係。

(7) 右文與語言學之關係。

（後略）

（《磐石雜誌》第一卷第二、三期合刊，1933年5月30日）

六月一日，赴周作人午宴，同席有胡適、馬裕藻、馬衡、徐耀辰、劉半農等。

午宴適之、幼漁、叔平、兼士、耀辰、稻孫、川島、紹原、天行、半農等十人，玄同早謝絶未邀，夢麟、海秋辭。下午三時半散去。（《周作人日記》）

六月三日，赴東興樓魏建功、陳萬里午宴，同席有胡適、馬裕藻、馬衡、徐耀辰、劉半農、周作人等。與鄭天挺（毅生）在東興樓設晚宴，招待周作人等。

午至東興樓，應天行、萬里之招，來者適之、幼漁、叔平、兼士、川島、耀辰、半農等十人，下午三時散。……七時至東興樓，應兼士、毅生之招，坐客大抵同前，回家已將十時。（《周作人日記》）

六月四日，赴淮陽春飯店魏建功午宴，同席有董作賓、錢玄同、台静農等。

午，建功賞董作賓（新從上海研究院來）飯於淮陽春，我開始再吃酒水，因《塘沽協定》既成，民眾可少死，食能下嚥也。同座者爲台静農、莊尚啓、沈兼士、趙憩之也。（《錢玄同日記》）

六月二十一日，魏建功作致沈兼士信，主要談沈著《右文説在訓詁學上之沿革及其推闡》讀後的體會及意見。

《右文説在訓詁學上之沿革及其推闡》書影（國立中央研究院歷史語言研究所集刊外編《蔡元培先生六十五歲慶祝論文集》抽印本，1933 年）

魏建功先生來書

兼師函丈：

承示尊著，繹誦至再。矩矱既度，周行可遵。發讀開宗，若有深感。敢陳一得，皆素聞之緒餘，伏乞誨正！

按古文字自鐘鼎甲骨繼出，六書條例已有不足用，“右文”之名於舊形聲例中似更爲狹隘。推右文之説，其真價又應一貫形、音、義三者而言。文字未有之先，音聲已含其義。方有文字之初，形體實兼表其義。既有文字之後，則形或兼音義，或不兼音義，或兼音而不兼義，或兼義而不兼音。其兼義而不兼音，或即本初有文字之舊，相沿而下者。其并兼音義，或更承未有文字之先之舊，相沿而下者。如是以論語根，其字或晚出，音乃承朔；而音不存初況，字反爲初文者，自必不少。於是欲論音義，必先就形聲字中求形義、形音二者，以觀其先後演變孳乳，則聲訓之例似有助於音義，而無與於形義、形音。蓋聲訓之起，去形義之初已遠，時代生活思想不能無影響，而形音之閒又不能無變遷。此劉成國書所以可備考漢代音，而不能據爲探語根之典要也。嘗見古文字中從“×”之形，往往有“交”“隔”“抵”“穿”

“空”“疏”“厚”“滿”諸誼，而與諸誼相關之聲類屬舊喉牙音，展轉變化亦不出與喉牙可以相通者也。如“癸”“五”“刈”“爻”，隔抵誼多；“囟”“匈”“果”“甲”，空滿誼多；“㸚”“㸚”“榇”“网”，交織穿疏之誼多；“叚”“盥”“戎”“爾”，細膩叢厚之誼多；賦形相通，往往諧音亦得相轉，其軌迹大抵不出生列音軌“同位異勢”“異位同勢”兩軌，東原《轉語》“同位”“位同”之説是也。先生所舉“璽”字，從爾聲，字形從㸚，所從義爲穿空廔麗，而得通於交凝滯厚。其音之轉，猶“叚”之於“讓”“孃”，“囟”之於“巤”“農”，“爻”之於“學”（日本音之ガク），“覺”“鱥”之於“戎”，“㸚”之於“雅”，皆所謂“鼻通相轉”。然則經緯形音，訓義綺錯，其有不可偏倚者尚矣。故生嘗以爲形聲字之沿流，當假設其初爲純聲符性質之同音叚借；繼則加形以爲别，乃可謂之形符諧聲；右文説之所賅，二者具備。而六書條例所指形聲，大半爲半音符諧聲，其音符不必兼義，多後起變化之音；所謂“音不存初況，字反爲初文”者，此之類也。注形作用之諧聲，聲義相兼；“字或晚出，音乃承朔”，此之謂也。

且，古語連綿之詞，聲首聲隨複合之迹於焉可尋，而蕩析離居，泯爲單字。例如先生所舉公式表例二之（2）夗之有“夗轉”，三皮之有“旇靡”，四之（2）庚之有“康㝗”，（3）吾之有“齟齬”，許叔重説解雖多存舊，而字從形體，亦皆分割，若此之類，有關審音；論其單字，固在右文，顧名考實，尚須申論。蓋“右文”之説，與謂字學，寧稱語學。國内言語學至不發達，歷來學者徘徊瞻徇於文字音韻之間，而不肯由語言著眼者有以致之。先生其亦許可生説乎？

許書所收，不僅舊文，漢代語言，亦復不少。今欲取論根源，年代先後奚以據限？如公式表六之（1）“㐱”或從“真”聲，是漢時字也。（2）“肣”爲“圅”之俗，亦漢時後起字也。則“㐱”“真”二聲及“兼”“马”“今”“林”“咸”“音”“僉”“甘”“臽”九聲，含義或皆自漢以來始相和同，或本各相通。是又審誼考音易，而考音論世難也。以諸諧聲系統既亂之音讀（《切韻》以降音）推求諧聲系統之音讀，又其難之尤者也。例如“禁持”義九諧聲聲母與其諧聲字之音讀比觀之，有可視爲古初複聲者若——

“兼”“禁”“僉”皆kl複聲。

有聲母音晚而諧聲字音較古者，若——

從“今”之“酓”聲爲古濁g母消失所餘之j，是“今”聲亦當有自濁音演變之可能；

從“覃”之字皆當爲濁d母，而“覃”從“鹹”省聲，自覃姓之“覃”與“蕈”之爲“菌”論之，是“咸”聲原當爲g，與d乃得相轉，故“今”聲有“貪”讀t‘聲也，從“咸”之“感”尚讀k聲也；

從“马”之“圅”爲濁ɣ，而與從“今”清k聲之“肣”相通，是“马”“今”皆當有讀ɣ、g濁音之階段；從“召”有“闞”“監”“啗”，猶從“今”有“酓”，從“咸”有“感”“覃”“召”當爲ɣ聲也；

"甘"聲之"箝"爲 gj，是"甘"原爲 g 也；

"音"聲聲母多與喉牙音他聲通，或初本分屬喉牙音之他聲。

大抵聲紐可按其今音（《切韻》以降）上推。至於韻類，惟音尾陰陽入之大齊可别，主韻音值極難估定。古音系尚無定論，注音莫若取《廣韻》聲紐韻部爲標準兼記等第，要不失爲音史上之記述，學者可以共喻。

是故"形符""音準"兩事，竊以爲最關重要，固皆先生夙所啓發；至於審形考誼，察音論世，如何以定其源流孳乳，則猶待先生進而誨之也。

受業魏建功敬上，二十二年六月二十一日。

（沈兼士《右文説在訓詁學上之沿革及其推闡》附録，"國立中央研究院"歷史語言研究所集刊外編《蔡元培先生六十五歲慶祝論文集》抽印本，1933 年北平印行）

按：沈兼士《右文説在訓詁學上之沿革及其推闡》撰成後，曾徵求魏建功、李方桂、林語堂、吴承仕等專家學者的意見。此信就是魏建功閲後所提看法。

七月十五日，被私立北平輔仁大學聘請爲教授兼文學院院長。

私立北平輔仁大學校稿聘書

（中華民國二十二年七月十五日時封發）

敬聘

英千里先生爲本大學教授兼秘書長暨西洋語言文學系主任

沈兼士先生爲本大學教授兼文學院院長

張懷先生爲本大學教授兼教育學院院長暨教育學系主任

余嘉錫先生爲本大學教授兼國文學系主任

張星烺先生爲本大學教授兼史學系主任

溥　侨先生爲本大學導師兼美術專修科主任

此訂

校長陳〇

（北京師範大學檔案館藏檔，檔號：6.1-0036-0001）

七月二十六日，被北大指定出國文試題，因故未往。

二時頃陣雨，旋霽，霽後至幼漁家出北大國文題，欽派四人（錢、馬、沈三、劉半也），沈未至，幼漁又加魏天行，……（《錢玄同日記》）

按：馬裕藻時任北大國文系主任，負責下學期招生國文試卷出題等事項。

七月二十八日，錢玄同日記中提及，章太炎著作出版需再付錢，應催沈兼士等墊付。

十時訪吴處士，因師書刻將畢，需再付錢也。前已付五百元（錢、吴、馬競荃、周二、潘景鄭），此次擬再付一百元，催黄、汪、馬二、沈三、朱而、劉Gr、黄子通諸人。（《錢玄同日記》）

七月二十九日，赴北大監印上海、武漢兩地招生用國文試卷。

上午九時至北大地窨子印滬、漢用之國文題一一〇〇份，午畢。由校賞飯於淮陽春。今日堅士亦來監印。（《錢玄同日記》）

七月三十一日，周作人來訪。

九時往輔仁訪兼士，十時半回家。（《周作人日記》）

八月七日，在德國飯店設午宴，招待周作人、馬裕藻、錢玄同、劉半農等。

午應兼士之招，往德國飯店，來者幼漁、巽伯、玄同、半農、逵羽、膺中，共八人，下午三時散。（《周作人日記》）

八月十一日，與董康、傅增湘、葉恭綽、朱啓鈐、江瀚、沈士遠、朱希祖、陳垣、顧頡剛、劉半農等聯名致信國民政府教育部，對中央圖書館籌印《四庫全書》未刊本一事，提出意見和建議。

董康等對籌印《四庫全書》意見

中央圖書館籌印《四庫全書》未刊本一節，北平圖書館蔡元培、袁同禮兩氏曾有書面致教育部有所陳述已誌前報。兹悉此事已引起南北學者嚴重注意。前日曾由董康、傅增湘、葉恭綽諸氏聯名致書教育部當局，作進一步之建議。兹將建議書探録如左。

雪艇先生部長大鑒：近報紙紛傳大部有籌印《四庫全書》未刊本之議，且將開始工作矣。宣揚文化，提攜學術，無任欽佩。惟兹事體大，非徇一二人之意所能立致。兹有二事未敢默爾，謹爲先生陳之。管蠡之見，或有補於萬一，幸垂察焉。

采用他本　（一）四庫書有他本可用以替代者，應采用他本也。考四庫成書時，館臣任意竄改。有惡其内容不雅馴者，如周南《山房集》之删疎文，周孚《蠹齋鉛刀編》之删□兩文是也。有惡其行文多忌諱者，如黄宗羲《明文海》，凡明人制夷禦侮之作，多加删落，以稿本《明文案》比勘，便可了然。其著例也。此外宋、元人文集、奏議中精粹語爲庫本失書者，又何止千數。而卷數之增出倒置，序目之刊落改削，更無論矣。有據殘本入録而原書尚存天壤間者，有據輯本入録而所輯實未完善者，凡此種種目録，學家類能言之。今兹選印，似應先向海内外公私藏家及專門名家廣徵意見，嚴定去取。所有各書無他本可代者，則彙爲甲編，以示别於他書。至其他各書雖近世無覆刻本，然宋、元、明舊刻或舊抄具在，較庫本高出百倍，或即庫本所自出者，則彙爲乙編。與甲編之書互爲表裏，相輔而行。甲、乙兩編擬定名曰“四庫萃珍”（或以他名代之亦可），而詳著編輯改革之旨於凡例中，以明示世人。如此則二難并矣。如謂乙編之書既非庫本，似不必與甲編合印，以昭劃一。實則甲編之書悉用庫本，本已無甚價值可言，今有乙編輔行，使甲集之書爲之增色，海内外學人必奔走相賀，使天下後世知大部籌印此書之經過，非草率將事者可比，豈不善哉。如謂乙編之書徵集非易，善本盤窮，烏能立致。此亦過慮，且中國版本目録之學至今日而極盛，國内固不乏精通斯學之士，國外亦有聞風繼起者。關於調查編制諸項，儘可延聘專門名家，或委諸以藏舊刻善本書著稱之公私圖書館與中央圖書館共同負責辦理，限以時日，事必能成。是非得失，在此一舉，此願爲先生告者一也。

重加考量 （二）《四庫全書》未刊本名稱及範圍、内容應重加考量也。查四庫各書，據稿本入録者，爲數無多。即輯自《永樂大典》或録自抄本者，當時亦大抵有刊本或舊刻本。惟歷世久遠，遂湮没不傳耳。茲所選印如統以“未刊”爲名，似欠斟酌。不如以北平館近編之罕傳本目，以“罕傳”爲名，較合於邏輯也。如謂“未刊”云者，乃狹義的而非廣義的，則狹義的未刊究至何代截止？謂截止於明以前耶！則何解於近出之中央圖書館所輯擬目中亦有明人著述在内。謂截止於明清以前耶！則書雖刊於明代，而傳世之希罕不亞於宋元舊刻，如《北河犯滇略》等書，何以悉入探入。且中央館擬目中所收宋元人著述，如經部之《石鼓》《論語問答》《四書管窺》，史部之《太平治迹統類》《大金德運圖説》《熬波圖》，子部中之《資政要覽》，集部之《苕谿集》《山房集》《本堂集》等，皆有同元後單刊本或叢書本，何以又悉未列入。似此矛盾支離，殊難索解。似應即日延聘通儒，從長考量，否則徒令外人齒冷。此願爲先生告者二也。此上所舉，均係當務之急務，希先生等本學術公器之至意，采愚者一得之請獻。弟等不敏，於薄録之學粗涉藩籬，自當勉盡棉力，共襄大舉，以底於成。文化前途，實利賴之。敬布區區，請希鑒諒。專此順頌道祺。董康、傅增湘、葉恭綽、朱啓鈐、江瀚、沈士遠、朱希祖、李盛鐸、沈兼士、陳垣、張允亮、徐鴻寶、馬廉、冒廣生、馬衡、徐乃昌、張之銘、顧燮光、顧頡剛、劉復、湯中、陳寅恪、陶湘、趙尊嶽、劉承幹同啓。

（《申報》1933 年 8 月 13 日）

八月十六日，赴東興樓劉半農晚宴，同席有蔣夢麟、馬巽伯、白滌洲、錢玄同、馬裕藻、黎錦熙、魏建功等。

七時劉復宴馬巽及白滌洲於東興樓，約我作陪。同坐者有哈李閔、沈麟伯、沈三、蔣夢麟、馬幼漁、黎劭西、魏建功，連主人共十人也。 （《錢玄同日記》）

八月十八日，林語堂作致沈兼士信，主要談沈著《右文説在訓詁學上之沿革及其推闡》讀後的體會及意見。參閲本年六月二十一日條。

林語堂先生來書

兼士先生：

月前由丁先生交下大著手稿，拜誦之下，欣喜無量！蓋此文將啓後人研究漢語語根之源而爲語原學打定一基礎規模。右文説之歷史總評及所定表式，皆與弟所見契合，而對太炎《文始》之評語，尤弟所久欲吐之爲快者，如《成均圖》對轉、旁轉則無所不轉矣。若不另立統系，語根之研究，永脱不離支離散漫之弊，先生所定表式既甚好，則此項右文表之著作又不能不急求其實現。惟亦有數點意見，可供参攷者。（一）所謂語根係構定的、非確知的。西歐語言學初亦以爲確可尋求出來，後始知其爲一種“公式”而已，而在此種構定之語根字前，每加一小星號，以示與確見之字别。先生文中謂“形聲爲演繹的，而推尋語根爲歸納的”，當係此意。將來推尋之語根亦難免用小星號。（二）字原之學最爲謹嚴，若不科以精細音理及嚴格的客觀的比附爲法則，又易爲貌似而實異之字所誤，而與劉熙、班固同病。在現此音韻史工夫未做完之時，表中不妨多用問題號，以示存疑之意。（三）“語根之分化詞”、“字義引伸”及“轉注”三事之異同，似可討論。大著第八節（3）謂引伸義“以形不變爲原則”（包括“四聲别義法”在内），而分化詞“則以形變爲原則”，似有未當。“語根”應以語言爲主，非與文字（字形）切開不可，不應以變形爲原則。弟意凡音變義變或音變義同皆語根分化詞，包括四聲别義。如此方能盡語言分化之義，而脱離字形，純立乎語言學立場。引伸義純然以義變爲主，亦與形無涉。音不變而義牽連遞變者爲引伸。但分化詞之義亦多引伸而出者。故引伸有由本字本音引伸者，有在分化詞引伸者。再“孳乳”二字，不知應如何限定用法，若限於字形，則形聲、會意字皆孳乳字。若在語言學立場，“分化詞”亦可稱爲孳乳字也。又第（4）條謂轉注“因音變而後形變，義固相同也”，而分化語詞“則以意義之轉變爲前提”。弟意“轉注”解説太多，原因叔重所用“考老”字音、形、義三者皆有關係，因二字音近、訓近，形亦近也，故向來轉注之説或以形或以義或以音，莫衷一是。若謂“六書”專言造字原則，則轉注當以形的轉變爲第一。若言語言自身之演化，不妨謂“轉注”即係“分化詞”也。弟向來解釋轉注如此。分化詞“以意義之轉變爲前提”似太狹，弟意必欲分别轉注及分化語詞之用法，則應謂轉注係因音變而形變（義變不必説，因同一語根分化音變而來，意義自亦有關連也），分化詞則音變義或變或不變（不變者當然係極少數）。（四）右文誠然爲研究語根之終南捷徑，然此種工作，必然走上純粹語根研究之路上。先生右文説歷史總評第六，既已詳言“復有同一義象之語，而所用之聲母頗歧别”之理，而引“今禁”同有“含”義，“刃尼”同有“止”義等爲例。將來表中，必須將同語根不同聲母之字聯成一表，如“欠”與“慊”、“地”與“底”“低”“衹”及“廣”“横”與“光”是也（孟子言降水即洪水，與光——光被四表——横同一音變，弟意即 k 變 g 在《書經》至《孟子》期間）。推而至於近代語言“添填”“窘窮困”“絶截”聲母雖皆不同，實即“一語之轉”，至若“憤忿”則音尚未變，衹可算他一“語”，并非一語之轉也。“口袋”之袋，亦與“攜帶”之帶同源，擴而充之，當有許多發見。此一項極需要之工作，必如先生所言列表出來，始能盡量比較也。王疏《廣雅》，郝疏《爾疋》已發明此理，所要者（1）將此材料列表出來，（2）以音爲表之統系。

弟語堂八月十八日

（沈兼士《右文説在訓詁學上之沿革及其推闡》附録，國立中央研究院歷史語言研究所集刊外編《蔡元培先生六十五歲慶祝論文集》抽印本，1933 年北平印行）

八月二十八日，與周作人、馬裕藻、馬叙倫、劉半農、馬衡、樊際昌在玉華臺設晚宴，招待朱希祖。

七時至玉華臺，與幼漁、兼士、夷初、半農、逵羽、叔平共宴逷先，并招晦聞、孟鄰未到，十時回家。（《周作人日記》）

八月三十日，赴春華樓鄭奠、李季谷、羅膺中晚宴，同席有周作人、朱希祖、馬裕藻、馬衡。

七時往春華樓，應介石、季谷、膺中之招，來者逷先、幼漁、兼士、叔平，共八人。十時半回家。（《周作人日記》）

八月，王逸岑編《實用白話書信》，由上海南强書局出版，内收沈兼士致沈尹默信二封。照録如下：

其一

尹默兄：前橋邊寫所見詩，於烘托乍冷及童子捱餓情形，用字稍費斟酌。兄評爲西山諸詩中之第一，誠是，誠是。兼。

其二

二哥鑒：弟西山雜詩，全是寫實，非身歷其境者，恐未必能知其住處。兄是詩家，看其機杼尚自然否？大哥此游甚覺滿意，兄□嫂分娩後似亦可來游一星期。此非弟應酬兄，乃爲佳山水邀詩豪也。一笑。弟興致尚好，仍不能勞。一切，大哥當面可説。柏杖一根，係自製者，兹帶贈兄。弟兼上言。（十九）

八、九月間，余嘉錫應沈兼士之請，爲其所藏《窺園圖記》題跋。參閲一九三二年五月條。

右王西莊先生《窺園圖記》，爲費玉衡作也。時西莊方失明，因口占以授江艮庭先生，使書之。久之，圖亡而記存。今爲吾友沈兼士先生所得，出以示余，使書其後。

……

西莊非今文家，以康成之好圖讖也，亦從而傅會之，"甯道周孔誤，諱言服鄭非。"是亦通人之蔽也。余愛其文字之美，而竊疑其説之未安，遂書之以復於兼士先生。兼士湛深經術，其必有以論定之也。

癸酉秋七月，武陵余嘉錫季豫甫跋

（朱玉麒《元白先生所藏〈窺園圖記〉題跋》，《文獻季刊》2006 年第 2 期）

按：癸酉秋七月，即 1933 年農曆七月，公曆爲八九月間。

九月五日，吴承仕作致沈兼士信，主要談沈著《右文説在訓詁學上之沿革及其推闡》讀後的體會及意見。參閲本年六月二十一日條。

吴檢齋先生來書

兼士兄鑑：

大著籀讀一過，探求語原，得其條理，所立各例，皆足以開發頭角，誠稀有之創作也。弟近撰六書條例，象形、指事、會意三部，大體已具。近方探討形聲條理，唯支節而爲之，未能一貫，故略以所見録於大著上方，恐不能有所補益也。總括鄙見，亦有數事可言：從一聲母之字，不必即從聲母之本形，如瀰訓滿，蓋即滿之音轉，大著以爲爾本於尼，尼止則滿，義雖可通，翻成迂曲；又如“諽，飭也，一曰更也，讀若戒”，訓更者即用革之本形本聲，訓飭者形雖作革而聲實爲戒，即與誡同字矣。此類似多有之，一也。以本字釋本字者，實即以動詞、狀詞釋名詞，蓋名詞本由動詞、狀詞來也。如蒙卦之名，由蒙昧來，盉徹之名，由通徹來（徹亦爲抽），乃聲訓之最明顯者，不得以爲非例，二也。番聲之訓白，非聲之訓赤，非聲之訓肥，庚聲之訓大，皆須從連語得義。如云“番番”“菲菲”“腓腓”“庚庚”始能形容白赤肥大之意。止用單字，或文不成義。如屬連語，即不必别求本字，以其本無假字、本字之别也。《説文》僅出單字，不録連詞，故不得從番求白義，從庚求大義也。又如“譻，聲也”，“謦，欬也”，明是摹聲，即與“句舟”“格桀”同比，不須再從賏聲殸聲求義，明矣，三也。此外尚思得多義，亦有爲昔人所未言者，悤悤不得具説，不審有當與否，聊貢一得，以俟裁正。

弟吴承仕上二十二年九月五日夜

（沈兼士《右文説在訓詁學上之沿革及其推闡》附録，國立中央研究院歷史語言研究所集刊外編《蔡元培先生六十五歲慶祝論文集》抽印本，1933年北平印行）

十月二十七日，赴豐澤園劉復、錢玄同、馬裕藻等八人晚宴，客人還有沈士遠、白經天。

上午得劭電話，……六時至豐澤園，因八個主人請三位客人也：——

八主：劉復、錢玄同、馬裕藻、周作人、徐祖正、陳君哲、劉樹杞、樊際昌

三客：沈士遠、沈兼士、白經天也。（《錢玄同日記》）

十一月一日，赴東興樓經夫晚宴，同席有沈士遠、錢玄同、馬裕藻、劉半農、周作人等。

六時至東興樓，應經夫之招，來者士遠、兼士、玄同、幼漁、半農、君哲、逵羽、惺農諸人，十時回家。（《周作人日記》）

十一月十二日，赴東興樓李召貽、陳君哲等七人晚宴，同席有周作人、沈士遠、楊慧修等。

六時至東興樓，李召貽、陳君哲、陳聘之、顧贊廷、繆光甫、吴鬱周、張芝廷七人作東，客爲隅卿、士遠、兼士、慧修等五人，九時頃回家。（《周作人日記》）

十一月十八日，赴東興樓楊慧修午宴，同席有周作人、沈士遠、馬裕藻、錢玄同等。

午至東興樓，慧修作東，來客隅卿、士遠、兼士、幼漁、玄同、耀辰、弼猷、紹原，共十人。（《周作人日記》）

十一月二十三日，與周作人、馬裕藻、徐耀辰、劉半農等在豐澤園設晚宴，招待胡適、蔣夢麟等。

六時至豐澤園，與幼漁、兼士、耀辰、半農、漢叔、沈東公宴適之、夢麟、仲逵、逵羽，共十一人，十時回家。 (《周作人日記》)

十一月二十四日，赴擷英飯店徐森玉午宴，同席有錢玄同、沈士遠、馬裕藻等。

午，徐森玉賞飯於擷英，賓主共七人：徐、錢、沈大、馬九、沈三、魏、馬二也。 (《錢玄同日記》)

十一月二十八日，赴擷英飯店魏建功、馬廉晚宴，同席有胡適、馬裕藻、沈士遠等。

晚魏建功與馬隅卿賞飯於擷英，有徐和尚、馬幼漁、胡適之、沈老大、沈三諸人。 (《錢玄同日記》)

按：擷英飯店又叫擷英番菜館。

十二月五日，赴德國飯店白滌洲夫婦晚宴，同席有馬裕藻夫婦、劉半農夫婦等。

六時回家，偕婠同至德國飯店，因今日白滌洲及其新夫人徐溶賞飯於德國飯店也。共 （原文空缺——編者注）對：白、馬二、劉復、沈三、魏、錢、黎、趙，沈三夫人未到。 (《錢玄同日記》)

十二月十三日，在孔德學校與周作人、馬裕藻、錢玄同、沈尹默等談，晚上會餐。

下午入德，三時幼漁、尹默、玄同、兼士、隅卿先後來談，六時耀辰、半農、天行亦來會餐，與幼、玄、隅、耀、半共六人爲主人，十時散。 (《周作人日記》)

四時頃至周家，因今日幼漁約尹默至周家，談隅卿事，順便請他吃飯，主人六：二馬、周、錢、徐祖正、劉半農；客二：二沈也；陪客一：魏天行也。 (《錢玄同日記》)

十二月十五日，《磐石雜誌》第一卷第四期，刊登署名“詩”的《關於〈右文説在訓詁學上之沿革及其推闡〉》一文。作者認爲沈兼士的文字學論文《右文説在訓詁學上之沿革及其推闡》，應用古代右文學説，考訂字義，追溯語根，闡明形聲字的孳乳流變，聲訓的利弊得失，“徵引詳明，折衷精當，誠爲文字學上不可多得之書”，對後世學者研究文字訓詁學以極大的啓發，貢獻甚巨。

關於《右文説在訓詁學上之沿革及其推闡》

中國文字有形、有音、有義，三者不可偏廢，而尤以義爲重。近代學者於形、音已多發明，惟於字義尚尠研究。綜合三者爲一，溶貫擇討，更未之見。近聞吴興沈兼士先生，出其歷年研究訓詁所得，應用右文之律，考訂字義，追溯語根，合三者爲一途，以見形聲字之孳乳流變，聲訓之利弊得失，編爲《右文説在訓詁學上之沿革及其推闡》一書，徵引詳明，折衷精當，誠爲文字學上不可多得之書。嘉惠士林，更匪淺尠！文載中央研究院出版《蔡元培先生六十五歲慶祝論文集》下册，即將行世。記者不才，幸獲籀讀，用敢紬繹概略，預爲世告。

右文之説，世知肇於晉世楊泉《物理論》，彰於宋世王聖美不知聲訓之法，於古已徵。如《易·序卦》《説卦》《彖傳》所載，已開聲訓之耑。如班固《白虎通》、劉熙《釋名》，幾盡聲訓。於此知右文之説，不始楊泉；聲訓之法，深能紬繹事物之義象。（一）可以分訓詁之系統，（二）可以察古音之變遷，（三）可以窮語根之起源，（四）可以溯語詞之分化：一舉而四用葡，其爲利自不待言。清代王念孫《廣雅疏證》、郝懿行《爾雅義疏》、錢繹《方言箋疏》，僅用聲同、聲近、聲轉之法，已爲訓詁學上不刊之論；倘盡應用右文，推求語根，分化語詞，則其功效，恐更未可限量。此沈氏之書之所以駕軼前人，良有以也。

全書大旨，約分數端：（一）總論右文説在文字學上之重要，（二）論右文説與一般聲訓之關係，（三）述歷代右文學説之略史，（四）論各家學説之善否異同，（五）假定右文之一般公式，（六）論應用右文以比較字義，（七）論應用右文以校勘古書，（八）論應用右文以探尋語根。綜斯八例，聊發其凡；至於詳賅，已載原書，茲不復及。第吾人所最折服而歎爲前人所不及道者，厥爲假定右文之一般公式與應用右文以探尋語根二端。蓋有清乾嘉以來，治斯學者，一字必窮其義，一語必窮其聲，已似近代科學方法；顧猶未能累積形聲之字，考其源流，明其演變，訂其聲音，正其譌謬。致後世學者，歎前人多皮膚之論。加以方俗不同，言語殊異，古今遞嬗，名物各别，不由右文，焉得指歸！此右文説之所以爲訓詁學上之善法，亦所以啓今後推求語根之門徑。抑更有進者，吾國語言之學，至不發達，求其癥結，乃無專書；今得此文，譬若南指，庶使今後學者，問津有塗。行見聞風興起，必有擴而大之者，則此蓽輅藍縷之功，又豈僅一訓詁學上之貢獻而已哉！（詩）

（附）林語堂致沈兼士書（略）

十二月十七日，晤顧頡剛。

到北大三院看紀念會，晤兼士、膺中等。乘四時半車歸。（《顧頡剛日記》）

十二月二十三日，楊樹達在回憶録中提及，沈兼士在古文字方面不及吴檢齋。

吴檢齋來談《説文》。渠亦始修正章先生（指章太炎——編者注）《文始》，舉數例甚精核；沈兼士古文字不能及也。（《積微翁回憶録》）

十二月，魯迅、鄭振鐸編輯的《北平箋譜》出版，初版一百部。受魯迅之邀，沈兼士和沈尹默爲該書題字。前者爲封面題簽，書體爲行草，加蓋“沈兼士”白文章。後者用行楷在扉頁題“魯迅、西諦編，北平箋譜，尹默”，并加蓋“沈尹默印”白文章。

到了三十年代，由於思想見解的不同，魯迅和《新青年》及北大同人，如胡適、錢玄同、劉半農等都先先後後地不來往了，但和尹默還保持著聯繫。1933年，魯迅和鄭振鐸一起編印《北平箋譜》。鄭振鐸曾建議由錢玄同、劉半農題字，魯迅都不贊成，却同意由尹默、兼士兄弟爲該書題簽，出書後還專門送了他們。

（褚保權《“終與洪流匯海東”——追憶尹默和魯迅的友誼》，《社會科學》1982 年第 5 期）

是年，所著《右文説在訓詁學上之沿革及其推闡》在北平印成單行本，爲國立中央研究院歷史語言研究所集刊外編《蔡元培先生六十五歲慶祝論文集》抽印本。文後云：“本書編輯時承丁梧梓、魏建功二君有所商訂，并辱李方桂、林語堂、吴檢齋、魏建功諸君專函討論，極爲感謝。李先生謂‘字形的分化演變與語音語義的分化演變是没有直接并行的關係的’；林先生謂‘語根應以語言爲主，非與文字（字形）切開不可’；魏先生謂‘審義考音易，而考音論世難’。諸説均足訂補鄙見之不及，贊佩贊佩！惟拙著所述仍爲訓詁的研究，而非言語的研究，故不能抛開文字，專論聲音。且鄙意以爲即欲研究言語，亦非先將文字訓詁之體系研究清楚，殆無從著手。蓋中國字之偏旁，音義交錯，頗具微眇之消息，故雖至賾而不可亂。我輩正當於此中參悟語言文字之三昧，譬如彼釣，必待‘得魚’，乃可‘忘筌’。至於‘考音論世’，的是研究右文之難關。以後材料漸多，古音日明，亦未始無一旦豁然希望也。本書付印時重勞魏建功，趙憩之，劉詩孫、陳祥春諸君代爲校稿，謹此聲謝。兼士附識。”“拙著抽印本出版後，復得楊遇夫、陳寅恪、蔡孑民三先生來函批評，雅意可感！特附録焉。兼士又識，二十三年九月二十八日。”

此文先概述右文説的導源及歷史，將從宋代以來諸家右文之説進行詳盡的考察，然後作客觀的評論，進而簡略推闡其理論，得出右文的七種表達方式：右文之一般公式、本義分化式、引伸義分化式、借音分化式、本義與借音混合分化式、復式音符分化式和相反義分化式。在此基礎上將其歸納爲“由本義分化及由借音分化的兩派”。“七表式”和“兩派”的觀點，無疑構建了新的右文説體系，在展示了“右文”與孳生字各種靈活的音義關係的同時，用超出傳統右文的狹隘界域的方法，提升了右文説在詞族體系中的綜合效用。最後論述運用右文以比較字義，應用右文以探尋語根，爲訓詁學研究開闢了一個新的途徑。

是年，學生周祖謨撰成《説文解字之傳本》一文登門求教，沈兼士極爲高興，手書一聯相贈。

先生一生没有離開文化教育界，從來無意入仕途。1933 年我以幾種傳刻的宋本《説文解字》互校，得知孫星衍《平津館叢書》本不出於王昶所藏宋本，而與周錫瓚所藏本最相近，因寫成《説文解字之傳本》一文，往謁先生於寓所請教，先生極爲高興，又懇先生俯賜墨寶，先生藹然應允。時當盛暑，不數日即以甲骨文書就一聯見賜，文曰："高軒謝車馬，小學主昆魚。"意在以此勖勉，也可以説是自明己志。拙作自知淺薄，不意倍蒙嘉許。1934年秋間又被刊於北大《國學季刊》，這是萬萬没有想到的。這也是我的文章第一次在大學學報上發表。蒙先生提攜獎掖，且如楊敬之之於項斯，每念及此，愧汗交并，不能不自加勉勵。今日略知爲學門徑，皆先生所賜。

（周祖謨《懷念尊敬的恩師沈兼士先生》，《沈兼士先生誕生一百周年紀念論文集》）

一九三四年　民國二十三年　四十八歲

一月十三日，赴徐耀辰家晚宴，同席有周作人、馬裕藻、馬衡、錢玄同、劉半農等。

六時訪耀辰，晚餐，來者幼漁、叔平、隅卿、兼士、玄同、半農、天行、啓無等共十人，十時返。

（《周作人日記》）

晚徐耀辰招飲於其家，到者玄同、幼漁、兼士、豈（啓）明、建功等，均老友。

（《半農日記》）

按：當天，周作人撰"五十生日自作打油詩二"，然後赴徐耀辰家宴。據劉半農《桐花芝豆室詩集（五續）》（載《論語》第37期）中，抄録周作人《五十自壽詩》（即"五十生日自作打油詩二"之第一首）外，刊出劉半農《新年自詠次知堂老人韻》4首及"借知堂老人韻"作《摩登之至》，并描述周作人出自壽詩及諸友唱和情景："徐耀辰兄宴諸老友於駱駝書屋，知堂老人於腰間摸索許久，出一紙相示，讀之乃其五十自壽詩也。詩云：'前世出家今在家，不將袍子换袈裟。街頭終日聽談鬼，窗下通年學畫蛇。老去無端玩骨董，閑來隨分種胡麻。旁人若問其中意，且到寒齋吃苦茶。'此詩甚有風趣，又寫得工整，余讀畢納入懷中，聲言非幹没不可。知堂曰：能步原韻見和一首，則聽君便。兼士曰：限'袈裟'二字不許連用。余曰：有何難哉？即謅成此章呈教。"此後，蔡元培、沈尹默、胡適、錢玄同、沈兼士、徐耀辰、俞平伯、馬裕藻等均有和周作人壽詩，"此破天荒之盛事，遠駕《新青年》時代作《除夕》詩而上之矣"。

一月十五日，周作人收到沈兼士函，内有沈尹默、沈兼士兄弟贈送的祝儀券四元。

下午兼士函送尹默、兼士祝儀券四元。

（《周作人日記》）

一月三十日，赴東興樓馬衡午宴，同席有周作人、沈尹默、徐耀辰、徐森玉等。

午至東興樓，應四馬君之招，來者尹默、兼士、耀辰、子雀、亞牧、森玉等人。

（《周作人日記》）

二月二日，赴東興樓江紹原招待午宴，同席有周作人、沈尹默、俞平伯等。

午至東興樓，應紹原之招，來者尹默、兼士、平伯、希衡、象乾、孟賓、子雀、樂天等人。

（《周作人日記》）

二月九日，赴玉華臺陳亞牧、王淑周晚宴，同席有周作人、馬廉、沈尹默、馬裕藻、馬衡、錢玄同等。

訪隅卿，……六時同往玉華臺，亞牧、淑周爲主，來者尹默、兼士、幼漁、叔平、玄同、劭西、麟伯、聘之，共十二人，十時回家。（《周作人日記》）

晚王淑周與陳亞牧賞飯於玉華臺，蓋請沈二也。有沈二、三，馬二、四、九，周，錢，陳能之（陳聘之——編者注），沈麟伯諸君也。（《錢玄同日記》）

二月十八日，在華安飯店設晚宴，招待周作人、馬裕藻、劉半農等。

六時至華安飯店，應兼士之招，來者守和、孟利、幼漁、半農、潤章、聖章等十許人，九時半回家。（《周作人日記》）

沈兼士在華安飯店爲守和餞行，往作陪。（《半農日記》）

二月二十一日，劉半農送來故宫所藏樂器音律測定録清稿格紙，要求付印。

上午預備故宫所藏樂器音律測定録清稿格紙，即送兼士付印。（《半農日記》）

二月二十二日，楊樹達收到沈兼士托余季豫代送的“右文説”論文。

沈兼士贈所著“〈古〉〔右〕（“古”字錯——編者注）文説”，余季豫代致之。（《積微翁回憶録》）

按：“右文説”指沈兼士的語言學論文《右文説在訓詁學上之沿革及其推闡》。後收入1935年中央研究院編《慶祝蔡元培先生六十五歲論文集》。

三月五日，楊樹達作致沈兼士信，主要談沈著《右文説在訓詁學上之沿革及其推闡》讀後的體會及意見。

楊遇夫先生來書

兼士吾兄左右：

大著印本，再一籀讀，搜采之富，條理之密，佩服佩服！弟亦略有獻疑之處，不審當否？仍希教之爲幸！（一）第七節“應用右文比較字義”，如“屺岵”，兩方兼證，自爲可據，若係單文，頗有危險，以有相反得義，從中爲祟故也。（二）“非”聲有交織文一義，兄存疑不知是何本字，弟意即違義之反。弟前爲清華撰一文，亦論聲訓，月内可出版；出版當承求教。文中似有一二條，足補兄公式者；弟論赤字，依舌音雙聲轉，則爲赭，帾，杜，赨，銅，彤，丹，又依郝，捇，赫諸字讀音，則赤有喉音，雙聲轉則爲瑕，鰕，霞，瑚，紅，皆赤義也。是爲一字，由音别分兩類孳乳。又弟覺字得義於聲，故義近之字，析其聲類，往往亦相近，竟是一通則；拙稿亦頗詳言之。兹附上近印拙作二篇，無非説明此通則，尚希督教其當否爲幸！語源之事，重要萬分，環顧海内，談及此事者，尚未有聞。弟與兄趣向相同，又幸同居一地，切磋必可相益，弟固極願受教耳。此頌道安。

弟楊樹達頓首，二十三年三月五日。

（中央研究院《慶祝蔡元培先生六十五歲論文集》，1935年）

三月六日，陳寅恪作致沈兼士信，主要談沈著《右文説在訓詁學上之沿革及其推闡》讀後的體會及意見。

陳寅恪先生來書

兼士先生道鑒：

奉示，惶悚！近日家君舊病復發，故在城内。今夕返清華，始得讀手書；遲緩之罪，乞宥原是幸。大作宗旨及方法皆極精確，實獲我心。大約中國語言文字之學以後祇有此一條路可走也。"右文"之學即西洋語根之學，但中國因有文字特異之點，較西洋尤複雜，西洋人蒼雅之學不能通，故其將來研究亦不能有完全滿意之結果可期；此事終不能不由中國人自辦，則無疑也。然語根之學實一比較語言之學。讀大著所列舉諸方法外，必須再詳考與中國語同系諸語言，如：西藏、緬甸語之類，則其推測之途徑及證據，更爲完備。此事今日殊不易辦，但如德人西門，據高本漢字典，以考西藏語，便略有發明。西門中國學至淺，而所以能有少少成績者，其人素治印歐比較語言學，故於推測語根分化之問題，較有經驗故耳。總之，公之宗旨，方法，實足樹立將來治中國語言文字學之新基礎，若能再取同系之語言以爲參證之資料，則庶幾可臻於完備之境域也。匆此奉復，即求教正，并頌撰祺。

弟寅恪，三月六日。

（中央研究院《慶祝蔡元培先生六十五歲論文集》，1935年）

三月十四日，楊樹達收到沈兼士來信，信中對楊評其"右文説"認爲所見極是，且認爲楊所贈《釋贈》《釋旐》二篇皆精審，《釋旐》尤佳。

十日前與沈兼士書，評其"〈古〉〔右〕（"古"字錯——編者注）文説"，以《釋贈》、《釋旐》二篇貽之。今日得覆書，云評渠文所見極是，贈、旐二首皆精審，《釋旐》尤佳。（《積微翁回憶録》）

三月十九日，顧頡剛作致沈兼士信。

寫援庵、兼士、定生、殿英信。（《顧頡剛日記》）

三月二十六日，魯迅收到沈兼士所贈書一册。

下午得兼士所贈《右文説在訓詁學上之沿革及其推〈測〉［闡］》一本。

（《魯迅日記》）

三月二十七日，魯迅作致台静農信，談及已收到沈兼士《右文説在訓詁學上之沿革及其推闡》，請其代達謝意。

340327 致台静農

静農兄：

二十五日得惠書，昨始得《右文説在訓詁學上之沿革及其推〈測〉［闡］》一本，入夜循覽，砉然發蒙，然文字之學，早已一切還給章先生，略無私蓄，所以甚服此書之浩瀚，而竟不能贊一辭，見兼士兄時，乞代達謝意爲托。

（下略）

（《魯迅全集》第十二卷，第 361—362 頁）

三月二十八日，私立北平輔仁大學董事會呈文北平市社會局，按照教育部《修正私立學校規程》的規定，請求核准改正董事會名稱及改選董事姓名并重訂會章。沈兼士被校董會選爲董事。

私立北平輔仁大學校呈北平市社會局（廿三年三月廿八日到）

遵章改正本會名稱及改選董事姓名并重訂會章請核轉

案查本會校董任期屆滿，須待改選。又因創辦人美國本篤會，經濟困難，羅馬教廷特改派聖言會接替，由全球聖言會總會長葛林德負責各緣由，曾於上年十月間，經由本大學校長呈報在案。正擬訂期召集大會改選，適奉鈞局第一六三號公函暨教育部頒發《修正私立學校規程》到會，本會原曰名稱及會章，自應改正，以重功令。遂於本年三月二十二日召集大會，議决遵照《修正私立學校規程》十八條之規定，本校附屬中學，另設校董會。將本會名稱，更正爲私立北平輔仁大學校董會。同時按照《修正私立學校規程》，推設立者葛林德爲當然校董，并選繼及傅增湘、胡適等十五人爲校董，推繼聯任董事長，即日到會任職。除本校附屬中學遵章另設校董會選任校董另案呈報外，理合將本會更名緣由及改選校董情形，暨本會《修正章程》《校董姓名經歷一覽》各二份，備文呈報察核！轉呈教育部鑒核示遵！實爲公便。謹呈

北平市社會局

私立北平輔仁大學校董會董事長張繼

附《修正章程》二份（略）、《校董姓名經歷一覽》二份

私立北平輔仁大學校董姓名履歷一覽表

姓名	性別	年齡	籍貫	職業	經歷	擔任職務	住址
張繼	男	五十三	河北滄縣	國府委員	歷任中央執行委員中央監察委員	董事長	北平慈慧殿一號
馬良	男	九十五	江蘇鎮江		前國立北京大學教授	董事	上海徐家匯土山灣
傅增湘	男	六十二	四川江安	前教育總長	董事		北平西城石老娘胡同
胡適	男	四十三	安徽績溪	北京大學文學院院長	哥倫比亞大學博士	董事	北平地安門內米糧庫四號
翁文灝	男	四十三	浙江鄞縣	北平地質調查所所長	比國魯文大學博士	董事	北平六部口新平路一號
劉復	男	四十四	江蘇江陰	北京大學教授	前女子文理學院院長	董事	北平東城大阮府胡同
陸伯鴻	男	五十五	江蘇上海	上海華商電車公司總經理		董事	上海華商電車公司

蔡　寧	男	四十四	義國	羅馬宗座駐華代表		董事	北平迺茲府
满德貽	男	五十一	法國	北平區主教		董事	北平西什庫
韓寧鎬	男	六十二	德國	山東兗州區主教		董事	山東濟寧戴家莊
葛林德	男	五十六	德國	聖言會總會長		董事	羅馬聖言會
陳　垣	男	五十五	廣東新會	輔仁大學校長	歷任本校校長	董事	北平地安門内米糧庫一號
莫爾菲	男	三十八	美國	輔仁大學教務長	羅馬安格利克大學博士曾任美國各大學教授十年	董事	本校
沈兼士	男	四十一	浙江吴興	輔仁大學文學院院長研究所國學門主任	前國立北京大學	董事	北平東城沙灘二十九號
英千里	男	三十四	河北北平	輔仁大學秘書長師範大學講師	國立北京大學	董事	北平西城定阜大街二號

備　考

（北京市檔案館藏檔，檔號：J002-003-00195）

按：表中沈兼士年齡一欄“四十一”有誤，應爲四十八。

三月三十一日，魯迅作致台静農信，談及將寄送書一本給沈兼士兒子沈觀。

340331　**致台静農**

静農兄：

日内當寄書五本。其一本奉覽，餘四本希便中轉交霽野，維鈞，天行，沈觀爲感。

此布，即頌

時綏。

隼上三月卅一日

（《魯迅全集》第十二卷，第368頁）

按：信中所談書爲魯迅所著《南腔北調集》。

四月一日，與周作人、馬裕藻在東興樓設午宴，招待楊永芳、艾秀舉等。

午至東興樓，與幼漁、兼士共宴中日出身之楊永芳、艾秀舉二君及胡沇東、張少涵、常福元、文範村、錢稻孫諸君。（《周作人日記》）

四月六日，周作人來訪。

上午，古藩來訪，知慧修已南行，即往訪幼漁、兼士。（《周作人日記》）

同日，訪李召貽、錢玄同，商量楊慧修離開孔德學校後，如何維持校務問題。

下午仍回孔德，沈三來訪李召貽，將此黑幕揭開，招余同往談，决定今晚由李訪周，請其明日到校召集談話會，報告楊離校，總務暫請李商同董事會維持，事務由原來主任維持，教務由教務長、各主任、各級任共同維持。（《錢玄同日記》）

四月七日，下午孔德學校召集各董事及教務長、各主任、各級任開談話會，與周作人、馬裕藻、錢玄同、馬隅卿等五位董事致函沈尹默，報告學校維持情形。

七時訪啓明。今日下午一時，他已至孔德開過談話會，召集教務長、各主任、各級任也與商，董事五人（馬二、馬九、周、錢、沈）致尹默函，報告維持情形，且推舉〈蘭〉〔藍〕（“蘭”字錯——編者注）少鏗繼任，商定由我擬稿，歸即起之焉。

（《錢玄同日記》）

按：此前，孔德學校校務主任楊慧修與孔德舊女生文樹新發生婚外情，兩人棄家私奔。行前，楊將學校印信交給董事周作人。因董事沈尹默在上海，所以有在北平孔德學校五董事寫信報告之舉。

四月八日，《益世報》刊登消息，稱私立北平輔仁大學將組織夏令講習會，預定講習時期爲一個月，其中沈兼士院長講四學時。

平輔仁大學組織夏令講習會　講習時期以一月爲限

［北平通訊］北平輔仁大學之輔仁社，近年以來，每屆夏令有講習會之組織，專爲各處司鐸、修士補習各種社會科學及自然科學而設，本年仍援例舉行。講演科目以教育爲主，同時注重近代文化及社會經濟等問題之研究。講習時期以一月爲限，自七月九日起，至八月四日止。所有學科專用中文講授。凡各教區司鐸暨中小學校長、教員願於暑假期中研究教育等科學者，可預先函知該會，於七月九日以前到校受課。茲將簡章刊載於後。

北平輔仁大學輔仁社二十三年夏令講習會簡章

（一）宗旨。本期講演科目以教育爲主，同時注重近代文化及中國社會經濟等問題。

（二）日期。以一月爲限，從七月九日起至八月四日止。

（三）會址。北平西城定府大街輔仁大學。

（四）學科。

甲、教育科目

1. 教育學大綱	每周四時	張　懷博士
2. 職業教育	每周二時	劉海逢博士

…………

乙、特別講演科目

1.（原文空缺——編者注）	共四時	陳援庵校長
2.（同上）	共四時	沈兼士院長
3. 國音學	共十六時	白滌洲先生

…………

（五）考試。講演期畢，將教育學科舉行考試一次。各科成績及格者，由本校發給證書。

（六）費用。寄宿費及學費十元，伙食自理。

附注：1. 於講演時間外每周參觀本市文化機關一次。

2. 各科課程内容大綱及教授時間表，於開學時公布。

（《益世報》1934年4月8日）

四月十日，與周作人、徐耀辰、馬裕藻等在東興樓設晚宴，招待李季谷夫婦。

五時後往東興樓，與耀辰、幼漁、兼士、稷如、君哲、范文瀾、年□禹共宴季谷夫婦，并邀半農來，九時半回家。（《周作人日記》）

晚，馬幼漁、沈兼士等宴李季興（李季谷——編者注）及其新夫人朱女士於東興樓，招請作陪。季興原有一婦，寧波人，近方離棄，即與朱結婚。朱海鹽人，遇先（逷先——編者注）之同宗，現任杭州附小主任。中山夫人倡之於上，四方聞其風而悦之，朱女士蓋亦時代潮流中之一人歟。（《半農日記》）

四月十一日，赴森隆飯店李召貽午宴，同席有錢玄同、周作人、沈小梅等，商談孔德學校事。

上午十時頃，啓明來孔德，因高向周辭職，解决庶務主任高銘勳之問題。由李召貽約沈三及沈小梅、錢、周，賓主共五人至森隆，議决由高向李召貽及沈小梅（孔德會計）二人辦交代，可以請假養病（他自己説因病辭職）。（《錢玄同日記》）

四月十九日，反對召開孔德學校董事會議。

於北大晤馬四，他主張召集董事會，我不以爲然，因爲他是反楊派，大可清算之意，此時人心浮動略定，豈可再掀風波？三時課畢訪兼士談此事，他也不贊成開。四時至海。七時訪豈明，商定俟藍來再開。（《錢玄同日記》）

按：日記中“藍”指曾任孔德學校生物教員的藍少鏗，當時在福建莆田任教，孔德學校董事會擬召其接任校務主任一職。

四月二十日，在《人間世》第二期發表《和豈明先生五秩壽詩》（手迹）。參閲本年一月十三日條。

錯被人呼小學家，莫教俗字寫袈裟。

有山姓氏譌成魏，無蟲人稱本是蛇。

端透而今虔知澈，魚模自古屬歌麻。

眼前一例君須記，荼苦由來即苦茶。

和豈明打油詩寫上一首，聊塞雅望。語堂兄。

弟沈兼士。四、一。

按：《人間世》由林語堂在上海創辦，創刊號（本年4月5日）即刊登周作人《五秩自壽詩》，同時刊出沈尹默、劉半農、林語堂的和詩。沈兼士應林語堂之邀，將這首和詩發表於該刊第 2 期，同期登出的還有蔡元培的和詩一首。

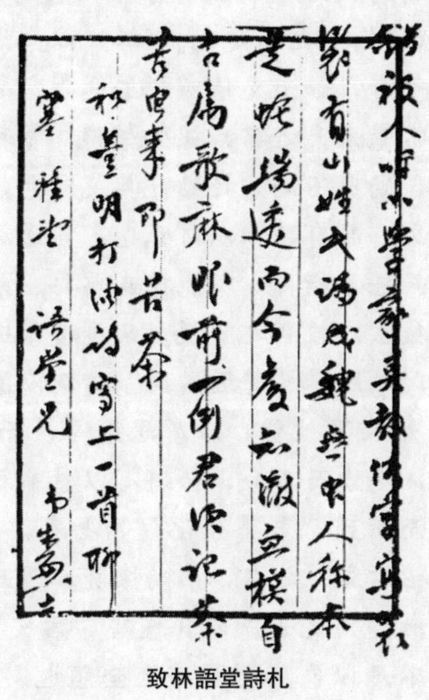

致林語堂詩札

同日，蔡元培收到沈兼士所贈《右文說在訓詁學上之沿革及其推闡》一文，回信談讀後的體會及意見。

兼士以《右文說在訓詁學上之沿革及其推闡》單行本寄我。“右文”爲宋王子韶（聖美）所提出（見《夢溪筆談》），意在改《說文》、《玉篇》之據形繫聯爲據聲繫聯，而以形聲字大多數左形右聲之故，乃以右文爲標識，實不甚當。賈公彦《周官疏》歷舉左形右聲、右形左聲、上形下聲、上聲下形、外形内聲、外聲内形六例，不能以右文概形聲明矣。復兼士函告之。

兼士此篇有右文說略史，歷引楊泉《物理論》、王觀國《學林》五、張世南《游宦紀聞》九、戴侗《六書故·六書通釋》、明黄生《字詁》、清黄承吉《字詁義府》合按本、錢塘《溉亭述古録》、段玉裁《說文解字注》、王念孫《廣雅疏證》、郝懿行《爾雅義疏》、阮元《揅經室集》、宋保《諧聲補逸》、陳詩庭《讀說文證疑》、吴夌雲《經說》《小學說》《廣韻說》、黄承吉《夢陔堂文集》“字義起於右旁之聲說”、錢繹《方言箋疏》、陳澧《說文聲表》、朱駿聲《說文通訓定聲》、王筠《說文釋例》、章太炎《國故論衡》、劉師培《左庵集》、梁啓超《飲冰室文集》六十七“從發音上研究中國文字之源”，均節録其聲義相關之說而加以批評。

（《蔡元培日記》）

蔡孑民先生來書

兼士先生大鑒：

大著《右文說在訓詁學上之沿革及其推闡》抽印本兩册收到，謝謝！弟已拜讀一過，甚有興趣。弟曾別清代治《説文解字》之書爲兩類：（一）專治許氏本書者，如王菉友《句讀》《釋例》之屬是也。（二）以《説文解字》爲根據，而注重引申假借之例，以釋經子者，如朱允倩《説文通訓定聲》之屬是也。段氏注則在兩者之間。平日檢索，常覺朱氏之書，據聲繫聯，實較許氏原書之據形繫聯者爲方便。然對於朱氏之書，尚有不満意之點：其説文也，雖大體本之叔重，而時有改變，不如全録許氏原文，而有時加以訂正也。其通訓也，於引申（朱氏謂之轉注）叚借，分析極清，而任意指目，不能據爲典要。弟常欲據一聲系之本，先記《説文解字》原文，而後系以較新之解説。又廣搜讀若，讀爲，及其他經、傳中之異文釋，及王氏、郝氏等所舉"聲近義同"諸例以附之，以備校讀古書者之參考，當較朱書爲優也。然人事倥傯，雖屢思著手，而無此决心。今讀先生之作，雖尚爲發凡舉例時代，然鍥而不舍，必將有以應弟之希望矣。大著於前人據聲綜義之説，舉例甚周，而所列"本義分化"等七表，及"探尋語根"之五例，均甚縝密，吾無間然！惟"右文"之名，弟尚懷疑，因此名惟王子韶一用之，而此後主張循聲詮義諸家從無襲用之者，以其僅言"右文"，并不足以表示聲義相關之理；而且"右文"實不足以包舉形聲字之全體也。賈公彦説："書有六體，形聲實多。若'江''河'之類，是左形右聲。'鳩''鴿'之類，是右形左聲。'草''藻'之類，是上形下聲。'婆''娑'之類，是上聲下形。'圃''國'之類，是外形内聲。'闠''闤''衡''銜'之類，是外聲内形。"其所舉"草""銜""闠""闤"四字雖稍有不當，如王西莊所説；然形聲字有六種分別，不能認爲止有左形右聲之一式，則甚確也。鄙意先生他日成書時，似可別選一名，不必襲用"右文"成語，尊意如何？敬此奉布，并祝著綏。

弟蔡元培敬啓，二十三年四月二十日

（中央研究院《慶祝蔡元培先生六十五歲論文集》，1935年）

四月二十二日，上午赴孔德學校開董事會議。

上午十時，至孔德開董事會，來者叔平、玄同、幼漁、兼士。（《周作人日記》）

四月二十九日，錢玄同來訪，答應擔任北京師範大學畢業考試委員會之國文系所聘"校外專家"。

上午十一時至十二時，訪沈兼士，請其擔任師大遵"大學規程"所組織之"畢業考試委員會"之國文系所聘請之"校外專家"，他允我。（《錢玄同日記》）

五月十二日，妻子蔡惠應劉半農夫人朱惠（字蕙英）之邀，赴劉宅小敘。

晚，蕙英請尹默、幼漁、兼士、適之、君哲、玄同、麟伯諸夫人來家小敘。

（《半農日記》）

五月十六日，與周作人、馬裕藻、馬衡等在東興樓設晚宴，招待馬叙倫，以賀其五十歲生日。

七時至東興樓，與幼漁、叔平、隅卿、耀辰、玄同、半農、君哲、森玉、兼

士共宴夷初，賀其五十生日也。十時回家。（《周作人日記》）

晚，十個人（玄同，三馬2、4、9，陳舊，徐僧，徐耀辰，沈三，周，劉半）賞馬石屋於東興樓，據説是祝他五十壽辰也。我被馬二及周二所勸，衹好加入，其實何必也！十一人竟用了五十五元之多，因其魚翅一様二十元也，是馬院長的提調，大有“朱門酒肉臭，路有凍死骨”之風，噫！（《錢玄同日記》）

五月十七日，與徐森玉、劉半農在帥府胡同四十六號譚瑑卿家宴請葉恭綽。

晚，與森玉、兼士同宴譽虎於帥府胡同四十六號譚瑑卿家，瑑卿粵人，有妾善治饌。推爲北平家庖第一，故友朋每借其家宴客。其實拿手菜亦不過數種也，而值較飯莊爲昂。本日半葷半素，酒菜二項開至二十六元六角。（《半農日記》）

同日，《申報》刊登消息，稱故宫博物院文獻館館長張繼不再擔任現職，館長人選以沈兼士呼聲最高。

故宫盜寶案馬衡主張嚴查

［北平通訊］故宫博物院院長馬衡真除後，對於院務將有革新。茲紀其狀況如次：

…………

館長人選 故宫博物院改組後，設總務處，乃古物、圖書、文獻三館。總務處長王士鐸，下設文書、庶務、會計三科。圖書館館長仍爲江翰，副館長袁同禮。古物館館長本爲前院長易培基，易已辭職，是否現任院長馬衡兼任，刻尚未定。文獻館館長本爲張繼，副館長沈兼士。張已被聘爲理事，照章理事不能兼館長。現文獻館長一席，以沈之呼聲爲最高。

（後略）

（《申報》1934年5月17日）

五月二十四日，被私立北平輔仁大學聘請爲校董會董事。

私立北平輔仁大學校稿聘書

（中華民國二十三年五月廿四日時封發）

敬聘　先生爲北平輔仁大學校董會董事長、董事。此訂。

私立北平輔仁大學創辦人繼任者、全球聖言會總會長　葛〇〇

張　繼先生	董事長	馬　良先生	董事	傅增湘先生	董事
胡　適先生	董事	翁文灝先生	董事	劉　復先生	董事
陸伯鴻先生	董事	蔡寧總主教	董事	滿德貽主教	董事
韓寧鎬主教	董事	陳　垣先生	董事	穆爾菲司鐸	董事
沈兼士先生	董事	英千里先生	董事		

（北京師範大學檔案館藏檔，檔號：6.1-0036-0001）

五月二十五日，錢玄同爲妻子徐婠貞到餐館定菜，她準備後天中午宴請沈兼士妻子蔡惠等十一人。

午，爲婠至淮阳春定菜，她後午將賞沈朱蕓、沈令融、沈蔡蕙（沈蔡惠——編者注）、馬陳德馨、魏王碧書、金劉湫芳（子直妻）、黎母、黎鄭亦鶴、劉朱惠、張群海妻、劉金陔蘭（字秀彬，子直妹）十一人飯也，價十五元，有魚翅及時魚半ㄌㄚ。

（《錢玄同日記》）

六月二日，赴馬衡午宴，同席有蔣夢麟、黃節、居正、陳立夫、顧頡剛等。

理稿件。乘十時車進城，到素意處，到團城，赴故宮宴。

…………

今午同席：居正　陳立夫　黃晦聞　沈兼士　王覺之　予　蔣夢麟　李潤章（以上客）　馬叔平（主）

（《顧頡剛日記》）

六月七日，赴廣和飯莊何基鴻午宴，爲林損餞行，同席有李書華、徐耀辰、馬裕藻、鄭奠等。

午至廣和飯莊，應海秋之招，爲公鐸送行也，來者尚有潤章、聖章、兼士、耀辰、幼漁、介石、晦聞、丙辰等人。

（《周作人日記》）

六月三十日，被私立北平輔仁大學聘請爲教授兼文學院院長。

私立北平輔仁大學校稿聘書

（中華民國二十三年六月卅日時封發）

敬聘　　先生爲本大學　　　　　　　　此訂。

私立北平輔仁大學校長陳〇

沈兼士先生　教授兼文學院院長

余嘉錫先生　教授兼國文學系主任

台静農先生　副教授兼中文秘書暨研究所編輯

儲皖峰先生　副教授

魏建功先生　講師

范文瀾先生　講師

倫　明先生　講師

（北京師範大學檔案館藏檔，檔號：6.1-0036-0001）

七月五日，故宮博物院理事會召開第二次常務理事會議，蔡元培任主席，議决沈兼士爲該院文獻館館長。

故宮博物院開理事會常會

［南京］故宮博物院理事會五日下午二時，假行政院開二次常會，到蔡元培、王世杰、羅家倫、馬衡等，蔡主席。决議：（一）關於點收故宮博物院存滬、存平之古物，責成馬衡照所擬辦法切實點收，并請行政院指派專員三人，滬一人、平二人監督之。存滬古物之點收，應於一年内完畢。（二）以徐鴻寶任古物館長，袁同禮任圖書館長，沈兼士任文獻館長。（五日中央社電）

（《申報》1934年7月6日）

午後二時，在行政院開故宫博物院常務理事會，通過議事規則及三館長人選（古物館徐森玉，文獻館沈兼士，圖書館袁同禮）。（《蔡元培日記》）

七月六日，錢玄同來訪。

十時訪沈三，并晤周二，他約今午在什刹海設宴，恕不去了。（《錢玄同日記》）

同日，周作人來訪。在會賢堂設午宴，招待周作人、馬裕藻等。

至沙灘訪兼士。午至會賢堂，應兼士之招，來者幼漁、憩之及天津中日中學二閻、常、楊，共八人。（《周作人日記》）

七月七日，與馬裕藻、錢玄同、徐森玉、魏建功等在東興樓設晚宴，招待周作人。

七時半至東興樓飯，幼漁、隅卿、玄同、天行、兼士、森玉、斐雲、君哲共爲主人，十時返。（《周作人日記》）

晚七時半，下列七人：錢、沈三、馬二、馬九、陳君哲、趙萬里、徐森玉，爲啓明餞行於東興樓。（《錢玄同日記》）

按：周作人將赴日本，朋友、同人爲其餞行。

七月八日，錢玄同來訪。

午後三時頃訪兼士，四時頃訪啓明，均爲孔德事也。……

晚十時頃，劭、啓、兼均來孔德（他們在東興樓宴許季茀畢而來也），商孔德事，决致電促藍速來。（《錢玄同日記》）

同日，與馬裕藻、周作人、鄭奠、陳君哲在東興樓設晚宴，招待許壽裳父子，同席還有徐誦明、范文瀾。又同馬裕藻、周作人赴孔德學校，與錢玄同談。

七時至東興樓，與幼漁、介石、兼士、君哲共宴季茀父子，來者軾游、范文瀾，共九人。……十時，同幼漁、兼士至孔德與玄同談，仍再發電報至莆田。（《周作人日記》）

七月十日，《北平晨報》刊文公布北京大學下學年度各系教授名單，沈兼士爲國文系名譽教授。

北大下年度各系教授名單

本報特訊，北大下年度之教授、副教授、助教已完全聘定，并設名譽教授十六名，教授總數七十一人，較上年度少四人，助教總數三十人，較上年度少六人。茲依院系分誌如下：

…………

名譽教授名單：

秉　志　胡光驌（胡先驌——編者注）　李麟玉　翁文灝　沈尹默　沈兼士
徐炳昶　錢玄同　剛和泰　陳　垣　林可勝　馬　衡　汪敬熙　孟　森
朱希祖　陶孟和

（《北平晨報》1934年7月10日）

按：爲提高教學水準，除專任教授，北大還約請一些校外學者爲本校名譽教授。

七月十八日，赴前女高師留平學生來今雨軒晚宴，同席有許壽裳、錢玄同、馬裕藻等。

晚七時，前女高師國文系留平學生請客於來今雨軒，客爲許季茀、鄭奠、馬幼漁、錢玄同、黎劭西、沈兼士，蓋請許也。（《錢玄同日記》）

八月五日，晚遇顧頡剛。

今晚所遇人：適之　兼士　寄荃……（《顧頡剛日記》）

八月十三日，錢玄同在日記中提及，藍少鏗已訪沈兼士，沈堅决主張辭去黄繼植。

十一時頃藍歸，往訪，知已訪沈三，三仍堅主去黄，談至一時半方歸。（《錢玄同日記》）

按：此前孔德學校小學部主任黄繼植曾致信周作人，提出辭職。

八月十四日，錢玄同在日記中提及，藍少鏗有信致沈兼士。

訪藍，他有信給馬三、沈三、錢五董事，問黄事。（《錢玄同日記》）

八月十五日，錢玄同在日記中提及，藍少鏗稱沈兼士堅持非辭去楊慧修、黄繼植不可。

八時頃回孔德，訪藍，他説沈三剛去，他堅持非去修、黄不可也。（《錢玄同日記》）

八月十六日，錢玄同在日記中提及，藍少鏗稱沈兼士意思楊慧修、黄繼植非辭職不可。

上午九時至師大閲卷，十一時藍忽來訪我於師大，謂沈三意修、黄非去不可，我謂既如此，索性“急轉直下”吧！（《錢玄同日記》）

八月十七日，錢玄同在日記中提及，藍少鏗稱沈兼士又同意留下楊慧修。

九時回孔德，再訪藍，云沈三忽變卦將留修，蓋馮廢名去磕頭，彼怕得罪周二也，然則黄無後援，故吃虧耳，噫！我甚不高興也。（《錢玄同日記》）

八月十八日，錢玄同在日記中提及，藍少鏗稱沈兼士認爲如果單獨辭去楊慧修，須征得沈尹默同意。

今日晤藍，彼云兼意如獨去修，須問尹默，恰與△日前“如欲留修、黄，須問尹默”之語相反！！！藍不得已，今日已用快信問尹默，噫！（《錢玄同日記》）

八月二十日，私立北平輔仁大學收到東方文化事業總委員會兩封信函，分别要求告知文史學系教授、講師姓名履歷及寄送學校一覽和章程各一份。沈兼士爲國文系教授，列名其中。

私立北平輔仁大學校收文字第 2219 號

東方文化事業總委員會函

（中華民國二十三年八月廿日　時收到）

逕啓者，敝會北平人文科學研究所爲謀事務上之便利，對於專門學者有認識之必要，敬請貴校將文史學系教授、講師姓名、履歷録示一份，不勝盼禱之至。此上

輔仁大學

東方文化事業總委員會

中華民國二十三年八月十六日

逕啓者，敝會北平人文科學研究所擬調查全國高等教育狀況，素仰貴校規模宏大，設備完善，敬請賜寄學校一覽，或其他章程各一份，藉資借鏡。如係賣品，定價若干，請即示知，以便送奉。此上

輔仁大學

東方文化事業總委員會

中華民國二十三年八月十六日

國文學系教授及講師

教　授　余嘉錫（系主任）　沈兼士

副教授　儲皖峰

講　師　趙蔭棠　羅　庸　陸宗達　孫人和　鄭　奠　唐　蘭　魏建功

趙萬里　朱以書　孫楷第　郭家聲　陳君哲

史學系教授及講師　（略）

（北京師範大學檔案館藏檔，檔號：6.1-0027-0001）

九月十日，蔡元培收到沈兼士等四人聯名信，爲營救范文瀾事。

接季茀、幼漁、兼士、介石四人爲營救范文瀾事公函。（《蔡元培日記》）

十月九日，蔡元培收到沈兼士等四人信，稱國民黨部報告范文瀾事有不符合事實處。

得季茀、幼漁、兼士、介石函，言黨部報告有不符事實處。又得季茀電，屬商范案付法院。（《蔡元培日記》）

按：據蔡元培日記記載，10 月 11 日蔡即致電汪精衛，要求范文瀾案轉法院辦理。

十月十五日，赴北京大學第二院大禮堂參加老友、語言學家劉半農追悼會，并敬獻了挽聯。

劉半農先生追悼會概述

劉半農先生，於本年六月十九日，利用暑假機會，去西北百靈廟等處，調查方言，以勞瘁過度，於七月十日染病返平，經中西醫生診治無效，遂於七月十四日逝世。其友人胡適之等，念半農先生爲中國學術界貢獻甚多，特發起北平學術

界追悼劉半農大會，於本年十月十五日上午十時，假北京大學第二院大禮堂舉行。參與致祭者，計有北平政委會秘書長何其鞏，北京大學蔣夢麟、李四光、胡適之、李書華、劉樹杞、樊際昌、錢玄同、周作人及全體學生，輔仁大學沈兼士、張懷，磐石雜誌社仝人，公教青年會仝人，春笋社仝人，北平各大學教授任叔永、何昌泗（柯昌泗——編者注）、趙萬里，北平聞人周炳昶、周肇祥、江瀚、江庸，中華公教進行會總監督處袁承斌等五百餘人。由北京大學校長蔣夢麟氏主席，儀式隆重，空氣悲痛。茲略誌當日情形，并全國各界輓聯如次：

會場布置：追悼會會場，在景山東街北京大學第二院，祭堂設於該院大禮堂，會場祭堂設置，均已於事前布置完竣。該院二門洞內，院內四壁，以及禮堂內外，均滿懸全國學術界輓聯輓帳等，計千數百餘幅。祭棹設禮堂西壁。以松枝作壁，并置一大花圈於其上，中置劉半農先生遺像。祭棹周圍置有花圈十餘架，花籃十餘個；遺像上懸横幅匾額一方，爲北平世界日報所輓，詞曰“失我諍友”。遺像左右懸劉半農夫人，其弟北茂，其友人胡適之、周作人、沈兼士等輓聯。祭棹上設大燭二，鮮花數盆。……

（《磐石雜誌》第二卷第十二期，1934年12月1日）

十二月一日，《磐石雜誌》第二卷第十二期刊登捐款鳴謝名單，其中沈兼士捐洋五元。

本社收到捐款鳴謝

穆爾菲司鐸捐洋四〇元

張亮塵先生　陳　垣先生　張漢民先生　沈兼士先生　余季豫先生……陳慧君先生

以上諸位先生各捐洋五元

柯昌泗先生捐洋三元

陸和九先生　陳緣督先生各捐洋二元

（《磐石雜誌》第二卷第十二期，1934年12月1日）

十二月二十日，邀請剛從國外歸來的國立北平圖書館館長袁同禮在輔仁大學講演赴歐美考察情況。

國立北平圖書館館長袁同禮先生來校講演

國立北平圖書館館長袁同禮先生，自海外考察歸來，本校文學院院長沈兼士先生，特請袁先生於十二月二十日下午四時，在本校大禮堂講演赴歐美考察情況，聽衆千人，均本校同學。袁先生將考查情形計分圖書館、博物院、文獻館三種，每條叙述甚詳。并略述外國人對中國問題之研究。至五時半始行講畢云。

（《磐石雜誌》第三卷第一期，1935年1月1日）

十二月二十九日，《益世報》刊登消息，稱沈兼士、張雪門、吴俊昇等爲提倡兒童藝術，特徵集兒童自由畫一千餘幅，決定自明年元旦起至三日止，在府前街藝文中學舉行兒童自由畫展覽會。

兒童自由畫展

國府爲喚醒國人注意兒童事業，并使兒童明了本身地位，特定明年（二十四年）爲兒童年，已誌前報。平市教育家沈兼士、張雪門、吴俊昇，藝術家司徒喬、馮仰湄、淩直支、王青芳等，爲提倡兒童藝術，引起社會注意，特徵得中外兒童自由畫一千餘幅，自明年元旦起至三日止，在府前街藝文中學舉行兒童自由畫展覽會三日。記者昨晤王青芳氏，據談此次征得之兒童自由畫爲數極多，本擬全數展覽，藉供欣賞，惟以限於會場狹小，不克如願。此次先行展覽一部分，約四五百餘幅。至於其餘各幅，則擬於明年四月四日兒童節時再行展覽云。

（《益世報》1934 年 12 月 29 日）

是年，在輔仁大學國文系講授文字學課，學生中有馬英林等。

1934 年，我中學畢業，報考北平輔仁大學國文系。通過筆試和系主任余嘉錫先生的口試後，注册入學。當時的輔仁國文系師資力量雄厚，與北大齊名。入學後的選課要經過文學院長沈兼士先生審定。沈先生，修長的身材，穿一件長衫，鼻正顔開，眼鏡下閃動着誠摯親切的目光，看了我的選課表，嚴肅地説："爲什麼不選《説文解字》? 添上！國文系學生不識字，怎麼能行。"又勾掉了一些系外的課程。這是五十多年前的往事了。

當時國文系分甲乙兩組。甲組是語言文字組，乙組是文學組，我是文學組的，有些課程是兩組的共同必修課。如沈師的文字學即是其中之一。1934 年入學的國文系學生共 21 名，我們在母校二樓臨街的帶雕花窗框的教室裏静聽沈師講課，我們這些才出中學門的青年對久負盛名的語言文字大師，除去肅然起敬之外，總把他想像得十分嚴肅，難於接近的樣子。不久，這種想法就改變了。沈師講課，音調緩和，語言清晰，如談家常。課後，總是和和氣氣，從無疾言厲色。沈師課上，有時我竟插話，不但未被斥責，還得到過先生的贊同。此情此景，記憶猶新。如余嘉錫先生一樣，沈先生也是一位"望之儼然，即之也温"的良師。

沈師授課，給我印象最深的是先生創立的"文字畫"的論述。先生説，文字未發明以前，人們是用一種原始的粗笨的圖畫來表示事物的狀態、行動和數量等概念的。它是六書文字的起源。發掘出土的殷商鐘鼎上的"圖形"，就是原始的文字畫。先生認爲漢字發展的系統分三個時期：文字畫時期、意符文字時期和音符文字時期。這一學説精闢、確切地闡明了中國文字的起源，對中國語言文字的研究做出了重大的貢獻。

我於沈師的講授，當年既没深入鑽研，後來更未接觸，已成浮光掠影了。祇是先生的"國文系學生怎麼能不認識字"的教導，幾十年來一直没忘。特别是我在大學中文系任教後，更深感"書到教時更恨少"。常常想，如果聽先生的話，在文字學方面多下些功夫，也許可以做一個更合格的教師吧。

（馬英林《邪正古來觀大節　是非死後有公言》，《沈兼士先生誕生一百周年紀念論文集》）

按：馬英林，原名馬雪痕，1938 年畢業於輔仁大學。

是年，北京大學《國學季刊》第四卷第一號出版發行，仍爲該刊編輯委員會委員之一。

編輯委員會委員録

（以姓氏筆畫爲序）

朱光潛　沈兼士　周作人　孟　森　胡　適（長）　馬裕藻　馬　衡

陳受頤　湯用彤　傅斯年　劉　復　鄭　奠　錢玄同　錢　穆

魏建功（編輯主任）

（《國學季刊》第四卷第一號）

一九三五年　民國二十四年　四十九歲

一月十一日，參加上午舉行的故都文物整理委員會成立會，討論通過故都文物整理委員會議事規則及組設保管款項委員會案，并推定保管款項委員五人。

故都文物整委會成立　通過議事細則等案　推定五委保管款項

［北平］故都文物整委會今晨十時舉行成立會，委員長黄郛，當然委員于學忠、宋子文、袁良，内部代表羅耀樞、鐵部代表殷同、交部代表沈兼士、財部代表丁春膏、中央古物保委會馬衡均如時出席，聘任委員朱啓鈐、朱涿、程克、翁文灝、袁同禮、陳仲恕、周作民、方覺慧，除方在濟未能來平外，餘均出席。主席黄郛，秘書夏清貽紀録。開會後，各委員就主席交提各案一一討論通過後，至十二時許始散會午餐。故都文物整委會成立後，關於經費問題，除中央允撥之二百另九萬元外，平市尚須自籌一百萬元，合共三百另九萬元。將來修理河道及整理費所需尤鉅，中央自難再予補助，平市亦無力自籌。聞届時將發行公債，以應需要。（十一日專電）

［北平］舊都文物整委會今開成立會，通過：（一）舊都文物整理委會議事規則案；（二）整理文化之執行手續案；（三）組設保管款項委員會案，當推定黄郛、周作民、丁春膏、殷同、袁良五人爲委員。（十一日專電）

［北平］午黄郛在政整會宴文物整委會全體委員。（十一日專電）

（《申報》1935 年 1 月 12 日）

一月十二日，赴北海静心齋中山大學語言歷史學研究所晚宴，同席有馬衡、陳垣、陳寅恪、羅常培、傅斯年、顧頡剛等。

出，到王姨母處。到清華園洗浴，看《古史辨》自序二樣。到北海静心齋赴宴。

…………

今晚同席：孟心史　馬叔平　陳援庵　沈兼士　陳寅恪　梁思永　羅莘田

傅孟真等約三十人（語言歷史學研究所公宴） （《顧頡剛日記》）

一月十四日，與馬衡、徐森玉、袁同禮等以故宫博物院名義宴客。

晚六時馬衡、徐森玉、袁同禮、沈兼士四人以故宫名義賞飯於東興樓，共有三桌之多也。

（《錢玄同日記》）

一月十七日，故宫博物院文獻館大庫開放，沈兼士親自招待各界人士參觀，并説明相關情况。

故宫博物院文獻館昨日開放

故宫博物院文獻館大庫開放消息已誌前日本報。昨日下午一時實行開放，并請各界參觀，計到者有各學術機關及各界人士約百人，女賓則以燕京大學女生占最多數，顧頡剛、福開森諸氏均往參觀，沈兼士先生親任招待并爲説明。檔册存放處所計分八處：檔册在東所南院北屋，來文在東所中院西屋，未整理之檔案在東所中院東北兩屋，呈稿在東所中院西北兩屋，奏稿、奏摺、題本在東所北院東屋，事筒在中所南院北屋，地圖在西所南院西屋，劇本在西所中院東屋。每屋均有專人負責説明。檔册各庫所存之檔案，係就上次南運所餘之一小部分而加以整理者。明代檔案已一無所存。即清代檔案亦係按類略事分别，尚未整理完畢。現着手整理者大部爲康熙朝以前之滿文檔案，康熙朝後之滿漢文檔案尚未能着手進行。

檔案説明（略）

（《益世報》1935年1月18日）

一月三十日，撰成《方編清内閣庫貯舊檔輯刊序》。照録如下：

故宫博物院文獻館所藏之檔案，約可分爲四類：一曰宫中檔案；二曰内務府檔案；三曰内閣大庫檔案；四曰軍機處檔案。四類之中，以内閣之歷史爲最悠久，最複雜，王静安《庫書樓記》猶未能説其詳也。閣庫文物，自清末即有一部分散佚，諸家記載應能言之，兹第述余之所親歷者。當民國十一年余方主持北京大學研究所國學門，聞羅叔言斥貲贖内閣大庫檔案，有慨於心，因與馬叔平、陳援庵、朱逷先諸君共謀以其劫餘歸於研究所，此爲學術機關整理檔案之嚆矢。溯民國二十餘年間，北京大學之於研究國學，風氣凡三變：其始承清季餘習，崇尚古文辭；三四年之後，則昌樸學；十年之際，漸漬於科學，駸駸乎進而用實證方法矣。以爲向來文士盡信書之弊，當有以矯之。故研究所國學門於古代研究，則提倡考古學，注意古器物之采集；於近代研究，則側重公家檔案及民間風俗。持此縱横兩界之大宗新資料，以佐證書籍之研究，爲學者闢一新途逕。良以檔案爲未加造作之珍貴近代史料，固等於考古家之重視遺物遺迹也。當時復念彼八千餘袋贖歸羅氏之庫檔，固慶得所，然大庫中果尚有鐍閉殘餘之文物乎？終莫能明。訪諸故老，亦皆未能道其詳。十三年之冬，辦理清室善後委員會接管故宫，其權力不能及乾清宫以南，故庫藏仍未能檢點也。迨北伐告成，余倡從速清理大庫之議，中復幾經波折，迨二十年一月，此深閉錮扃二百餘年之古文書乃得公諸世界。曩余在大學時，祇知庫檔以紅本、黃册爲兩大宗，其它統目之曰雜件，就中被甄選爲名貴之品，如明兵部題行稿之類，亦姑名之爲要件而已，其流别固不了了也。既得遍覽庫藏，始知東西兩庫貯藏之富，品類之多；然於其流别仍未盡了了也。嗣後於亂檔中發見典籍廳滿本堂書檔舊目數種，藉此乃得略窺庫藏之源流變遷。因念文獻館之職司，在於整理檔案，分類編目，尤須於檔案之歷史沿革詳加探討。曩者雖亦發表若干有價值之史料，率皆零星掇拾，挂一漏萬，不足數也。爰與同人矢志以普徧整理爲基本原則，不避繁貞，不求速效，務使珍奇者不因破碎而見遺，平凡者可賴統計而有用。顧欲作詳密之分類編目，其前提必須明憭職官之隸屬及司掌，公文之程式及演變，爰屬館員方甦生君憑藉舊檔目録之輪廓，以探溯庫藏之歷史，經歲脱稿，綱舉目張，有倫有脊，雖作者自覺尚不愜心，然吾國研究檔案學之著述，要不得不以此編爲梯杭。比來邊警日急，尋覽庫檔，明崇禎十七年兵部議覆盧象昇等題《揭緊急夷情文》中條陳禦敵三策：

"……須得急調昌薊晉雲等鎮，就近堪戰壯丁三萬，星速會商，各於間道出口，前後截殺一場，旋即收兵緊守，務使迅雷不及掩耳，此上策也；萬一不能遠出尋奴，則各兵亦必臨邊布置，隨賊進止，或乘瑕出擊，或昏夜襲營，務要正奇相生，斷不可如往年之望塵却步，尾賊送行故事，倘能堵禦不入，猶中策也；若止靠本鎮之兵，東移西補，直待虜騎闌入而調大兵，策斯下矣。"

今日中國之局面，固非明末之比，當時所謂最下策斷不可之"望塵却步，尾賊送行"，似亦無復此等勇氣，遑論"截殺一場"乎？滋可嘆也！余曩於北京大學躬與整理庫檔之役，於故宫獲覩軍機處與内閣大庫檔案合并保存。十載以還，滄桑變亟，猶幸今日及見此編之告成，不禁欣感交并而爲之序。民國二十四年一月三十日。

（沈兼士《段硯齋雜文》）

二月十日，撰成《古音系研究序》。照録如下：

曩余從唐立厂先生得程瑶田《果蠃轉語記》未刊稿，以示建功。建功喜甚，云須附録於其北京大學《古音系研究講義》中。余聞是書之名自爾時始，荏苒已三年餘矣。去歲夏日，建功持四鉅册見示，則其書已告成，且謂書中所主張頗有受余說之影響者，願匄一言以爲序。建功此說余雖不敢承，建功之書則不可不序。

古音之學，發軔於宋，降及現代，可分三期。清初以前爲孤立的古音研究，例如陳第《毛詩古音考》之作，祇以讀詩無所齟齬爲目的，初無與於小學也。自段玉裁《六書音韻表》出，本戴震以古韻通小學之說而發揮光大之，實用的古音學乃大顯。有清一代，斯學號稱鼎盛，其弊亦略可得而言。蓋諸家之所謂古者，統三代秦漢之總稱。或以"三百篇"爲本，等而下之，攝及秦漢音，無不同也；或以《廣韻》爲本，等而上之，攝及三代音，無不同也。雖其考訂排比，部類秩如，要皆以一地概四方，以一時概千古，汗漫支離之病又焉能免？況其所論列者，祇爲字與字之間相葉之韻而已，烏足以言音哉！民國以還，西洋發音學漸傳至中土，於是音韻學乃進而爲理論的研究，脱離小學附庸之地位蔚然獨立，一如曩者小學之於經學焉。此古音研究之沿革大略也。

現代古音學理論的研究之異於前人者果何在乎？余以爲其要點首在於能以歷史的眼光認清所研究之對象。行遠自邇，登山自卑，此至理也；故欲明古代文字之音，必先明現代方言之音。現代方言者，古音之尾閭也；不由乎此，則其所得之結論率難免汗漫支離之病。昔楊子雲因少不師章句，於五經之訓所不解，乃從天下上計孝廉及内郡衛卒會者問其異語而述《方言》，殆亦有援今以證古之意歟？建功此作，於古音之歷史與對象，縱横搜討，論列詳明，能將前人貴古賤今，重文輕語之積習一掃而空，誠快箸也。

大凡一種學問，其理論的研究愈精密，則其應用之效力益廣大。余知此書一出，於音韻訓詁之應用方面，必將推陳出新，更多發明，豈徒古音系本身問題得以解决而已哉？昔人嘗謂《易》含三義：變易，簡易，不易。余謂聲音訓詁之學亦然。語言之聲音，文字之形態，千變萬易，學者貴能歸納之爲簡易之定律，以闡明其不易之定理。《易》曰"至賾而不可亂"，其此之謂歟？民國二十四年二月十日。

（沈兼士《段硯齋雜文》）

二月十六日，北京大學公布名譽教授名單，沈兼士爲中國文學系名譽教授。

北大明日開課　名譽教授名單昨公布

國立北京大學本月七日開學後，即開始注册。昨日（十六日）下午五時注册截止後，文理法三院履行注册手續者，共八百八十五名，未注册者二十五名，即按照學則規程，予以休學一年之處分。該校定於明日（十八日）開始上課云。

名譽教授名單：

該校本年度文理法三學院各系名譽教授名單昨公布：計秉志（生物系）、胡（先）驌（生物系）、李麟玉（化學系）、翁文灝（地質系）、沈尹默（中國文學系）、沈兼士（中國文學系）、錢玄同（中國文學系）、鋼和泰（中國文學系）、馬衡（史學系）、孟森（史學系）、陳垣（史學系）、朱希祖（史學系）、徐炳昶（哲學系）、林可勝（教育系）、汪敬熙（教育系）、陶孟和（政治系）等十六名云。

（《北平晨報》1935年2月17日）

二月十七日，赴藍少鏗東興樓午宴，同席有馬裕藻、馬衡、黎稚鶴等。

午藍少鏗賞飯於東興樓，同坐者爲馬二、四、九、周、黎子鶴、劉佑卿、范任、△△△、沈兼士諸人。沈早到而先走，我遲到未之見也。（《錢玄同日記》）

二月二十八日，私立北平輔仁大學董事會呈文北平市社會局，按照會章的相關規定，請求核准改選董事姓名及修改會章的意見。沈兼士被選爲任期三年董事。

私立北平輔仁大學校董會呈北平市社會局（廿四年二月廿八日到）呈報修正會章及改選次第并劉復董事逝世請核轉備案

案查本會曾於上年三月間，將改組情形檢同會章，備文呈請核轉教育部示遵一案，嗣奉鈞局第六七一號函開；轉奉教育部教字第四二七五號指令，准予備案，并删去章程第五條甲項規定在案。本年二月十八日召集常務會議，除馬良、陸伯鴻未到外，是日出席者計十二人，已足會章第十一條規定三分［之］二以上法定人數，當由胡董事適提議，將會章第七條修正爲本會董事任期三年，每年改選三分之一，但得連選連任之等因；經全體通過，自本年度起實行，當即抽籤抽定一年任者，胡適、陸伯鴻、滿德貽、韓寧鎬四人；二年任者，翁文灝、葛林德、陳垣、莫爾菲、英千里五人；三年任者，馬良、傅增湘、蔡寧、沈兼士。(《私立北平輔仁大學校董會章程》［二十三年四月經北平市社會局第六七一號函知轉奉教育部第四二七五號令準備案］第七條，“原文”本會董事任期三年，但得連任之。“現修正爲”本會董事任期三年，每年改選三分之一，但得連選連任之）及繼五人。理合將修正會章條文并改選次第分别繕具清摺，備文呈請鑒核！轉呈教育部備案示遵，實爲公便。

再本會董事劉復已於上年七月間逝世，遺缺列入一年任改選，合并聲明。

謹呈

北平市社會局

私立北平輔仁大學校董會董事長張繼

附修正會章條文二紙。

（北京市檔案館藏檔，檔號：J002-003-00195）

三月十八日，錢玄同作致沈兼士等信。

上午爲尹默信涉及孔德圖書館遷移事，故復一信，致周、馬二、馬四、沈三信如下：……

（《錢玄同日記》）

四月十一日，與陳垣、嚴池、張懷等接待前來私立北平輔仁大學視察的教育部專員孫國封、謝樹英、李錫恩等三人。

教部專員昨晨視察輔大

教育部視察華北高等教育專員孫國封、謝樹英、李錫恩等三人，昨日十一日上午八時，由中央飯店寓所赴輔仁大學視察。抵校後，即由校長陳垣、文學院院長沈兼士、理學院院長嚴池、教育學院院長張懷，引入該校會客室休息。謝樹英等對於該校行政設施及教務進行情形，探詢頗詳，九時許開始視察該校理學院物理、化學、生物、地質各系實驗室。上午視察理學院完竣，即由該校招待午餐。下午一時許，繼續視察該校文學院及教育學院，對該校教務極爲注意，最末參觀圖書館，至四時視察完竣，即返中央飯店休息。今日將視察中法大學社會科學院及國立藝術專科學校。該兩校視察竣事，本市高等教育即完全視察畢，明（十三日）晚或後日（十四日）晨，即搭平漢車離平赴保視察云。

（《益世報》1935年4月12日）

1935 年北平輔仁大學董事會全體成員合影，前排左起：傅增湘、張繼、蔡寧、翁文灝、陳垣、滿主教，二排左起：胡適、鮑潤生、沈兼士，三排左起：穆爾菲、嚴池

五月十一日，參加私立北平輔仁大學中國文學系畢業班師生聯歡會，并致辭。

中國文學系畢業班學生舉行師生聯歡會

本校本届中國文學系畢業班學生丁秉成、吕家廉、李棪、吴之垣、唐世銓、張作義、許三綱、黄寶惠、陳家珍、劉大洲、蔡超塵十一人，爲聯絡師生感情起見，特於五月十一日假座玉華臺飯莊舉行師生聯歡會，届時到文學院院長沈兼士、系主任余嘉錫、教授魏建功、唐蘭、趙萬里、儲皖峰、趙蔭棠、周福全、容肇祖、謝翰英及同學等二十一人，首由學生代表張作義起立致詞，繼由系主任余先生、院長沈先生及魏先生相繼訓詞，語多奮勉。旋即晚餐，席間樂趣倍增，老師尊嚴，學生局促之神態，均較平日稍煞云。

（《磐石雜誌》第三卷第六期，1935 年 6 月 1 日）

五月十八日，上午九時參觀位於北平團城的北平圖書館歐美博物館展覽會。十時出席在景山綺望樓舉行的中國博物館協會成立大會，討論通過協會組織大綱，并被選爲該協會十五名執行委員之一。會議結束，即赴故宫傳心殿參加由故宫博物院及古物陳列所舉行的宴會。餐畢，報告整理史料經過情形，并引導與會人員赴東華門内實録大庫及南三所參觀檔案。

中國博物館協會昨在平成立

［北平通訊］中國博物館協會成立會，已於昨日上午十時開會。開會前各會

員曾往團城北平圖書館所籌備之歐美博物館展覽會參觀，散會後應故宫博物院及古物陳列所在傳心殿歡宴。兹將昨日情形縷述如次。

參觀歐展　九時北平圖書館籌備之歐美博物館展覽會開幕，展覽者爲歐美各博物館照片，大致分爲五部，分别陳列於承光殿内。一、科學博物館。内計天然歷史博物館，有美、英、菲、法、德、奥諸國博物館照片；專門博物館，有美之紡織商業，英之外科醫學，德、比之風俗，奥之陸軍等博物館照片。二、美術博物館。内計美、英、印度、新加坡、加拿大、奥、義、比、荷蘭、丹麥、瑞典、羅馬尼亞、希臘、西班牙等處博物館所收藏中國古物照片。三、名人故里照片與美術博物館照片分列於出入口處，頗爲人注意。四、建築。五、各國博物館之出版品。

開會情形　會員參觀歐美博物館展覽會畢，即赴景山綺望樓舉行中國博物館協會成立會，到會者有馬衡、常惠、朱啓鈐、沈兼士、容庚、李濟、袁同禮、胡先驌、何澄一、王孝緍、趙儒珍、司徒喬、劉節、向達等知名之士四十餘人。十時開會，由馬衡主席，報告籌備經過。繼審定組織大綱，修改後通過。原定開會程序在審定組織大綱後爲選舉執行委員，臨時由胡先驌等提議，加請發起人，遂由會員分别推薦任叔永、張伯苓、張菊生、齊如山、丁文江、馬君武、葉景葵、盧作孚、張鵬、狄平子、張元濟等加入發起人。推薦畢，開始投票選舉執行委員，計馬衡三十一票，袁同禮三十票，朱啓鈐二十八票，沈兼士二十七票，徐鴻寶二十二票，翁文灝、李濟各二十一票，李書華十七票，錢桐十六票，胡光驌（胡先驌——編者注）十五票，徐炳昶十四票，葉恭綽十三票，容庚、傅斯年、嚴智開各十二票，當選爲執行委員。選舉畢，由會員李濟講述中央博物院籌備近況……

會員歡宴　散會後，相偕至傳心殿赴故宫博物院及古物陳列所歡宴，席間并討論會務進行方針。餐畢由沈兼士講述整理史料經過。講畢沈氏導赴東華門内實録大庫及南三所參觀檔案，至五時許始分别散去。

組織大綱（略）

（《益世報》1935年5月19日）

按：張菊生即張元濟，文中重複。

此前，與丁文江、王獻唐、王孝緍、司徒喬、任鴻雋、朱啓鈐等共六十八人，聯名發起組織中國博物館協會。

組織中國博物館協會緣起

同人組織此會，約有三義，可得而言：（一）我國立國垂數千年，文獻流傳，汗牛充棟，莫不爲吾先民精神之所寄托；顧民族文化之表現，文獻而外，尚有器物，文獻所不能盡者，器物可以補充之，文獻有所疑者，器物可以實證之。其間如殷周之銅器甲骨，兩京之石刻畫像，不唯足以上窺當代禮俗，補苴史事，即就其製作精美而言，先民在藝術上之造詣，亦可使後人贊嘆流連，精神振奮，不能或已。漢魏以後，古物出土，代有所聞；然或收入内府，或淪於私家，大率深藏閟守，恒人不得而窺。而社稷傾覆，朝代推移，不旋踵而散佚殆盡，論其遺際，寧止七厄！此原於吾國舊習，學歸私門；而歷代儲存文物，迄無妥慎之法。至如由國家築館儲藏，分别部居，公之世人，以備觀摩者，前此蓋未之有也。逮夫清季，西人考古西陲，於是敦煌之遺書，流沙之墜簡，相繼以出，捆載而去，士大夫憬然有感，始謀所以保存之方；然以吾國立國之久長，地下寶藏，當不止此。是以年來發掘殷虚，迭獲奇珍；而河洛間私人盗掘，亦不乏鼎彝重器。重以世亂年荒，故家鉅室不克保其舊藏，於是三代兩漢之物，流傳海外，不復見於中土，豈不惜哉！兹欲使先民之遺蹟，永久保存，固有之文化，日新又新，則博物館之建設，實爲今日最迫切之需求。此一義也。（二）所謂博物館者，不僅限於保存古物已也。舉凡動植、鑛産、民俗、人種、教育、衛生、科學、工程、建築、美術之類，均宜兼收并蓄，各建專館。比年以來，學校日闢，課室之所講授，學子之所誦習，無不取則東西；顧其弊也，理論多於目驗，空談勝於事實，以致興學數十年，而效未大見。倘今後凡百科學，各設專館，搜集實物，以資稽考，則學子之所誦習者，可以目驗，一國富源、民情、風俗以及現代科學之沿革及其應用，俱能一目了然，供其參覽。至於世界列國國勢、國情，亦復羅列一室，仰視俯觀，不惟知己知彼；且可使愛國家、保種族之心，油然而興。博物館在教育上之價值，幾倍於學校；是以先進各國於博物館之設立提倡，不遺餘力，收效之宏，堪資借鏡。此又一義也。（三）嘗觀歐美博物館不惟於保存文物宣揚知識上盡其職責，并往往目光及於殊方絶域，邊陲奥區，肆其探檢考查，以所得供專家之擘索，資國防之借鏡。兹僅就其與我國西陲有關者言之，如柏林民俗博物館之於吐魯番，倫敦不列顛博物館之於新疆、甘肅，不唯李唐一代之壁畫、古書，連翩而西；即欲考索西疆之民情風俗、物産地理，勒柯克斯因之大著，何一非今日之要典乎？是博物館者，静的方面可以爲文化之保管人，社會教育之良導師；動的方面并可以爲國家邊陲，籌長治久安之策。此其餘義也。

吾國文化上之建設，圖書館方面規模粗有可觀；而於博物館之設施，尚在萌芽。同人等私慮所及，不揣棉薄，集合同志，組織此會，冀以嚶鳴之誠，藉收切磋之益；而更相策勵，造成輿論，使博物館之設立，與日俱增，博物館之管理，隨時改進。則其於文物之保存，教育之扶翼，國家之前途，胥有裨益，或亦賢士大夫之所共許也。用識數言，尚祈共鑒。

發起人

丁文江　王獻唐　王孝緡　司徒喬　任鴻雋　朱啓鈐　向　達　吴定良　李麟玉　李書華　李　蒸　李仁俊　何澄一　沈兼士　吴其昌　邵　鋭　洪　業　胡先驌……

（《中國博物館協會會報》第一卷第一期，1935年9月）

同日，赴歐美同學會傅斯年、陳寅恪晚宴，同席有伯希和、胡適、徐森玉、馬衡、錢穆、魏建功、顧頡剛等四十餘人。

乘七時車進城，到歐美同學會吃飯。十一時散，宿元胎家。……

今晚同席：伯希和　適之先生　李聖章　徐森玉　沈兼士　馬叔平　李濟之　陸懋德　蕭一山　馮芝生　陳受頤　孟心史　袁守和　錢賓四　王以中　劉子植　容希白　孫子書　趙蜚雲　向覺明　賀昌群　徐中舒　鄭天挺　羅莘田　姚從吾　魏建功　陶希聖　容元胎　陳援庵　唐立廣　余季豫　余讓之　羅膺中　凡四十人（客）　傅孟真　陳寅恪（主）　（《顧頡剛日記》）

六月四日，與錢玄同、周作人、馬衡、陳垣等八人宴請沈尹默、唐蘭等四人於42號。

午，錢、馬二、沈三、徐僧、陳援、徐耀、周二、袁國禮八人，宴沈二、唐蘭、台静、黎子四人於42號。（《錢玄同日記》）

六月二十四日，私立北平輔仁大學擬定續聘教員名單，沈兼士仍爲教授兼文學院院長。

續聘教員　第一批（二十四、六、二十四）

國文系

余嘉錫　教授兼主任

沈兼士　教授兼文院長

儲皖峰　副教授

趙蔭棠　講師

魏建功　講師

陸宗達　講師

唐　蘭　講師

（後略）

（北京師範大學檔案館藏檔，檔號：6.1-0037-0001）

六月二十七日，晤顧頡剛。

到會賢堂，賀范任喜事，并晤兼士先生、維鈞等。（《顧頡剛日記》）

同日，被私立北平輔仁大學聘請爲教授兼文學院院長。

私立北平輔仁大學校稿聘書

（中華民國二十四年六月廿七日時封發）

敬聘　　先生爲本大學　　　　此訂。

私立北平輔仁大學校長陳〇

余嘉錫先生　教授兼國文學系主任

沈兼士先生　教授兼文學院院長

儲皖峰先生　副教授

趙蔭棠先生　講師

魏建功先生　講師

陸宗達先生　講師

唐　蘭先生　講師

（北京師範大學檔案館藏檔，檔號：6.1-0037-0001）

六月三十日，赴東興樓徐中舒、羅常培午宴，同席有傅斯年、陳垣、陳寅恪、徐森玉、顧頡剛等。

乘十一時車進城，到東興樓赴宴。

…………

今午同席：孟真　寅恪　援庵　兼士　子植　森玉　蜚雲　希白　思永　予（以上客）　中舒　莘田（主）　（《顧頡剛日記》）

六月，考古學社公布會費清單，沈兼士繳會費二元。

財務紀要

進柯昌濟、劉偉山、張世禄三社員會費　六元

進陳祥春、關百益、許敬參、蔣藩、沈兼士……鄺承銓、周杲社員二十一人會費　四二元

（《考古社刊》第二期，1935 年 6 月）

按：考古學社是容庚、徐中舒、董作賓、商承祚等發起成立的學術研究組織，以開展古器物研究、纂輯重要材料爲目的。1934 年 9 月 1 日在北平大美餐館開成立大會，公推容庚、徐中舒、劉節、唐蘭、魏建功五人爲執行委員，負責起草社章，編輯社刊。此後，該社召開年會，編輯出版《考古社刊》(半月刊)、考古專集和考古叢書。創辦初期有社員 58 人，1936 年發展到 141 人。沈兼士爲該社第三期社員，參閲 1936 年 12 月條。

七月三日，錢玄同以孔德學校在北平的錢玄同、周作人、沈兼士、馬裕藻、馬衡等五董事名義，作致蔡元培信。

燈下起草在今〈京〉五董會（錢、周、沈三、馬二、馬四）致蔡校長函稿。此稿本由周作，周要我作，故也。爲袁良不但不許中學男女同班，并且不許同校，他要把各中學之女生，遷往彼之“女二中”也（市黨部遺址）。　（《錢玄同日記》）

七月四日，參加私立北平輔仁大學教務會議，討論學生退學、請假、免除學費、轉系等議案。

輔仁大學昨開教務會議

輔仁大學昨日下午四時在該校召開教務會議，出席校長陳垣、文學院長沈兼士、教育學院長張懷、教務課長董世祉及各系主任，主席陳垣。決議事項如下：一、一年級學生四名、二年級學生二名呈請退學案。決議照准。二、二年級學生三名、一年級學生三名、三年級學生一名因病或事請假，請下年准予補考案。決議照准。三、本校上年度學生十五名成績優良，應免下年度學費案。決議通過。四、本校學生八名請轉系案。決議本校校章規定，學生轉系須於年終辦理，以上

八名應准轉系。此後學生不得再請轉系。至六時散會云。

（《益世報》1935 年 7 月 5 日）

七月五日，赴東興樓錢玄同、周作人午宴，同席有馬裕藻、馬衡、藍少鏗等人，商量致蔡元培電函等事宜。

午與啓明二人，約沈三、馬二、馬四、藍至東興樓吃飯，商公函稿，并擬電致蔡。（《錢玄同日記》）

七月九日，參加私立北平輔仁大學校務會議，討論下學年學校行政組織及經費分配等問題。

輔大昨開校務會議

輔仁大學爲討論下學年校務進行事宜起見，特於昨日上午八時，在該校教職員會議廳，召開校務會議，出席者有校長陳垣、校務長穆爾菲、秘書長英千里、文學院長沈兼士、理學院長嚴赤（又譯作嚴池——編者注）、教育學院長張懷等十餘人，由陳垣主席。討論事項頗多，對下學年行政組織及財政分配等，亦略有改變，至十一時半始行散會。全部案件，俟整理後即可發表云。

（《益世報》1935 年 7 月 10 日）

七月二十一日，約胡適與張宗祥吃飯。

沈兼士約吃飯，客人有張宗祥（閬聲），他是從前在浙江教育廳任内抄補文瀾閣《四庫全書》在半年内抄成的。（《胡適日記》）

七月二十二日，同意由錢玄同起草致教育部長蔣介石信，反對北平教育局長袁良不許中學生男女同校、同班。

將尹信交信差送馬二、四、沈三三處一看。……

歸見三公批示，均説“可”寫，但須我起草。燈下即起之，用董事七人出名，蔡、沈二、周、馬二、馬四、沈三、錢。（《錢玄同日記》）

按：此前沈尹默致信周作人，稱爲抵制北平市長袁良不許中學生男女同校、同班，可向教育部長蔣介石提出反對。這裡錢玄同起草的就是致蔣信，用孔德學校蔡元培、沈尹默、周作人、馬漁藻、馬衡、沈兼士、錢玄同等七董事名義。

七月二十三日，赴孔德學校，與周作人、錢玄同、馬裕藻、馬衡、藍少鏗等商量作致蔣介石信。

午後即回孔德，因約馬二、四、沈三、周及藍，在孔德會商信稿。

（《錢玄同日記》）

八月六日，朱希祖來訪，暢談一小時餘。

至沈兼士家，與其夫婦暢談一小時餘乃回寓，彙臣來共食晚餐。

（《朱希祖日記》）

八月七日，赴東興樓馬衡晚宴，同席有蔣夢麟、胡適之、馬裕藻等。

至東興樓赴故宫博物院院長馬叔平讌，同席有蔣夢麟、胡適之、翁泳霓、馬幼漁、沈兼士、張庭濟及大兒伯商，九時散席。（《朱希祖日記》）

八月十一日，赴歐美同學會姚從吾、毛子水晚宴，同席有陳垣、胡適、馬衡、朱希祖等。

傍晚至歐美同學會，赴姚從吾、毛子水讌，同席有陳援庵、胡適之、馬叔平、沈兼士、張亮丞。（《朱希祖日記》）

八月十二日，赴馬裕藻夫人六十壽辰宴，同席有蔣夢麟、胡適、錢玄同、朱希祖等。

午後五時半至馬幼漁家，賀其夫人六十壽辰并讌叙，同席有蔣夢麟、胡適之、沈兼士及馬幼漁二子、錢玄同、沈尹默之子。（《朱希祖日記》）

八月十四日，與吴承仕、馬裕藻、黄侃、朱希祖、周作人、錢玄同、許壽裳等四十五人，發起在《申報》刊登廣告，爲章氏（章太炎）國學講習會徵求會員。報名自即日起，至九月五日截止。

章氏國學講習會徵求會員

本會籌備業已就緒，定於九月十六日開講。凡有志入會者，自即日起可照章報名，簡章函索即寄。會址蘇州錦帆路五十號。

發起人：吴承仕　潘承弼　徐　震　鄭偉業　孫世揚　汪　東　馬根質　潘芝龕　金　震　王乘六　黄　侃　馬宗薌　王廣慶　李希綱　馬裕藻　曾　道　黄雲鵬　李崇元　朱學浩　嚴慶祥　朱希祖　沈兼士　邵祖平　王　謇　吴契甯　景耀月　繆　篆　姜寅清　汪柏年　施福綬　錢玄同　黄紹蘭　王頌平　李希泌　沈延國　葛豫夫　孫至誠　許壽裳　徐　澂　諸祖耿　周作人　馬宗霍　戴增元　錢紹武　龍沐勳

贊助人：朱慶瀾　唐大圓　沈祖緜　黄振磐　許克誠　宋哲元　金天翮……

（《申報》1935年8月14）

八月十五日，在王府井大街承華園宴客，客人有馬裕藻、朱希祖、胡適、馬衡、魏建功等。

至王府井大街承華園赴沈兼士讌，同席有馬幼漁父子、胡適之、馬叔平、魏建功、李季谷、徐祖正及大兒等。（《朱希祖日記》）

八月二十五日，赴東興樓錢玄同、馬裕藻、周作人午宴，同席有朱希祖、許壽裳、馬衡等。

午，宴逷先於東興樓，主三、客四。主三——錢、馬二、周。客四——朱、馬四、許季茀、沈三也。（《錢玄同日記》）

午刻至東興樓赴馬幼漁、錢玄同、周啓明三君讌，同席有沈兼士、許季紱（壽裳）及馬叔平，除叔平外，余等六人皆爲餘杭章師弟子。時章師來函特約爲

《制言》半月刊撰述人。是時暢談一切，頗覺快樂，至三時半始别。

（《朱希祖日記》）

八月二十七日，與錢玄同、馬裕藻、許壽裳、朱希祖、周作人等在中央公園合影，後與錢玄同、周作人、許壽裳在長美軒共宴朱希祖。

午後四時至中央公園。日前約左列六人在公園同生攝影也：玄同、幼漁、兼士、季市、逷先、豈明，皆章門也。攝畢雅於長美軒。（《錢玄同日記》）

四時至中山公園，余與馬幼漁、錢玄同、沈兼士、周啓明、許季紱合攝一影，皆在日本時共從章太炎師問學者也。茗談二小時，錢、沈、周、許四君共讌余於長美軒，幼漁因有事先去。（《朱希祖日記》）

八月二十八日，赴東興樓羅常培午宴，同席有朱希祖、錢玄同、馬叙倫、馬裕藻、馬衡等。

午，羅莘田賞飯於東興樓，請逖先也。同座者爲逖先、立庵、兼士、季茀、夷初、幼漁、叔平、黄仲良、陸穎民。（《錢玄同日記》）

十二時至東興樓赴羅常培讌，同席有馬幼漁、馬叔平、馬夷初、錢玄同、許季紱、沈兼士、黄仲良等。（《朱希祖日記》）

九月十日，《世界日報》“學人訪問記”欄目刊登記者專訪沈兼士的長篇報導，主要談及用新的方法研究文字學和整理故宫文獻工作已基本完成等内容。照録如下：

文字學專家沈兼士

他研究文字學是用新的方法 故宫整理文獻工作大功已告成

“近二十年來，文字學很有發展，研究古韻者，多能應用發音學的理論，以解決聲紐與韻部之疑難。研究字形者，多能利用古器遺聞，以推尋原始象形之真相，其成績均大有可觀。”這是沈兼士氏，在爲蔡元培先生六十五歲慶祝論文《右文説在訓詁學上之沿革及其推闡》上開首的幾句話，可以説是他對於近二十年來攻文字學的人一個概略的批評。本來中國文字，最古也不過有五六千年的歷史，而中國語言，要比文字古遠得多，自然我們可以説文字是由語言中演變成的。從前研究文字的學問，叫做“小學”，後章太炎（炳麟）氏改稱爲“文字學”，當然這是合乎潮流的名詞。沈兼士氏雖然有一個時期，被時代所激勵，曾經攻習過化學同鐵路方面的學問，但是因爲他幼時受過嚴格的“四書五經”訓練，青年時又曾從章太炎氏攻習文字學多年，所以便研究文字學了。可是他研究文字學，是用最新方法，并不是像從前治“小學”的那種舊方法。他民國三年起，在北京大學擔任教授文字學，直到現在。民國十年的時候，北京大學開辦國學門研究所，便是由沈氏主辦，他們用新的方法，研究國學，使着整個的學術界，都受了他們的影響。民國十三年，清室善後委員會接收故宫，沈氏擔任整理文獻方面的工作，最近已將數百年凌亂的文案，用科學的方法，整理出來，而爲學術界研究的新資料，這些偉大繁重的工作，都是沈氏領導的。所以我決定去訪問他，請他發表些工作的經過同意見。一個清晨的時光，我獨自去訪問他，我想他那時應該是在家的，所以事先并没有與他約定時間，那知他已經很早就出門了。後來還是約定時間，才會見他的。閽者引我到客廳等待，我想他一定從門外進來，那知當我凝視着牆壁懸挂的字畫時，沈氏便從裏間出來了。一個高的身量，同强壯的體格，却使我出乎意料之外。當我没有會見他以前，我理想中的沈氏，應該有迂腐的氣派，或者還許有些傲慢的神氣，那知他的謙和同振作的精神，反倒使我驚訝。我們寒暄了幾句後，我便將來意説明，并且因爲他有事情，祇能先談半小時，約定了一個時間再繼續談話。

九月十四日，《世界日報》“學人訪問記”欄目繼續刊登記者專訪沈兼士的長篇報導，主要談及整理故宫文獻工作極爲繁重，并對整理方法舉出錯誤多點。照録如下：

文字學專家沈兼士

整理故宫檔案工作極爲繁重　沈對整理方法舉出錯誤多點

民國十三年清室善後委員會接收清宫，沈氏便想將檔案整理工作，擴充到故宫，因爲故宫裏的檔案，多半是内務府的，對於清代入關以來滿朝的制度，帝制的組織，宫中的度支，包藏甚多。還有一部分内閣大庫的，自然都是把清代的内政詳細記載。所以認爲那些檔案，是研究近代史最好的材料，於是沈氏便與陳援菴（垣）先生擔任了故宫博物院文獻整理的責任，領導這些繁重的工作。當時他們從前在北大初整理檔案的時候，大部分精力和工夫，都耗費在初步的形式整理上面，因爲要將數十萬件亂七八糟的東西，一一依據名目，排比時代，這是多麼令人望而生畏的一樁工作。加之整理時的塵垢太多，眯目塞鼻，工作人如胡鳴盛病眼、魏建功傷肺，當時辛勞的情形，也就可以想像。但是那時他們的經驗太少，所以方法上仍有不少的缺點，第一是太重形式，祇知區别名稱，排比時代，而忽略檔案的内容。第二祇知注意檔案本身，而忽略衙署職司、文書手續的研究，遂使各類檔案，都失掉牠們的聯絡性。第三是過於注意搜求珍奇的史料，以資宣傳，而忽略多數平凡的材料的普遍整理。因此我就問沈氏，爲什麼會發生這些錯誤，他説，“這些錯誤，都由於没有把各種檔案綜合的研究，深刻的觀察，所以結果僅知其形式，而不知其内容，僅知其區别，而不知貫通，僅知有若干不相連屬的珍異史料，而不知統計多量平凡的材料，令人得一種整個的概念，以建化腐朽爲神［奇］之功。這樣做法，是不容易將檔案整理出一個系統來的，檔案學更是没有成立的希望，後來有了機會，將内閣大庫澈底清理一回，再拿宫中、内閣、軍機處三部分檔案，比較綜合的一研究，然後才知道内閣的史書，就是紅本的擇由，也就是實録的長編，宫中的繳回硃批、奏摺，就是軍機處摺包的原件，諸如此類，明白了不少的掌故，由此看來，整理一類的檔案，須要弄清楚牠當時其未歸以前的作用如何，整理各類檔案，須要弄清楚牠們當時的性質，和手續上的連絡如何，不是祇顧形式的分門别類，或是披沙檢金的搜尋若干珍貴史料便算盡了整理檔案的責任，那麼應當怎樣才算是合理的方法呢？當然是值得研究的。”沈氏説完了，略爲休息一下，我也等了一會，又接着問他。

九月十五日，《世界日報》“學人訪問記”欄目繼續刊登記者專訪沈兼士的長篇報導，主要談及整理檔案除探求本身外尚須參證典籍，并説明現在整理的方法有三個步驟。照録如下：

文字學專家沈兼士

整理檔案除探求本身外尚須參證典籍　現在整理的方法有三步驟

因此我就問他，整理檔案以甚麼方法爲合理。沈氏説：“從前文獻館，也曾編次若干有關清史的重要材料，刊行問世，然大半是零星摭拾，所以多挂一漏萬，主要的弊病，在於不求普通整理的完成，而急求表現，因此我們於民國二十三年改組時，就决定以全力注重普通之整理，分北平現存的史料，軍機處的奏摺、函電，内閣大庫的黄册、檔案，内務府的各種檔案，爲若干組，同時整理，先因名立類，再以類編目。因爲整理檔案，與部勒群籍，難易不同，書籍以整部全帙爲單位，檔案以零星散頁爲單位，書籍分類有中西成規可循，檔案則無定法。書籍編目有書名可據，檔案須隨件擇名，所以難分類，必須先考證職官的歸屬，衙署的司掌，講編目必先研究公文的程式，檔案的術語，除與檔案本身探求外，尚須參證典籍，訪詢耆獻，然後仿記事本末的體例，將關於清代各大事的案件，依事按月，編成索引，藉作重修清史的長編，以供史家的參考。”這樣我們可以知道他們先後所用的方法不同。不過我覺得用科學方法整理檔案，以文獻館爲首創，因此我請沈氏具體的將方法説明。他説：“我現在整理檔案的方法，具體説來，第一步是整理，整理又分爲：（一）拂去塵垢，整齊形式；（二）依據機關及名目，分門别類；（三）排比朝代年月；（四）撰寫號箋及登記卡片。第二步是編纂，編纂的步驟：（一）據前記的卡片，依事類及時、地、人等項，編纂分類目録；（二）編檔案中所載各項大事及人名索引，以替代舊式紀事本末體之史書；（三）檔案所用術語彙編；（四）校勘各種官書與檔案記載之異同詳略。第三步是陳列，陳列又分爲：（一）普通陳列式，此種陳列爲提倡一般參觀者對於檔案之興趣起見，將不同時代性質之各種文物，繽紛雜陳，避免單調，以期引人注意；（二）專門陳列式，此種陳列，特爲專家研究而設。或以機構爲主，如内衙、軍機處、内務府等室；或以時代爲主，如乾隆時代工藝品，慈禧後御用品等室；或以事物性質爲主，如地圖、戲劇、清錢等室。均用綜合系統的方法，表現陳列，務使一代政治文化之實際情形，能於此立體式的陳列室中，縱横多面的反映出來。以上三項整理，以不失原來之真相爲原則，編纂以普通編目爲原則，陳列以就文物之性質相互聯貫爲原則。總之，其目的在於充分使學者取材便利而已。

至於史學上一切問題之研究，及各種史籍的編纂，那自有研究院及各大學的史家，去負責擔任，我們不敢存此奢望了。”

九月十六日，《世界日報》“學人訪問記”欄目繼續刊登記者專訪沈兼士的長篇報導，主要談及檔案與一代政治、學術的盛衰關係很大，認爲一九二二年以後學術界才開始重視考古學與檔案學。照録如下：

文字學專家沈兼士

檔案關係一代政治學術的盛衰甚大　民十一以後學術界始重視考古學與檔案學

談到這裡，關於整頓檔案的方法，算是談完了，因此我就問沈氏關於我國檔案的沿革，同在歷史上的關係。沈氏毫不思索的說：“周官五史，掌一切政教出納的記載，古時學在王官，史之所掌，爲政與學的總匯，所以老子爲柱下史，知成敗、存亡、古今之道，號稱博學，爲諸子的巨擘。秦亡後，周室所藏，遺棄無見之者，而楊雄傷之，然蕭何猶獨收秦丞相禦史律令圖書，使沛公知天下閉塞戶口多少强弱，民所疾苦，以興漢室。於是知檔案關係一代政治學術的盛衰極大。魏荀勖《中經新薄》中的丙部，有舊事、皇覽事、雜事等。誌書籍誌史部，有起居注、職官、儀注、刑法、實録等類，大率皆是當時的檔案文書。古人說“六經皆史”，我們也可以說史皆檔案。精密一點來說，檔案是沒有摻過水的史料，後代私家著述漸盛，公家的檔案，反形没落。唐宋以來，目録書中著録的書籍日增，而一切政學來源記載鼻祖的檔案，士大夫反不屑道及，祇爲各衙署中録事小吏之徒所掌管，偶被檢查而已。閱清代公私記載，每每見銷毀檔案的事，可以知道不重視的程度了。”因此沈氏又告訴我關於近代檔案保存的情形。近代檔案，當然是指清代二百年間的公家文書，約可分爲中央政府與地方政府兩種，中央政府包括內庭（即宮中及內務府），外庭（即內閣、軍機處），各部院，地方政府包括省會（即督撫司道各衙門），外縣（即道府州縣各衙門）。現在故宮博物院所藏的，祇有中央政府一部分，（內庭及外庭的檔案，各部院祇有刑部的檔案），這些檔案雖經過清代及民國以來屢次的損失，但重要性猶在其他檔案以上。至於保存的經過，近來王静安、徐中舒、趙泉澄、方甦生諸君，都有文字發表。《北京大學研究所國學門一覽》，叙述明清檔案整理會的始末，更爲詳細。

嗣我又問沈氏尚有其他關於文化建設、學術研究的事業。沈氏說：“民國十一年我主持北京大學研究所國學門時，首立明清史料整理會，以保存內閣檔案。旋又創置考古學會，風俗學會，并設古物及風俗陳列室。治國學的人，也知道利用縱横兩面的自然材料作實際比較的研究，一洗向來文人徒話空言的積習。我國學界的重視考古與檔案學，也就是從這時起。後又於故宮博物院文獻館倡議，將內閣大庫、軍機處、內務府三類檔案，聯合集中保管，擬定一般檔案的整理編目法，計劃普通式及專門陳列式的方案，文獻整理及陳列的規模粗具。”

九月二十一日，錢玄同在日記中提及，龐静亭説沈兼士反對孔德學校教授注音符號。

龐静亭言，孔德今日將開關於注音符號教授之研究會，因社會局指定孔德爲北平試驗注音符號四小學之一也，甚好！但龐又言沈三老爺反對吾校教 G. R. 此實荒謬之至，非反抗不可也。

（《錢玄同日記》）

九月二十三日，與私立北平輔仁大學師生共五百餘人，參加在該校禮堂舉行的本年度始業式。會後，又參加該校教務會議，討論并决定本年度招收旁聽生條例及名額等。

輔仁大學昨日開學并舉行教務會議

輔仁大學本年度始業式於昨上午九時在該校大禮堂舉行，到校長陳垣、校務長韓克禮、文學院院長沈兼士、理學院院長嚴慈（又譯作嚴池——編者注）、教育學院長張懷及秘書長英千里、訓育主任伏開鵬，及各系主任余嘉錫、張星烺，教授張漢民、宋德剛及學生等五百餘人。開會如儀。首由主席陳垣報告，繼由校務長韓克禮致詞。至十時半始散會。聞該校决定於本月二十六日正式上課云。

又該校於始業式閉幕後，即繼續召集教務會議，出席各院系主任、教授等二十餘人，由陳垣主席。决議要案多件，并决定本年度〈召〉〔招〕（“召”字錯——編者注）收旁聽生條例及名額。直至下午一時餘始行閉會云。

（《益世報》1935 年 9 月 24 日）

1935 年北平輔仁大學中外教職員合影，二排右八爲沈兼士

九月三十日，私立北平輔仁大學發布賑災會消息，沈兼士爲該會副會長。

本校賑災會（九月三十日開始募捐）

本校同學因鑒於内地水災奇重，特聯合全校及附中師生，發起“輔仁大、中學師生聯合水災賑濟會”。定於九月三十日開始募捐雲。茲覓得該會《緣起》、《捐啓》及《組織條例》如左：

緣起

謹啓者：此次黄河、長江流域水災奇重，哀哀災黎，待賑孔急。本校爰有"北平輔仁大、中學師生聯合水災賑濟會"之組織，素仰先生樂善好施，敬乞慨解義囊，踴躍捐施。一俟集成有數，當即匯寄災區之公教慈善機關，分賑災黎。一面將捐款諸位之大名及所捐之數目，公布於大、中學布告牌，并登載《北平晨報》及天津《益世報》，以揚仁風，而鳴謝忱。

會長：陳垣、韓克禮。副會長：沈兼士、嚴慈、張懷、英千里。謹啓。

捐啓

謹啓者：此次黄河、長江流域水災奇重，哀哀災黎，待賑孔急。本校爰有"北平輔仁大、中學師生聯合水災賑濟會"之組織。查北平各國立學校教職員奉教部命令，一律扣月薪之半數，作爲賑災之款。本校係私立性質，無此强制辦法。唯諸公樂善之懷，素不亞人，對此奇重之災難，定發絶大之慈悲，敢乞慨解仁囊，宏濟災胞。一俟集有成數，當即匯〈濟〉〔寄〕（"濟"字錯——編者注）災區之公教慈善機關，分賑災黎。一面將捐款諸位之大名及所捐之數目，公布於大、中學布告牌，并登載《北平晨報》及天津《益世報》，以揚仁風而鳴謝忱。語云："爲善最樂，積德乃昌。"賢達諸公，幸垂鑒焉。

北平輔仁大、中學師生聯合水災賑濟會謹啓

組織條例

一、本會定名爲"北平輔仁大、中學師生聯合水災賑濟會"。

二、本會長爲本校陳校長，韓校務長；副會長爲英秘書長，沈院長，嚴院長，張院長。

三、本會設總務〈股〉〔處〕（"股"字錯——編者注），總理本會一切事務，下設秘書、會計、募捐三股，各股設股長一人，幹事若干人（名單另行公布）。

四、本會遇會務毓劇時，得由總務處主任聘請幹事若干人襄理之。

五、本會捐得之款，除極少數之必要開支（如買捐簿、紙筆、刻會印）外，將全數匯交各災區之公教慈善機關，代爲發放，務使一分一文悉惠災黎。

六、本會定於十月底結束。

七、本條例遇必要修改時，總務處得斟酌修改之。

八、本條例自公布之日後施行。

（《磐石雜誌》第三卷第八期，1935年10月1日）

十月一日，顧頡剛來訪。

到兼士先生處。

（《顧頡剛日記》）

十月十日，撰成《影印元至治本鄭樵〈六書略〉序》。照録如下：

北京大學將影印元至治本鄭樵《六書略》，徵序於余，余於鄭氏書之研究，不甚感興趣。且至治本之得失短長，亦未遑考校。加之俗冗，因循數月，愧無以應。比以出版在邇，屢被敦促，重違來旨，爰爲序之如次。

竊嘗謂自唐、宋以來小學之研究，約可區畫爲三階級：

一、六書分類之《説文》學　後漢許慎刱作《説文》，魏晉字學，師承尚異。唐、宋而後，始定一尊。陽冰《刊定》，原書已佚。小徐《繫傳》，重在通釋。若以六書檃栝《説文》全書，其法蓋刱自鄭氏。自爾戴侗之《六書故》、周伯琦之《六書正譌》、楊桓之《六書統》、魏校之《六書精藴》、趙古則之《六書本義》、趙宧光之《六書長箋》演之，遂成六書分類之學。餘韻流風，迄清猶盛。致令一般治《説文》者，以爲捨六書分類之外，别無他法。而此研究之結果，復不能利用之以治其他學問，是之謂孤立的研究。

二、實用之小學　章太炎先生《國學講習會略説》云："以古韻讀《説文》，然後知此之本字，即彼引申假借之字，以古韻讀《爾雅》《方言》諸書，然後知此引申假借之字，必以彼爲本字。能解此者，稱爲小學。若專解形體及本義者，如王菉友所作《説文釋例》《説文句讀》，衹可稱爲《説文》之學，不能稱爲小學。若專解訓詁而不知假借引申之條例者，如李巡、孫炎之説《爾雅》，郭璞之注《爾雅》《方言》，衹可稱《爾雅》《方言》之學，不得稱爲小學。若專解音聲而不能應用於引申假借者，如鄭庠之《古音辨》，顧寧人之《唐韻正》，衹可稱爲古韻《唐韻》之學，不得稱爲小學。兼此三者，得其條貫，始於休寧戴東原氏。"戴震主張以古韻爲治小學之工具，以通經爲治小學之目的。其弟子王念孫、段玉裁輩踵之，益宏其業，遂成有清一代之樸學。

三、理論的語言文字學　章氏又曰："自許叔重創作《説文解字》，專以字形爲主而音韻屬焉。前乎此者，則有《爾雅》《小爾雅》《方言》；後乎此者，則有《釋名》《廣雅》，皆以訓詁爲主而與字形無涉。《釋名》專以聲音爲訓，其它則否。又自李登作《聲類》，韋昭、孫炎作反切，至陸法言乃有《切韻》之作，凡二百六韻。今之《廣韻》即就《切韻》增潤者。此皆以音爲主而訓詁屬焉，其於字形略不一道。合此三種，乃成語言文字之學，此固非兒童占畢所能盡者。然猶名爲小學，則以襲用古稱，便於指示，其實當名語言文字之學，方爲塙切。"章氏倡此正名之議，頗具時代之精神，足以促小學之進步。其著作有《語言緣起説》《新方言》《文始》等，不愧爲原始要終獨具體系者矣。近三十年來文字學之名已爲學人所習知，更當推廣範圍，於中國舊日小學現代方言之外，進而涉及東方語言及西方比較語言學，多面綜合，以完成語言文字學之理論的研究，此我輩今日所當取之途逕也。

鄭氏在文字學史上爲第一派之刱始者，固自有其時代之價值。今試刺取其書中有關於治《説文》之眼光及方法者，撮要評隲一二，以資隅反。鄭氏曰：

臣舊有《象類》之書，極深研幾，盡製作之妙義。奈何小學不傳已久，見者不無疑駭。今取象類之義，約而歸於六書，使天下文字無所逃，而有目者可以盡曉。

又曰：

臣《六書證篇》，實本《説文》而作。凡許氏是者從之，非者違之。其同乎許氏者，因畫成文，文必有説，因文成字，字必有解；其異乎許氏者，每篇總文字之成，而證以六書之義，故曰《六書證篇》。

《顔之推家訓》推崇《説文》，謂其書“檢以六文，貫以部分，使不得誤，誤則覺之”。其實許君固未嘗以六書部勒全書，六書分類之法，蓋自鄭氏之《六書略》始。鄭氏又曰：

許氏多虚言，《證篇》惟實義。許氏所説多滯於死，《證篇》所説獨得其生。蓋許氏之義著於簡書而不能離簡書，故謂之死，《證篇》之義舍簡書之陳述，能飛行走動不滯一隅，故謂之生。今舉“一”“二”之義爲《説文》首篇者，可以見矣。《説文》於“一”則曰：“惟初太始，道立於一，造分天地，化成萬物。”故於“一”之類則生“元”，生“天”，生“丕”，生“吏”；然“元”從“上”，“丕”從“地”，“吏”從“又”，皆非一也，惟“天”從“一”。《證篇》於“一”則曰：“一，數也，又象地之形，又象貫物之狀。”在上爲“一”，故生“天”，生“百”；在中爲貫，故生“毌”，生“車”；在下爲地，故生“旦”，生“丕”。爲貫爲地者無音，以無所麗，則復爲“一”矣，是以無音。《説文》於“⊥”則曰：“⊥，高也，此古文上，指事也。”故於“⊥”之類則生“帝”，生“旁”，生“下”；然“帝”本象形，“旁”則形兼聲，“下”非從“上”而與“上”偶。《證篇》於“⊥”則曰：“二音貳，又音上，殺上者爲上，殺下者爲下，在物之中者，象編連之形，在物之上下，象覆載之位。”故於“二”則生“竺”，生“亝”；於“上”則生“元”，生“帝”；於“下”則生“雨”，生“圉”；於中則生“册”，生“再”；於上下則生“亟”，生“亘”。在中在上下者無音，以自不能成體，必有所麗，是以無音。

鄭氏説象形之體，其音義隨字變動。較之許君之執著形體者，固有生死之别，誠此善於彼矣。雖然，儻以現代學者之眼光視之，上述兩端，皆尚有可議，而尤以六書分類之法爲不合理。請分論之於下：

論六書分類　六書爲“字例之條”，殆猶文法之於文章。文法之用，爲便於解釋一切文章之構造，初不必剖析文章使其分隸於各類文法之中，方爲能事。又如幾何學定理之於問題，問題之性質愈複雜，則其應用之定理亦必愈繁多，凡解一題固不應限用一定理也。六書之於文字，何獨不然？蓋造文字時，運用六書之法，（此是追述之語，當造字時固無六書之目。）少則僅一，多容至四，其排列組合，有式可計。吾人於每一文字可視其用六書之多寡，定造成之後先，大概少者必先，多者必後。（此謂取法之多少，不關結體之繁簡。）緣造字者之思想，由簡單漸趨複雜，由具體漸趨抽象，由表意漸趨表音。試觀六書之次第（本班固説。）可知演進之勢，大劑如此。然則六書之分，固非絶對有别，判若鴻溝者也。今鄭氏舍本逐末，到果爲因，以六書爲綱，别立細目，而以文字分類件繫於其下。脱有出入，復削足就屨，設變例以彌縫之，如象形中有形兼聲，形兼意，指事中有事兼聲，事兼形，事兼意。遂使後之學者變本加厲，争論紛紜，歧路愈多，真義愈隱，庸人自擾，甚無謂也。今之新學，乃起而倡打破六書之論，是豈六書本身誤人，抑不善於利用六書之過也。余以爲六書本是文字之注脚，不應反以文字爲六書之注脚；六書祇宜藉作造字史觀，從縱面察其遞衍嬗變之迹，不宜横面强爲切斷，使之失其脈絡，此余對於鄭氏六書分類法之駁議也。

次論“一”“二”之所生　鄭氏謂“一”有多面意義，極爲宏通。惟改《説文》之訓爲“數也”，則似是而實非。緣古小學書多爲四字韻語，史篇、三蒼，佚文可按。許書體裁，雖志在革新，然於開宗明義，故仍舊貫，殆亦有暗示直傳小學正統之意歟？即如許書部首之制，亦由《急就章》之“分别部居不雜廁”悟出，（“急就”多以偏旁相同之字類聚成文，與倉頡僅以義聯者有别。）與其如段玉裁所云“此前古未有之書，許君之所獨刱”，無寧謂其爲歷史自然的演化爲較有意義也。至於“惟初太始”四句，似覺含糊不了，惟如此方足表示“一”形可以象徵多面之意義。（或以爲漢代陰陽五行之説波及小學，故許氏有是説。）易爲“數也”，反成膠柱矣。又於“二”則曰：“二音貳，又音上。”其説頗怪誕，然不得謂之毫無見地。古者象形文字之發展，蓋經歷二階段，先有文字畫，而後有六書象形字。（詳拙著《從古器款識上推尋六書以前之文字畫》。）前者爲繪畫的，其結體複合流動，義既不固定，音亦或有或無。迨蜕化爲六書象形字，則成單體之符號矣。然其音義，仍未嘗如後世之拘泥也。例如“舟”形，在“俞”既爲舟，又象穿木户，又象築牆短版，又象廁牏，受糞函者。（其字則孳乳爲窬、牏、廥等。）在“般”（即盤之初文，《説文》誤爲從舟車字。）“受”（《説文》從舟省聲、金文作受，不省。）皆象承盤。（《周禮》司尊彝，六彝皆有舟。鄭司農注：“尊下臺若今之承盤。”按今俗尚有茶船之語。）且疑“凡”字與“舟”原始亦是同形。在“履”“歬”指象屨，（歬爲納足於履前行之象，《説文》誤爲從舟車字，故下“不行而進”之訓。）是“舟”爲一切物空中之共象，不僅指舟車，自不應皆讀作舟車之音。又如“𠙵”形在“谷”象地之汙窪，在“谷”象山之洞壑，在“器”象其空中能容，（金文卜辭亦多以𠙵象器形。）在“龠”象竹管上見。是“𠙵”爲上述各物之共象，不僅指口舌，自不應皆讀作口舌之音。大氏文字畫多作象徵母型，以汎象若干事物之共態而非代表其語言。及至所謂六書象形時代，乃漸分别形體，固定音義，而爲文字矣；然其中殘留之遺迹，往往而有，尚可推尋。鄭氏之説，猶覺未達一間，且舉“上”“二”爲例，尤爲不倫。其他鄭氏所主張之“子母相生”，“文字有間”，莫不與此有聯帶之關係，知是可以類推矣。此余補訂推闡鄭氏“《證篇》獨得其生”之説也。

鄭氏此書又多刊定許君舊注，上承陽冰，下啓元、明諸家之説，雖與近代以金文卜辭匡正《説文》之意相類，而其法則異，前者憑肊説，尚獨斷；後者重比較，貴證據，區以别矣。是此書之在今日，僅存歷史上之價值，又何貴乎印行？不知學術之能推陳出新，端賴反正兩種潮流之相激相盪。有六朝之靡麗，然後有唐、宋八家古文之質實；有明代之空疎，然後有清乾嘉樸學之考據。物極必反，乃至理也。居嘗以爲張之洞《書目答問》太重家法，忽略史觀，是其缺失。然則北京大學之重印此書，豈爲多事哉！民國二十四年雙十節。

（沈兼士《段硯齋雜文》）

十月十二日，朱希祖收到錢玄同所寄照片一幀，即朱與錢玄同、馬裕藻、沈兼士、許壽裳、周作人合攝於北平中山公園之照。

接錢玄同信，并《章氏叢書續編》三部，照片一張，係余與錢君及馬幼漁、沈兼士、許季紱、周啓明六人攝於北平中山公園者，六人者皆同受業於章太炎師，特攝此以作紀念。

（《朱希祖日記》）

十月十五日，赴李石曾、李書華晚宴，同席有陳垣、馬衡等。

到所，招待史學研究會會員，五時半參觀，七時吃飯，九時散席。

今晚同席：齊如山　陶希聖　陳援庵　沈兼士　樂均士　張星烺　馬叔平　孟心史　白眉初　李聖章　崔敬伯　徐旭生　吴子臧　許道齡　何樂夫　蘇炳琦　張次溪　予（以上客）　李石曾　李潤章（以上主）

（《顧頡剛日記》）

十月三十一日，赴東興樓藍少鏗等晚宴，同席有沈士遠、馬裕藻、馬衡、周作人、錢玄同等。又赴翠華園李聖章宴席，同席有沈士遠、江紹原、馬裕藻等。

晚上時至東興樓，藍、李、盧、王叔周四人請沈大也。同座爲沈大、沈大夫人、沈二夫人，馬二，馬四、周、錢、沈三也。七時李聖章請沈大吃翠華園，沈大、周（未到）、江紹原、馬二、錢、李雲亭、徐旭、沈三、馬四也。

（《錢玄同日記》）

十月，撰成《故宫博物院文獻館整理檔案報告（民國二十四年十月）》。照録如下：

一　中國檔案之略史

周官有五史，掌一切正教出納之記載。古者學在王官，史之所掌，爲政與學之總匯。故老子爲柱下史，知成敗存亡禍福古今之道，號稱博學，爲諸子之巨擘。秦亡後，周室所藏遺棄無見之者，而楊雄傷之。然蕭何猶能收秦丞相禦史律令圖書，使沛公知天下阸塞户口多少强弱民所疾苦，以興漢室。以是知檔案關係一代政治學術之盛衰者極大。

晉荀勗《中經新薄》中之丙部有舊事、皇覽薄、雜事等，《隋書·經籍誌》史部有起居注、職官、儀注、刑法、薄録等類，大率皆是當時之檔案文書。古人説“六經皆史”，我們也可以説史皆檔案，精密一點來説，檔案是未摻過水的史料。後代私家著述漸盛，公家之檔案反形没落。唐宋以來目録書中著録之書籍日增，而一切政學來源記載鼻祖之檔案，士大夫反不屑道及，祇爲各衙署中録事小吏之徒所掌管，偶備檢查而已。閱清代公私載記，每每見銷燬檔案之事，可知其不重視之程度了。

二　近代檔案之保存

近代檔案，是指清代二百餘年間之公家文書，其類别約可分之爲二：

中央政府：內庭（宫中、内務府）、外庭（内閣、軍機處）、各部院

地方政府：省會（督撫司道各衙門）、外縣（道府州縣各衙門）

今本院所藏者，衹中央政府一部分——内庭及外庭之檔案。各部院惟刑部檔案存在本館。此等檔案雖經過清代及民國以來屢次的損失，然其重要性猶在其他檔案之上。至於保存之經過，近來王静安、徐中舒、趙泉澄、方甦生諸君均有文發表，《北京大學研究所國學門一覽》叙述明清檔案整理會之始末尤詳未刊行。兹僅將民國以來關於保存檔案之重要事蹟列表於下，繫以年月，以備參攷：

民國二年　教育部設立歷史博物館，貯存清宣統間由内閣大庫移出之一部分檔案。

十一年五月北京大學因羅振玉收買庫檔，請准教育部，以歷史博物館庫檔委托北大研究所國學門整理。

十一年七月北大接收檔案完畢，規定整理計畫。

十二年三月北大史學系學生參加整理檔案已資實習，其他考古學、風俗學等實地調查之風，同時并起，一洗從前文科徒托空言之弊。

十二年六月北大史料整理會議决，暑假期間不停止工作。

十二年十一月北大研究所由第一院遷入第三院工字樓，檔案始有陳列室九間，計分要件、題本、報銷册等類。

十三年十一月辦理清室善後委員會，接收故宫。

十四年十月故宫博物院成立，設文獻部，集宫中檔案，於外東路闢陳列室。

十四年十二月故宫博物院接收宗人府檔案。

十五年一月故宫博物院請准國務院移交軍機處檔案歸其保管。至是始完成同人倡議之内外庭檔案整個保存，聯合整理之計畫。

十六年十月開放大高殿，展覽軍機處檔案。

十七年六月故宫博物院文獻館接管舊清史館檔案。

十八年八月開始整理宫中檔案。

十八年九月故宫博物院文獻館接收舊刑部檔案。

二十年一月開始點查整理内閣大庫檔案。

二十一年十月闢景福宫爲明清史料陳列室。

二十二年六月開始整理内務府檔案。

二十三年十月開始增闢各項檔案專門陳列室。

二十三年十二月開始整理昇平署檔案。

二十五年三月編訂文獻館整理檔案規則。

二十五年十一月開始搜集檔案名稱及所用專辭加以考釋以備彙編檔案辭典。

二十六年二月編訂文獻館所藏檔案分類表。

二十六年四月開始整理宗人府檔案。

以上所述均係中央政府内外庭的檔案。其中内閣大庫之一部分，現歸中央研究院歷史語言研究所保管。至於舊日各部院之檔案，民國初年，早多散失。十七年曾經一度提議保存，惜已不及。二十五年七月又擴充我們舊日的意見草擬三個提案，提出於中國博物館協會第一届年會，提案是：

一、擬請國府令行各省所有市縣各級政府檔案應分别就地保管不得毁棄案。

二、擬請政府令各部院將北政府時代及前清舊檔案就近撥歸故宫博物院整理案。

三、擬請政府令駐外各使領將已失時效之舊檔案運繳國内整理保存案。

結果均經一致通過。同年十月，因聞某部檔案保管處有出賣檔案事，爰又草擬了一個提案，提出於故宫博物院院務會議，請院方呈請行政院加以制止，并飭令各部會將在平檔案撥歸本院整理，原案及理由是這樣：

關於某部檔案保管處出賣檔案事擬呈請制止并飭令各部會將在平檔案撥歸本院整理案

查本年七月間博物館協會年會本院提案中有“擬請國府令各該部院將北政府時代及前清舊檔案就近撥歸本院整理”一案，其理由略謂“各部舊檔在行政方面已無一顧之價值者，在史料方面仍足重視。近聞此種舊檔間有流落外間者，文獻散失，殊爲可惜。查清代刑部舊檔，曾由該管機關，撥交本院保存，其他各部院，似亦可仿照辦理”。業經通過。近據報載某部檔案保管處有出賣檔案之事實，官方認爲廢紙，賤價出售；商方視作利藪，争相競購，致起糾紛。是項史料豈可坐視其散失毁滅？且檔案聚於一處，則參互考校，其用益宏。若使散在各地，則一鱗片爪，難窺其全。本院現所保存，計有清内廷檔案之一大部分，若得各部院檔案合而整理之，則相得益彰。否則聽其放佚，殊堪惋惜。擬根據前述理由，由院呈請行政院，從速令某部制止出售，并通令各部院，將在平保管之檔案，掃數撥歸本院整理，俾史料藉以保全，文化幸甚。

後來行政院曾有通令着各部會將已失時效之檔案，酌量撥交文化機關整理，這對於我們的主張，總算是有一部分實現了。

三　整理檔案之經過

我們從前在北大初整理檔案的時候，大部分精力和工夫，均耗費在初步的形式整理上面。因爲要將數十萬件七亂八糟的東西，一一依據名目，排比時代，這是多麽令人望而生畏的一樁工作。加之整理時的塵垢太多，眯目塞鼻，竟致同人中胡鳴盛君病眼，魏建功君傷肺。當時辛勞的情形也就可以想像。但是那時候的經驗太少，所以方法上仍有不少的缺點。

1. 太重形式，衹知區别名稱，排比時代，而忽略檔案的内容。

2. 衹知注意檔案本身，而忽略衙署職司文書手續之研究，遂使各類檔案，均失掉牠們的聯絡。

3. 過於注重搜求珍奇之史料，以資宣傳，而忽略多數平凡材料之普遍整理。這些錯誤，都由於没有把各種檔案綜合的研究，深刻的觀察，所以結果僅知其形式而不知内容，僅知其區别而不知貫通，僅知有若干不相連屬之珍異史料，而不知統計多量平凡之材料，令人得一種整個的概念，以建化腐朽爲神奇之功。這樣做法是不容易將檔案整理出一個系統來的，檔案學更是没有成立的希望。後來有了機會，將内閣大庫澈底清理一番，再拿宫中、内閣、軍機處三部分檔案，比較綜合的一研究，然後才知道内閣的史書，就是紅本的擇由，也就是實録的長編；宫中的繳回硃批奏摺，就是軍機處摺包的原件；内閣所藏的明代檔案，就是明史館徵集的參考材料。諸如此類，明白了不少的掌故。由此看來，整理一類檔案，須要弄清楚牠當其未歸檔以前的作用如何。整理各類檔案，須要弄清楚牠們當時的性質和手續上的連絡性如何。不是衹顧形式的分門别類，或是披沙檢金的搜尋若干珍貴史料，便算盡了整理檔案的責任。那麼應當怎樣才算是合理的方法呢，我且把文獻館二十三年八月分工作報告的弁言中的一段文章，引在這裏：

往者本館亦嘗編次若干有關清史之重要材料問諸世矣。大抵皆零星摭拾，故多挂一漏萬，其弊要在不待基本工作普遍整理之完成而急求表現有以致之，欲速則不達，此之謂也。本館有見於是，自此次改組後，即决定辦法以全力注重普遍之整理。分北平現存史料軍機處之照會、函電，内閣大庫之黄册、檔册，内務府之各種檔案爲若干組，同時整理，先因名以立類，再即類以編目。

顧整理檔案較之部勒群籍，難易迥殊。書籍以整部全帙爲單位，檔案以零件散頁爲單位一也。書籍分類有中西之成規可循，檔案則無定法二也。書籍編目有書名可據，檔案須隨件摘由（原案由多不適用）三也。故以言分類，必先考據職官之隸屬，衙署之司掌。以言編目，必先研究公文之程式，檔案之術語。凡此種種，除於檔案本身中探討外，尚須參證典籍，訪尋耆獻，以期及早完成此基本工作（南運檔案他日亦當本此原則整理之）。然後仿記事本末之體例，將關於清代各大事之案件，依事按目，編成索引。藉作重修清史之長編，以供史家之參考。

據此便知道我們前後所用的方法之不相同。

爲着貫澈我們所主張的普遍整理，齊一進行的步驟，增進工作的效率，我們擬訂了一篇整理檔案規則，曾經加説附圖刊成專册，提出於中國博物館協會第一届年會加以討論。其内容如下：

第一章總則　明定規則的範圍及整理的原則。

第二章整理　根據歷年工作的經驗及研究的結果，明白規定整理的步驟，約分爲以下三項：

1. 清釐　拂塵垢，整齊形式，區别部門，是爲初步的整理。

2. 登記　將清釐後之檔案，逐一編號，登記卡片，并記入登記簿。

3. 分類　區分其機關、名稱、時、地、人，按檔案分類法，分別編號。

第三章編目　以卡片目録爲主，規定著録項目及其方法，分編必要的各款目録或較爲簡明的索引。在每種檔案編目完竣時，并編書册式的目録，擇要刊行。

文獻館現在的整理檔案方法，就是根據此規則逐步進行。其中“分類”一項，并已捨去平列式的因名立類的舊分類法，而别編一種系統的綱舉目張的十進分類法，與此規則相輔而行。今將文獻館所藏最主要的幾處檔案分類綱要，列舉在下面，各繫以十進號碼，以示我們的分類法之一斑：（後略）

此外，與整理編目互有關係而幾乎同一重要的工作，尚有兩種——編纂、陳列——也應附帶報告於此：

甲、編纂

1. 編刊各項史料，以資流傳，供遠方學者之研究參攷。

2. 編制檔案中所載各項大事的索引，以替代舊式紀事本末體的史書。

3. 彙集檔案的名稱及所用專辭，加以考釋。

4. 以檔案校訂官書及私家的著作。

乙、陳列

1. 普通陳列室　此種陳列爲提倡一般參觀者對於檔案之興趣起見，將不同時地性質之各種文物，繽紛雜陳，避免單調，以期引人注意。

2. 專門陳列室　此種陳列特爲專家研究而設。或以機關爲主，如内閣、軍機處、内務府等室。或以時代爲主，如乾隆時代工藝品，慈禧后御用物品等室。或以事物性質爲主，如地圖、戲劇、清錢等室。均用綜合的系統的方法，表現陳列。務使一代政治、文化之實際情形，能於此立體式陳列室中，縱横多面的反映出來。

總之，我們的目的，在求克盡保存整理流傳檔案的職責，充分使學者取材便利，使一般人增加認識與興趣而已。至於史學上一切問題之研究及各種史籍之編纂，那自有研究院及各大學的史學家去負責擔任，我們未敢存此奢望。

民國二十四年十月

（沈兼士《段硯齋雜文》）

十一月二十一日，赴周作人家晚宴，同席有錢玄同、沈士遠、馬裕藻等。

下午三時至啓明家，因彼約今日晚賞沈老大吃飯也。同座有沈三、許、馬二及楊永芳諸人。……

（蔣夢麟日前回校。）今日下午五時北大開茶話會，關於時局。兼士往，歸□闢謠一張（廿二日見《大公報》），剪如下：

（《錢玄同日記》）

十二月二日，與周作人、錢玄同、沈士遠在長美軒吃午飯，後至王府井合影。

午與啓明二人約沈大、三兄弟雅於長美軒，擬在同生攝影，豈知吃完了後，到了同生，正在下扁〈匾〉云。公園與廊房頭條（早已卸）均恕不了，衹餘王府井大街云，衹好至王府井而攝之，錢、周、沈大、沈三四人，彼兄弟二人亦攝一影也。（《錢玄同日記》）

十二月五日，錢玄同在日記中提及，周作人和沈兼士剛去看望過患病的馬裕藻。

得沈大來電話，來〈言〉幼漁昨晚神志不清，甚慮。電詢啓明（因爲他與沈三剛去看幼漁），云頃與常人無異。（《錢玄同日記》）

十二月二十七日，顧頡剛作致沈兼士信。

爲崇武寫兼士先生信。（《顧頡剛日記》）

十二月三十一日，在福生食堂爲丁梧梓餞行，同席有錢玄同、羅常培。

午沈兼士餞别丁梧梓於福生食堂，他明日將往南京也。陪客爲我及羅莘田。

（《錢玄同日記》）

是年，私立北平輔仁大學公布《輔仁大學文學院中國文學系課程組織及説明（民國二十四年度）》，沈兼士所授課程有"文字學綱要""文字學史""文字學概論""文字學名著點讀（《説文注》）""訓詁學名著點讀（《釋名》）""指導研究""文字學上字族問題之研究"等。

輔仁大學文學院中國文學系課程組織及説明（民國二十四年度）

I. 本系課程

1. 本系爲學生修課有系統起見，特將本系所有科目，分爲兩組：

甲：語言文字學組

乙：文學組

除一年級設共同必修科目外，自二年級以上有甲乙兩組必修及選修科目，由學生選定一組爲主科，俾便專修。另一組爲副科，副科科目爲選修。

2. 本系學生四年所修科目，至少須滿132學分，（黨義、軍事在外）方能畢業，但最多不得超過150學分。

3. 本系必修學科，約四年學科總數之半；普通學科，約四年學科總數四分之一；選修學科，約四年學科總數四分之一。

（一）本系甲、乙組一年級科目

科目	每周時數	學分	教員	備注
目録學	3	6	余嘉錫	
文字學綱要	2	4	沈兼士	
聲韻學綱要	2	4	趙蔭棠	

…………

（二）甲組本系科目

科目	每周時數	學分	教員	備注
文字學史	1	1	沈兼士	上學期
文字學概論	1	1	沈兼士	下學期
文字學名著點讀（《説文注》）	3	6	沈兼士	
訓詁學名著點讀（《爾雅》《廣雅》《方言》）	2	4	陸宗達	
訓詁學名著點讀（《釋名》）	1	2	沈兼士	

…………

（四）甲、乙組共同必修科目

科目	每周時數	學分	教員	備注
校勘學	2	4	趙萬里	
經學通論	2	4	余嘉錫	
《史記》《漢書》點讀	2	4		本年停
考證文	2	4		本年停
指導研究	1	2	沈兼士、余嘉錫、儲皖峯	

（五）甲、乙組共同選修本系科目

科目	每周時數	學分	教員	備注
諸子通論	2	4		本年停
諸子研究（《吕氏春秋》）	2	4	容肇祖	
詩歌史	2	4	儲皖峯	
陶謝詩	1	2	儲皖峯	
劇曲與散曲	2	4	趙萬里	
中國戲曲史	2	4		本年停
中國小説史	2	4	孫楷第	
文字學上字族問題之研究	2	4	沈兼士	

…………

課程説明

目録學　余嘉錫

目録之書，爲讀書之門徑，以張之洞《書目問答》最爲繁簡得中，去取之間皆有微意；惟其書有目録而無解題，學者或不以爲便。今即以是書爲教本，爲之講明其内〈客〉〔容〕（“客”字錯——編者注），分别孰宜先讀，孰宜後讀，并訂正其訛誤；而於學術之源流、門類之分合，亦隨時疏通證明之焉。

文字學綱要　沈兼士

（1）文字學定義。

（2）文字畧史。

（3）六書文字構造法。

（4）訓詁之理論及法式。

（5）指示重要字書之實用法。

用書：《文字蒙求》（王筠）（通行本）　《文字學義形篇》（《文字學形義篇》——編者注）（朱宗萊）（北大出版部鉛印本）

…………

文字學史　沈兼士

（一）歷代目録家所定小學之範圍。

（二）蒼雅學之興替。

（三）《方言》《説文》《釋名》三家學説之特點。

（四）反切及紐韻。

（五）《説文》學之墨守派、獨斷派、實證派。

（六）形音義一貫的小學。

（七）古音學與文字學。

（八）鐘鼎甲骨學與文字學。

（九）考逸與音義。

（十）實用的文字學與理論的文字學。

文字學概論　沈兼士

（一）中國文字之起源及其與言語之〈開〉〔關〕（“開”字錯——編者注）係。

（二）文字畫及象形字之母型。

（三）意符字及音符字。

（四）《説文》之部首及其所謂本誼。

（五）初文與語根。

（六）語詞分化與字形字音之關係。

（七）字與詞。

（八）客觀的訓詁法與主觀的訓詁法。

（九）訓詁之比較研究法。

（十）歷代字書總評。

聲韻學史　魏建功

本學科以講述：（1）韻書系統爲主，并及於（2）攝圖系統，（3）音標系統，及（4）考證古音之系統。就各系統實際狀況之先後原委，析論因果，俾學者知利用音韻學常識作整理音韻沿革之試探。隨時指出重要問題，使學者自作研究，用札記報告。

文字學名著點讀（段玉裁《説文解字注》） 沈兼士

本形音義三者一貫之理，講述時注意下列各點：

(1) 許書之體例。

(2) 段注之體例及與《六書音韻表》之關係。

(3) 以卜辭金文比較研究《説文》中之意符字。

(4) 意符字演變爲音符字之史迹。

(5) 由音符字孳乳之系統探索古代語言分化之形勢。

(6)《説文》分部法及解字法在訓詁學上發生之流弊。

(7)《説文》説解不盡是本義。

(8) 以其它古訓比較《説文》字義之短長。

(9) 轉注字與轉語之關係。

(10)《説文》與現代方言。

(11) 複音辭在《説文》中之解釋法。

(12) 重文之研究。

訓詁學名著點讀（郝懿行《爾雅義疏》、王念孫《廣雅疏證》、楊雄《方言》） 陸宗達

是課本年以《爾雅》《廣雅》《方言》三書爲教本，藉以明訓詁之條貫，語言之流轉。在能使學者自動點讀，以引其研究之興趣。《爾雅》一書，爲六藝之津涉，百家之檢討；訓詁專著，以爲權輿。故先叙其條例，俾知訓詁之大凡。《廣雅》晚出，而王氏疏證最爲精審。蓋清儒以聲韻貫絡義訓之説，至王氏而大成，故次叙其書，以補《爾雅》之未逮。楊雄《方言》綜九服逸言，六代絶語。中國語言專書，此爲創作。訓詁明而後語言之學著，故次取其書，以爲研討之本。

《釋名疏證》 沈兼士

畢沅以來，所疏多不能本音義一貫之旨，詮釋語言妙諦，往往執著字形以爲之説，故講解時於此多所訂補。其注意之點如次：

(1)《釋名》與《爾雅》、《方言》、《説文》之訓詁原則不同。

(2) 闡明被釋辭與釋辭之關係。

(3) 推究漢代紐韻分合遠近之迹。

(4) 搜討各家聲訓材料，以資比較。

(5) 據右文定律，判斷劉説之是非。

(6) 從音理上審定語義所以之故。

(7) 語根之推闡。

(8) 關於訓詁學上聲訓之利弊。

(9) 畢氏改字多失劉書之真相。

(10) 評顧廣圻略例、張金吾補例。

王先謙《釋名疏證補》（通行本）

文字學上字族問題之研究　沈兼士

根據聲近義通之原則，參考古代“轉語”“聲訓”“右文”諸方法，及現代西人之學説，搜討關於字族與語根縱横兩面之材料，具體的作一有系統之斷代研究，以爲建設中國語言發達史之張本。

（後略）

（《北平輔仁大學文學院概況》［民國二十四年度］）

是年，輔仁大學公布文學院中國文學系課程表，沈兼士所授課程爲一年級“文字學綱要”（四學時），二年級“文字學史”（一學時）、“文字學概論”（一學時）、“文字學名著點讀（一）”（四學時），三年級“訓詁學名著點讀（乙）”（二學時）、“文字學名著點讀（二）”（二學時），四年級“訓詁學名著點讀（乙）”（二學時）、“指導研究”（二學時）。

課程表

一年級（甲、乙組）

科　目	小　時	上　下	學　分	教　員
目録學	3	3	6	余嘉錫
文字學綱要	2	2	4	沈兼士
聲韻學綱要	2	2	4	趙蔭棠
中國文學史	2	2	4	容肇祖
作文	2	2	4	郭家聲
中國現代文學（甲選乙必）	2	2	4	朱以書
英文	2	2	4	
第二外國語	3	3	6	
軍事學及軍事訓練	3	3	6	
黨義	1	1	2	
邏輯學（任選一科）哲學概論	2	2	4	
共總	24	24	48	

二年級（甲組）

科　目	小　時	上　下	學　分	教　員
文字學史	1		1	沈兼士
文字學概論		1	1	沈兼士
聲韻學史	2	2	4	魏建功
經學通論	2	2	4	余嘉錫
文字學名著點讀（一）	2	2	4	沈兼士

英文	2	2	4	
第二外國語	3	3	6	
選修	4	4	8	
總共	16	16	32	

…………

三年級（甲組）

科　目	小時上	下	學　分	教　員
訓詁學名著點讀（甲）	2	2	4	陸宗達
訓詁學名著點讀（乙）	1	1	2	沈兼士
文字學名著點讀（二）	1	1	2	沈兼士
聲韻學名著點讀	1	1	2	魏建功
甲骨鐘鼎文字研究	2	2	4	唐　蘭
校勘學	2	2	4	趙萬里
選修	7	7	14	
總共	16	16	32	

…………

四年級（甲組）

科　目	小時上	下	學　分	教　員
訓詁學名著點讀（甲）	2	2	4	陸宗達
訓詁學名著點讀（乙）	1	1	2	沈兼士
聲韻學名著點讀	1	1	2	魏建功
目録學研究	2	2	4	余嘉錫
指導研究	1	1	2	沈兼士
選修	7	7	14	
總共	14	14	28	

（《北平輔仁大學文學院概況》［民國二十四年度］）

是年，輔仁大學公布教職員履歷表，其中有沈兼士表一。

北平輔仁大學教職員履歷表（號數：二十）

姓　名	沈兼士	別號	兼士	年齡	四十三	生　日		籍　貫	浙江吴興
專任職務	教授	月薪	三百二十元	兼任職務	文學院院長	月　薪	一百五十元	總月薪	四百七十元
到校年月日	十六年二月	備考	二十三年度以前見紙夾						

<table>
<tr><td>學 歷</td><td colspan="2">日本東京物理學校畢業</td><td>學 位</td><td></td></tr>
<tr><td>經 歷</td><td colspan="4"></td></tr>
<tr><td>現時通信處</td><td colspan="4">東城沙灘二十九號</td></tr>
<tr><td>永久通信處</td><td colspan="4"></td></tr>
<tr><td colspan="5">第二十四年度</td></tr>
<tr><td colspan="2">第一學期科目</td><td>每周小時</td><td>第二學期科目</td><td>每周小時</td></tr>
<tr><td colspan="2">文字學綱要</td><td>2</td><td>與第一學期同</td><td></td></tr>
<tr><td colspan="2">文字學名著點讀（説文）</td><td>2</td><td></td><td></td></tr>
<tr><td colspan="2">文字學名著點讀（説文）</td><td>1</td><td></td><td></td></tr>
<tr><td colspan="2">文字學史</td><td>1</td><td></td><td></td></tr>
</table>

（北京師範大學檔案館藏檔，檔號：6.1-0029-0001）

按：表中沈兼士年齡43歲不確，應爲49歲。

是年，在輔仁大學教授文字學，學生有葉世芙等。

有幸做沈兼士老師的門生，感到非常自豪。

三十年代的北京（舊稱北平），儘管有數十所大專院校，却以“北平五大”最爲著名，那就是國立的北京大學、師範大學和清華大學，私立的燕京大學和輔仁大學。一切學術研究、體育競技都以五大名之，而五大之中又以輔仁最爲年輕，歷史較短，是由天主教創辦的。當時教會當局聯同馬相伯先生、英斂之先生等，禮聘陳垣爲校長，沈兼士爲文學院院長，張懷爲教育學院院長，英千里爲秘書長兼英文系主任，余嘉錫爲國文系主任，張星烺爲史學系主任，張重一爲經濟系主任，張漢民爲生物系主任，溥雪齋爲美術系主任等。還有孫人和、郭家聲、儲皖峰、趙蔭棠、趙萬里等著名學者，分别擔任國文系的教職，陣容鼎盛，極爲教育界所重視。那時的沈兼士老師，已是全國聞名的語言文字學權威，譽滿文化界的大學問家了。

筆者是第三代的天主教徒，1932年由廣東高州來北京，就讀於輔仁大學附中高一，1935年入大一國文系，而沈師主講的文字學是必修課，全班都得聽。沈先生教授文字學特點之一，就是每每在課堂上叫學生起立讀課文，總是關照同學用自己出生地本鄉本土的方言朗誦，也就是説，我是廣東人就得講廣東話，你是上海人就得講上海話，他是福建人就説福建話。然後再由沈師根據各地方言的讀音來解釋説文解字。同學們邊聽邊記，同時對沈師循循善誘，從容不迫的學者風範肅然起敬，又感覺到極大趣味。

沈先生授課的另一特點是，每逢考試他僅在黑板上寫下頗難捉摸的試題，便回到自己的院長辦公室做自己的研究工作去了，偶然回教室看望同學答卷情况時，總會有人要求他再度講解試題，甚至要求給予若干暗示。那種時候，沈先生往往笑答："在考試時間裏問我，未免晚了點吧！圖書館近在咫尺，同學們何不去找找參考書，准許在圖書館内作答，時間不够的話，明天交卷也可以。"儘管如此寬容，學習文字學的同學，仍然常有考不及格，要補修補考才能過關，可見考試程度之高低，對此，凡是學習文字學課程的同學都會記憶猶新的。

（葉世芙《回憶沈兼士老師片斷》，《沈兼士先生誕生一百周年紀念論文集》）

按：葉世芙，原籍廣東高州，1939 年畢業於輔仁大學。1948 年赴新加坡定居，曾任新加坡廣播電臺廣播部華校教育節目組副主任，蜜蜂雜誌主編，星洲日報總編輯。

一九三六年　民國二十五年　五十歲

一月八日，與陳垣找胡適談話。

下午陳援庵、沈兼士等來談。

（《胡適日記》）

一月十日，作爲私立北平輔仁大學代表，與清華大學校長梅貽琦、北京大學代表胡適同乘平滬通車赴南京，聆聽教育部訓令。

各地學校聆訓代表晉京

［北平］清華校長梅貽琦、北大代表胡適、輔大代表沈兼士，十日下午三時三十五分乘平滬通車晉京，平大教授王季緒亦隨行。據梅談，外傳各校南遷説不確，學生赴京代表清華已派妥，即可南下。又師大、平大、清華晉京聆訓學生代表當局已指定，每校三人，現已將學生名單呈報教部。師大代表定十一日南下，東大學生代表三人十一日可由校方圈定，至於北大、燕大、輔大三校迄未決定。

（十日中央社電）

（《申報》1936 年 1 月 11 日）

下午三點上車，三點三十五分開車，與梅月涵、沈兼士、張子纓同車，車上甚不寂寞。

（《胡適日記》）

一月十五日，赴朱家驊晚宴，同席有王世杰、胡適、徐誦明、傅斯年、羅家倫、趙元任、陳大齊、沈士遠等。

到西康路顏宅赴宴。十一時，志希送歸。

…………

今晚同席：王雪艇　胡適之　徐誦明　劉廷芳　沈兼士　傅孟真　羅志希　梅月涵　顏任光　趙元任　陳百年　沈士遠　杭立武　胡次珊　李書田　予（以上客）　朱騮先（主）

（《顧頡剛日記》）

一月十六日，朱希祖來訪。

上午九時至中央飯店訪沈兼士、王撫五，皆不遇。……王君命星拱，與余在北京大學同事，時余爲史學系主任，王君爲工學系主任，今王君爲武昌大學校長，率領學生代表來京赴蔣院長召，聽取政見。時胡適之代表北京大學，沈兼士代表輔仁大學，適之住教育部，王、沈二君住於此。十時傾始晤兼士，并遇袁守和，暢談一小時而回。

（《朱希祖日記》）

一月十八日，赴浣花春朱希祖午宴，同席有胡適、王撫五、陳大齊、羅家倫等。

十二時至土街口浣花春讌胡適之、王撫五、沈兼士、袁守和、張仲翔、王雪艇、朱騮先、陳百年、劉國鈞、羅志希、家繩先（即朱繩先——編者注），余與大兒爲主人。王雪艇、朱騮先因别有要事來函道謝。（《朱希祖日記》）

一月三十一日，與錢玄同、周作人等商議孔德學校男女生分校事，決定由藍少鏗、黎稚鶴兩人函告沈尹默，請其托李聖章向社會局疏通。

午黎、藍二人爲孔德男女分校事，在東興樓請客，董事三（周、錢、沈三），幼漁因病未到，加高中方面陳覺生，初中方面李召貽，結果是由藍、黎兩人函告沈二，請其電李聖章，求向社會局疏通。承認是中法系統，而不承認是附校也。此爲沈三之主謀，周亦同之，而藍述馬二之説，則主張承認屬於中法，我與馬二相同。不可説，不可説。（《錢玄同日記》）

按：此前北平市社會局下令，孔德學校男女生分開，女生全部轉至温泉女中。這一決定遭到大多數師生的反對，故有孔德學校董事寫信請沈尹默托李聖章向北平市社會局疏通之舉。

二月一日，蔡元培撰成《清内閣舊藏漢文黄册聯合目録序》。此文對沈兼士主持故宫博物院文獻館整理清代内閣檔案之黄册，譽爲“有功史學，夫豈淺鮮”。照録如下：

自《春秋》標筆削之義，筆與削并重，後之作史者欲效法先哲，往往注意材料之去取，過於其注意材料之完全。吾國歷來史書不可謂少，其所根據之材料皆散失不傳，無由比照對勘，良爲可惜！此不但輕視史料，無意保存，而亦數量太多，無法保存之故也。近世學者對於基本史料如檔案一類，愈益重視，而保存及編目各方法，亦日漸精密，於是史料與修成之史有并存共在之可能，故各國皆有大規模之檔案館焉。吾國古昔檔案，僅有清一代尚有留遺；惟久經堆積，次序淩亂，非下絶大整理工夫，無從翻檢。沈兼士先生主持故宫博物院之文獻館，遂取清内閣大庫所藏之漢文黄册五千餘册，先行整理，其中分類列目，工作繁重，經多時之努力，始得整齊清楚；再取北京大學所藏漢文黄册一千九百餘册，亦重加整理，彙編聯合目録，於是首尾銜接，粲然可稽，任事者之勤苦，即閲覽者之便利，有功史學，夫豈淺鮮！昔劉子玄有言：“爲史之道，其流有二：書事記事，出自當時之簡；勒成删定，歸於後來之筆。”此纍纍黄册，蓋即當時之簡，固宜寶而藏之，而目録册價值之重，亦從可知矣。中華民國二十五年二月一日。蔡元培。

（沈兼士《段硯齋雜文》）

二月二十一日，撰成《“鬼”字原始意義之試探》，文後署“民國二十五年二月二十一日打鬼節沈兼士寫成於北平”，并附言“作此文時承董作賓先生寄示中央研究院所藏卜辭拓本，附此志謝”。此文後發表於北京大學《國學季刊》第五卷第三號。又由英千里譯成英文，發表於輔仁大學《華裔學誌》第二卷第一期（一九三六年）。作者對“鬼”字一族的源流關係進行了詳盡的分析論述，又從文字學、訓詁學的角度對鬼文化作了深入探討，它是漢語詞族研究領域的一篇重要論文。

三月十五日，與夫人同赴東興樓錢玄同夫人徐婠貞生日宴，同席有劉半農夫人、沈尹默夫人、馬裕藻夫婦等。

今日陰二月廿二，爲婠貞舊曆生日，午她請劉半農夫人、劉小惠、沈兼士夫婦、沈萃、沈尹默夫人、沈令融、馬幼漁夫婦、馬琰也，於東興樓。婠及雄陪。此次居然在家食，不打牌，可喜也。

（《錢玄同日記》）

四月十七日，楊樹達收到沈兼士所贈“釋鬼”篇。

沈兼士送所撰“釋鬼”文字來。申其師説也。（《積微翁回憶録》）

按：“釋鬼”文字，指沈兼士的文字學論文《“鬼”字原始意義之試探》（發表於1935年北京大學《國學季刊》第五卷第三號）；“師説”指沈兼士老師章太炎的觀點和學説。

四月十八日，陳寅恪作致沈兼士信，談沈著《“鬼”字原始意義之試探》讀後的體會和意見。

陳寅恪先生來函

大著讀訖，歡喜敬佩之至，依照今日訓詁學之標準，凡解釋一字即是作一部文化史。中國近日著作能適合此定義者以寅恪所見，惟公此文足以當之無愧也。專此奉覆，敬頌

著祺。

弟陳寅恪拜覆　四月十八日

（《“鬼”字原始意義之試探》附録，國立北京大學《國學季刊》第五卷第三號抽印本，1936年）

四月二十九日，赴福開森家午宴，同席有馬衡、唐蘭、袁同禮、顧頡剛等。

到院，與旭生先生談話。到福家吃飯，賞海棠花。

…………

今午同席：馬叔平　沈兼士　唐蘭　袁同禮　予（以上客）　福開森（主）

（《顧頡剛日記》）

同日，郭沫若作致沈兼士信，談沈著《“鬼”字原始意義之試探》讀後的體會和意見。

郭沫若先生來函

兼士先生：

由知堂先生轉致大作“鬼字原始意義之試探”已拜讀，新穎翔實，可爲定論。余嘗疑“网、㒼、罔、象”爲馬來語猩猩 Oransutan（此語今歐人通用）之對譯。此意曾質之尹默先生，頗以爲可信。又疑螭魅實 Chacma 之對譯，乃南非

洲所產狒狒古代蓋由中央亞細亞而入中國者。今得讀大文知鬼夔爲一，則三者均爲禺屬，甚感深厚之趣味。原始人舍具象的組織之外不能作抽象之懸想，鬼必由夔而禨者，斷無可疑。

郭沫若再拜　四月二十九日

（《“鬼”字原始意義之試探》附録，國立北京大學《國學季刊》第五卷第三號抽印本，1936年）

五月五日，與私立北平輔仁大學校長陳垣、教育學院院長張懷等，接待教育部視察華北高等教育專員孫國封、郭有守視察該校。

孫國封等定周内來津　昨視察輔仁大學

[北平通訊] 教育部視察華北高等教育專員孫國封、郭有守二人，昨日上午八時赴定府大街輔仁大學視察，由校長陳垣、文學院長沈兼士、教育學院長張懷等接待，談一小時餘即開始視察文學院、教育學院各學系。正午十二時由陳等在中學部招待午餐。下午繼續赴理學院各學系課室、實驗室、標本室及微生物研究室，最後視察圖書館等處，至五時視察竣事。據孫國封談，赴津視察日期現改於本周末離平，平方各校星期五可視察竣事云。

（《益世報》1936年5月6日）

五月二十八日，赴擷英番菜館陶希聖等晚宴，同席有胡適、黎錦熙等約三十人。

到擷英番菜館吃飯。九時歸。

今晚同席：秦紹文　陳希文　適之先生　周炳琳　劉海蓬　陳聘之　沈兼士　馬乘風　左宗綸　黎劭西等約三十人（客）　陶希聖　唐□□（主）

時局甚劣，日人欲奪綏遠，半月内即有戰事。增兵已不少。宋哲元不欲脱離中央，以是與蕭振瀛齮齕。馮玉祥囑宋與教育界接近，因有今日之宴。

（《顧頡剛日記》）

六月十四日，老師章太炎在蘇州去世。聞訊後，與錢玄同、吴承仕、許壽裳、馬裕藻、周作人等章門弟子聯名致電蘇州章太炎治喪事務處，深表哀悼。

午後回孔德校《攘書》，忽得蘇電，云：“北平，東華門孔德學校錢玄同先生并轉吴檢齋先生鑒：太炎先生今晨卒，銑（十六）大殮，章宅治喪處。寒。”即轉告檢齋、季茀、幼漁、啓明、兼士。因即致一唁電，其文曰：“蘇州錦帆路五十號章孟匡、仲連兄禮鑒：先師夢奠，駭痛何極！敬唁。錢玄同、吴承仕、許壽裳、馬裕藻、周作人、沈兼士。寒。”

（《錢玄同日記》）

章太炎氏今日大殮

國學大師章太炎先生於十四日上午八時許病故蘇寓，中委丁惟汾特由京來蘇，襄助辦理喪務，組織治喪事務處，分總務、文書、布置、會計、招待等五股。……

各方唁電，摘要如下：（一）馮玉祥唁電：……（六）北平錢玄同、吴承仕、許壽裳、馬裕藻、周作人、沈兼士等來電：章孟匡、仲連兄禮鑒，先師夢奠，駭

1936年章太炎去世后，八位弟子在北平孔德學校追悼先師后留影，右起：吴承仕、沈兼士、朱希祖、馬裕藻、錢玄同、許壽裳、周作人、劉文典

痛何極，敬唁。附録沈祖綿所著像贊如下：此亡友太炎先生象也。輒見心摧，臨顏遁角，不蒙纖埃。先生之志與亭林、船山、梨洲相同，更博於學。先生之功，惟子房、武候、青田堪疋。未竟其才，生不逢辰，命坐磨蝎，夢兮嗟已，星犯斗魁，梁木其懷，泰山其隤。愚弟沈祖綿含淚拜題。至於大師主篇之《制言》半月制，仍由其門弟子繼續負責發行。

（《申報》1936年6月16日）

六月十八日，《益世報》刊登消息，稱中華圖書館協會、中國博物館協會聯合年會將在青島舉行，各組委員及職員已推定，沈兼士爲檔案整理組負責人。

中華圖書館協會、中國博物館協會聯合年會下月廿在青舉行

各組委員及職員均推定　聘請沈鴻烈任名譽會長

［北平通訊］中華圖書館協會、中國博物館協會聯合會，定於七月二十日起在青島山東大學舉行，會期四日，現正積極籌備。年會閉幕後，中華圖書館協會方面將徇山東教育廳長何思源氏之請，舉辦民衆圖書館暑期講習會，以爲該省圖書館在職人員之技術訓練。聞本届年會特别注重論文及研究成績，已另組論文委員會，從事徵集。除函各地會員限於本月底前辦理注册，準備届時前往出席外，并函邀各省市教育廳、局派員參加。兹將各委員暨分組會議職員名單録誌於次：

聯合年會職員（略）

分組會議職員　圖書館行政組：洪有豐（主任）、袁同禮（副主任）、蔣復聰（蔣復璁——編者注）、田洪都（書記）；圖書館教育組：沈祖榮（主任）、李小緣（副主任）、李長春、毛坤（書記）；分類編目組：劉國鈞（主任）、吴光清（副主任）、皮高品、施廷堂（書記）；索引檢字組：杜定友（主任）、何日章（副主任）、查脩［桂］、錢亞新（書記）；民衆教育組：王文山（主任）、趙鴻謙（副主

任)、李文锜、姚金紳（書記)。博物館行政組：馬衡（主任)、李濟（副主任)、王獻唐、劉節（書記)；建築及陳列組：梁思成（主任)、嚴智開（副主任)、莊尚嚴、齊念衡（書記)；發掘及考古組：李濟（主任)、徐炳昶（副主任)、梁思永、黄文弼（書記)；古物保存組：葉恭綽（主任)、滕固（副主任)、吴其昌、裘善元（書記)；檔案整理組：沈兼士、顧頡剛（副主任)、徐中舒、方甦生（書記)。

民眾團講習會（略）

(《益世報》1936年6月18日)

六月二十八日，赴東城參加羅馬教宗駐華代表蔡寧總主教舉辦之茶話會，主要討論暑假全國公教學校語文科學講習會有關問題。

全國公教學校語文科學講習會

[北平通訊] 羅馬宗座駐華代表蔡寧總主教，爲增進全國各地公教學校及大小修道院現任教師自修機會起見，特利用此暑假之便，舉辦語文科學講習班各一組。自籌辦以來，業經兩月，内部組織及課程計劃等已早擬定，并經與輔仁大學當局借妥該校一部教室宿舍，作爲講習會地址，准於七月十日開始講習，至八月十日完畢，期間共爲一月。各地前來報名者，至今日已有六十餘人。所有科目除公進會於監督、牛司鐸將親行擔任者外，蔡總主教特又聘請平市教授十餘位，兹聞皆已應諾。總主教近以開幕在即，關於課程鐘點之分配事宜，諸待商討，故特於昨日（廿八）下午四時在東城駐節公署，設茶點招待聘請之各教授，計到者有陳垣、沈兼士、余嘉錫、徐侍峰、張懷、英千里、孫人和、何容等及輔大校務長韓克、教務長伏開鵬等廿餘人。除蔡總主教親行出席外，并請於監督、牛司鐸作陪。總主教首向大家略致謝詞後，即對鐘點時間分配問題，加以詳細討論，至六時始行完畢云。兹聞其語文組科目爲公教文藝批〈詳〉〔評〕（“詳”字錯——編者注)、修院圖館書目、新文學運動、中國史學名著評論、國文教學、群經概論、諸子概論，此外每日下午并請名人講演云，并科學組科目因教授問題尚在擬訂中。

(《益世報》1936年6月29日)

同日，《益世報》刊登消息，稱中國博物館協會改選任滿執委，沈兼士等蟬聯執委一職。

中國博物館協會改選任滿執委

馬衡沈兼士等仍蟬聯　蔣夢麟任鴻雋等當選

[北平通訊] 中國博物館協會與中華圖書館協會，本年七月間在青島舉行聯合年會，已誌前報。兹聞該會執行委員依照組織大綱，每年改選執委三分之一，上屆任滿者爲李濟、馬衡、嚴智開、沈兼士、錢桐五人。又執委丁文江去世，遺缺亦應補選。前由該會執委會推舉候選執委十二人，徵求全體執委同意後，由全

體會員公選。刻該會業經接到之選舉票，已足法定人數。茲將選舉之結果列如左：

馬　衡七十一票　蔣夢麟五十五票　李　濟三十二票

沈兼士六十五票　朱家驊四十四票　任鴻雋三十一票

（《益世報》1936 年 6 月 28 日）

六月，考古學社公布社（會）費清單，沈兼士繳社（會）費二元。

收支報告

進上期結存　六元五角

進社刊售款（另有郵票三四元用去未計）　三二元二角五分

進社員柯昌泗捐購社刊　三元五角

進張希魯、馮勷、孫文青、侯堮、王猩酋、沈兼士、彭仲鐸……李鳳英等二十五人社費　五〇元

（後略）

（《考古社刊》第四期，1936 年 6 月）

七月十日，與馬裕藻、許壽裳、吴承仕、周作人、錢玄同共同送先師章太炎緞幛一件。

晚七時，偕媗、雄同至東昇祥購蘭花緞幛三丈，及白竹布，價△△元，繫一丈長的幛子，三幅拼成也。六人送老夫子，（以齡爲序）：幼漁 59、季茀 54、䂬齋 53（陰二月生）、啓明 53（陰十二月生）、兼士 50（陰六月）、玄同 50（陰七月）也。其文曰：

恭挽

先師菿漢先生

素王之功，不在禹下；

明德之後，必有達人。

弟子　馬裕藻　周作人　許壽裳　沈兼士　吴承仕　錢玄同　鞠躬

（《錢玄同日記》）

七月十七日，下午與故宫博物院文獻館同事單士元、張德澤、方鳳翔、方甦生等同車離開北平，赴青島參加中國博物館協會和中華圖書館協會聯合舉行的第一届年會。

出席中國博物館協會第一届年會日記　方甦生

中國博物館協會（以下簡稱甯協）於本年七月假地青島山東大學，開第一届年會——與中華圖書館協會（簡稱圕協）聯合舉行——甦生被派爲討論會檔案整理組書記，乃隨馬叔平、沈兼士諸先生赴青出席。往返十日，曾撰日記。遵兼士先生屬，摘録有關文獻館之記載，附刊於《文獻論叢》簡末。

七月十七日下午八時，隨沈兼士先生及文獻館同事單士元、張德澤、方鳳翔

諸君同車離平，赴青出席𡩋協年會。

故宫博物院同人，以個人會員資格出席年會者凡九人。除我館兼士先生以次五人外，尚有院長馬叔平先生，圖書館長袁守和先生及古物館莊尚嚴、傅振倫兩君。守和先生先數日赴青籌備會務，叔平先生及莊君亦於是日午前先行，傅君則與余等同車。

十八日下午十時四十分抵青，寄宿於山東大學第二校舍。

十九日上午九時注册。

下午二時叔平、兼士、守和及天津美術館長嚴智開、西湖博物館長董聿茂諸先生，開提案審查委員會。整理提案，分組編次。

兼士先生因感年會辦事處人少事繁，須相助爲理，乃議派張德澤君任提案之繕印事項，傅振倫、單士元兩君任開幕閉幕記録事項，張德澤、方鳳翔兩君任講演會記録事項，甦生任討論會記録事項，并共同協助辦事處辦事。

二十日上午九時圕、𡩋兩會聯合年會開幕典禮，葉玉甫先生主席，致開幕詞已，青島市沈市長鴻烈致詞，次山東大學林校長濟青、青市教育局雷局長法章、膠濟路葛委員長光庭，先後致頌詞。馬叔平先生代表兩協會致答謝詞。至十時餘，攝影散會。

下午二時至三時五十分，兩會合開講演會。葉玉甫先生主席，沈市長鴻烈講青島市政教概况。

散會後，圖、𡩋兩協會出席會員，分别攝影。

四時至六時，𡩋協宣讀論文。兼士先生主席。甦生讀《清代檔案分類問題》，單士元君讀《清代檔案釋名發凡》，張德澤君讀《軍機處及其檔案》，方鳳翔君讀《清内閣黄册之介紹》。

六時半，沈市長邀宴於迎賓館。

迎賓館舊爲德海軍提督邸，俗稱提督樓。收回後，市當局仍多用爲邸舍，故門外尚有“市長官舍”之木坊。沈市長蒞任，專以爲招待賓客之所，故改今稱。

二十一日上午八時至九時二十分，𡩋協講演會，馬叔平先生主席。河南博物館長王幼僑君講“博物館與民族復興”。

九時三十分，兩會合開講演會，葉玉甫先生主席。李石曾先生講：東西文化與中國國際圖書。

講詞中有曰“西人謂地理爲空間之歷史，歷史爲時間之地理。圖書與博物，驟觀之似無大關係，實則圖書爲文字的博物，博物爲形體的圖書……”等語，不刊之論也。古人治學，每曰左圖右史；今日學術重實證，應更進一步曰左圖書而右博物，二者誠不可異等視之。更如故宫博物院組織中有圖書館，北平圖書館中有金石部——金石亦博物也——私意圕與𡩋，必視爲嚴格之類别，而圕、𡩋兩協會，竟可合而爲一。

十一時至十二時半，𡩋協宣讀論文，沈兼士先生主席。朱祖佑君讀《水族館的實際問題》，王梅莊君《清代黄册中之户籍制度》（方鳳翔君代讀），李德啓君《滿文老檔之文字及史料》（張德澤君代讀），單士魁君《清代題本考》（甦生代讀）。

此次會員提出年會之論文凡九篇（内七篇爲文獻館同人之作），除已宣讀之八篇外，尚有傅振倫君之《現代中國應先事籌設博物館》一篇，已在《青島時報》"圕宑協聯合年會特刊"發表，故未宣讀。

讀論文竟，袁復禮先生臨時提一意見："希望文獻館從明清史籍、史料及實録等書中，研究兩代治亂各時期之行政效率，貢獻於社會。"兼士先生表示贊同，屬甦生記録之。

下午二時至四時，宑協討論會，馬叔平先生主席，議決提案二十四件。

討論會原分若干組，嗣因分組討論不便，改爲合開。甦生以檔案組書記資格，被指定爲紀録人。

文獻館提案三件，均無異議通過：

一、擬請國府令行各省，所有省、市、縣各級政府檔案，應分别就地保管，不得燬棄，請公決案。

理由：地方檔案爲纂修訂補方誌之重要參攷材料，設館保存，爲當然之事。惟聞舊日各省、府、州、縣，有將舊檔每若干年焚燬一次之例。毀滅史迹，於理非是。應請大會就下開辦法，建議於國府。

辦法：省、市檔案，除未失時效之件外，應全數撥交各該省通誌館，或教育廳、局與最高級學校，會同接收，保管編目。縣檔案則由行政人員與教育當局接管編目。省彙其目繳於國府。國府彙集各省目録，編爲全國地方檔案總目。既不另設龐大之專館，又收參攷上之便利，免散失之虞，對於人力、時間、費用，均極經濟。

二、擬請國府令各該部院，將北政府時代及前清舊檔案，就近拔歸本院整理，請公決案。

理由：各部院舊檔案，在行政方面，已無一顧之價值者，在史料方面，仍足重視。近聞此種舊檔，間有流落外間者，文獻放失，殊爲可惜。查清代刑部舊檔，曾由該管機關撥交本院保存。其他各部院，似亦可仿照辦理。

三、擬請國府令駐外各使領，將已失時效之舊檔案，運繳國内整理保存，請公決案。

理由：駐外使領檔案，關係外交者至鉅。其遠年文書，雖已失時效，仍不失爲直接史料。且遇有追溯史迹之交涉，尤足爲政府之參攷。在西洋各國，多有規定若干年彙繳一次付檔案館儲藏之例。我國派遣使領，分駐各國，已有數十年之歷史，其所有檔案，若長存國外，似非妥善之道。

四時至六時，與圕協開聯合討論會，兼士先生主席。討論我館提出之《整理檔案規程》。

由甦生逐條宣讀，徵求意見。文華圖專校代表毛坤君、河南博長王幼僑君、清華大學圖金大本君先後發言。王君對第五條二款“名稱”說明中“大名”，主改爲“共名”。毛君對第十四條編目應備之五種正款目及其他副款目之規定，認爲過繁，主張應於上列各款目中，斟酌檔案情形，取其最需要者一種爲正款目，余則酌編爲副款目。金君對第三十七條用紙中所列之“號袋”，表示懷疑，據稱清大圖收貯摺件，係用硬紙匣，因其較便排列及檢尋也。兼士先生對上述諸意見，均表示接受，屬甦生於修正規程時，加以注意。

六時，林校長濟青邀宴於山東大學大禮堂。

二十二日上午九時至十時半，討論會延前會，馬叔平先生主席，議决提案十一件。

合前會之二十四件，共三十五件。計屬於博物館行政組者二十二件，通過六件，合并九件，修正通過七件。建築及陳列組者三件，通過一件，不成立一件，修正通過一件。古物保管組者六件，通過三件，修正通過一件，撤銷保留意見二件。檔案整理組者三件，均通過。發掘及攷古組者一件，修正通過。

葉玉甫先生臨時動議：“討論會議决案應全交協會理事會，由會另組審議委員會辦理之。”無異議通過。

十時半至十一時半，接開會務會，馬叔平先生主席，議决提案六件。

仍由甦生記録。

第六案：“博物館應否製定合體新字案。”

十一時半至十二時，接開講演會。劉衍淮君講：攷古學中氣候學上的問題。

下午二時至四時，講演會，馬叔平先生主席。胡肇椿君講《博物館標籤之改良》，莊尚嚴君講《在歐洲所見之中國古物》，袁復禮君講《新疆攷古概况》，吴其昌君講《中國史學之革命與改造》，廖葛民君講《廣西過去文化的檢討》。

四時，閉幕式，葉玉甫先生主席。首主席致閉幕詞，報告兩會出席人數。次嚴文鬱先生報告圖協討論提案件數及結果，袁守和先生報告圖協會務會議經過。次馬叔平先生報告博協討論提案及會務會提案之件數及結果。次沈祖榮先生報告教育部交圖協討論事件經過。

六時，青島博物館籌備委會邀宴於迎賓館。

二十三日，市府招待參觀市區建設。由教育局雷局長法章引導，隨地講述建設經過及其成績。

上午八時至十二時，參觀市政府、紀念亭、市禮堂、棧橋、西鎮辦事處、平民暑期學校、平民住所、船塢、第三碼頭、工商學會及觀象臺等處。

下午二時至六時，參觀海濱公園、水族館、匯泉海水浴場、第一公園、體育場、市立中學、高爾夫球場、湛山寺及匯泉廢壘等處。

下午七時，會員公宴市當局及山東大學當局於迎賓館。

二十四日，市府招待參觀鄉區建設及游覽嶗山。

上午八時由山東大學乘汽車出發，參觀農作物苗場、李村辦事處、李村診療所、農事試驗場等處。十二時抵嶗山北九水，野餐。爬山至魚鱗瀑，與叔平、兼士兩先生及士元、德澤、鳳翔，同攝一影。下午四時返北九水，登原車歸校。

二十五日上午九時半，參加圕、甯兩協會聯合展覽會開幕禮。

下午一時，與傅振倫君及古物陳列所代表李仁俊君等同車離青，十時抵濟南。

宿於濟南旅舍。

二十六日上午十時半由濟登車，下午十一時，返抵北平。

車中遇兼士先生，係二十五日晚由青登車。促膝而談，頗不寂寞。

（故宫博物院文獻館編《文獻論叢》[全一册]，1936 年 10 月）

七月十八日，下午十時四十分抵青島，寄宿於山東大學。參閲本年七月十七日條。

七月十九日，下午二時，與馬衡、袁守和及天津美術館長嚴智開、西湖博物館長董聿茂等，開提案審查委員會議。整理提案，分組編次。因年會辦事處人少事多，乃議派張德澤任提案的繕印事項，傅振倫、單士元任開幕閉幕記録事項，張德澤、方鳳翔任講演會記録事項，方甦生任討論會記録事項，并共同協助辦事處工作。參閲本年七月十七日條。

七月二十日，上午九時，參加中國博物館協會和中華圖書館協會聯合年會開幕典禮，十時禮畢，攝影散會。下午，參加兩會合開講演會。四時至六時，中國博物館協會宣讀論文，擔任會議主席。參閲本年七月十七日條。

七月二十一日，上午，中國博物館協會宣讀論文，擔任會議主席。下午，中國博物館協會和中華圖書館協會開聯合討論會議，擔任會議主席。討論故宫文獻館提出的《整理檔案規程》。參閲本年七月十七日條。

七月二十二日，下午，參加中國博物館協會和中華圖書館協會聯合年會閉幕式，葉玉甫先生主席。參閲本年七月十七日條。

七月二十三日，由青島市政府招待參觀市區各處。參閲本年七月十七日條。

七月二十四日，由青島市政府招待參觀鄉區建設及游覽嶗山。在嶗山與馬衡、單士元等合影留念。參閲本年七月十七日條。

七月二十五日，參加中國博物館協會和中華圖書館協會聯合展覽會開幕禮。晚上乘車赴濟南。參閲本年七月十七日條。

七月二十六日，由濟南乘車返北平，車中遇方甦生等。參閲本年七月十七日條。

七月，北京大學公布研究生招考章程，沈兼士爲文科研究所“中國訓詁學”和“中國文字學”的指導教師。

國立北京大學研究院招考章程

二十五年七月

一、本校研究院本年招考理科研究所之算學，物理，化學三部研究生，及文科研究所之中國文學及史學二部研究生。

…………

三、文科研究所各部之研究科目如下：

（甲）中國文學部

（子）語言文字學

中國語言學　羅常培

中國訓詁學　沈兼士　羅常培

中國聲韻學　馬裕藻　魏建功　羅常培

中國文字學　錢玄同　沈兼士　唐　蘭

（後略）

（王學珍、郭建榮《北京大學史料》第二卷中册，第1346—1349頁）

同月，推薦方甦生《整理檔案方法的初步研究》發表在《國立北平故宫博物院年刊》。作者在文中云：“本文草成，蒙沈兼士先生的推薦，經馬叔平、徐森玉、袁守和諸先生的審查通過，獲得一筆袁先生捐薪所辦的國立北平故宫博物院乙種獎學金，謹在此致謝！”

按：方甦生（1903—?），河北人，清史研究學者。1929年進入故宫文獻館工作，在沈兼士主持下，參與檔案文獻整理工作。

八月十六日，顧頡剛在日記中提及，沈兼士曾對别人説顧頡剛要坐汽車了，忽然“陡”起來了。

前日起潛叔告我，沈兼士在席上説顧頡剛要坐汽車了，忽然“陡”起來了。今日希衡告我，謂北平對我頗有謡傳，言顧頡剛想作政治活動，故屢屢跑南京，其辦《禹貢》與通俗讀物，皆做官之工具耳。噫，燕雀安知鴻鵠之志！予不忍民族之覆亡，而彼輩乃以爲圖利禄，一何可笑！（《顧頡剛日記》）

八月二十日，赴擷英飯店吴玉年、劉佩韋晚宴，同席有顧頡剛等。

到擷英赴宴。九時歸。訓德輝。

今晚同席：孟心史　沈兼士　顧起潛　吴子臧　張次溪　予（以上客）　吴玉年　劉佩韋（主）（《顧頡剛日記》）

八月二十二日，訪馬幼漁，遇錢玄同、朱希祖等。

至馬幼漁家，錢玄同來，同午餐。午後沈兼士、許季紱亦來。（《朱希祖日記》）

八月二十三日，應馬裕藻約，與馬及錢玄同、朱希祖等談話。

上午十一時訪幼漁，適朱逷先昨自寧來，取書，約旬日左右行。今日適訪幼漁，見之，談先師歿後之情形甚詳，幼并約沈三及許來，談至六時頃始散。

（《錢玄同日記》）

八月二十五日，與錢玄同、周作人、馬裕藻、許壽裳在玉華臺宴請朱希祖。

六時半至玉華臺，今日錢、周、馬、沈三、許五人公宴朱鬍子也。

（《錢玄同日記》）

七時半至玉華堂赴讌，馬幼漁、錢玄同、沈兼士、許季紱、周啓明爲主人，皆章門同學也。十時回家即睡。（《朱希祖日記》）

八月二十八日，赴泰豐樓徐森玉、袁同禮晚宴，同席有朱希祖、趙萬里、傅振倫等。

七時至煤市橋泰豐樓赴徐森玉讌，袁守和臨時加入爲主人，同席者有沈兼士、金毓黻、趙萬里、謝剛主、傅振倫。（《朱希祖日記》）

八月二十九日，赴玉華臺傅振倫、劉官鍔午宴，同席有陳垣、朱希祖等。

午刻傅振倫、劉官鍔讌余於錫拉胡同玉華臺，同席有陳援庵、沈兼士、姚從吾、莊尚嚴等。（《朱希祖日記》）

同日，遇顧頡剛。

到車站送希衡，遇兼士、紹原夫婦、孫松泉叔侄、潘家鳳女士、平伯等。

（《顧頡剛日記》）

秋，提議私立北平輔仁大學文學院史學系、社會經濟系與中國文學系一樣，增設指導研究科目，爲四年級必修課、三年級選修課。又撰文指出學生論文之弊，提出改良的方法。

指導研究擴充範圍

本校於二十四年秋季，中國文學系增設指導研究一門科目，係四年級必修，三年級選修，各生均須選定題目，作爲論文或搜集某種材料，由各教授分任指導之責。一年以來，頗著成績。文學院院長沈兼士先生有見於此，特於二十五年秋季提議史學系及社會經濟系，亦增設是項科目。沈先生指出現在論文之弊，并提出改良之法。茲將沈先生提議全文揭録於左：

關於文學院論文之辦法（特指國文、史學、社會經濟三系而言）

現在論文之弊：

（1）本科學生學力不足。關於論文之選題立説，均尠有把握，敷衍成篇者居其多數。

（2）此等不成熟之作品，徒耗費作者及指導者之時間精力，毫無保存之價值。

（3）同時學生若多，所選題目過於紛歧時，指導之教授，頗有頭緒紛繁，應付困難之苦。

茲提議改良之法：

(1) 論文以分類搜集各種學術之材料爲其主要工作，無須加以主觀的論斷。

(2) 各系由教授會擬定總題及分類小題，分若干組，令學生自由認定。

(3) 每組工作可由一人或數人擔任之，倘一年不能完成時，得使下屆四年級生繼續工作。

(4) 各類材料俟搜集相當完備時，由指導之教授總編輯之。

如此辦法其利如下：

(1) 學生可得博覽書籍及分類取材之練習。

(2) 學生可培養通力合作之精神。

(3) 開教授與學生合力著述之風氣。

(4) 學校利用此法，不費一錢，於若干年後，可成若干部偉大之著作。

(5) 以中國現在之人力財力言，各種學術史及各種學術辭典，非如此作法，决不能編輯，即編成，亦不能完善。

(6) 使畢業生出校後，於學術研究上與母校仍保持相當之聯絡，且可藉此鼓勵其終身研究成一專家。

查本校近年來各系三四年級指導研究，頗著成績，儻能與此項提議聯合進行，當更易奏效。

(《本校學術消息》,《輔仁學誌》第五卷第一第二合期)

此後，根據沈兼士"將指導學生研究擴充範圍"的提議，輔仁大學開會討論决定學生研究題目，其中沈兼士指導學生研究的題目有《廣韻》異讀字之研究(葛信益)、《文始》變易孳乳表及釋例(董憨)、《廣雅疏證》聲韻表(孫昇本)、《詩經》聯綿字異説考(羅善傑)、《説文》形聲之聲母異説考(蔣天格)。

學生研究題目

二十五年秋季開學後，因沈院長提議，將指導研究擴充範圍，比即開會討論，商酌學生研究題目，計分二種：一係各系諸生合作，題由開會時共同决定之。一係分任工作，題由各生自由與教授商定之。茲將兩項題目及擔任工作諸生姓名并列於下：

(甲) 合作題目(下列二題，原係余季豫先生提出)：

…………

(乙) 分任題目(中國文學系三四年級學生)：

1、《廣韻》異讀字之研究　葛信益

一年來利用本校編譯部所編《廣韻聲系》收集一字又音之材料，擬作《廣韻》異讀字之研究；是項材料現已收集完畢，將分三部分研究：第一、異讀字釋例；第二、異讀字紐韻通轉表；第三、異讀字音變之原理。前二部分研究其形式，後一部分探討其內容，尋此以求，聲韻相轉之軌迹與音隨義變之現象，均可藉之考見。茲異讀字釋例已告成，餘二部分亦已着手編次。

附《〈廣韻〉異讀字釋例》目次。（略）

2、《文始》變易孳乳表及釋例　董憨

釋例目録（略）

3、《廣雅疏證》聲韻表　孫昇本

清王念孫《廣雅疏證》，條分縷析，體大思精，誠小學之巨製，訓詁之傑構也。顧其書卷帙繁重，籀讀較難，不爲設法編成表譜，則美玉韞櫝，寧不可惜。爰依王氏所訂古韻二十一部，（參考王氏韻譜合韻譜）仿段氏《六書音均表》之意，類聚群分，各隨部居，每字之下，標以紐韻。并以王書原用之同、通、聲同、義近、字異義同、一聲之轉等語，分注於下。學者睹此，或於王氏古音分部之例證，及古訓通轉之法式，更能深切了解矣。此外尚擬作一索引，以便檢查。

4、《詩經》聯綿字異說考　羅善傑

古代的訓詁，多半是以各個字爲單位；但有時一個字和别個字聯接起來，就成功另一個意義的"辭"。這"辭"適用於物，是一種解說，一種聲調；適用於人，又是一種解説，一種聲調……它是隨環境而變遷的。這種變遷，却是研究訓詁的大關鍵，也就是歷來訓詁家之所矇蔽而隨文解義穿鑿傅會的地方。譬如"窈窕"兩個字，拆開來講，都有深意，但是怎麼解作宫形呢？怎麼又有長義呢，怎麼又有好義呢，好義又怎樣分化的，分化的過程又怎樣？這都不應該拘泥於一方面，象窈窕淑女，因爲窈窕有宫形的一說，而解作"處深宫貞專之善女"。

本文就各家的故訓，作一個比較的研究，從形音義三方面，推尋其相沿的意義，并且考訂其紕繆而加以銓釋。關於辭的分化與衍變，也稍稍提及焉。

5、《説文》形聲之聲母異説考　蔣天格

許書所載形聲字，南唐徐氏兄弟往往多異辭，一切經音義及六書故引唐本間與徐説不同。清代學者，嚴可均、段玉裁、桂馥、宋保、江沅、朱駿聲……諸家之作，或排比諧聲系統，或討論聲母是非，雖離合參半，然考訂實多。自王筠、吴大澂、孫詒讓以迄於今，甲骨鐘鼎文字之研究頗著成績，利用以檢討《説文》形聲字之聲母問題者，漸有其人，説亦頗有可採。近助吾師沈兼士先生檢查《廣韻》聲系之諧聲系統，并承命作《主諧字異説表》，因捃取——

一、二徐説聲之不同者。

二、《一切經音義》及《六書故》所引唐本《説文》之異於二徐者。

三、嚴可均、段玉裁、桂馥、宋保、江沅、朱駿聲、王筠……諸家之成説。

四、吴大澂、孫詒讓、羅振玉、王國維……諸家之新誼。

臚列比較，博綜約取，折中而論斷之，藉窺意符字與音符字遞衍嬗變之迹。其所不知，蓋闕如也。

以上由沈兼士先生指導。

（《本校學術消息》，《輔仁學誌》第五卷第一第二合期）

九月二日，與錢玄同、周作人、馬裕藻、許壽裳在承華園宴請朱希祖、沈士遠，又合攝一照。

五時至承華園，由沈三、周、錢、馬二、許五人請朱，適沈大日前亦來，遂亦請之，共七人，七人先至同生照像也。（《錢玄同日記》）

傍晚至王府井大街承華園赴錢玄同、馬幼漁、沈兼士、許季紱、周啓明第二次讌，同席有沈士遠，并至同生照相館七人合攝一影。（《朱希祖日記》）

九月四日，與錢玄同、周作人、馬裕藻等發起并參加在孔德學校舉行的先師章太炎追悼會。中午在東興樓宴請章太炎女婿朱鐸民及錢玄同、周作人、馬裕藻、許壽裳和朱希祖。

晨八時赴孔德，與沈、朱、許、馬、周布置師遺墨，共38件：錢廿三、沈七、朱二（一爲“速死”）、許三、馬二、周一。十時許開會，來者△△人，推許爲主席。招待員爲林尹、孫伏園、陸宗達、李季谷也。首由許致開會辭，次由朱報告先師生平大事，次由章三婿樂清人朱鐸民（名鏡宙），穆君（㠭）之夫，報告師之病狀及國葬等事，次由我略述師於“文、史、儒、玄”四學之要點，次由蔣夢麟以來賓資格演説，即散會，正十二時。十一時許攝會場影，會散後又由秉雄爲吾儕包黑紗之△△人攝一影（叔雅已走，多一馬太玄）。

發起之十人，到七，黄及馬宗均不在平，吴不來，來函云：通告已轉發訖。竟荃已到濟南，弟前作挽連（?），似不甚佳（!）無須再挂，今日中院監場，看卷，恐難抽身，唯有遥致哀悼而已。此上玄同先生。吴承仕十五、九月四日。

妙！妙！章湯夫人於二日有電致朱云：

北平德勝門内草廠大坑廿一號朱逷先先生鑒：北平追悼會，請先生暨女婿朱鐸民爲家屬代表，特電懇請，湯國黎，冬。

故二朱均爲家屬代表也。

午兼士宴朱鐸民於東興樓，邀錢、許、周、朱、馬五人作陪，二時回孔德折臺，將各家出品送歸。（《錢玄同日記》）

九月十四日，私立北平輔仁大學呈報教育部國籍教員名册，沈兼士列名其中。

私立北平輔仁大學國籍教員名册（廿五年九月十四留底呈教部）

姓　名	年齡	籍貫	在校職務	經　歷	到校任職年月	現在住所	備考
陳　垣	五七	廣東新會	校長	前北京大學研究所國學門導師	十四年九月	北平地安門内米糧庫一號	
英千里	三五	北平市	秘書長暨西洋語言文學系主任	國立北平師範大學講師	十四年九月	北平西城定阜大街二號	

姓　名	年齡	籍貫	在校職務	經　歷	到校任職年月	現在住所	備考
沈兼士	四四	浙江吴興	文學院院長	前北京大學研究所國學門主任	十四年九月	北平東城沙灘二十九號	
張　懷	三八	湖南長沙	教育學院院長 教育學系主任	前國立中央大學教授	十九年九月	北平西城定阜大街二號	
余嘉錫	五二	湖南常德	國文學系主任	國立北京大學、師範大學講師	十九年四月	北平景山東街東高房三號	
張星烺	四九	江蘇泗陽	史學系主任	國立北京大學、清華大學講師	十六年九月	北平地安門外方磚廠二十三號	
張重一	三四	河北遷安	社會經濟學系經濟組組長	前天津南開大學教授	二十年九月	北平德勝門内前羅圈胡同乙十二號	
溥　伒	四三	北平市	美術專修科主任		二十年九月	北平東城無量大人胡同三十六號	
……							

（北京師範大學檔案館藏檔，檔號：6.1-0032-0001）

按：表中沈兼士年齡四十四歲不確，應爲五十歲。

九月十九日，赴歐美同學會姚從吾晚宴，同席有馮友蘭、顧頡剛等。

乘汽車到香山，……乘六點半香山車進城，到歐美同學會吃飯。

九時許歸家。

今晚同席：海尼士　謝禮士（Shielitz）　援庵　兼士　子水　嚴文鬱　芝生　亮丞　予（以上客）　姚從吾（主）

（《顧頡剛日記》）

九月二十七日，赴中南海懷仁堂，參加于斌主教舉辦的招待各界茶點會。

于斌主教昨在懷仁堂招待各界

［北平通訊］于斌主教連日酬酢甚忙，昨日上午赴輔大獻祭，并參加輔大斂之學社及公青會之慶祝會，午赴西什庫光華女校參加該校之周年紀念會，下午于斌主教在中南海懷仁堂招待平市各界。昨日情形大致如左。

輔仁大學慶祝盛况 早八時于斌主教應輔大之請，赴該校主禮大禮彌撒。由輔大訓育主任伏開鵬博士開禮，參與觀禮者三百餘人。九時禮成，即赴會賢堂參加斂之學社及輔大公青會之慶祝會。輔大校務長韓克禮司鐸、訓育主任伏開鵬博士、教育學院院長張懷博士、生物系主任張漢民博士及各系教授、斂之學社社員、公青會會員二百餘人。于斌主教偕同牛若望司鐸參加。首由主席報告，次由伏開鵬博士致歡迎辭，節目繁多，不及備舉。于斌主教致答辭時以“道德建設”四字相勉。至十二點半始攝影散會。散會後，于主教即赴光華女校參加該校之紀念會。

懷仁堂内〈式〉〔室〕（“式”字錯——編者注）宴嘉賓 于主教以此次榮升蒙平市各界諸多關照，爲表示謝意，特於昨日下午四時至六時，在中南海懷仁堂舉行招待各界茶點會。三點半懷仁堂門前已馬龍車水，到政委會劉哲、社會局長雷嗣尚、公安局長陳繼淹、衛生局長謝志平及學術界李書華、沈兼士、張懷、伏開鵬、韓克禮、王卓然等及吴佩孚、宋哲元、秦德純等代表三百餘人，紳士江朝宗、張百齡、魏丕治、鄧樹庭、王學臣等亦前往參加，情形頗熱烈。于主教一一親自招待，會場秩序由斂之學社社員及公教進行會會員、輔大公教青年會會員維持。至晚六時半始散會云。……

（《益世報》1936年9月28日）

按：于斌（1901—1978），黑龍江人，23歲時被保送到羅馬傳信大學攻讀哲學和神學，先後獲得哲學、神學和政治學博士學位。1933年歸國，任中華全國公教進行會總監督。次年，應聘爲輔仁大學董事長兼倫理學教授。1936年7月，被任命爲南京代牧區主教。南下履職前夕，與北平各界一一告别。

九月三十日，與陳垣、英千里、嚴池、張懷等赴北平火車站，歡迎前來就任私立北平輔仁大學校務長的德國籍博士雷孟。

輔大新校務長雷孟博士抵平

［北平通訊］輔大校務長雷孟博士（Dr Rudotph Rahmann）於九月十七日乘賽理號輪船抵滬，昨日下午一時五十五分乘平滬通車到平，該校校長陳垣、代理校務長韓克禮、秘書長英千里、文學院院長沈兼士、理學院院長嚴池、教育學院院長張懷等均到站歡迎。全體教授、學生亦均於雷氏到校時，在該校大門歡迎。該校昨日特懸旗誌賀，雷氏已定今日起視事。

按：雷博士係德國維斯德飛理亞人，除修滿神學、哲學課程外，并在奥國維也納大學及英國倫敦大學研究民族學，研究專題爲“印度及印度支那之圖騰教”，曾任世界民族學權威施彌德博士經辦之《安斯如普》雜誌總編輯，爲歐洲著名學者。

（《益世報》1936年10月1日）

十月一日，與北平各界名流同赴火車站，歡送于斌博士南下就任南京主教。

于斌主教昨過津南下 定四日在京就職

［北平通訊］南京主教于斌博士已於昨（一日）早八時離平南下，到站歡送者計有北平滿主教、德副主教駐華代表公署安贊高主教，及總主教秘書陸司鐸、教育聯合會全體職員、各界名流、唐寶潮將軍、輔大陳校長、沈兼士院長、魏子軒會長、鄧樹庭院長、中央醫院全體大夫、北平《益世報》社長張翰如。

輔仁大學雷校務長、伏教務長及全體教職員、輔大青年會、盛新中學童子軍、德新小學童子軍、惠我小學男女校學生，以及各公教機關職員及于公私人友好、各界名人約一千餘人。于公於七時半到站，由公進樂隊奏樂作行。歡送者均佩白黄綢條，擁護左右。惠我小學并唱歡送歌致敬。斯時于公與送行者一一握手，并致簡單謝詞。繼而鈴聲起處，汽笛長鳴。于主教於鼓掌如雷中登車，舉手向衆人致謝。斯時歡送人之心坎中，各各泛出一種依依之情，翹首不語，一任此塵然表物極可敬可愛之于公南下矣。……

（《益世報》1936 年 10月 2 日）

十月三日，撰成《王譯故宫俄文史料序》。照録如下：

内閣大庫之藏書，自清宣統間學部以之設京師圖書館遂見稱於世，至歷朝檔案爲庫藏之正宗，反没落少措意者。民國十一年北京大學請教育部將所存庫檔之一部分移交大學整理時，余適主其事，因得窺梗概；然於庫藏底藴，莫之知也。迨故宫博物院建立，余倡清理大庫之議，蓋欲與分藏於各處者作一聯絡之計畫，且進而與軍機處檔互相參證，以爲綜合研究清代中央政府各種檔案之豫備。顧機緣未熟，幾漶愈力，波折轉多，延至近二年來乃能逐漸了解庫藏之底藴，其中最珍奇者爲老滿文檔及俄羅斯檔。俄檔分三種：一、俄國來文原件。二、鈔本俄文檔，爲往來文書之彙鈔存案者。三、滿文俄檔，爲往來文書之滿文譯本。清初之例，與俄國往來文書，率由理藩院轉遞，字體則往牘用俄文或蒙古文，由俄羅斯館與蒙古堂掌稿，又彼此往還之文書皆須譯成滿文，存案則由滿本堂辦理。故三種中文件容有互複者，而俄文原件尤爲可貴。泰西諸邦之通我固有早於俄者，然具有一般國際性之交涉者，實自俄始。軍機處雖藏有各國使臣漢文照會若干通，其年代皆在道光以後，不如此遠及康熙，且爲其本國之古文字也。夫外交文書爲傳達交涉意旨之要具，薛福成《出使四國公牘序》有云："昔日達官，不曉外務，動爲西人所欺，西人狃於積習，輒以不敢施之西洋諸國者，施之中國，爲使臣者遂不能不與之争；争之稍緩，彼必漠視而不理，其病中於畏事；争之過亢，彼必借端以相尤，其迹疑於生事。邇者當事顧生事者較少，而習於畏事較多，故失之剛者常少，而失之柔者常多。"觀此知中國無自主之外交，其所由來者漸矣。今特浼王叔梅、劉紹周兩先生將俄文原件編譯印行，其它兩種亦當陸續理董發表，以備研習外交史者之考鏡焉。民國二十五年十月三日。

（沈兼士《段硯齋雜文》）

十月十日，《文獻論叢》"國立北平故宫博物院十一周年紀念"刊登美國人福開森《故宫博物院文獻館》一文，介紹故宫博物院文獻館在館長沈兼士主持下，多年來在文獻整理方面成績斐然。

故宫博物院文獻館 美洲福開森

吾人於歷史之學，皆承襲前人所遺材料。近年出土之殷末三百年間之甲骨，以及傳世西周彝器之銘文，是皆最早史料。司馬遷作《史記》，謂三代尚矣，年紀不可考，因略推其紀，自黄帝以訖共和爲三代世表，自共和以降，史乃有可致，是爲有史之始。周世以來，代有史官，前朝所遺史料，後即據以作史；至清乾隆四年，張廷玉《明史》告成，而正史有二十四。清時因舊制，有國史館之設，以總纂主之，下設提調、纂修等官，分任其事。民國甲寅，因修清史，設清史館，以趙而巽（趙爾巽——編者注）任館長，館中著述，舉凡一切史料，如檔案、實録、聖訓、起居注、玉牒、輿圖之屬，其散在各處者，無不可以調集。至民國十六年，趙氏年八十有四，而《清史稿》書成，印行問世，及至北伐告成，乃停止流通，是則舊史之大略也。

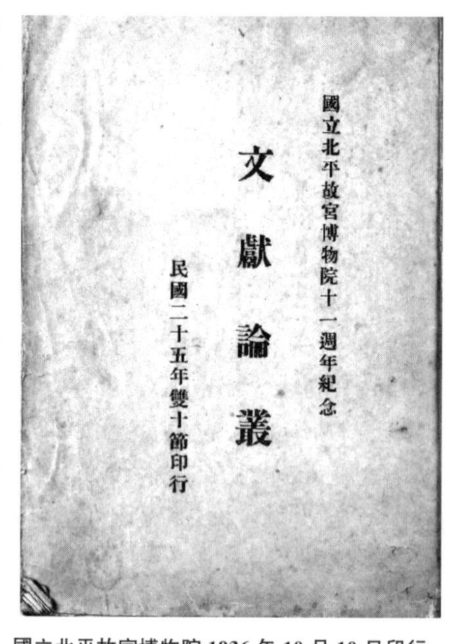

國立北平故宮博物院1936年10月10日印行的《文獻論叢》

文獻館在故宮博物院成立之初，即已設立，尚在趙氏書成之前，時爲民國十四年十月，就宮中南三所設辦公處，以東路寧壽宮等處爲陳列室；於是軍機處檔案、玉牒、樂器、劇本、戲衣、模型，内務府檔案以及實録等之散在各處者，逐漸收集，其中固有包裝齊整者，而零亂不堪，亦所在多有，是皆經過整理編目。此類工作，極爲繁重。館中工作人員，皆能不辭勞苦，長日永年，埋首故紙堆中，積塵飛揚之下，排比編目。至今日有清三百年史料，始能供人研討。鄙人常於工作時間，至南三所、大高殿及内閣大庫，見館中諸人工作情形，每爲贊歎不置也。

經多年工作之後，文獻館之成績斐然。輿圖之部，皆已編目，隨時可以取用。外國使節照會，已按年排比。内務府檔案，大部已編目。實録多已檢閱擇要編目。軍機處檔案已全加整理。全部史料，可謂已大致整理就緒。清代無一史實不可引證，其功亦偉大矣。然館中工作多崇實際，不重宣傳。鄙人恐大好成績，足供參考者，或不爲世人所知，故樂表而出之。經鄙人介紹入館研究者已十有餘人矣。文獻館成績之美，固由於館中人員全體之力；而館長沈兼士先生自始迄今主持其事，其功尤不可没也。

（《文獻論叢》“國立北平故宮博物院十一周年紀念”，1936年10月10日）

十月二十四日，與蔣夢麟、徐森玉、馬衡、顧頡剛等共進午餐。

到觀音堂，……到院，即到故宫博物院，參觀新發見諸物。吃飯。

…………

今午同席：蔣夢麟　秦德純　鄧哲熙　李蒸　沈兼士　徐森玉　馬叔平　莊尚嚴　張柱中　趙席慈　勵乃驥

（《顧頡剛日記》）

十月三十日，上海《中國學生》（周刊）刊登記者專訪沈兼士的文章，標題爲“我所知道的魯迅先生”。文中沈兼士深情回憶了與魯迅交往的歷史，認爲魯迅的逝世，是中國乃至世界文壇的極大損失。

我所知道的鲁迅先生 沈兼士

因爲我知道輔仁大學文學院院長沈兼士和魯迅是同學，并且在一起教過書，不但對於魯迅知道得很清楚，并且他們很要好，因此我特地以記者的資格，到那有着雕刻美的輔仁大學去訪問過他。當我問他的時候，他很沉痛的對我作了下面的談話：

“在前幾個月聽説周（樹人）病了，不久又聽説好了，現在傳來這個消息，真是出人意外，突如其來的事情。我和周先生認識，遠在三十年前，那時他在日本仙臺醫學專門學校讀書，暇時從事翻譯，集成《域外小説集》。在他從事翻譯以前，固然還有林琴南等，但是林氏的譯法是另一種，不能相提并論。因此，先生在翻譯西洋作品上，可説是老前輩了。

“以後我和周先生同在太炎先生門下讀書，不過那時除上課的時候外，見面的機會很少，有時談談文學，也是偶然的事情。

“在民國初年，蔡元培先生任教育總長的時候，他任科長，在辦公時間外，從不作無謂酬應，祇作學術上的研究，他搜集外間所難見到的書籍很多，是搜集的‘造像’，一般祇注意‘造像’之下的文字，而他搜集的‘造像’則有一千餘種，那是最可寶貴的。當他在厦門大學、中山大學、北京大學各校教書的時候，都曾想把所收存的‘造像’捐贈給學校，但均未實現。

“先生的嗜好有三種：就是吸煙、喝酒和吃糖，這三種嗜好，一般人固然也有，不過先生嗜好的程度極深，正如同他的學問一樣。吸煙起初吸得很少，以後有人勸他，而他反覺得吸紙煙不過癮，便吸起雪茄來了，他總是煙不離嘴，臉同手指薰得很黄，好像吸‘鴉片’似的。酒，他不但嗜喝，而且酒〈最〉〔量〕（“最”字錯——編者注）很大，天天要喝，起初喝啤酒，總是幾瓶幾瓶的喝，以後又覺得啤酒不過癮，‘白乾’‘紹興’也都喝起來。糖，一般兒童都愛吃，但幾十歲的成年人不太有這種嗜好，先生則最喜歡吃糖。吃飯的時候，固然是先找糖或者甜的東西吃，就是他的衣袋裏也不斷裝着糖果。隨時嚼吃。先生身體的柔弱，與以上三種原因也不是無關的。

“他在新文藝、文壇上，所佔的地位，人人都知道，而他對中國舊學問上，更具有深切的研究，偉大的眼光和見解，高於郭沫若等的造詣，不過先生不把他自己圍在一個圈子裏，而還要作更高的追求。他是最富於感情的，同時他的感情是熱烈的，有的人説他‘孤僻’，那又是另一種的看法。他生平最孝，對於他母親可説孝道已盡，他母親現在八十餘歲，在西城住着，她聽到這個消息，還不知怎樣難過呢！先生是不好應酬的一個人，他在北平時也不大和人來往，以後他去南方，後來雖然來平在‘北大’‘師大’‘輔仁’等校講演，因爲時間倉促，也没有作長久的談話。最近幾年來他還常常寄幾本著作來，不想他現竟與世長辭，這真是中國和全世界文壇上的一個極大的損失！”

（《中國學生》第三卷第十期，1936 年 10 月 30 日）

十一月四日，晚上赴東興樓沈尹默及其子令揚、令翔晚宴，同席有錢玄同、周作人、馬裕藻、徐耀辰等。

晚六時得秉雄電話，知沈二老爺來平，今晚他率其二子（令揚、令翔）於東興樓宴周、錢、沈三、徐耀辰、馬二、徐和尚（未來）諸人，因即往。

（《錢玄同日記》）

十一月五日，徐僧在豐樓宴客，因故未去。

午徐和尚宴沈二於豐樓，同坐者爲錢、沈三未來、馬二、莊莊、徐祖正。

（《錢玄同日記》）

十一月六日，中午與錢玄同、馬裕藻、周作人、徐耀辰在東興樓共宴沈尹默父子等。

午我邀幼漁、啓明、耀辰、兼士宴尹默父子三人於東興樓，約徐僧與秉雄作陪。

（《錢玄同日記》）

十一月九日，顧頡剛在日記中提及，日前沈兼士曾與人談起他的近況，表示擔憂。

日前瞿子陵到沈兼士先生處，沈先生說，“頡剛現在所作事業，頭緒紛繁，而無合作之人，外面攻擊又多，將來塌臺，勢將全部崩潰。”按此語自是實情，但中年人不來幫我，青年人又未取得社會信仰，叫我如何不一人獨幹？

（《顧頡剛日記》）

十一月十二日，楊樹達來訪，沈兼士盛贊其《小學金石論叢》，并答應爲該書撰序。

訪沈兼士，盛贊余《小學金石論叢》之美。謂是闢一新途徑。允即爲余撰序。又謂象形字本無定音，說亦有理。

（《積微翁回憶録》）

十一月二十一日，錢玄同借去《右文說在訓詁學上之沿革及其推闡》一書。

借沈三之《右文說在訓詁學上之沿革及其推闡》以歸，十時歸家。

（《錢玄同日記》）

十一月二十四日，作致許廣平信，請求寄送魯迅遺札一幀及爲兒子沈觀求魯迅遺像。

景宋女士惠鑒：

手書拜悉。豫才兄逝世，既爲公痛，益增私悲。年來同好辭謝，急景凋年，令人慨息。前曾致子民先生信，乞代索遺札，不知能見寄一幀否（原照相爲佳）？小兒觀平日私淑豫兄，五體投地，豫兄亦垂愛，常常賜予作品，渠之欲瞻對遺像者寢饋不忘，故乞撥冗惠寄至禱。《全集》之編纂及出版已有頭緒否？弟與季茀、幼漁極以此事爲念也。聞啓明云，女士有北來之訊，確否？垂委之件，自當盡力

也。匆復。即候

近安　世兄聰吉

弟兼士頓首

十一月廿四日

（周海嬰編《魯迅許廣平所藏書信選》，第 350 頁）

十二月六日，送楊樹達北京大學《歌謡周年紀念增刊》一册。

沈兼士送“北大歌謡紀念刊”一册，中有渠“論方言”文字。

（《積微翁回憶録》）

按：回憶録中“‘論方言’文字”，指沈兼士發表於《歌謡周年紀念增刊》（1923 年 12 月 17 日）的《今後研究方言之新趨勢》。

十二月十七日，楊樹達收到沈兼士來信及《小學金石論叢》序文，標題稱“跋”，楊認爲是沈謙遜。

沈兼士來書，寄《小學金石論叢》序文來，題文曰“跋”，蓋謙遜也。於余説有糾正處，又謂一字無定音定義，説頗當。（《積微翁回憶録》）

十二月二十一日，私立北平輔仁大學發布《編輯〈廣韻聲系〉報告》，稱由沈兼士教授等編輯的《廣韻聲系》一書已定稿，即將付印。

編輯《廣韻聲系》報告

二十五年十二月二十一日

一、編輯者

教授沈兼士　編輯陳祥春、劉文興　學生葛信益、蔣天格

二、編輯經過

本書經始於民國二十一年，初由教授沈兼士指導國文系四年級學生試作，旋於次年聘陳祥春、劉文興兩君助理，乃正式編纂，所有第一種稿及第二種稿之編纂經過，已略載《輔仁學誌》第四卷第一期中，今全書幸已定稿，付印在即，中間數經校訂修改，其情形尚有須補行報告者，特撮述之如次：

第一種稿以韻爲本位，雖早已編成，然經磨勘之後，覺須釐正之處頗復不少。(1)《廣韻》隸變與《説文》篆字形體對照，往往參差，頗費勘合；(2) 關於《説文》中之諧聲字，原稿率從段本，兹更博採群説，擇善而從；(3) 主諧字之不見於《説文》或《廣韻》，及被諧字之不見於《説文》者，須參證各書，爲之訂定；(4)《廣韻》中字形反切，多有各本互異，或與《唐韻》《切韻》不符者，悉行勘校，即注文中所引各書，亦多以原書檢對，以免傳譌。以上各項，於二十三年大致完成。

於是本此稿改編爲以主諧字爲綱之第二種稿，先將第一稿中各字，依形聲偏旁，分類寫成卡片，然後按諧聲系統排列主諧字及被諧字之次叙，經以四十一聲紐，緯以二百六韻，中間對於主諧字與被諧字之屬别，重加檢討，多有改移。又擴充參考書範圍，添識校語千餘則。復編製同一主諧字之諸被諧字分布於各紐各韻之統計表九百五十六幅，以爲全書之縮型。以上各項，於二十四年初稿全部成。

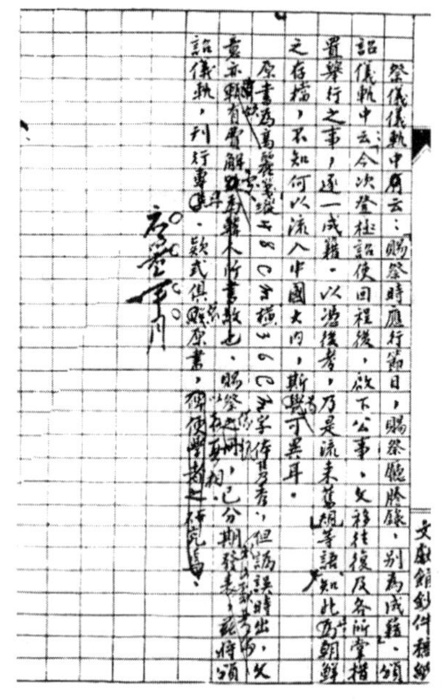

任故宫博物院文獻館館長時手改的檔案序言底稿（2）

任故宫博物院文獻館館長時手改的檔案序言底稿（1）

本書以字形關係，出版時不便用鉛字排版，衹能影印，乃選定寫生，清繕全稿，并覆校一過，加以標點，於原稿又有所更定，蓋一字一音之交錯相反，輒方覆論思，廣求參證，乃獲最後之決定也。又以諧聲字歧説過多，立論固必須定於一，參考則不妨廣異聞，乃命學生蔣天格編《諧聲字異説表》。又以《廣韻》中字之又音，極有關於語言文字之衍變，乃命學生葛信益專攻此題，并編《〈廣韻〉異讀字索引》。又以《廣韻》注中引書，前人未有輯其目者，乃命學生南西光、張英、李維棻纂輯《〈廣韻〉引書目録》。均擬附於本書之末。以上各項，一部分已完成，一部分迄今尚繼續進行。

三、《廣韻》聲系目録（略）

四、《廣韻》聲系略例（略）

（《本校學術消息》，《輔仁學誌》第五卷第一第二合期）

十二月三十一日，《中華圖書館協會會報》第十二卷第三期刊登《故宫文獻館工作計劃》一文，介紹故宫博物院文獻館館長沈兼士談本年度的工作重點和主要任務。

故宫文獻館工作計劃

故宫博物院文獻館，過去兩年度之工作，均作檔案普遍之整理，宫中檔案、内務府檔案、内閣大庫檔案及軍機處檔案等，大致均已整理就緒。本年度工作，注重分類編目，并擬出版《檔案名辭術語辭典》。據該館館長沈兼士談：最早文獻館整理工作，因無一定之計劃，故無顯著之成績。近兩年度，則按一定之方針，向前進行，各工作人員均努力從事，已有相當成績。本年度工作計劃有二：(一) 用十進法將檔案分類。(二) 編輯《檔案名辭術語辭典》。以往作普通之整理工作，因檔案分類方法，頗不劃一，致檢查參考，時感不便。現在決定注重檔案性質之分類，使用十進分類法。本年三月間，已訂定整理檔案規程及規定整理各種檔案之標準方法，以資遵守。如此用十進法分類，一方面固可使系統清楚，再則合乎一般分類標準，但檔案分類工作至爲繁複，非圖書分類可比，對檔案名目，須有深切了解，方可進行。檔案名目，亦非顧名思義可知，須將檔案內容詳細明了，故本年度將檔案名目，詳細解釋，彙集成册，作爲檔案名稱辭典。至於檔案中所用一切術語，亦決搜集一處，不過須待下年度方可進行。

(《中華圖書館協會會報》第十二卷第三期，1936 年 12 月 31 日)

十二月，撰成《小學金石論叢序》。後發表在《益世報》"人文周刊" 第二期(一九三七年一月八日)，題目改爲《小學金石論叢跋》。照録如下：

吾友楊遇夫先生近以其所箸小學金石論文裒集成書，徵文於余，且堅之曰："兄主右文，弟研聲訓，同時同地同好，弟有所箸而兄無言，他日學人或以爲異事。" 僕於十年前曾謂今之文字學家，已知用卜辭金文參驗《説文》以索形體之原始矣，更當用古書音義、現代方言，參驗《説文》以探語言之根株，而歎惜後者之寂寞無聞。爰上溯聲訓，推衍右文，略有造述，今讀斯編，深幸吾道之不孤。昔段茂堂作《説文解字注》，云非王懷祖之叙，不足以箸其所得，僕固不敢望懷祖，然先生於詁訓之學，直若茂堂自道其心得，所謂胸中充積既多，觸處逢源，無所窒礙者也。既感同好之不易得，又重違其所屬，謹受教而序之。

夫小學名家，肇始班志，然所箸録，止於雜字，其餘《爾雅》總離詞，《方言》標殊語，《説文》析字形，《釋名》闡義類，文質份份，莫盛於是。自爾以來，少所剏作，迨至清代，段、王勃興，始倡形、音、義三者貫串證發之術，及章太炎師正語言文字學之名，而後文字語言巧切不違之理乃昭然大明。近三十年來學者之揅討形體與聲韻，頗多愜心之作，惟未能利用之以治訓詁，其造詣反瞠乎視清儒不及遠甚，是豈太炎師倡導語言文字學之旨乎? 竊以爲訓詁之學，具有實用與理論兩端：乾嘉學者所謂《説文》爲體，《爾雅》《方言》《釋名》爲用，此顢胡之説，未足爲準也。蓋《爾雅》之釋字義，《方言》之辨語音，對象雖異，要皆爲客觀之紀録，此近於實用者也。《釋名》循名責實，論叙指歸，爲主觀之推求，此近於理論者也。《説文》則二者兼之，顧所説解衹據字形以明取象之由，不謂言語之初含義即爾也。後來字書，率皆本《説文》之部居，襲《爾雅》之記述，雖段氏注疏《説文》，楬櫫本義，朱氏《通訓定聲》，特標聲訓，要皆未能達於理論訓詁之境界，於文字聲義流轉之體勢，猶不足示諸檃栝也。獨王氏《廣雅疏證》，貫串該洽，賾而不亂，或許之如入桃源仙境，窈窕幽曲，繼則豁然開朗，土地平曠，可謂妙喻，惜乎未嘗紬繹之絜矩之著爲通論，明諭後學以範疇也。今先生私淑王氏，造此宏箸，撮其要旨，約具三綱：形聲字聲中有義一也；聲母通假二也；字義同緣於受名之故同三也。循是以求訓詁之理論，若網在綱，有條不紊矣。兼之舊書雅記，諳熟於胸臆，往往不假字書，能於文辭義例中徑得詁訓之真諦，較之俗儒解字説經誼，飣餖皀屑者，其高下相形又何如邪？先生猶夫自視欿然，虛懷下問，僕又安敢自閟其愚，謹爲引申數義於下。

一曰初期象形字音義之不定於一也。竊以爲少字，不但因從小而有小義，……凡此諸形，統攝眾義，證以古篆偏旁重文，從可知也。其他屮艸芔茻及行彳亍廴辵等字，莫不皆然。蓋初期象形，衹是事物之象徵，而非語言之符識，繁省向背，其用一也。後世字學家整齊畫一，乃以餘形分配異語，許書分部別屬，遂令形專一義，離析割據，近代學者復拘泥於本字本義之説，而不知所以通之，遂致變本加厲，動成隔閡矣。此義不固定之説也。囟字古又可以爲𡿺，故農從囟聲，而有獿儂。《廣韻》肴韻有硇字，重文作磠，尤爲囟可讀𡿺之碻證。囟又有或體脺（《廣韻》收去聲六至），《廣韻》囟亦作顖（思細均從囟聲），《集韻》囟亦作脳，《春秋元命苞》："腦之爲言在也，人精在腦。"（《太平御覽》引）腦在取其聲訓，蓋讀𡿺爲囟，是囟又可讀之部音之證也。吴夌雲《廣韻説》謂囟當有二音：一音信，一音𡿺，蓋猶未爲盡得。……愚以爲段氏不惟未注意畜産之可連用，且不明嘼雖爲古畜字，亦即獸之初文，故徐仙民音始售反，而《爾雅·釋畜》《釋文》又作嘼也。蓋古者一字得表數語，故囟有三音，不分乎頭會及全𡿺，嘼有兩讀，以别於野獸與家畜，此音不固定之説也。

二曰本字本義之不易斷定也。大箸謂胡之訓大，受義於古，案胡又謂之喉，複言之爲喉嚨，亦曰胡嚨，口之官能，齒以分決，喉以總合，故引申之不分析者亦謂之胡嚨，轉爲胡盧，又爲囫圇，胡本顄垂，故亦曰顄胡，或作含胡，其他漫胡、模胡、胡塗，皆其轉語耳。胡亦名亢，《説文》别之爲在牛曰胡，在人曰亢，亢有高義，故胡亦有大訓，蓋亦自總合之義引申者也。又《孤兒行》手爲錯，大箸云此爲皴皵，與《小雅》之爲錯，貌同而實不同。又云皵與錯石之錯，同受義於麤錯，語源無二，誠卓見也，請再申論之。《周禮·典瑞》："駔圭璋璧琮琥璜之渠眉。"鄭司農注："駔，外有捷盧也。"疏云："捷盧若鋸牙然。"《説文》："鑢，錯銅鐵也。"《廣雅·釋詁》："錯鑢磨也。"又《釋器》："鋁謂之錯。"案鑢鋁皆與鋸同，今木工所用鋸之小而齒細者猶曰錯，《説文》正篆衹作厝，云厲石也。蓋以石爲之曰厝，以金爲之曰錯。《釋名·釋山》："石載土曰岨，岨臚然也。"案石載土者，石載於土山之上也，故《爾雅》曰土載石爲岨。（《毛傳》石山戴土曰岨，疑有誤。）岨臚也者，猶錯也，謂石之錯落不平如鋸牙然，今河北人謂天寒手凍皮膚粗皵爲起岨臚，猶古語也。（《素問·生氣通天論》，寒薄爲皶。）是錯也、皵也、捷盧也、岨臚也，單語複詞，虛實名狀，相互通用，語根一也。又屬訓爲連，大箸謂義泛不切，案《文始·侯部》："豖：孳乳爲屬，連也，字從尾，謂孳尾也。”今俗尚謂人之搆精爲屬，獸之孳尾爲連。（《吕覽·季夏紀·明理》篇，“犬彘乃連。”注，連合皆妖也。）蓋涿以體言，屬以用言，詳略互見，不求備也。由是知古訓本借，難於億必，王氏疏證《廣雅》，雖盡綜該融會之能事，而於本字本義從不輕加斷定，實較段注《説文》爲長。

上來所述均就尊説略加推闡，自知淺陋，無當大雅，誠以賞奇析疑，友朋至樂，聯復存之，以爲大箸之箋疏如何？民國二十五年十二月

（沈兼士《段硯齋雜文》）

同月，《通俗文化》半月刊第四卷第十二號刊登消息，稱沈兼士等在北平爲魯迅募集文學獎金。

沈兼士等在北平爲魯迅募集文學獎金

作家魯迅死後，上海文化界爲永久紀念起見，特發起組織永久紀念魯迅籌備委員會，并發起募集魯迅文學獎金。北平方面已開始進行，并聘定沈兼士、許壽裳、周作人、馬裕藻、曹靖華五人爲委員。該會并致函《戀愛與義務》的作者華羅琛夫人協助募款，收款處爲上海商務印書館編譯部周建人代轉。

（《通俗文化》第四卷第十二號，1936年12月）

同月，考古學社公布第三期社員，沈兼士在其中。

考古學社第三期社員名録

蔣藩，號恢吾，睢縣人，年六十六歲。清光緒壬寅補行庚子、辛丑并科舉人，歷充河陰縣縣誌局、杞縣縣誌館總纂，現充河南通誌館專任纂修。通訊處：開封捲棚街三號。

…………

胡鳴盛，號文玉，湖北應城縣人，年五十歲。前山東大學教授。通訊處：湖北應城城内。

沈兼士，江蘇吴興人，年四十九歲。輔仁大學教授、文學院院長、故宫博物院文獻館館長。通訊處：北平沙灘二十九號

…………

楊信，山西陽高人，年二十歲。中國大學肄業。通訊處：北平西單二龍路中國學院。

共一百三十四人。

（《考古社刊》第五期，1936年12月）

按：“名録”中記沈兼士“江蘇吴興人”不確，應爲“浙江吴興人”。

是年，正書常福元撰《日晷石刻》一文。此文拓片由中國國家圖書館收藏。

按：常福元，字伯琦，天文學家。曾任中央觀象臺技正兼歷數科科長、代理臺長、臺長，又任北京大學、北平師範大學講師及輔仁大學教授。

是年，私立北平輔仁大學《輔仁學誌》第五卷第一第二合期出版，沈兼士爲

該雜誌編輯委員會委員。

《輔仁學誌》編輯委員會

委員長　陳　垣

委　員　雷　冕　英千里　胡魯士　沈兼士　張　懷　余嘉錫

張星烺　張重一　豐浮露　儲皖峰

（《輔仁學誌》第五卷第一第二合期）

是年，爲畢業學生題寫《禮記·學記》中的一段話（手迹）。

學者有四失，教者必知之。人之學也，或失則多，或失則寡，或失則易，或失則止。此四者，心之莫同也。知其心，然後能救其失也。教也者，長善而救其失者也。善歌者，使人繼其聲；善教者，使人繼其志。其言也約而達，微而臧，罕譬而喻，可謂繼志矣。

兼士爲畢業同學書

（《輔仁大學年刊》1936）

一九三七年　民國二十六年　五十一歲

一月一日，赴承華園徐森玉、袁同禮晚宴，同席有胡適、傅斯年、顧頡剛、羅常培等。

到承華園吃飯。送孟真到胡宅。十時半歸。

今夜同席：適之先生　孟真　兼士先生　莘田　潤章先生　萬里　剛主　子書　予（以上客）　森玉先生　守和（主）　（《顧頡剛日記》）

同日，《益世報》“人文周刊”第一期出版，“人文周刊”刊名由沈兼士題寫，落款“兼士”，并鈐“沈兼士”章。

一月三日，楊樹達收到王藎來信，説沈兼士在北大授課時稱楊著述之美。

王藎來書言，沈兼士在北大授課時稱余著述之美。　（《積微翁回憶録》）

一月六日，赴李書華、徐炳昶、顧頡剛午宴，同席有司徒雷登、胡適、陳垣、容庚等。

在院中宴客，并陪參觀。……

今午同席：司徒雷登　適之先生　孫洪芬　守和　兼士　援庵　希白（以上客）　潤章　旭生　予（主）　（《顧頡剛日記》）

一月十三日，孫子書告訴楊樹達，沈兼士曾盛贊楊所著之書。

訪孫子書。子書告余，日前與沈兼士同飲席，席間兼士盛稱余所著書。古人所謂樂道人之善者，兼士有之矣。　（《積微翁回憶録》）

一月十六日，赴楊樹達宴，同席有余嘉錫、胡適、羅常培等。

楊遇夫先生邀吃飯，有沈兼士、余季豫（嘉錫）、羅莘田同席。　（《胡適日記》）

同日，爲籌集魯迅“紀念文學奬金”，與周作人、許壽裳、馬裕藻、曹靖華、齊宗頤等聯名發布啓事，請各界人士共襄盛舉。

本校許院長壽裳等爲魯迅先生“紀念文學獎金”致本院同人

近接上海魯迅先生紀念委員會籌備會啓事一則，内云：“魯迅先生紀念委員會籌備會是辦理正式紀念委員會組織事宜的臨時機關，經過情形，已見公告。現在籌備會已敦請沈兼士、周作人、許壽裳、馬裕藻、曹靖華、齊宗頤等先生爲正式紀念會委員，并且已蒙諸先生同意了。這正式的紀念委員會中還包括了國際的文化界名人，日本方面已經接洽就緒，歐美方面已去接洽，不久也可以有回訊。

關於永久紀念辦法，籌備會已收到了許多提議。‘紀念文學奬金’是其中之一。這既可以紀念魯迅先生在文化上的功業，也可以發揚魯迅先生提掖青年的精神，用意甚善。不過既要建立文學奬金，就先得有基金，現在擬先慕集基金。至於紀念奬金的詳細辦法，將來等正式紀念委員會成立以後，另行擬訂。籌備會本已委托各地中國銀行信托部代收各界輸捐之紀念資金，現在爲求便利起見，特商請沈兼士、周作人、許壽裳、馬裕藻、曹靖華、齊宗頤諸先生負責收集後代交銀行再發收據。盼望各界熱心人士共襄盛舉，就近與前述諸先生接洽，至爲感荷。魯迅先生紀念委員會籌備會啓”

凡熱心人士有願輸捐者，請將芳名并捐款示知爲荷。一俟捐款有相當成數，即當匯滬請籌備會發給正式收據，以昭信實。

沈兼士　周作人　許壽裳　馬裕藻　曹靖華　齊宗頤謹啓

一月十六日

（《農訊》第四十九期，1937 年 2 月 1 日）

按：《農訊》爲國立北平大學農學院所辦刊物，許壽裳時任該院院長。

二月十六日，與馬衡、徐森玉、袁同禮等在東興樓設宴席三桌，客人有陳垣、姚從吾、容庚、顧頡剛等。

到賓四處，未遇。到東興樓吃飯。訪思治、允明。

今晚同席：援庵　演群　從吾　心史　福開森　蜚雲　席慈　立庵　沅叔　向之　如山　希白　燕舲……凡三桌（以上客）　叔平　兼士　森玉　守和　柱中（主）

（《顧頡剛日記》）

二月十七日，赴東興樓藍少鏗晚宴，同席有錢玄同、馬裕藻、馬衡、周作人等，商談孔德學校事。

六時至東興樓，藍少鏗賞飯也，談孔德事，董事六人（錢、馬、馬、沈、周、徐），錢秉雄、陳炳華、沈令揚、李召貽、謝星甫也，决定由馬四明日訪何其鞏（華北院長）。今晚錢、藍、周、沈三四人訪查良釗，托他向法院説話也。十時歸。

（《錢玄同日記》）

二月十九日，赴劉敦楨晚宴，同席有李書華、徐森玉、葉公超、顧頡剛等。

到擷英略坐，又到朱宅吃飯，與森玉、子元同往，九時歸。

今夜同席：森玉　子元　立庵　希白　尚嚴　柱中　剛主等　齊念衡（主）

今夜又同席：潤章　兼士　森玉　子元　錢桐（伯材）　公超　張叔誠　守和　陶蘭泉……朱桂莘　梁思成　劉敦楨（主）　（《顧頡剛日記》）

三月二日，私立北平輔仁大學將本校院長以上職員名册報送冀察政務委員會秘書處交際組，沈兼士名列其中。

私立北平輔仁大學校稿去文字第1807號

冀察政務委員會秘書處交際組（中華民國二十六年三月二日時封發）

案准貴處函屬，將本校院長以上職員姓名等項依表填竣等由到校，茲按式填就，相應備函送請查照爲荷。此致

冀察政務委員會秘書處交際組

輔大啓　月日

附表一份

職　級	姓名	次章	住址	公廳電話	住宅電話	附注
校長	陳垣	援庵	地安門内米糧庫一號	本校分機九六號	東局五五三號	
校務長	雷冕		本校	本校分機九九號	本校分機八號	德國
教務主任	胡魯士	恩利	本校	本校分機九一號		荷蘭
秘書長	英千里	千里	西城定阜大街二號		西局一三八四號	
文學院院長	沈兼士	兼士	東城沙灘二十九號		東局三八〇號	
理學院院長	嚴師		本校		本校分機九〇五號	德國
教育學院院長	張懷	百齡	西城定阜大街二號	本校分機一號	西局一三八四號	

（北京師範大學檔案館藏檔，檔號：6.1-0032-0001）

按：表中“嚴師”爲德國籍物理學教授，亦譯作嚴慈，但一般譯作嚴池。

三月六日，赴胡適、徐森玉宴會，同席有袁復禮、徐旭生、黄文弼等。

與徐森玉先生同邀袁復禮、徐旭生、黄文弼、沈仲章、沈兼士吃飯，談談西北科學考察團的事務。（《胡適日記》）

三月七日，赴廣林居石砳磊、陳華先、江學珍、吴蕙蘭晚宴，同席有錢玄同、徐耀辰、馬裕藻等。

七時至廣林居，石砳磊、陳華先、江學珍、吴蕙蘭四人賞飯也。同坐者高步瀛、徐耀辰、徐旭生、馬幼漁、艾一性、黎劭西、沈兼士諸人。八時半回孔德。

（《錢玄同日記》）

三月十一日，撰成《〈文始〉表解序》。照録如下：

太炎師於清末違難去國，居東京，困吝之中，作《文始》成，自謂精神遐漂，蓋比於趙邠卿之注《孟子》。顧斯篇體大思精，三十年來學子能卒讀者甚寡。

董生維藩從余問字，授以此書，諷籀經年，通其讀，遂成表解及釋例各一卷，斐然可觀。余既嘉生用力之勤，復悲吾師之不及見也！爰爲之序。民國二十六年三月十一日。（沈兼士《段硯齋雜文》）

三月十三日，赴同和居李書華、顧頡剛午宴，同席有何炳松、陳衡哲、胡適、嚴濟慈、姚從吾等。

同到同和居吃飯。……

今午同席：沈兼士　何柏丞　陳衡哲　胡適之　李聖章　徐旭生　李雲亭　徐誦明　嚴濟慈　姚從吾（以上客）李潤章　予（以上主）（《顧頡剛日記》）

三月十四日，楊樹達來訪。

訪沈兼士。告余曰，聿、適諸字義頗精。出所藏費玉衡《窺園圖》，囑爲題記。前有王西莊、江艮庭題語。又出段硯相示。硯爲玉制，木蓋鐫"經韻樓"三字。兼士得此以名其齋也。（《積微翁回憶録》）

三月十七日，與周作人聯名在承華園宴請何其鞏、李石曾等，同席有錢玄同、馬裕藻、藍少鏗等。

午至承華園，今日沈兼士、周作人兩人出名，請何其鞏（華北院長）、王覲（同上，董事長）、沈家彝（何之把兄弟）與李石曾吃飯，商孔、華和解事，孔德五董事（錢、周、沈、馬、徐）及藍均到。（《錢玄同日記》）

三月二十二日，下午在孔德學校與錢玄同、馬裕藻、周作人、徐耀辰董事會商華北學院事，後共宴於華宫。

下午五時回孔德，孔德五董事（錢、徐、沈、周、馬）在孔德會商華北事，畢，共"雅"於華宫焉！（《錢玄同日記》）

三月二十四日，中午在私立北平輔仁大學會客廳，陪陳垣校長宴請教育部視察華北高等教育專員謝樹英、梁明致等。

教部專員謝樹英等

昨日視察輔仁朝院　今日赴中法及鐵院

［北平通訊］教育部視察華北高等教育專員謝樹英、梁明致抵平後，前日已將私立中國、民國兩學院視察完畢，昨（二十四日）日上、下午分别視察私立輔仁大學及朝陽學院，結果印象頗佳，今（二十五日）日繼續視察教部已立案之私立各院校。據聞今日將視察私立中法大學、鐵路學院兩校。兹將昨日（二十四日）所得各情誌次：

輔大　教部專員謝樹英、梁明致昨（二十四日）日上午八時半由便門鼓樓大街友人寓所（謝等爲謝絶友好訪晤，前晚由中央飯店移出），出發赴私立輔仁大學視察，由校長陳垣、秘書長英千里引導，首先參觀各院系之設備及學生上課之情形，最後參觀會計課之經費收支情形，至十二時許視察完畢。該校校長陳垣即在會客廳設席歡宴，并請秘書長英千里、文學院長沈兼士、教育學院院長張懷、理學院長韋爾遜等作陪，至一時許始盡歡而散。

朝院（略）

（《益世報》1937年3月25日）

四月六日，楊樹達爲沈兼士所藏《窺園圖記》題跋。參閲一九三二年五月條。

爲沈兼士題其所藏費玉衡（仲璣）《窺園圖記》卷子。（《積微翁回憶録》）

兼士先生出此卷屬題。余展卷一讀近日題識者，自太炎先生以下，皆余所嘗接席者也。顧自太炎釋“不窺園”爲不治生産，援庵糾之，晦聞復伸太炎之説。

…………

余意不欲佐鬥，而竊思解紛。愧無談言微中之才，不審此紛果可解與否？又恨章、黄二君徂逝，不得質證餘説，是則可爲累唏者耳。

民國廿六年四月清明後一日，長沙楊樹達題

（朱玉麒《元白先生所藏〈窺園圖記〉題跋》，《文獻季刊》2006年第2期）

四月，作致丁梧梓（聲樹）信，討論《釋名》“潏”字之義類。此信後發表於《益世報》“人文周刊”第二十一期（同年五月二十八日），標題爲《致丁梧梓書》。又收入《段硯齋雜文》，標題改爲《與丁聲樹論〈釋名〉‘潏’字之義類書》。照録如下：

與丁聲樹論《釋名》“潏”字之義類書

余春間爲諸生講《釋名·釋水》“人所爲之曰潏，潏，術也，偃水使鬱術也，魚梁水碓之謂也”，覺劉氏所解，較《爾雅》《説文》爲詳，而畢、王諸家均於術也之訓區蓋不釋，殊爲缺失。余意水碓之制，乃藉水之回力以爲用，故謂之鬱術。術者，《説文》訓爲邑中道。城中道路，周轉互通，亦取義於回。《説文》“述，循也”，“遹，回避也”，其異文耳。又《説文》“潏，涌出也”，“湀，湀辟，深水處也”，段氏依小徐本作流水處。按“潏”實兼該深與流二義，故《説文》“矞”之一曰義爲“滿有所出”。深即滿，流即有所出也。《爾雅·釋水》“湀闢流川，過辨回川”，名雖各異，事實相成，水回旋處必深滿，及其盈科而出，勢更汹涌，《爾雅》特析其本末爲旋流與通流，以注湀闢、過辨之轉語耳，解者若認旋流、通流爲截然兩事則泥矣。它如《莊子·達生》“與汩偕出”之“汩”，《説文》“水從孔穴疾出”之“泬”，《周禮》“田間水道”之“遂”（《月令》作術）與“洫”，以及複辭之回穴、回遹，皆一語也。繼思《三百篇》中遹、聿、曰三字往往互用，黄生《字詁》“欥”下云：“許慎注詮詞也，引《詩》‘欥求厥寧’。（今《詩》作‘遹’。）愚按詮詞，謂自解説其上文語意之詞，《詩》‘遹駿有聲’以下四句，皆發明文王有聲之義，注但以‘遹’爲發語詞，是不知《説文》詮詞之訓。”戴震《毛鄭詩考正》本之，謂皆爲承上文所發端詮而繹之之詞，是矣。惟云《詩》鄭箋往往釋之爲遂、爲述，乃緣辭生訓，則殊不然。故王氏《經傳釋詞》云：“遹訓爲述，又訓爲循（見《釋詁》）自是古訓如此，非《爾雅》之緣辭生訓也。”余按《詩》“歲聿其暮”，《正義》云“歲實未暮而云聿暮，故知聿爲遂，遂者，從始嚮末之言”，甚爲得之。嚴元照《娱親雅言》駁《正義》不得其解而曲爲之説，蓋亦未達遂、述、遹、聿、曰五字義均互通，而皆取義於循回也。又聿者，筆之初文，爲記事述意之具，故《釋名》云：“筆，述也，述事而書之也。”……筆述爲聿，聿又孳乳爲法律，猶術之孳乳爲技術，蓋習貫成俗，法之所生，箕裘紹業，術之所出，亦皆取義於循回也。

又思《詩》“鴥彼晨風”傳，鴥，疾飛皃，“鴥”《詩》引作“鷸”。《説文》“鴥，鸇飛皃”，沈濤《説文古本考》云：“《詩》《釋文》引鸇飛作疾飛，古本如是，凡鳥之疾飛皆爲鴥，不必晨風也。”余謂沈説殊欠精審，按晨風即隼，故《詩》又云“鴥彼飛隼”，《爾雅·釋鳥》“鷹隼醜，其飛也翬”，郭注“鼓翅翬然疾”。又《説文》“翬，大飛也”。余謂均覺欠妥。蓋鴥、翬聲轉，從軍聲者，又脂諄對轉也，鷹鷂之屬，其飛喜盤空作回旋之勢，故云鴥云翬。《詩·斯干》“如翬斯飛”，亦是以雉飛之勢得名。《爾雅·釋鳥》“雉絶有力，奮”。郝疏云：“奮者，《説文》云翬也。翬，大飛也。按雞屬云，絶有力、奮，羊屬亦同。《淮南·時則訓》云，鳴鳩奮其羽，高誘注，奮迅其羽直刺上飛也，然則凡有力者通謂之奮。”余謂郝説與沈同病，從羊屬亦同觀之，知奮絶非指鳥羽之直刺上飛而言，蓋鳥獸之有力者均喜作勢而善還，因之同得此名，故《釋魚》亦云，魚有力者徽。又《北山經》言有獸名騨，善還。鴥、翬、奮、徽、騨，殆均脂諄對轉，異名同實，而皆取義於回旋，若汎訓爲大、爲疾，音義蕩析，失之疏矣。

又思《説文》“颭，大風也，從風日聲，于筆切”。段氏改爲曰聲，極是。按《藝文類聚》引庾闡《海賦》，“回颭泱漭，聳散穹隆”，下句“聳散”用雙聲，上句“回颭”亦當是雙聲，（匣於兩類古通。）“回颭”應與“回泬”同，蓋亦取義於回旋。《説文》又有“欻颮”二字，“欻，有所吹起也，讀若忽”，謂風吹塵起，從地上旋轉而上，颮訓疾風。傅毅《舞賦》，“雲轉飄忽”，殆皆異文或作，亦均以回爲義也。

上來所述各辭，分之爲四類，合之爲一族，雖廑略事舉證，尚未窮搜冥討，充類研究。然於古義之不易明者，舊説“譌誤”或“含胡”未了者，隨文解義偏而不全者，已能多所舉發匡正，然則字族研究之有益於實用訓詁，蓋猶工匠之必須利賴檃栝準繩，豈可忽乎哉。

上列諸字之聲母，多爲脂灰部字。（惟軍在諄部。）穴聲血聲，段氏《六書音韻表》列於真部，王氏念孫別入至部不與脂通，未必然也。且含有循回旋轉義之字族，多爲合口呼與撮口呼，上舉諸例，莫不皆然。準此，則王氏由脂部分歸至部之血、穴及祭部之歲、衛、兑、會、夬、月、厥、戉、粤諸字，恐亦未必能恝然與平聲回、裹、歸、畾等字絶緣也。鄙意頗欲利用字族之義類，以輔助審定古音之部居遠近，不知有一嘗試之值否。

又余意以爲研究中國語中之字族，須先從事一種篳路襤褸之豫備工夫，因我國語言與文字之紛亂糾擾，實含有三種情形：一語數字，所謂“重文”“變易”，如上例之“曰”與“吹”，“欻”與“颮”之類，一也。一語數音，所謂“方言”“轉語”，如上例之“聿”與“筆”，“馻”與“暈”之類，二也。語異而義可通，字别而音猶近，詞類無間於事物，音讀不拘於單複，所謂“孳乳”“字族”者，如上例之濇、術、曰、筆、徽、驒、湀辟、回颮之類，三也。學者須先從第一、第二兩項下一番工夫，然後方能進行第三項漢語字族之研究。余之作《廣韻聲系》，復令諸生研究《廣韻》《集韻》中之重文，并將古籍中之聲訓材料彙集成書，皆是爲搜討字族張本。又王氏《廣雅疏證》之材料既豐富，去取復精審，亦令其以上列三法分别整理，小作試驗，尚未知效果如何耳。高本漢君之《漢語詞類》，欲以讀音之形式定語辭之義類，而其取字説義似均可商，余不自揣，欲别闢一途逕以研究漢語之歷史，故寫此乞教。暇當廣徵例證，推衍成篇，以爲余字族研究之導言。民國二十六年四月。

（沈兼士《段硯齋雜文》）

春，應邀擔任《魯迅全集》編輯委員會委員。

溯自先生逝後，舉世哀悼。輿情所趨，對於全集出版，幾成一致要求。……一九三七年春，台静農先生，親臨憑弔，承於全集，粗加整理。并約同許壽裳先生商請蔡元培、馬裕藻、沈兼士、茅盾、周作人諸先生同意，任全集編輯委員。是時廣平正擬在滬先行整理，俟得蔡元培、茅盾兩先生指示之後，乘去夏暑假之便，赴平就教於馬、許、沈、周諸先生暨台静農、魏建功、曹靖華、李霽野諸君子，冀集群思，使臻完善，然後攜回滬上，設法印行。不料“七七”蘆溝橋事起，一切計劃，俱告停頓。……

（許廣平《魯迅全集編校後記》，《魯迅全集》上海作家書屋1938年初版）

五月十日，上海市文獻展覽會召開發起人會議，推定馬相伯、蔡元培、沈兼士、顧頡剛等爲名譽理事。

上海文獻展覽會昨召開發起人會議

本市市博物館、市通誌館聯合地方各界收藏家，發起組織之上海文獻展覽會，於昨日下午四時假座八仙橋青年會召開發起人會議。到沈恩孚、黄任之、朱少屏、潘公展、周越然、柳亞子、張壽鏞等五十餘人，由葉恭綽主席。報告開會宗旨後，經通過章程、推定職員，并訂定徵品辦法、參觀須知，定七月二日開幕。兹分志如次。

通過章程　《上海文獻展覽會章程》：……

推定職員　（名譽會長）俞鴻鈞，（名譽副會長）鈕惕生、潘公展、柳亞子，

（會長）葉譽虎，（副會長）沈信卿、陳陶遺、秦硯畦，（名譽理事）馬相伯、蔡孑民、杜月笙、王曉籟、王一亭、黄任之、張菊生、狄平子、張壽鏞、董綬經、胡樸庵、劉季平、傅沅叔、陳仲恕、屈伯剛、李雁晴、馬叔平、顧頡剛、沈兼士、孫孟晋……

（《申報》1937年5月11日）

五月十九日，私立北平輔仁大學校董會董事傅增湘作致陳垣信，稱如果本月校董會議不及參加，懇請沈兼士代爲出席。

私立北平輔仁大學校收文字第5968號

傅沅叔董事函（中華民國二十六年五月廿八日收到）

援菴先生閣下：

本校月杪開董事會，亟應前來與議，惟近有嵩洛之行，能否回平，殊難預計。届時如不克列席，擬請沈兼士先生代表出席，敬乞查照。此請

台安

弟傅增湘拜啓　五月十九日

（北京師範大學檔案館藏檔，檔號：6.1-0005-0001）

五月二十一日，《益世報》“人文周刊”第二十期出版，爲“相伯先生九八大壽紀念”專號。刊登沈兼士題字一幅（手迹），文云：“相老九八誕辰紀念，人之大老。”落款“沈兼士敬祝”，并鈐印章。

按：“人之大老”四字爲篆書。

五月二十八日，赴松公府蔣夢麟、胡適晚宴，同席有姚從吾、樊際昌、馬衡、錢穆、顧頡剛等。

即在松公府吃飯。……

今晚同席：孟心史　董綬經　沈兼士　希聖　王輯五　徐芳　沙鷗　姚從吾夫婦　子水　樊際昌　馬叔平　賓四　致中　趙迺摶等（凡四桌）　蔣夢麟夫婦　胡適之（以上主）

（《顧頡剛日記》）

五月三十一日，參加私立北平輔仁大學校董會常會，議决任期届滿董事復選連任，辭職或已故董事選舉繼任，修改校董會章程及下年度預算等事項。經復選連任董事。

私立北平輔仁大學校董會常會記録

時間：民國二十六年五月三十一日上午十一時至下午一時

地點：北平輔仁大學

出席：張繼（陳垣代）、馬良（張懷代）、傅增湘（沈兼士代）、胡適、陸伯鴻（鄧樹庭代）、蔡寧、滿德貽（德懋謙代）、韓寧鎬（雷冕代）、葛林德（胡魯士代）、陳垣、沈兼士、英千里

公推胡適主席。

報告及議决事項：

一、董事胡適、陸伯鴻、滿德貽任期已滿，復選連任，至民國二十八年任滿。又董事韓寧鎬任期已滿，舉張維篤繼任，至民國二十八年任滿。

二、翁文灝、葛林德、陳垣、英千里今年任滿，復選連任，至民國二十九年任滿。

三、董事劉復、穆爾菲出缺，舉南京區主教于斌博士繼劉復任，至民國二十八年任滿。本校校務長雷冕博士繼穆爾菲任，至民國二十九年任滿。

四、修改本會《章程》第八條爲"本會常會於每年三月之第二星期内，召集一次"。

五、校務長報告二十四五年度經濟狀況及下年度預算。議决接受報告，并通過下年度預算。

（北京師範大學檔案館藏檔，檔號：6.1-0005-0001）

六月四日，赴東興樓馬衡晚宴，同席有蔣夢麟、樊際昌、容庚、徐森玉、顧頡剛等。

到東興樓吃飯。

今晚同席：蔣夢麟　樊際昌　沈兼士　容希白　張柱中　徐森玉　鄭毅生　予（以上客）　馬叔平（主）

（《顧頡剛日記》）

六月九日，私立北平輔仁大學校董會呈文北平市社會局，報告該會常會議决事項及修改會章緣由等，請求核轉備案。

私立北平輔仁大學校董會呈北平市社會局（廿六年六月九日到）

呈報本年五月三十一日召集常會議决通過事項并修改會章各緣由請核轉備案

案查本校董會曾於二十四年二月間，將改組情形呈報查核，并奉貴局二十四年三月二十二日第六二四號函開：奉教育部令，準予備案在案。二十五年因法定人數不足，并未正式開會。本年五月三十一日，召集常會，除翁文灝未到，張繼、馬良等各派代表出席外，計出席董事胡適、蔡寧等十二人，已足法定人數，公推胡適主席。是日議决，任期届滿董事陸伯鴻、翁文灝等，復選連任；韓寧鎬辭職，舉張維篤繼任；已故董事劉復、穆爾菲出缺，舉于斌及雷冕繼任。并修改會章第八條爲"本會常會於每年三月之第二星期内召集一次"，復通過下年度預算等項。相應將修改會章，并董事名單，備文呈請查核！轉呈教育部備案，實爲公便。

私立北平輔仁大學校董姓名履歷一覽表　二十六年五月三十一日訂

本會職務	姓　名	别號	年齡	籍　貫	職　業	經　歷	住　址	任　期
董事長	張繼	溥泉	五十六	河北滄縣	國府委員	歷任中央執行委員、中央監察委員	北平慈慧殿一號	二十七年滿任

本會職務	姓　名	別號	年齡	籍貫	職業	經歷	住址	任期
董事	馬良	相伯	九十八	江蘇鎮江	國府委員	前國立北京大學校長	南京石鼓路天主堂轉	二十七年滿任
董事	傅增湘	沅叔	六十五	四川江安		前教育部總長	北平西城石老娘胡同	二十七年滿任
董事	胡適	適之	四十六	安徽績溪	北京大學文學院院長	哥倫比亞大學博士	北平地安門内米糧庫四號	二十八年滿任
董事	翁文灝	詠霓	四十六	浙江鄞縣	北平地質調查所所長	比國魯文大學博士	北平六部口新平路十三號	二十九年滿任
董事	陸伯鴻		五十八	江蘇上海	上海華商電車公司總經理		上海徐家匯土山灣	二十八年滿任
董事	蔡　寧		四十七	義國	羅馬宗座駐華代表		北平迺茲府	二十七年滿任
董事	滿德貽		五十四	法國	北平區主教		北平西什庫	二十八年滿任
董事	張維篤		三十四	山東鄆城	山東滋陽聖奥斯定修院副院長		山東滋陽聖奥斯定修院	二十八年滿任
董事	于斌	野聲	三十七	黑龍江海倫	南京教區主教		南京天主堂	二十八年滿任
董事	葛林德		五十九	德國	聖言會總會長		羅馬聖言會	二十九年滿任
董事	陳　垣	援庵	五十八	廣東新會	輔仁大學校長	歷任本校校長	北平地安門内米糧庫一號	二十九年滿任
董事	雷　冕		三十五	德國		前安斯如普斯雜誌主編	北平定阜大街輔仁大學	二十九年滿任
董事	沈兼士	兼士	四十四	浙江吴興	輔仁大學文學院院長	國立北京大學研究所國學門主任	北平東城沙灘二十九號	二十七年滿任
董事	英千里	千里	三十七	北平市	輔仁大學秘書長	國立北京大學師範大學講師	北平西城定阜大街二號	二十九年滿任

謹呈北平市社會局

私立北平輔仁大學校董會董事長張繼

附新修會章二份、董事名單二份。

（北京市檔案館藏檔，檔號：J002-003-00195）

按：表中沈兼士年齡四十四歲不確，應爲五十一歲。

六月十二日，赴春華樓容庚、容肇祖兄弟午宴，同席有馬衡、余嘉錫、羅常培、魏建功、顧頡剛等。赴司徒雷登、博晨光、陸志韋晚宴，同席有胡適、蔣夢麟、陳寅恪、馬衡、梅貽琦、馮友蘭、陸侃如、顧頡剛等。

到春華樓吃飯。回家，理書桌。

與履安、自珍到北海，予獨至董事會，赴宴，九時半歸。

…………

今午同席：馬叔平　余嘉錫　張亮丞　儲皖峰　羅莘田　魏建功　沈兼士　于思泊　予（以上客）　希白　元胎兄弟（主）

今晚同席：愛立旋夫　適之　夢麟　雲亭　錢孟材　陳寅恪　孫洪芬　福開森　張亮丞　馬叔平　沈兼士　田洪都　梅貽琦　貽寶　馮芝生　陸侃如　希白　黎劭西　煨蓮　守和（以上客）　司徒雷登　博晨光　陸志韋（以上主）

（《顧頡剛日記》）

六月十七日，作致私立北平輔仁大學校長陳垣信，請求辭去文學院院長兼職，以便專心於學術研究。

私立北平輔仁大學校收文字第 6110 號

沈兼士院長函（中華民國二十六年六月廿六日時呈閱）

援庵校長先生大鑒：

弟以輇材謬膺講席，并管研究、編輯事宜，綆短汲深，時虞隕越。至於院長兼職，尤覺無力顧及。前年曾經懇辭，繼以聖言會接任伊始，承囑其勉力共維校務。自爾因循，倏復兩載。今玆百緒已漸就理，文科研究所即將開辦，弟擬任研究一二新題，參考豫備，頗需工夫。又，國文系研究室來年繼續編纂之請款計畫業已呈部，一俟核准，即當黽勉進行。其耗力費時，預計應有倍於編輯《廣韻聲系》者。凡此情形，諒邀洞鑒爲是，再四思維，祇有重申前請，准予辭去文學院院長兼職，俾免貽誤校政，而專責成。不勝屏營待命之至，敬請

公安

弟沈兼士拜啓　廿六年六月十七日

雷校務長均此。

（北京師範大學檔案館藏檔，檔號：6.1-0077-0001）

六月，與私立北平輔仁大學國文系學生在北平西單大美西餐館聚餐、聊天。

兼士先生是一位平易近人的學者。1937 年六月放暑假前，我們考試完畢後，全班同學決定在當時北平西單大美西餐館聚餐，吃飯時沈先生坐在中間，和我們每一個同學都談話，問長問短。飯後餘興，有的同學還做了武術表演，沈先生很高興，時時鼓掌歡迎。先生在課堂講課時常常是諄諄告誡我們要下功夫做學問，循循善誘。沈先生對同學無微不至的關懷，不僅我自己有此親身感受，凡是在輔

仁大學國文系受過沈先生教誨的同學都有同感。

（程述之《深切懷念沈兼士先生》,《沈兼士先生誕生一百周年紀念論文集》）

同月，爲私立北平輔仁大學畢業生題寫《詩經》名句（手迹），并鈐“沈兼士”陰文篆章。

皎皎白駒，在彼空谷。生芻一束，其人如玉。毋金玉爾音，而有遐心。

廿六年六月爲輔仁大學畢業同學書。沈兼士。

（《輔仁大學年刊》1937）

同月，考古學社公布會費清單，沈兼士繳會費二元。

收支報告

進翁國樑、何士驥……陳祥春、沈兼士、葉公超、孫文青等十六人會費三二元

（後略）

（《考古社刊》第六期，1937 年 6 月）

七月五日，楊樹達收到沈兼士致丁聲樹論文字學問題信，認爲此信寫得頗精煉。

沈兼士寄渠與丁梧梓（聲樹）論文字書來，即前與余談及曰，聿、馭諸文皆有回旋之義者，文頗精。（《積微翁回憶録》）

七月二十三日，《益世報》“人文周刊”第二十九期刊登消息，稱私立北平輔仁大學設立文、理科研究所，文科研究科目包括沈兼士的“中國語言文字學專題研究”和“中國文字學史專題研究”。

學術界近訊

北平輔仁大學添設文、理科研究所，本年度先設史學、物理部，報考第一年級研究生。設有免費名額。二年畢業，由政府授予碩士學位。兹探得該兩部之研究科目如左：

（甲）文科研究所史學部

中國語言文字學專題研［究］	沈兼士
中國文字學史專題研究	沈兼士
中國文學史專題研究	余嘉錫

…………

（《益世報》1937 年 7 月 23 日）

七月二十五日，《益世報》刊登消息，稱私立北平輔仁大學從下年度起設立文、理科研究所，文學院院長沈兼士將兼任文科研究所所長。

輔大下年度起設立文理科研究所

［北平通訊］北平私立輔仁大學由下年度起設立文、理科研究所，經教育部

批准後，現正積極籌備招生事宜，擬與本科同時開學上課。至兩所所長業已聘定，文科研究所由文學院長沈兼士担任，理科研究所由理學院長嚴池（A. Jaensch）擔任。教授方面除該校原有各專門教授分别擔任課程外，并特聘德國物理學專家菲知本（W. Fitxgrbbon）爲理科研究所物理學部教授，擔任《原子的物理》課程。頃聞菲氏已由德啓程來華，開學前即可抵平云。

又該校本年在平、滬、漢、粵四地招考本科一年級新生及在平招考研究生，統定由八月四日起開始報名，十日截止，十二日至十四日舉行考試。該校以距報名期近，爲便利起見，所有外埠報名及考試事宜均委托各該地教育機關代爲辦理，計上海爲震旦大學，漢口爲士智中學，廣州爲聖心中學。該校現正趕制各項報名表册及試題、試卷等，日内即可分别由平寄往云。

（《益世報》1937年7月25日）

七月三十日，因不願爲日本人做事，不再去故宫博物院文獻館工作。漢奸周養庵派人來勸任事，嚴辭拒絶。以後，家庭生活發生困難，有段時期衹得賣書維持生計，兩個女兒被迫輟學。

兼士先生在故宫博物院成立不久，即兼任了該院文獻館館長多年。文獻館的檔案整理工作就是在他的指導下開始的，并先後培養出一些整理檔案的人才，如現在尚健在的單士元等專家。但在“七·七”事變，北平淪陷後的第二天他就不去文獻館工作了。當時敵僞在北平組織了“治安維持會”，主持文教的是漢奸周養庵。周派人到沈家，請沈先生出來仍主持文獻館的工作，被先生拍案拒絶，把來人趕出門外，并説：“我餓死也不給日本人工作。”不去文獻館之後，工資收入僅輔仁一處。家丁很多，兒子沈觀又患肺病，經濟十分困難，不得已衹有托在北平圖書館工作的趙萬里教授把家藏的一部分書賣給北平圖書館。大家知道，讀書人賣書，確實是一件忍痛割愛的事呵！

（葛信益《記恩師兼士先生抗日愛國的無畏精神》，《沈兼士先生誕生一百周年紀念論文集》）

抗日戰争之前，先父兼士先生除在輔仁大學執教外，還任故宫博物院文獻館長。北平淪陷翌日起即不去故宫。敵僞當時組織了一個“治安維持會”，主管文教的是漢奸周養庵。他派個先父從前的學生來見，説“文獻館事還是得請您主持；知道您血壓高，不必天天到館，偶爾去去就行了”。話未説完，就被先父拍桌子趕了出去。

這樣工資僅剩輔仁一處。收入既減，食指衆多；同時哥哥沈觀又患肺病在療養，經濟極爲困難。不得已，使沈萃沈泰停學，少交兩個人的學費。衹有沈節沈兑因年小繼續讀書，以後，物價日漲，拮據異常，於是乎又衹好賣書。書是托趙萬里先生洽商，賣給北平圖書館的。記得有個下午，父親在小南屋找書，由他講書名另由我們寫出單子，往往一書在手，報了書名，又説勾掉，因爲捨不得。最後過目的時候，發現肯賣的賣不了幾何，又衹好一一拿出寫上。當時我們少不更事。長大後才明白學人賣書是多麽痛苦的事；其程度絶不是“去我之日殊難爲懷”的心情所能表達的。再往後，在敵僞的統治下，簡直難以生活。那時，吴鏡汀先生有時指教沈泰習畫，曾對先父説“要不然，在榮寶齋挂個筆單吧”，父親説：“現在除了漢奸、鴉片煙館老板和發國難財的人以外，誰有錢買字畫！寫字也不賣給這幫東西！”

那時候，先父除了上課和每日到輔仁張懷先生的辦公室去問問大家公訂的《路透社電訊稿》上有關抗戰的消息以外，終日杜門不出。在北平的老友也已不多，每周六下午，經常過訪的有北大馬幼漁先生和北平大學王之相先生，都是發誓餓死也不給日本人教書寫文章的忠貞耆舊。他們也是來打聽路透社上的消息的。年老步履維艱地走了來，聽到的總是正面戰場上的“轉進”；經常是默然相對喟然長歎。我們是浙江吴興人。家鄉習慣，下午三四時來客人，例以茶食招待，即清茶之外，有一些點心。當時無力購買點心。於是“發明”了炸面片，即把面擀成薄片，切成小條，略加糖，用油略炸，權作點心。幼漁先生很幽默地説：“有這炸面片，沈家就成了少慰愁思的地方。”其實，面片也衹是小小一碟心，大約六七小條而已。

（沈萃、沈泰、沈節、沈兑《記先父兼士先生抗戰期間二三事》，《沈兼士先生誕生一百周年紀念論文集》）

按：北平淪陷日爲是年 7 月 29 日。

十月十四日，錢玄同、馬裕藻來訪，爲許世瑛謀輔仁大學圖書館工作事。

十一時幼漁來，在吾家吃中飯。十三時與之同訪兼士，爲許世瑛（季市）請托也。他想謀輔大圖書館之中文編目一職也。（《錢玄同日記》）

十一月二十三日，私立北平輔仁大學收到北京特務機關婦女宣撫班來函，要求填送該校教授姓名住址表。沈兼士列名其中。

私立北平輔仁大學校收文字第 6640 號

北京特務機關婦女宣撫班（中華民國二十六年十一月廿三日時呈閲）

輔仁大學教授姓名住址表

姓　名	別號	住址	備考
陳　垣	援庵	地安門外南官坊口二十號	
英千里		西城定阜大街二號	
沈兼士		東城沙灘二十九號	
張　懷	百齡	西城定阜大街二號	
余嘉錫	季豫	景山東街東高房三號	
張星烺	亮塵	地安門外方磚廠二十三號	

（北京師範大學檔案館藏檔，檔號：6.1-0032-0001）

同日，羅庸、羅常培、鄭天挺、魏建功聯名作致沈兼士明信片，正面書寫地址及收件人爲“北平沙灘廿九號沈兼士先生”，注明“自威海衛湖北輪發”。

廿一日，塘沽出口——雨雪霏霏。（天時）

廿二日，煙臺停泊——碧海青天。（地利）

廿三日，威海南航——出而哇之，幸幸而免。（人和）

廿四日以後——下回分解。

敬祝

兼士、援庵、一庵、憩之、青峰、季豫諸公健康。

膺中、常培、天挺、建功　廿六年十一月廿三日

（原件，蘇州大學博物館藏）

按：“七七事變”後，北大、清華等校奉命南遷，先撤到長沙成立臨時大學，後撤至昆明成立西南聯合大學。羅庸、羅常培、鄭天挺、魏建功等是北大最後一批撤離人員，他們在途中作此明信片，向滯留北平的同人報告行蹤。

下半年，“七・七”事變後，北平淪陷。與同人英千里、張懷、董洗凡等教授秘密組織“炎社”（取顧炎武的“炎”，以示抗日），不久擴大組織，改爲“華北文教協會”（簡稱“華北文協”）。

1937 年“七・七”事變後，北平淪陷。他在輔仁教書，與同人英千里、張懷、董洗凡等教授秘密組織“炎社”（取顧炎武的“炎”，以示抗日），不久擴大組織，改爲“華北文教協會”（簡稱“華北文協”）。其宗旨是：一方面以消極地不屈服不合作的態度對付日本人，而暗中却提倡高風亮節，爲人師表，以身作則，用無言之教，感召學子；另一方面則積極地發揚民族思想，愛國精神，以顧炎武“天下興亡，匹夫有責”的名言號召文教界人士參加淪陷區的抗戰活動。如編輯出版“辛巳文録”，鼓勵不與日本人合作的仁人志士寫文章。遣送願去後方的青年參加抗戰工作；編印、傳閲“時事簡報”（就是組織人力把夜間偷聽記録下來的重慶電臺的抗戰新聞油印出來傳閲），等等。我還記得：在當時敵僞嚴密監視輔仁大學活動的情況下，有的人怕遭逮捕，身上不敢攜帶“時事簡報”出校門，獨沈先生自願隨身帶幾份這種報，傳遞别人。這種果敢英勇宣傳抗戰的精神，實在感人！不久，1941 年 12 月 8 日太平洋戰爭爆發，燕京大學被日軍查封，燕大的哈佛出版社被查抄，《辛巳文録》續輯的稿件也被日軍没收了。第二次世界大戰日益激烈，日軍在中國的侵略也日趨緊張。日軍爲了準備發動中原大戰，在華北敵佔區加緊了搜捕抗日力量的活動。這時華北文協的委員們探知日僞要逮捕人的黑名單上第一個就是沈兼士。因他是華北文協的主任委員。幾位委員都要他先走，而他執意以年歲大，又患高血壓、偏頭疼爲由不願走，大家以爲這些理由正是應該先走的理由，因爲萬一遭逮捕，這樣的身體怎堪忍受。由於大家的勸説，他才答應走。

（葛信益《記恩師兼士先生抗日愛國的無畏精神》，《沈兼士先生誕生一百周年紀念論文集》）

一九三八年　民國二十七年　五十二歲

二月九日，赴同和居趙蔭棠午宴，同席有錢玄同、馬裕藻、陳聘之等。

午趙老鐵賞飯於同和居，共六人：錢、趙、馬二、陳聘之、沈三、唐三。尚有啓明一人，因有他宴未到。三時散，即至孔德，小疒。（《錢玄同日記》）

按：趙蔭棠（1893—1970），又名仝光、憩之，筆名老鐵，河南鞏縣（今河南鞏義市）人。早年就讀北京大學研究所國學門，師從錢玄同等學習漢語聲韻。以後在河南大學、孔德中學、北京大學、北京師範大學、輔仁大學等校任教，著有《中原音韻研究》《等韻源流》等。

二月十一日，朱希祖在日記中提及，據友人寫信告知，馬裕藻、錢玄同、沈兼士仍留居北平。

午後，接張叔範自北平來平信，一月十四日所發，言是日孟森先生逝世，而馬幼漁、錢玄同、沈兼士等仍安居北平。（《朱希祖日記》）

二月至六月，私立北平輔仁大學發布《編輯〈廣韻聲系〉之工作報告》，《廣韻聲系》一書由沈兼士主編。

編輯《廣韻聲系》之工作報告 二十七年二月至六月

教授：沈兼士　編輯：劉文興　研究學生：葛信益　書記：劉文佑、陳明光

（一）已完成者：

1. 增訂《廣韻》不録之主諧字，并加案説明，計二十八則，并擬“凡例”三條。

2. 删減《説文》所無之主諧字，計十一字。

3. 改移諧聲字之統系，計二十六字。

4. 改訂各紐意符字之又音案語，計六十五則，并擬“凡例”四條。

5. 訂補全書案語，計一百二十一條。

（二）工作中者

1. 粘貼改繕欄外所記開齊合撮爲開合等呼。上學期起見紐，止澄紐，共計十一紐；本學期起娘紐，止從紐，共計十二紐。

2. 覆校改訂後重繕及移粘清稿之錯誤。上學期起見紐，止澄紐，共計十一紐；本學期起娘紐，止從紐，共計十二紐。

3. 加齊待印之清本每紐上角標字，及諧聲字各組間之隔號。上學期起見紐，止澄紐，共計十一紐；本學期起娘紐，止從紐，共計十二紐。

4. 根據待印之清本改定留校之底本，使歸一律。上學期起見紐，止疑紐，共計四紐；本學期起端紐，止知紐，共計五紐。

5. 用新見江安傅氏藏影宋本《廣韻》，與澤存堂覆刻宋本之兩次修改本（第一次修改：（一）木刻本，（二）蜚英館影印本，（三）來薰閣影印本；第二次修改：（一）木刻本，（二）鄧顯鶴翻刻本），互校一過。現校至下平聲。

6. 覆審各紐各字之諧聲系統，已完三十四紐。

研究題目	研究人員		研究狀況
	教授	編譯員	
廣韻聲系	沈兼士	陳祥春 劉文興	已編成付印
《廣韻》主諧字與被諧字分布於各紐各韻統計表	沈兼士	陳祥春 劉文興	已編成付印
校勘《廣韻》札記	沈兼士	劉文興	已編成
《廣韻》又音字之研究	沈兼士	陳祥春	進行中（材料已搜集過半）
《廣韻》主諧字與被諧字聲紐韻部分合之現象	沈兼士	劉文興	已進行
《廣韻》主諧字與被諧字之讀音衍變中觀察（始漢紐止娘紐）	沈兼士	陳祥春	擬進行
漢語中字族之研究	沈兼士	劉文興 陳祥春	已進行
楚詞研究	鮑潤生		比較楚詞各種板本，參考各家注釋，將楚詞譯成德文，并研究屈原之生平及作風。其一部分結束，……

《廣韻聲系》五十餘萬字，二十年起，二十四年完成。研究目的：

(1) 主諧字與被諧字音讀之衍變；

(2) 中國語中字族之研究。

（北京師範大學檔案館藏檔，檔號：6.1-0084-0001）

五月八日，赴孔德學校與錢玄同、周作人、藍少鏗等談話。

五時許至孔德，約周、沈三、藍、沈小同至孔談，九時半歸。（《錢玄同日記》）

五月二十日，錢玄同來訪。

六時訪沈三，七時歸。（《錢玄同日記》）

六月三日，與周作人、徐耀辰、錢玄同等在承華園宴請孫蜀丞、何克之。

五時啓明來，今日爲孔德了結華北案之請客：

地點：承華園；

客三人：孫蜀丞、何克之、沈家彝（沈未到）。

主八人：周啓明、馬幼漁、沈兼士、錢玄同、徐耀宸（徐耀辰——編者注）、藍少鏗、沈令揚、李召貽（馬未到）。

至九時散。（《錢玄同日記》）

七月二十八日，朱希祖在日記中提及，章太炎在《自撰年譜》中稱黄侃、錢玄同、沈兼士、朱希祖爲其弟子中有成就者。

報載七月十五日吾友錢玄同卒於北平。玄同與余於清光緒三十年同留學日本早稻田大學，又在日本同受業於餘杭章先生，……玄同長於小學，精音韻，章師弟子甚多，幾累百盈千，然《自撰年譜》僅以黄侃季剛、錢夏德潛（玄同在日本時名號，後改玄同）、沈堅兼士、朱希祖逖先稱爲弟子成就者。（《朱希祖日記》）

按：中華書局2012年版《朱希祖日記》記爲“沈堅兼士”，而該日記手稿（朱希祖孫子朱元曙藏）爲“沈堅兼士”，今按原稿改正。另，中華書局版日記中“然《自撰年譜》以黄侃季剛”句缺“僅”字，今亦按日記手稿補入。日記中“錢玄同卒於北平”系誤傳。

九月二十一日，余季豫致楊樹達書，稱沈兼士對外面的事一切不問。

得余季豫書，云：張孟劬養病，足不下樓。不相見者已年餘。沈兼士於外事一切不問。（《積微翁回憶録》）

十月二日，赴東興樓馬裕藻午宴，同席有周作人、錢玄同、江紹原、趙萬里、李召貽等。

午馬二賞飯於東興樓，同座者爲——

周二、沈三、江紹原、趙萬里、張稚亭、藍□、李召貽、沈令揚、繆光甫（張柱中未到）。（《錢玄同日記》）

十月七日，與陳垣、張懷、胡魯士等私立北平輔仁大學冬賑會發起人，致函全校教授，邀請大家於下星期一同往參觀粥廠暨施診所後，赴附屬中學客廳參加茶話會。

私立北平輔仁大學校稿去文字第號

函本校教授（中華民國二十八年十月七日時封發）

敬啓者，本校歷年組織冬賑會，施粥救濟附近貧民。今夏又附設施診所，治療一般貧苦婦孺。皆賴師生合作精神，成績頗著。茲訂於本月十一日（下星期一）午後三時半，請駕臨大學客室，同往參觀粥廠暨施診所後，赴中學客廳茶話。雷校務長報告粥廠及施診所以往經過情形，并討論此後一切應進行事宜。謹此函達，屆時務請出席爲幸。順頌

教祺

發起人：張　懷　胡魯士　嚴　池　沈兼士　陳　垣　張漢民　雷　冕　英千里謹啓

十月七日

（北京師範大學檔案館藏檔，檔號：6.1-00682-0001）

十、十一月間，高步瀛應沈兼士之請，爲其所藏《窺園圖記》題跋。參閲一九三二年五月條。

沈兼士先生出《窺園圖記》，屬書其後。記爲王西莊先生爲費玉衡作，江艮

庭先生書并附記；後有章太炎、陳援庵、黄晦聞、余季豫、楊遇夫諸先生跋。琳琅溢目，誠瑰寶也。

…………

若夫侈張毖緯，特竹垞之緒餘；輕訾前人，致曉徵之諷諫。余君之跋，先獲我心。至從長棄短，轉益多師，薪火可傳，江河不廢，則西莊先生，固吾輩所願執丹漆以相從、奉馨香而展拜者也。嗟乎！錢精王博，代復幾人？蔡絹江毫，藝兼二絶。先民不作，空披《蛾術》之編；痼疾難瘳，竟絶燕游之樂。時予臥病年餘，不能出門户。勉策跛鱉，聊爲續貂。尚冀兼士先生愍其愚而匡其謬也。

箸雍攝提格之歲玄月，高步瀛

（朱玉麒《元白先生所藏〈窺園圖記〉題跋》，《文獻季刊》2006 年第 2 期）

按：箸雍攝提格之歲玄月，即農曆戊寅年九月，公曆爲十、十一月間。

十一月二十二日，與陳垣、張懷、胡魯士等代表私立北平輔仁大學冬賑會，致函全校教職員，徵求是否同意捐薪一日助賑。

敬啓者，本校上年組織冬賑會，開辦粥廠，救濟附近貧民，成績頗著。現值冬季，仍擬續辦。仝人等提議照舊捐薪一日，連同本校董事、校友及學生捐款，充作粥廠及施捨舊棉衣之用，諒荷贊同。如有特殊情形，不願照數捐施，敬希於本月二十八日前函示本校秘書室爲禱。專此，敬頌

教祺

張　懷　胡魯士　嚴　池　沈兼士　陳　垣　張漢民　雷　冕　英千里謹啓

二七、十一、二二。

（北京師範大學檔案館藏檔，檔號：6.1-00682-0001）

十一月二十七日，錢玄同在日記中提及，沈兼士爲許世瑛之證婚人。

在知堂處晤許詩英，他定於十二月廿六日在西長安街淮陽春結婚，介紹人周知堂、陳君哲，證婚人沈兼士，主婚人戴静山代。（《錢玄同日記》）

按：許詩英即許世瑛，許壽裳之子。

是年，撰成《初期意符字之特性》一文。後發表於天津《大公報》“文史周刊”第一期（一九四六年十月十六日），文末注“三十五年十月五日録八年前舊講義付《大公報》‘文史周刊’”。又收入《段硯齋雜文》一書。此文提出了漢語“意符字”的設想，認爲“初期意符字”爲“文字畫”與六書象形字中間的過渡時期。説：“由文字畫蜕化爲六書文字，中間應有一過渡時期，逐漸將各直接表示事物之圖形，變爲間接代表語言之符號。其形、音、義或由游離變爲固定，或由復合變爲獨立，今姑名之爲初期意符字。”這是對“文字畫”説的一個重要補充，也是作者對漢字發展研究的一項重大貢獻。

一九三九年　民國二十八年　五十三歲

五月二十八，朱希祖作致沈兼士信。

寫馬幼漁、沈兼士信，……

（《朱希祖日記》）

暑假，與余嘉錫等共同發起籌備在私立北平輔仁大學中國文學系成立語言文字學會。

國文學系語言文字學會概況　記者

語文學會爲本校最近成立之新組織，本年暑假期間由沈兼士教授、余季豫教授等發起籌備，至今竟在同學切望中而産生，同學之幸，輔仁之幸，亦我國文學界之幸也。聞該會目的在提倡同學課外研究興致，謀共同探討或編纂有關語言文字之重要圖書。

本月十日該會開第一次大會，出席會員極踴躍，由主席沈兼士教授報告籌備經過及開會宗旨後，則有余季豫、陸宗達兩先生先後講演。

余先生講演大意謂：治學問貴博覽，欲通一書，須通群書。無論研究何門學問，均應在本門之外備應有之常識，即看一部小説亦不易，倘若不知當時風俗制度，必不能完全了解其内容。清人爲通經學而治小學，以碑板証歷史。現在目的與前不同，余以爲應利用小學通經學，以歷史証碑板。總之，希望同學於專門書之外，多旁及他書。

陸先生大意謂：段注《説文》有許多錯誤，最大的毛病在解字方面以許説範圍别家之説，解經方面以鄭玄等之説牽就許氏，此蓋不知漢人解經，各有師承，今古文固不同，即同一系統之學者如鄭衆、馬融、賈逵輩，亦相互反駁，漢人解經説字既如此不統一，總不可以許氏之説範圍别人，又不可以别家之説以牽就許氏，然許氏旨在依經義以説字，故吾人當窺測其經義上説解之由來，則癥結盡明，不至發生誤解矣。（記者案：陸先生例證甚多，本文不及詳述，聞講稿將統由該會保存彙集發表）

余、陸兩先生講演完畢，該會仍繼續討論會務，約歷二小時。兹將該會簡章抄録於下：（略）

（《輔仁生活》第一期，1939 年 11 月 25 日）

十月二十八日，《華光》第一卷第四期刊登署名“塵舞”的《介紹輔仁的國文系》，對該系教授沈兼士作了詳細介紹。

介紹輔仁的國文系

我寫這篇文字的動機，完全是因爲讀完了齊東野君的談輔仁大學而發生，可惜我没有齊君那樣生動的文筆，寫不出那樣流利的文字來，但是盲人騎瞎馬，總還算是有馬可騎，所以我也不妨一寫。

談到輔仁的國文系，自然不敢説比旁的大學好，但是也并不見得壞，這一點社會自有公論，似乎不用我來嘵舌，現在我所要説的，祇是想介紹一點輔仁國文系的内容，和師長同學們的大概情形。其中不免也許有一點錯誤的地方，但是總還希望輔仁的師長、同學和讀者們能够諒解。

如今我們先介紹輔仁國文系的師長，和授課的大概情形：

沈兼士　文學院院長兼本系教授，是章太炎的高足弟子，是中國的惟一的文字學家，所擔任的課程，有文字學綱要、文字學史、《説文》、《釋名》、初期意符字的形態與性質等等，據説下學期的新課是預備開《文始》呢？其中尤其是初期意符字的形態與性質講得最好，最爲膾炙人口。我想便是章太炎先生在世的話，也許還要相遜一籌呢，所以在我們同學的眼光看起來，先生確是前無古人，一直到現在，還是後無來者，中國唯一的文字學家呢。先生零篇的著作很多，像《釋鬼》《古文説之推闡》（即《右文説在訓詁學上之沿革及其推闡》——編者注）等，都是極負盛名大家公認的成功作品。據説最近先生預備將先生所寫的文字學的論文和散文，編成一部文字學論叢，大概不久便可以和我們見面了，真是中國文字學上一個偉大的貢獻呢！還有《廣韻聲系》，齊東野君説得很詳，如今我不再説。先生對於同學，永遠是不憚煩的循循善誘，所以我們對於先生，也都是由畏生敬，由敬而又生出愛來。先生對於學術的研究，真是孜孜終日，兀兀窮年。韓文公説的“業精於勤，荒於嬉”，先生是確實得到了“勤”字的真義，尤其是先生高尚的道德和熱忱，確實是我生平所最景慕的幾個人中之一呢！

（後略）

（《華光》第一卷第四期，1939年10月28日）

十月，經與私立北平輔仁大學文學院中國文學系主任余嘉錫等共同提議，該系正式成立語言文字學會，公布章程，決定講演及報告、編纂文字學辭典及其他有關語言文字之調查或研究等兩項會務。

國文學系成立語言文字學會

國文學系教授沈兼士、余嘉錫等爲提倡同學課外研究之興致起見，爰於二十八年暑假期間發起組織語文學會，同年十月正式成立。兹録該會簡章於後：

一、本會定名爲輔仁大學國文學系語言文字學會。

二、凡本校教職員暨研究生、本科三四年級學生，經發起人二人之介紹，得爲本會會員。教職員會員均須擔任輪迴講演，學生會員均須曾習語言文字學各項基本科目者。

三、會務暫定爲兩種：

1. 講演及報告。專題講演由教職員輪迴擔任之，每次開會時須有一人或二人講演，每人以半小時爲度。讀書報告由學生於每次開會時輪流報告其讀書心得，每次以二人爲限。

2. 編纂文字學辭典及其他有關語言文字之調查或研究，由各會員分組進行。

四、常會日期爲每月第一個星期六（下午二時半），如適值放假日則順延一星期。

五、本會會址爲西樓一五三號。

語文學會歷次講演題目

該會例有月講，由教職員輪迴擔任。兹將講演題目開列於後，其次第以講演先後爲序：治學方法（余嘉錫），《説文》中經義之探討（陸宗達），古文字對於載籍故訓之糾正（于省吾），中國文句之特殊性（陳君哲），關於複輔音（陳祥春），論隋唐時之楚音（劉文興），運用音訓以研究古書之方法（孫人和），論兩漢詩文之韻讀（周祖謨），經籍舊音辨證發墨（沈兼士），段玉裁與江有誥諧聲表的比較（許世瑛）。

（《本校學術消息》，《輔仁學誌》第八卷第二期，1939年12月）

十一月十日，參加私立北平輔仁大學文學院中國文學系語言文字學會第一次大會，報告籌備經過及開會宗旨，討論各項會務。參閱本年暑假條。

十一、十二月間，與高步瀛等十多位輔仁大學教授爲慶賀校長陳垣六十歲生日，合作撰成駢體文《陳援菴先生六十壽序》。

陳援菴先生六十壽序

歲紀單閼，律中應鍾，爲陳援庵先生六十壽辰，諸友謀所以壽之者，屬序於余。

夫攬揆錫名，著於楚客；贈言稱序，肇自唐人。牧菴冠於鼇詞，震川衍爲文派。禮由義起，藝以道隆。特是琅書升檢，何與涫脩；彭雉聃龍，徒陳華説。末學膚受，大雅病諸。是必徵之禮典，兼三德五事之尊；攷之學林，綜三墨八儒之勝。庶可懸文府而不刊，告信史而無愧。

先生鍾秀嶺表，濟美太丘；人推國華，典副邦教。向敏中大耐官職，陶元亮蚤賦歸來。於是宣秉鐸之聲，弘鑄人之道。芃兮春木，共慶鶉援；逑哉秋蟲，咸苻蜾化。林宗名盛，遂爲眾流之歸；孫卿道高，克副祭酒之望。今夫推己及物者，教滜之沖瀜也；流葉自根者，學津之布濩也。

先生身爲度律，道綜古今。汾河委簡，夙誦無遺；東觀祕文，潛闚悉徧。王伯厚之考漢志，遜其弘通；錢同人之輯崇文，無斯精邃。且夫孝緒著書，夙傳七録；子玄論史，尤擅三長。實事求是，守良法於河間；寫定傳人，遵成規於高密。是以數其名作，窮於萬言。綜厥大端，括以六事：

一曰徵信。溯自蒙兀西伐，天教東來，史策載之而不詳，方志紀焉而亦畧。多桑名著，猶淆音讀於回文；俞樾序文，莫辨異同於景教。先生旁羅金石，年證虎兒；博採油緹，記參馬可。人材可數，請檢青陽之編；道路堪稽，更合黑迷之傳。乃知渥溫御世，蚤諗風行；利子未來，已瞻日出。

二曰勘誤。薛書翔實，塙勝新編。元史麤觕，轉輸舊典。而清臣輯佚，多改永樂之文；沈氏新鐫，未見元人之本。遂致胡犬之諱，甚於同光；帝虎之譌，苻於顔氏。先生稽其同異，綴其闕殘。莫謂杜詩鳥過，補字無緣；莽傳鼃聲，譌文相襲。鐳子政之普録畧，遙溯淵源；彭叔夏之辯英華，堪爲模楷。

三曰訂厤。劉義叟之長筭，衍自漢初；汪曰楨之編年，訖於明季。董方立空推三統，錢曉徵但表四朝。法稱西土，則有儒略、奥古之紜緐；術證天方，又有武悳、開皇之膠輵。先生精比治絲，功成合璧，能使千歲日至，坐定而無難；百代雲礽，開篇而可考。

四曰闡幽。上海立傳，不及仁和；石谷蜚聲，罕聞墨井。試問理窟勃窣，誰開名學之先；異説譸張，轉誤畫徵之録。先生求珠赤水，伐玉春山。孫治墨辯，搜翟子之遺聞；錢輯蕺殘，成深寧之年譜。

五曰旁通。事神有諱，始自周人；代字曰某，盛於漢代。於是句濤、絢紡，姓氏皆非；景子、武辰，幹枝忽易。先生列爲條目，別有會心。忠爲隨諱，正《中説》之僞篇；深是唐更，識《魏書》之補本。轉覺昌黎之辯，猶屬粗疏；黄氏之書，尚多謬誤。

六曰博攷。章句之土，顓守一家；溝瞀之儒，徒食千蹠。先生鉤沈學海，獵逸書林，記摎韋述，拜火本異於牟尼；碑考金鍾，挑筋尤殊乎謨罕。敦煌著録，八千軸象載編成；祕史審音，三十則鴻章顯著。茆谿語録，證清宫之秘聞；雲石詩詞，見華風之廣被。此則汲古所獲，盡是珠船；夜行不迷，堪稱斗極者矣。

《陳援菴先生六十壽序》（北京師範大學圖書館藏）

莊周作論，不愧博大之名；徐幹有言，是爲聲聞之壽。昝伏生九十猶誦《尚書》，曹憲二百能傳《廣雅》。況先生受毓之祜，味道之腴。呠神廣莫，合萬有而罣牢；定性大湫，備六氣之涫沄。

今者，歲逢周甲，辰值降庚，烏程竹葉，共進兕天。庾嶺梅華，遙縈鶴夢。敢爲喤引，用代手悳。伏望龍威玉簡，得觀上卷下卷之全；更假鳳尾金箋，續寫杖國杖朝之頌。謹序。

吴興沈兼士拜撰　　武陵余嘉錫拜書

高步瀛、郭家聲、英千里、張懷、張星烺、孫人咊、張重一、張漢民、徐金淥、

董洗凡、趙錫禹、王徵葵、余炘文、劉景芳、陳光熙、楊成章、施格萊等仝拜祝

中華民國二十八年歲在己卯冬十月　穀旦

（《陳援菴先生六十壽序》[民國石印本]，北京師範大學圖書館藏）

按：陳垣學生劉乃和在《淺釋援師六十壽序》（見劉乃和著《歷史文獻研究論叢》，廣西師範大學出版社 1998 年版）一文中寫道："《陳援庵先生六十壽序》是 1939 年輔仁大學部分教授，爲陳垣（字援庵，1880～1971）老師慶祝 60 歲誕辰的序文。序文連同撰者和書寫的人，共十九位教授署名，他們當時都在輔大任教，都是飽學知名之士。""此序署沈兼士（1887～1947，浙江吴興人）撰，余嘉錫（1883～1955，字季豫，湖南常德人）書。沈師精於小學文字音韻之學，很少駢體詞章之作。若干年後，援師告我，才知序文實爲高步瀛（字閬仙）先生執筆，時沈師任輔大文學院院長，文成，乃共推沈師署名。不知者則認爲是沈師作品。"由此可知，此序雖由沈兼士署名，實爲高步瀛執筆，沈兼士、高步瀛等十多位輔仁大學教授共同寫成。

十二月二日，與陳垣、張懷、胡魯士等代表私立北平輔仁大學冬賑會，致函全校教職員，提議照舊捐薪一日，充作冬賑費用。

私立北平輔仁大學校稿

函達續辦冬賑金照舊捐薪一日連同各捐款充作經費（中華民國二十八年十二月二日時封發）

致各教職員函

敬啓者，本校歷年組織冬賑會施粥，救濟附近貧民，成績頗著。值兹百物昂貴，所需煤、米價格較往年倍增。又附設施診所，治療一般貧苦婦孺，每月所費方鉅。仝人等提議照舊捐薪一日，連同本校董事、校友及學生捐款，充作粥廠及施診所并舊棉衣等用費。諒荷贊同，敬希查照。專此，順頌

教祺

張　懷　胡魯士　嚴　池　沈兼士　陳　垣　張漢民　雷　冕　英千里謹啓　月　日

（北京師範大學檔案館藏檔，檔號：6.1-00682-0001）

十二月四日，與陳垣、張懷、胡魯士等代表私立北平輔仁大學冬賑會，致函全校教職員，徵求是否同意捐薪一日助賑。

私立北平輔仁大學校稿去文字第　號

函本校教職員（中華民國二十八年十二月四日時擬稿）

致各教職員函

敬啓者，關於冬賑會捐薪一日一案，業已函達在案。如蒙贊同，擬於台端十二月份薪金内扣除。倘有特殊情形，不能"照數"捐助，敬希於本月二十日前函示本校秘書室爲幸。專此，順頌

教祺

張　懷　胡魯士　嚴　池　沈兼士　陳　垣　張漢民　雷　冕　英千里謹啓　十二月　日

（北京師範大學檔案館藏檔，檔號：6.1-00682-0001）

十二月三十一日，赴陳垣生日宴，鄧之誠作東，同席有余嘉錫、張亮丞、柴

德賡等。

晨入城，訪余季豫談，即邀之至陳援庵處。予爲援庵作生，酒肴呼自西來順，共約費四十元，并邀沈兼士、張亮丞、柴德賡作陪。（《鄧之誠日記》）

十二月，在《輔仁學誌》第八卷第二期發表《希、殺、祭古語同原考》。這是作者關於漢語字族研究的一篇重要論文。此文首先考察希、殺、祭三字的語原及演變，然後從各類字書的注釋入手，進行詳盡的論證，最後製成《希、殺、祭字族表》，認爲“右表旁行觀之，可明字族蕃衍扶疏之勢。上下省之，可窺語根權輿耒祛之幾”。

按：此文末尾注“二十八年除日寫於北平廩廬之識小齋”，“除日”即掃除日寇的意思，表現了作者抗日救亡的愛國思想。

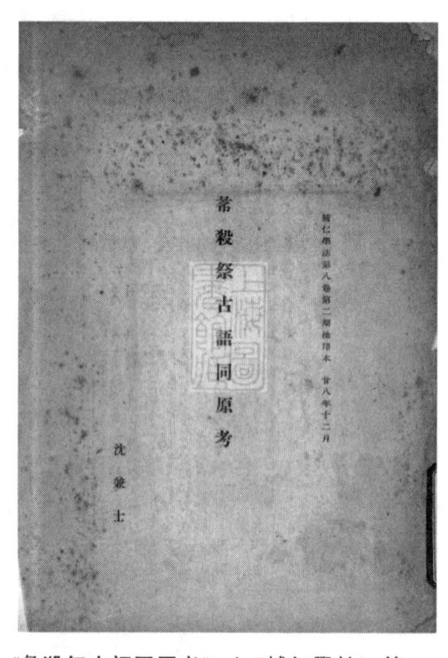

《希殺祭古語同原考》（《輔仁學誌》第8卷第2期抽印本，1939年12月）書影

是年，學生周祖謨應聘至私立北平輔仁大學授課，課餘常常來訪，并協助校閱《廣韻聲系》清稿。

英斂之、陳援庵諸先生創辦私立輔仁大學，先生一直任文學院院長，積極培養後進，并設立語文學會，每月由教師作講演，報告研究成果，以互相切磋，引起研究問題的興趣，研究生也必須參加討論，學術空氣大爲活躍。1937年五月我從南京歷史語言研究所請假回北平省親，七月盧溝橋事變起，北平成爲淪陷區。1939年爲陳援庵校長聘任開始至輔仁授課。當時先生正在主編《廣韻聲系》巨著，間或至編輯室向先生問候，并協助校閱清稿。由是拜見先生的時候較多，且每面必談論學問，先生謙抑爲懷，時以所著文稿詩稿見示，受惠益多。

（周祖謨《懷念尊敬的恩師沈兼士先生》，《沈兼士先生誕生一百周年紀念論文集》）

是年，地下抗日組織“炎社”擴大組織機構，改名爲“華北文化教育協會”，任該協會主任委員。主要從事宣傳抗日救國，護送愛國師生去後方，組織各種抗日鬥争活動等工作。

在沈兼士先生的追悼會上，有這樣一副挽聯：“三月紀談心，君真兼士，我豈別士。八年從抗戰，地下輔仁，天上成仁。”這是金息侯先生親筆寫的，它如實地反映了沈先生抗日救國的精神。

兼士恩師既是一位威武不能屈、富貴不能淫的愛國學者，也是一位憂國憂民、熱誠、坦率、善良、仁慈的教育家。先生以明末清初愛國學者顧炎武爲楷模，於日本帝國主義發動蘆溝橋全面侵華戰争後，立即秘密地聯絡廣大愛國學者，如金息侯、馬衡、張伯駒、鄧以蟄、英千里、張懷等等，成立了地下抗日組織，取名“炎社”。在文教界中，積極宣傳抗日救國，堅決不與敵人妥協合作。當時，許多輔仁的教師和同學參加了“炎社”，針對前方作戰的需要，設法作好後方的供應工作，積極支援宋哲元將軍的前方作戰。

在兼士先生的領導下，“炎社”自1939年起擴大了組織機構，改名爲“華北文化教育協會”（簡稱“文協”），成爲整個華北“淪陷區”的地下抗日救國組織。并在開封、濟南、太原等地設立了分會。兩年之内，各地吸收的會員共達數百人之多，絶大多數的會員均爲愛國的非黨人士，其中以輔仁校友占大多數。

當時，“文協”的主要活動爲：一、宣傳“抗日救國，不與日寇合作”；二、護送愛國師生去後方；三、組織各種抗日鬥争活動；四、出版不同性質的刊物，如《辛巳文録》、《時事簡報》和《輔仁生活》等等。

（郝德元《憶恩師抗日救國的精神》，《沈兼士先生誕生一百周年紀念論文集》）

是年，題寫陸游《雨夜觀史》詩（手書）。

讀書雨夜一鐙昏，歎息何由起九原？
邪正古來觀大節，是非死後有公言。
未能劇論希捫蝨，且復長歌學叩轅。
它日安知無志士，經過指點放翁門。

兼士

（《輔仁大學年刊》1939）

一九四〇年　民國二十九年　五十四歲

四月四日，撰成《讀經籍舊音辨證發墨》，文末注：“民國二十九年四月四日寫於北平廌廬抗志齋。”此文後收入《輔仁大學語文學會講演集（第一輯）》。後又收入《段硯齋雜文》一書，標題改爲《吴著經籍舊音辨證發墨》。本文開篇即説明著文的目的，“端在摘發古書音義中向來學人目爲不合慣例者，推本其原，要皆具有特殊之故，既不應武斷爲譌誤，復不宜勉强牽合音轉之説以相文飾”。然後從三個方面來加以闡述：一、兩字義通，音雖睽隔，亦可换讀；二、本字兼有此音而後人不知；三、音義相依之理後世失傳。可以説是發前人所未發的秘密。

四月六日，參加私立北平輔仁大學文學院中國文學系語言文字學會第五次常會，演講學術論文《經籍舊音辨證發墨》。

本校國文學系語文學會第五次常會

語文學會於四月六日下午開第五次常會，由沈兼士教授及許世瑛先生講演。沈講題爲“經籍舊音辨證發墨”，中分三點，用另一副眼光觀察中國文字，故對經籍中許多奇特之舊音，加以合理的解釋，不僅覺吴氏辨證多墨守成見，失之拘攣，且對研究中國文字、音韻創立一新原則。許講“段玉裁與江有誥諧聲表的比較”，舉例頗多。

（《輔仁生活》第六期，1940 年 4 月 25 日）

春，向私立北平輔仁大學校友會負責人建議，籌集“陳援庵獎學基金”三千元，獎勵學習成績優良的學生。又經在教務會議上提議，開始舉辦輔仁工友夜塾，教工友和印刷廠工人識字、讀書、學英語、打算盤。

隨著“文協”的擴大改組，爲了便於開展各項抗日鬥爭活動，“輔仁大學校友會”也在兼士先生的指導下誕生了。1939 年春季，舉辦了第一次返校節。恩師認爲，救國須有人才，而優秀學生往往經濟力量不足。爲了幫助輔仁的清寒同學，恩師向校友會負責人建議：借祝賀陳垣校長六十榮慶，在 1940 年 5 月的返校節上，籌募“陳援庵獎學基金”，約請抗日戰爭爆發後已經留須退休的京劇表演藝術家郝壽臣先生義演《捉放曹》。結果籌得“陳援庵獎學基金”三千元，年年以定息獎給學習成績優良的學生。

此外，兼士恩師還認爲，抗日救國，人人有責，爲了便於發動輔仁全校的愛國力量，向工友們宣傳抗日救國的思想，他在教務會議上提議：由教育系師生舉辦輔仁工友夜塾，呼吁各系同學志願任教，教工友和印刷廠工徒們識字、讀書、學英語、打算盤。自 1940 年春季開始，入夜塾的工友陸續增加，多達一百餘人。

（郝德元《憶恩師抗日救國的精神》，《沈兼士先生誕生一百周年紀念論文集》）

五月二十一日，賀陳垣《明季滇黔佛教考》撰成，特賦贈詩一首。

沈兼士先生遺墨（民國二十九年）

援庵先生見示近作《明季滇黔佛教考》，奉詒一首：

吾黨陳夫子，書城隱此身。不知老將至，希古意彌真。傲骨撑天地，奇文泣鬼神。一編莊誦罷，風雨感情親。

兼士　五、二十一

（《輔仁學誌》第十五卷第一、二期合刊，1947 年 12 月）

沈兼士篆書作品之一

五月，爲私立北平輔仁大學畢業學生題詞（手迹），以示紀念。

行己有恥，博學於文。

畢業同學紀念　沈兼士　廿九年五月

（《輔仁大學年刊》1940）

六月十八日，《輔仁生活》第八期刊登消息，稱私立北平輔仁大學文學院中國文學系語文學會在沈兼士院長的領導下，每周舉行專門演講，得益非淺。

語文學會茶話會　八日在恭王府花園舉行

本校語文學會於沈院長領導之下，每周舉行專門演講，得益非淺。頃以本學期終了，爲聯絡會員感情及預商下年計劃起見，特於八日假恭王府花園美術科大教室，舉行茶話聯歡，國文系全體師生將往參加云。

（《輔仁生活》第八期，1940年6月18日）

八月四日，楊樹達作致沈兼士信，討論文字學問題。

書與沈兼士，告以鼂從旦，旦、朝同義，故讀如朝；需從而，而、須同義，故讀如須。足證彼農從囟讀同𡿺之説。

（《積微翁回憶録》）

秋，爲紀念私立北平輔仁大學司鐸書院萃錦園新大樓落成，特節録顧炎武《日知録》“廉耻”條警句成一篆書條幅，懸挂於該樓大廳内。

贈友人篆書

司鐸書院之見於輔仁大學校史中，係在民國二十九年春，校史云：“二十九年春於恭王府後花園建司鐸書院大樓，爲司鐸攻讀之所。”然自二十七年秋鐸院即已成立，大樓未落成以前，係假女院一角爲院址，今日聖神會修女住所，即當初之鐸院，或稱之曰亞爾培書院，以紀念輔仁大學主保大聖亞爾培也。

先是，二十六年春，宗座駐華代表、蔡寧總主教即分函各教區負責人，囑選派優秀青年司鐸前來就學。惜七七變起，平津相繼失陷，事遂寢。明年秋，華北苟安，乃於十月十六日舉行開學儀式。十月二十二日呈報羅馬教廷傳信部立案，一月十九日聖部覆函，慰勉有加。第一批學員十二人。課程分文史組、科學組，三年畢業。院長由蔡寧總主教兼任，以聖言會宋德剛司鐸副之。

二十九年秋，萃錦園新式大樓落成，朱欄碧瓦，至爲美觀。除教室、實驗室、圖書館外，尚有宿舍五十餘間，遂移居焉。本校故文學院院長沈兼士先生時尚在北平，爲紀念鐸院落成，曾節録亭林先生《日知録》“廉耻”條警句，書篆中堂一幅，今猶懸於會客室内，蓋沈先生慕亭林先生之爲人，領導地下工作，願以氣節勗勉我鐸院諸同學。同時副院長一職改由聖言會富施公司鐸擔任。

（《司鐸書院院史》，《輔仁大學司鐸書院成立十周年紀念刊（1938—1948）》）

十一月二十五日，楊樹達收到沈兼士所著《經籍舊音辨證發墨》。

沈兼士寄所纂《經籍舊音辨證發墨》來。（《積微翁回憶録》）

一九四一年　民國三十年　五十五歲

一月一日，陳驥彤在《國民雜誌》創刊號發表《悼高閬仙先生》一文，内有沈兼士追悼輔仁大學同人高步瀛（閬仙）教授逝世對聯一副。

悼高閬仙先生　陳驥彤

輔大文學系教授、霸縣高閬仙先生，於二十九年十一月十日，患腦充血症不治逝世。先生爲我國今日學術界僅有人物，歷年執教本市各大學，桃李滿門，誨人不倦，生前曾一度任職教部，且與魯迅先生同事，著有《孟子文法集解》《古文辭類纂箋釋》等書甚夥。詎意噩耗傳來，哲人其萎，匪惟該校之失，抑我國學術界之失也！因倩作者代撰本文，陳君爲先生入室高足，一氣寫來，幾有一字一淚之感，因贅數語，以資介紹。編者。

冀北馬群空，後進何人知大老；天上鑱鎗落，家祭無忘告乃翁。

——沈兼士——

（下略）

（《國民雜誌》創刊號，1941年1月1日）

二月二十五日，私立北平輔仁大學公布教職員工捐款清單，其中沈兼士捐款二十元。

短訊

本校冬賑已於去年十二月初舉辦，本届開辦伊始，因經費籌措困難，兼因物價昂貴，乃縮小救濟範圍，并爲節省經費計，改施小米，後承校内大學男女部及中學教職員及各院系、各年級學生慨捐，以及本校教職員及學生於校外代募款項，并加慈善家熱心捐助，救濟工作賴以順利進行。又爲便利貧民起見，於本年一月十三日成立粥廠施粥，預定於三月尾結束。茲將捐款人芳名公布於後，以揚仁風，并謹志謝忱。（本期未能公布者下期續行公布）

本校男女部及中學教職員捐款

沈兼士先生 二十元　張懷先生 二十二元　薩本鐵先生 二十四元　余嘉錫先生 二十一元　張重一先生二十一元　趙錫禹先生 二十二元……

（《輔仁生活》第十三期，1941年2月25日）

三月二十五日，私立北平輔仁大學發布消息，稱文學院院長沈兼士遵醫囑暫時休養，所擔任部分課程將請人代理。

文學院長沈兼士遵醫囑暫時休養　公務一部請人代理

本校文學院院長沈兼士先生平素勤苦治學，不懼小疾，嘗謂同事因小疾停工作是不有大意志力者，因此平日有微〈羔〉〔恙〕（“羔”字錯——編者注），絶不停止工作，强以力勝之，惟人之精力與年齡成反比發展。近來先生親自向人云，年來多病，特别是頭悶頭痛頭熱易傷風等症，殆有不能勝之勢。先生於最近請名醫詳細檢查結果，是由於治學勤苦過度，血管硬化，血液循環不暢，血壓伸縮量减少所致。此種症候非作長期休養，恐將〈者〉〔再〕（“者”字錯——編者注）加劇烈而生出相當危險。先生再三思考後，已下爲眾自重决心，决於下周（即三月三十一日）起作相當休養。

休養中工作分配如後：

（一）初期意符文字：本講義所指示之原則與方法，學生自動搜集例證，或對於講義加以訂補。定六月第一周交成績。

（二）聲訓研究：批評胡樸安中國訓詁學。交成績日期仝上。

（三）指導研究：二年級請葛益信（葛信益——編者注）先生負責。四年〔級〕（“級”字漏——編者注）論文仍由本人指導。

（四）二年級説文：仍上課。

（五）研究生畢業論文：已請馬幼漁先生擔任校外審查委員。

（六）廣韻聲系研究：一切事務由周祖謨、葛益信（葛信益——編者注）兩先生代辦。

（《輔仁生活》第十四期，1941年3月25日）

四月三日，楊樹達收到沈兼士來信。

沈兼士來書示“小學新義”。（《積微翁回憶録》）

四月十二日，《燕京新聞》刊登沈兼士病勢漸痊的消息。

輔仁通訊　沈兼士病勢漸痊

該校文學院院長沈兼士，自於前周偶染血管硬化症後，各方親友均極關心。記者爲明了沈氏近况起見，特於日前往沈宅探視，時適值沈氏午睡未醒。惟據其家人談：沈先生自經發現病象後，即延西醫診視，嗣以經友人介紹又由中醫治療；經服藥後，血壓已逐漸减低，預計不出一周即可恢復原狀云。又據教務課消息，沈院長病狀已漸次痊癒；惟病後體弱，遵醫囑須長期静養。所有沈氏所授功課除國文系二年級文字學一課，沈氏不得中輟外，其餘三四年級之課程，將一律停授。至代理教授，現正在商請中云。

（《燕京新聞》1941年4月12日）

六月初，應邀爲私立北平輔仁大學“返校節專刊”題寫陸游詩一首。

沈院長題辭

月昏當户樹突兀，風惡滿天雲往來。太阿匣藏不見用，孤憤書成空自哀。吾輩赤心本貫日，昔人白骨今生落。滎河温洛不可見，青海玉關安在哉！

録放翁詩，應"返校節專刊"編輯人之請。沈兼士。辛巳夏五。

（《輔仁生活》第十六期，1941年6月8日）

六月五日，撰成《〈廣韻〉異讀字研究序》。此文後發表於《益世報》"人文周刊"新第七期（一九四七年六月二十三日）。又收入《段硯齋雜文》一書。照録如下：

一字數音爲研究中國文字學之一重要題目，余前箸《國語問題之歷史的研究》一文曾論及之。古代異讀字材料之總彙，當首推《經典釋文》及《廣韻》。他如《顔氏家訓》、張守節《史記正義序》、岳珂《刊正九經三傳沿革例》，皆於一字數音反覆推論。宋賈昌朝《群經音辨》條舉例證，箸爲專書，惜其闡明理趣，猶嫌未盡。大氐此題之内容，應分三項：一爲音義家自來表示異讀之一般形式；二爲異音所表現紐韻轉變分合之迹；三爲又音字涉及語義詞性之各種問題。葛生信益於《廣韻》一書，寢饋數載，其論文於前二者鉤稽考訂，細入毫芒。於後者亦頗能探賾索隱，提要發揮，允稱合作。若夫異讀字之現象，以聲調區别者居其多數。從來古韻學者於古代四聲有無之説，議論紛紜，而主張古無四聲者，頗占優勢。余以爲僅云有無，殊嫌含混，分析此因，當别爲二：一就語言發音論，古代應否有聲調變動之現象；二就文字音讀歷史論，每字本音是否有固定之聲調。鄙意四聲之説，雖造自齊梁，而發音本能，具有聲調，則自古已然（非必每字具四聲之數）。故何休注《公羊》，高誘注《吕覽》《淮南》，有長言短言緩氣急氣之語。所謂長短緩急，恐即指聲調而言。蓋聲調變動，爲漢語單音字最易發生之必然現象。此發音本能應具聲調，即古有四聲之説也。《離騷》"好蔽美而稱惡"，與"固""寤""古"爲韻，"孰云察余之善惡"，與"慕""女""字"爲韻，是"善惡""美惡"字不必讀入聲。而今之蘇州人云"可惡"作烏各切，是"愛惡"字不必讀去聲。顔之推《家訓·音辭篇》謂："河北學士讀《尚書》云好（呼號反）生惡（於谷反）殺，是爲一論物體，一就人情，殊不通矣。"反爲拘墟之見也。又《南史》卷二十二："王筠讀沈約《郊居賦》'雌霓（五的反）連蜷'，約撫掌欣抃曰，僕常恐人呼爲霓（五兮反）。"是虹霓字可讀入聲，（《説文》隉讀如虹蜺之蜺，五結切。）故《廣韻》霓字平去入聲并收。竊以爲古來字音，聲調輕重，流動不居。至於兩聲各義（或引申語義，或分别詞性），乃後來字學家利用此自然現象而發生之人爲作用，所謂"江南學士自爲凡例"者也，於古固不必爾。此一字本音原無固定聲調，即古無四聲之説也。是二説者，言各有當，自來學者偏執一端，未爲合理。又漢人注經有形似説音而實爲明義者，例如《周禮·冢宰》"主以利得民"，注："利讀如上思利民之利"。《中庸》"仁者人也"，注："讀如相人偶之人"。自古迄今未聞"利""人"二字别有讀音。是蓋以注音方式比類釋義，非有異讀。此亦研究異讀字之所當知者也。民國三十年六月五日。

（《益世報》1947年6月23日）

六月二十八日，被私立北平輔仁大學聘請爲教授。

私立北平輔仁大學校稿聘書

（中華民國三十年六月廿八日時封發）

敬聘　先生爲本大學教授。此訂。

私立北平輔仁大學校長陳〇

三年聘約滿期教授

沈兼士　余嘉錫　儲皖峰　英千里　張星烺　劉景芳　陳光熙　薩本鐵

張漢民　張　懷　徐侍峰　王徵葵　張重一　趙錫禹　溥　伒

（北京師範大學檔案館藏檔，檔號：6.1-0042-0001）

六月，在輔仁大學史學會演講《近三十年來中國史學之趨勢》。此演講稿後發表於《經世日報》“讀書周刊”一九四七年第一期（八月十四日）。照録如下：

近三十年來中國史學之趨勢

民國三十年六月在輔仁大學史學會講

首先要聲明的，我是以外行人來談此問題。外行人而談個中問題，自然免不了發生錯誤，尚請方家不吝指正。

我覺得人類因爲有追憶過去的本能，才有所謂歷史，换言之，歷史就是有價值的回憶記録。憶古念舊，從不好方面講，是頑固的，不進化的。從好的方面講，能借鏡已往的利弊，計畫將來的改革，才是有根據的合於實際的改革，才是有步驟的進化。所以史學可以稱爲促進人類文化進步的一種科學。

在未談本題之前，我先追溯一下一百五十年前一段歷史，來作一個引子。我們平常很懷疑清代學術史上一個問題，就是乾嘉時代學者如江永、程瑶田、錢大昕、戴震諸家，於金石、地理、歷象、數學、博物、工藝等學，均以絶大的天才，成就驚人的造詣。然而繼之者都不能把上述各種學問擴大成爲獨立的科學（乾隆二十七年、西曆一七六二年盧梭著《民約論》。乾隆三十四年、西曆一七六九年瓦特蒸汽機改良。乾隆四十八年、西曆一七八三年法人發明輕氣球），這是甚麼原故呢？現在找一個故事來説明他。當戴東原倡天下學問有義理、考據、文章三事的時候，袁子才以文詞推爲海内祭酒，他曾寄書與孫淵如，惜其以驚采絶艷之才，從事於考據，奇才竟至不奇，有可惜一枝筆之語。又謂著作（即指文章而言）爲形上之道，考據爲形下之器。孫氏復書駁之，謂袁以鈔摭故實爲考據，抒寫性靈爲著作，非經之所謂道與器也。又自謂欲由訓詁、文字、歷象、明堂、井田等，以明九經三史及聖人制作之意，因器以求道，乃由下而上達之學道與器不可分之爲二（《問字堂集》卷四）。當時焦里堂又與孫書以論考據與著作。略謂：古者專家，各以學名，别無所謂考據，漢後一切學問莫不通之於經，至唐宋以後，古學幾亡，於是爲詞章者徒以空衍爲事。王伯厚之徒習而惡之，稍稍尋究古説，摭拾舊聞。此風既起，轉相仿效，而天下乃有補苴掇拾之學。後人强以考據名之，以爲不如著作之抒寫性靈，可謂不揣其本而齊其末矣。近世如惠、江、戴、程、段、王、錢諸家，直當以經學名之，不當以不典之稱所謂考據者混目於其間（《雕菰樓集》卷十三）。揣焦氏之意，以爲我們考歷象、地理是爲讀《堯典》《禹貢》，考音韻、博物是爲讀“三百篇”、《爾雅》，考宫室、衣服是爲讀“三禮”，一切皆歸於經，則争者自然息喙了。其實拿經來統制一切學問，是利，也就是弊，我認爲這就是一切學問不能獨立自由發展的一個重要原因。還有一點是我們所知道的，大凡學術思想之發生變動，都由於兩種潮流的相激相盪，不然就不容易發生推陳出新之劇烈變化的。百餘年前歐洲文化尚未東漸（祇有天算參用西法），所以清代學術是以樸學始，以樸學終。終清之世，其學不出乎兩部經解，而法人之《百科全書》已於乾隆十六年（一七五一）就出版了。

到了民國時代，就大不相同了。歐西文化隨着政治的力量而加速東漸，科舉既廢，經學也式微了。於是新舊兩種潮流激戰的結果，是舊的敗北了。首先革新的是文學，北大新文學運動，那是人所共曉的。至於史學的革新，却爲一般人所忽視，民初蔡元培長北大，初設史學系，大家都不大重視，凡學生考不上國文學系的才入史學系，但這不能不算打定了史學獨立的基礎。至於材料和方法方面倘若不革新，仍同先前一樣呆板板地從紙堆中鑽研，那是不能滿足新時代求真的希望的。所以北京大學於十一年設研究所國學門，首先創考古學研究室，其旨趣是要把自來所謂供文人賞玩的古董，用考古學的方法去發掘搜集，作綜合比較的研究。史學方面憑空添加了一支强有力機械化的生力軍，古代史上許多問題，或者得了解決，或者起了疑問，這都是研究古代遺迹遺物之收穫，予史學界以極大的衝動。其次即爲該所十二年五月風俗調查會之成立。我平常喜歡讀《漢書·地理誌》論域分風俗那一段文章，以爲從地理上考民俗，從民俗裏觀文學，那是最有趣味而又合理的方法，近代史學之新發展，多借助於考古學及民俗學（前者是静的，後者是動的），縱横經緯，合起來便成一種新的史學。現在各地各民族間的風俗，倘加以探本溯源的研究，相信可以解決史學上不少的問題。再其次即爲内閣大庫檔案整理會，這是我和陳援庵先生（那時正任教育部代部長）努力，遂毅然把教部堆存的一大批内閣大庫明清檔案撥交北大研究所整理，内容包括大量的題本、報銷册及明代兵部題行稿、明清實録、聖訓史稿等件。檔案是修史取材的大宗來源，可以説是没有滲過水的史料。關於某一問題的檔案（如明末邊事、清代文字獄），搜聚起來，固然可貴。即是平凡普通的材料（如題本中之各省債務案及争産案）統計起來，也可以解決許多歷史上重要的問題。作史者有了這些原料，加上專家判斷的識力，組織的技術，便可成爲一篇佳構。向來修官書者往往嫌惡檔案繁重，除直接可用者外，大半棄置不顧，那是很可惜的。

上面所述的三項，不能不説是三十年來史學研究的新趨勢。加之西洋治史新法傳入中國，方法上又發生了若干變化。譬如最近出版的李玄伯《中國古代社會新研》之取法古朗士，便是一個好例。

我國號稱有五千年的文化，而舊史記載多令人不敢置信，若一味疑古，鑿空立説，亦爲缺陷。吾人倘能利用上述之新材料、新方法，重新證實我們民族光輝燦爛之信史。豈不是空前的一大收穫嗎！

（沈兼士《段硯齋雜文》）

七月十六日，楊樹達收到沈兼士信，主要内容爲討論古文字問題。

沈兼士來書，云“鋭”，古文剡，剡即剡字，剡亦鋭也。“握”，古文臺，即《釋名》“臺，持也”之臺。（《積微翁回憶録》）

八月二十日，楊樹達作致沈兼士信，討論古文字問題。

與沈兼士書。論同義通讀可以三事證明：一曰詩文，韻不協，讀以同義字則協；如《小旻》之“集”讀就，《文王》之“躬”讀身，《雨無正》之“答”讀對，是也。二曰形聲字，如“農”從囟聲，囟讀爲匘（此沈説）；“需”從而聲而讀爲須；“鼂”從旦聲，旦讀爲朝；“栝”從舌聲，舌讀爲西；是也。三曰《説文》重文，如“鋭”或作剡，“握”或作臺。（《積微翁回憶録》）

與沈兼士論字音同義通讀書

前奉二月大示，諭以《説文》重文中有同義通讀之例。“鋭”籒文作“剡”，即“剡”字。“剡”鋭利也。“握”古文作臺，即《釋名》“臺持也”之“臺”。……精義入神，得未曾有，至佩至佩。弟近翻檢《説文》又得二事，頗足證成尊説。……《説文》：“逮，唐逮，及也。”“五篇下”會部“會”古文作“佮”，“祫”即“合”字也。《説文》：“會，合也。”又弟前説鼂字從旦，旦、朝同義。鼂即得聲於朝，“需”字從而，而、須同義，需即得聲於須。近又得一新證，木部“〈括〉〔栝〕（“括”字錯——編者注）”訓“炊竈木”，從木舌聲，音他念切，前人疑者紛紛，不悟“西”訓舌貌，讀他念切，〈括〉〔栝〕（“括”字錯——編者注）括從舌聲，實讀舌爲西也。段氏欲改栝爲栖，從西聲，不悟古人本有通讀之例，不必改也。又弟前據《詩經》同義通讀之例以證鼂、需二文。如《小旻篇》之讀集爲就，《文王篇》之讀躬爲身，是也。近亦加得一證，《小雅·雨無正》四章曰：“戎成不退，飢成不遂。曾我暬御，憯憯日瘁。凡百君子，莫肯用誶（誶通誤作訊）。聽言則答，譖言則退。”答、對義同，此讀答爲對，以與上下文退、遂、瘁、誶、退爲韻也。或疑此爲詩文第七句，不必諧韻。然本章首句以退諧韻，知此第七句亦諧韻也。且《大雅·桑柔》之十三章曰：“聽言則對，誦言如醉。”同一句也。此篇作答，彼文作對，用知此文之當讀答爲對也。又此二句與《桑柔》詩二句文例恰同。彼文以對醉爲韻，又證知此文之當以對退爲韻也。大抵同義通讀之例，以今日所得文證論之，約可析爲三宗：一曰詩文，韻不諧協，以同義字求之，則毫無疑閡，如上舉《小旻》《文王》《雨無正》三篇是也。二曰，形聲聲類，音不相近，以同義字讀之，則涣然冰釋，如尊説農從囟聲，讀囟爲匘。弟説鼂字讀旦爲朝，需字讀而爲須，栝字讀舌爲西是也。三曰，《説文》及韻書重文，如尊説鋭或作剡，握或作臺……昔魏淵謂陸法言云：“我輩數人定則定矣。”同義通讀之事，乍聽似足駭人，然得此三宗爲證，左右逢源，略無乖隔，此事似大可由吾二人定之矣。我兄以爲何如？

三十年八月十二日

（《金陵學報》第十卷第一、二期合刊，1940年5月11日）

八月二十九日，撰成《漢字義讀法之一例——〈説文〉重文之新定義》，文末署“三十年七夕沈兼士艸於褏㠯室”。後收入《辛巳文録初集》。此文詳細闡述重文與正篆的關係，認爲非如昔者所謂必音義悉同形體變異，亦有同音借用、同義换讀二變例。進而指出後二者屬於用字之法，乃許慎兼收經傳解詁異文所致。由是觀之，重文既爲異體材料，亦是異文材料。因此，研習重文，須先區分此三類字的關係，然後再分類逐一研討。

按：《辛巳文録初集》由華北文教協會印發。

九月七日，爲私立北平輔仁大學新生抄録顧炎武《與友人論學書》一節。

爲大學新生録顧亭林先生《與友人論學書》一節

〔愚〕（“愚”字漏——編者注）所謂聖人之道者如之何？曰：博學於文。曰：行己有恥。自一身以至於天下國家，皆學之事也。自子臣弟友以至出入、往來、〈望〉〔辭〕（“望”字錯——編者注）受、取與之間，皆有恥之事也。恥之於人大矣。不恥惡衣惡食，而恥匹夫匹婦之不被其澤。故曰：萬物皆備於我矣，反身而誠。嗚呼！士而不先言恥，則爲無本之人。非好古而多〈閲〉〔聞〕（“閲”字錯——編者注），則爲空虛之學。以無本之人而講空虛之學，吾見其〔日〕（“日”字漏——編者注）從事於聖人而去之彌遠也。

沈兼士　三十年九月七日

（《輔仁生活》第三卷第一期，1941年9月16日）

1941年9月北平輔仁大學部分教員爲歡送美籍教授施格萊歸國合影，前排左起：陳垣、施格萊、雷冕、沈兼士、英千里

十月四日，參加私立北平輔仁大學文學院中國文學系語言文字學會一九四一年度第一次大會，并任大會主席，報告開會宗旨及介紹新會員等。

語文學會常會

語文學會於本月四日下午開三十年度第一次大會，出席者三十餘人，由沈兼士先生主席，報告開會宗旨及介紹新會員後，特請燕大教授容希白先生講“飛白之研究”。容氏略謂飛白爲書法之一體，筆勢飛舉而字畫中空之謂也。自東漢蔡邕所作以後，代不乏人，唐之太宗，宋之仁宗，亦多好之。飛白之有專書，自丁敬始，其後有張燕昌、〈陳〉〔陸〕(“陳”字錯——編者注）紹曾之《飛白録》；惟飛白之派别甚多，用以書者有所謂帚、散毫、破筆、竹板等物，究竟派以何别，書具以何爲便，及如何運筆均爲之簡要解説。容氏説來，津津有味，風趣横生；尤以當場揮毫，實地飛白，爲難能可貴。聞該會第二次常會於十一月八日舉行，已定許世瑛、張克强二先生講演。又該會講演集第二輯已定雙十節出版，内有《論語新證》（于省吾)、《詞略之類例》（陳君哲)、《禪母古音讀如定母説》（周祖謨)、《阢隉詞義之分析》（孫德宣)、《運用聲訓例證》（孫人和)、《談倒用印與篆籀之關係》（劉盼遂）等篇專著。

篆書對聯

（《輔仁生活》第三卷第二期，1941 年 10 月 16 日）

十一月一日，《燕京新聞》刊登沈兼士病癒消息。

輔仁近訊　沈兼士病痛

該校文學院院長沈兼士先生，自春間偶染血管硬化症後，各方友好均異常關懷。至於沈氏所任各課因遵醫囑，除國二文字訓詁一課外，其餘均請人代理。兹悉沈氏自入秋以來，身體已大見好轉，每日已可按時步行到校，以故沈氏所任各課，於短期内或可逐漸恢復云。

（《燕京新聞》1941 年 11 月 1 日）

十一月二十日，《輔仁生活》第三卷第三期刊登消息，稱本年度私立北平輔仁大學文史研究所共有研究生十四人，沈兼士所授課程有“聲訓研究”“初期意符字之形態及其性質”“《説文》重文釋例”“字族與《文始》”和“右文研究”等五門。

研究院消息

文史研究所本年度，共有研究生十四人，所開課程，計文學研究所有：《聲訓研究》、《初期意符字之形態及其性質》、《〈説文〉重文釋例》、《字族與〈文始〉》、《右文研究》(以上均沈院長所授),《〈世説新語〉研究》、《〈漢書·藝文誌〉理董》、《文章著作源流》(以上爲余嘉錫先生授),《甲骨鐘鼎文字》(于省吾先生),《春秋三傳異同論》(孫人和先生)等科。史學研究所有《西洋史學研究法》(包敏司鐸授)、《清代史學考証法》(陳校長授)、《近代西洋史學史》(胡教務長授)等科,各研究生均終日孜孜,埋首書案,鑽研各科,期有所成云。

(《輔仁生活》第三卷第三期,1941年11月20日)

十二月六日,撰成《聯緜詞音變略例》,文末署“民國三十年十二月六日”。此文後收入私立北平輔仁大學語文學會編《輔仁大學語文學會講演集(第三輯)》(一九四二年九月出版)。後又收入《段硯齋雜文》一書。此文認爲聯緜詞除通常分爲兩字異音、雙聲疊韻和疊字連語三類外,其中又有變例存在。接著從三個方面列舉變例進行論述:一、異音複詞中一字韻變而爲疊韻連語;二、異音複詞中一字聲變而爲雙聲連語;三、異音複詞或疊韻連語中一字韻變或聲變而爲疊字連語。詳細解析聯緜詞的這些變例,目的是爲了引起學者的研究興趣。

十二月七日以後,與陳垣、張懷等設法聘請那些不願去敵僞學校教書的人士,到私立北平輔仁大學兼課。又組織編輯論文集《辛巳文録》,使寫稿的學者獲得一點稿酬。

當時,北大、清華、師大均已内遷。珍珠港被偷襲後,日美宣戰,燕京又遭封閉;但仍有不少絶不到敵僞學校教書的人士。陳援庵校長(垣),張百齡先生(懷)和先父都覺得不能坐視這些先生挨餓;於是,極力設法,在輔仁經費也是奇窘的情况下,聘了一些兼課教師,如唐蘭、梁啓雄、張子高、繆金源諸先生。人各二三小時,每月致送四十至六十元,實際上衹是些微補助。以後,英千里先生和董洗凡先生從後方籌得一筆款項,又聘了原燕京的褚聖麟先生和徐獻瑜先生等人。此外,又編了一本文教協會的論文集叫《辛巳文録》,收了些外間稿件致送稿費。這些,在我們看來,實質上衹能説是些與敵僞不合作的活動。即使這樣,也還有人放暗箭。例如,有的人在敵僞的報紙上發表“文藝消息”,説什麼聞沈兼士將辦一國學刊物,李霽野將辦一新文學刊物,收登社會上家居不出的人士的稿件,稿酬甚豐,經費據云係有固定來源云云。這無異是變相對敵僞告密。以此先父爲敵僞所痛恨,終至被迫去後方。他没有被敵僞所捕,衹能説是僥倖脱身而已。

(沈萃、沈泰、沈節、沈兑《記先父兼士先生抗戰期間二三事》,《沈兼士先生誕生一百周年紀念論文集》)

按:1941年12月7日,日本軍隊偷襲珍珠港,美對日宣戰,太平洋戰爭爆發。

十二月二十五日,撰成《聲訓論》一文,文末署“中華民國三十年冬耶穌聖誕節寫於北平寄寓之老學齋”。此文預備收入《辛巳文録續集》,後因日寇破壞,未印成。這是研究聲訓問題的一篇重要學術論文。首先叙述聲訓之源流和諸家之學説，然後在前人對聲訓義類的分類基礎上提出自己的分類方法，并且歸納成一般公式，最後提出來七條“審辨聲訓義類法”，以此來判明什麽是真正的聲訓。

是年，仍擔任私立北平輔仁大學文學院院長兼國文學系教授，講授《説文解字》課，教學中善於啓發學生自己動手研討問題。學生中有閻貴森等。

我在1941年暑假考入北平私立輔仁大學國文系。當時沈兼士先生是輔仁大學文學院院長兼國文系教授。

先生平易近人，在教學中善於啓發學生自己動手研討問題，不做填鴨式講授；在學術研究上，重師承而不墨守，學識淵厚，精於探索，諭後學以範疇，對理論的語言文字學貢獻很大。受業弟子莫不深受啓迪。

輔仁大學國文系專業分小學組和文學組。我修的是小學組課程。記得我在聽先生講《説文解字》課時，先生首命我們將史書中《藝文誌》、《經籍誌》所列小學類的書籍彙録一下，從而了解歷代史書小學類都包括哪些書和它的變化。這在進入專業學習開始，就先對“小學”的概念有一個粗淺的了解，對以後了解小學之研究的變化與發展有了一個堅實的起步。

先生講授《説文解字》課是以段玉裁《説文注》爲教本。先生命我們通讀，并命把“全書中發凡啓例之論，最而録之”。先生曾在《説文段注摘例序》一文中將段氏注中所舉之例，概爲四端：一、説明許書之例。二、論古來造字命名之例。三、兼明他書訓詁之例。四、段氏自明作注之例。先生命我們這樣做，是教給我們入門之法，同時也使我們從中領會一些治學的途徑。

在先生的教誨下，我們對小學有了進一步的認識。小學之名始於《漢書·藝文誌》：“古者八歲入小學，故周官保氏掌養國子，教之‘六書’，謂象形，象事，象意，象聲，轉注，假借，造字之本也。”《漢誌》列有小學十家四十五篇目録，這些書都是入小學認識文字的書。首列《史籀》十五篇就是周代的識字教材。故小學之名也就由此而起。後漢許慎創作《説文》，唐宋而後，自鄭樵始，則衹知以六書分類之法治《説文》，不能利用治《説文》去治其他學問。直至清戴震始主張以古韻爲治小學的工具，以通經爲治小學的目的。他的弟子王念孫、段玉裁等繼其説，宏其業，利用古韻合形體、聲音、訓詁三者一貫以治小學，小學内容大變，遂成有清一代之樸學。章太炎先生曾説：“自許叔重創作《説文解字》，專以字形爲主而音韻屬焉。前乎此者，則有《爾雅》、《小爾雅》、《方言》，後乎此者，則有《釋名》《廣雅》，皆以訓詁爲主而與字形無涉。《釋名》專以聲音爲訓，其它則否。又自李登作《聲類》，韋昭、孫炎作反切，至陸法言乃有《切韻》之作，……此皆以音爲主而訓詁屬焉，其於字形略不一道。合此三種，乃成語言文字之學，此固非兒童占畢所能盡者。然猶名爲小學，則以襲用古稱，便於指示，其實當名語言文字之學，方爲塙切。”沈先生謂：“章氏倡此正名之議，頗具時代之精神，足以促小學之進步。其著作有《語言緣起説》、《新方言》、《文始》等，不愧爲原始要終獨具體系者矣。”（見沈先生《影印元至治本鄭樵六書略序》）小學發展至此，也就從附庸經學而獨立爲語言文字學了。

兼士先生是太炎先生弟子，重師承而不墨守。例如太炎先生懷疑金文甲骨(《理惑論》)，而兼士先生則認爲："鐘鼎款識者，宋人謂之法帖，目爲法書之一種，亦無與於小學，自吴大澂、孫詒讓参取之以考古文，於是原始文字之真相乃明，而小學之内容又大變。……余竊以爲今日之研究小學，應以《説文》始，以金文卜辭終，其間貫串證發之事，則仍當本段氏《説文注》三者一貫之法以求之，開來繼往，舍此莫由。”(《説文通俗序》)

再如對方言的研究，先生在《一封討論歌謡的信》中説："我們現在研究歌謡裏的方言，就有俗字的説——不是要考他的古字（本字或‘正字’）究竟是什麽，是要考他的意義究竟是怎樣。仔細説起來：就是不應該以形體爲唯一目的，還像《新方言》那樣每語必求他的古字，應該以意義爲惟一目的。本著聲韻變遷的定律，去推尋其意義的範圍，意義弄得很清楚了，就算能事已盡，正不必拿和現在説話不相符的古字來替代俗字。”太炎先生曾説："夫治小學者，在乎比次聲音推迹故訓，以得語言之本。不在信好異文，廣徵形體。”兼士先生并不墨守太炎先生的話。

先生在學術研究上精於探索，多有創見，發前人之所未發。如對文字學之革新研究，提出把文字分解爲最小的簡單符號（最小分子）而對其進行分類綜合研究，冲出六書分類的方法；對初期意符字形音義不固定的特性的研究及義通換讀等等學説，均爲創見。先生還提出“於中國舊日小學現代方言之外，進而涉及東方語言及西方比較語言學，多面綜合，以完成語言文字學之理論的研究”的倡導。總之，先生的研究成果與理論的闡發，對語言文字學的學術研究影響極大。

（閻貴森《談我如何受沈師學術觀點的啓示》，《沈兼士先生誕生一百周年紀念論文集》）

是年，爲私立北平輔仁大學畢業學生題寫陸游《老學庵》詩（手迹）。

窮冬短景苦匆忙，老學庵中日自長。名譽不如心自肯，文辭終與道相妨。吾心本自同天地，俗學何知溺秕糠？已與兒曹相約定，勿爲無益費年光。

録放翁《老學庵》詩，應三十年畢業同學之屬　兼士

（《輔仁大學年刊》1941）

一九四二年　民國三十一年　五十六歲

年初，因時局動盪，國外經濟來源減少，私立北平輔仁大學爲籌措辦學經費，特於校内成立募捐處，聘請沈兼士等九人爲募捐委員，從事募捐活動。

爲籌措學校經費　本校成立募捐處

本校之建立，原爲羅馬教宗所創辦，其目的全爲發展中國固有文化，介紹國際知識，故一切組織活動，純以學術爲鵠的。十餘年來，成績大著，經濟來源，

原恃學校基金，教宗補助及向各國公教信衆勸募而來，近以時局動盪，國際經濟來源頓減，常年經費，不敷甚鉅，爲思自力自養未綢繆計，學校當局曾於歲首召集本年度首次校務會議討論此事，當決定自即日起，動員輔仁全社區男女同人三千人，進行大規模之護校募捐運動，并於校内成立募捐處，由學校當局聘請張百齡、沈兼士、英千里、徐侍峰、董洗凡、王徵葵、薩本鐵、王普諸先生爲募捐委員，并請王徵葵、趙錫禹二先生爲執行幹事，負責計劃督飭募捐事宜，所有捐册、捐啓、單據等，業已準備妥當，聞將於寒假中，開始全體總動員云。

募捐運動，將於下周末開始，日來師生各方親往募捐處探詢辦法及請發捐册者，日有數起，足徵社區同人對愛護學校之熱情與對募捐事宜之注意也。記者爲明了此中氣象，特於日昨走訪募捐處執行幹事王徵葵先生，據談募捐處已於年假期中成立，内設委員九人，執行幹事二人，負責一切計劃督飭事宜，此外并請各系院助教多人襄助一切。至此次捐款目標，業經募捐處會議决定爲五十萬元。查本校分文、理、教三院，凡十系九十八班，男女學生二千二百六十七人，教職員與其他工作人員及附屬男女中學同人六七百人，每月經費最少約需七萬餘元。自事變以來，國外經濟來源頓減，除本年度大體略無問題外，至三十一年度，除一部學雜等費收入約三十萬元，其不敷之數約達五十餘萬。現吾輔仁社區仝人，爲數在三千左右，將來全體出動，每人希至少能捐到百元以上，故五十萬之數雖鉅，諒不至成何問題。關於勸募範圍，自以與吾社區同人有關係之親友相識或公司、商號爲準。勸募方法，據一般經驗，每於開始之前，似宜先作準備，估量某人慷慨，某人熱心公益，先請其書一可觀數目於捐册，以作開端。其次再持以往捐他人。常聞人言，捐款應効東安市場商攤辦法，需要“滿天要價”。細思此言實有至理，亦捐錢秘訣之一也。大凡普通人捐錢之動機，半爲事工，半爲朋友面子，因此不免有“争講還價”之事，故捐錢一事，實亦應事接物訓練機變唯一方法也。此外需要一種勇氣，而鼓動自己勇氣唯一方法，即於未見人之前須先存“我此番求人，乃係爲公益而服務，并非爲自己衣食而求乞”的心理，釘子雖由我碰，即或偶而受侮，乃爲代學校前途與三千同人前途而受，時時以“學校第一，師生一家”爲念，能如此則心情豁達勇氣百倍，預計捐款成績，必有可觀也。至於募捐手續，將由募捐處發給每人捐啓、捐册及三聯單據各一份。將錢捐好，即將捐款人姓名及捐款數目，填於第一聯，掣交捐款人收執。次將第二聯按項填明，連同所收之款或支票等逕交本校大陸銀行辦事處，由銀行轉報募捐處。募捐處根據報告，再繕發正式收據一紙，逕交捐款人。此種辦法，非但責任清楚，抑予募捐人一莫大便利也。關於募捐期限，暫尚未談及，如事實許可，希於寒假完後，先作一段結束，……

（《輔仁生活》第三卷第五期，1942年1月20日）

二月十六日，接北平市立衛生局精神病醫院通知，稱住院治療的兒子沈觀去世。認爲兒子病不至死，該院不無玩忽職務之嫌，遂依據事實函請北平市當局徹底查究此事。

醫院方面説對不起　沈院長請當局查究

文學院院長沈兼士先生獨子沈觀君，因患慢性神經失常症，於客歲八月間，投入本市市立衛生局精神病院就醫。入院以來，經過尚稱良好。不料本年二月十六日早，沈宅忽接院方通知“沈觀已死”，噩耗傳來，沈氏一痛幾絶。茲聞沈氏以獨子沈觀病不至死，據各事實證明，謂該院不無玩忽職務之嫌，於悲慟之餘并爲全市腦病患者謀前途之福利起見，特於日前函請本市當局澈底查究。聞其函内要點略爲：

“（一）根據醫院通例，住院病人病勢沉重時，即應通知家屬來院探視。是否繼續住院，或接出救治，由家屬决定，以明責任。今死者何時病重，事先并未通知家屬，而二月十二日（舊曆臘月二十七日）死者之友王蘭馥曾往探視，見病人神智清楚，并云飲食粗劣，營養不足，請轉告家中送些滋養食品。及至二月十四日（舊曆除夕，即該院通知死亡之前二日）遣人往送雞蛋、蛋糕、肉菜等物，要求接見病人。該院竟不准接見，祇將食物收留，是否轉交病人食用，已屬可疑。而病人是日已否病危，更不可知。其對於病人之漠視，職務之玩忽，已可概見。（二）病人於何日何時死亡，詢之醫院，其説不一。至究因何病致死，該院更無確切之報告及負責之説明。至次日入殮後，又向其索取報告，并被拒絶，實屬荒謬之至。（三）當法院檢察員檢驗時，質問死者病重時何以不通知家屬，該院不置答復。又詢臨危狀况及病重時，更須對於體温、脈搏特加注意，何以竟無此項記録，亦瞠目不知所對。又詢其曾注射何針否，答云未曾注射。又詢其曾服何藥，云清魚肝油外未服何藥。蓋自本年二月四日至十四日之間，并無病狀記録，當家屬向之責問，該院竟承認疏忽，并連云對不起。夫死者之所患，未必爲不治之症，乃因該院上下之玩忽，而致失去救治機會，則謂其間接殺人，未嘗不可。其瀆職殺人，罪證昭然。（四）死者住院數月，均遵繳藥費，何以患者病至於死，而醫院除魚肝油外并未予以他種藥品，遷延貽誤，坐令失去救治之機會，致喪生命，此項責任應當由醫院之主治醫生完全負之”云。

（《輔仁生活》第四卷第二期，1942年4月21日）

早春，秘密組織“輔仁募捐委員會”，舉辦“文藝品募捐展覽”等，籌集私立北平輔仁大學辦學經費。

太平洋戰爭爆發後，兼士先生得知英千里秘書長被日寇逮捕的消息後，突然昏厥倒地，但他并没有被敵人的殘暴嚇死，隨即密囑“文協”幹事，提高警惕，隱蔽行動。爲了挽救祖國的危亡，先生自己巍然不動，冒着生命的危險，留在淪陷區内，繼續領導“文協”成員，與敵人作無情的鬥争。正如他寫給陳援庵校長的詩：“傲骨撑天地，……風雨感情親。”

但是，輔仁的經費日見拮據，瀕臨危亡。兼士先生憤然對“文協”委員和幹事講：“難道美國聖言會不來經費，我們中國教師們就束手待斃嗎!?”於是，秘密組織“輔仁募捐委員會”，推選美籍華裔王徵葵教授爲主任委員，“文協”的委員和幹事兼募捐委員和幹事。於1942年早春，假輔仁男院三樓舉辦“文藝品募捐展覽”。同年暑假由王徵葵、溥松窓、啓功、郝德元率領美術系同學赴津，假永安飯店舉辦書畫展覽募捐。使摇摇欲墜的輔仁在敵佔區中得以維持生命，在在顯示了兼士先生抗日救國的精神，體現了恩師威武不能屈的崇高形象。

（郝德元《憶恩師抗日救國的精神》，《沈兼士先生誕生一百周年紀念論文集》）

五月四日，撰成《袒裼　但馬　譵襪》一文，文末署“中華民國三十一年五月四日”。後發表於《輔仁學誌》第十一卷第一第二合期（同年十二月出版）。這是作者關於漢語字族研究的一篇重要文章。它在前人研究成果的基礎上，剔除各家學説之短，提出新的觀點和理論。

五月十七日，在《輔仁生活》第四卷第五期，發表《爲返校節專刊書亭林先生詩》。

爲返校節專刊書亭林先生詩　沈兼士

不材聊得保天年，便可長棲一壑邊。寄語故人多自愛，但辭青紫即神仙。

昨過河東望首陽，空山煙靄尚蒼蒼。傳聞高士燕中返，料理牀頭皁莢囊。

（《輔仁生活》第四卷第五期，1942年5月17日）

同日，《輔仁生活》第四卷第五期刊登消息，報告沈兼士主編《廣韻聲系》的進度及相關情況。

爲他人作嫁衣裳　中文編輯室的工作

本編輯室創於民國二十一年秋季，初由沈兼士教授指導國文系三四年級學生作嘗試之研究。嗣加編輯工作，正式編纂《廣韻聲系》及研究其他附屬問題。三四年級學生助理研究者，每年常在四五人以上。所有研究編輯之稿件，或已印成，或正在印刷，或已成待印，或尚在修改，均分類陳列，用備參觀。兹將《廣韻聲系》略加説明，余僅列目於後：

《廣韻聲系》編輯之旨趣有四：（1）叙列周秦兩漢以來諧聲字發達之形勢。（2）闡明主諧字與被諧字訓詁上之各種關係。（3）比較主諧字與被諧字讀音分合衍變之現象。（4）創立以聲紐及主諧字爲綱之字典規模。編輯之法，以諧聲字之主諧字爲綱，被諧字爲目，計分四十一聲類，九百四十四主諧字，二萬三千五百五十六被諧字，共一千二百九十四頁。於原有之反切外，并注明紐韻等呼及高本漢所〈似〉〔擬〕（“似”字錯——編者注）之《切韻音標》。篇末附載同主諧字之諸被諧字分散於各紐各韻之統計表。全書現已印成三分之二。

編輯室展覽目録：

甲、《廣韻聲系》及其副産品：

一、《廣韻聲系》第一種稿

二、《廣韻聲系》第二種稿：

A、底稿　B、清稿　C、印本　D、《廣韻》

聲系附録各件：

1. 同主諧字之諸被諧字分散於各紐各韻之統計表

2. 主諧字異説考

3. 用《説文》及他家説訂正《廣韻》諧聲字表

4. 用各家説改訂《説文》大徐本諧聲字表

5. 不用《説文》仍依《廣韻》字形偏旁排列聲系各字表

6. 自定省聲表

7. 改訂反切表

8. 異讀字索引

三、《廣韻》異讀字研究（卡片及稿本）

四、《廣韻》譌奪舉正（印本）

五、《廣韻》引書輯目（卡片）

乙、其他

六、十三經異文録

七、《經典釋文》音檢（卡片及稿本）

八、《爾雅》《方言》雙聲疊韻表

九、《説文繫傳》校勘記（稿本）

十、《説文》重文研究

十一、《廣雅》雙聲疊韻表

十二、《廣雅疏證》引索（卡片）

十三、《廣韻》中來紐主諧字字族研究

十四、《集韻》重文初步研究

十五、《文始》表解

十六、聲訓集

十七、聯緜字初步研究

十八、語文學會講演集一、二

（《輔仁生活》第四卷第五期，1942年5月17日）

六月十日前後，顧隨作致周汝昌信，談及私立北平輔仁大學國文系沈兼士教授文字學，當世無第二人。

日前與兄書，詢以能否來此行脚挂單，乃是詢能否來此轉學。良以吾兄天資超逸，雖不必待文王而興，然學校中亦頗可以收廣見聞、資切磋之效，輔大國文系如沈兼士先生之小學，余季豫先生之考據，皆并世無兩，兄其有意乎？然又須待來年矣。

苦水又白

(《致周汝昌(一九四二年六月十日前後)》,《顧隨全集》卷九,第 74 頁)

六月二十九日,被私立北平輔仁大學聘爲文學院院長。

私立北京輔仁大學校稿聘書

(中華民國卅一年六月廿九日時擬稿)

茲敬聘　先生爲本大學課長、事務員(助理員、技士、書記,另發聘函)。此訂。

私立輔仁大學校長陳〇

四　行政人員

陳　垣	校長	雷　冕	校務長
英千里	秘書長	細井次郎	校務長首席秘書
豐浮露	教務主任	伏開鵬	訓育主任
沈兼士	文學院院長	嚴　池	理學院院長
張　懷	教育學院院長	(後略)	

(北京師範大學檔案館藏檔,檔號:6.1-0043-0001)

九月七日,私立北平輔仁大學收到容肇祖致陳垣、沈兼士信,要求爲其在輔仁任教三年出具證明書。

私立北京輔仁大學收文字第 1249 號

容肇祖先生函(中華民國卅一年九月七日時呈閱)

援庵、兼士吾師尊右:

不奉几杖,忽忽五年,敬惟起居安適,著述不倦,爲慰。肇祖奔走衣食,現已從香港(二月離香港)轉至坪石(四月到坪石),任中山大學史學系教席,學殖荒落,不免慚恧。茲有懇者,爲部審資格事,擬請輔仁填一證明書,證明肇祖在校中史學系、國文系,從廿三年九月至廿六年七月任副教授三年。費神,不勝感謝。匆匆不盡,即請著安。

學生容肇祖敬上

(北京師範大學檔案館藏檔,檔號:6.1-0078-0001)

十二月十六日,爲躲避日僞追捕,偕三女沈節乘車離開北平去大後方。

1942 年 12 月 16 日早,沈先生即偕三女沈節離開北平去後方。是月 30 日淩晨,日本人果然出動軍憲到吉安所左巷 6 號逮捕沈兼士,時先生已安抵後方目的地。日本人不相信先生已逃離北平,於是一面在沈家蹲坑等(留下幾個特務看守門户,衹許進人,不許出,怕走漏風聲,當時叫做蹲坑),另一面派人四處查找,遠至西山一帶搜找。因爲沈先生過去患頭疼病時在西山休養過,日本人以爲又躲在那裏了。1943 年元旦時,輔仁的顧隨、張星烺、孫子書三位教授先後到沈家去拜年。萬萬沒有想到三個人都先後掉進了“坑”裏，被蹲坑的扣住，留住了十幾天，三位教授的家屬也不知發生了什麼事，乾着急，又無從打聽消息。後來日本人確知沈已逃離北平，三位教授才被放回家，這真是無妄之災呵！

有件事回想起來還真有點後怕呢！12 月 16 日早送沈先生走的那個日子，正湊巧是一個空檔，即密探在沈家住所胡同口月餘來監視好了沈先生的早晚行動，準備下手抓人之前撤離監視人的第二天，當時四輛人力車（沈先生、沈節、常維鈞和我各一輛）順順當當地到了火車站，嗚嗚氣笛一聲，火車蠕蠕開動，我和維鈞才安下心，總算平安送走了這位抗日愛國的師長。事後回想，密探如果不是撤離了的話，那不就正好自投羅網了嗎？那真糟透了！

（葛信益《記恩師兼士先生抗日愛國的無畏精神》，《沈兼士先生誕生一百周年紀念論文集》）

仲冬，爲《明渤海孫氏積善堂題贊手卷》題詩一首。

曲肱飲水從吾好，丘壑寒藤想故家。積善自應綿世澤，清芬肸蠁至今誇。

壬午仲冬子書先生雅屬。沈兼士。（鈐“沈兼士”白方）

（《明渤海孫氏積善堂題贊手卷》[原件]，中國國家圖書館藏）

按：此手卷爲私立北平輔仁大學教師孫子書家藏珍品，應孫之請，沈兼士題寫此詩。手卷題贊共 46 人，其中明代有曾棨、胡儼、楊榮等 43 人，近現代有鄧之誠、沈兼士、黃侃 3 人。

是年，在私立北平輔仁大學講授《説文解字》，學生中有郭預衡等。

我作兼士先生的學生，是在 1942 年。當時他在北平輔仁大學講授《説文解字》，大約講了半年，他就不辭而别了。事後聽説日本憲兵要抓他，他便逃走了。

他逃離淪陷的北平，輾轉到了内地的西安。我再也聽不到他講課了，但有時懷念他。

他這時給我留下的印象，是一位説話厚道、不擺學者架勢、却有些書生氣的學者。

1945 年秋天，抗日戰爭勝利了。當時的南京政府派了一批接收大員北上。兼士先生也以“教育部平津區特派員”的身份重返北平。他的職權是接收平津地區的文教事業。這個差事不小。

我這時已經留校作了助教，但兼士先生忙於官事，不能再來學校教書了。我這時很少見到他。

但偶然一見，我看他仍是舊時模樣。衣著、神氣，都和往日没有什麼不同。我感覺他雖説是作了官，却仍然是個學者。在他身上，仍然是一派書生氣，没有官氣。

事實也確是如此，他雖一度進入官場，却不曾真正作官。就我所聞所見而言，他好象不曾富過，也不曾貴過。雖説得過“肥差”，却無所獲。在社會上受過欺淩，生活上受過困窘。

（郭預衡《懷念兼士先生》，《沈兼士先生誕生一百周年紀念論文集》）

是年，爲私立北平輔仁大學畢業學生篆題顧炎武詩一首。

萬事有不平，爾何空自苦；長將一寸身，銜木到終古？我願平東海，身沉心不改；大海無平期，我心無絶時。嗚呼！君不見，西山銜木衆鳥多，鵲來燕去自成窠。

書顧亭林先生詩贈畢業同學　沈兼士

（《輔仁大學年刊》1942）

一九四三年　民國三十二年　五十七歲

一月三日，日本憲兵登門撲了空，遂拘捕來賀新年的張星烺、孫楷第、顧隨。

晨雇洋車入城，訪松崎，以繆小翁《孟子音義校勘記補》稿本贈之。有小野勝年者出晤，言前日憲兵往捕沈兼士，未得。適張星烺往沈處賀新曆年，遂被拘。

（《鄧之誠日記》1943 年 1 月 5 日）

翁獨健來，知輔仁殷（英）千里實於三十一日夜半被捕。與張星烺同往沈兼士家拜年而被波及者，尚有孫楷第及顧隨二人。（《鄧之誠日記》1943 年 1 月 9 日）

三月三日，因國民黨中央軍校第七分校之邀，赴該校爲受訓官兵演講“華北敵僞陰謀”問題，學生聽後深爲感動。

十七期十、十二兩總隊學生齊集河西大操場集訓

本分校第十七期十、十二兩總隊，刻已受訓期滿，行將畢業，特於三月三日起齊集河西大操場開始集訓，連日風雪大作，學生精神倍增，茲將其活動情形分誌於下：

敦請名流講演

沈兼士先生講述“華北敵僞陰謀”

三月三日上午九時許，特敦聘北平輔仁大學教授沈兼士先生來校對畢業學生訓話，對華北敵僞陰謀、動態及人民之反抗、痛苦，以及糧食分配、恐慌諸情形，講述甚爲詳盡。全體學生聞悉之下，深爲感動云。

（後略）

（《王曲》第九卷第六期，1943 年 3 月 16 日）

按：王曲位於西安近郊，自古爲長安八大鎮之一。抗戰時期，國民黨中央軍校第七分校駐於此，該校辦有半月刊《王曲》。

三月五日，楊樹達得余季豫函告，沈兼士已離平南行。

得余季豫北平書，……告沈兼士冥鴻他去，蓋南行也。（《積微翁回憶録》）

四月十八日，丁山來訪。

會後謁沈兼士師於學田灣宣社。師方自北平來，年五十餘，未見老態，但已長髯矣。（《丁山日記選刊》）

按：學田灣位於重慶市中心。

四月十九日，與朱希祖晤談。

約羅香林來談，并晤沈堅士，詢北平舊友狀況。（《朱希祖日記》）

四月二十二日，與朱希祖晤談。赴陳大齊晚宴，同席有朱希祖、許壽裳、沈士遠等。

與堅士、季茀暢談。六時，百年邀夜讌，同席者有季茀、士遠、堅士。

（《朱希祖日記》）

四月二十四日，赴朱希祖午宴，同席有陳大齊、沈士遠、許壽裳。

十一時，讌沈堅士，并請百年、士遠、季茀作陪，三時去。（《朱希祖日記》）

四月二十九日，楊樹達收到沈兼士從重慶發出的信，稱已微服入川，索閱楊近年所著作品。

沈兼士由重慶來書，告已微服入川，索余近年來文字。行裝甫卸，即通書求益，兼士好學之篤，令人驚嘆。惟余文恐不足以厭其望，是足愧耳。

（《積微翁回憶録》）

五月一日至三日，與章士釗、黄君璧、汪東、潘伯鷹、謝稚柳等共二十三人，在重慶中一路黄家埡口中蘇文化協會，聯合舉辦癸未書畫金石展覽會。

癸未書畫金石展覽會

日　期　五月一日　二日　三日

地　址　中一路黄家埡口中蘇文化協會

出品人　胡光煒　喬曾劬　黄君璧

潘伯鷹　金南萱　曾永闓　章士釗　沈兼士

酈承銓　馬萬里　李天馬　席菊香　沈尹默　陳銘樞　華飛　吴兆璜　曾紹傑

曾永閎　汪　東　彭醇士　曾克耑　謝稚柳　蔣維崧

（《中央日報》1943年5月3日）

1943年與二兄沈尹默（右）在重慶寓所合影

五月四日，赴廣東酒家，參加北京大學同學會“五四”運動紀念會，并報告北平教育界近況。

三時，赴廣東酒家，出席北大同學會“五四”運動紀念會。狄膺主席，述“五四”經過。沈兼士教授新從北平間道歸來，報告北平教育界近況。述及紅樓敵憲兵鞭笞愛國青年慘况，泣不可抑。懷念漢花園、北河沿一帶，不禁悲從中來。但目前局勢大可有爲，不必作楚囚相對泣，决死奮鬥，誓必恢復故土，方可以對我光榮之學府。（《朱偰日記》）

按：《朱偰日記》爲未刊稿，由南京朱偰兒子朱元曙收藏。

五月六日，顧頡剛來訪，未遇。

訪兼士先生，亦未得。（《顧頡剛日記》）

五月十二日，顧頡剛來訪。

秀亞偕周孝錦女士來，同到聚豐園吃點。同到萱舍訪沈兼士先生，并晤賀師俊夫人。……

兼士先生述一歌謡云：剛到重慶，昏天黑地。到了重慶，上天下地。住在重慶，怨天恨地。離開重慶，歡天喜地。此足徵重慶住民之咒詛。兼士先生又述燕京大學被敵停閉後，令各教授登記報到，而首應者楊堃與容庚也。（《顧頡剛日記》）

五月十三日，遇顧頡剛。

歸，遇兼士先生及伯誠，談。（《顧頡剛日記》）

五月十七日，丁山、侯雲圻、程仰之來訪。

早同侯雲圻、程仰之往宣社謁兼師，午飯於老聚豐園。（《丁山日記選刊》）

五月二十八日，顧頡剛來訪，并同到國民外交協會吃飯。

壽彝來，同到東來順吃點。……到兼士先生處，同出，到國民外交協會吃飯。

盛健來。楊剛來。與兼士先生同到士遠、尹默兩先生處，并晤陳念中。……（《顧頡剛日記》）

五月二十九日，丁山來訪。

入城，謁兼師及魯先生，當晚返。（《丁山日記選刊》）

五月，作五言詩一首，抒發戰亂中思親之情。

（一）去歲由賊中違難入蜀，自冬徂夏，家訊渺然，會有客從北平來，將余女君健近畫雪景一幀，報平安，謂敵卒時至家中詗刺余蹤迹，屬勿寄書，恐爲所持，且言河朔民窮食匱，人懷偕亡之志，慨然有作。（癸未五月）

盡室羈窮域，孤征念老身。千山勞物役，一紙慰情親。戰地誅求急，胡天雨雪頻。轉蓬聊忍性，生意待來春。

（沈兼士《入蜀雜詩》，《輔仁生活返校節特刊》1946年5月19日）

按：1946年5月19日，《輔仁生活返校節特刊》登載沈兼士《入蜀雜詩》，共18首。後這18首詩又分别登載於《益世報》1947年8月18日和9月1日。

六月二十五日，鄭天挺與楊振聲商談西南聯大聘請教員事，楊同意國文系不聘沈兼士。

七時離伯倫寓，與今甫立談甚久。關於聘任事，今甫意國文系加李方桂及新文學之少壯一人，而不以請兼士先生爲然，於澤承亦有批評。

（《鄭天挺西南聯大日記》）

六月，作五言詩《雨中至歌樂山伯兄留宿鑑齋》，抒發兄弟親情。

（二）雨中至歌樂山伯兄留宿鑑齋（六月）

骨肉情何極，相邀散客襟。感時傷老病，小息養身心。梔子香能静，松林霧更深，雨檐凉意足，駐屐一微吟。

（沈兼士《入蜀雜詩》，《輔仁生活返校節特刊》1946年5月19日）

按：伯兄，指作者長兄、時任國民政府考試院考選委員會副委員長沈士遠。

同月，私立北平輔仁大學撰寫《編輯〈廣韻聲系〉之工作報告》，談沈兼士主編《廣韻聲系》已完成的工作，正在進行的工作及將來的計劃等。

編輯《廣韻聲系》之工作報告 三十二年六月

教授 沈兼士 編輯 葛信益 書記 侯福義 陳明光（兼）

全書内分：（1）正文四十一聲類；（2）目録；（3）叙例；（4）附録——a、b、c、d、e、f、g七種表；（5）正文檢字，共計一千二百頁。又附録二、聲類韻部通轉表，約占一百二十頁。今正文已完全印就，目録及附録一各表已均付印，其他各項稿件編制、修訂、繕校、印刷之工作分别報告如下：

一、已完之工作

A. 最後覆校印稿四十一聲類，一千一百零六頁，勘訂謬誤二十八則。

B. 覆校清繕本書附録一各表，交付京城影印，計七種。

1.《廣韻聲系》案語補遺二頁；

2. 用《説文》及其他字書、韻書訂正《廣韻》諧聲字表，三頁；

3. 用各家説改訂《説文》大徐本諧聲字表，四頁；

4. 不從《説文》諧聲，仍依《廣韻》字形偏旁排列聲系表，一頁；

5. 自定省聲表，一頁；

6. 訂正反切表，一頁；

7.《廣韻聲系》勘誤表，三頁。

《編輯〈廣韻聲系〉之工作報告》封面（1943年6月）

二、現在之工作

A. 編製本書筆畫檢字已完成全書五分之三。（本檢字作法，爲節省時間及紙料起見，乃利用《十韻彙編》之《廣韻》檢字，添入本書頁數，將來謄清排比即成。又是項工作由前書記劉文佑君擔任，本定於今年暑假中完成，不幸劉君於三月間因故辭職，中間不無耽誤，嗣蒙豐教務主任派侯福義君來接工作，約至本年十月間可告完成）

B. 叙例已請周祖謨先生起稿，暑假中可完成。

C. 覆校及清繕本書附録二，主諧字與各被諧字聲類韻部通轉表，計聲類通轉表四十一、韻部通轉表二百零六，約計今年寒假前可告完成。

D. 修訂諧聲字異説表。

E. 修訂異讀字通檢。

以上D、E二種，原擬與附録一各表同時印行，茲以諧聲字歧説過多，必廣求参證，始能獲合理之决定。又以《廣韻》中之異讀字，相互錯綜之處甚多，必澈底清理，始明中國語言文字縱横衍變之關係，故均擬另作專篇研究，不作附録。

三、將來編輯計畫

A.《經典釋文》音檢；

B. 異讀字彙。

（油印本，中國國家圖書館藏）

按：此書扉頁鈐有“陳垣遺書”四字章。

七月三日，遇顧頡剛。

出，遇兼士先生。

（《顧頡剛日記》）

七月七日，遇顧頡剛。又顧來訪，不遇。

四時半起，……遇兼士先生。

到醫院，與趙太太同到青年農校看展覽會。出，到鑒齋訪兼士先生不遇，……

（《顧頡剛日記》）

同日，私立北平輔仁大學呈報北京市公署教育局，由於該校文學院院長沈兼士因事離校，聘教授董洗凡代理文學院院長職務，請求核轉教育總署備案。

私立北京輔仁大學校稿呈北京市公署教育局

（中華民國卅二年七月七日時封發）

案查本校文學院院長沈兼士因事離校，茲聘本校教授董洗凡代理文學院院長職務，連同該員履歷弍份，備文呈請核轉教育總署備案，寔爲公便。謹呈

北京市公署教育局

私立輔仁大學校長陳〇

附呈履歷弍份

（北京師範大學檔案館藏檔，檔號：6.1-0044-0001）

七月九日，朱希祖送來其所作詩《贈兼士》，并歸還小學著作五篇。

上午至考選會開平時考績委員會。午後作詩《贈兼士》送去，并還其小學著作五篇。收守先弟信。

贈兼士

新詩流豈弟，舊侣豁胸襟。屯厄邠卿第，經綸貫傅心。蜀山千疊遠，燕樹萬重深。一洗無窮滯，聊爲梁父吟。

（《朱希祖日記》）

七月十日，傅斯年來信邀赴李莊訪問，作五言詩一首謝之。此詩後作爲《入蜀雜詩》之一，先後發表於《輔仁生活返校節特刊》（一九四六年五月十九日）和《益世報》（一九四七年八月十八日）。

孟真書來邀至李莊箸作，詞意懇款，情動乎中。會有西北之役，不得赴，詩以謝之。

壯懷久摇落，憤激偶然爲，禮樂非吾好，干戈未定時（方却立夫禮樂館之聘）。來書情亹亹，去國意遲遲，相約待請晏，幽棲典籍隨。

三二、七、十。沈兼士

（原件，北京師範大學圖書館藏）

按：李莊，即四川宜賓李莊鎮。時中央研究院歷史語言研究所駐李莊，傅斯年任該所所長。立夫，指陳立夫，時任教育部長，曾有意聘任沈兼士爲教育部所屬國立禮樂館館長，被沈婉言拒絶。

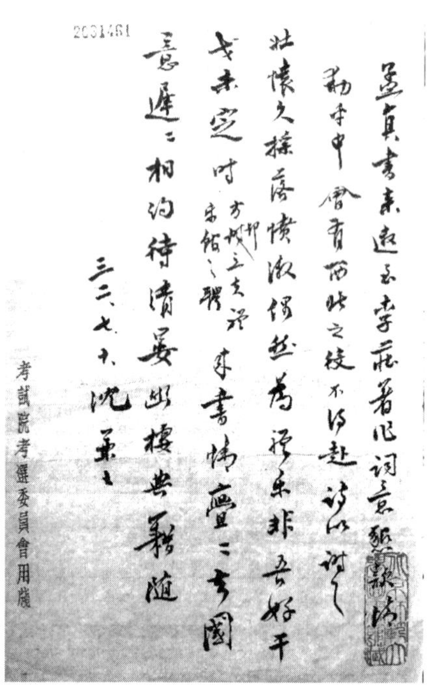

孟真書來邀至李莊箸作詞意懇款情
動乎中會有西北之役不得赴詩以謝之
壯懷久搖落憤激偶然爲禮樂非吾好干
戈未定時（方却立夫禮樂館之聘）來書情亹亹去國
意遲遲相約待請晏幽棲典籍隨
三二、七、十、沈兼士

考試院考選委員會用箋

書自作詩一首

七月十二日，早晨與朱希祖同乘考選委員會車進城。

晨七時半乘考選會車至陶園（兼士同車進城），開高、普考典試委員會，填榜揭曉。

（《朱希祖日記》）

七月中旬，在西安與從淪陷區出來的青年座談，表示如果遇到困難，願意替大家解决一切問題。又勉勵私立北平輔仁大學學生公孫嬿、張振玉努力爲抗戰大業服務。

我知道沈先生確實已來西安了。西北氣候，七月中旬非常酷熱。有一天，張振玉兄來約我去看沈先生。那天恰是禮拜日，沈先生住在西京招待所，那裡的建築與設備，在西安都算首屈一指。我們由小南門外，徒步走進城時，已是渾身汗水濕透。將近招待所，看到一輛上海式的人力車，上面坐了一位戴黑框眼鏡，頷下留了一把長須的老者。倒是張兄眼尖，他呼道："這不是沈先生嗎?"我注意瞧，那老者手執一把蒲扇遮陽，大概已聽到這呼聲，扭頭朝我們打招呼，并以扇前指。車子很快過去了，他的意思我們也意會到了。

原來沈先生住在樓上，房間不大，擠滿了人，於是沈先生吩咐到樓下大餐廳坐談。臨時拼成大長桌，我和張兄分坐他的左右手。他請大家吃西瓜。瓜味并不甜，但沈先生手捋黑須坐在中央的笑容却十分可掬。刹那間，我深深意會到沈先生絶不是善於勾心鬥角的政治家，無論從哪一方面看，他都是不折不扣的偉大學者。

沈先生曾對在座的人説了一篇話，大意是假如這批初到內地的青年，遭遇到困難或苦痛的話，他願意替大家解決一切問題，辭意非常懇切，令人感動。

吃過西瓜，座談完畢，大家陸續走出之前，沈先生緊緊握住我的手，我曉得老人的激情。我恐怕他忘了我是誰，趕快先報上姓名。

"嗯！查顯琳。我記得你的筆名公孫嬿，你是什麼時候來的?"沈先生注視著問。

"您離開北平不久，我們也跟著過來了。"我回答著。

看著我和張兄身穿的那套破軍裝，老人有點驚訝，也有點奇怪，他問："你們現在什麼地方呀?"

"戰幹四團！"張兄簡捷的回答。

"生活很苦吧?"

"的確很苦，不過也很新鮮。這是抗戰麼！"

"輔大的同學多嗎?"

"衹有我們兩人。"我們相視一笑。

沈先生沉思了片刻："抗戰原是艱苦的大業，你們有志氣從淪陷區跑出來，先受受訓也好！"

隨後扯到母校老師們的消息：如英千里先生被捕受苦刑啦！伏開鵬神父也入了獄啦！那天沈先生因有事，我們遂即匆匆辭出。

(公孫嬿《敬懷沈兼士先生》,《沈兼士先生誕生一百周年紀念論文集》)

八月，作七律《諶揖山輓詞》。

(四) 諶揖山輓詞 (八月)

棘没銅駝有歲年，眼中人事益淒然。通家故舊猶餘幾，老輩風流竟孰傳。千首詩篇贏白首，一生勳業賸青氈。他時討虜功成日，寄語賢郎告祭筵。

(沈兼士《入蜀雜詩》,《輔仁生活返校節特刊》1946 年 5 月 19 日)

九月，作五言詩《東東雲章》。

（五）東東雲章（九月）

當代論才士，推君第一流。晚交逢亂世，密語寄深憂。報國經綸熟，爲人道氣道，澄清終有會，隼舉待高秋。

（沈兼士《入蜀雜詩》，《輔仁生活返校節特刊》1946年5月19日）

十月，作七絶《送客歸燕》和五言詩一首。

（六）送客歸燕（十月）

君向幽燕我滯秦，晚風寒菊倍傷神，尊前一曲千回首（餞席酒酣，客引吭高歌），東去論心有幾人。

（七）民族復興節朱益民胡宗南招宴常寧宫，朱君即席賦詩奉和一首。（十月）

民族中興日，將軍百戰身，關河終古在，宇宙一番新。燕樂酬佳節，招要到野人，酒酣清興發，高詠動梁塵。

（沈兼士《入蜀雜詩》，《輔仁生活返校節特刊》1946年5月19日）

秋，參加在西安北大街成渝川菜社召開的私立北平輔仁大學校友聚餐會，當談到敵後抗日形勢時，深爲留在北平的陳援庵校長和全校師生擔憂。不久，輔大學生程述之來訪，請其設法營救因有共産黨嫌疑而被扣押的幾個輔大校友。最後，這幾名校友都得以獲釋。

1943年沈先生由北平淪陷區逃出後暫住在西安。是年秋輔仁大學校友會在西安北大街靠近鐘樓附近的成渝川菜社召開校友會聚餐。當時到會的校友很多，有在洛河中學教書的校友（當時位於西安東關外的洛河中學是由北京附近的通縣遷去的），也有當時在西安南郊的中正中學教書的校友，有歷史系柴德賡先生、教育系的劉海蓬先生，還有一位在輔大任教的高先生（陝西人，已忘記他的名字了）。當時我和這幾位先生同沈先生坐在一張餐桌上，其中還有郝德元、施家元、王葆聖等同學。當時參加的校友約有一百人左右，很熱鬧，飯後還有餘興。當時沈先生留着長長的鬍鬚，身着長袍馬褂，精神焕發，時時與同學們交談。當談到敵後抗日形勢時，先生深爲留在北平的陳援庵校長和全校師生擔憂。他雖離開了當時的北平，却時時懷念着遠在敵佔區的人民。在我國老一輩知識界的前人中，先生的愛國熱情，高風亮節，永遠是值得我們紀念的。

1943年輔大校友會在西安開會後不久，有一天我去看望先生，先生對我説有幾個輔大校友（是幾個在西安中學執教的青年）因嫌疑是共産黨而被扣押，囑我設法營救。後來我托了一個老鄉相助，并由他輾轉再托他人從中設法搭救，最後得以獲釋。事未成時，先生多次催促我想辦法托人交涉，并一再要我代他出面擔保。

先生喜歡吃爆肚，當時西安東大街炭市口以東路北有一家不大的爆肚小館，他常常帶幾個校友去吃，并在西安東大街的“白雲章”餃子館吃羊肉餃子。先生除在做學問上關懷我們外，也盡可能關心我們的生活。

抗戰期間山西大學由太原遷至陝西省的三原縣。山西大學文學院文字學教授李鏡蓉先生（字亮工，山西河津縣人）年近七旬，是我的前輩。沈先生要同李先生談談，於是我請沈先生與李先生在西安北大街通濟坊百樂飯店相見，就餐時由胡寄窗先生作陪。沈李二位先生今已逝世，胡先生今已八十六歲，任上海財經大學教授，爲中國經濟思想史學會會長。三位先生飯後又在百樂飯店的客舍裏晤談了兩個多小時，沈先生開始談到在日本東京從章太炎先生學習的情況，一直談到有關黄季剛先生（黄侃）在文字學上的研究。自始至終侃侃而談，精神貫注。當時我是一名小學生，洗耳恭聽，實際上是給我上了一堂很好的文字學課，獲益良多。

（程述之《深切懷念沈兼士先生》，《沈兼士先生誕生一百周年紀念論文集》）

十一月，作七絶一首。

（八）宗南邀同語堂至潼關閱兵，遍歷城防，歸途登太華，宿北峰。道士出紙索書，爲題一絶。（十一月）

觀兵破曉出潼關，攬勝來朝入華山。眼前多少興亡事，化作烟雲任往還。

（沈兼士《入蜀雜詩》，《輔仁生活返校節特刊》1946年5月19日）

十二月十五日，署名“叕戡”的沈兼士同宗人在西安中國銀行編《雍言》第三卷第十一期“詩選”欄，發表詩歌《賦呈家兼士先生》。

賦呈家兼士先生 叕戡

髯也吾宗秀，芳聲海内馳，師儒邦國重，憂患髯毛知；嶽色連吟卷，燕雲縈夢思，萬金真可抵，嬌女畫中詩（“畫中詩”自注：先生去歲自賊中逃出，家書隔絶，令媛自北平繪雪竹便面，以代安訊）。竹墩分荻港（“竹墩分荻港”自注：吾沈氏在吴興支派繁衍。居竹墩者門望最盛，鄉人稱爲竹墩沈；分遷荻溪者曰荻港沈。余爲荻溪房，先生則竹墩房也），百世本支榮，行輩君應長，年華我自知；晚猶耽結習，貧更砥修名，述德徵家牒，還期仗老成。

冬，在西安遇見剛回國的林語堂，并相約同登華山。在登山路上，談起就僞職的周作人。

到了民國三十二年冬我回國。在西安遇見沈兼士，約同登華山。兼士真是仁人君子，在華山路上，跟我談周作人在北平做日本御用的教育長官。他説我們的青年給日本人關在北大沙灘大樓，夜半挨打號哭之聲，慘不忍聞，而作人竟裝癡作聾，視若無睹。兼士説到流淚。我所以説，熱可怕，冷尤可怕，這又是放逸文士之所不爲。可怕，可怕。（林語堂《記周氏弟兄》，《臺灣新聞報》1965年3月26日）

一九四四年 民國三十三年 五十八歲

一月十五日，在西安中國銀行行刊《雍言》第三卷第十二期發表《抗建雜談》一文。這是作者應該行之邀所作的一篇演講稿，主要論述敵佔區的情況、抗戰勝利前夕的相關政策和戰後的建設復興等問題。

抗建雜談 沈兼士先生講 潤記

今天貴行約我來講演，兄弟本不敢應命，因爲講演本是一件難事，作學術講演更難，惟既承貴行一再殷殷相約，誼難固却，但須預先聲明，這不能算是講演，不過與諸位拉雜一談，作爲互相研究的資料而已。兄弟去歲從淪陷區來，願將幾年來淪陷區的情形，作一個簡單報告，同時我回到大後方後，所見所聞，不無一點感想，也一并向諸位談談。

大凡一個人説話，對他自己研究的某一種學問或專門的事務，往往是不敢多説的，因爲他愈是研究，愈覺自己所知太少，不敢多開口。至於没有研究過的事情，反而可以縱談無忌，因爲雖然講的是外行話，人家多少是能够原諒的。兄弟今天所要講的，也都是外行話，希望諸位多多原諒。

我國全民抗戰，已整整六個年頭。這六年來堅苦卓越的精神，是非常令人興奮的，祇是在此勝利的前夕，國人對於戰後問題，注意研究的還不很多。美國人對於戰後問題，早已有各種組織作專門研究，并與政府取得連繫，將研究所得提供政府參考。我國似亦應發動廣泛的研究，將研究結果供給政府采擇，這是兄弟所深切希望的，甚願大家一致努力。

兄弟今天所講的約可分爲五點：

第一先講敵人對佔領區統制的情形：我在淪陷區六年，眼見敵人所施各種統制政策，約可分做三個步驟，第一步是軍事的統制，到處以武力壓迫，盡量製造漢奸，此時一般民衆和知識份子，都感覺到精神的痛苦。第二步是思想的統制，敵人用武力壓迫我民衆到相當程度後，即實行所謂“思想的調查”，凡大中小學校的教授、教師，都須填具思想調查表，各學校并加添日語課程，每個小學生都須背誦“新秩序”(?) 的標語等。學生不能背誦者，嚴懲其校長、教師，同時更發動學生到街頭講演，宣傳所謂東亞新秩序等等。這樣一來，知識份子便直接受到生命的威脅，不僅是精神的痛苦而已。第三步便是經濟的統制，這可直接威脅到所有的民衆身上了，其最重要的是食糧的統制，以前民間食用的白麵，現在祇有日本人才能享受得到，普通民衆所食用的麵粉，據分析共有五十多種雜質，其中有麩皮、花生皮等等，簡直是無法下咽。最近曾有人從那邊帶過來一點，諸位可以看看，便知道那邊民衆的痛苦爲何如了！現在自由區的糧食，祇是貴賤問題，并没有買不到的現象，而淪陷區却是有無的問題，縱有錢也買不到。因之民衆痛苦日深，抗敵情緒一天天高漲，所以在精神上説，我們是已經勝利了。不過這次回到後方，看到後方許多情形，與在淪陷區時所想的不盡相同，這是我們的宣傳工作，還不够周到的原故，敵人在淪陷區利用無線電廣播做宣傳工具，差不多家家都有收音機，我們也應該利用廣播來宣傳。我看見後方一部分民衆表現精神麻痺，如果能讓淪陷區來的青年將淪陷區民衆的痛苦等情形，用適當的方式，作廣泛的宣傳，我想一定能够振奮人心，鼓舞抗建精神。至於鄰近戰區的宣傳教育工作，應特别注重加强軍民合作，同時邊區文化如何提高，也是值得我們注意的地方。

第二點我覺得如果要敵人澈底潰敗，非靠我國陸軍不可，我國陸軍雖然强大，可是裝備尚不完整，因之輿論界應强調加强陸軍的力量，實是今日當務之急，這話并不是説我國不要海空軍，衹是説對陸軍應再充實其力量。日本的北進，全靠陸軍作戰，天皇和陸軍，有着不可分的關係，如不能把日本的陸軍澈底摧毁，日本縱然屈服，也是暫時的。這個摧毁日本陸軍的重任，不用説應由中國的陸軍來負擔。此點，中國朝野均甚明白，還望盟邦友人作進一步的認識與援助。

第三點是關於目前勝利前夕的外交和將來和平會議席上的外交政策，應該即時加以研究。目下作戰情况，盟方頗佔優勢。前曾一度謡傳某國將與德國單獨搆和，某國與日本關係轉好。自中英美開羅會議，和英美蘇德黑蘭會議後，這種謡言已掃除盡浄了。所以此時要運用外交的地方很多，必須同盟國間更堅强的合作，更增强海陸空軍力量，并調整作戰機構，統一作戰指揮。果能如此，戰事也許會急轉直下，這是我們應該努力促成的。至於我國的戰後的外交問題，如收復失地，歸還領土主權，已有莫斯科四强宣言，及開羅會議宣言明白保證。惟香港、泰國等問題，則仍待研究，凡我國人均可將研究所得，貢獻政府作爲參考。

第四點是關於今後國際和平的問題，這點我認爲應該合理解决，應當有堅强的制裁機構。上次歐戰後所産生的國際聯盟，所用制裁方法，僅限於法律方面，經濟、軍事方面完全談不到，侵略國家遂得乘機而起，終於造成今日之世界大戰。所以我以爲今後國際的制裁機構，應以武力爲後援，由愛好和平的國家來主持，美國當然應居於領導地位。(略)

第五點是關於我國戰後建設復興的問題，這問題最爲複雜，應加以切實之研究。建設問題之最重要者，第一是交通，首先應將隴海路延長，一直經新疆到阿富汗以達波斯灣。此路成功，不特西北邊防，可資利賴，且可利用波斯灣之海航以聯英、美。其次是工業的建設，國防工業固屬重要，民生工業，尤應切實促其發展，要做到農村工業化，然後纔算是名副其實以農立國，有了農村工業作基礎，則農民的組織與訓練，自然事半功倍，所謂“寓兵於農”“舉國皆兵”皆可以做到矣。

以上所説，是我個人的一點感想，希望諸位對於建國問題，多加研究，以貢獻於政府，造福於人群!

(《雍言》第三卷第十二期，1944 年 1 月 15 日)

二月，作七絶一首，抒發思念親人之情。

(九) 長安客舍元夜 (甲申二月)

亂裏笙歌雜楚辛，酒顔紅頰白頭新。遥知燈火闌珊處，更有傷離念遠人。

(沈兼士《入蜀雜詩》，《輔仁生活返校節特刊》1946 年 5 月 19 日)

三月九日，柴德賡收到許德治發自西安的信，稱已拜訪沈兼士。

得許德治西安書，言已謁兼士丈。（《柴德賡日記》）

按：柴德賡，字青峰，陳垣高足，曾任輔仁中學教師，因避戰火逃離北平，當時暫居洛陽。

三月十四日，柴德賡作致沈兼士信，并囑將赴陝西的黄慧清拜訪沈。

黄慧清將赴陝，致兼士丈一書，囑其往謁。（《柴德賡日記》）

三月三十日，致電柴德賡，告知柴夫人陳璧子已安全抵達西安。

接璧自西安來書，言26午即刻到西安，遇雨甚狼狽。已晤錦清、訪沈兼士丈，并云熟人甚多，望余西行。……晚接沈兼士又來電，告内子安抵西安。

（《柴德賡日記》）

按：日記中“璧”，指柴德賡夫人陳璧子。

三月，作七絶一首。

（十）芝田東歸以此將意（三月）

送汝東歸意惘然，飄蓬心緒早春天；可憐玉蝀橋邊路，花影摇風又一年。

（沈兼士《入蜀雜詩》，《輔仁生活返校節特刊》1946年5月19日）

四月五日，柴德賡收到陳璧子信，提及沈兼士身體極瘦，柴讀後爲之黯然。

接璧子第二書，云葉德禄、董洗凡二君爲敵捕去，校長無恙，尚有三人不知爲誰。又云兼士丈身體極瘦，聞之黯然，以書生而處政潮之中，安能盡如人意哉。

（《柴德賡日記》）

四月二十二日，柴德賡收到陳璧子信，提及沈兼士盼柴入陝西一行。

得璧函，謂兼士丈、守禮兄均盼余入陝一行。（《柴德賡日記》）

四月，作七絶一首，回憶幼時與兄弟姐妹相處的歡樂時光，不勝感慨。

（十）幼年隨宦漢中，山城花事極盛，與諸兄姊家塾放學，頗饒嬉春之樂。夏淺春深，徜徉緑蔭庭院，尤愛聽鳩婦呼雨之聲。喪亂之餘，舊游重記，偶聞鳴鳩，不勝逝水之感。（四月）

漠漠輕陰欲雨天，海棠開罷柳吹緜；鳴鳩有意驚春夢，唤起童心五十年。

（沈兼士《入蜀雜詩》，《輔仁生活返校節特刊》1946年5月19日）

春，撰成《〈二進宫〉劇譜序》。照録如下：

余於壬子入都，主吾鄉錢丈念劬家，勝友過從，極談醮之樂。一日丈要至西四牌樓慶昇茶園聽劇，大軸爲譚叫天、劉永春、陳石頭合爨《二進宫》。其時風尚於是劇不數數演，尤以三賢聯壁，詫爲奇緣。觀者方凝神屏氣以待，而園主忽以劉病見告，改演《武家坡》，衆皆嗒然。然是日之劇如庫兒之《水淹七軍》、楊小朵之《馬思遠》，亦皆難得幾回之傑作。當時劇才之盛，殆可想見，而劉遂即長夜成廣陵散矣。余於劇學，未之涉獵，至不能辨工尺，别腔調。然每遇戲場作劇，於悲歡離合之節，曼吟高唱之時，未嘗不盪氣迴腸，低徊欣賞，而不知其何以移情至於斯也。去歲避寇入秦，邂逅伯駒於長安市上，相見甚懽。伯駒固實業家而擅場歌劇，西征以還，於經營貨殖之餘，復時親檀板，并搜集名家歌譜，編印流傳，將首以是册問世，而徵序於余。烏乎！亂來謌吹，都失歡聲，惜逝傷春，人間天上，寫此既竟，不禁百感之横集也。甲申仲春。（沈兼士《段硯齋雜文》）

五月九日，作致中央文化驛站總管理處處長賀師俊電函，請其轉呈教育部長陳立夫等，報告私立北平輔仁大學教師郝德元已赴重慶，另有輔仁大學教師歐陽湘、左明轍等先後遭日軍逮捕。

西安沈兼士辰佳電

中央文化驛站總管理處賀處長師俊，請轉教育部陳部長、吴司長尊鑒：辰微電奉悉，郝德元君已赴渝，救濟費到後當寄交本人，兹先代謝。近據續報稱，輔大講師——教育系歐陽湘、西語系左明轍（女）、國文系葛信益、化學系祝福祥，助教——西語系孫碩人、經濟系鄭國柱，訓育主任李寳勲、體育員李鳳樓、《輔仁生活》編輯秦晋、附中英文教員丁德勛，均先後遭捕。又輔大國文系講師陳祥春、經濟系助教邢宗江亦於日前逃來後方，刻已抵陜，并聞。沈兼士。辰佳。

（中國第二歷史檔案館藏檔，卷宗號：五-2693）

五月二十三日，國民政府教育部司長吴俊升呈部長陳立夫文，請批復由沈兼士電告的私立北平輔仁大學教師陳祥春、邢宗江發放救濟費事。

教育部簽呈附簽用紙（中華民國卅三年五月廿三日）

前接西安沈兼士先生電告，北平輔仁大學講師郝德元脱險抵陜，業經簽奉核准，電復匯發救濟費五千元。繼續逃出者，立請沈先生電告姓名，再行撥款救濟在案。兹接來電有講師陳祥春、助教邢宗江二名脱險抵陜，救援案各發救濟費五千元。當否？謹□稿簽請部、次長鑒核。餋收，即希代拍爲感。專此，即頌

勛綏

附致沈先生電稿一紙

弟吴俊○拜啓

批示：如擬。陳。（并鈐“陳立夫”印）

（中國第二歷史檔案館藏檔，卷宗號：五-2693）

按：吴俊升（1901—2000年），教育家，江蘇如皋人，時任國民政府教育部高等教育司司長。

五月二十八日，柴德賡來訪，談及私立北平輔仁大學有關情況等。

後來西安穩定了些，我已徒步越過秦嶺，到了西安。五月二十八日我去看沈先生，到門口，他正從外面坐車回來，跳下車來招呼，我不由吃了一驚，原來沈先生已是黑鬍子滿腮，長過半尺，不是當年穿西裝的風度，也不是淪陷期間常見的姿態了，沈先生老了！

從前在北平的時期，沈先生負地下工作的使命，我們見面祇談消息，講學問，論人物，不談工作。在西安可什麼都談，尤其關於輔仁。沈先生很注意中原戰争失敗的經過，因爲我在亂軍中目覩敗狀，他一問再問，對於戰局祇摇頭，認爲没有希望。那時他在西安的工作已告結束，要去重慶。六月三日晚上，輔仁校友開歡送會，天正下雨，滿街泥濘，到的人有五六十位，居然有從翠華山步行五十里進城來參加的。沈先生没有兒子，這些男女學生對他和對父親一樣，可以反映出沈先生對青年的慈愛，這是很可感動的。

十號那天，沈先生約我和何海秋先生見面，由中原戰争談到整個國家，沈先生很不滿意當時的社會。何先生説，沈先生究竟是書生，這話連沈先生自己也笑了。沈先生在西安很受軍政當局的敬禮，這自然是沈先生學術地位的關係，也是近年來的一種新風氣。文武大員，黨國要人，都喜歡自附於學者之列，極願意親近學者，互相標榜，因此沈先生穿一件舊藍布大褂，到處受人歡迎，可是人家也説沈先生是名士派。

六月十二，沈先生離開西安，那幾天風聲很壞，戰事不利，當日車站上的擁擠，逃難者的緊張，真是觸目驚心，不知後會何日，我懶洋洋地回到寓所。想不到鬼子竟應了讖語，“到不了西京”，我們又苟安地住下去，可是高明的軍事家推測，至少要爬過寶雞對岸的秦嶺，方可安全，因此我决計入蜀。

（柴德賡《我對於沈兼士先生的認識》，《益世報》1947年8月18日）

六月二日，國民政府教育部長陳立夫發致沈兼士電函，同意發放脱險抵陝的私立北平輔仁大學講師陳祥春、助教邢宗江救濟費各五千元，請沈代轉。

電

（教育部稿［中華民國卅三年六月二日封發］）

西安沈兼士先生道鑒：辰佳電奉悉，脱險抵陝之輔大講師陳祥春、助教邢宗江二員，由部各發救濟費（5000），共匯（10000）元，款到望轉致補發爲荷。陳○○。

（中國第二歷史檔案館藏檔，卷宗號：五-2693）

同日，國民政府教育部發致賀師俊電函，委托轉送教育部長陳立夫致沈兼士復電。

司箋函

（教育部稿［中華民國卅三年六月二日封發］）

師俊吾兄大鑒：接展五月十二日台函，承轉沈兼士先生來電敬悉，兹有部長復沈先生電一通，附奉。

（中國第二歷史檔案館藏檔，卷宗號：五-2693）

六月三日，私立北平輔仁校友開歡送會，歡送即將赴重慶的沈兼士。參閱本年五月二十八日條。

六月十日，約談柴德賡、何海秋。參閱本年五月二十八日條。

六月十二日，乘車離開西安。參閱本年五月二十八日條。

六月，作五言詩一首。

（十二）甲申六月，勾當公事了，關東烽警益亟，一日數驚，乃決計去陝返蜀。道出寶鷄，以候飛機，須作十日留。東君雲章馳函邀至蔡家坡雍興公司小住，越日東君自西安來會，下陳君之榻，羈客如歸。訪子雲之居，清談忘倦。瀕行賦此，不徒惜别已也。（六月）

中原談笑失，國事復何如？一夕安危異，千家去住殊。雄才焉濟世，漂梗已窮途。多謝攀留意，清言且暫娛。

（沈兼士《入蜀雜詩》，《輔仁生活返校節特刊》1946 年 5 月 19 日）

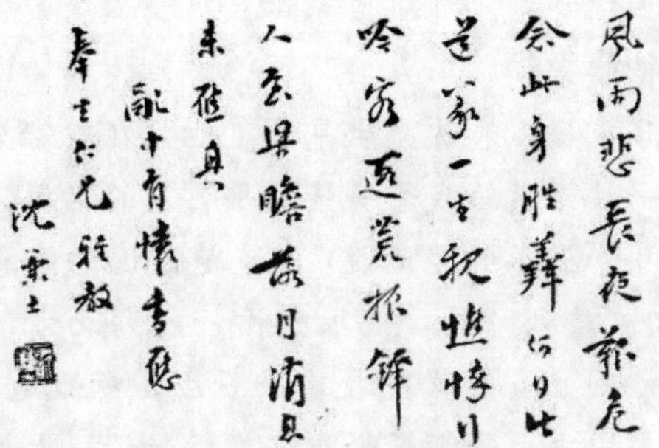

沈兼士書法之一

七月，作挽老友朱希祖詩一首。

（十三）朱逷先挽詞（七月）

十載經離亂，千秋隔死生。詩篇新枉寄，杯酒未能傾。（頃自西安僖役畢返渝，征車甫卸，驚聞君赴）柱史藏山業，楹書絶代名，猿啼三峽暮，惻惻若爲情。

（沈兼士《入蜀雜詩》，《輔仁生活返校節特刊》1946 年 5 月 19 日）

八月，作題畫詩一首。

（十四）題畫（八月）

紙閣蘆簾隱者居，青山紅樹望中舒；秋來應有蒓鱸感，爲寫谿山無盡圖。

（沈兼士《入蜀雜詩》，《輔仁生活返校節特刊》1946 年 5 月 19 日）

同月，撰成《石鼓文研究三事質疑》，文末署“民國三十三年八月沈兼士作於重慶曾家岩石田小築雙寂寞齋”。此文後發表於《輔仁學誌》第十三卷第一第二合期（一九四五年十二月出版）。此文在肯定郭沫若所著《石鼓文研究》一書取得重大成就後，指出對其中“橐”“㹀”“兹”三字的解釋有異義，接著詳細論述這些字的起源、發展和變異，提出合理的解釋。

同月，陳垣爲沈兼士主編的《廣韻聲系》作序。

《廣韻聲系》序

此書之編纂，經始於民國二十二年之秋，初以《廣韻》之字分韻排比，凡同從一聲者皆依次繫聯之，然後綜合駙条校，并其所同，以聲爲綱，而依四十一聲類之次第叙列之。稿凡三易，歷時十載，始克成編。蓋雖爲排比之作，然磨礱切磋，考訂是非，旁衍周洽，非融貫全書不足以爲之。今觀此書，於古今文字蕃衍變易之迹，均已彰示無遺，即形聲音義相關之理，亦可緣類而求，其有功於小學者匪淺。好學深思之士，當能明其用心之所在，進而追琢其章，恢弘其義，則善矣。是編殺青既竟，久未印就，今方幸覩厥成，且將流布宇内，故喜而爲之序。

一九四四年八月新會陳垣

（沈兼士主編《廣韻聲系》）

九月十二日，柴德賡來訪。

九月十二，我到了重慶，和沈先生見面。他住在曾家岩石田小築，那是尹默先生的住宅，見面第一件事就給我看一張北平舊友的名單，上面寫着這個被敵人判十五年，那個判七年、五年的。他説："這是最近的消息，可是將來誰管他們呢!"相對默然了好久。談到時局，他很悲憤。想到北方，又很挂念。那幾天每天見面，他對我去白沙國立女師學院教書很贊成，感慨地説：幹政治没有意思，還是教書好！後來他在中央大學師範學院任名譽教授，大概也是這個理由。我問他爲甚麼不在大學本部而在師範學院，他的理由是中大太複雜，多是非，躲在師範學院國文系，與人無争。

（柴德賡《我對於沈兼士先生的認識》，《益世報》1947年8月18日）

九月三十日，國民政府教育部吴俊升發致沈兼士電函，該部同意撥發私立北平輔仁大學三十二年度補助費，詢問由何處轉匯。

司箋函

（教育部稿［卅三年九月三十日封發］）

兼士先生道席：前承囑設法補助北平輔仁大學經費事，經部專案呈院核准，卅二年度補助費壹百萬元。該款業由國庫撥發到部。惟查部撥該校卅一年度補助費係交由于主教野聲轉匯北平。現于主教留歐未歸，此款應由何處轉匯爲妥。用特函達，即希示復爲荷。專此順頌
時綏

吴〇〇拜啓

（中國第二歷史檔案館藏檔，卷宗號：五-4030）

九月，作詩一首，與友人唱和。

（十五）中秋艽生招宴并示中秋無月之作，次韻奉酬。（九月）

秦關蜀道老苕漁，感慨秋風憶扁艫。無月無花空悵望，有人有酒莫孤虚。豪

情匣底長鳴劍，倦客懷中滅字書。記取故鄉今日事，胥濤萬鼓渺愁予（錢塘江潮以八月十五日最大，萬人傾巷觀之）。

（沈兼士《入蜀雜詩》，《輔仁生活返校節特刊》1946年5月19日）

十月二十五日，作詩《九日用少陵韻》。又發表於《中華樂府》第一卷第一期。

（十六）九日用少陵韻

去年病臥長安客，今日淹留蜀水濱。取次中秋到重九，生憎雨久盼晴新。且澆壘塊高樓酒，苦憶情親絶塞人。引領官軍收薊北，放歌燕市蕩胡塵。

（沈兼士《入蜀雜詩》，《輔仁生活返校節特刊》1946年5月19日）

十月底，赴中央大學，主持成立了重慶沙磁（沙坪壩、磁器口）區私立北平輔仁大學校友會，并出版《沙磁輔聲》，進行抗日救國的宣傳工作，并加强大後方各地輔仁校友的聯繫。

兼士先生過西安時，約集當地校友馬明河、邢宗江、王葆聖、樂芝田等，成立了西安輔仁校友會。當先生困居重慶時，在重慶原有的重慶輔仁校友會的基礎上，又約集了北碚的校友，如蔡善霈、李良庾、劉克讓、蔣天格等第八屆（1938年）以前的校友們，聯絡在復旦大學借讀的輔友們，成立了北碚輔仁校友會。

流亡的中央大學位於重慶沙坪壩附近的松林坡，許多輔友如劉慕賢、鄭恩慈、劉書元、齊兆友、夏誼嫻等在那裏借讀，兼士先生任重慶中央大學師範學院名譽教授時，於1944年10月底，從重慶曾家岩二號他的寓所專程趕到中央大學，約集在沙坪壩重慶南開中學工作的郝德元和鄒恩銘等老校友聯合中央大學的輔友們，在兼士先生親自主持下，成立了重慶沙磁（沙坪壩、磁器口）區輔仁校友會，并出版《沙磁輔聲》，以推廣抗日救國的宣傳工作，并加强大後方各地輔仁校友的聯繫。

這時，兼士先生已年近花甲，“孤征念老身”一語道破：他深深意識到自己已入遲暮之年，打敗日本鬼子雪湔國恥誠非易舉，而重整河山建設殘弱的中國困難更多。他那“烈士暮年，壯心不已”的“千里之志”，使他時刻籌劃戰後如何重建中國的途徑。他認爲日本如此倡狂，全仗雄厚的工業實力，而中國正因爲工業落後，才遭受如此之淩辱。欲救中國，必靠工業。這些流亡的輔仁校友，正是光復輔仁和重建祖國的人才力量。他設法給流亡的校友介紹工作，盡力幫助他們解决生活上的困難。身受恩澤的校友指不勝數，校友們怎能不以“恩師”呼之!?

但是這位仁慈善良的教育家，已瀕臨自顧不暇之地。他因不服水土，身罹重病，儘管没錢吃藥，也不肯向當權者阿諛奉承。他對當時的黨政工作深惡痛絶，一方面辭去當時組織部特任他爲西安黨訓班代主任的職務，另一方面他以“禮樂非吾好，干戈未定時”的詩詞謝絶當時教育部請他爲禮樂館館長的隆聘。一介藍衫，不圖富貴榮華，困居山城，猶在循循善誘未來建國的後生，使後學既得仰瞻恩師威武不能屈的光輝形象，更學會富貴不能淫的處世之方。

（郝德元《憶恩師抗日救國的精神》，《沈兼士先生誕生一百周年紀念論文集》）

十一月二十四日，作致吴士選先生函，請其將教育部給私立北平輔仁大學上年度補助費壹百萬元撥付金城銀行。

士選先生大鑒：頃奉十一月廿一日賜覆藉悉，輔大上年度補助費壹百萬元已經撥到。兹根據前次面談辦法，業與金城銀行副理兼成都分行經理徐輔德先生接洽，承其允爲設法妥速兑交，請即將該款撥付兩路口金城銀行辦事處副主任兼出納何揚波先生收轉可也。專此奉煩，敬頌

公安

弟沈兼士拜啓　十一、廿四。

（中國第二歷史檔案館藏檔，卷宗號：五-4030）

十二月二日，國民政府教育部高等教育司發致何揚波函，告知該部給私立北平輔仁大學三十二年度補助費壹百萬元已轉去，請其收轉金城銀行。

司函

（教育部稿［卅三年十二月二日封發］）

〈楊〉〔揚〕（“楊”字錯——編者注）波先生大鑒：本部撥發北平輔仁大學卅二年度補助費壹百萬元，頃准沈兼士先生函復，業與金城銀行副理兼成都分行經理徐輔德先生接洽，承允設法兑交，囑將該款撥付尊處收轉。兹將該項補助費壹百萬元支票一紙隨函送請詧收轉致，并希見復爲荷。順頌

台綏

附壹百萬元支票一紙

教育部高等教育司啓

（中國第二歷史檔案館藏檔，卷宗號：五-4030）

同日，國民政府教育部吴俊升發致沈兼士電函，告知該部給私立北平輔仁大學三十二年度補助費壹百萬元已轉致金城銀行，由該行轉交輔仁大學。

箋函

（教育部稿［卅三年十二月二日封發］）

兼士先生道席：接奉十一月廿四日惠復敬悉。輔仁大學卅二年度補助費壹百萬元，已遵照開支票，另備司函，一并送請兩路口金城銀行辦事處何揚波先生收轉。專復順頌

著綏

晚學吴〇〇拜啓

（中國第二歷史檔案館藏檔，卷宗號：五-4030）

是年，作七絶二首。

（十七）心如招赴汪山看梅，以病不往，仲兄賦詩見示，輒和其韻，并柬與

會諸公。

裙屐風流花照簷，客中高會想精嚴。影踈香暗堪滋味，不啻蒓羹著豉鹽。

羈懷都不關山水，孤負名園數點花。燒罷藥罏了無事，紙窓斜日聽昏鴉。

（沈兼士《入蜀雜詩》，《輔仁生活返校節特刊》1946年5月19日）

按：仲兄，指作者二哥詩人、書法家沈尹默。後作者將此詩書贈友人，題爲“甲申客渝和友人招赴汪山看梅之作”。

是年，作致胡適信，談別後情況及寄贈學術文章五篇等。

適之先生著席：抗戰以來，不見已七年矣。先生飛揚海外，仕優而學，弟則困處“地下”，窮且益堅。前年冬在平爲敵指捕（今年春英千里、張懷、董洗凡及其他輔大教員二十餘人皆被捕，重者判十五年監禁）。逹難由來，目擊時艱，空談莫補，小文一首略寫年來旅途中之所感觸，附請一閲。又關於語文學拙著五篇，皆爲前數年陷賊中工作餘暇之作。當時子喪妻病，己身又時時有危險之虞，特假著述以爲鎮定神經之劑耳。然愚者一得，自覺頗有未經前人道及者，敬乞兄及元任先生匡繆，若能介紹於國内圖書館則更幸矣。丁梧梓君爲北大國文系後進中之第一人，於語文之學，它日必有希望，兄與元任兄幸提攜愛護之，俾期大成。兄知彼素深，固不待弟言，然弟與之私誼極篤，又不得已於言，故附及之。丁君行時曾托其帶上拙篆二幅，一贈兄，一贈元任先生，所謂秀才人情，尚乞哂存。此間詳情，丁君及守和先生當可面罄。敬頌

纂安

弟沈兼士白

元任先生伉儷均候。梧梓想已到，請囑其時寄書來。通訊處：重慶曾家岩52號對門石田小築。

（中國社會科學院近代史研究所中華民國史研究室編《胡適來往書信選》中，第817頁）

按：原信未署寫作時間。據信中“前年冬在平爲敵指捕（今年春英千里、張懷、董洗凡及其他輔大教員二十餘人皆被捕，重者判十五年監禁）”句。作者離開北平的時間爲1942年冬，又英千里、張懷、董洗凡等於1944年被日寇逮捕。由此可知此信作於1944年。

一九四五年　民國三十四年　五十九歲

一月二十六日，爲輔仁大學物理系三年級肄業生曲鳳韶開具證明。

沈兼士證明

學生曲鳳韶，年二十三歲，山東牟平人，北平輔仁大學物理系三年級肄業。特此證明。

輔仁大學文學院院長沈兼士

三四、一、廿六。

（原件，北京師範大學圖書館藏）

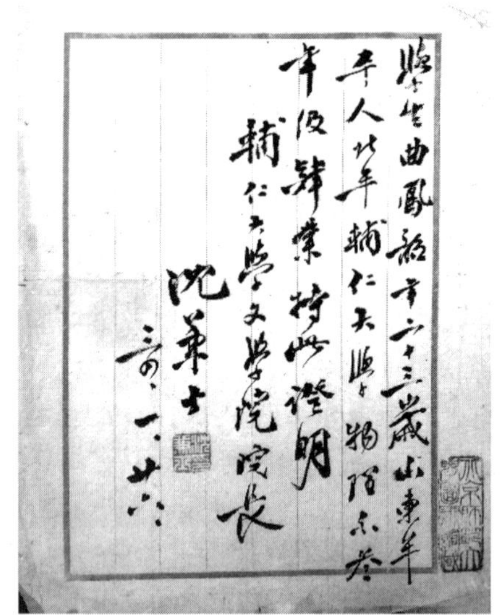

特此證明

輔仁大學文學院院長 沈兼士

1945 年爲北平輔仁大學學生曲鳳韶書寫的證明材料

二月六日，柴德賡、魏建功來訪，賓主輪流寫字爲樂。

三十四年一月二十九，我下重慶，一連住了十二天。二月六日，正是舊曆臘月廿四，我和建功先生又去石田小築，那是貴陽吃緊以後，抗戰最苦惱的時候，天氣又那樣陰森，加以冷風細雨，沈先生想念北平的親友，意興索然。尹默先生爲了打破這沉寂的空氣，忽然提議，今天反正無聊，大家來作點無聊的事情，這裏四張紙、四個人、四管筆，每張紙上每人同用一樣的筆寫幾個字，不必客氣，這張你先寫，那張你就第二寫，每人的次序都有一二三四，筆要用最破最不好寫的。他挑了半天挑出四管筆，一管是草狐，一管是貛毫，一管是白沙茅龍，相傳陳白沙先生喜歡用這樣的筆，硬得很，出於新會。另外一管是雞毫，我們三人都怕雞毫，軟得厲害，尹默先生比較會用。茅龍、狐毫也不好使，反正那天寫的字都不好看，這是存心找彆扭，大家以此爲樂。記得沈先生有一張上寫了“朋”“盍”“簪”三個篆字，另一張寫了“歲雲暮矣，風雨淒其”八字。這四張紙我收起來，在白沙被一位朋友求去一張，還有三張去年到浙江留在諸暨老家了。今天回想起來，這樣的聚會真是偶然，却有深刻的意義。

二月八日，我和建功先生回白沙。到二十三，接王大安君來信，驚悉沈先生咯血了，需休養兩個月。白蒼山莊的朋友都很着急，建功先生因臺灣訓練班有事去重慶，來信説不妨事。山莊的朋友想接沈先生來白沙静養，他自己想去成都，却都没有成事實。

這年八月，勝利的消息傳到白沙。十六那天我又下重慶，去看沈先生。那天他真高興，笑着説：“我預算你要來，我正擬電報稿給陳校長打電報，一有飛機，就回北平。”當時意外勝利，各部會都手忙脚亂，毫無條理，但是沈先生却計劃到北平後第一步怎樣，第二步怎樣，這種幻想當時人人都有的。在百忙之中，我們還同去訪尹石公先生。尹先生博雅好談，娓娓不倦，所談消息未必盡確。沈先生説，半是半非，想想也有意思。他們住的很近，談得也很起勁。不久，沈先生果然以特派員名義飛回北平了。

（柴德賡《我對於沈兼士先生的認識》，《益世報》1947年8月18日）

二月二十三日，柴德賡收到王大安信，得知沈兼士咯血了，需休養兩個月。參閲本年二月六日條。

五月一日，作致國民政府教育部函，因兩年多未領取私立北平輔仁大學薪津，請求批准在輔大補助費項下扣撥，以解決生活上的困難。

敬陳者：竊兼士自三十一年十二月間脱險來渝後，而在輔仁大學所任教授兼文學院院長及文科研究所主任薪津即未支領（每月薪洋共計僞平幣七百二十元），於上年承陳前部長關垂，曾自動令囑輔大仍支付全額原薪，但校方迄未照辦。再兼士在輔大所任課程勢必托人代授，其代課報酬自應由兼士設法撥付。嗣輔大逐年加薪，兩年以來未領之薪津數目總計約一三四八二四元（詳細數目另單附陳）。兼士在渝所入甚微，頗感艱窘，曾於上年在友人束君處挪借八萬元以應急需，以限期將届，急待償還此款。復以吐血初愈，醫囑須長期休養，否則恐難復元。爲恢復健康計，擬辭去教職，安心調攝。惟素無積蓄，且乏固定收入，一旦退休養痾，不但日常費用無所挹注，即應償之債款，以何歸楚。言念及此，灰心已極。處此貧病交加之際，務懇鈞部體念兼士年高貧病，允予將兼士應得輔大兩年來之薪津約國幣一三八二四〇元，准在輔大補助費項下扣撥，以濟燃眉，不勝感戴之至。爲此理合連同應得輔大薪津數目清單一紙，備文敬請鑒核。謹呈教育部。

私立北平輔仁大學教授兼文學院院長沈兼士　三十四年五月一日

附清單一紙（略）

（中國第二歷史檔案館藏檔，卷宗號：五-2693）

五月二十日，作致國民政府教育部函，請求援例撥款救濟在北平參與抗日活動的私立北平輔仁大學英千里等人。

敬陳者：竊查私立北平輔仁大學被捕教職員英千里等二十一人，以不甘屈服敵僞，在校密施抗戰教育，并倡導愛國工作。復於上年曾奉鈞部指示，作抗敵運動，不幸爲敵偵知，該教職員英千里等二十一人先後被捕。兼士留平眷屬因受兼士之影響，同時亦被逮捕。事隔年餘，確息毫無。茲得平方來信悉，被捕之教職員英千里等二十一人仍在敵獄，備嘗楚木。而兼士眷屬雖未久羈敵獄，但被敵僞監視極嚴，動輒傳人拷詢，苦不堪言。再英千里等二十一人及兼士在平眷屬生活極感困難，又值平市物值飛漲，更難維持。處此困苦艱危之下，誠無良策拯救，惟有仰懇鈞部體念兼士等眷屬在平之艱苦，准予援例救濟，而示矜恤，理合連同被捕教職員英千里等二十一人名單一紙，備文敬請鑒核。謹呈教育部。

私立北平輔仁大學教授兼文學院院長沈兼士呈　三十四年五月廿日

附呈名單一紙（略）

（中國第二歷史檔案館藏檔，卷宗號：五-2693）

五月三十一日，國民政府教育部發致私立北平輔仁大學電函，告知教育部已同意墊付沈兼士在輔大未領的薪津，將來在該校補助費項下扣抵。

代電

（教育部稿［中華民國三十四年五月卅一日封發］）

私立輔仁大學：據該校教授兼文學院院長沈兼士呈，以自三十一年十二月脱險來渝後，所有薪津全未支領，計自三十二年一月至本年十二月，共欠發僞平幣式萬零陸百陸拾肆元，照當時價格，分别折合國幣壹拾叁萬捌千弍百肆拾元，現貧病交加，需款孔急，請准予由部墊付，將來在該校補助費項下扣抵，以濟眉急等情。經查屬實，已由部如數墊發，仰即知照。教育部（　）印。

（中國第二歷史檔案館藏檔，卷宗號：五-2693）

六月五日，國民政府教育部批准沈兼士呈文，撥款救濟參與抗戰活動的私立北平輔仁大學教職員英千里等二十一人。

據私立北平輔仁大學教授兼文學院院長沈兼士呈，以該校教職員英千里等廿一人在校密施抗戰教育，領導愛國工作，先後被捕入獄。兼士先生眷屬曾同時一度被逮。值兹北平物價高漲，生活日益困難，請准予援例救濟，以示矜恤等情。查卅三年度本部曾予撥發該員等救濟費卅三萬元，依各該員監禁年限不等，予以分配。兹據總務司簽注，擬請比照燕大教職員救濟標准發給，擬在高教救濟費項下撥發伍拾萬元，是否可行？謹檢附原卷，簽請鑒核。

批示：照辦。聞英千里已死於獄中，應另予從優議恤。朱。六、五。

（中國第二歷史檔案館藏檔，卷宗號：五-2693）

按：文中“聞英千里已死於獄中”係誤傳，英後來獲釋得救。

六月十四日，國民政府教育部高等教育司作致沈兼士電函，同意援例救濟私立北平輔仁大學教職員英千里等廿一人及沈氏眷屬，并要求查明英千里是否已死於敵僞獄中，擬另予從優議恤。

司函

（教育部稿［中華民國三十四年六月十四日封發］）

奉交下台端卅四年五月廿日呈一件，爲北平輔仁大學教職員英千里等廿一人，連同先生眷屬被捕情形，准予援例救濟等情，經陳准撥發救濟費伍拾萬元。兹將該款匯請詧收，設法兑平。按照附單分配款數，轉發具領，并希見覆賜據。又聞英千里先生已死獄中，奉諭應另予從優議恤，等因。即希查明，代爲呈請爲荷。此致

沈兼士先生

教育部高等教育司啓

附名單一份（略）

（中國第二歷史檔案館藏檔，卷宗號：五-2693）

六月二十八日，作致教育部長朱家驊信，請求爲曾從事抗日工作的華北文教協會成員方紹烈、李德啓發放救濟款。

騮先先生部長惠鑒：前有北平故宫博物院文獻館科員方紹烈、李德啓二君，前因從事華北文教協會抗敵工作，被敵逮捕，判刑監禁。該員等家境清寒，敢之援例撥給每人救濟費國幣叁萬元。如蒙俯准，不勝感荷之至。專肅敬請

公安

弟沈兼士啓　三四、六、二十八。

（中國第二歷史檔案館藏檔，卷宗號：五-11662）

七月二日，教育部長朱家驊發致沈兼士電函，同意補助曾從事抗日工作的華北文教協會成員方紹烈、李德啓各三萬元。

箋函

（教育部稿［中華民國卅四年七月二日封發］）

兼士先生大鑒：六月二十八日惠書敬悉，方紹烈、李德啓二君以從事華北文化工作被敵逮捕，至深系念，承囑各補助國幣叁萬元，自當照辦，知後特復。順頌台綏。弟朱〇〇拜啓。

（中國第二歷史檔案館藏檔，卷宗號：五-11662）

八月十六日，柴德賡來訪，彼此爲抗戰勝利而高興。參閲本年二月六日條。

八月二十八日，鄭天挺在日記中提及，教育部擬組織接收華北教育文化機關，由沈兼士負責。

又言部中擬組兩委員會：一、接收華北教育文化機關，由沈兼士先生負責；一、接收東南，由蔣慰堂負責。（《鄭天挺西南聯大日記》）

八月三十日，《中央日報》刊登消息，稱教育部在全國設立六個收復區輔導委員會，從事辦理各收復區公立、私立及敵僞所辦教育文化機關接收事宜，沈兼士爲教育部平津區特派員。

教育復員　全國設六輔導委員會

［中央社訊］教育部爲辦理收復區各公私及敵人所辦教育文化機關接收事宜，并輔導地方教育復員工作計，特設置各收復區教育復員輔導委員會。全國計設六區：京滬區，包括蘇、浙、皖等省。平津區，包括冀、魯、豫、晉、察、綏等省及青島市。武漢區，包括湘、鄂、贛等省。廣州區，包括粵、桂兩省。東北區，包括遼、吉、黑、熱四省。臺灣區，包括澎湖列島。各區輔導委員會由教育部派

特派員一人主持會務，委員五人至九人，秘書一人得由委員兼任。輔導委員會之任務爲：（一）宣揚中央教育政策及法令；（二）撫慰在陷區與敵僞艱苦奮鬥之教育文化工作人員及青年學生；（三）接收國立性質及敵僞所設之教育文化機關與事業；（四）輔導地方教育行政機關及私立教育文化機關，辦理復員工作；（五）調查及接收并策劃保管各區文物；（六）其他關於各區教育復員緊急事項。又各區教育輔導委員會特派員業經派定，京滬區蔣復璁、平津區沈兼士、東北區臧啓芳、廣州區張雲、武漢區辛樹幟、臺灣區羅素洛。

（《中央日報》1945 年 8 月 30 日）

九月二日，作《海粟吉金録跋》。照録如下：

海粟吉金録跋 沈兼士先生遺著

余兒時侍先大夫僑寓長安城南湘子廟街，與渭南趙詹事元中衡宇相對，詹事好文藝，富收藏，所庋書籍、碑帖爲關中巨擘，惜余童穉無知，不獲一窺珍秘，忽忽五十年。癸未歲避寇復入秦，得交李問渠君，君精鑒賞，時與骨董估家相往還。一日有持趙氏《海粟吉金録》三十册求沽者，遂因余之介以法幣六萬圓鬻諸東雲章君。迨余來渝，偶與慰堂語及，慰堂因言中央圖書館搜羅古今金石文字之書殆備，頗欲得此以盡美善。東君聞之，輒出以相貽，亦藝林一佳話也。家須量兄前跋所謂移贈中央研究院者，蓋傳聞之誤。此帖所載鼎彝之銘，都千餘種，大氐同光間出土之器，雖贋作雜見，然潘、吴諸名家手拓贈遺者率皆精品。惟行篋無書，未能與諸家著録檢□詳略，爲憾事耳。七十年來變亂相尋，文物淪喪，其中原器尚存於海内者幾希，然則斯編之拾遺補闕，於研究者之裨益，豈淺□哉。吴興沈兼士記於聯合國受降於日本東京之時，實中華民國三十四年九月二日也。

（《益世報》1948 年 5 月 3 日）

九月四日，鄭天挺、郭蓮峰來訪，談及奉命擔任教育部平津區教育文化特派員，正候機赴北平從事接收工作。

四時半郭蓮峰來，……飯畢，同詣沈尹默、兼士兩先生。兼士先生奉命爲平津區教育文化特派員，正候飛機返平接收。據談平津接收委員會中，余亦在内，騮先先生電報即爲此。又云平津委員九人，原來全是熟人，後來加入黨部人員，遂有更易。十時辭出。（《鄭天挺西南聯大日記》）

九月六日，鄭天挺、傅斯年來訪。鄭天挺看到公文中有平津區教育復員輔導委員會名單，主任委員爲沈兼士，委員爲張懷、董洗凡、郝任夫、王任遠、徐侍峰、鄭天挺、鄧以蟄、英千里等八人。

四時再詣孟真，談北行事，又同詣沈兼士先生。六時半余又蓀來約，以北大同學會開會，聞余蒞渝，特派其來約。同往晚飯。據云久尋始得余所在。兼士先生别有約，余與孟真同往，……葉審之、吴正良送來人事處公文一件，内附平津區教育復員輔導委員會名單，主任委員沈兼士，委員張懷、董洗凡、郝任夫、王

任遠、徐侍峰、余及鄧以蟄、英千里八人。前傳張子高竟無之，此其兼士先生所云名單任意改動者歟？（《鄭天挺西南聯大日記》）

九月八日，訪鄭天挺，稱不願由南京轉北平，想搭直達北平飛機，請鄭與蔣夢麟商量。

沈兼士先生來，談頗久，并同至樓上晤尹石公。……晨兼士先生言，不願由南京轉平，欲搭直達飛機，囑往商孟鄰師。（《鄭天挺西南聯大日記》）

九月十三日，鄭天挺、梅貽琦、傅斯年來訪。

十一時同月涵先生詣孟真，留午飯。三時出，再同詣沈兼士先生。談畢，看尹默先生寫字，并各得一縑。余所得一條，寫近作之《西江月》詞，曰："豪興差同海岳，寫成十萬麻箋。寸縑尺素盡論錢，却對端明顔汗。老去幾莖白髪，换來詩句千篇。者般活計半忙閑，十二時中流轉。"詞雖如是云，然余之此幀，不惟未用錢，且縑素亦出之主人也。（《鄭天挺西南聯大日記》）

九月十六日，與賀師俊同機飛往北京。

警吾來，知兼士先生於今日飛京，賀師俊偕行。（《鄭天挺西南聯大日記》）

按：沈兼士等從重慶去北京，曾途經南京，又因故到上海，由上海轉飛北京。

九月二十二日，羅常培作致胡適信，談及沈兼士抗戰時在北平苦節孤忠，幫助部分知識界朋友保持名節，建議請其回北大任職。

先生去國後，北大事實上已失去學術重心，要想復興，須恢復民八至十三以前，或二十年至戰前的學術空氣。各系須整頓者外語、法律、地質、化學……均須考慮。國文系文學組先生不可不親自領導。建功中途離校，也許是沈兼士所説"姑奶奶脾氣"，但望先生説明是我的意思請他回去。兼士是苦節孤忠，全活留平一部分朋友的名節，非其他某派某系可比，應由先生斟酌，請其回校。……

學生羅常培謹復　三四，九，廿二

（《羅常培致胡適》，《胡適來往書信選》下第847—848頁）

九月二十四日，作致國民政府教育部長朱家驊電函，報告候機赴北平情況。

重慶川東師範。教育部朱騮先部長賜鑒：弟在甯已與何總司令晤談，津浦未通，渠囑來滬候機，約周内可飛平。兼士。敬。

（中國第二歷史檔案館藏檔，卷宗號：五（2）-586）

同日，作致濮紹戡參議電函，報告候機赴北平情況。

重慶國府路建設路三號。濮參議紹戡兄轉熊哲民先生鑒：兼銑抵寧。津浦北段未通，現來滬候機飛平。台旆何日啓行，敬盼。沈兼士。敬。

（中國第二歷史檔案館藏檔，卷宗號：五（2）-586）

九月三十日，作致教育部長朱家驊電函，報告已抵北平，并請示各大學接收後學生處理辦法。

致教育部電——報告抵平并請示各大學接收後學生處理辦法

渝。教育部朱部長：濟密。騮先先生賜鑒：弟宥抵平，正積極與孫長官前進指揮所商洽接收事宜。復員會議議决事項，及各大學接收後學生處理辦法，請詳細指示，俾有遵循。復示乞電北平地内慈慧殿三號。弟沈兼士。申卅。

（中國第二歷史檔案館藏檔，卷宗號：五（2）-586）

同日，北平《新光明周刊》第一卷第一期刊登消息，稱北平輔仁大學同學會正在準備歡迎沈兼士。

各校新聞報道

△輔仁大學同學會，刻正準備歡迎沈兼士氏來平。

……

（《新光明周刊》第一卷第一期，1945年9月30日）

九月，得故宫博物院薪資四百元。

國立北平故宫博物院三十四年度九月份員役薪工清册

職别	院長	館長	館長	科長	科長	科長	科長	科長	秘書	會計員	
姓名	馬衡	徐鴻寶	沈兼士	莊尚嚴	歐陽道達	勵乃驥	黃念劬	那志良	常惠	吴榮華	……
薪工金額	六四○	四○○	四○○	四○○	四○○	三八○	三八○	二六○	二四○	二○○	
	○○	○○	○○	○○	○○	○○	○○	○○	○○	○○	
備											

（中國第二歷史檔案館藏檔，卷宗號：五-11662）

九、十月，尹炎武作致陳垣信，談及沈兼士。

一九四五年九、十月，來函

援庵先生道右：

勝利後曾發兩電，未知已獲入目否？兼士先生由滬轉平，未審近已到達？……尹默、叔平不時晤對，如見兼士，并乞告之。鄭、余、閔、朱、張諸老翁，統希道意。附上近照一片，如見老醜也。手頌著安。炎武叩。

（陳智超編注《陳垣來往書信集》第137—138頁）

按：時尹炎武在重慶。

十月三日，教育部作致沈兼士電函，指示收復區文化機關應由特派員與當地接收主委妥商辦理。

致教育部電——報告抵平并請示各大學接收後學生處理辦法

地安門内慈慧殿三號。沈特派員兼士：鐵密。收復區純粹敵方文化機關，如上海雜誌社等，均應由各該特派員負責接收，統籌處置。盼切實與當地接收委員會主委妥商辦理爲要。教育部。酉江。署。

（中國第二歷史檔案館藏檔，卷宗號：五（2）-586）

同日，教育部長朱家驊作致沈兼士電函，指示敵僞所辦專科以上學校接收後之處理辦法。

教育部來電——電復專科以上學校處理辦法

地安門内慈慧殿三號。沈兼士特派員：鐵密。申卅電悉，關於各地僞組織所辦學校之處□，必須十分慎重，尤其含有僞國立性質平津□北大、師大及其他專科以上學校等，應先將員生附逆有據者，速交軍警機關，送交法辦，□餘亦一律不承認，□遣散□，待稍緩再□□審外，指定少數可靠事□□員，負責保管校產。□學生先行遣散，再辦登記審定手續；稍緩設法籌設短期□習班，側重精神教□；但不承認原校學籍。將來另按其程度，分别□以充分就學機會。諸請切實辦理爲要！至□會决議各案，另航快寄□。弟朱家驊。酉江。

（中國第二歷史檔案館藏檔，卷宗號：五（2）-586）

同日，教育部再作致沈兼士電函，明確指示敵僞所辦專科以上學校接收後的五點處置辦法。

教育部來電——指示收復區學校處置辦法五點

地安門内慈慧殿三號。沈兼士特派員：鐵密。申卅電悉，前□京滬諸□，諒未收到，兹再分别酌復□下：

（1）各地僞組織所設□□私立專科以上學校處理問□，必須□秘□重，其專□教育敵人或帶有政治□□性者，接收後應一律予以□□。□□繼續辦理必要者，由本部規定設置地點，派員分孜□。其□孜□辦者，由本部撥交辦理。私立專科以上學校，未經本部認可者，如認爲□繼續□設置時，□□一律□□，報部核辦。

（2）各公私立學校員生，應先將附逆有據者，速交軍警機關，移送法辦。其在敵僞專科以上學校，擔任教員，及重要職員者，□將來亦不能令其繼續在教□□任職。但曾負我方特殊任務，在原機關有案足資證明，或確曾參加抗日運動有據者，可繼□用，將來并得分别奬勵。

（3）敵僞設立之專科以上學校肄業學生，須由本部□□甄審委員會甄考合格，予以短期補習後，□發。其已畢業學生，須經登記甄審合格，各機關□得任用。

（4）收復區私立專科以上學校，除附逆有據之員生，照上項規定處理。□其未經立案者，分□呈部核准外，則對於員生，可暫不聞問。

（5）中等學校員生，應經由省、市教育□局甄審合格後，教職員始准予繼續服務，學生始能分發學校肄業。

以上各節希切實辦理具報爲要！教育部。酉江秘。

（中國第二歷史檔案館藏檔，卷宗號：五（2）-586）

十月四日，顧頡剛作致沈兼士信。

李承三來，爲其弟德三寫沈兼士先生信。

（《顧頡剛日記》）

十月五日，赴私立北平輔仁大學歡迎公宴，在陳垣校長致歡迎詞後，發言表示感謝。

10月5日　輔仁大學舉行公宴歡迎來平的文學院長沈兼士，席間陳垣致詞："七月十五日本校教授董洗凡、張懷、英千里等十餘人得釋出獄，十八日本校公宴諸教授於此，今日又歡迎沈先生，而情形大不相同。當日大家不能作一語，今日乃得暢所欲言。沈先生到重慶去，三年有半，對我校及諸教授所作所爲報告政府，使政府對我校有正確認識，否則我校地位，將致動摇，沈先生之功勞，爲吾人所感謝不盡。"

沈兼士表示："政府對該校過去之工作認識甚清，教授講師因參加工作而被捕者達二十餘人，亦爲他校所無，實爲我校增光。惟今後國立各院校將相繼遷回，對於教授之聘請，學生之選擇，行政之改善等方面，必將有一番競賽，我校非大力改革不能與他校并駕齊驅，望全校師生共同努力。"

（劉乃和、周少川等著《陳垣年譜配圖長編》下，第494頁）

十月六日，作致教育部長朱家驊電函，報告辦公地點及已與第十一戰區前進指揮所、各接收委員商定的接收程序。

致教育部電——電告辦公地點及接收程序

渝。教育部朱部長賜鑒：濟密。弟到平後，即與十一戰區前進所及各委員聯絡，開會議决，首先接收東廠胡同日本東方文化事業總會，即在該處辦公，并已議定接收程序：先文化機關，次僞組織學校，次日人學校。業將人文科學圖書館、近代科學圖書館同時接收，尚稱順利。謹電報告。弟沈兼士。酉魚。（十月六日發）

（中國第二歷史檔案館藏檔，卷宗號：五（2）-586）

同日，再作致教育部長朱家驊電函，請示僞大學學生接收後如何處理問題。

致教育部電——請示僞大學學生接收後如何處理

渝。教育部朱部長騮先先生賜鑒：濟密。此間僞北大學生連日來處請示，學校接收後，學生如何處理，請速指示。又僞師大藝專將來善後，及師範公費生每月伙食應如何辦理，亦請速示。弟沈兼士。酉魚。（十月八日發）

（中國第二歷史檔案館藏檔，卷宗號：五（2）-586）

十月七日，教育部長朱家驊作致沈兼士電函，指示設立臨時大學，招收復員區青年就學。

教育部來電——電告設立臨時大學

教育部平津特派員辦公處沈兼士兄：濟密。據聞京滬一帶人士，對教育會議決議甚爲不安云云。查此項决議，與第八月廣播，大致無甚出入，因廣播未明言處理辦法，且對大學與專科更爲含蓄，兄可檢出一對。玆擬在京滬平津□地，從速或各設立臨時大學一所，招收解放區之非私立各校學生，專辦補習，務使青年即能復學。下學期或下學年再設法轉入正規大學。其詳細辦法與甄别細則，正在擬辦，稍緩即行公布。此點務希設法披露，以安人心爲要。弟朱家驊。酉虞裏。

（中國第二歷史檔案館藏檔，卷宗號：五（2）-586）

十月八日，作致故宫博物院院長馬衡電函，詢問古物所和歷史博物館接收後可否暫由故宫博物院兼管。

致馬衡院長電——電詢古物所及歷史博物館可否由故宫博物院接收

重慶。馬院長：欽密。古所及史館接收後，無人負責，擬暫交院兼管，如荷同意，請迅與主管部院商妥見復。兼士。齊。（十月九日發）

（中國第二歷史檔案館藏檔，卷宗號：五（2）-586）

十月九日，作致教育部長朱家驊電函，報告接收僞新民印書館手續已辦妥，但其他機關争相接辦，請教育部設法解決該問題。

致朱部長電——爲新民印書館事

萬急。重慶。教育部朱部長鈞鑒：濟密。此間軍政機關聯絡尚好，哲民對弟亦頗推崇，工作進行不致有何阻礙。惟孔德學院舊址，敵僞所設之新民印書館，本與十一戰區指揮所商妥，由弟接收，手續已備，而争者層出。嗣經市府主持之黨政接收委員會議決，因該機關本屬教部，仍應由我方接收，而准許中宣部特派員張明煒派員參加。他如北平市黨部及臧啓芳主持之文化服務社（據稱係果夫兄所辦），均以預備黨費自給爲辭，意圖佔有該館，紛電中央請求接辦。現雖由我部接收，而隸屬未定。查該館設施完備，足資實現我公印刷事業之計劃。弟在渝曾與尹默兄及師俊討論及此。盼就近協商，務由中央决定辦法，并得中宣部之諒解，電知熊市長、孫長官，弟在此隨機接洽，俾可掌握。又該館職工甚多，解散不易，接收後擬不停工，以便維持。可否，請速電示。弟沈△△。酉齊密。（十月九日發）

（中國第二歷史檔案館藏檔，卷宗號：五（2）-586）

十月十二日，教育部長朱家驊作致沈兼士電函，指示學生甄審、登記、補習辦法。

教育部來電——指示學生甄審登記補習辦法

沈特派員兼士：鐵密。酉虞電悉。僞北大、師大及藝專學生附逆有據者，應送軍警機關轉法辦，其餘先行解散，并説明解散之故，係爲洗刷敵僞之名義，以使將來轉入正規大學。□授權該輔導委員會，從速成立平津區專科以上學校學生甄審委員會，辦理登記甄審事宜，并籌設平津區臨時大學補習班，收容登記合格學生，予以短期補習，課程另行頒發。至師範生在甄審期間，不得發給公費，在補習期間，應與其他學生同様待遇，須俟轉入正規師範學院後，方行恢復。教育部長朱家驊。酉文。

（中國第二歷史檔案館藏檔，卷宗號：五（2）-586）

同日，被私立北平輔仁大學聘請爲教授兼文學院院長。

私立北京輔仁大學校稿聘書

（中華民國三十四年十月十二日時封發）

敬聘沈兼士先生爲本大學教授兼文學院院長。此訂。

私立輔仁大學校長陳〇

（北京師範大學檔案館藏檔，檔號：6.1-0046-0001）

十月十五日，作致教育部總務司長賀師俊電函，請轉報朱家驊部長有關新民印書館由本部接收事宜。

致賀司長電——請轉陳朱部長爲新民印書館由本部接管事

萬急。重慶。教育部賀司長師俊鑒：×密。前上部長酉齊秘一電，諒已閱悉。玆再分舉其要：

（1）新民印書館爲日人壟斷印刷事業之組織，規模甚大，接收後充分利用，可望發展。

（2）該館業務有繼續性，數百工人亦不便辭散，接收期間工事未停；接收後仍以保管名義，進行業務，款項籌墊、人才配置及工場管理諸問題，均已與洗凡兄計劃周詳。

（3）兼在黨政接收委會曾申明，奉有部令，由我接管，而中宣部終得參加接收。今點收完畢，即當獨自經營，擬不再與之會同。但如中宣部正中書局及市黨部均思爭攫，權利所在，必須迅速電復申明，爲印刷學校教材，授以經營全權。并分電孫長官、熊市長，托其關拂，則隸屬既定，覬覦自絶。

以上各點，務請侄倩詳陳部長，務於赴歐前辦妥。機會稍縱即逝，無使爲人作嫁。倘侄倩能親來北平視查布置一切，當更妥善。盼速電復。沈△△。酉咸秘。（十月十五日發）

（中國第二歷史檔案館藏檔，卷宗號：五（2）-586）

同日，鄭天挺發來電報，告知其候機北上。

飯後發電報致沈兼士先生，告以候機北上。（《鄭天挺西南聯大日記》）

按：鄭天挺當時已由重慶抵南京，正候機北上，遂發電報報告消息。

十月十六日，教育部長朱家驊作致沈兼士電函，告知已呈報行政院，并分電北平市有關當局，要求僞新民印書館仍由教育部接收。

朱部長來電

教育部平津區特派員辦公處沈兼士兄：濟密。酉齊電敬悉。印書館事已分電李主任、熊市長，懇托主持，仍由教部接管，并已呈報行政院矣。朱家驊。酉銑裹。

（中國第二歷史檔案館藏檔，卷宗號：五（2）-586）

十月十七日，作致教育部總務司長賀師俊電函，請轉報朱家驊部長，速指示新民印書館改名及印刷教科書等事宜。

致賀司長電——爲新民印書館改名及印教科書事

急。重慶。教育部賀司長師俊鑒：×密。關於新民印書館問題兩電，計當達覽。茲有亟待部長指示者三事：

(1) 接收後欲罷不能，祇好繼續經營，但舊名不便沿用，應改何名，可否改稱教育部印刷局？

(2) 文化服務社擬翻印國定本教科書，來議合同。記得此項書曾由教部指定四家書局簽約包印，該社是否在内？印銷權有無限制？

(3) 印銷如無限制，我局可否自印自銷，不接受該社合同？

以上三點，均望酌陳部長核示，不勝佇盼。沈△△。酉篠秘。(十月十六日發)

(中國第二歷史檔案館藏檔，卷宗號：五(2)-586)

十月十八日，作致教育部電函，報告教育部平津區特派員辦公處接收敵僞文教機關階段性工作狀況。

致教育部代電——報告初步接收狀況

渝。教育部瞿主任、秘書毅夫兄鑒：鐵密。弟到平後，即與十一戰區前進所及黨政接收委員會聯絡，并與各委員議定接收程序，先文化機關，次僞組織學校，次日人學校。自本月六日起開始接收。茲將工作情形，報告如左：

一、截止本月十七日止，已接收機關共達十處，計：僞教育總署、北平圖書館、人文科學圖書館、近代科學圖書館、新民印書館、棉産改進會、麻産改進會、静生生物調查所、中國大辭典編纂處、清華大學。接收後均派有專人保管，負責繼續點收。一切尚稱順利。

二、八年來敵僞將此間各機關文物，任意集散，如清華大學圖書，分散數處；僞綜合調查所提用各方儀器；北平圖書館日人認爲禁書者，一再挪移；中央研究院文物零落四散。加以房産轉移頻繁，尤爲紛亂。且有日方傷兵駐在，一時不易移出者，故理董極難。

三、中央各部及北平市黨部等對於接收，常因權利所關，及敵僞文教機關性質複雜，往往有附帶業務，四出争攫。即如綜合調查研究所，係敵僞調查研究機構，規模宏大，弟未到平時，即爲十一戰區指揮所接收，其後又逕交軍委會國際問題研究會。交通公司北平事務所附設圖書館，八年來搜集華北風土民俗資料至夥，足供社會改進參考，交通部亦擬一并接收。其他紛〈芸〉〔紜〕(“芸”字錯——編者注)情形尚多。所幸弟到平較早，各委員合作精神極佳，各方對弟亦頗推崇，相機應付，保我部權，尚不致有大困難。

右三點，請先轉陳部長，將來接收告一段落，當再詳細報告。又平津管地遼闊，文教機構特多，十一戰區等機關均置有文教負責人員，爲辦事上順利計，已

仿京滬區例，加聘顧問及專門委員，以期聯絡各方。事屬必要，請代轉陳，不勝盼禱。弟沈兼士。西銑。（十月十八日發）

（中國第二歷史檔案館藏檔，卷宗號：五（2）-586）

十月十九日，教育部長朱家驊作致沈兼士電函，指示趕緊籌辦北平臨時大學補習班，該補習班由陳雪屏擔任主任。

教育部來電

輔仁大學轉沈特派員兼士：鐵密。并轉雪屏兄鑒：北平臨時大學補習班主任，業已發表雪屏擔任，希籌辦，經費電匯。京王書林、滬壽雍、津王季高，武漢、廣州兩地正在規劃中。書林兄已聘到中大名教授十餘人，不日前往開辦。平地青年衆多，特别重要，尤盼〈緊趕〉〔趕緊〕（“緊趕”錯——編者注）辦是荷。弟家驊。酉皓印。（十月廿三日到）

（中國第二歷史檔案館藏檔，卷宗號：五（2）-586）

十月二十二日，教育部總務司長賀師俊作致沈兼士電函，告知新民印書館接收、運送教育部定教科書紙牌等有關事宜。

賀司長來電

東昌胡同一號。沈特派員兼士：鑒密。咸電奉悉。（1）新民事，已呈院及李主任、熊市長，□得李〔主〕（“主”字漏——編者注）任復電，“已由參會同中宣部接收，如何使用管〔理〕（“理”字漏——編者注），候中央决定”。當俟院批回，再電李。（2）部定教科書紙牌，當設法運。（3）騮公决不出國，月初將視察收復區，或將隨往。（4）雪屏兄奉命主持臨時大學補習班；宗真寧兄思來京任教，或任訓導，請就近一得復，即可北來。（5）弟已赴京，車輜赴平。侄師俊。酉養。叩。（十月廿三日到）

（中國第二歷史檔案館藏檔，卷宗號：五（2）-586）

同日，作致教育部長朱家驊電函，報告接收僞土木工程專科學校，僞師大附中、附小及僞北大分泌研究所等情况，請示下一步如何辦理。

急。重慶。教育部朱部長賜鑒：（一）僞華北政委會工務總署設有土木工程專科學校，造就中級土木建設技術人才，規模宏大，設備齊全，學生程度亦尚整齊。際玆復興建設工作全面展開，需人孔亟之時，似有續辦必要，在校學生約三百人，食宿均由學校供給，應如何處置。（二）又僞師大有附中、附小各二處，成績爲一般中小學之冠。僞師大停辦後，該附屬學校如何處理，可否托由北平市教育局暫行接管。（三）僞北大内分泌研究所在華北尚屬首創，設備甚佳，研究已具成果，每月經費約僞幣五萬。該所所址在前地質調查所，現經濟部奉翁部長命，催還甚急，預備爲辦公之用。查該地并不適於辦公，精密儀器急促移挪，無異拆毁。此間科學家均認爲可惜。可否就近商諸翁部長，准予暫緩移讓，并轉飭另擇辦公地點，一面由此間覓地，從容遷移。是否可行，請速指示，俾有遵循，弟沈兼士。酉禡。

（中國第二歷史檔案館藏檔，卷宗號：五（2）-586）

同日，作致國民政府教育部長朱家驊電函，請求准予私立北平輔仁大學德籍教員雷冕等四十七人仍舊留校服務，免予集中。

教育部平津區特派員辦公處呈

（中華民國三十四年十月廿二日）

案准私立輔仁大學“輔字第三一五九號”公函，略開：查此次太平洋戰争事起，凡屬我盟邦國籍教士，悉遭暴敵强令集中校中。惟餘德籍雷冕等四十七人，多方折衝，苦心維護，直接支持本校，使不停辦，即間接掩護同人得繼續推進愛國工作。當今勝利來臨，聞德僑將令集中。上述本校德籍雷冕等四十七人原以研究學術，提倡文化爲職責，既不與聞政治，尤非國社黨人，可否顧念前勞，准其仍舊留校服務，免予集中，以示寬大等由。查該校德籍教職員雷冕等提倡文化教育，掩護地下工作，均屬實情，准函前由，理合轉呈鈞部，鑒核示遵。呈

教育部長朱

教育部平津區特派員沈兼士謹呈

附呈輔仁大學德籍教職員一覽表一份（略）

（中國第二歷史檔案館藏檔，卷宗號：五-2693）

十月二十三日，赴國立故宫博物院主持接收事宜。

北平博物院接收

［中央社北平二十三日電］教部特派員沈兼士二十三日晨赴國立北平故宫博物院主持接收事宜。沈氏原爲該院文獻館長。據談：馬衡院長在渝籌備西遷文物還都工作，一時不能返平。淪陷八年，該院之古物、圖書、文獻等幸獲安全，惟敵人歷年徵集銅鐵物品，由該院先後運走銅缸六十六口、銅炮一尊、殘破銅燈亭九十二件。又由歷史博物館運走銅炮三尊、鐵炮一千三百六十九尊。除銅、鐵品外，該院圖書館太廟分館所藏新書及雜誌，於二十七八兩年内，屢經敵憲兵檢查，先後搬走及撕毀者，計一萬餘册。此種損失，應由敵人賠償，當報由主管機關彙案辦理。

（《中央日報》1945年10月25日）

十月二十四日，作致教育部總務司長賀師俊電函，要求轉請朱家驊部長設法争取新民印書館接辦事宜。

致賀司長電

急。重慶。教育部賀司長師俊鑒：0015密。酉養電悉。新民印書館業於酉佳按合法手續，由我部接收。中宣部特派員雖派員參加，但仍以我爲主體，而繼續進行業務，係我方獨自主持，進行頗爲順利，中宣部并未要求參加。嗣奉部長酉銑裏電示，該館仍由教部辦理，并已呈報行政院等因。故對印行教科書事，正

積極進行。所稱李主任復電已由參處會同中宣部接收一節，并非事實。行營參處，亦未過問。望再參閱咸電，陳請部長，務在政院獲得經營管理之權，萬勿轉讓，免貽笑柄爲要。兼士。酉敬秘。（十月廿四日發）

（中國第二歷史檔案館藏檔，卷宗號：五（2）-586）

同日，再作致教育部總務司長賀師俊電函，要求轉陳朱家驊部長請示三點：一、已接收之東方文化事業總會東廠胡同房屋能否撥出一部歸華北文教協會使用；二、上述房屋又能否撥出一部作教育部編輯教科書工作之會址；三、其餘房舍能否撥給平津區特派員辦公處職員居住。

致賀司長電

急。重慶。教育部賀司長師俊鑒：密。酉篠電計當達覽。東方文化事業總會及其附設之人文科學圖書館，業於十月六日接收，同人原擬將所收北平日方圖書館三處藏書（計東廠胡同東方文化事業總會人文科學圖書館、王府大街近代科學圖書館及東安門大街日本圖書保管會）合爲一處，命名教育部圖書館。玆奉部長酉銑五二三九五電，東方文化事業總會應由中央研究院接管，自當遵辦。惟該會西部房舍尚多，歷年空廢，接收後已將其一部闢爲特派員辦公處及復員委員會會址，其餘西部空房，擬應用如左：

一、華北文教協會八年來對於抗戰勞績俱在，現抗戰雖勝利，該會對於此後文教復員效力之處尚多，同人集議擬仍繼續，藉資紀念，且以表示對於朱公之仰慕。該會在地下組織時代，未有固定會址，現擬以東方會西院一部劃充該會辦公之用，并設立文協圖書館，即以近代館及日本圖書保管會圖書度藏該處。

二、兼在渝時，部長曾迭囑在平網羅教育人材，參考西文課本，從事編輯教科書工作。現正積極進行。將來以一部房舍撥爲編審會址，以便就近使用文協圖書，且可主持印書館編審事項，會名擬爲教育部教科書北平編審分會。是否有當？

三、此間近來軍隊佔用官房，無法拒絶，故將其餘房舍已闢爲職員宿舍，以利典守。兼近來頭部時時作痛，舊疾復作，頗苦奔波，故亦遷入，以便辦公，一以養疾，望於便中轉告孟真。

右三點是否可行，務希在倩轉商部長，早作决定，并盼速復。頃得酉養電獲悉將隨部長巡視收復區，把晤匪遥，極爲欣慰。兼士。酉敬秘。（十月廿四日發）

（中國第二歷史檔案館藏檔，卷宗號：五（2）-586）

同日，作致教育部長朱家驊電函，認爲教育部原定處理僞大學的五種步驟不妥，請示可否改定辦法。

致朱部長電

萬急。重慶教育部部長朱鈞鑒：鐵密。平市僞大學學生對甄審辦法頗多誤會，謡諑繁興；雖經兼士召見學生代表，解釋撫慰，而奸黨煽惑甚力，學生依然浮動；主座似有所聞，曾電哲民市長，加以注意。兼士循繹累次部電，處理僞大學五種步驟（一接收，二解散，三登記，四甄審，五補習），對於當前情況，不甚適宜；經與在平委員，再三研討，僉認應先補習，然後甄審；即一面接收，一面設班登記補習，經過相當期間，使其對主義遺教及主席言論等課業，均有所修習，然後加以甄别試驗，則情理俱順，輕而易舉；否則解散既不免動亂，而先行甄審，有類不教而誅，更貽奸黨以煽動口實；其關係教育前途，及社會秩序者實鉅。詢之各方意見，均認改定辦法爲必要。務請早賜卓裁！再此間僞政務組織均已接收解消，僞院校經費僅能維持至本月底；接收補習，勢須即日進行，刻不容緩。望促陳、王兩主任速來主持一切，是爲是盼！弟沈△△。酉敬。（十月廿四日早發）

（中國第二歷史檔案館藏檔，卷宗號：五（2）-586）

十月二十五日，鄭天挺致信在昆明的傅斯年，告知蔣復璁所説沈兼士已在北平東廠胡同設辦公處。

作書致孟真昆明，告以在京久候原因，并以慰堂所言沈兼士先生在東廠胡同設辦公處及梁廷煜來函所言中央警官學校借用北大第三院兩事告之，此爲京函第一號。

（《鄭天挺西南聯大日記》）

十月二十六日，作致教育部長朱家驊電函，報告國民黨中宣部曾接收兩處日僞印刷機構，建議力争經管新民印書館，以便安置華北文協及黨部相關人員。

致朱部長電

急。重慶。教育部、南京成賢街教育部轉朱部長賜鑒：濟密。酉敬電諒由師俊轉陳。兹悉中宣部在此間曾接收僞華北新報附設印刷局及僞武德報附設中華印刷局，兩處規模之大，不亞新民印書館，猶爲未足，仍四出争攫。所傳行營接收云云，并非事實，恐係中宣部之破壞策略。查新民館爲實現我公印刷事業計劃，實屬必要。又前此文協及黨部工作有功諸人，勝利後中央尚無安置辦法，亦可酌令入館供職，略酬辛勞。倘經管之權輕讓他人，不但成爲笑柄，且於今後我部威信大有妨礙，務請在院力争爲盼。弟沈兼士。酉宥。（十月廿六日發）

（中國第二歷史檔案館藏檔，卷宗號：五（2）-586）

十月二十七日，教育部長朱家驊作致沈兼士電函，指示迅速籌備恢復新民印書館，趕印教科書，并説明接收情形已獲行政院批准。

朱部長來電

北平地安門内慈慧殿三號。沈特派員兼士兄：鐵密。印書館迅速籌復，員工趕印教科書應急。關於（本）部接收情形，業已呈奉行政院十月廿五日平玫字二三五一號令准案矣。除分電李主任、熊市長外，特達查照。朱家驊。酉感總。印。（十月廿九日九時到）

（中國第二歷史檔案館藏檔，卷宗號：五（2）-586）

十月二十八日，在東廠胡同教育部特派員辦公處會見王世襄，商談籌備成立教育部戰時文物清損委員會駐平津辦公處事宜。

在我到達重慶前，教育部已派沈兼士任教育部特派員，兼任清損會平津區代表。沈曾任故宮博物院文獻館館長，與馬衡同時兼任北京大學教授，他們關係較深。馬衡先生帶我去見沈先生一次，他隨即飛往北京。我則須等待有交通工具才能成行。當時飛機很緊張，一般工作人員即使坐輪船到武漢或上海再轉往北京，也要登記等候，時日難定。

…………

我和瞿蔭的行程是10月6日離開重慶，兩小時後到成都，6日到13日在成都，13日到20日在西安，20日到27日在上海，27日由上海到北京。此行比原計劃多了一處上海，這是由於當時從西安去北京的美軍飛機極少，取道上海就不必在西安爲候機而耽擱時日。11月9日瞿蔭離開北京經上海返美，一路之上我和瞿形影不離，祇是到北京後，把瞿蔭安置在六國飯店居住，我須到沈兼士處報到并籌備成立清損會平津區辦公處，又要回家與家人團聚，因而没有能和瞿蔭每天在一起。

到北京的次日我即去東廠胡同教育部特派員辦公處見沈兼士，向他匯報清損會會議商定事項及與瞿蔭同來經過。沈囑咐一切按商定事項辦理。關於辦公地點，沈介紹我去故宫博物院找總務處處長張庭濟（號柱中）面洽。關於工作人手，沈説如你有合適的人，可以找一兩個人幫忙，按月付酬。如没有或不够，不妨請故宫派人支援。沈還説他工作極忙，清損會具體事務無法兼顧。但如對外洽辦事項，需要教育部特派員辦公處具名出面時，可來找他，將由他的秘書費致德（前聽郝德元説費致德現在北京，工作地點待查）爲我辦理。

根據沈的談話，我找到周士莊請他幫我工作。辦公地點由於沈的介紹，又因馬衡院長已有信到故宫，一切順利。張庭濟將北海團城上的兩間房借給平津區辦公處使用，并借調賈玉田（現在故宫博物院保管總部工作）暫時協助工作。賈玉田在團城主要管收發文件。因爲辦公處成立後不久即在《華北日報》刊登通告，有關戰時文物損失的機關及個人的函件及報表，都一律寄到團城來。

從機關及個人的報表，不久即發現可用作追償文物依據的材料甚少。重要的文物單位如故宫，祇有室外的清代消防用貯水銅缸若干個，被日寇劫去銷毁用銅（後又在日寇倉庫中查獲部分未毁者）。北京圖書館圖書未遭劫奪。個人報來的損失以一般版本的大部圖書爲多，如《古今圖書集成》《二十四史》《四部叢刊》之類。這樣就使人感到祇有把力量放在清查日人、德人隱匿文物上才能有所收穫。這種想法在得到沈兼士的同意後，廣泛走訪了北京市的古玩商，有些重要線索就是他們提供的。後來還於1946年2月25日在中山公園董事會設宴招待北京比較知名的古玩商四五十人，請他們進一步提供情報。事後又分别進行訪問，打消他們的顧慮。立功者還予以一定的物質獎勵。

（《回憶抗戰勝利後平津地區文物清理工作》，《錦灰不成堆：王世襄自選集》第63—64頁）

按：王世襄（1914—2009），字暢安，北京人，文物收藏家、鑒賞家。時任國民政府教育部清理戰時文物損失委員會（簡稱“清損會”）駐平津區辦公處助理代表，負責清理追還抗戰時期被敵僞劫奪的文物。翟蔭，美國人，時任紐約大都會美術館副館長。

十月二十九日，作致教育部總務司長賀師俊電函，報告新民印書館趕印教科書及更改名稱等問題。

致賀司長電

南京成賢街。教育部賀總務司長師俊鑒：密。新民印書館事，昨晤李德鄰主任，已面允維持。頃接騮公電知，業奉院令備案。該館現已接受文化服務社訂單，翻印國定本教科書應急，藉資維持。刻有急待解决者數事：一、名稱是否可改爲教育部北平印書館；二、性質問題，同人以爲與其部轄，寧用信托制，由騮公私人出名領導；三、内部人事組織，擬徵求侄倩意見；四、關於孔德學院地權問題，望徵求默奇意見；五、侄倩如能來平，互商辦理，尤所盼切。騮公處請代陳一切。何日由京來平，亟望預先電示。兼士。酉豔。（十月卅日晨九時發）

（中國第二歷史檔案館藏檔，卷宗號：五（2）-586）

十一月四日，陳雪屏作致教育部長朱家驊電函，報告北平地區接收情形及沈兼士先生要求，請求教育部對辦理青年學生甄審和補習問題給予明確指示。

陳主任致朱部長電

急。南京。教育部朱部長鈞鑒：鐵密。此間情形複雜，與京滬大異，各校尚未接收，且上課已久，學生代表向軍政首長請願，均允與維持。兼士先生頗感爲難。先生要求：（一）繼續上課，取消日文等鐘點，即增設補習科目；（二）甄審改在補習後舉行。今日何總司令召集會報，陳、張、陳三部長及當地軍政首長均出席。因共黨之争取青年，各校學生復形成組織，均主慎重寬大，以免牽動大局。但部定辦法與學生要求，相距過遠，應如何處置，乞迅賜指示。因甄審、補習辦法不定，接收勢難執行。接收停頓，其他即無法推動。中央及當地首長，則唯求息事寧人，部方政策自須保持政令威信，而當地特殊環境，亦宜并顧。陳雪屏叩。支。（十一月五日下午六時發）

（中國第二歷史檔案館藏檔，卷宗號：五（2）-586）

十一月五日，作致教育部總務司長賀師俊電函，報告北平青年學生人心浮動及各方均采取懷柔政策，要求轉請朱家驊部長指示對學生進行甄審和補習的辦法。

致教育部總務司長電

萬急。南京成賢街。教育部賀總務司長師俊：濟密。北平情形複雜，地方環境、學生人數，與京滬不同，共黨活動甚力，近以甄審辦法爲機緣，對僞校院學生多方煽惑，致謡諑繁興，人心浮動。主座已有所聞，曾連電哲民市長囑教育部特派員注意審慎，何總長、李主任、孫長官均以暫維現狀，萬勿操切，致礙大局爲言。同人衡諸時勢，并參照各方意見，僉以接收與補習應相銜接，甄審宜在補習之後，決定於雪屏到達前暫緩接收。一面會同地方當局籌措經費食糧，暫行維持現狀；一面已電陳請示在案。頃辭修、立夫兩部長連袂來平，聞辭意在吸收青年，旗鼓大張，至應注意。兼在此間祇能作消極應付，不能有積極對策。雪兄初到，歷訪地方首長，亦感難於着手。明日辭公在太和殿召集平市私立及僞大學學生訓話。今日晤談時，兼曾言政府對於學生辦法不宜主張兩歧，是否生效，殊難預測。最好騮公能立即向主座請示較寬辦法，俾局面可以改善，不然各方對學生極力懷柔，并對主座有所陳設。惟我部始終不動，中樞印象，青年向背，關係至大。請即轉陳騮公爲盼。兼士。戌歌。

（中國第二歷史檔案館藏檔，卷宗號：五（2）-586）

十一月六日，作致教育部總務司長賀師俊電函，詢問平津區教育部職員薪俸及朱家驊部長何時赴平等事項。

致賀司長電

急。南京成賢街。教育部賀總務司長師俊：鐵密。接戌東電，聽侄、斌甥北返在即，至爲快慰。平津區部員本俸加倍，及米代金成數有無固定辦法？部長何時來平？盼速電示。△△。戌魚。（十一月五［六］日發）

（中國第二歷史檔案館藏檔，卷宗號：五（2）-586）

十一月七日，教育部總務司長賀師俊作致沈兼士電函，告知朱家驊飛平日期。

部座定文（十二）日搭中航機飛平，一行四人，俊亦隨來。賀師俊叩。戌虞。

（中國第二歷史檔案館藏檔，卷宗號：五（2）-586）

同日，作致教育部長朱家驊電函，報告陳誠、陳立夫召集北平學生訓話情形，建議對學生甄審和補習宜采取較寬鬆的政策。

致朱部長電

南京成賢街。教育部朱部長、上海愚園路七四九弄廿三號蔣特派員慰堂轉朱部長鈞鑒：濟密。昨日辭修、立夫兩部長召集大學生訓話，到會學生將近萬人，秩序良好。辭所談爲一般問題，立則涉及教育，囑學生安心。關於處置問題，政府必有妥善辦法云云。此間環境及學生素質，均與京滬不同，我部對於甄審補習，亟應改定較寬辦法。請速示遵。沈△△、陳雪屏。戌虞。（十一月七日下午五時發）

（中國第二歷史檔案館藏檔，卷宗號：五（2）-586）

十一月十二日，呈文國民政府教育部，詳細報告擬接收僞新民印書館相關情況。

沈兼士爲擬接收僞新民書館報告書致教育部呈

僞新民印書館係日敵於武力侵略外，用以負印教科書之專責、施行奴化教育、期達文化侵略之目的者，謹於接收後，簡要報告該館概況及現狀如下：

（一）館址　北平阜成門外北禮士路。

（二）成立年月　創立於民國二十七年八月，於次年七月登記爲僞中國法人。

（三）組織　係以股份有限公司之組織，由僞官方與敵商民結合資力經營之。

（四）資本　總額僞聯幣伍百萬元，分十萬股，每股五十元，僞方官股（初爲僞中華民國臨時政府，後爲僞華北政務委員會）五萬股，敵方商股五萬股，股款已收四分之三，即已收三百七十五萬元。

（五）設備　有平房二十八棟、樓房四所（城内房屋二所係自有，城外房屋係租自成達中學董事會）、印刷裝訂等等機械二百六十餘架、暖氣鍋爐一（已壞待修用）、家具一千二百餘件、圖書三千餘册，規模宏大，設備完善，并富有空地足資發展。

（六）過去營業　活版印刷，平版印刷，凸版凹版印刷，三色版印刷，裝訂，發行及販賣國定教科書，出版書籍、雜誌、地圖、挂圖、教科用參考書，經售各種文具及事務用品，鑄造及販賣各種鉛字。

（七）接收後現狀　現留用職員四十餘人、工人三百餘人，正趕印國定教科書，承接有數件外界印件，材料除一部分須臨時購用外，所存紙料油墨等，約可供三四個月應用，須隨時添購。接收現金爲五百餘萬元，除去上月開支外，現存三百餘萬元，約可够本月（十一月）開支用，以後待營業收入或另籌款以資維持。

附今後經營管見

日敵經營此印書館，約歷七年，能有如此良好基礎，實非易事，原來既有半官營性質，接收後似仍以官商合營或純粹國營爲宜，其前途首須以編印教科書及各種參考書供全國大中小學應用爲主，承接外界印件爲副，俟有餘力再進而爲文化工業之改良製造與建設，如印刷機械之製造、各種字體之改良、造紙制油墨等工業之建設，均可逐步推進，使其盡量發展，則福利於全國國民當非淺鮮矣。謹此。敬呈　朱部長鈞鑒

沈兼士謹具　三十四年十一月十二日

（中國第二歷史檔案館編《中華民國史檔案資料彙編［第五輯第三編 文化］》第323—324頁）

十一月十四日，沈衡書作致沈兼士電函，告知張慈蔭攜款一千四百萬元於次年元月赴平。

沈兼士先生：書密。江電敬悉。張慈蔭經理元月飛平，款一千四百萬元由其帶奉，收到後請以書密電復。又書密校正本附於戌庚電内航郵寄上。宗晚衡書。戌寒。

（中國第二歷史檔案館藏檔，卷宗號：五（2）-586）

按：沈衡書，浙江吴興人，生卒年不詳，抗戰時任職於國民政府教育部，後曾服務於中英文教基金會。因與沈兼士同宗且年齡小，所以自稱“宗晚”。

十一月十六日，作致教育部長朱家驊電函，報告日本東方文化事業總會房屋接收後擬撥有關部門使用，請求給予批復。

致朱部長電

教育部朱部長鈞鑒：東廠胡同日本東方文化事業總會、人文科學圖書館，前奉酉銑五二二九五部電，應由中央研究院接管，自當遵辦。此外尚有毗連之近代科學圖書館，似亦可一并由中央研究院接管。查該會西部閒房歷年空廢，接收後已將其一部闢爲特派員辦公處及復員委員會會址，其餘房屋擬應用如左：

一、華北文教協會此後對於教育復員及宣傳文化效力之處尚多，該會在地下組織時代未有固定會址，現擬以西院一部劃充該會辦公之用。

二、本處所收僞教育總署所藏清代檔案書籍及淪陷八年來機密檔册甚多，連同本處陸續收集不屬於任何圖書館之圖書五十餘萬册，擬闢西院另一部爲庋藏清理之所，一俟復員後，再由部令處置。

右二點，敬希核准備案，實爲公便。沈兼士。戌銑。

（中國第二歷史檔案館藏檔，卷宗號：五（2）-586）

十一月二十日，蔣天格作致陳垣信，談及前年沈兼士抵重慶，曾稱陳氏在淪陷區北平仗義不屈，艱苦辦學。

一九四五年十一月二十日，來函

援庵吾師函丈：

不親几杖，八載有奇。前歲兼士師避寇來蜀，備言師座雖身陷虎穴而仍仗義不屈，維弦誦使不輟，艱苦之狀，令人感泣。……受業蔣天格頓首。十一月二十日。

諸師長前叱名叩安。

（陳智超編注《陳垣來往書信集》第682頁）

按：蔣天格，江蘇豐縣人。1933年入輔仁大學國文系學習，師從沈兼士。中華人民共和國成立後，在上海博物館工作。

十一月二十四日，作致教育部長朱家驊電函，請示接收北平日方學校後如何處置等問題。

爲北平日方學校事

上海愚園路四〇號。蔣特派員轉重慶教育部朱部長賜鑒：此間日僞中小學校，除僞組織學校由北平市教育局接管外，日方學校共十九處，已由本處會同教育局接收，内有十處業經軍隊佔用（詳另表），校具日有損壞。其餘未經佔用各校，雖已派員保管，因近來軍隊紛紛開入城内，隨時有被佔可能，似宜早爲處置。同人集議，擬定辦法三項：

一、由處請北平行營及十一戰區長官部通令駐軍，對於佔用學校之校舍校具，加意保護，不得損壞，并應盡速遷出。

二、由處派員前往各駐軍學校清查現存之教具、圖書、儀器，造册報部。

三、聞北平市府將呈部，請將日方各校校舍校具，撥給北平現有之市立中小學應用。查十九校中除一部已經處置外，其餘各校，部中似應從速决定辦法，如部中不擬支配，同人意見以爲平市學童甚多，每年升學問題極爲嚴重，似可撥交教育局就原地添辦各級學校，以廣教育。倘該局一時不能添辦學校，再由處呈部請示另定辦法。

右三點謹請鑒核示遵。沈○○。戌敬。

(中國第二歷史檔案館藏檔，卷宗號：五（2）-586)

十一月二十六日，作致教育部總務司長賀師俊電函，稱美國新聞記者報導的部派教育復員人員與北平市教育界形成新舊兩大壁壘，朱家驊等不肯予僞院校教職員就職兩事，與事實完全相反，請轉告朱家驊部長向蔣介石作出解釋，以免混淆視聽。

致賀總務司長電

重慶。教育部賀總務司長師俊：鐵密。據張伯瑾云，市政府曾接主座電報，有美國新聞記者報稱，部派教育復員人員與平市教育界形成新舊兩大壁壘，囑市當局注意。又此間外人消息，Winfield受僞院校教授包圍，認識不清，謂騮公、兼士、英千里等堅持成見，不肯予僞院校教職員就事機會。查兩事與事實全然相反，請轉告騮公向主座加以解釋，以免淆混聽聞爲盼。兼士。戌寢。

(中國第二歷史檔案館藏檔，卷宗號：五（2）-586)

十一月二十八日，教育部長朱家驊作致沈兼士電函，要求將電函轉清華大學校長梅貽琦，讓梅迅速返渝赴昆明，以平息清華大學學潮。

限即刻到東廠胡同。沈特派員兼士先生：×密。譯轉梅校長貽琦先生鑒：弟前日返渝，昨得一明電，彼處學潮已起，情勢嚴重，聯大已罷課，涉及雲大與中等學校，事態日趨擴大，影響所及，實匪淺鮮。希立即返渝轉昆主持，并請與兼士先生同訪李主任，務懇予以乘機便利。弟朱家驊。戌儉。秘。印。

(中國第二歷史檔案館藏檔，卷宗號：五（2）-586)

十二月二日，教育部長朱家驊作致沈兼士電函，指示補習班應慎重徵用僞校教職員服務，補習班考試應組織考試委員會。

沈特派員兼士先生：濟密。并轉雪屏、天挺二兄：僞校處理辦法，孟真等與聯大員生表示極端懷疑，部中同人亦有同感者，弟已詳細解釋：(1) 補習班僞校教職員，係援徵用日僞技術人員辦法，彼等將來仍應甄審，即甄審後可用，北大亦無任用之義務。孟真等則深慮事實上一經徵用，僞校教員將賴着不［走］。(2) 補習班結束考試，孟真深慮僞校教員任意給分數，弟告以可以由北大自派教員，或由部派員組織考試委員會考試，不使僞校教員考試。以上弟向孟真保證者，務請注意其必可辦到，不受阻撓。此外，如此時徵用，祇可限於萬分不得已者，務必淘汰大多數之僞教職員，尤其恶劣份子，甄審時必須絶對從嚴，更向彼等説明，甄審非即由北大或他校任用之謂，徵用者補習班絶不下聘，故無補班教員資格，更非北大或任何其他大學教員也。先勿誤會，以免争執。至於辦補習班時，盼嚴格管理，并由兄等慎選良善忠實之黨員、團員擔任學生會，逐漸淘汰可受僞校教員鼓動之份子，以重學業。弟不能對不起教育界，尤不能爲北大貽羞。故已向孟真兄緩嚴重保重。諸事務乞照此原則辦理，至要。□□□□□□□□□。朱家驊。亥冬。裹印。

（中國第二歷史檔案館藏檔，卷宗號：五（2）-586）

十二月三日，教育部長朱家驊作致沈兼士電函，指示速請梅貽琦校長返重慶轉昆明，處理學潮事。

沈特派員兼士先生：鐵密。兩復梅校長□近言達，昆明學潮繼續漲叛，情勢嚴重，各地或間有所及，關鍵仍是梅先生不抵，則無以膡，請力催輓，即飛返轉昆處理爲要。弟朱家驊。亥江。

（中國第二歷史檔案館藏檔，卷宗號：五（2）-586）

十二月六日，教育部長朱家驊作致沈兼士電函，指示對學潮問題應采取嚴厲措施，必要時可解散學校，將學生集中軍訓，不再寬容。

限兩小時到東昌胡同。沈特派員兼士親譯：鐵密。并轉陳雪屏兄：頃電計達。弟在此所談，與在平時商定，并無二致。微電不勝驚異，不知兄如何宣布，北平各報所載爲荷［何］，念甚。此事至此，猶生枝節，顯係僞教職員别有企圖，不得不從速有□□理，必要時希即商請李主任，將請［情］節較重者，一律依照處置漢奸辦法，普捕法辦。倘學生鬧事，亦捕其爲首者，必要時，并予解散，集中軍訓。中央具整頓學風之决心，主座數月以來，迭有指示，日來因後方學潮，又提及不得已時，對任何學校均不惜解散，集中軍訓，不再寬容。希與李主任商□。迭電梅校長速返，乞［迄］未復，究竟如何，并盼速示。家驊。亥魚秘。

（中國第二歷史檔案館藏檔，卷宗號：五（2）-586）

同日，教育部長朱家驊再作致沈兼士電函，指示嚴格遵循僞校教職員甄審辦法，對有異議者，嚴厲處置。

限兩小時到東昌胡同。沈特派員兼士□□：鐵密。并譯轉陳主任雪屏兄鑒：微電敬悉，一切與在平所談，并無不同，均依照全國教育善後復員會議决辦理，處處從寬。［僞］校教職在未甄審之前，未以敵僞人員相待。甄審辦法，業一再宣布，衆所周知，可謄情理，事實面面顧到，如再有異議，衹有嚴厲處置，决不再事姑息。希作最後勸遵爲要。弟朱家驊。亥魚秘。

（中國第二歷史檔案館藏檔，卷宗號：五（2）-586）

十二月七日，作致教育部長朱家驊電函，報告北平行營方面態度與教育部極不一致，請求設法解决此事。

限即刻到重慶。教育部朱部長賜鑒：濟密。亥魚密電指示各點，實獲我心，惟頃雪屏談，行營與部方態度極不一致，且聞李主任已電主座有所陳述。此種現象不予消除，中央决策無法推動，應似速請主座電李協力，否則内外分歧，奸僞及好事者又當施其煽惑故技。弟等辦事，利鈍不足計，惟關係我部威信實大，至祈察納爲禱。又月涵先生擬齊返渝，合并附陳。沈〇〇。亥虞秘。

（中國第二歷史檔案館藏檔，卷宗號：五（2）-586）

十二月八日，教育部長朱家驊作致沈兼士電函，指示妥善處置舊僞校教職員，并稱平津情形複雜，要嚴密注意。

特急。北平東廠胡同。沈特派員： 密。并轉雪屏、千里二兄鑒：魚日兩電計達，迄未得覆，此事諒可解决。總之，主座昨又囑，整飭校［教］育先從收復區做起，舊僞校教職員倘有異動，即作漢奸逮捕法辦，不得已時，“解散學校，學生集中軍訓”之議重提。中央對此已盡寬容之能事，今後勿再姑息。弟并無對舊僞校教職員在甄審以前，以敵對人員相待。此間新發表者，與前在平所宣布者，并無不同。至昆明學潮，係異黨發動，因當地處理未妥，至生枝節。頃主座文告指示種種，當可不日解决，但彼等已向各地策動擴大。平津情形複雜，尤堪注意，希妥爲防範，勿使波及，并希與李主任及一山兄詳談，遇事懇請協助，秉承處理爲要。十二月八日。

（中國第二歷史檔案館藏檔，卷宗號：五（2）-586）

十二月九日，天津《大公報》刊登消息，稱教育部特派員沈兼士接受記者采訪時談到，文化教育接收工作已告一段落，現正開始點交清理，希望至遲能於年底完畢，然後開始河北、山東境内接收工作的輔導與整理。

沈兼士談教育接收

［北平電話］教育部特派員沈兼士單獨接見本報記者稱：接收工作頃已告一段落，現正開始點交清理，人少事繁，希望至遲能於年底完畢，然後開始河北、山東境内之輔導與整理。前已接收之棉、麻兩改進會，因判明其性質不全屬於教育性質，故已電部請准即日移交農林部接管，所封存之産業亦均一并移轉。沈氏繼稱：此間敵僞教育産業清理之後，决撥一部交由地方政府爲擴充及建設之用，現已與地方主管人有初步商洽。彼認爲河北人民八年來在水深火熱中，精神固極痛苦，物資損失尤巨，中央應在可能範圍予以補償，可使獲得救濟。教育方面如此，其他方面亦莫不皆然。沈氏并論及工業化問題，認爲先决條件應爲農業的工業化。蘇聯此次戰勝爲科學戰勝，而其他集體農場融工業、農林及教育於一元，在莫斯科、史城兩大保衛戰中發揮作用至大。吾人應學習盟邦之優點，工業化中農業之工業化應爲前導。

（天津《大公報》1945 年 12 月 9 日）

十二月十一日，教育部長朱家驊作致沈兼士電函，指出北平行營及其他方面對教育部復員處置多不了解，將面見蔣介石解釋一切，以免誤會。

東廠胡同。沈特派員兼士兄：鐵密。并轉雪屏兄：聞行營與其他方面，對部中復員處置多不了解處，此乃環境影響。主座對於本部復員措施，業已甚爲了解，并竭力支持。今晨飛平，希即同往晋謁，報告種種，并解釋部中對平一切均根據决議，十分從寬辦理，以免主座有所誤會爲要。弟朱家驊。亥真。（十二月十一日）

（中國第二歷史檔案館藏檔，卷宗號：五（2）-586）

十二月十三日，教育部長朱家驊作致沈兼士電函，指示一起晉見在北平的蔣介石，報告處置僞校教職員辦法。

沈特派員兼士兄親譯：鐵密。師俊托來寢電，得悉種切。北平方面一般情〔形〕（“形”字漏——編者注）及處理經過，已迭報主座，并得嘉許。現主座在平，或仍有人誤報，請即與雪屏兄一同晋謁，〈解〉〔詳〕（“解”字錯——編者注）爲陳述。□□僞校教職員必須經過甄審手續，□□必要。因苟無甄審辦法，後方學校員生又將發□處，尤盼詳爲解釋爲荷。弟朱家驊。亥元。

（中國第二歷史檔案館藏檔，卷宗號：五（2）-586）

十二月十四日，教育部作致沈兼士電函，指示注意北平部分師生動嚮，并及時查報。

東昌胡同。沈特派員兼士，并轉北平市教育局：□密。奉主座亥江代電，據報僞北京大學校長錢稻蓀受奸僞利用，偕學生多名往匪區。又天津工商學院學生千餘名，因反對甄試，逃往匪區，其他各校學生宣傳於舉行甄試時一致交白卷，表示反抗。希注意。等因。希電注意并查報。教育部。亥寒。

此電已抄送大學補習班、教育局及劉迺仁院長。十二月十七日。

（中國第二歷史檔案館藏檔，卷宗號：五（2）-586）

十二月十五日，教育部長朱家驊作致沈兼士電函，詢問購買中文書籍事，并指示沈陪同英千里等晉見蔣介石，詳細説明對僞校員生的處置辦法。

沈特派員兼士兄：濟密。前在平時，由師俊兄托張懷兄爲弟收羅中文書籍，不知已買否？恐後漲價，以早買爲佳。主席仍有意將北平青年團交張伯瑾辦理，請密知雪屏注意。弟頃電主席，請召見英千里、董洗凡、張懷諸兄，請兄陪同晋見。本部在平對僞校員生處理辦法，已極寬大，兄所深知，平市人士既不清楚，主席經弟面談，已頗了解。兄晋謁主席時，請妥加説明，以免爲人所乘是幸。弟朱家驊。亥刪。裏秘。

（中國第二歷史檔案館藏檔，卷宗號：五（2）-586）

十二月十七日，作致教育部長朱家驊電函，報告蔣介石在北平對大學、高中學生訓話等情況。

致朱部長電

萬急。重慶。教育部朱部長賜鑒：濟密。主席蒞平第二日即参觀故宫，甚滿意，頗以三殿分隸内政部爲不合理。昨晨在太和殿對大學、高中學生約二萬人訓話，并降陛與學生握手，一時情緒熱烈，山呼不絶。主席極爲愉悦。弟隨衆参見，共計三次，曾托商参軍長代達，擬單獨晋見，尚未蒙召。據雪屏兄云，鄭彦棻副秘書長曾以部電請召見弟等垂詢事相商，繼謂學生、教員頃均相安無事，似可不必報告。至英、董、張三君，弟亦曾簽請召對，惟尚未奉諭，特先電聞。弟沈〇〇。亥篠。

（中國第二歷史檔案館藏檔，卷宗號：五（2）-586）

同日，教育部作致沈兼士、梅貽琦電函，要求梅貽琦速乘飛機抵渝轉昆明，處理學潮事。

限即刻到北平東廠胡同。沈特派員親譯：〇密。轉梅校長月涵兄：昆明學潮，日趨嚴重，周司長與傅代校長早已先後前往，迄猶不能解決。主座甚爲焦慮。頃又派朱次長專機飛昆，倘再不平息，後果莫測。各方均以非兄速往不可，校方亦均切盼兄趕回處理。無論如［何］明晨必須搭機來渝轉昆，萬不能再遲。十二月十七日。

（中國第二歷史檔案館藏檔，卷宗號：五（2）-586）

十二月十八日，教育部長朱家驊作致沈兼士電函，商談印書館開辦事宜。

沈特派員兼士兄鑒：密。印書館擬即改爲部辦公司，組織規章與立案手續正準備中。董事會人選當照尊意辦理，日内先派印刷專家余國益赴平，更擬徵求前郵政總局黄乃樟意請其經理其事。黄甚可靠，老練有爲，操守極廉，但不知其有意於此否耳。又頃接國定本檢聯處稱，“北平供應委員會正主席宣節帶紙版〇〇日内到平，副主席吴遵明等先在平成立供應委員會，即擬商請本部印書局代爲大量趕印國定本教科書，請予協助。”等語。此事係弟催該處辦理［以］應需要，希特加注意是荷。弟朱家驊。亥巧裏。

（中國第二歷史檔案館藏檔，卷宗號：五（2）-586）

十二月二十一日，作致教育部長朱家驊電函，請示北平新民印書館究竟由何機關辦理及其房産歸屬權問題。

萬急。重慶。教育部朱部長賜鑒：鐵密。頃接河北平津區敵僞産業處理局孫越崎代電，准中宣部特派員函請，正中書局分局經理吴遵明電稱，北平新民印書館業奉主席批交正中書局應用，請點交。等由。附抄主席戌梗代電及行政院十二月八日致教育部訓令。查本月十八日奉到部電，尚對印書館組織人事有所指示。茲准前由，如何辦理之處，請速示遵。又印書館房舍係成達學校所有，頃已呈處請求發還。此項産權問題如何辦理，亦請指示爲盼。弟沈〇〇。亥馬。

（中國第二歷史檔案館藏檔，卷宗號：五（2）-586）

十二月二十二日，作致教育部總務司長賀師俊電函，報告新民印書館移交、僞院校學生補習班經費等事項。

重慶。教育部總務司賀司長師俊：鐵密。接伯明信，欣悉清恙早痊，并留陪都，至慰。茲將待陳諸事列左：

一、印書館事昨接處理局孫越崎代電，葉楚傖、陳立夫呈准主席，將北平印書館交正中書局應用，并抄示行政院十二月八日致教部訓令。頃吴遵明已來詢問此事，惟本處迄今并未接奉部令，不便擅自移交，望速請騮公電示，俾便遵行。又該館兩月來趕印教科書情形，另電報告。

二、中國銀行接部電，囑墊支補習班經費三千萬元。該行要求兼具保證書，已經照辦，希將該款從速籌發。

三、書籍又已購得帶箱《四部備要》，價法幣卅二萬。《叢刊》有初、二編，現正續覓三編，俟全即定，請告騮公。

四、本處并無與密電碼，請速要應用爲荷。

沈〇〇。亥禡。

（中國第二歷史檔案館藏檔，卷宗號：五（2）-586）

按：函中提及的“《叢刊》”指《四部叢刊》，是一部集中各方面必讀書、必備書的叢書。從1922年起，由上海商務印書館張元濟等編輯出版，共出了初編、二編、三編，計五百餘種三千多册。

同日，天津《大公報》刊登消息，稱沈兼士談已接收文教機構涉及教育行政和教育文化、圖書館、僞校等三類，共計六十八處。

沈兼士談接收工作

［北平電話］平、津兩市教育接收工作大體已告完竣，河南省頃正開始，河北及山東部派人員即擬出發。教育失業人員已登記者有二三〇人，均經建議當局甄别録用。沈兼士特派員稱：本處已接收機構可分爲三類，共計六十八處。（一）教育行政及教育文化機關，計十七處，内新民印書館奉行政院令由部接管，趕印三民主義及國定本中小學教科書，以供急需。故宫博物院、歷史博物館、中國辭典編纂處、華北觀象臺均已復員。古物損失，如故宫銅缸被運走六十餘隻，現在追查中。（二）圖書館計五處，如爲僞機關掠奪之清華、燕京、北平研究院、北平圖書館、政治學會等處文物及英美僑民圖書集中數處，本處正從事清理歸還。此項工作污混紛雜，甚爲繁重。（三）僞校計有十四處，内華北行政學院已予解散，北大、師大等合并，成立臨時大學補習班。

（天津《大公報》1945年12月22日）

十二月二十四日，作致教育部長朱家驊電函，報告北平市黨政接收會議決定將部分日本人所辦學校劃給市教育局應用，請示教育部如何處理。

致朱部長

急電。重慶。教育部朱部長賜鑒：鐵密。戌敬電諒蒙鈞覽，昨日北平市黨政接收會議，教育局簽請將本處接收之日本學校撥交該局應用，響應者甚衆，雖由處極力説明已電部請示處置辦法，并已建議將日人學校撥給市用，以廣教育，而通過决議仍爲“除已由部指定者外，其餘日人學校由會議借與該局”。查此項决議似與部權有關，除由處函請會議仍俟部電到後再爲辦理外，特以電聞，務請速定方針，電處遵辦，以示處置仍係我部主動而維部權爲盼。弟沈○○。亥敬。（三十四年十二月［二十］五日下午發）

（中國第二歷史檔案館藏檔，卷宗號：五（2）-586）

十二月二十六日，作致教育部長朱家驊電函，報告依據教育部指示，將北平、天津兩市接收的日本人所辦學校移交各該市政府，轉撥教育局添辦各級學校。

代電

重慶。教育部朱部長賜鑒：奉亥馬中六四六六一號部電，平津區日方所辦中小學准予撥交各該市教育局添辦各級學校，惟須保留地址適中，校舍較佳，設備較全，可容學生五百人之學校一所，以備成達師範遷平之用。等因。查平津兩市日人所辦學校，北平十九處，天津十五處，共卅四處，除奉令保留及曾由學校團體呈部撥給，尚未蒙批示暫時未便移交者外，兹遵將北平市日人學校十三處，天津市十一處，移交各該市府轉撥教育局添辦各級學校。至各方關於撥給校址呈部請求，謹請迅予批示，以便轉知遵照爲禱。弟沈○○。亥宥。

（中國第二歷史檔案館藏檔，卷宗號：五（2）-586）

同日，作致教育部總務司長賀師俊電函，請求轉交爲平津日本人所辦學校事致部長函電等事項。

代電

重慶。教育部總務司賀司長師俊：兹將本處爲平津日人所辦學校事致部長電送請轉呈。孔德及生活學校事，行旌在平時曾由各該校負責人面懇，至請惠予協助。又聞令□□□□□□□不晤□□。兼士。亥宥。

（中國第二歷史檔案館藏檔，卷宗號：五（2）-586）

十二月二十八日，教育部總務司長賀師俊作致沈兼士電函，要求查明新民印書館内部機件及估價等，上報教育部。

東昌胡同一號。沈特派員兼士尊鑒：鑑密。電悉。新民印書館事，部中接有院令，惟以房産局於孔［德］内部機件有故宫及其他學校者，乞速查明産權情形，以便呈覆。在未得部令前，乞暫勿移交。該廠機件共有若干，估值若干，乞列示。師俊叩。儉。

（中國第二歷史檔案館藏檔，卷宗號：五（2）-586）

十二月，在東廠胡同會見王世襄，商量收藏德國人楊寧史銅器事。

進入 12 月的一天，沈兼士找我去東廠胡同見他。他説教育部長朱家驊現在天津，你可拿我的介紹信去見他，請他就近管一管楊銅的事，可能會有些效果。

這時朱在天津一家外商的飯店中召集許多人開會。我從上午等到傍晚休會朱才見我。他看了一下沈的信知是爲文物的事，轉臉對他的秘書説，你來接待他吧，有何要求，你給他辦辦。説完他就走了。這次由朱的秘書備文，部長出名，再次向九十四軍提出關於楊銅的事。我將文送去後，出來了一個人見了一下，還是老話，公函放在這裡吧，回北平等著吧。最後還饒上了幾句，大意是什麼教育部不教育部，管不著我們九十四軍這一段。第二天我將送文去的情况面告朱的秘書，他也無可奈何，衹好説等等再説吧。這時秘書問我何時回北平。我説買到車票就走。他説部長今日去北平，你可搭專車走，不必再買票了。火車到達豐台，鐵軌出了故障，停了一個多小時，改由西直門站下車。朱家驊等下車，沈兼士等迎上前來，擁簇登上汽車，飛馳而去。待我從車站走到西直門，太陽剛落山，城門却已緊閉。後來衹有打電話給費致德，好容易才找到他，幾番聯繫，十點多才得入城，到家已經午夜了。這是爲楊銅第三次去天津。

此後九十四軍并無復信，沈兼士等也想不出什麼辦法來，直到年底在朱桂老家見到宋子文後，楊銅才得與另一批文物郭觶齋藏瓷同時得到解决。下面將與收購郭瓷的事一并叙述。

（《回憶抗戰勝利後平津地區文物清理工作》，《錦灰不成堆：王世襄自選集》第 65—66 頁）

按：楊寧史，德國人，天津禪臣洋行經理，華北淪陷時購買了大批河南等地出土的青銅器。“楊銅”就是指他收藏的銅製藝術品。據楊稱，抗戰勝利後，這些銅器被封存在天津住宅内，而住宅被國民黨九十四軍佔用，故有清損會與該軍交涉接收這批銅器事。東昌胡同又名東廠胡同。

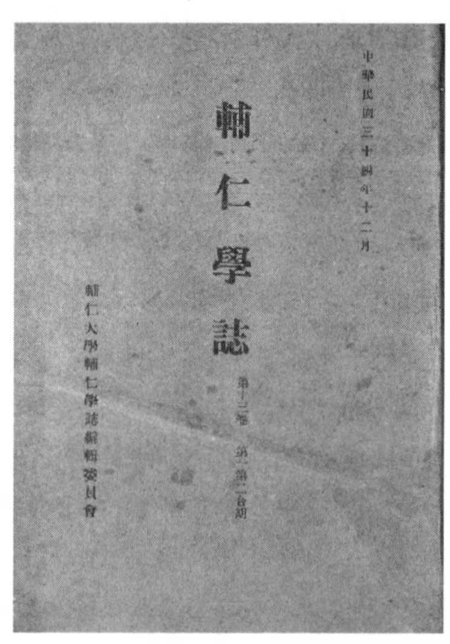

北平輔仁大學《輔仁學志》第 13 卷第 1 第 2 合期

同月，《輔仁學誌》第十三卷第一第二合期出版，沈兼士爲該雜誌編輯委員會委員之一。

《輔仁學誌》編輯委員會

委員長　陳　垣

委　員　雷　冕　英千里　胡魯士　沈兼士　張　懷　余嘉錫　張星烺
　　　　張重一　豐浮露　葉德禄

（《輔仁學誌》第十三卷第一第二合期，1945年12月）

是年，作七律一首，奉答友人。

（十八）滯渝忽復經年，土候不習，時時苦病。離明仲良自成都辱書，招往游息，賦此奉答。

明年六十即平頭，擾擾兵塵且未休。劫後見聞足歌哭，峽中節序失春秋。茶粗飯淡隨緣缽，坎止流行不繫舟。清興未因衰病減，扶筇還上望江樓。

（沈兼士《入蜀雜詩》，《輔仁生活返校節特刊》1946年5月19日）

按：黃文弼，字仲良。曾任北京大學研究所國學門助教、講師、副教授，時在四川大學任教。

是年，經多方奔走，將接收的原日本華北高工學校，籌備成立國立高工學校，校址在北平阜城門内。

1945年，抗戰勝利。北京，這座文化古城，拭去了八年的恥辱，回到祖國的懷抱。在北京阜城門内有一座舊的王府，是日本華北高工學校的校址。淪陷期間日本侵略者在這裡，培養他們的侵華工業基幹。勝利後，這所學校被分片接收，實際上已被肢解。當時，歷任北大教授和輔仁文學院院長的沈兼士先生，被委任爲平津區教育復員輔導委員會的主任委員。沈先生早就主張工業救國，深感工業人才缺乏。他憤恨經濟部接收大員在接管石景山煉鐵廠時，因不懂冶煉技術，使溶融的鐵水凝鑄在煉鐵爐内，造成重大損失；又痛感國土淪陷，鐵蹄踐踏，億萬同胞蒙受淩辱。他見到同胞們雖同仇敵愾但僅憑血肉之軀，難以抵抗侵略者堅兵利甲。究其根源，皆工業落後國力貧弱所致。因之慷慨奮起，大聲疾呼，誓志培育工業人材以實現其工業救國的宏願。雖然在接收時，這所學校已被肢解，但先師多方奔走呼吁，幾經申請，極力主張把這所殘存的工業學校再辦起來。當時學校的教室、工廠、體育場均爲空軍接收；製造成品工廠被公路局接收；半壁街宿舍由市府衛生局借用；所謂高工學校僅僅剩下了王府東北一隅，一部分儀器、數十間空房而已。先師不斷往訪有關單位，陳述工業救國要旨，終因至誠感召，被肢解的校舍大部返還。於是，利用原來的校址和設備，建成了我們的母校——國立高工。

（孫其定《回憶母校　緬懷先師》，《沈兼士先生誕生一百周年紀念論文集》）

是年，主編的《廣韻聲系》由輔仁大學印行，石印本，平裝二册。内有《廣韻聲系編輯旨趣》一文。照録如下：

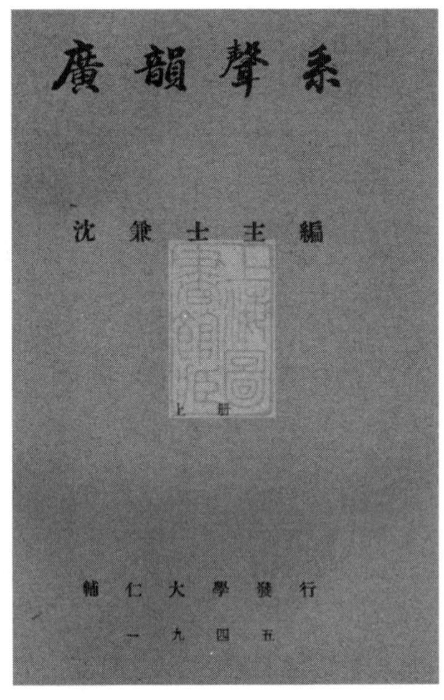

《廣韻聲系》（北平輔仁大學發行，1945年）書影

吾人欲建設漢語學，必須先研究漢語之字族；欲作字族之研究，又非先整理形聲字之諧聲系統不可。《廣韻》一書，爲記載中古文字之總匯。其形聲字，比之《説文》，多逾三倍。其語彙亦較《説文》《玉篇》爲完備。《集韻》《類篇》而降，字數雖有增益，然率多變體俗書，增猶不增也。故《廣韻》實爲承前啓後之中心字典。凡漢語語根及語辭之縱横衍變，均可由其諧聲系統爲出發點以推求之。今即據此書取其形聲字之主諧字爲綱。凡各韻中屬於某主諧字之諸被諧字，均類聚系屬於同一主諧字下。各主諧字之排列，依四十一聲類，始“見”終“日”之次序爲先後。同聲類者，又以二百六韻之次序爲先後。其被諧字復爲他字之主諧字者，則依其相生之次序，順遞記之。如是則一主諧字所孳衍之諧聲字，其脈絡相承之迹，一目了然矣。至於反切等呼，均逐字注明，復以瑞典高本漢所擬《切韻》音標并記之，俾便研究讀音問題。此書之主要旨趣，約有下列四點：

（一）叙列周、秦、兩漢以來諧聲字發達之史迹。

（二）提示主諧字與被諧字訓詁上、文法上之各種關係。

（三）比較主諧字與被諧字讀音分合之現象。

（四）創立以主諧字爲綱之字典模範。

本書編輯時，凡《説文》以下之字典韻書與近世發見之《切韻》《唐韻》寫本及《廣韻》之各種版本，均經參校異同，分加案識。得此一編，不啻兼蓄衆善也。

沈兼士識

一九四六年　民國三十五年　六十歲

一月一日，鄭天挺來訪。

往東廠胡同教育部特派員辦公處，應沈兼士先生午飯之約，略談，未入席，出。

（《鄭天挺西南聯大日記》）

一月二日，作致第十一戰區副司令長官李延年、山東省主席何思源電函，證明華北文教協會山東分會委員武占元曾打入敵僞組織工作，請求釋放其弟武培元，并希望妥善保護文協成員。

急電。濟南。第十一戰區李副長官、山東省政府何主席賜鑒：查華北文教協會山東分會委員兼書記長武占元（瞻源，化名武員），確爲便利會務，打入敵僞組織，潛伏工作，歷年名單、工作報告，均呈報中央組織部備案。頃聞貴部、府已將乃弟武培元逮捕作質，相應電請查照，即祈釋放，并請對文協同志如無危害國家事蹟，希本總裁不問職守、衹問行爲之旨，妥爲保障爲感。教育部平津區特派員沈兼士。子冬。

（中國第二歷史檔案館藏檔，卷宗號：五（2）-586）

按：李延年（1904—1974），字吉甫，山東廣饒人，時任第十一戰區副司令長官兼山東挺進軍總司令，代表中國政府任山東地區受降長官。何思源（1896—1982），山東菏澤人，著名教育家，時任山東省政府主席。

同日，《世界日報》刊登消息，稱平津日僞教育機關現已完全接收竣事，教育部平津區特派員沈兼士於日前將接收結果列表報告中央。

平津日僞教育機關現已完全接收竣事

［本報訊］教育部平津區特派員沈兼士，自十月五日開始接收平津日僞所設教育文化機關以來，迄今已達三月，現已接收竣事，即將赴河北、山東兩省辦理接收。沈氏特於日前將接收結果，列表報告中央。據該表所載，綜合如左：

（一）教育行政文化機關：僞教育總署，編審會，東方文化事業總會，華北編譯館，新民印書館（由部接辦），中國辭典編纂處，静生生物調查所，華北觀象臺，北平研究院，陸謨克堂，泡子河觀象臺，内分泌學研究所。（以上分别移交各原機關）故宫博物院，歷史博物館（照常開放）。國學書院，古學院（保管）。

（二）圖書館：國立北平圖書館，中國政治學會圖書館。（以上復員）近代科學圖書館，人文科學圖書館，日本圖書保存會。（以上整理圖書）又八年來敵僞四出掠奪抗日圖書，清華、燕京、北平研究院、政治學會等處文物及英美僑民圖書，正清理歸還。

（三）學校：北平清華大學，唐山交通大學，天津北洋大學。北大六學院，師大，藝專，外專，十一專。（移交臨大補習班）華北行政學院（解散），第一助産學校（移交教育局）。另外日人在平津兩地所設學校共有三十六處，一部供訓練失學青年之用，其餘撥交地方擴充教育。

（《世界日報》1946 年 1 月 2 日）

一月三日，作致教育部長朱家驊電函，報告新民印書館移交事，請速電示辦法。

萬急。重慶。教育部朱部長賜鑒：濟密。亥豔電奉悉，印書館移交正中，係處理局奉院令函知，如不移交，應由部逕電孫越崎關照。吴遵明頃又來函，以延宕相責，盼速電示辦法。沈兼士。子江。

（中國第二歷史檔案館藏檔，卷宗號：五（2）-586）

一月四日，作致教育部長朱家驊電函，建議新民印書館仍應争取由教育部辦理。

重慶。教育部朱部長騮先先生賜鑒：濟密。子支總電奉悉，業遵轉孫局長。頃間同人循繹此中關鍵，本部接收運用印書館，係按照行政院全國性事業接委會規定辦理，并無錯誤。而中宣部則本中常會决議，請［遵］主席手諭執行。此事苟不從根本解决，似無從挽回。又部電館中大部機件係故宫、北大所有，當係一種假借之談。因事實上全部機件皆係該館自有也。孫現隨宋院長赴津，俟回平面談。此事中宣部催迫甚急，不能久延，望速解决示復。弟沈〇〇。子支。

（中國第二歷史檔案館藏檔，卷宗號：五（2）-586）

同日，作致傅斯年、梅貽琦電函，徵詢平津收復區僞校教職員甄審委員會是否公開問題。

昆明西南聯合大學、重慶聚興村中央研究院宿舍。傅孟真、梅校長月涵先生親譯：密。部定收復區專科以上學校教職員甄審辦法及甄審委員會組織章程，計當達覽，頃與雪屏、一山談及此事，僉以爲此間環境特殊，委員組織似不必公開，一切工作在嚴密方式下切實推進，以防意外，而收實效。尊意如何，盼速電示。弟沈兼士。子支。（35 年 1 月 5 日下午發）

（中國第二歷史檔案館藏檔，卷宗號：五（2）-586）

按：函中署“35 年”爲民國紀年，以公元計爲 1946 年。下同。

一月五日，開復員輔導委員會。會後與鄭天挺閒聊。

三時至東廠胡同，開復員輔導委員會。會散，與兼士諸公閒話，六時還。

（《鄭天挺西南聯大日記》）

一月六日，與鄭天挺、佘嘉錫、溥雪齋、董洗凡等，參加消寒乙會第二次集會。

六時會雪屏許，消寒乙會第二集，到佘季豫攜自書隸字條幅一幀、銀幣一元，沈兼士攜玻璃版印王羲之帖一卷，溥雪齋攜自畫墨筆山水一幅，溥松窗攜自畫墨馬一幀、小册頁十開，張柱中攜胡開文墨四丸，啓元伯攜自畫墨筆斗方一幅、石印汲古閣圖二紙、大筆一支，董洗凡攜桃源石筆山一座，張北靈攜磁瓶一，雪屏出墨一丸、册頁一册，余出道光墨一丸。飯後鬮分，余得雪齋畫，雪屏得佘墨。又作神仙對，雪屏出“金第六出風一一二夕五到三遼七西四”，余對爲“時雨數春滋孟夏”，勉成文理，首唱爲柱中之“新月半窗移枕外”。十時散，歸。

（《鄭天挺西南聯大日記》）

按：消寒會是燕地名流的傳統雅集。冬至交九後，文人雅士逢九集聚，鑒賞書畫，詩詞唱和。參加人數也往往取“明九”或“暗九”。所謂“暗九”，指九的倍數十八、二十七等，顯示時令之格。時鄭天挺組織甲、乙兩個消寒會，分别稱消寒甲會和消寒乙會。

一月七日，作致國民政府教育部長朱家驊電函，報告日本畫家矢崎千代二捐獻千餘幅畫事，并請示處置辦法。

教育部平津區特派員辦公處代電

（中華民國三十五年一月七日）

重慶教育部朱部長賜鑒：日本畫家矢崎千代二，現年七十餘壯歲，周游世界，擅長用粉彩作畫，設色生動，尤以風景寫生，自然入妙，畫面敷以油質，經久保藏不變。歷年展覽，蜚聲藝壇。現自動將其畢生所製各國名勝精品千零八幀，獻與教育部，已由處接收，暫行保管。茲謹將作品目録開送（詳見另表），應如何處置，請示遵爲荷。沈兼士。子虞。

（中國第二歷史檔案館藏檔，卷宗號：五（2）-906）

一月八日，鄭天挺日記中提及，北京大學國文系聘請俞平伯爲教員，討論時沈兼士曾表示反對。

此次請平伯，本出余顧念其八年不出之節。始議之際，兼士先生即以其曾在殷同家教書及與知堂老人太密爲病，而班務會議時，余推之主持一年級國文，鄧叔存先生即不謂然，余持之乃定，何必自炫如此，殊不可解。

（《鄭天挺西南聯大日記》）

按：日記中“何必自炫如此”句，指同人説事後俞平伯對人言，當初北大國文系聘其爲講師，不就，遂議兼任教授，又不就，再改爲名譽教授。

一月十五日，赴致美齋消寒乙會，得溥雪齋字一幅。

六時齊集致美齋，雪齋出字一，兼士得之；兼士出《廣韻》一，元伯得之；元伯出墨床一、石章一，余得之；余所攜，季豫得之；季豫出心畬畫一、扇骨一，百陵得之；百陵出乾隆紙四、墨二，稚雲得之；稚雲出畫一，雪齋得之；雪屏出墨四，柱中得之；柱中出畫四，洗凡得之；洗凡出壺一，雪屏得之。其後雪屏以壺贈余，余以所得石章報之，更以壺贈雪齋，雪齋以所得畫酬余。九時散，歸寓。

（《鄭天挺西南聯大日記》）

按：關松房（1901—1982），原名枯雅爾·恩棣，字稚雲、植耘。滿族，生於北京。工書畫，曾與清宫畫家成立松風畫會，其山水畫在比利時國際博覽會獲銀盾獎。

一月十八日，國民政府教育部簽批呈文，擬將日本畫家矢崎千代二所製各國名勝畫暫交北平圖書館保存，將來再交中央美術館。

頃據平津區沈特派員兼士代電略稱：以接收日本畫家矢崎千代二所製各國名勝精品壹千零八幀，請示處置辦法前來。查矢崎氏所呈獻本部之作品，尚有價值，頗可作藝界參考，擬飭暫交國立北平圖書館保存，俟將來再交中央美術館。當否？敬祈部、次長核示。

批示：擬如簽。一、十八。

（中國第二歷史檔案館藏檔，卷宗號：五（2）-906）

一月二十二日，赴故宫御花園絳雪軒，與教育部清理戰時文物損失委員會平津區代表助理王世襄等點收德國人楊寧史呈獻的古銅器。

德人楊寧史呈獻所藏古銅器

【本市訊】德商禪臣洋行華北經理楊寧史，酷好中國藝術，蒐藏古代銅器及兵器，中多商周時代精品。宋院長上月蒞平獲得關於文物報告，過津時，曾召楊晉謁。而楊以該項藏器，原係中國古物，自願全部呈獻我國政府。現經行政院院長臨時駐平辦公處譚主任指派專門委員曾昭六、董洗凡，教育部特派員沈兼士，教育部清理戰時文物損失委員會平津區代表王世襄，故宫博物院處長張庭濟，國内專家于思泊、鄧以蟄等，二十二日在故宫御花園絳雪軒點收，共二百四十餘件，由故宫博物院保管，闢專室陳列。據專家稱，此批銅器在學術上甚有價值。

（《華北日報》1946年1月25日）

到了1946年1月18日，沈兼士和故宫博物院都接到行政院臨時駐平辦公處及敵僞産業處理局北平辦公處的通知，準備接收楊寧史的銅器。後來聽兩處的人説，宋子文去津，找到了楊寧史，以後由孫越崎去辦理，和楊講好，名義上算是他“呈獻”，不叫没收；還同意楊提出的請求：爲他闢陳列室；准許兩個德國人羅越和康斯頓（女，E. Von E. Consten，曾寫過關於中國美術、中國園林、青銅器等的書及文章）完成尚在編寫的青銅兵器的彝器圖録。因此故宫接收楊銅之後，羅、康二人還曾去故宫若干次，直到把圖録編完。

1月22日由行政院駐平辦公處派車，故宫博物院派工作人員，我和周士莊均參加，到臺基廠外商運輸公司百利洋行去裝運楊銅，直運故宫御花園絳雪軒清點交接。原來楊寧史早已將銅器送到托運公司，企圖伺機外運，過去所謂的封存在天津被九十四軍佔用的住宅内純屬謊言，意在製造假像，增加我們的困難。

那天點交的一方爲楊寧史、羅越和康斯頓，點收的一方有曾昭六、沈兼士、張庭濟、趙席慈、唐蘭、于省吾、鄧以蟄、故宫工作人員及我和周士莊。銅器逐件清點造册，共二百四十餘件，隨即送存延禧宫庫房。中午行政院辦公處在絳雪軒設宴招待了楊寧史等人，并在御花園攝影留念。

楊銅中有極爲重要的器物，如藝術價值極高經唐蘭先生定名爲宴樂漁獵攻戰紋的戰國銅壺，商饕餮紋大鉞及鼎、卣、爵杯、玉柄鉞等。

（《回憶抗戰勝利後平津地區文物清理工作》，《錦灰不成堆：王世襄自選集》第67—68頁）

一月二十四日，因事未參加消寒乙會第四次集會。

六時半至南池子冰窖胡同張企權寓，消寒乙會第四集。主人出家刻集，余季豫得之；季豫出故宫明信片，張百陵得之；百陵出日本仿唐代筆，啓元伯得之；元伯出家制款墨，溥雪齋得之；雪齋出雪山小幅并悟齋退齋合制墨一丸，余得之；余出畫筆四支、光緒戊子墨一笏，主人得之；雪屏出陶齋拓片、團扇及墨，松窗出小幅畫，稚雲出舊墨，洗凡出磁印合，均復掣還。沈兼士、張柱中以事未至。九時散，還。

（《鄭天挺西南聯大日記》）

一月二十五日，國民政府教育部簽發致沈兼士電函，指示將接收的日本畫家矢崎千代二呈獻教育部畫作暫交故宫博物院，將來再轉交中央美術館。

代電

（教育部稿［中華民國卅五年一月廿五日封發］）

本部平津區沈特派員兼士：子虞代電暨坿件均悉。仰將日本畫家矢崎千代二呈獻本部之畫件壹千零八幀，交由故宫博物院暫存保管，將來再交中央美術館。除令國立故宫博物院外，并由該特派員代部先行函謝，特電致遵照具報。教育部（　）印。

（中國第二歷史檔案館藏檔，卷宗號：五（2）-906）

同日，國民政府教育部簽發致國立故宫博物院訓令，令該院暫時保管由沈兼士特派員接收的日本畫家矢崎千代二呈獻教育部畫作，待將來再點交中央美術館。

訓令　令國立故宫博物院

（教育部稿［中華民國卅五年一月廿五日封發］）

查本部平津區沈特派員兼士已將日本畫家矢崎千代二呈獻本部之畫件壹千零八幀，接收完竣，除飭交該院暫存保管，俟將來再行點交中央美術館外，合行令仰遵照，就近洽收具報。此令！

（中國第二歷史檔案館藏檔，卷宗號：五（2）-906）

一月二十九日，鄭天挺、趙廉澄同來訪。

十二時趙廉澄來，同詣沈兼士先生。（《鄭天挺西南聯大日記》）

一月，作致教育部長朱家驊電函，報告收購海源閣圖書、德國人楊寧史獻給政府銅器等事項。

重慶教育部朱部長賜鑒：鐵密。

一、海源閣書，宋院長來平，弟與朱桂老皆有詳陳，院長乃在津與張市長商定，爲撥一千五百萬。現定由譚伯羽主任請宋院長□電促張市長，速行交書，由本處會同北平圖書館赴津，沿途護運，詳情俟到日詳陳。

二、德人楊寧史銅器已獻與政府，宋院長決定交由故宫闢室保管。譚主任伯羽派故宫會同本處（洗凡）及王世襄定期點收，詳情俟續報。

三、洗凡已函聘爲政院□處經濟專員，百齡事，渠曾有電陳，聞已定後日就職市委。

一二兩項并請分電守和、叔平爲荷。弟沈○○。子。

（中國第二歷史檔案館藏檔，卷宗號：五（2）-586）

二月三日，赴陳雪屏家參加消寒乙會第五次集會，以章草拓本换余季豫書一部。

六時至雪屏處，消寒乙會第五集。雪齋出書畫直幅，書臨米，畫在金面作墨筆山水，絶精，張子高得之；子高出舊墨一丸，啓元伯得之；元伯出懷素草書印本、石章一方，雪齋得之；沈兼士先生出章草拓本，余季豫先生出書一部，交互得之；松窗出墨一丸、石章一方，雪屏出墨一丸、紙煙十匣，余出“朱子家訓”墨一丸、雪茄十二支，均挈還。

（《鄭天挺西南聯大日記》）

二月六日，鄭天挺來拜年。

上午出拜年，凡至海秋、季讓、兼士、公渚、君坦數處。

（《鄭天挺西南聯大日記》）

二月十一日，作致教育部長朱家驊電函，請求新民印書館和平門分館應爭取由教育部辦理。

教育部朱騮先部長賜鑒：濟密。丑佳電陳印書館事，諒已達覽。頃與郝任友、徐侍峰、董洗凡諸兄商討，僉謂和平門分館，我方爲將來出版教育論壇、民國日報北平版及發展文化事業前途計，實有保留之必要。此層已由洗凡征得行政院代表譚伯羽之支持。我公如以爲然，請速向陳立夫部長當面要求，俟得其允許後，再行移交城外本館。查該分館爲前順天時報舊址，地鄰廠甸，爲文化市場中心，且備有相當器材，亦一值得爭取之機構。尚乞卓裁，速復爲禱。〇〇。丑真發。

（中國第二歷史檔案館藏檔，卷宗號：五（2）-586）

二月十二日，作致教育部長朱家驊電函，報告恢復華北文教協會、購買日本圖書等事項。

重慶。教育部朱部長賜鑒：

（一）華北文教協會對於抗戰勞績具在，卅三年春，北平事發，主持乏人，經組織部取消。勝利後，同人集議，擬本騮公指示，以民衆團體立場，使之恢復，藉資紀念，且以表示對於騮公之仰慕。前此呈部請撥會址，并成立文協圖書館，蒙准借用東方文化事業總會西部餘房，并蒙騮公示及，可撥基金。該會將來效力之處尚多，擬即促其實現。一面對會員嚴格甄收，不使見異思遷及徒事囂亂者廁身其間；一面秉承指示，積極推進，使之蔚爲我方之一助。主持人選，百齡既任黨委，擬仍由兼暫爲擔任，未悉意謂若何。現擬請撥基金，以利進展。應用何種方式，盼秘示遵行。丑文。

（二）關於此間圖書，曾有長函致騮公，并詳報呈部，諒蒙覽及。兼對此事至感興趣，前此亥有秘部電，許撥搬運整理經費，已遵造預算，計約千五百萬。惟適接守和信，對於日本圖書有所建議，容當商之同人。倘部中對於日書別爲處置，工作即去大半，款亦衹需半數，盼俟呈到速辦。

（三）日本北京高工，部令改辦工業職校。陸原仁函兼，謂騮公囑推薦機械出身人選。經查以留比、魯□工程師陳光照爲最宜，容當徵詢其意見，函陸轉薦，謹先奉聞。陳君詳歷另開送，請代爲先容。又陸君在部職位，并祈速示。

（中國第二歷史檔案館藏檔，卷宗號：五（2）-586）

同日，作致教育部總務司長賀師俊電函，請其轉告部長朱家驊，稱北平市教育局長英千里半年來努力維持局面，功不可没。

重慶。教育部賀司長：鐵密。事前承指示各點，已令新銘詳陳。日昨晤談，據云此間警局政訓科主持者秘告行營，翰長曾函騮公，謂某近遭一般人攻擊，能力薄弱，不孚重望。如有機會，渠甚願主持教育，藉展所長。未悉有無其事。千里人過老實，處境至爲困難，半年來努力維持，其功亦不可磨。望轉陳騮公。沈兼士。丑文。(35年2月12日)

更生事前已函托。渠昨從事二次手術，一度甚危，頃已轉好。醫藥所需已達法幣七十餘萬，均由兼暫代借墊，尚無一法補償。查行政院對於公教人員醫藥補助，在卅四年十二月底前定有規則施行。更生八年來盡瘁國事，不無微勞，應如何請予照章補助，設法。無任盼禱。丑文。

(中國第二歷史檔案館藏檔，卷宗號：五(2)-586)

二月十三日，顧頡剛來訪。

步至東廠胡同，訪兼士先生，晤之。 (《顧頡剛日記》)

二月十五日，在家中開消寒乙會第七次集會，共九人。出讓《近代秘密社會史料》一部，得墨一笏。

赴東廠胡同沈兼士先生處消寒乙會第七集，到九人。兼士先生出《近代秘密社會史料》一部，余得之；余畫筆二、墨一笏，季豫先生得之；季豫出捲煙兩包，洗凡得之；洗凡出鉛筆，松窗得之；松窗出摺扇，于思泊得之；思泊出扇面，雪屏得之；雪屏出舊墨，柱中得之；柱中出詩箋，雪齋得之；雪齋出墨一笏，兼士先生得之。飯後戲猜詩條。 (《鄭天挺西南聯大日記》)

二月十八日，北平圖書館呈文教育部，報告會同平津區特派員辦公處人員等將海源閣藏書收歸國有的經過情形。

北平圖書館陳報將海源閣藏書收歸國有經過情形呈

案奉鈞部三十五年元月廿四日渝社字第〇四九八四號代電內開："海源閣藏書收歸國有，已由宋院長批定爲一千五百萬元，合亟電仰轉飭就近撥付，并派負責人員協同沈特派員與張市長洽商運書事宜，仍將洽辦經過報部。"等因。奉此，查聊城楊氏海源閣藏書九十二種，前經平津士紳潘復、常郎齊、王紹賢及現任天津市市長張廷諤等組織存海學社，購存於天津鹽業銀行，已歷有年，所［故］上年十一月中職館以平津故家文物散失堪虞，亟應收歸國有，以資保存，曾呈請鈞部撥給專款，旋奉指令照准，并撥發專款備用各在案。竊以海源閣藏書首在擬購之中，即與該學社各股東商談辦理，適宋院長視察平津，經與張市長面洽，將原書作價一千五百萬元收歸國有，交由職館購藏，并在館特闢存海學社專室，以資紀念。職館當於一月廿二日派員赴津洽辦，將價款一千五百萬元交由張市長派李秘書家瑛代表到場監視，比經一一點交清楚，計原書九十二種一千二百零七册，分裝七大箱，於二月一日起運來館，并經張市長委托杜副市長建時親自率隊督運，書既到館，連同原箱保藏於善本書庫內，二月五日由行政院駐平辦事處特派張冠儒先生暨鈞部平津區特派員辦公處特派葛信益先生會同蒞館開箱查驗無誤，除俟將該項書籍登記編目，遵照宋院長指示成立存海學社專室用資紀念外，理合將本館收購海源閣藏書及點運各情形，并鈔同點收書目二册具文呈請鑒核備案示遵。謹呈

教育部部長朱

國立北平圖書館館長袁同禮　中華民國三十五年二月十八日

（中國第二歷史檔案館編《中華民國史檔案資料彙編［第五輯第三編 文化］》第324—325頁）

二月二十日，教育部總務司長賀師俊作致沈兼士電函，告知新民印書館移交處理局及對孔德學校請求賠償問題如何處理等事項。

東昌胡同一號。沈特派員：

騮公胃疾復發，兩電已呈閱。新民印書館事於文（十二）日奉到院令，銑（十六）日通知尊處，交由處理局處理。孔德請求賠償損失及房屋産權一案，并移尊處及處理局辦理。分館事再與立夫、列生商量，恐有未便，謹此電聞。

侄師俊叩。丑哿。

（中國第二歷史檔案館藏檔，卷宗號：五（2）-586）

同日，作致國民政府教育部長朱家驊電函，請批准將日本畫家矢崎千代二作品先交由補習第八分班監督敷油，再由國立故宫博物院暫行保管。

教育部平津區特派員辦公處快郵代電［教字第六六二號］

（中華民國三十五年二月廿日）

教育部朱部長賜鑒："渝社字第〇五一四七號"部電，令將接收日本畫家矢崎千代二作品交由國立故宫博物院暫存保管。等因。經與故宫方面研究，此項畫件尚應敷油一層，方可持久，否則必將脱損，而故宫門禁素嚴，矢崎等不能隨時出入。文物一經封存，亦不能隨時啓封。頃矢崎業由補習第八分班徵用，經商定此項畫件，先交由第八分班監督敷油，俟完畢再由國立故宫博物院暫行保管，合謹電呈鑒核。沈兼士。丑哿。

（中國第二歷史檔案館藏檔，卷宗號：五（2）-906）

此後，國民政府教育部復沈兼士電函，同意將日本畫家矢崎千代二作品先交由補習第八分班監督敷油，再交故宫博物院暫行保管。

代電

平津區本部沈特派員兼士：丑哿代電悉，矢崎呈獻之畫件准先交由第八分班監督敷油後，再交故宫博物院暫行保管。教育部。印。

（中國第二歷史檔案館藏檔，卷宗號：五（2）-906）

二月二十三日，與鄭天挺同至于思泊處，參加消寒乙會第八次集會。出書一部，得筆九支。

六時隨沈兼士先生詣于思泊，消寒乙會第八集，到十一人。余以未備他物，

出紙煙兩包，雪齋得之；雪齋出自畫扇面，王世襄得之；世襄出葫蘆一，季豫得之；季豫出扇面周壽昌書，思泊得之；思泊出壽山石章一對，百陵得之；百陵出時人畫一幀，柱中得之；柱中出筆九支，兼士得之；兼士出書一部，雪屏得之；雪屏出舊墨，洗凡得之；洗凡出駝鳥卵，元伯得之；元伯出竹節圖章一、瑪瑙圖章二，余得之。十一時散，歸。

（《鄭天挺西南聯大日記》）

二月二十五日，以教育部平津區特派員名義，致電北京大學校産保管委員會，要求將校産損失及修建所需最低限度經費函報到平津特派員辦公處。

教育部平津區特派員辦公處公函

奉部電請查報校産損失及修建經費

（中華民國三十五年二月廿五日）

案奉教育部丑哿高一〇六六三電開，復員經費即將分配，希將凡在該區國立各院校校産損失及修建所需最低限度經費，於電到十日内就可能調查範圍内詳報備核，等因。相應函請貴會於文到三日内，將校産損失及修建所需最低限度經費函報到處，以憑彙轉爲盼。此致

北京大學校産保管委員會

特派員沈兼士

（北京大學檔案館藏檔，檔號：BD1946141-2）

三月二日，赴芳嘉園王世襄宅，參加消寒乙會第九次集會。出讓自書篆聯，得張百陵帶來畫。

三時至東廠胡同開會，張百陵告知消寒乙會今日末次集，余前聞定在九日，不知改期，竟未備抽簽物，急往東安市場購一粗章。六時往芳嘉園王世襄寓，柱中已先至，兼士、百陵、季豫、雪齋繼至。柱中得兼士自書篆聯，兼士得百陵所攜畫，百陵得雪齋自畫扇面，雪齋得柱中所攜汪近聖墨，季豫得世襄所備圖章，世襄得季豫所攜前賢文稿，余抽得自備之物。消寒乙會每九一集，今日完滿，九集未缺者惟雪齋、季豫及余三人而已，余子或以事，或以病，或以限於攜品，有

沈兼士（左二）在北平輔仁大學校慶運動會上

沈兼士（右四）參加北平輔仁大學校慶運動會拔河比賽

半途而退者，有中間加入者，有時缺時到者，天下事之難，於此可見。

（《鄭天挺西南聯大日記》）

三月六日，顧頡剛來訪。

到兼士先生處，并訪苑峰及橋川子雍。（《顧頡剛日記》）

三月十日，赴太廟圖書館，參加禹貢學會復員會議。

楊宗億來，同到太廟圖書館，開禹貢學會復員會議。亮丞爲主席，予報告工作經過，提聘各編輯，及籌募基金事。楊敬之贈照相。十二時散會。……

今日上午同會：張亮丞　沈兼士　劉佩韋　馬松亭　楊敬之　吴玉年　蔡望之……（《顧頡剛日記》）

按：禹貢學會是顧頡剛、譚其驤於1934年2月發起成立的學術團體，會址設在北平市成府蔣家胡同3號。該會以“研究中國地理沿革史”爲目的，主要成員有錢穆、馮家昇、唐蘭、王庸、徐炳昶等，最多時會員達290餘人，編輯出版期刊《禹貢》、研究報告、叢書和會務報告。

三月十二日，赴福德圖書館開會，并到福生食堂吃午飯。

到清真寺，參觀福德圖書館。開會商討館事，予任主席。一時許，到福生食堂吃飯。

飯畢，續開會。……

今日同會同席：兼士先生　援庵先生　張亮塵　盛成中　董紹良　楊敬之　馬松亭　常子萱　常子春　常子久　陳樹人　楊新民　鐵寶亭　艾宜生

（《顧頡剛日記》）

按：顧頡剛被推選爲福德圖書館館長，馬松亭、常子萱爲副館長。該館隸屬於北平成達師範學校。

三月十三日，顧頡剛來訪。

到東廠胡同，晤兼士先生，并訪橋川、苑峰、育萬，與同到鹿鳴春吃飯。

（《顧頡剛日記》）

三月十四日，在墨蝶林設宴招待顧頡剛、何海秋等。

到墨蝶林赴兼士先生宴，遇吴千里等。

…………

今日下午同席：一山　王化民　何海秋　齊樹屏（以上客）　兼士先生（主）

（《顧頡剛日記》）

三月十五日，顧頡剛作致沈兼士信。

寫兼士先生、教部特派員處信。（《顧頡剛日記》）

三月二十一日，《中央日報》刊登消息，稱沈兼士致電教育部，建議設立輔導機構收容流亡青年。

冀魯共軍佔領區流亡青年亟待救濟　沈兼士電教部設輔導機構收容

［本報訊］據教育部消息：共軍所占區域，青年紛紛流亡，如何安置救濟，已成嚴重問題。河北方面，因冀中、冀南青年不能北上平津，避居石家莊者數千人，該地僅有明德學校一所，無法收容。華北特派員沈兼士已急電教部請求在石設青年輔導機構收容。又山東四面被圍，逃亡於河南商邱之青年亦數千人。該省全體中委特電丁維汾氏領導函請政府迅予收容云。

（《中央日報》1946年3月21日）

四月三日，國民政府行政院發出致教育部指令，要求該部查明沈兼士在兩機構重複列支薪酬問題。

令教育部

（行政院指令［中華民國卅五年四月三日發出］）

卅五年四月二日“渝會字第一八四二四號”暨“渝人字第一八五五〇號”，呈送該部及國立北平故〈物〉〔宫〕（“物”字錯——編者注）博物院與青年復學就業輔導委員會〈負〉〔員〕（“負”字錯——編者注）工還都補助費支給表由。

呈件均悉：表列該部教育研究委員會專任委員沈兼士，既由該部比照簡任，列支三十五萬元，復由國立北平故宫博物院依其薦任館長職，列支三十萬元，自屬重複，應予剔除。除行知審計部、財政部外，兹將原件發還，仰即更正，并重加核對。此令。

計發還國立北平故宫博物院青年復學就業輔導委員會教育部還都補助費支給表、薪俸工餉名册等共十份。

（中國第二歷史檔案館藏檔，卷宗號：五-11662）

四月十三日，赴同和居會餐，同席有鄭天挺、張柱中、稚雲、張百陵，共五人。

六時半同和居聚餐，到柱中、稚雲、兼士、百陵五人，到者漸稀，有改弦更張之必要矣。（《鄭天挺西南聯大日記》）

四月十四日，鄭天挺在日記中提及，昨日報告沈兼士北京大學要求將前北平大學法商學院撥給該校使用，沈當場答應，并催馬上往該處懸挂牌子，遷入居住。

前日保管委員會開會，廉澄述富歲之言，謂舊北平大學法商學院戰後僞立新民學院，嗣改華北行政學院，前爲教育部特派員接收，借予東北行營，現東北行營將移至關外，本校可請其撥給本校，議決請今甫與兼士商洽，今甫未及往。昨在教育部特派員辦事處開〔會〕（“會”字漏——編者注），適提出此房争者甚多，最好由有關係之機關接用，將來一切好辦。余即以北大之意報告沈兼士先生，立允，并催即日往其處懸挂牌子，并遷入居之。（《鄭天挺西南聯大日記》）

四月十五日，晨晤余讓之，談昨日北京大學方面與東北行營交涉態度欠堅决。

讓之言晨晤沈兼士，仍以即日遷入東北行營爲言，似謂昨日交涉太軟也。

（《鄭天挺西南聯大日記》）

四月十七日，顧隨應邀來寓所飲酒看花，贈以沈尹默所書黄山谷《次韻子瞻題郭熙畫秋山》詩攝影片。

致周汝昌（一九四六年四月十八日後）

城西群峰如列環，風沙日日阻游山。此際登臺一平視，乃在香雪海中間。風止囂静香益遠，梨花未落小桃晚。更無微飆紛落英，尚餘殘雪壓層巘。京洛胡塵歷星霜，初蒙招約熙青陽。海棠閲世應更久，明霞掩映發花光。醉酒飽德記此日，人間萬事真毫髪。不辭我軀非柏松，兩公眉壽如金石。

利錐一擊破連環，導之泉注頓如山。定武蘭亭非真迹，已覺身在永和間。右軍風韻既不遠，後生千載亦不晚。欲往從之恨末由，隔絶層波復絶巘。百尺古松耐風霜，石田小築江之陽。南極一星長在眼，輝輝萬丈吐清光。憶昔杖履追隨日，剖示精義析毛髪。由來説法有生公，點頭我乃遜頑石。

卅五年四月十七日，兼丈邀看花東昌胡同寓中，并以默師所書山谷《次韻子瞻題郭熙畫秋山》詩攝影片見賜。字畫精好，追尋益遠，又玩佳花，飲美酒，八九年來殆未嘗有此意趣。歸來翌日，亦次蘇黄韻爲二詩，既以謝兼丈，且將寄呈默師也。

（《顧隨全集》卷九，第103—104頁）

四月十八日，邀約鄭天挺談話。

今日須交稿，而電話來不絶，李聖章、沈兼士又約談。……乃入校晤聖章，復至東廠胡同晤兼士。

（《鄭天挺西南聯大日記》）

1946年與四女沈兑

同日，楊樹達從他人處借閲沈兼士所著《文字形義學講義》。

從人借閲沈兼士著《文字形義學講義》，記《小爾雅》一節，於胡承珙、宋翔鳳、王煦、葛其仁四家疏外，尚有胡世琦一家，爲余所未見者。

（《積微翁回憶録》）

四月二十日，向鄭天挺出示反對國民大會代表選舉宣言，列名者四十一團體。

昨日在教育部特派員辦公處，兼士先生出示反對國民大會代表選舉宣言，列名者四十一團體，有北大文學院校友會及壁報社等，最質實者爲第七分班附屬女子中學學生自治會，餘皆托名，謂將組織選舉協進會，定今日開大會。事爲當道所知，昨夜共商對付之策，決定軍事委員會統計調查局、中央統計調查局共出三百人，北平市黨部出三百人，北平青年團支團部出三百人，今日參加此會。

（《鄭天挺西南聯大日記》1946 年 4 月 21 日）

按：4 月 21 日，各團體在中山公園開大會，與當局派遣人員發生衝突，多人受傷。

四月二十四日，羅常培作致胡適信，談及沈兼士任教育部平津區特派員，各方頗有怨言，因此撤銷此前請其回北大任職的建議。

關於北平方面的情形，毅生、雪屏始終没有信來。接别人的信，沈兼士是教部平津特派員，權最大，但到處碰壁，而且所有的部下，非黨即親，各方頗有怨言。記得我第一封信薦他回北大，因爲他在戰時保全許多人没作漢奸，其功不可没，現在我願自動撤銷我的舉薦了。（蔣先生駡我感情用事，我想您也有同感?）平方的僞教職員氣焰極大，他們的口號是“此處不留爺，另有留爺處，處處不留爺，還有老八路”。中大的王書林在南京被打，也是同樣情形。兼士接收不下來，雪屏到後采和平手段兼容并包的接收下來了，可是孟真因此大不高興，覺得他太軟了。……

生羅常培　三十五年四月二十四日

（《羅常培致胡適》，《胡適來往書信選》下第 889—890 頁）

四月二十五日，國民政府教育部發致行政院電函，擬對沈兼士以教育研究委員會專任委員名義列報，請求核准。

教育部稿（中華民國卅五年四月廿五日封發）

案奉鈞院卅五年四月十三日“節安乙第一一五六九號”指令“本部呈報員工還都補助費案”，飭剔除國立北平故宫博物院館長沈兼士一員，以免重複。等因。奉此，業已遵辦。沈兼士一員，仍由部以教育研究委員會專任委員名義列報，理合備文呈復，敬祈鑒核。謹呈

行政院院長宋

附：呈國立北平故宫博物院青年復學就業輔導委員會

（中國第二歷史檔案館藏檔，卷宗號：五-11662）

四月二十九日，《申報》刊登消息，稱將對全國大學教職員進行甄審，并由教育部聘定各區審查委員會委員，沈兼士爲平津區審查委員之一。

全國復員聲中 高等教育動態

［本報重慶訊］在全國教育復員聲中，關於高等教育各項消息，探録於下：

…………

教職員甄審 依甄審辦法，如犯《處理漢奸條例》，應勵行檢舉，由會詳盡調查，并加審核，認爲無犯漢奸條例情事，方准擔任教育工作。其在陷期曾負我方特殊任務或參加抗戰工作證據確實者，并得分别予以獎勵。各區審查委會委員由部聘定。（一）南京區：吴有訓（主任）、王書林（兼秘書）、蔣復璁、陳裕光、許恪士、陳劍如、吴兆棠、王慕尊；（二）廣州區：王星拱（主任）、唐惜芬（兼秘書）、張雲、王志遠、吴鼎新、姚寶猷、任國榮、莊澤宣；（三）武漢區：周鯁生（主任）、劉乃誠（兼秘書）、辛樹幟、陶因、楊端六、胡庶華、廖世承、蕭蓮、章卓民、錢雲階、管公度；（四）平津區：梅貽琦（主任）、沈兼士、陳垣、陸志韋、蕭一山、何基鴻、陳雪屏、傅斯年、王桐齡；上海區：何炳松（主任），顧毓琇等爲籌委。

（《申報》1946年4月29日）

五月四日，赴西郊機場迎接傅斯年。

在保管委員會午飯後至西郊飛機場迎傅孟真，全家三口均至，往迎者兼士、今甫、大紱、華熾、讓之、雪屏，入城居於前毛家灣五號。（《鄭天挺西南聯大日記》）

五月五日，在萃華樓設午宴招待鄭天挺。

十二時至萃華樓應沈兼士先生午飯之約。（《鄭天挺西南聯大日記》）

五月十二日，《申報》公布北平臨時大學補習班補習期滿學生結業考試分發委員會委員名單，沈兼士爲該委員會委員兼常務委員。

臨大學生出路 教育部公布分發辦法

［本報南京專訊］教部辦理臨大補習班，除京、滬、北平三市外，尚有武漢、青島等市，惟該兩市成立在後。教部現已聘定京、滬、平三市考試分發委員主持其事，并訂定分發辦法。……

委員名單 （一）南京臨時大學補習班補習期滿學生結業考試分發委員會委員名單：（委員兼常務委員）吴有訓、陳裕光、王書林（兼秘書）；（委員）章益、蕭遽、陶因、許恪士、盧孝侯、蔣復璁、淩純聲。（二）上海臨時大學補習班補習期滿學生結業考試分發委員會委員名單：（委員兼常務委員）吴保豐、李壽雍（兼秘書）、劉英士；（委員）徐誦明、何炳松、杜佐周、朱恒壁、戴粹倫、歐元懷。（三）北平臨時大學補習班補習期滿學生結業考試分發委員會委員名單：（委員兼常務委員）傅斯年、沈兼士、陳雪屏（兼秘書）；（委員）胡適、黄玨生、梅貽琦、袁敦禮（未到前由董守義代表）、徐佩琨。

（《申報》1946年5月12日）

同日，鄭天挺晤傅斯年，傅意沈兼士以華北文教協會名義佔用的東廠胡同一百八十間房子擬劃給北大，但讓鄭自己與沈商量。

三時詣孟真，談東廠胡同房子事。教育部已將其地撥給中央研究院，而沈兼士先生以華北文教協會名義佔用一百八十間。孟真意將以畀之北大，但囑余自向兼士言之。

（《鄭天挺西南聯大日記》）

五月十七日，赴張企權宅晚宴，同席有鄭天挺、余嘉錫、董洗凡等。

七時張企權、藉孝存約晚飯於企權寓，有兼士、季豫、洗凡、廉澄諸公，十時散，歸。

（《鄭天挺西南聯大日記》）

五月二十四日，赴余嘉錫晚宴，同席有陳垣、傅斯年等。

余季豫先生約晚飯，坐有援庵、兼士、孟真、恭三、苑峰、立庵、燕孫。十時還。

（《鄭天挺西南聯大日記》）

五月三十一日，陳雪屏作致教育部長朱家驊電函，報告補習班畢業生分發和文憑如何辦理問題。

急。南京。教育部朱部長鈞鑒：鐵密。異黨活動日趨積極，以分發與文憑爲策動之根據。分發問題經一再説明，一般學生漸能了解。文憑問題因學生要求過奢，不易解決，擬進行分化：一、使初年級學生與畢業班分開。二、第四、五、六、七分班，用實習名義，延長畢業年限。三、臨大畢業證明書須確定其性質爲大學畢業文憑。是否有當，請迅予核示。陳雪屏。辰世。（35年5月31日）

（中國第二歷史檔案館藏檔，卷宗號：五（2）-586）

六月一日，國民政府教育部訓令平津區特派員沈兼士，要求澈底清理北平僞教育總署檔案，并將整理結果先行報查。

公牘　總務類

教育部訓令　總字第二七五四號　卅五年六月一日

令本部平津區特派員沈兼士（爲北平僞教育總署檔案仰速予整理）

查北平僞教育總署檔案至關重要，亟應予以澈底清理，合行令仰遵照，於文到一月内將整理結果先行報查。至全部檔案，俟交通恢復後，再行運京。并仰知照。此令。

（《教育部公報》第十八卷第六期，1946年6月30日）

六月六日，赴傅斯年晚宴。

七時孟真宴全體教授暨陳援庵、沈兼士、余季豫三先生。九時散。

（《鄭天挺西南聯大日記》）

六月十三日，鄭天挺、楊振聲來訪，商量移讓東廠胡同房子給北大事，答應將現作住宅用房讓出一半。

回校。與孟真談。後再偕今甫往東廠胡同，與沈兼士先生商移讓其房於北大事。今甫祇往勘察，餘專交涉，今甫笑謂不願作帝國主義之使節。兼士允將現作住宅用房子退讓一半。

（《鄭天挺西南聯大日記》）

六月十七日，與張懷聯名作致山東省政府主席何思源電函，請求保釋女教師、華北文教協會會員齊白江出獄。

急。濟南。何主席惠鑒：女師教員齊白江係輔大教育系畢業生，并爲華北文教協會會員，品行端正。頃聞以嫌疑被捕，如無重大情節，請即准予保釋爲感。沈兼士、張懷。（35 年 6 月 17 日）

（中國第二歷史檔案館藏檔，卷宗號：五（2）-586）

六月十八日，與俞平伯、董洗凡、張懷、顧隨、陳雪屏、鄧以蟄等十四位大學教授爲周作人案，聯名向國民黨政府首都高等法院出具證明，列舉事例，説明周作人在任僞職期間“曾有維護文教、消極抵抗之實績”，希望法院根據確鑿證據，減輕其罪責。

沈兼士等爲周案出具證明致首都高等法院呈（1946 年 6 月 18 日）

呈。爲具呈證明周作人在僞政府任職期内，曾有維護文教、消極抵抗之實績，請求察核事。竊周作人因漢奸案件逮案解京審判，其罪狀之輕重，國家必有嚴密之調查，作公平之判决。惟鑒於前後方地域間隔，傳聞或有失實之處，兹就平日見聞，擇其中確鑿可據者以供鈞院采證。查周氏原爲從事新文化運動有功之人，其參加僞組織之舉是否確係甘心附逆，抑曾消極抵抗，有可略迹原心之處，似應切實調查其在敵僞時代之言行。然今日空言陳述其保護文化之舉或難令人置信，爰舉一最顯著之事實陳之。

民國三十二年東京舉行之大東亞文學家大會之中，日本文學報國會代表片岡鐵兵有掃蕩中國老作家之提議（證據見民國三十三年五月十日上海出版之《雜誌》177—186 頁《關於老作家問題》）。按大東亞文學家大會之舉行，原爲日寇企圖統制亞洲文化之手段，而日本文學報國會則爲代表日内閣推動此種手段之御用機關。此種機關之代表片岡鐵兵對於中國老作家周作人指斥之語如：

（1）……僅以中國和平地區内，基於渝方政權分立下之中國特殊情形而有一特殊之文學敵人存在，不得不有對之展開鬥争之提議。

（2）因中國特殊情形之故，尚不得不姑息種種殘餘敵人之存在。現在余在此指出之敵人正是諸君所認爲殘餘敵人之一，即目前正在和平地區内蠢動之反動的文壇老作家，而此敵人雖在和平地域之内，尚與諸君思想的熱情的文學活動相對立，而以有力的文學家資格站立於中國文壇。

（3）彼常以極度消極的反動思想之表現與動作，對於諸君及吾人之思想表示敵對，諸君及吾人建設大東亞之理想係一種嶄新之思想，亦即青年之思想。

（4）故余確信：以諸君之憤怒，必將向彼嘲弄青年之老成精神予以轟炸進擊。

（5）彼爲諸君及吾等鬥争途上之障礙物、積極之妨害者，彼爲大東亞地域中必須摧毁之邪教偶像，然彼僅以一舊中國之超越的時代主義及西洋文學精神之可怪的歐亞雜種混血兒而已。

在此種極負責任之日寇口中，指斥周氏曰“特殊之文學敵人”，曰“殘餘敵人之一”，曰“正在和平區内蠢動之反動的文壇老作家”，曰“彼爲諸君及吾等鬥爭途上之障礙物、積極之妨害者”，曰“彼爲大東亞地域中必須摧毁之邪教偶像”，則“七·七”事變以後以迄片岡發表演詞時之期間内，周氏行動已可證明其確非通謀敵國、甘心附逆之流可比。且日寇之所以必須掃蕩周氏者，日寇明白説出周氏“以極度消極的反動思想之表現與動作”對於彼等之思想（其下文并説明爲“吾人建設大東亞之理想”）表示敵對，更足證明周氏在僞組織中言行有於敵寇不利。且證以附呈之《周作人服務僞組織之經過》一文中所述，其保護文化確有實績。伏念國家爲樹立正氣，提倡名節，懲奸固弗應寬縱，但對於苦心之士，似亦應兼采有利於當事者之確證。且周作人學術文章，久爲世所推服，若依據實績減其罪戾，俾就炳燭之餘光，完其未竟之著譯，於除奸懲僞中兼寓爲國惜才，保存善類之微意，則於情於理實爲兩盡。是否有當，理合提出證據，伏候裁定。謹呈

首都高等法院

附：《雜誌》一册，《周作人服務僞組織之經過》一份。

前輔仁大學教授	沈兼士
輔仁大學名譽教授	董洗凡
	北平西四牌樓小拐棒胡同五號
輔仁大學教育學院長	張　懷
輔仁大學教授	顧　隨
北京大學教授	陳雪屏
前清華大學教授	俞平伯
前清華大學教授	鄧以蟄
輔仁大學教授	孫人和
中國大學教授	王之相
前北平大學教授	陳君哲
北平臨大補習班教授	陸佛萬
前國防最高委員會秘書	
《華北日報》總主筆	孫幾伊
中國大學教務長	童德禧
國立西北大學教授	武夢佐

中華民國三十五年六月十八日

（《審訊汪僞漢奸筆録》下，第1386—1388頁）

六月二十日，鄭天挺在日記中提及，上星期有人爲周作人作保，呈文送請簽名，已簽者有沈兼士等。

上星期有人作好，請保周作人，呈文分頭送請簽名。已簽者沈兼士、董洗

凡、張懷，後由鮑文蔚送請雪屏簽，俞平伯送請佛泉簽，文蔚復送交餘簽，余以呈文措詞未盡善，婉辭之。周於僞職任内，對於北大、清華圖書儀器，確有保全之功，余亦願保，但其他方面不必强爲之説。聞陳援庵亦未簽。連日北平《益世報》數登其事，昨日竟有社論攻擊，專涉雪屏。此報爲公教所辦，社長原爲英千里，現主編馬氏爲輔仁學生，與沈、董、張關係甚密，不知何以獨攻雪屏，豈爲沈氏諸公諱耶？然此事沈氏簽名在前，雪屏實追隨者也。雪屏甚憤慨。

（《鄭天挺西南聯大日記》）

六月二十二日，《申報》刊登消息，稱教育部已聘定各區一九四六年公、自費留學生考試主持人選，沈兼士爲北平區主持人。

各區留學考試主持人選已定

［本報南京專訊］教育部卅五年公、自費留學考試均定本月底截止報名，日來報名者更見踴躍，其中報考自費者較報考公費者爲多。此次試題均由教部留學生考選委員會分函聘請國内著名大學校長及教授代擬，計有竺可楨等百餘人。頃教部收到之試題已在百分之九十五以上，一俟彙齊，該部即派員分赴各地。兹聞教部已聘定各區主持人選如下：重慶區爲重大校長張洪沅，北平區爲教育特派員沈兼士，上海區爲市教育局長顧毓琇，西安區爲西北大學校長劉季洪，武漢區爲武漢大學校長周鯁生，廣州區爲中山大學校長王星拱，昆明區爲聯大常委梅貽琦，成都區爲川大校長黄季陸。

（《申報》1946年6月22日）

六月二十四日，在天津《大公報》“追悼雷鳴遠先生特刊”發表七絶《雷鳴遠司鐸殉國六周年紀念》。

萬物備我智仁勇，千禩流芬言德功。歌樂山前春畹晚，杜鵑聲裏杜鵑紅。

雷鳴遠司鐸殉國六周年紀念　沈兼士

按：雷鳴遠（1877—1940），比利時人。1901年來中國傳教，創辦《益世報》，提倡文化。1927年第二次來華，加入中國籍，繼續傳教。長城、綏遠抗戰時，曾親率會士、教友赴前線支援抗戰，擔任救護工作。後輾轉各地，繼續爲抗日大業奔走，終因積勞成疾，病逝重慶。

1946年與家人合影

七月八日，鄭天挺來訪，并預祝壽辰。

十一時至東廠胡同爲胡先生看房子，并向沈兼士先生預祝明日六十壽，以其今日下午即往天津避壽也。（《鄭天挺西南聯大日記》）

七月十日前後，找來王世襄，商量接收溥儀存在天津張園保險櫃中的文物。

1946 年 7 月 10 日前後，沈兼士找我去見他，告我北京美國駐軍葛利上校（Colonel Gally）來聯繫，聲稱天津張園原爲溥儀寓所，現借美軍使用。屋內有兩具保險櫃，一具美軍進入之前已打開，空無一物；一具鐵櫃鎖住，不知中有何物。爲此請派人會同美軍將保險櫃打開，如有物品，請予接收云云。現此事派你去辦，你立即去告知敵僞産業處理局辦公處，再到東交民巷去看葛利，商議去津日期等事宜。我見到葛利後，他派一人名克利夫斯（Francis Cleaves，他專修漢學，戰時隨軍來華，擔任聯絡員，同去平津。1949 年我去哈佛大學參觀，在那裡見到他。後來他成爲洪煨蓮師的助手，研究中國歷史。1980 年 4 月我隨文物局代表團去美，特意到坎布里奇去看望洪煨蓮師，但没有見到克利夫斯。1981 年接費正清夫人費慰梅來信，告我克利夫斯已退休。克曾托她轉告我深以上次我去美未能晤面爲憾）。

7 月 16 日早八時，我和克利夫斯同乘火車去津。我們先到敵僞産業處理局駐津辦公處請派人參加，再去美軍駐津辦事處。地點就在離解放路不遠的紅磚洋樓（解放後天津圖書館設在此處）内。美軍辦事處又派了一人同去張園。……當夜三方用電話向上級匯報。我與沈兼士、馬衡都接通電話，定於次日中午搭快車押運物品回京，請派車到車站來接。

18 日上午，三方面會同將存放保險匣的房門打開，驗看封條無誤，美軍用汽車送三方人員攜帶二十一匣文物上火車，并派了七八個士兵隨行。到京後處理局、故宫、沈兼士及葛利均派人及汽車來接，直送故宫御花園絳雪軒。沈兼士、馬衡、葛利等都已在那裡等候。故宫派了十來個人員開匣清點造册。這批物品屬於細軟性質，件頭小，數量多而價值高，總數記得有一千幾百件之多。待清點造册完畢，送入延禧宫庫房已逾午夜了。

這批物品中，現在還能記得的珍品有古玉數百件之多。近年編入《故宫博物院藏工藝品選》的商代鷹攫人頭玉佩無上精品，即是其中之一。解放後故宫發現乾隆時爲古玉特製的分屜匣，屜中依每件玉形挖槽制囊，玉形都可與槽形對上。當時溥儀出走，棄匣取玉，遂致玉、匣分離。宋元人手卷有四件，都高不及尺，它們是：宋馬和之《赤壁賦圖卷》、元鄧文原《章草卷》、元趙孟頫設色《秋郊飲馬圖卷》及《老子像道德經書卷》。此外有古月軒琺瑯煙壺、痕都斯坦嵌寶石玉碗、嵌珠寶琺瑯懷錶等。至於黄楊緑翡翠扳指等，更是價值連城，使同批物品中的金銀器顯得黯然無色。有的物品爲故宫後來開闢的珍寶館增添了光彩。

（《回憶抗戰勝利後平津地區文物清理工作》，《錦灰不成堆：王世襄自選集》第 70—71 頁）

七月十二日，在黑蝶林西餐館舉行茶會，歡迎胡適及北平市教育局長王季高等。

胡適昨赴北大辦公

胡適昨晨九時即赴北京大學辦公，中午在東昌胡同寓所與傅斯年、陳雪屏及院系負責人、教授等會餐，席間交换意見甚歡。又教部駐平特派員沈兼士昨晚七時假黑蝶林西餐館舉行茶會，歡迎胡適及新任平市教育局長王季高，北大教授可被邀。

（《益世報》1946年7月13日）

七月十五日，周作人向國民政府首都高等法院提交辯訴狀，稱北平淪陷時期曾援助輔仁大學文學院長沈兼士等。

（上略）唯掩護教育方面地下工作人員，被告在職數年，不敢不勉，當時未以爲功，故不曾存有記録。就記憶所及，如掩護師大教授劉書琴，北大教授楊永芳，援助輔仁大學文學院長沈兼士，營救輔大秘書長、院長英千里、董洗凡、張懷等。該項人員一部分或有報告及予以證明者，想在鑒照之中，不俟被告之贅言矣。……

（《周作人辯訴狀》[1946年7月15日]，《審訊汪僞漢奸筆録》下，第1400頁）

七月十八日，赴故宫博物院御花園絳雪軒，與馬衡、王世襄、美國軍官葛利及故宫工作人員等點收溥儀存在天津張園保險櫃中的文物。參閲本年七月十日前後條。

七月，周作人再次向國民政府首都高等法院提交辯訴狀，稱北平淪陷時期曾救助輔仁大學英千里等人，該校文學院院長沈兼士可以證明。

爲追加辯訴事。竊被告備具辯訴狀已於日前呈送鈞院在案，因其中尚有不充足之處，兹特補陳如次：

…………

二、關於救護教育方面工作人員。就記憶所及者有下列數起：救助燕京大學院長教授陸志韋、洪業等一案，該校前校長吴震春知之最詳，唯已病故。今有該校前主任教授、現任之江大學教授郭紹虞，又前講師、現任中國大學教授劉厚滋可以證明；救助輔仁大學秘書長、院長英千里、董洗凡、張懷等一案，有該校前文學院長、現任教育部平津區特派員沈兼士，又該校現任教授顧隨可以證明；……

（《周作人之追加辯訴狀》[1946年7月]，《審訊汪僞漢奸筆録》下，第1403—1405頁）

八月二十五日，作致胡適信，談及贈送《辛巳文録》事。

適之吾兄著席：尊稿拜讀，佩佩，敬送還。拙著知音者稀，承示嘉可，頗足鼓舞衰頽，既慚且慰。《辛巳文録》爲北平淪陷期間文教協會所編印，共出二期，

第二集爲敵人没收，初集劫後僅餘數册，茲奉贈一册，以爲紀念，并乞賜教。此頌
早安

弟兼士啓　八、廿五

（中國社會科學院近代史研究所中華民國史研究室編《胡適來往書信選》下，第 1178 頁）

九月七日，冀、熱、察、綏清查團發表報告，稱該團調查發現日本古玩家曾將收藏的古玩、古書等物交教育部平津區特派員辦公處，但該處至今未將這些古玩、古書交處理局。該團正查究責任，特派員沈兼士與前負責接收的王任遠正互推責任。

冀熱察綏清查團繼續查獲隱報案

［本報北平七日電］冀、熱、察、綏清查團七日發表：六日澈夜查獲一隱報接收物資案。該案爲經濟部接收之北平燕京造紙廠兼廠長茂濟川等三人，漏報接收之汽車三輛、三輪車二輛及打光機、過濾機等機器多種。三人被捕，後取保候傳。又查詢該案時，該廠工人同時告發前任廠長賈成和亦有私自運走大批家具及盜賣廢鐵事，調查屬實，當將賈等三人交法院訊辦。又該團據密告，查悉日本名古玩家崛鎧清亮返國前，將其收藏之周鼎等古玩、宋元明清古版書共千餘件交教部平津區辦公處，但該處迄未將存於北平琉璃廠静古齋之此種古玩、古書交處理局。現該團正查究責任，特派員沈兼士與前負責接收之王任遠（現天津青年就學就職指導委會主委）正互推責任。

（《申報》1946 年 9 月 8 日）

九月十九日，國民政府首都高等法院開庭審理周作人漢奸案。法官宣布沈兼士證詞時，稱其在北平做地下工作未受周掩護，其家屬被敵逮捕時周是否向日本人緩頰不得而知。周作人聽後，表示没有意見。

首都高等法院審判筆録（1946 年 9 月 19 日）

被告：周作人

右開被告民國三十五年度特字第一〇四號周作人漢奸一案，於民國三十五年九月十九日上午九時在本院第一法庭公開審判。出席職員如左：

…………

問：本院現得沈兼士復函，稱彼在北平做地下工作未受僞官掩護，及其家屬被敵軍所捕，是否周作人曾向日人緩頰，不得而知。此證件於你不加有利證明，你有何意見？

答：本人對此證件没有意見。

…………

審判長諭知：候函上海高等法院及教育部調查董洗凡、英千里證言後，再行

定期審理，被告還押。

中華民國三十五年九月十九日
首都高等法院刑事庭
書 記 官 羅萃儒
審判長推事 葛之覃

(《審訊汪僞漢奸筆録》下，第1416—1419頁)

九月二十三日，《申報》刊登消息，稱私立北平輔仁大學已開校，定九月三十日正式上課，分文學院、理學院和教育學院，沈兼士爲文學院院長。

輔仁大學訊

[本報北平訊] 輔仁大學文學院分西文、中文、史學、社會、經濟五系，院長爲沈兼士。理學院分數學、物理、化學、生物四系，院長爲嚴池。教育學院分教育、哲學、心理、美術、家政五系，院長爲張懷。現該大學已開校，定本月卅日正式上課。本學期對内部設備，相當擴充。

(《申報》1946年9月23日)

九月二十四日，《申報》刊登消息，稱傅斯年致函清查團，認爲該團團員蘇挺在未發表確認教育部平津區特派員沈兼士有過失前，不應指責《大公報》等不刊登有關沈氏下屬接收日本人書畫舞弊的消息。

北平文教兩大案 傅斯年分別提出意見

[本報北平廿三日電] 傅斯年在完成其"北京大學前進指揮所"任務，即將離平南返前，報上刊出傅氏兩件大事：(一) 傅氏對河北高等法院之判决僞北京大學校長鮑鑑清無罪，頗不以爲然，舉出鮑曾率領學生赴日見習，并發表《大東亞戰争漫談我們的决意》文章等四項罪行爲理由，聲請再審，檢察官已爲聲請再審。(二) 清查團團員蘇挺指責《大公報》及北平《益世報》，不刊關於該團發表之有關教部特派員沈兼士屬下接收日人小谷晴亮古書畫舞弊消息後，傅氏特致函清查團，認爲蘇挺在未發表確認沈兼士有過失前，不應作此指責。

(《申報》1946年9月24日)

十月十二日，致信中央日報社，認爲該報三日所刊登文字稱日本人小谷所捐獻古玩被薛慎微吞没事，與事實不符，并詳細説明教育部平津區特派員辦公處接收這批字畫、古玩的真實情況，以辨明是非。

來函照登

編者先生大鑒：

頃在平閲本月三日貴報刊載傅斯年先生爲日人小谷古玩事致貴報函，其前有編者案語一段，内有教育部平津區特派員辦公處所接收日人小谷之古玩字畫，一部分遺失，一部分被薛慎微吞没隱匿等語，與事實完全不符。查前教育部平津區特派員辦公處所接收者爲經天津三民主義青年團□葆清君介紹，由天津接收委員王任遠函請接收之日人小谷晴亮捐獻教育部字畫一百四十件、西文書籍一千零七十三册、中文書籍一百二十八種，其中并無古玩，有原清册目録可查。此項圖書現存北平東昌胡同教育部圖書處理委員會，字畫現存國立北平藝術專科學校，并未遺失。接收前後，報告教育部處理局手續亦均完備。至薛慎微與教育部特派員辦公處毫無關係，絶不能并爲一談。本月八日北平地方法院對薛慎微案已偵查終結，提起公訴。根據報紙所發表之起訴書，可證明薛慎微一案與兼士全然無關，清查團在平之正式公告，分析亦極清楚。惟好事者有意利用新聞政策，散布謡諑，淆亂聽聞。誠恐流言轉播，是非莫明，特陳真象。請懇公布爲禱。

沈兼士謹啓　十月十二日

（《中央日報》1946年10月23日）

十月十九日，《新風周報》刊登消息，稱沈兼士接待來訪的北京大學學生代表，説明國民政府教育部對淪陷區學生進行"甄審"事不屬於其職責範圍，希望大家爲國家全體着想，擔起國家建設的重任。

北大學生代表謁沈兼士

北大各院校，爲請示"甄審"真象，曾選代表醫學院安若琨六人，至東昌胡同特員辦公處中謁見沈兼士先生，據沈氏稱："甄審"則非本會之權限，故"甄審"之事，本人亦不得而知，然據本人揣想，敵僞組織下之人員，國家絶不寬待，至於我淪陷區青年學子，中央無不愛惜，"甄審"祇是名義而已，望勿因是而不安，更當拋開己見，爲國家全體着想，擔起我國建設重責。

（《新風周報》第一卷第三期，1946年10月19日）

同日，北京大學校長胡適飛抵南京，談及沈兼士等在日本佔領時期清苦自守，目前已重回北大工作。

胡適陳垣抵京

［中央社南京十九日電］北大校長胡適與輔仁大學校長陳垣爲參加中研院評議會，今下午三時自平飛抵京。據胡氏談："沈兼士、俞平伯、孫楷第諸先生，在敵僞時代清苦自守，現在也重回北大。蔣廷黻先生是否回北大教書，現在還不能十分决定。陳寅〈屯〉〔恪〕（"屯"字錯——編者注）先生的目疾依舊没有痊可，使他的研究工作不能繼續，真是中國學術界的莫大損失。"陳校長談輔仁現狀稱，因爲校舍和設備的限制，不能多取録些學生，教授方面最近從美國請來五位，有的還在途中。

（《申報》1946年10月20日）

十月二十二日，撰成《"不""坯""芣苢""栝棬"諸詞義類説》，文末署"三十五年十月二十二日"。此文後發表於天津《大公報》"文史周刊"第四期（同年十一月十日）。後又收入《段硯齋雜文》一書。此文對前人"不""坯""芣苢""栝棬"諸詞義類的研究方法，作了實事求是的批評，提出自己獨特的見解。此文也是奠定作者漢語字族研究理論的一篇重要學術文章。

同日，上海《星海》（周報）刊登金虎生《傅斯年替沈兼士做打手》一文，稱華北接收清查團查處貪污瀆職案，其中牽涉到沈兼士，傅斯年撰文替沈鳴不平。

傅斯年替沈兼士做打手

華北的接收清查團，在平津澈查貪污瀆職，一時雷厲風行，好像一顆原子炸彈。最使人注意的，是日人小谷晴亮捐獻的古畫、古玩，被薛慎徵隱匿一案，中間牽涉了教育部特派員沈兼士。沈兼士是教育界的老前輩，北京大學的代理校長傅斯年，認爲〈據〉〔接〕（“據”字錯——編者注）收清查團處置不當，在報紙上爲沈大鳴不平。清查團的委員蘇挺，出名是個强硬的人物，看了傅斯年的談話，便也不甘示弱，亦利用了報紙，大開筆戰，説傅斯年替沈兼士做“打手”。這“打手”的名詞非常新穎，據説傅斯年有大砲的綽號，“打手”却是最新鮮的頭銜呢。

（《星海》第二十七期，1946 年 10 月 22 日）

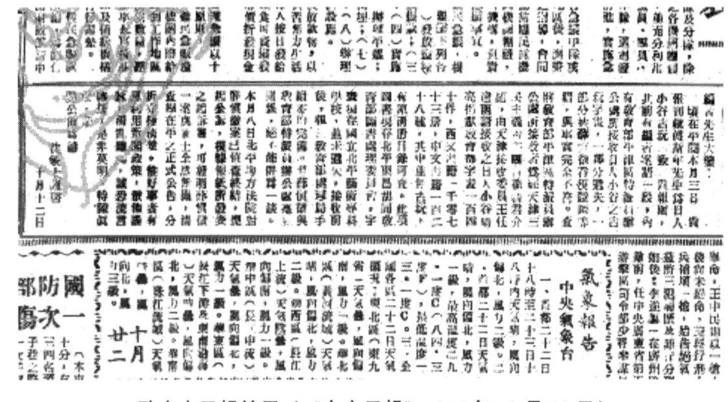

致中央日報社函（《中央日報》1946 年 10 月 23 日）

十一月十日，楊樹達撰成《説瞿——讀沈兼士先生茮苢説獻疑》一文，文末署“三十五年十一月十日作於長沙嶽麓山”。此文後發表在天津《大公報》“文史周刊”第十期（同年十二月十八日）。

同日，《中華時報》發表消息，稱沈兼士談已接收日文書的處置辦法。

沈兼士談日文書處置辦法

［中央社北平九日電］記者頃晤教育部平津敵僞圖書處理委員會委員沈兼士，談及日文書四十一萬六千餘册之處置問題。據稱，前經各委員議决之辦法，中有一項，爲此項書籍由國立北平圖書館接管，其版本相同者，經檢出後，分配各校，月前正在檢查制就之卡片。此次袁同禮館長返平，必可攜回教部核示之辦法。北平圖書館將設立日本研究室，故此大批日文書，由北平圖書館接管，實最合理。聞此批日文書，現在東城東昌胡同北大文科研究所。該所需用房舍甚急，目前均堆積在數間大房屋内，清理編目，極感困難。

（《中華時報》1946 年 11 月 10 日）

十一月二十四日，《申報》刊登消息，稱教育部爲研究種種教育問題，曾設有教育研究委員會，聘請教育界富有學識資望的大學校長或教授、曾任高級教育行政人員爲委員。現該委員會委員有專任、兼任兩類，沈兼士爲專任委員。

教育研究委員分專任兼任

［本報南京廿三日電］教部爲研究教育上種種問題，以策進實施起見，曾設有教育研究委員會，延攬教育界富有學識資望之大學校長或教授，與曾任高級教育行政人員爲委員，由朱教長家驊爲主任委員，皮皓白、王撫五、沈兼士、張子纓、辛樹幟、湯吉禾、張子春、汪典存、許楚生、程希孟、顧一樵、吴士選、程稺秋、程時□、鄭西谷、莊澤宣、楊公達、顧樹森、英千里、翟毅夫、瞿菊農、畢範宇、常道直、張伯謹、司徒雷登、張鳳舉等二十餘人爲委員，金公亮爲秘書。其中有前爲大學校長或教授及任教育廳長者，本爲兼任委員，自脱離前職後，改爲專任委員。亦有前爲專任委員，現任大學校長或其他要職，乃改專任爲兼任委員者。據聞現在專任委員有皮、沈、湯、汪、張（子春）、許、吴、程（其保）、程（時□）、張（鳳舉）等，餘均爲兼任委員。

（《申報》1946年11月24日）

同日，楊樹達收到沈兼士寄所著《聲訓論》，認爲寫得頗細密。

沈兼士寄所著《聲訓論》來。閱之，頗覺細密。中引余《釋名新略例》語，來書説遲復之故云：余《⿱白丰叔》文寄到後，聞之者争先快覩，彼此傳觀，久而未返。又謙言彼於金文用功頗淺，故贊歎之外，不能贊一辭云。果如其言，似余文曾驚動一般書癡矣。

（《積微翁回憶録》）

十二月八日，楊樹達閱沈兼士所著兩篇文字學論文，認爲都很好。

閱《輔仁學誌》中《聯綿字淺説》。沈兼士《但裼　但馬　俴襪説》、《希殺祭同源説》，皆甚佳。

（《積微翁回憶録》）

按：沈兼士在《輔仁學誌》發表的兩文爲《袒裼 但馬 剗襪》（第十一卷第一第二合期）和《希、殺、祭古語同原考》（第八卷第二期），楊樹達所記不確。

十二月二十三日，天津《大公報》刊登消息，稱北京大學校長胡適從南京將《論〈水經注〉》一文寄給老朋友沈兼士，請沈訂正。

胡適的新著　百忙中繕寫《論〈水經注〉》稿　航寄北平請沈兼士訂正

［本報北平電話］胡適校長現自京以《論〈水經注〉》專文航寄其老友沈兼士求正，胡氏所依據之版本係沈氏所家藏者，或將於最近期内發表。其文末自注於飛京前六小時完成，但其修正繕寫，必係於國大會期内百忙中爲之無疑。沈氏笑稱，作歷史考據的人如吸鴉片，每天不做一點便終日不安。胡校長在校時白天忙一天，至深夜歸後，仍寫數百字以自〈誤〉〔娱〕（“誤”字錯——編者注）。此次《水經注》論文係以中國青年稿紙抄寫而成者。

（天津《大公報》1946年12月23日）

十二月三十日，楊樹達收到沈兼士來信，感謝老友刊文糾正其錯誤。楊認爲沈虛懷若谷，世上罕有。

沈兼士來書云："讀《文史周刊》《説瞿篇》，刊正拙文，獲益匪淺，感刻，感刻！弟自在淪陷區患腦疾後，學殖益荒落。老友不遺在遠，惠然賜教，何幸如之！"兼士虛懷若谷如此，真今世所希有也。（《積微翁回憶録》）

一九四七年　民國三十六年　六十一歲

一月一日，撰成《"盧"之字族與義類》一文，文末署"三十六、一、一（指民國三十六年一月一日——編者注）"。此文後發表於上海《大公報》"文史周刊"第一二期（同月八日）。後又收入《段硯齋雜文》一書。這也是奠定作者漢語字族研究理論的一篇重要學術論文。作者從歷史和科學的角度出發，對"盧"之字族與義類進行詳盡的考察和研究，運用嚴密的歸納方法，得出其正確的字族譜系和義類。

一月二十一日，冒着嚴寒赴國立北平高級工業職業學校半壁街宿舍，和留校的學生們一起守歲過年。在晚會上向學生們提出"敬業樂群"的人生觀，并要求大家要有"埋頭樂幹"的樂觀主義精神。

1946 年 5 月，國立北平高級工業職業學校宣告成立。教育部任命熱心教育事業、早年留學法、比的陳光熙教授爲校長。并又聘請費致德、郝德元、黎哲閎、孟桂鄉、王賡等教育界、工程界知名人士，分别擔任了教務、訓導、機械、電機、礦冶等各處、科主任。先後在春、夏兩季招第一、第二兩期學員共 142 人，編成六個班，因陋就簡，開校上課。

爲了辦好這所工業學校，在籌備期間，沈先生領導教育復員輔導委員會制定了以下辦校方針：

1947 年春在北平東廠胡同寓所前留影

一、由内行人辦校——校長、處、科主任及專業課和主要基礎課的教師多聘自在各大學任教的知名教師。

二、艱苦奮鬥，認真讀書——樹立了教員認真執教，學生勤奮刻苦，認真讀書的學風。

三、杜絶教學以外的干擾——倡導高工是在較短學程内打好理工基礎的讀書園地，不在校内搞政治活動。

國立高工直屬於當時的南京教育部中教司領導。這就是所謂的“國立”。其目的在於想擺脱國民黨北平市教育局企圖把政治活動打入學校的干擾。但是在四十年代後期，政治鬥争浪潮遍及全國各地。北京學生事件頻仍，我們的母校也是難免其擾的。所幸，我們仰賴沈兼士先師在學術界的崇高聲望、工業救國的正義主張以及全校教職員工抗干擾、務學業，堅持工業救國的信念，三年攻讀弦誦未輟。

敬愛的先師，他關心學校，籌資建成圖書館、實習工廠和各科實驗室。他更鍾愛師生，每遇學校盛會，必定欣然親臨。特别令人感動的是1946年舊曆除夕，沈先生偕同郝、費等幾位教師，冒着嚴寒來到半壁街宿舍，和留校的學生們一起守歲過年。在晚會上講話時向學生們提出“敬業樂群”的人生觀，并要求大家要有“埋頭樂幹”的樂觀主義的精神。其情其景，感人至深！

國立高工的建校，實現了先生的夙願，體現出先生主張工業救國的崇高理想。

（孫其定《回憶母校　緬懷先師》，《沈兼士先生誕生一百周年紀念論文集》）

二月十三日，應魏建功之邀，爲其自製印存題詞。

建功從臺灣北來小聚，甚歡。行將南返，出自治藤印存索題，因書囊陷敵中奉懷之作以歸之。八載艱難，一夕款曲，雞鳴庭樹，明日茫茫，欲不悢悢，豈可得邪！

念遠傷離僭，煢煢絶塞身。腥臊何日去，萬塚一生輓。蕉萃行唫客，逼荒振鐸人。屋樑瞻落月，消息未應真。

民國三十六年二月十三日。沈兼士於北平東廠胡同寄廬之段硯齋。

（影印件，馬嘶著《一代宗師魏建功》第358頁）

三月五日，撰成《漢魏注音中義同换讀例發凡》一文，文末署“三十六、三、五”。此文後發表於《益世報》“人文周刊”新一期（同年五月十二日），又收入《段硯齋雜文》一書。

四月二十六日，撰成《楊雄方言中有切音》一文，文末署“三六、四、二十六”。此文後發表於北平《經世日報》“讀書周刊”第四十一期（同年五月二十九日），又收入《段硯齋雜文》一書。

四月二十八日，與私立北平輔仁大學國文系同學等同游卧佛寺。

今年四月二十八日，輔仁國文系同學約游卧佛寺及周家花園。余季豫先生和沈先生都參加，這是很難得的事。從早八時出發，直到下午五時方回。這是我們談天時間較長的一天，大家覺得沈先生精神很好，還約以後常常出城，誰知這樣的機會以後竟不可得了！（柴德賡《我對於沈兼士先生的認識》，《益世報》1947年8月18日）

五月二十二日，胡適在日記中提及，已發出中央研究院第一次院士選舉“人文組”部分擬提名單，沈兼士列名“中國文學”內。

發出中央研究院第一次院士選舉“人文組”的“人文”部分擬提名單：

哲學：吴敬恒、湯用彤、金岳霖。

中國文學：沈兼士、楊樹達、傅增湘。

史學：張元濟、陳垣、陳寅恪、傅斯年。

語言學：趙元任、李方桂、羅常培。

考古學及藝術系：董作賓、郭沫若、李濟、梁思成。

人文地理、民族學　想不出人名（《胡適日記》）

按：1946年10月，南京中央研究院評議會二届三次年會，通過設置院士的决定。1947年3月，國民政府公布修正《國立中央研究院組織法》，規定選舉院士須滿足兩個條件，即在學術上成就卓著和領導學術機構成績卓著。先由各大學、專門學會、研究機關或評議員5人以上提名，確定候選人150名，向全社會公告4個月，接受學術界監督，廣泛聽取意見。胡適爲中研院評議員，故參加候選院士提名工作。

五月二十五日，赴北平師範大學參加紀念錢玄同、高步瀛兩位已故教授大會。

平師院開會紀念錢高二教授

［本報北平廿五日電］國立北平師範學院，爲紀念已故教授錢玄同、高步瀛

1947年夏與三女沈節（右）、四女沈兑（左）在北平東廠胡同寓所合影

二氏，於今日上午十時在該校二院大禮堂，舉行紀念會。到有行轅主任李宗仁代表王捨互，北大校長胡適，輔大校長陳垣、教授沈兼士，師院教授王桐齡，及畢業校友數百人。禮堂中懸高、錢二先生遺照。行禮如儀後，首由主席黎錦熙致哀辭，繼由各校長、來賓及校友等，詳述錢、高二先生在抗戰期間生活，二人雖未離平，但未受敵僞威迫利誘，始終不屈，此種精神，甚可欽佩。全場情緒莊嚴，迄午後一時始散。

（《申報》1947年5月26日）

五月二十六日，北平師範大學師生及親屬將已故教授高步瀛安葬於北平福田公墓，其墓碑銘由余嘉錫撰寫，沈兼士正書并篆額。

高閬仙先生墓碑銘 武陵余嘉錫撰 吴興沈兼士書并篆額

河北霸縣有真儒曰高先生，修身勵行，以古聖賢自期，用經術文章教授諸生弟子，著籍者數千人，撰述至數百卷，蔚然爲當代大師。會倭奴入寇，境地日削，先生悲憤感激，饑寒困頓，遂鬱鬱以死。死五年而倭降，國家復興，先生已不及見矣。悲夫！

先生諱步瀛，字閬仙，祖庭蕙，清户部主事。父德沛，早卒。先生受學桐城吴汝綸，盡得其傳。舉光緒甲午科鄉試，補學部主事。民國肇建，爲教育部僉事，社會教育司司長。居無何，棄去，任北平師範大學教授，旋講學遼寧萃升書院。二十年倭寇入遼，遂歸，仍教於師範。爲人廉謹，一介不取。保定蓮池書院强聘爲師，辭之不可，率以十四日一往講授，窮兩日乃歸，而却其脩脯。事母至孝，年五十猶爲孺子慕。好面斥人過，怒則須髯戟張。倭陷北平，遂稱疾，杜門不出。人或强見之，稍陳説利害，則大怒叱之去。久之大困。二十八年始出任私立輔仁大學教授。先生昔嘗教於中國大學。至是其校貧乏，不能延師，先生憫焉，願兼教之，不受一錢，雖有疾猶自力以往。明年十一月十日自中國大學講歸，忽覺不支。明日疾大劇，遂卒，年六十有八。所著書二十餘種，以《文選》《李注義疏》用力最深。娶邊氏，先數年卒；妾王氏，均無子。有女三人，皆畢業大學。長淑芳，歸姚某；次立芳，今爲國立藝術專科學校教授。邊夫人出。次芷芳，王氏出。

三十六年五月二十六日，師範大學諸師、弟子將葬先生於公墓。立芳來徵銘，余辱與先生交有年，其可以辭。銘曰：天之與人異好惡，學通天人猶不遇。先生雖窮士疏附，千乘會葬視封樹。年年下馬來掃墓，歷千萬歲永無慮。

（《高步瀛墓碑》拓片，中國國家圖書館藏）

六月二十五日，上海《大公報》“圖書周刊”第二十一期刊登程宏介紹沈兼士主編《廣韻聲系》一文。照録如下：

廣韻聲系 程宏

沈兼士等編，民國三十三年北平輔仁大學出版，售價不定。

此書分上下二巨册，共一一〇六頁，是近年新出的一部重要的著作。卷首“編輯旨趣”云：

吾人欲建設漢語學，必須先研究漢語之字族。欲作字族之研究，又非先整理形聲字之諧聲系統不可。《廣韻》一書，爲記載中古文字之總匯。……凡漢語語根及語辭之縱横衍變，均可由其諧聲系統爲出發點以推求之。今即據此書，取其形聲字之主諧字爲綱。凡各韻中屬於某主諧字之諸被諧字，均類聚系屬於同一主諧字下。各主諧字之排列，依四十一聲類，始“見”終“日”之次序爲先後。同聲類者，又以二百六韻之次序爲先後。其被諧字復爲他字之主諧字者，則依其相生之次序，順遞記之。如是則同一主諧字所孳衍之諧聲字，其脈絡相承之迹，一目了然矣。

在此本書的體製，已經叙述得很清楚。因爲完全以聲符爲綱，與姚文田《説文聲系》一類的書很相似，所以名之曰“廣韻聲系”。

這部書雖然與聲韻有關，事實上著者對於《廣韻》的看法，已不僅僅爲一部韻書，直視爲一部古代的“字典”。其中文字與音義既然相當齊備，現在依諧聲的系統排比出來，就是一部分析字典。在聲韻學一方面講，固然較高本漢的Analy the Diotlonary精深博大；在訓詁學一方面講，與朱駿聲《説文通訓定聲》是同様具有深義的。但是在聲音通轉的類例中，因聲母之關係而演變的，實較因韻部而遞轉的尤爲重要，尤爲普遍。現在在聲音上取聲類作爲分别字族的標準，實較前人的《説文聲系》爲進步，這一點頗值得我們欽佩。我想凡是能利用這部書的人，自然會發現其妙用；同時可以感覺到研究漢語學，此書有必不可少的重要性。

不過，在分列諧聲字的系統上發生了一個問題，就是：《廣韻》所收的字，有漢代以前的，有漢代以後的；本書論定諧聲，專主《説文》，是否完全相宜呢？因爲漢代以前的古字，有許多可以用甲骨或銅器的文字來規定他們的諧聲的，則不妨從古。漢代以降所起的字，《説文》的篆書與後世的隸書有不同，也不妨從今。我們以爲《説文》所説，不可信的，都可以改動，如美不從□聲，斯不從其聲，井不從幵聲，敢不從古聲（當從甘聲），兢不從□聲，學不從臼聲（當從爻聲），皆是。尤其許氏説省聲的例子，有很多不足據的。如龍童省聲，耿娃省聲（杜林説從光聖省是），□□省聲，皆是。若不從許説，似亦無大害。

還有當從《説文》而没有從的，如二十一頁的矍字，《説文》非諧聲字，今從朱駿聲説列於瞿聲，反覺不妥。因爲瞿聲所諧無一入聲字（瞿去約切，字當作矍），矍聲所諧無一非入聲字，則矍似乎當獨立爲一聲符。又四十四頁的邢字，《説文》原作邦，從井聲；今列於开聲下似誤。至如一百一十五頁的□□□□諸字，皆北朝以來的訛體，右邊原來都是從□的，今列在葛聲下，亦可斟酌。然而此種錯誤究竟很少，姑就所見，□筆記出，以當討論而已。

七月二十五日，楊樹達在回憶録中提及沈兼士爲其向輔仁大學索得《廣韻聲系》一部，業已付郵。

余讓之書告：沈兼士爲余向輔仁大學索得《廣韻聲系》一部，業已付郵。余本托讓之購取，似價太昂，故兼士爲余索取也。（《積微翁回憶録》）

1947年與外孫費安祺合影

八月二日，私立北平輔仁大學作致薩本棟信，告知該校重新上報中央研究院《院士提名表》及相關材料。沈兼士爲被提名者之一。

亞棟先生大鑒：

頃奉致陳校長函開：頃奉貴校七月二十一日函，送《院士提名表》五份，計有沈兼士、張百齡、余嘉錫、張亮塵、張漢民等五先生。唯該表僅有貴校所記，未經"主管者"簽署。茲爲減省往返周折，敬乞親函過院説明五位先生係由貴校提名，以便附卷彙辦，等因。陳校長回籍奔喪，月終始返校。茲謹重造院士提名表五份奉上，敬祈查照辦理爲荷。專肅，并頌

教祺

謹啓　三十六年八月二日

被提名者之姓名	別字	年歲	籍貫	專習學科	簡歷
沈兼士	無	六一	浙江吴興	文字訓詁	北京大學教授兼研究所國學門主任，故宫博物院文獻館館長，西北科學考查團理事，中央研究院歷史語言研究所兼任研究員，本校教授兼文學院院長。

被提名人資格之説明

一、被提名人合於院士資格中何一項之規定，請詳加説明。（院士資格條文見附注）

合於《院士選舉規程》第二章“提名”第五、六條，經教育部立案私立輔仁大學。

二、被提名人之重要著作中，其合於院士資格第一項之規定者，請列舉於左，注明出版年及發表處（最好能一并附寄），并加以具體説明。

《希殺祭古語同原考》（二十八年《輔仁學誌》）、《吴承仕經籍舊音辨證發墨》（二十九年《輔大語文學會講演集》）、《漢字義讀法之一例》（三十年《辛巳文録》）、《聲訓論》（三十年《辛巳文録》）、《聯緜詞音變略例》（三十年《輔大語文學會講演集》）、《袒裼　但馬　劃檖》（三十一年《輔仁學誌》）、《石鼓文研究三事質疑》（三十三年《輔仁學誌》）、《廣韻聲系》（沈兼士主編，三十四年輔仁大學編譯部出版）

三、其他有關資格事項之應加説明者

上條所列甲種著作，爲合於附注條文之第一項者，乙種報告爲合於附注條文之第二項者。又，被提名人任北京大學研究所國學門主任，在民國十年至十六年；任故宫博物院文獻館館長，在民國十八年至二十六年。

（以上三項如本表篇幅不足時，得另紙補充）

提名人（一、如係機關，應由主管者簽字加蓋機關之印信；二、如係評議員，應由五人連署）

私立北平輔仁大〔學〕（“學”字漏——編者注）校長陳〇

中華民國三十六年七月

著述目録

甲類

《從殷商鐘鼎款識上推尋六書以前之文字畫》，文載輔仁大學《輔仁學誌》

《右文説在訓詁學上之沿革及其推闡》，二十二年《中央研究院蔡孑民六十五歲紀念論文集》

《“鬼”字原始意義之試探》，二十四年北大《國學季刊》

《希殺祭古語同原考》，二十八年《輔仁學誌》

《吴承仕經籍舊音辨證發墨》，二十九年《輔仁語文學會講演集》

《聯緜詞音變略例》，三十年《輔仁語文學會講演集》

《漢字義讀法之一例》，三十年《辛巳文録》

《聲訓論》，三十年《辛巳文録》

《袒裼　但馬　劃檖考》，三十一年《輔仁學誌》

《石鼓文研究三事質疑》，三十三年《輔仁學誌》）

《廣韻聲系》，三十四年輔仁出版

《初期意符字之特性》，三十五年十月《大公報》“文史周刊”

《“丕”“坯”“芣苢”“桮棬”諸詞義類説》，同上

《“盧”字之字族》，三十六年一月《大公報》“文史周刊”

《漢魏注音中義同换讀例發凡》，三十六年五月天津《益世報》“人文周刊”

乙類

《北京大學研究所國學門報告》，民國十二年九月北大《國學季刊》

《故宫博物院文獻館整理檔案報告（民國二十四年十月）》，故宫博物院《文獻論叢》

（北京師範大學檔案館藏檔，檔號：6.1-0086-0001）

按：薩本棟（1902—1949），字亞棟，福建閩侯人，物理學家、教育家。時任中央研究院總幹事，負責中研院院士評選之具體工作。此次中研院院士選舉於1948年3月結束，最終産生院士81名。私立北平輔仁大學參評教授除沈兼士因病去世外，僅陳垣、余嘉錫二人入選。

同日，晚上在家中宴請杭立武、胡適、陳垣等客人，突發腦出血逝世。

沈兼士先生於今晚在北平以腦充血逝世，年六十一歲。 （《顧頡剛日記》）

今晚沈兼士先生約杭立武兄吃飯，八點十分入座。入座之前，兼士意態很高興，拿出三個手卷給我看。入座後，才吃第二個菜，兼士忽覺頭疼，用手抓住腦後。大家請他休息，有人扶他進卧房。醫生來時，我已先走——到美國領館晚會。——半夜始知兼士已於十點半鐘時死了！年六十一歲。一個很能工作的學者，這樣去了，真是可惜！

（《胡適日記》）

沈兼士逝世

［中央社北平三日電］輔仁大學文學院長沈兼士於二日晚十時半，病逝於東昌胡同私邸，享年六十一歲。沈氏於晚八時與教次杭立武晤談時稍感不適，旋即突然逝去。沈氏在教育界工作多年，生活清苦，身後蕭條。教育部、北京大學、輔大、故宫博物院四方面合組治喪委員會，并推鄭天挺、張鎮、周祖謨、常惠等擬撰沈氏略傳。另請數人整理沈氏遺著及未完稿件。按沈氏浙江吴興人，早年留學日本，歸國後曾歷任北大、厦門、輔仁等大學文學院長及教授等職。

（上海《大公報》1947年8月4日）

沈兼士昨大殮　北平學術界同深哀悼

［本報北平電話］名教授沈兼士二日晚十時半在北平東昌胡同一號病逝，年六十一歲。北大、輔大及故宫博物院友好紛紛蒞宅弔唁。沈氏遺體已大殮，於四日在地安門外嘉興寺接三，由北大、輔大及故宫合組治喪委員會，處理此一代學者之身後，并即日起徵求遺作，其中一部已由沈氏自行整理就緒。又定於十七日在輔大舉行追悼會。

［本報北平電話］沈兼士於二小時内以腦充血逝世，其親友與記者談及死前情形云：二日晚沈氏設宴歡迎杭立武次長，因杭氏公忙，遲遲未到，沈氏乃以所藏手卷遍請在座名家欣賞。有人戲謂：以能書知名於世者，其人雖老，其髮殊黑，如沈氏三兄弟，蓋即其例（沈士遠六十九歲，沈尹默六十六歲，兼士行三最少）。沈氏亦戲謂：汪精衛老妖，雖老不衰，乃縱論天下士，意態至豪。旋以主賓久不至，乃先就座。至杭至，始上大菜，時已近晚九時矣。是時沈忽感頭遽痛，乃急請醫。沈氏於是呻吟與嘔吐并作，諸友人乃匆匆告别。不一小時許，沈即謝世。沈有四女公子。氏曾於抗戰中任地下工作，勝利後任教育部平津接收之特派員，今日死後無以爲葬。對於國事至爲關心。近年血壓忽患過高，在北大上課因亦時輟。教育部方面聞已有電致唁。

［本報北平電話］據沈兼士友人談：沈氏日前出席輔大會議，極爲忙碌。前日教廷公使黎培理到平，沈親往訪。下午又探袁同禮病。晚間宴客，興奮已極，故於是日中風逝世。

（天津《大公報》1947 年 8 月 4 日）

按：接三，也叫迎三、送三。舊俗人死第三天要“接三”，説這時亡靈要到陰曹地府去，或被神、佛及其使者迎接去，須奏樂、迎親朋弔唁、焚化紙糊車馬等。

生前用過的筆筒和鎮尺

譜後

一九四七年　民國三十六年

八月四日，親友發起在嘉興寺舉行沈兼士接三儀式，許多學術界人士前往參加。

公祭沈兼士　定十七日開追悼會

［本報北平電話］沈兼士日前病逝後，四日發起在嘉興寺接三，學術界人士到者甚衆。聞杭立武次長四日返平後，已代教部致唁，并代籌治喪費用。杭氏四日在北大歡宴席上曾再度商談。

［中央社北平四日電］沈兼士逝世治喪委員會決定本月十七日公祭沈氏，并舉行追悼會。治喪委會已將沈氏身後蕭條情形電告教育部，請優予撫恤。

（天津《大公報》1947年8月5日）

同日，楊樹達閲報知好友沈兼士逝世，爲之驚痛，并撰挽聯哀悼。聯云：治學耻逃難，獨精義詁；寄書方在道，遽哭先生。

報載沈兼士中風逝世，爲之驚痛。兼士與余契好至深，勝利後希望余北游最切。國人於文字學多逃難，偏治音韻，而兼士獨治義詁。治義者海内止余與兼士二人。今兼士死，余益孤特寡儔矣。輓之云："治學耻逃難，獨精義詁；寄書方在道，遽哭先生。"《廣韻聲系》兼士主編也。

（《積微翁回憶録》）

八月四、五、六日，教育部代表杭立武、北京大學胡適、私立北平輔仁大學陳垣、故宫博物院馬衡等發布啓事，成立沈兼士治喪委員會，即日起在北平東廠胡同二號開始辦公。

沈兼士先生治喪委員會啓事

沈兼士先生不幸於中華民國三十六年八月二日夏季時期下午十時半溘逝，經成立治喪委員會，即日在北平東廠胡同二號起始辦公。特此通告。

教育部代表杭立武、北京大學胡適、輔仁大學陳垣、故宫博物院馬衡等敬啓

（天津《大公報》1947年8月4、5、6日）

八月五日，蔣介石、國民政府教育部長朱家驊分别致電沈兼士家屬弔唁。教育部總務司長賀師俊、上海市教育局長顧毓琇、陝西省教育廳長高文源、同濟大學校長董洗凡等，均致電弔唁。

蔣主席電唁沈兼士家屬

［中央社南京六日電］北平輔仁大學文學院院長沈兼士二日病逝故都，蔣主席特電致唁。文曰："北平輔仁大學轉沈兼士先生家屬禮鑒，兼士先生博學湛深，

忠哲彰聞，奄忽病逝，良深悼惜，特電致唁，惟希節哀。中正未（八月）微（五日）。”

（《益世報》1947年8月7日）

朱教長電唁沈兼士家屬

［中央社南京五日電］北平輔仁大學文學院院長沈兼士於二日病逝故都，教部朱部長聞耗特電致唁。文曰：“沈兼士夫人禮鑒：兼士先生體道履哲，夙昭清華，貞粹出於自然，博經由於篤實。講學□序，爲國育材，著作等身，聲實并懋。當故都淪陷之日，先生潛迹平市，領導抗戰工作，不避艱險，歷七八年。偵騎及門，微服南下，忠懷亮節，衆所敬欽。勝利以來，尤多建樹。豈意耳順之年，遽傳殞逝之耗！托杜氣類，悲哽可言。特電奉唁，務祈節哀順變爲禱。”

（《申報》1947年8月6日）

哀悼沈兼士　各方唁電紛至

［本報北平電話］文字學家沈兼士氏逝世後，全國學術界而爲震悼。除教部朱部長家驊前有電到平，向沈氏家屬致悼外；五日又教部總務司長賀師俊、上海教育局長顧毓琇、陝西教育廳長高文源、同濟大學校長董洗凡、前西京市長陸翰芹，出版家鄭振鐸、郭紹虞、蕭璋及日前赴粵奔喪之輔仁大學校長陳垣，均來電弔唁。

（《益世報》1947年8月6日）

八月七日，楊樹達收到沈兼士所寄《廣韻聲系》。

《廣韻聲系》寄到。（《積微翁回憶録》）

八月八日，沈兼士治喪委員會在嘉興寺舉行開吊儀式，胡適、何思源、田耕莘、馬衡、李書華等九百餘人參加。

沈兼士今開弔　輔大十七日開追悼會

［本報北平電話］沈兼士逝世後，文化教育界人士咸表哀悼。沈氏治喪委會正積極籌備沈氏善後事宜，已定於八日在嘉興寺開弔，十七日輔仁大學開追悼大會。

（天津《大公報》1947年8月8日）

沈兼士哀榮　昨九百餘人往弔

［中央社北平八日電］故輔仁大學文學院長沈兼士於二日夜逝世，今日開弔，胡適、何思源、田耕莘、馬衡、李書華、姚從吾、陸志韋等九百餘人均前往致弔，備極哀榮。

（天津《大公報》1947年8月9日）

同日，《小日報》刊登《沈兼士與沈尹默》一文，介紹沈氏昆仲的外貌特點及文藝成就。

沈兼士與沈尹默

北平輔仁大學文學院長沈兼士先生，近以腦充血逝世。兼士先生爲尹默先生介弟，然尹默無髭，而兼士則美鬚髯，□□繞頰，有于右老之風。尹默工書法，長於南碑，雖病短視，微損其美，然工力之深，實近年書家中一人，爲識者所公認。兼士亦推擅書法，長於大篆，與乃兄分道揚鑣，各擅勝場，惟稍板滯，腕力亦弱，不似尹默之揮灑自如，在渝時訂有潤例，有時亦以作品供展覽，顯不若尹默引人注意，索者垒湧也。愚在渝曾以尹默先生晉接兼士，故是恂恂儒雅君子。西階先生於他報記兼士抗戰時未離平，疑微誤，蓋勝利後任教育部平津特派員，固自平出發也。今尹默鬻書海上，老當益壯，而兼士遽作古人。沈氏昆仲於文化上貢獻至宏，兼士之逝，實爲學術界一大損失，記之不勝悼惜。

（《小日報》1947 年 8 月 8 日）

八月九日，《經世日報》刊文追悼沈兼士，稱沈先生的逝世是中國文化教育界的一個重大損失。

敬悼沈兼士先生 張壽林

民國卅六年八月二日，沈兼士先生以腦溢血病，逝世於北平寓所。噩耗傳出，海内外文學界人士莫不同聲哀悼，認爲是中國文化界一個重大的損失。

兼士先生畢生致力於文化教育事業，尤其是在文字訓詁和近代文獻的整理方面，其貢獻尤爲偉大超絶。本刊爲追念沈先生在文化教育上的功績，特約請先生的門弟子彙集先生生前事績，并簡略的介紹先生在學術上的貢獻，發行專刊，以爲紀念。因爲高景成、張廼芝、樂芝田三先生皆親炙先生之門，張洵如先生則追隨先生整理故宫檔案有年，他們對於沈先生，也許知道得比較清楚點吧！

先生生前著述極多，我們希望先生的知友和他的弟子們，能早日替他整理出版，這才是永久紀念先生的一個方法呢。

摘自《經世日報》1947 年 8 月 9 日

（王學珍、郭建榮《北京大學史料》第四卷，第 233—234 頁）

八月十三日，柴德賡撰寫《我對於沈兼士先生的認識》一文。回憶與沈兼士在西安、重慶的交往經歷，贊揚沈氏是坦白剛直、熱情而富有正義感的愛國學者。照録如下：

八月三日清早，余讓之先生來説，昨晚沈三先生不在了，當時我覺得有些麻木。現在，沈先生逝世已經十天了，我體會到嘉興寺裏的一棺淒凉，想起近三四年來在西安、重慶往還的痕迹，説是夢吧，這是一個悲哀的夢，也是一個值得追憶的夢境。

沈先生平素以朱笥河先生自命，前十幾年有人出賣殿試卷，沈先生單買朱笥河的卷子，這是大家了解的事情。朱笥河愛士如命，門下士盛極一時，在當時是學人中的領袖。沈先生門弟子遍天下，對於後進的獎掖扶持，無微不至。在學術上自己有開風氣的魄力，比之朱笥河，略無愧色。我没有跟沈先生念過書，十幾年來，沈先生對我很好，尤其淪陷之後在後方見面，更覺親切，也更了解。

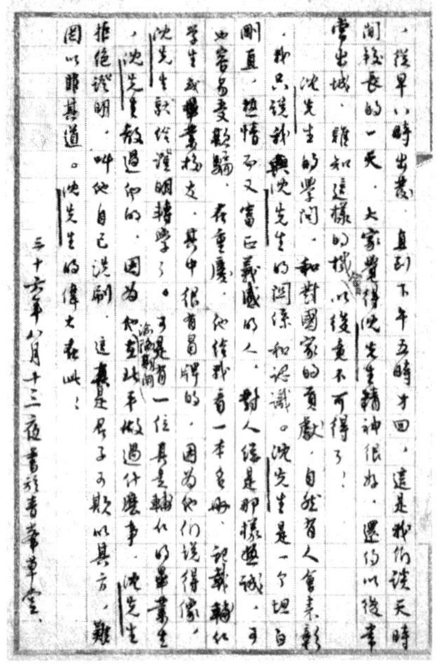

，從早八時出發，直到下午五時才回，這是我們談天時
間較長的一天。大家覺得沈先生精神很好，還仍以後常
常出城，誰知這樣的機會以後竟不可得了！
沈先生的學問，和對國家的貢獻，自然有人會來彰
，我只說我與沈先生的關係和認識。沈先生是一个坦白
剛直，感情而又富正義感的人，對人總是那樣熱誠，可
也容易受欺騙。在重慶，他給我看一本名冊，記載輔仁
學生或畢業校友，其中很有冒牌的，因為他們說得像，
沈先生就給證明轉學了。可是有一位真是輔仁的畢業生
，沈先生竟敝過他的，因為他淪陷期間在北平做過什麼事，沈先生
拒絕證明，叫他自己洗刷。這真是君子可欺以其方，難
罔以非其道。沈先生的偉大在此！
三十六年八月十三夜書於青年草堂

柴德賡《我對於沈兼士先生的認識》手稿最后一頁

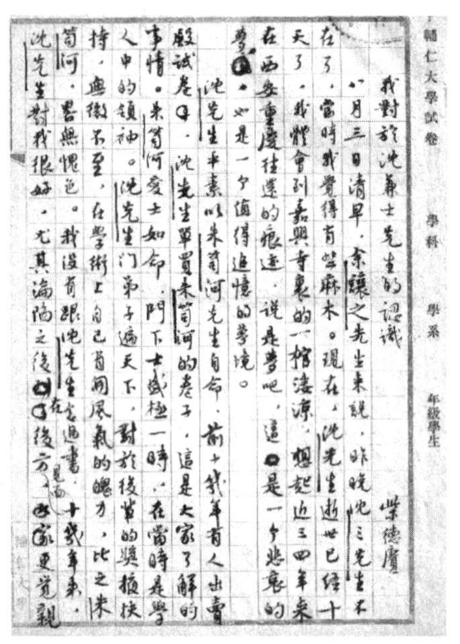

輔仁大學試卷 學科 學系 年級學生

我對於沈兼士先生的認識 柴德賡
八月三日清早，余讓之先生來說，昨晚沈三先生不
在了。當時我覺得有些麻木。現在，沈先生逝世已經十
天了，我們會到嘉興寺裏的一種淒涼，想起近三四年來
在西安重慶往還的痕迹，說是夢吧，這是一个悲哀的
夢，也是一个值得追憶的夢境。
沈先生平素以朱笥河先生自命，前十幾年有人出賣
殿試卷子，沈先生單買朱笥河的卷子，這是大家了解的
事情。朱笥河愛士如命，門下士盛極一時，在當時是學
人中的領袖。沈先生門弟子遍天下，對於後輩的獎掖扶
持，無微不至，在學術上自己有開風氣的魄力，比之朱
笥河，略無愧色。我沒有跟沈先生念過書，十幾年來，
沈先生對我很好，尤其淪陷之後在後方見面，更覺親

柴德賡《我對於沈兼士先生的認識》手稿首頁

沈先生是三十一年冬天離開北平的，那時我一點也不知道，以爲他在家養病。三十二年一月一日，幾乎照例到他家去賀年，也是合該幸免，中途折回，張亮丞、顧羡季、孫子書三位先生却因爲賀年被敵僞拘押了一個多星期，頓時沈先生去後方變爲北平市普遍的新聞。

三十三年二月十三日，我到界首。當天遇着王徵葵、李季谷兩位先生，就知道沈先生在西安的近況。到洛陽後，我决定暫住一時，便和沈先生通訊。三月底輔仁同人被捕多人的消息傳到洛陽。四月間洛陽吃緊，内人先帶了三個小孩到西安，她倒比我先見着沈先生。五月，中原崩潰，我個人輾轉盧氏、雒南群山之中，和家人不通消息一個多月。那時敵人西攻潼關，西安人恐慌。有錢的都設法去蘭州、漢中，遠的往重慶跑。内人正在没有辦法的時候，沈先生親自到湖廣會館去看她，叫她不要怕，萬一有變，一定會通知她，帶她同行。這種在患難之中的安慰，真叫人感激的下淚。

後來西安穩定了些，我已徒步越過秦嶺，到了西安。五月二十八日我去看沈先生，到門口，他正從外面坐車回來，跳下車來招呼，我不由吃了一驚，原來沈先生已是黑鬍子满腮，長過半尺，不是當年穿西裝的風度，也不是淪陷期間常見的姿態了，沈先生老了！

從前在北平的時期，沈先生負地下工作的使命，我們見面祇談消息，講學問，論人物，不談工作。在西安可什麼都談，尤其關於輔仁。沈先生很注意中原戰爭失敗的經過，因爲我在亂軍中目覩敗狀，他一問再問，對於戰局祇搖頭，認爲没有希望。那時他在西安的工作已告結束，要去重慶。六月三日晚上，輔仁校友開歡送會，天正下雨，滿街泥濘，到的人有五六十位，居然有從翠華山步行五十里進城來參加的。沈先生没有兒子，這些男女學生對他和對父親一樣，可以反映出沈先生對青年的慈愛，這是很可感動的。

十號那天，沈先生約我和何海秋先生見面，由中原戰爭談到整個國家，沈先生很不滿意當時的社會。何先生説，沈先生究竟是書生，這話連沈先生自己也笑了。沈先生在西安很受軍政當局的敬禮，這自然是沈先生學術地位的關係，也是近年來的一種新風氣。文武大員，黨國要人，都喜歡自附於學者之列，極願意親近學者，互相標榜，因此沈先生穿一件舊藍布大褂，到處受人歡迎，可是人家也説沈先生是名士派。

六月十二，沈先生離開西安，那幾天風聲很壞，戰事不利，當日車站上的擁擠，逃難者的緊張，真是觸目驚心，不知後會何日，我懶洋洋地回到寓所。想不到鬼子竟應了讖語，“到不了西京”，我們又苟安地住下去，可是高明的軍事家推測，至少要爬過寶雞對岸的秦嶺，方可安全，因此我決計入蜀。

九月十二，我到了重慶，和沈先生見面。他住在曾家岩石田小築，那是尹默先生的住宅，見面第一件事就給我看一張北平舊友的名單，上面寫着這個被敵人判十五年，那個判七年、五年的。他説：“這是最近的消息，可是將來誰管他們呢！”相對默然了好久。談到時局，他很悲憤。想到北方，又很挂念。那幾天每天見面，他對我去白沙國立女師學院教書很贊成，感慨地説：幹政治没有意思，還是教書好！後來他在中央大學師範學院任名譽教授，大概也是這個理由。我問他爲甚麼不在大學本部而在師範學院，他的理由是中大太複雜，多是非，躲在師範學院國文系，與人無爭。

白沙距重慶還有二百七十里水程，每天有輪船往來。我們住在白蒼山莊的舊友如魏建功、台静農、李霽野、金瓊英諸先生，都和沈先生有師弟之誼，常常輪流去重慶，消息頗不寂寞。

三十四年一月二十九，我下重慶，一連住了十二天。二月六日，正是舊曆臘月廿四，我和建功先生又去石田小築，那是貴陽吃緊以後，抗戰最苦惱的時候，天氣又那樣陰森，加以冷風細雨，沈先生想念北平的親友，意興索然。尹默先生爲了打破這沉寂的空氣，忽然提議，今天反正無聊，大家來作點無聊的事情，這裏四張紙、四個人、四管筆，每張紙上每人同用一樣的筆寫幾個字，不必客氣，這張你先寫，那張你就第二寫，每人的次序都有一二三四，筆要用最破最不好寫的。他挑了半天挑出四管筆，一管是草狐，一管是獾毫，一管是白沙茅龍，相傳陳白沙先生喜歡用這樣的筆，硬得很，出於新會。另外一管是雞毫，我們三人都怕雞毫，軟得厲害，尹默先生比較會用。茅龍、狐毫也不好使，反正那天寫的字都不好看，這是存心找彆扭，大家以此爲樂。記得沈先生有一張上寫了“朋”“盍”“簪”三個篆字，另一張寫了“歲雲暮矣，風雨淒其”八字。這四張紙我收起來，在白沙被一位朋友求去一張，還有三張去年到浙江留在諸暨老家了。今天回想起來，這樣的聚會真是偶然，却有深刻的意義。

二月八日，我和建功先生回白沙。到二十三，接王大安君來信，驚悉沈先生咯血了，需休養兩個月。白蒼山莊的朋友都很着急，建功先生因臺灣訓練班有事去重慶，來信説不妨事。山莊的朋友想接沈先生來白沙静養，他自己想去成都，却都没有成事實。

這年八月，勝利的消息傳到白沙。十六那天我又下重慶，去看沈先生。那天他真高興，笑着説：“我預算你要來，我正擬電報稿給陳校長打電報，一有飛機，就回北平。”當時意外勝利，各部會都手忙脚亂，毫無條理，但是沈先生却計劃到北平後第一步怎樣，第二步怎樣，這種幻想當時人人都有的。在百忙之中，我們還同去訪尹石公先生。尹先生博雅好談，娓娓不倦，所談消息未必盡確。沈先生説，半是半非，想想也有意思。他們住的很近，談得也很起勁。不久，沈先生果然以特派員名義飛回北平了。

他回北平的一年之中，我們都忙着出川，不暇通信，但從各方面知道一些消息。去年九月，我慢慢地由四川經陝、豫回到杭州，再從上海來北平，仍回輔仁大學，我們又見面了。沈先生早已剃了鬍子，仍復舊觀，偶談舊事，如同作夢一般，但是新的感慨又成了談話的資料。

今年四月二十八日，輔仁國文系同學約游臥佛寺及周家花園。余季豫先生和沈先生都參加，這是很難得的事。從早八時出發，直到下午五時方回。這是我們談天時間較長的一天，大家覺得沈先生精神很好，還約以後常常出城，誰知這樣的機會以後竟不可得了！

沈先生的學問和對國家的貢獻，自然有人會表彰，我祇説我與沈先生的關係和認識。沈先生是一個坦白剛直、熱情而又富於正義感的人，對人總是那樣熱誠，可也容易受欺騙。在重慶，他給我看一本名册，記載輔仁學生或畢業校友，其中很有冒牌的，因爲他們説得像，沈先生就給證明轉學了。可是有一位真是輔仁的畢業生，沈先生教過他的，因爲他淪陷期間在北平做過什麽事，沈先生拒絶證明，叫他自己洗刷。這真是君子可欺以其方，難罔以非其道。沈先生的偉大在此！

三十六年八月十三日夜書於青峰草堂

（《益世報》1947年8月18日）

八月十五日，《龍門雜誌》第一卷第六期刊登欒芝田、張迺芝、高景成《沈兼士先生事略》一文，概述沈氏一生事蹟。文前有編者按語，介紹刊載此文之背景。照録如下：

民國三十六年八月二日，北大中文系名教授沈兼士先生以腦溢血病卒於北平寓所。噩耗驚傳，海内外文教界人士，莫不聞訃慟絶。僉以先生之逝爲中國文化界不可補償之損失。

兼士先生畢生致力於文化教育事業，尤以在文字訓詁、近代文獻整理及倡導研究工作等方面，貢獻最爲偉大卓絶。本刊追念先生作育英才、振起文教之功，特轉載事略於卷首，俾讀者略知先生偉大之所在，并爲有志讀先生遺書者知人論世之資焉。（編者謹識）

先生蚤名搬，以字行，浙之吴興人，尹默之弟也。清季留學日本，卒業於東京物理學校。時章太炎於東京設帳講授《説文》，與兄及黄侃、錢夏、許壽裳、周樹人諸氏往學焉。自是遂立志於語言文字學及革命事業，故自名“撥”，取《公羊傳》“撥亂世，反諸正”之義，而與錢玄同之命名“夏”，劉師培之命名“光漢”，義相同也。神州光復，民國肇建，先生歸國，任國立北京大學教授。民國十年，大學設研究所國學門，蔡元培氏聘先生爲主任。四五年中，建樹宏多，成績顯著。國學門中，設歌謡、明清史料、考古、風俗及方言等五研究調查會，先生皆親臨主持，於時顧孟餘、馬裕藻、朱希祖、胡適、錢玄同、周樹人、作人、蔣夢麟、馬衡、徐炳昶、劉復、陳垣、李四光、袁同禮、沈尹默諸先生咸爲導師或教授，王國維、陳寅恪、柯劭忞、鋼和泰（俄人）、伯希和（法人）爲通信導師。先生高弟若羅庸、容庚（畢業論文爲《金文編》）、商承祚（作《殷墟文字類編》）、趙蔭棠（《中原音韻研究》）、陸侃如等皆於此時出其門，顧頡剛、董作賓咸爲助理，而二丁（丁聲樹参校趙元任等所譯高本漢之《中國音韻學研究》，丁山致力古文字，皆中研史言所研究員），魏（建功）、陸（宗達）、周（祖謨）、葛（信益）等高足尚不與焉。時所出版之刊物，有《國學季刊》及研究所各種周刊等。

其後以軍閥威脅之故，避地厦門，旋又返平，復執教於北京大學及北平師範、清華各大學，兼故宫文獻館副館長及中央研究院歷史語言研究所通信員。二十年，長輔仁大學文學院。

抗戰軍興，平津淪陷，與張懷、董洗凡、英千里等，受命中央，組“華北文化教育協會”，秘與市黨部及平津文教界聯絡，居嘗指示有爲青年轉入後方，助祖國以抗敵。三十一年冬，敵人大檢舉，先生遂轉入後方，初至西安，再居重慶，始終服務文教工作。中央畀以要職，辭不應。國士重光，教育部以先生稔熟華北文教情形，特派至平津接收諸學校及學術機關。三十六年八月二日，先生以積勞致疾，且生活經濟情形亦惡劣，又素有血壓高之病，遂於是晚遽由腦充血而謝世。

噫！立德者不必有功，立言者不必有德，兼斯三者，繄維先生。今者先生弟子徧天下，多任大學教授職。先生遺妻室及四女，萃、泰、節、兑，一子早夭折。女子長適賁氏，次適王。身後蕭條，僅書籍而已。遺著（多在雜誌發表）亦精萃而不汎濫，海内傳誦者有《文字學之革新研究》《從鐘鼎欵識上推尋六書以前之文字畫》《鬼字原始意義之探討》《右文説在訓詁學上之沿革及其推闡》《〈蔡〉〔希〕（“蔡”字錯——編者注）殺祭古語同源考》《讀經籍舊音辨證發墨》《漢字義讀法之一例》《聯綿詞音變略例》及《聲訓論》（輔仁大學講義）等，又指導主編有《廣韻聲系》，皆精闢獨到，張皇幽眇，啓迪後學，足以沾溉無窮。

世之論先生之“語言文字之學”者每曰：自章太炎先生之後，蓋并世莫之或先，今誦先生之書者，當以〈比〉〔此〕（“比”字錯——編者注）非溢美之言也。

（《龍門雜誌》第一卷第六期，1947年8月15日）

八月十六日，沈兼士先生治喪委員會發布啓事，定於八月十七日在私立北平輔仁大學召開追悼會。

沈兼士先生追悼會

定於八月十七日（星期日）上午九時在定阜大街輔仁大學禮堂舉行。特此通告。

沈兼士先生治喪委員會謹啓。東廠胡同二號。

（天津《大公報》1947年8月16日）

八月十七日，沈兼士追悼會在私立北平輔仁大學禮堂舉行，胡適任主席，教育部長朱家驊、北大校長胡適等先後致詞，贊揚沈氏生平事蹟。

平學術界追悼沈兼士　學者名流贊揚沈氏生平

［本報北平電話］沈兼士先生追悼會十七日晨九時在輔仁大學禮堂舉行，胡適主席。朱教長家驊掙脱學生群之包圍，即在會場作簡單致辭，聲稱：上次來平，在此舉行慶祝會；此次來平，在此舉行追悼會。内心感慨實非言語所能形容。朱氏贊美沈兼士先生不僅爲一學問家，有才幹，且從事革命活動，爲優秀之地下工作者。其所創立之北大研究所之成就，至今不衰，足證治學與革命并行不背。抗戰之初，沈氏留平領導青年學子。離平後，雖身體不佳，尚在舉辦訓練班，且不忘兼治所學。其華北文教協會之努力，殊足稱道。胡適校長繼報告沈氏二小時内逝世經過。謂應爲此各方面均有成就的好朋友，留下一部好傳記。目前遺稿一部正印行中，其傳記初稿亦在整理。除幼年一部須沈兄士遠等供給外，其餘爲北大、研究所、輔大、地下工作及語言文字學術五方面均各有其老友從事搜集整理。馬叔平氏報告沈氏爲故宫文獻之最早整理者。民十七年北伐成功後爲故宫文獻院副院長（文獻館副館長——編者注）。二十三年第二次改組，爲文獻〈院〉〔館〕（“院”字錯——編者注）長，從事於檔案整理，二十六年着手整理檔案規則。日前馬氏自京返平，所言亦皆整理文獻之計畫，不料突然病發逝去。余季豫氏報告，沈氏實爲章太炎之得意弟子，而沈氏自稱“挂名而已”，在舉世願爲太炎弟子人群中，表情殊淡漠。實則太炎學宗俞樾，而實不出清朝正統派學術。沈氏治小學綜合諸家，實又高出一等。張懷氏最後報告沈氏“地下工作”，暢論抗戰，謂當時在輔仁教員得朱部長指示，“利用國際環境，不害民族國家利

益下”支援抗戰。沈先生乃提倡書生的氣節，不投降，不屈服，隨時隨地灌輸抗日意識。是時與中央人員發生聯繫，由炎社而改爲華北文教協會，大家交換收聽廣播消息，并譯讀路透電，出版刊物有王之相、俞平伯等人大作，交通工作乃出於一比國人來聯繫。至三十二年初沈氏乃不能不到後方。張氏稱：沈氏是一位有感情的堅定工作者，“他是一位真正的愛國者，他是一位負責者，他是一位樂於助人的人，他嫉惡如仇，他愛人如己”。張氏又指出沈氏的態度是今天值得注意的，即“不承認日本人説的同文同種”，他認識日本根本不承認中國人有此資格。輔大校友讀祭文後，十二時散會。朱部長中途退席，即作郊游，并應行轅歡宴。

（天津《大公報》1947年8月18日）

平四單位昨開會追悼沈兼士　胡適主祭備極哀榮

［本報北平十七日電］教育部、北大、輔大、故宫博物院四單位今晨九時在輔仁舉行“沈兼士先生追悼會”，由胡適主祭，與祭者達千人。大禮堂中，懸沈氏遺像，各方輓聯、花圈滿堂，行禮如儀。首由朱部長親臨致哀詞，謂幼年與沈氏相識，深知沈氏治學精神，中國有現代學術研究，可稱自沈氏始。最初之中央研究院主持人爲沈氏，北大文科研究所之最早負責人亦爲沈氏，對輔大更有其偉大之功績。沈氏幼年留日，即入同盟會，在抗戰期間，在平與敵人奮鬥不屈，組成華北文協，更爲抗戰功臣。繼由胡適致詞，胡氏盛贊沈氏之文學成就及其才幹，廿餘年來始終爲學術行政領導者。

（《申報》1947年8月18日）

八月十八日，《益世報》“人文周刊”新第一五期“紀念沈兼士先生專號”出版，刊首有編者按語，表達對沈氏的紀念和痛悼之意。

紀念沈兼士先生專號

沈兼士先生是《人文周刊》的特約編撰，本刊的報頭是先生的遺墨。民國二十五年冬本刊計劃創刊的時候，先生給我們很多的鼓勵與指示，先後以《小學金石論叢跋》《致丁梧梓書》載本刊第二、二十一兩期。勝利後本刊復刊伊始，先生又以《漢魏注音中義同换讀例發凡》《廣韻異讀字研究序》爲之創，載新第一、七期。先生愛護本刊，可説是無微不至了。今先生忽以辭世聞，本刊同人爲紀念先生，特藉本期發刊“紀念沈兼士先生專號”，稍稍表示我們對先生的一點痛悼的心情！

編者

同日，葉德禄在《益世報》“人文周刊”新第一五期發表《沈兼士先生傳略》一文。照録如下：

兼士先生姓沈氏，浙江吴興人。兄弟三人，兄士遠、尹默，先生居幼，故有沈三先生之稱。早歲游學日本，入東京物理學校，時章太炎先生亦居東瀛，先生從之學。歸國後，執教嘉興、杭州間，旋受北京大學及厦門、清華、中法等大學之聘爲國文系教授。歷任北京大學文學院院長，故宫博物院文獻館館長，中央研究院歷史語言研究所通訊員，北京大學研究所主任，輔仁大學國文系教授、代理校長、文學院院長兼文科研究所主任等職。

"七七事變"後，北平淪陷，先生執教輔仁，與同人英千里先生等組織炎社，旋改爲華北文教協進會。一面以消極的不屈服，不合作主義，提倡高風亮節，爲人師表，以身作則，以無言之教感召學子，使之由敬而生信，相習互勉，蔚爲正大之風氣；一面積極的發揮民族思想，愛國精神，以顧炎武"天下興亡，匹夫有責"之名言號召文教界，協助遣送青年，偷渡後方，參加抗戰工作。事爲敵僞所聞，偵騎四出，追迹先生及文教協會同人。先生不得已於三十一年十二月十六日微服離平。是月三十日敵果發動軍憲逮捕先生等，時先生已安抵目的地，英千里先生則於是日繫獄。

先生逃至後方，深受軍政當局敬禮，任中央大學師範學院名譽教授。勝利後，被任爲教育部平津區特派員，負責接收文化教育機關，備極辛勞。特派員辦事處結束後，復任輔仁大學文學院長、北京大學教授等職。先生爲國内文字、音韻、訓詁學權威，創爲古文字畫、字族學、〈古〉〔右〕（"古"字錯——編者注）文研究之説，卓著成績，發前人所未發。所著《廣韻聲系》爲研究中國文字學者所不可不備之書，其他論著散見於《國學季刊》《輔仁學誌》及日報期刊中，集爲《段硯齋雜文》，已付印，將見其藏諸名山，傳之其人也。

先生性剛直，富熱情與正義感，能急人之所急，提掖後進不遺餘力。受其教者，莫不以恩師呼之。八月二日患腦溢血，病逝平寓，享年六十有一。先生無嗣，女四人，長、次已適費、王，三女就學南京國立藝專，四女就讀輔仁大學。先生遽辭塵世，蔣主席聞耗特電致唁。……

同日，葛信益在《益世報》"人文周刊"新第一五期發表《沈先生的一部偉大編著〈廣韻聲系〉上下兩册　三十四年一月輔仁大學出版》。照録如下：

我國文字的構成，其一部分是由文字畫演變來的，一部分是由兩個單個的文字拼合起來的。六書裏的"象形""指事"屬於前一類，"會意""形聲"屬於後一類。在這裏頭最巧妙的還是形聲字，因爲它是用一個意符同一個音符拼合在一起而成的。由意符表示它的義類，由音符表出它的讀音。所以凡是語言裏所有的事類皆可以用這種方法造出一個文字來，非常方便，因此形聲字在中國文字裏占最多數。所以要研究中國語言聲音意義的各方面，應當從形聲字入手。更需要把所有讀音相同或相近的各組形聲字聯合在一起來研究，然後才能有新的發現。

過去把形聲字按照它們的諧聲系統整理出來的，就衹有清人嚴可均的《説文聲類》、張成孫的《説文諧聲譜》等書。不過這一類的書他們研究的目的專在考求上古音的韻部，并且所收的文字也就限於《説文》的九千三百五十三個文字，研究起來音義各方面都不够用的，故字書而外不得不利用韻書了。

今日所存最完整而且較早的韻書，就是宋人陳彭年等所修的《廣韻》了。《廣韻》是承襲隋陸法言《切韻》及唐諸家音韻而成的，字音搜羅的也最完備，爲記載文字語言之中心字典，真是一部研究中國語言文字最重要的書。如果根據這部書把它所有的字都按照諧聲的系統編排出來，然後根據它來推尋聲音訓詁的條理，就再没有比這辦法好的了。

沈先生就是爲供給這種需要，費了十多年的工力，編成一部《廣韻聲系》。他在編輯旨趣裏也説："吾人欲建設漢語學，必須先研究漢語之字族；欲作字族之研究，又非先整理形聲字之諧聲系統不可。《廣韻》一書，爲記載中古文字之總匯。其形聲字，比之《説文》，多逾三倍。其語彙亦較《説文》《玉篇》完備。凡漢語語根及語辭之縱横衍變，均可由其諧聲系統爲出發點以推求之。"因此假使把《廣韻》的形聲字，凡是同從一個音符所孳生的字都聚集在一起，依據它們的諧聲次第排比出來，然後又以這些音符作綱領，凡是它們的讀音聲母相同的都歸爲一類，共有四十一類。用宋人"三十六字母"及清人陳澧《切韻考外篇》所定的名稱作標目，就見由"見""溪""群""疑"到"日"共四十一類。凡是屬於同一類的許多音符，又按照它們見於《廣韻》韻部的先後來排比。每一個音符所有的許多形聲字，凡是讀音與音符相同的先列，不同的後列。至於《廣韻》中没有從它得聲的字，也按照它的讀音附録在每一類的後面，就是屬於"見"母的附在"見"母後，屬於"溪"母的附在"溪"母後。還有一些形音分類不清的字體，也都附録在後面。又反切、等呼，均每字注明，并用瑞典漢學家高本漢所擬的切韻音標標記每字的音讀。這種編法不僅意義上比清人的諧聲譜重大的多，而且在方法上也比清人精密的多了。這書最主要的旨趣，有下面所列的四點：一、叙列周秦兩漢以來諧聲字發達之史迹。二、提示主諧字與被諧字訓詁上、文法上之各種關係。三、比較主諧字與被諧字讀音分合之現象。四、創立以主諧字爲綱之字典模範。（見"《廣韻聲系》編輯旨趣"）

這書於民國二十二年秋開始編輯，三十四年一月出版。其中編輯時的甘苦，誠如陳援庵先生序文中所説"稿凡三易，歷時十載，始克成編。蓋雖爲排比之作，然磨礱切磋，考訂是非，旁衍周洽，非融貫全書，不足以爲之"。信益於二十二年即從先生學，課餘的時候協助編輯，畢業後又被聘爲編輯，始終其事，所以覺得陳先生的話非常中肯。

這書每一主諧字本有一個紐韻分布統計表，叫做"諸同主諧字下各被諧字之紐韻分布統計表"。全書共有主諧字九百四十七個，這個統計表也有這麼多，由這個表一看，各被諧字的紐韻分布的情形可以一目了然。當時原擬作附録與此書合印，後來以印刷關係便割開了，也就是因爲先生於三十一年冬離開了北平，這個統計表更無法審定。近來先生每感覺到這統計非常有用，并且也是一種已完成待整理的工作，剛計劃開始整理，并命我於暑假後在輔大國文系糾合有志的同學開始整理校對研究，預備將來出版，萬没想到這工作還未開始，先生竟忽患腦溢血症而溘逝了，這怎能不使我們爲弟子的悲傷！

同日，《益世報》“人文周刊”新第一五期發表葛信益《兼士先生手訂即將出版之〈段硯齋雜文〉》。節録如下：

《段硯齋雜文》爲兼士先生所手訂，共收文二十四篇，附録三首。原擬以講稿、文牘、序跋、書札等四類分目，嗣先生以既雜文名書，應注重歷史性，因改訂按年編次。每篇終校，必經先生過目後付印。先生治學，小學而外，無所不窺。整理文獻，尤具興趣，嘗許以爲畢生事業。讀此書所收各篇，不惟可以窺見先生對文字、訓詁學上之主張發明，文獻整理之種種方法，亦且可以知先生對其他學問亦無不有其獨到之處。信益於去年夏受命編印，本期於半年内出版，廼始以蒐集費時，繼以先生事忙，或時感不適。又以字體關係，印刷需時，故往往排校一篇文章，歷時甚久，始得付印。輾轉經年，大體竣事。方擬裝訂成册，近復以一首附録文章未送終校，致又不果。今不幸昊天不憫，竟奪我師，悲哉。《人文周刊》爲先生出專刊紀念，謹恭録先生手訂之雜文目録與之，略記原委，以誌哀悼。孚民謹識。

段硯齋雜文目録（略）

按：孚民，葛信益字。

八月，于省吾撰成《段硯齋雜文序》。後發表於《益世報》“人文周刊”新第二十五期。照録如下：

昔人以研討文字之形、音、義者，謂之小學。自章炳麟先生易稱爲語言文字學，俾脱離經學附庸，上承顧、江、段、王之業，綜理其成。而兼士先生親炙緒論，推尋闡發，究極原委，進而爲語根字族之探索，遂蔚爲斯學之正宗。先生之言曰：“余近年來研究語言文字學有二傾向：一爲意符字之研究；一爲音符字之研究。意符之問題有三：曰文字畫，曰意符字初期之形音義未嘗固定，曰意通换讀。音符之問題亦有三：曰右文説之推闡，曰聲訓，曰一字異讀辨。二者要皆爲建設漢語字族學之張本。”此爲先生自叙治學之綱要。先生著述之已成書者，惟主編《廣韻聲系》，其印入斯編者，僅廿有五篇。斯編之外，尚有八篇已散見各學術專刊。詩約百篇，亦未付梓。先生嘗出雜稾盈尺視余，謂得余暑一一著爲專篇，志未償而先生殁矣！先生之著作雖僅如上述，顧其開新造大，卓識精詣，足以啓悟後學者多矣！章氏《文始》，猶多皮傅牽溷之弊。凡先生所論釋，爬疏搜剔，洪纖畢陳，無不中其肯綮，得其勰理。其《漢字義讀法之一例》、《吴著經籍舊音辨證發墨》、《漢魏注音中義同换讀例發凡》三篇，闡述兩字義通，音雖睽隔，亦可换讀，發前人未發之秘。其《鬼字原始意義之試探》《希殺祭古語同原考》《與丁聲樹論釋名濶字之義類書》《盧字之字族與義類》與《袒裼　但馬　劃襪》五篇，均爲漢語字族研究之範疇。其《右文説在訓詁學上之沿革及其推闡》一文，應用右文定律，義存於聲，以判異訓得失之由，以究語根分化之迹，於訓詁學闢一革新之坦途，厥功偉矣！其《聲訓論》一文，凡眾説紛紜莫决者，舊訓穿鑿譌謬者，古義湮微待發者，皆可本其方法，以理董之。綜之，先生之於語文學，抉其根株，闡其義藴，有高深之理論，而附以例證；有正確之方法，而示以徵驗，歷引其端，惟待後學之竟其緒而已。先生所蓄於中者既富且深，其著爲篇章者，特十一百一耳。此十一百一，雖不足以窺先生之全，然其宏規眇恉，研精極微，信足以啓示來學，昭垂憲軌。余與先生寓廬相去不及里許，昕夕過從，先生即世之日，朝食後猶枉臨晤語。我生不辰，自遭東北事變，間關羈旅，鍵户讀書。自遭先父之喪，形惢神茹，銜恤内疚。每有撰述，質之先生，輒承激賞。時難方殷，海宇搶攘，索居泬寥，惟恃先生之慰藉以度衰齡。孰謂天不假年，理乖於常，而先生往矣！至先生之綜理煩劇，拔擢後進，屢歷艱險，以抗敵僞，具詳傳記，茲不贅述。烏虖！先生之歿，固士林所同悼，豈伊一人之私痛乎!?初先生之《段硯齋雜文》付印，屢促余爲之序，因循未就，今去先生之歿才兩旬耳。泚筆爲文，不勝涕零矣！民國三十六年八月海城于省吾。

仲夏，沈尹默驚悉三弟在家中突發腦出血去世，特賦詩兩首哀悼。

1947年仲夏，驚悉三弟沈兼士去世，痛不欲生，賦詩兩首。

暑中聞兼士之喪，泫然賦此。弟舊曆六月十一日生辰，越五日宴客於家，宴中疾詎作，即溘然長逝矣，傷哉！

炎天旦夕幾風雷，過雨軒窗閉復開。酒畔偶然傳快語，人間是處有沈哀。荷塘香散花隨水，荆樹枝摧葉覆苔。白日看雲眠未得，虚期北使望中來。

再哭弟

一朝散手若爲情，六十年來好弟兄。更使後生思老輩，却緣清德著能名。他年識字才餘種，此日爲邦苦用兵。老淚無多不供灑，木然翹首立秋晴。

（沈長慶《沈尹默家族往事》，第132—133頁）

九月九日，楊樹達從余讓之信中得知沈兼士身後事，其中遺著《段硯齋雜文》已排好，尚未付印。

余讓之書告沈兼士身後事頗詳。著作有《段硯齋雜文》，兼士卒前已排好，請于思泊作序，於序未就而兼士遽没。（《積微翁回憶録》）

九月十三日，馬彦祥在上海《新民報晚刊》發表《懷沈兼士先生》一文。照録如下：

懷沈兼士先生

八月二日晚上十一點鐘，我從西城回家，一進門，就看見父親臉上的情緒有點異常。

“三先生死了！”父親突然對我説。

“今晚不是三先生請客麽？”我幾乎不能相信這是事實。

“是呀！就在吃飯的時候，中風死了！”

第二天，父親起來得特别早，顯然是昨夜没有睡好，在他老人家的書桌上，我看見沈先生的那張請帖，背面上已經寫了幾行字：

“是晚入席，酒甫初巡，而主人疾作，亟扶入内室，延醫診治，醫生放血，而病人及家人未同意，經一再解釋，已漸入昏迷狀態，蓋血管已破裂；僅抽出十餘CC而血凝結矣。十時三十分竟告永訣，自發病至氣絶，僅二小時耳，老友之在側者衹余一人。”

這張請帖已成爲他們三十年友誼的最後的紀念物了。

我到北平是民國八年，那時才十三歲，不久我就認識了當時父親所交往的許多朋友，其中有三位沈先生，我從小就稱呼他們“沈大先生”，“沈二先生”，“沈三先生”。三先生就是兼士先生。那時候的印象：大先生最和氣，二先生根本不愛理小孩子的，三先生最嚴厲，常常聽見他發脾氣，小孩子們似乎都很怕他。後來我年紀大了一點，才慢慢知道這就是人的一種性格。三先生的性格比較强，感情熱烈，遇事勇敢直率，而且富有正義感。這些性格上的表現在今天處處講究世故人情的社會裏不免容易被人批評誤會，但在某種特殊的環境裏，這些性格也是完成一件特殊工作的重要因素。抗戰以後，三先生是奉命在淪陷故都從事教育界的地下工作的主腦人物，一直到太平洋戰争爆發，他的身份敗露以後，才撤退到了大後方，這一艱巨的任務，在當時留在北平的父執當中，幾乎找不出第二個人來的，這正是由於三先生具有這些性格的緣故。

去年復員來平，我和三先生見面的機會比較多一些。有一次，爲了中華全國文藝協會要在北平成立分會，我去看他，并且請他來領導這個組織。他很自歉地説：“我不是文藝家，對於文藝也没有過什麼貢獻。”但是接着他表示：“我做個會員吧。”於是他參加了“文協”，而且當選了“文協”北平分會的第一届的監事。

曾經有人批評三位沈先生説：“大先生是官吏，二先生是名士，三先生是學者。”這話是很恰當的，三十年來他没有脱離過學者的生活。比起那些“學而優則仕”的學者們，三先生是足爲我們後輩的青年作爲模範的。

按：馬彦祥（1907—1988），浙江鄞縣（今寧波市鄞州區）人，馬衡（叔平）之子，劇作家、戲劇理論家。

十月二十、二十一、二十二日，戴季陶、張繼、陳立夫、賈景德、狄膺等十六人聯名在上海《大公報》刊登《公祭沈兼士先生啓事》，定於二十四日在南京國府路東首毘盧寺舉行公祭儀式，敬請沈氏生前友好、弟子參加。照録如下：

吴興沈兼士先生道德學問，矜式士林，淡泊自甘，覃思著述。歷任國立北京大學、國立中央大學等校教授及北平私立輔仁大學文學院院長，宗匠陶甄，成才甚衆。自“七・七”日寇内侵，平津淪陷，先生糾合志士，督勵諸生。始則困頓危城，繼則奔走西蜀。扶持正義，艱苦備嘗。嗣幸抗戰勝利，復鋭力主持平津教育復員事宜，部署有方，勛績益著。乃以憂患飽經，積勞成疾，竟於本年八月二日遽歸道山。同人等久托素交，愴懷風誼，兹訂於十月二十四日下午三時，假南京國府路東首毘盧寺舉行公祭。凡先生生前友好、門生，敬希届期參加，共伸追悼。

戴傳賢　張　繼　陳立夫　賈景德　狄　膺　王啓江　汪　東　蔣復璁

朱家驊　吴鐵城　陳大齊　陳雪屏　杭立武　田培林　馬　衡　英千里謹啓

倘蒙賜唁言，請於十月二十三日以前送交——1. 教育部總務司第二科。2. 考試院考選委員會第四處。3. 凡賜花圈者，請於十月二十三日、二十四兩日，逕送毘盧寺。

十月二十四日，沈兼士追悼會在南京毘盧寺舉行，張繼、陳立夫、朱家驊等五百餘人參加。

追悼沈兼士　京各界昨日開會

［本報南京二十四日發專電］沈兼士追悼會二十四日下午在京毘盧寺舉行，到張繼、陳立夫、朱家驊等五百餘人，由張繼主祭，沈士遠代表家屬答禮。

（天津《大公報》1947 年 10 月 25 日）

本市教育界追悼沈兼士

［本報訊］本市教育界於昨（廿四）日下午三時，假毘盧寺舉行沈兼士追悼會，到張繼、朱家驊、陳立夫、羅家倫、陳大齊、陳雪屏等百餘人。由張繼主祭，沈氏兄弟沈士遠答禮，四時半禮成散會。

（《中央日報》1947 年 10 月 25 日）

本市教育界
追悼沈兼士
教電製片廠
廠長易人

1947 年 10 月 25 日《中央日報》刊登南京教育界追悼沈兼士的消息

十月三十一日，《圖書展望》復刊第五期刊登沈兼士逝世的消息。

文化簡訊·國内外學者消息

沈兼士逝世　沈兼士浙江吴興人，早年留學日本，歷任北大、厦門、輔仁等大學文學院長及教授，在教育界工作多年。於八月二日病逝於北平，享年六十一歲。遺著及未完稿件，已經人從事整理。

（《圖書展望》復刊第五期，1947 年 10 月 31 日）

十一月十六日，顧隨作致周汝昌信，談及沈尹默《哭弟》詩。

昨夕睡眠不佳，早起便覺耳鳴頭眩，小庵獨坐，甚無聊賴，遂將默師《哭弟》詩抄録一過，附函寄上一看。

…………

（滿侄將北歸，出册索書，即書二詩付之，情懷作惡，如何，如何！丁亥秋末　尹默）

滿者，兼士之女公子也，秋間曾赴滬上省默老，二詩即爾時所寫，原册不便借出，兹衹録其文，非臨其字體。

苦水又白　十六日

（《致周汝昌（一九四七年十一月十六日）》，《顧隨全集》卷九，第116—117頁）

按：滿侄，指沈兼士三女沈節（小名阿滿）。

十一月二十一日，沈兼士遺體安葬於北平市西山福田公墓。

沈兼士今安葬　胡適梅貽琦昨往祭

［本報北平廿日電］沈兼士遺體明晨安葬西山福田公墓。今在嘉興寺舉行□祭，胡適、梅貽琦□□往祭。

（《申報》1947年11月21日）

同日，王之相在《益世報》發表《一個具有文學和經濟意義的俄文檔的釋義——紀念沈兼士先生》一文，談及沈兼士主持整理故宫博物院文獻工作成績卓著。

一個具有文學和經濟意義的俄文檔的釋義——紀念沈兼士先生　王之相

蘆滿戰役爆發以前，東北淪陷，平津岌岌可危，北平故宫博物院文獻館的整理研究工作，在兼士先生領導之下，始終積極進行，不稍鬆懈，檢查當時出版目録及工作報告，可見資料豐富，成績斐然，足爲我國文獻之光，至堪矜式。故瞰寇侵略時期，雖處處露其爪牙，獨對故宫文獻，不敢甘冒不韙，將此井井有條的文化設施，恣意破壞或改弦更張，此乃由於兼士先生工作成績的感召，獲得保全的功效。

抗戰勝利以後，平津一切文教機關，急待復員，兼士先生任此繁劇，日不暇給，歷時年餘，始行就緒。因故宫文獻方面，尚有許多重要工作，必須繼續進行，不肯稍事休息，即復開始實施。所有舊存俄文檔案繼續編譯，亦在預定計劃之中，如有文化意義或歷史價值，則巨細不遺，雖斷簡殘篇，必加珍惜。追憶兼士先生的治事精神及工作效能，皆足令人感念不忘，敬佩無已。先生學術造詣之深，實非偶然。本年五月文獻館清理舊檔，發現一個比較古老的俄文文件，頗有歷史意義，先生囑愚鑑定發表，曾幾何時，先生竟已長逝，使我文化界喪此導師，至深悲痛，因以此文永誌追悼之忱，并資紀念。民國三十六年八月二十日，北平，王之相。

（下略）

（《益世報》1947年11月21日）

十一月二十一日至二十八日，顧隨作《詩三首——沈兼士先生安葬紀念》的長文，深情回憶向沈兼士問學的經歷，緬懷老師愛護、關心後學的品德。節録如下：

沈兼士先生逝世的消息一傳出，在我，正如在我的其他師友之間，是晴天的一個霹靂。誰也不會想到那麼一位雖然年過六十，却并無一根白髮，而且作事談話一點也不顯衰頹的沈先生會在兩三個鐘頭裏面溘然長往的。

先生死去的第二天，便移靈到平市地安門外的嘉興寺。我曾經去過那個廟裏弔過許多回喪——究竟有多少回，我的記性平常，可是數不清了。停靈的處所老是佛殿後那座北房。這一次先生的靈也仍然是。待我在先生靈前行完禮之後，一抬頭，却看見門上挂着一塊匾，這之前我可没有留心過，徑尺大小的四個大字："現真實相。"當然，那是佛家的習語；那匾大概也是和嘉興寺一般長的歷史而并非是這回才懸挂上去的。不過在我却是初見，彷彿禪宗所謂"築着磕着"似地，悲痛之餘，覺得有如兜頭澆下涼水來。人生必有死，咳，咳！"現真實相！"同時覺得這是先生死後給我的啓示。

先生是學者，而且具有辦事的心與力的學者。北大國學研究所，故宫文獻館，是他一手奠定的基礎，而且成績昭彰在人耳目的。據説二十年前在厦門大學時，便是魯迅翁也佩服先生的熱心和毅力。先生是小學家，"右文"、"字族"、"廣韻聲系"以及其他的箸述，將永遠沾溉後來的學人。説也慚愧，我個人是無辦事的能力與熱心，而於文字學則又是門外漢。我同先生的過從始於民國二十四、五年間，以前先生并不認識我。抗戰初期，先生住沙灘，而我移居於弓弦胡同，住址較近，其時我方有意研究元劇中之方言，便常到先生的寓所請教訓詁音韻的問題。先生却總是同我談詩，要我的作品看；而且先生每有所作，也一定寫給我。於是我從先生的言談同作品裏發現了先生的文學的天才是被他的小學的功夫所掩抑下去了的。否則先生的詩是可與尹默師齊驅的。有一次，我居然向先生説："先生如不治小學，一定以詩人名。而我呢，倘早從先生受教，於音韻訓詁方面，也一定能有所成就。"先生微笑着，摇摇頭。

過了先生的"三七"，已是八月底了，學校仍在暑假，有一天，我忽然發心要整理積存的舊信件，在其中發現了一張素詩箋——

三十一年五月二十四日葬亡兒於翠微山麓，臨穴悲愴，不能自已。

亂離生意傷衰白，老淚何堪灑墓墟！回首卅年勤顧復，而今寂寞對楹書。

這是先生埋葬了他的惟一的愛子之後親手寫給我的一首詩。記得我當時曾依韻和了一首送到學校裏。那拙作是不值得於此舉出。然而葛孚民兄後來告訴我：先生看見我那一首詩，竟流下淚來了。我却以爲并非我的詩感動了先生。陸士衡説的好："落葉俟微風以隕，而風之力蓋寡。孟嘗遭雍門而泣，琴之感以末。何者？欲隕之葉無所假烈風，將墜之泣不足繁哀響也。"在愛子死去不久，埋葬不久的時節，先生的熱淚是隨時可以流下，無關於拙作之好壞。

至於先生的原作，老實説，在我剛一讀到的時候，并不覺得有甚了不起。大概我是受了舊底傳統底詩“法”的毒了吧，總以爲那首詩乾枯而喑啞，大不似他平時“輪囷膽氣惟宜酒，寂寞心情好箸書”的作風了。但讀過兩徧之後，立刻覺察到自己之錯誤。那詩不是尋常堆砌著“淚流”、“腸斷”、“心碎”、“魂銷”那些字樣的膚泛的傷感的篇什，而是一位老人失掉了愛子後至情的本身在發響。用了廚川白村的話，便是“宛如給磐石擋著的奔流一般……取一種迂迴曲折的行路”，教他從何處豐潤、響亮起？教他怎會不乾枯而喑啞？我是學文學的，但常常懷疑於文學表現的萬能：以爲人到至性至情衝動時，往往是“言語道盡”。魯迅翁〔言〕（“言”字漏——編者注）陶淵明寫乞食詩時，大概醺然有點兒酒意了：這决不是一句挖苦話。兼士先生的喪子較之陶公的乞食，其愁苦當有過之而無不及，但是先生的詩却斷斷不是醺然之後寫出來的。那麼，那二十八個字正是夜深燈暗、淚盡眼枯時的有力真實的表現，是决不會有人懷疑的。“楹書”本是留給兒子看的，兒子死了，“而今寂寞對楹書”，我願普天下作父親的人永不再有這種遭遇。如今先生也安葬了，而且也就葬在先生詩中所謂的翠微山麓。父子兩人，丘壑相望，魂魄相依。不過丘壑相望是真的，倘使魂魄相依之真一如丘壑相望，則死者與生者都可以自慰。然而這使我們怎麼能够相信得及呢？

在安葬前不多的些日子，感謝葛孚民兄，使我得以見到尹默師哭兼士先生的兩首七律——

…………

然而兼丈（我向來於函件中是這樣稱呼兼士先生的）究竟是兼丈而不是默師；而默師究竟是默師而不是兼丈；雖則他們“六十年來好弟兄”。默師是詩人，他能以從情感把自己解放出來。“木然翹首立秋晴”，倘若異中取同，説是與陶淵明的“悠然見南山”有相似之處，想也没有什麼不可以。兼丈是學者，而且是具有辦事的熱心與毅力的學者，他有着他的澈頭澈尾的執着性。他是不能也并不肯從情感裏解放出自己來的人。“而今寂寞對楹書”，他是從他的惟一愛子死去之後，一直地“寂寞”地“對”着“楹書”以至於自己的死神臨頭之日的，不拘他是怎樣地從淪陷區輾轉到大後方，或是勝利後重復飛回了故都的北平；也不拘他是怎樣地治着學，辦着事，讀着書，作着文或是會着賓客，談着話。在兼士先生的愛子的病一年重似一年、一日深似一日的時節，我在先生的臉上覺察到煩躁和不安；而在他永遠地失掉了兒子之後，我在他的臉上就看見了那“寂寞”。我這樣地説了，料想先生的友好大概也有同感的。

自先生作古以後，我時常想：假使先生的愛子不死，或者先生不那麼富於執着性，而能一如默師似地將自己從情感裏解放出來，則他的壽限將不止於六十有一。但是即使我這幼稺、荒謬的想頭是不錯的，此刻説了，不也是還成其爲廢話嗎？先生生前，時時刻刻關心於我的學業、身體，甚而至於生計，每見必諄諄垂問，且每每代爲籌畫。先生自然不預計我的酬報。若説感恩知己，則又本是人同此心，心同此理；慚愧的是我衹能寫這樣的惡劣文字來作爲先生安葬的紀念。

三十六年十一月二十一日寫起，二十八日脱稿。

（天津《大公報》1947 年 12 月 7 日）

十二月一日，楊樹達閱報得知沈兼士安葬於北平香山，不勝歎息。

報載沈兼士葬香山。講習故人，長眠地下，不可得見矣。嗚乎！

（《積微翁回憶録》）

十二月二十四日，私立北平輔仁大學爲沈兼士出具在該校任教、任職證明書。

私立北平輔仁大學稿證明書

（中華民國三十六年十二月廿四日時寄）

沈兼士先生，民國拾陸年弍月任本校講師，拾捌年度任教授，弍拾壹年玖月任文學院院長，弍拾陸年玖月兼任文科研究所主任，叁拾陸年捌月病故。特予證明。此證。

私立北平輔仁大學校長陳〇

（北京師範大學檔案館藏檔，檔號：6. 1-0080-0001）

十二月，遺著《段硯齋雜文》由葛信益編輯整理，私立北平輔仁大學印行，代售處爲北平琉璃廠來薰閣、隆福寺文奎堂。

同月，北平故宫博物院文獻館同人撰文《紀念館長沈兼士先生》，簡要回顧沈兼士帶領文獻館同人，搜集整理明清檔案的經歷，表示將繼承其遺志，各盡職責，做好文獻檔案的整理工作。

嗚呼！兼士先生不幸以腦溢血症遽然長逝矣。海内外聞此噩耗，無論識與不識，莫不悼惜。蓋以先生之人格嶔奇，學問幽邃，平生以恢弘文化爲職志，以作育人材爲己任，其發揚涵育，粲然爲邦國之光，則有非筆墨所能覼縷。且自抗戰以來，先生忠義奮發，冒白刃，蹈危機，領導愛國志士，徒手與敵人搏鬥，則坐而言起而行，君子三立，先生殆無愧焉。其平生偉績，自有國史著其芳猷；學術造詣，則有專家爲之闡紀。同人等追隨先生整理本館文獻，歷二十餘年，於先生整理文獻之熱心及功績，敢云知之較詳，敬述大端，稍申追慕之私。

民國十一年，先生任北京大學研究所國學門主任時，請准教育部將歷史博物館留存之清内閣檔案，移至研究所國學門整理，即組織清内閣大庫檔案整理會，旋改稱明清史料整理會，規訂整理方法，逐步實施。是爲先生整理檔案之始，亦國人知重檔案之始也。十三年清室善後委員會成立。翌年故宫博物院成立，設古物、圖書兩館，圖書館復分圖書、文獻兩部，文獻部由先生主持。遂就宫内南三所設辦公處，又闢外東路爲陳列室，集中宫内各處舊檔於文獻館，整理研究與公開展覽，相并以行。於是沉埋數百年，久付朽蠹，視同廢紙之檔案，始得真確之評價，而爲中外學者所注意。

十八年故宫改組，設古物、圖書、文獻三館，先生任副館長推行館務，擘劃最多。其間將軍機處、内務府及宫中各部分檔案，分别整理編目，并編印各種史料，如《文獻叢編》《史料旬刊》，文字獄檔、外交史料等相繼出版。復印行《籌辦夷務始末》《清太祖實録》等。復於東華門内清内閣地址設文獻館臨時辦公處，開始整理清内閣紅本庫、實録庫之檔案。是後出版之各種史料，有三十餘種之多。

二十三年先生任文獻館館長，對於整理檔案之計劃，更加縝密。以爲以往過於偏重搜求珍奇史料，故改訂辦法，以全力注重普遍之整理。除繼續編印各種史料外，更將編成之各種檔案目録，擇要出版，以供學者檢索參考，計有《軍機處檔案目録》《内閣庫貯舊檔輯刊》《雍正硃批諭旨不録奏摺總目》《各國照會目録》《清代實録總目》《内務府造辦處輿圖房圖目》等多種。二十四年起，定於每年雙十節出版《文獻特刊》。翌年改特刊爲曰《論叢》，以爲故宫博物院之紀念刊。自整理研究至編排印行，發揚愈大，而督導彌勤。即就出版目録觀之，已足徵先生之心力交瘁矣。

二十五年中國博物館協會與中華圖書館協會在青島開聯合年會，文獻館有重要提案。大旨在請國府令各省、市、縣各級機關檔案分别就地保管，不得毁棄；各部院將北政府時代及前清舊檔案，撥歸本院整理；駐外各使館將已失時效之舊檔，運繳國内整理保存。當經無異議通過，請政府核辦。在此次聯合年會中，先生又嘗將文獻館據歷年經驗編成之《整理檔案規則》提出討論，以求盡善，當獲得與會各地學者所贊許，均願依照實施。明清檔案自先生發潛振墜以來，始有科學之整理，而近代檔案，尤不應忽視。此次提案雖未獲實施，而先生目光之卓，於斯已見。至於整理規則之詳密，亦獲定評。先生之才與識，固無愧良史也。

二十六年，日寇憑陵，北平淪陷，同人中多秘密追随先生，從事抗敵工作。三十二年，先生被迫南下，同人頓失領導，皇皇無依。迨三十四年日寇投降，先生奉命北來，擔任平津地區教育復員之使命，於敵僞檔案，尤爲注意。時以收復之初，百廢待舉，鞅掌之餘，猶督責同人等整理庫房，計劃印行刊物，蓋先生無日不以文獻爲念。除屬同人等編印多種刊物外，并籌備本年雙十節繼續出版《文獻論叢》，爲光復後之紀念刊物，何意遂爲先生千古之紀念？嗚呼痛哉！

先生於同人工作，督率固嚴，而勸免誘導，樂道人之善，不啻良師之於弟子。同人等朝夕孜孜，不敢或懈，莫非先生精神之鼓勵。今後同人等，惟有秉承先生遺志，各盡職責，俾此偉大事業，不復失墜，庶幾可慰先生於九原。若夫追念之忱，固非區區文字所能盡。

三十六年十二月文獻館同人敬述。

（國立北平故宫博物院文獻館編《文獻論叢》“沈兼士先生紀念刊”）

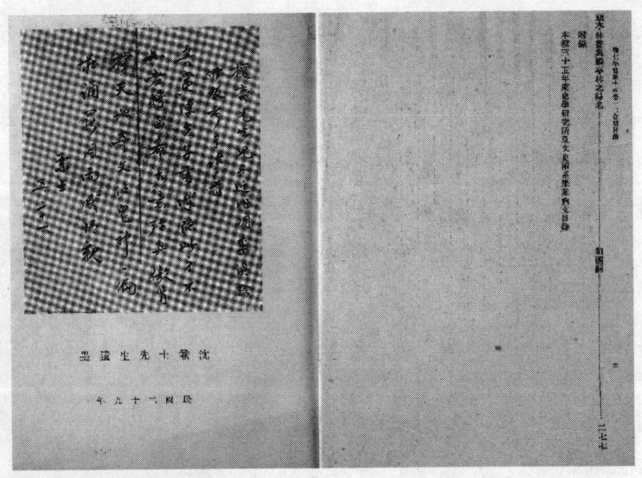
沈兼士先生遺墨

刊登於《輔仁學誌》第 15 卷第 1、第 2 合期的《沈兼士先生遺墨》

同月，馬衡爲國立故宫博物院文獻館編輯的《文獻論叢》“沈兼士先生紀念刊”作序，在序文中簡要回顧了沈氏主持故宫博物院文獻館的工作業績，同時對其逝世表示深切哀悼。

序

故宫所藏清代檔案，浩如煙海，昔人以斷爛朝報視之，罔知珍惜，毁棄散佚者，不可勝計。迨本院成立，沈兼士先生主持圖書館之文獻部，始加以整理。十七年文獻館成立，先生繼張溥泉先生任館長，蒐集之檔案，日益豐富。先生勞心殫力，督率館員，從事清釐，復編訂整理檔案規則，以爲分類編目之準繩。自是昔日雜沓散亂者，悉以類相從，分别部居，蔚爲研究清代政治典章制度之珍貴史料，對於學術界之貢獻，殊非淺鮮。先生治事謹嚴，用力精勤，以事業爲重，個人之健康，則漠然視之，以致因勞成疾，於本年八月，溘然長逝！此固我學術界莫大之損失，而本院同人驟失典型，悼痛尤深，爰以本期《文獻論叢》，爲紀念專刊，追懷篳路之功，用勵繼武之志云爾。

民國三十六年十二月　馬衡

（國立北平故宫博物院文獻館編《文獻論叢》“沈兼士先生紀念刊”）

一九四八年　民國三十七年

二月一日，《益世報》刊登消息，稱沈兼士遺著《段硯齋雜文》即將出版。

紀念沈兼士　《段硯齋雜文》即在平付梓

［本報北平電話］國内文字學大師沈兼士著作等身，士林推重。自客冬逝世後，儒宗殞落，海内爲之同悼。近有沈氏高足葛信益君，爲受沈氏友好之托，蒐集沈氏生前三十年有關文字學之著作，都爲一編，取名“段硯齋雜文”。其中大

部文章爲沈氏生前手訂，全書約八萬言，已委平市名書肆來薰閣及文奎堂代售。按沈氏爲“文字畫”與“字族”之創獲者，爲中國文字學研究一大革命發現。

（《益世報》1948年2月1日）

按：文中“自客冬逝死後”不確，沈兼士逝於上年夏。

二月四日，天津《大公報》刊登消息，稱沈兼士遺著《段硯齋雜文》已正式出版，全書共三十餘篇，八萬餘字。

沈兼士遺著《段硯齋雜文》出版

［本報北平電話］前輔仁大學文學院長沈兼士氏爲我國文字學專家，三十五年夏間沈氏即命弟子葛信益將其數十年來關於語文學、檔案學以及史學等之論著蒐集編印爲《段硯齋雜文》，以使學者參考研究。三十六年八月已大體印就，而沈氏忽病逝，致稍延數月。現已出版，全書共三十餘篇，約八萬言。其他遺集亦均在整理中。

（天津《大公報》1948年2月4日）

《段硯齋雜文》(1947年)書影

二月二十一日，周祖謨在《申報》“文史”第十一期發表《沈兼士與近年史學》一文，簡要回顧了沈兼士對歷史學發展的三點重要貢獻，即主持整理明清檔案、提倡考古研究、注重歌謡和風俗調查。照録如下：

沈兼士先生於去年八月二日謝世，聞者無不痛悼。先生畢生瘁力於學術事業，推陳出新，與近二十年史學之發展關係至鉅，不可無述。兹分三事言之：

一、整理明清檔案

凡研究歷史所最易遇到之困難有四：一爲文獻無徵，二爲記載駁雜，三爲傳説異辭，四爲材料零散。欲除此四難，首當尋獲真實豐富之史料，有真實豐富之史料始能有新奇之發現。即如清代二百餘年之公家文書，爲研究近代史之絶好資料，然自民國改元以後，迄無人措意。民國二年（一九一三）教育部設立歷史博物館，曾貯存清宣統間由内閣大庫移出之檔案，然禁閉錮藏，不數年即幾爲世人所忘。至民國十年（一九二一）忽售於紙行，將用以造紙，事爲羅振玉所知，翌年斥貲萬餘元購回，得以未毁（詳見王静安先生《庫書樓記》）。是年北京大學已成立研究所國學門，蔡孑民校長聘先生爲主任，先生見羅氏之購求檔案，有慨於心，乃商請蔡先生呈請教育部將刦餘者移歸研究所整理，是年五月得部令許可，七月開始移接，計裝運六十二木箱，一千五百零二麻袋。其中有自明迄清之題本、報銷册、揭帖、賀表、貢表、上諭、詔書、謄黄、金榜、起居注及實録史稿等，因即成立明清史料整理會，着手整理之。此爲學術機關研究檔案之始。先生主持國學門凡五年，先後參與其事者十數人，除區别種類及分别朝代外，并編有《明季兵科題行稿摘要彙編》《清九朝東省報銷册目録》《清代官印譜》等書。其他珍貴之史料，如明宣宗實録底稿、明世宗實録底稿、明史料殘本、清太宗聖訓底稿等，皆足以補官書之闕遺，正史傳之紕繆。

北大所收檔案均爲外庭内閣大庫之物，清代内庭宫中之檔案，則仍存於故宫。迨民國十三年（一九二四）十一月溥儀出宫，政府方組織清室善後委員會，會同内政部及地方官署人員接收故宫，點查宫中物品，先生與陳援庵、李石曾諸先生同爲委員。翌年十月成立故宫博物院，設古物、圖書二館，圖書館復分圖書、文獻兩部，文獻部即由先生主持，因而集中精力，整〈齊〉[理]宫中檔案，於外東路開闢陳列室，摘要展覽。是後又接收宗人府、軍機處、清史館各處舊檔，皆依次整理之。十八年（一九二九）二月故宫改組，分立古物、圖書、文獻三館，張溥泉先生任文獻館館長，而先生副之。是時除將檔案分别整理編目外，并擇録要件，刊爲“掌故叢編”，後又易名“文獻叢編”。至於性質類似者，則編爲專刊，分别印行，如三藩史料、文字獄檔案皆是。而所編嘉慶朝外交史料，道光朝外交史料，光緒朝中日交涉史料、中法交涉史料，宣統朝中日外交史料等尤爲重要。

十五年以後館中所藏檔案，約分四類：一爲宫中檔案，二爲内務府檔案，三爲内閣大庫檔案，四爲軍機處檔案，十八年九月復接收舊刑部檔案。二十年春（一九三一）再得清理東西兩庫，於是此深閉固扃二百餘年古文書之所有底藴方盡爲世人所知。二十三年（一九三四）七月馬叔平先生長故宫博物院，先生任文獻館館長，以爲向者整理之方法仍有缺失：

（一）太重形式，祇知區分名物排比時代，而忽略檔案之内容。

（二）僅注意檔案本身，而忽略衙署、職司、文書手續之研究，遂使各類檔案失其聯絡。

（三）過於注重搜求珍貴之史料，而忽略多數平凡資料之普遍整理。

乃重擬計劃，革除舊弊，以全力注重於普遍之整理，并取分藏各處之檔案互相參稽，注意檔案歷史沿革之探討。遂分現存之史料爲若干組，先因名以立類，而後依類别以編目，且擬訂細則，舍去舊日平列式之立類法，而别創有系統之分類法（詳見二十四年先生所著《故宫博物院文獻館整理檔案報告》）。當時除編印各種史料外，并出版《軍機處檔案目録》《内閣庫貯舊檔輯刊》《雍正硃批諭旨不録奏摺總目》《内務府造辦處輿圖房圖目》等書，以便學者檢索。

二、提倡考古學

古器物之研究，興於宋代，後復衰微，至清代阮蕓臺、吴清卿等出，始大振絶學，其蒐討之勤，審鑒之精，殆已陵越宋人。惟重於一二器物時代之審定，銘文之考釋，尚無綜合之研究。猶未除宋人以古器物疏證禮經，以古文字刊正篆書之宿習。

至民國初年治此學者，已寥寥可數，雖古物日出無窮，收藏流布者惟羅振玉一人而已。然考古學者研究古器物，除知其形製，明其時代外，尤須知其出土之地點、出土之情形及與其聯系之一切關係。如此則貴乎實地勘查，并以科學方法施行有計畫之發掘。是以北大研究所國學門於民國十二年五月成立考古學研究室，并設立古蹟古物調查會，作調查之實施，并爲發掘與保存之預備。其調查之範圍分爲古蹟、古器物、古美術品三類。調查之方法，則分照相、摹拓、造型、圖畫、記録五類。是年八月間，河南新鄭、孟津兩縣出土周代銅器甚多，遂請馬叔平先生前往調查，携回拓片照片，并購得孟津所出銅器及車飾等六百餘件。爾後徐旭生、李玄伯、陳萬里諸先生皆曾參加調查古蹟古物工作。如大宫山明代古蹟之調查，洛陽北邙山出土古物之調查，甘肅敦煌古蹟之調查，并於考古學貢獻甚大。至十六年爲止，所收集之古物，金石、甲骨、陶器之類凡四千餘件，山西稷山興化寺元代壁畫五十七方，金石拓本一萬二千餘種（見十六年二月研究所國學門概略）。

三、注重歌謡及風俗之調查

民國九年（一九二〇）十二月北大成立歌謡研究會，十一年乃歸并研究所國學門。前後徵集歌謡，約得一萬四千首，并發行《歌謡周刊》，分省彙録，共出九十六期。同時出版歌謡叢書數種。民國十二年五月復成立風俗調查會，調查之方法，一爲文字之記録，一爲實物之徵集。所得材料分於《歌謡周刊》及民國十四年（一九二五）研究所國學門周刊發表。

由以上三事觀之，足見先生專門之學雖非史學，而提倡風氣之功，誠不可没。先生嘗謂："北京大學之於研究國學，風氣凡三變：其始承清季餘習崇尚古文辭；三四年之後，則倡樸學；十年之際，漸漬於科學，駸駸乎進而用實證方法矣。以爲向來文士盡信書之弊當有以矯之，故研究所國學門於古代研究，則提倡考古學，注重古器物之採集；於近代研究，則側重公家檔案及民間風俗；持此縱横兩界之大宗新資料，以佐證書籍之研究，爲學者闢一新途徑。"（見所作《方編清内閣庫貯舊檔輯刊序》）是亦可知先生當日計慮之深也。

考近二十年史學之發展，其憑藉有二：一爲科學實證之方法，一爲新史料之發現。科學實證之方法，自經蔡孑民、胡適之兩先生之提倡，爲民國八年"五四運動"以來之新思潮；新史料之發現，則得助於考古學者爲多。先生固爲五四時代之急進人物，且爲提倡考古學最力之人，故於史學之進展，實有推移之力焉。

三月一日，《益世報》新第四十二期"新書簡介"欄刊登《段硯齋雜文》介紹文一篇。照録如下：

《段硯齋雜文》一册（十六開本）

沈兼士先生遺著　三十六年十二月出版

定　價　洋宣紙本國幣貳拾萬元　報紙本國幣拾伍萬元

代售處　北平琉璃廠來薰閣　隆福寺文奎堂

全書收文共三十餘篇，約八萬言。自民國九年至三十六年，凡序跋、書札、論著、演講詞及整理檔案之文字，均多選入（略目已見本刊三十六年八月十八日新十五期）。沈先生爲國内語言文字學大師，對文字之形、音、義三方面均能推尋闡發，究其原委。有高深之理論，而附以例證；有正確之方法，而示以徵驗。發凡啓例，多爲後學所崇仰。對於文獻之整理編纂，尤具興趣。數十年來，領導故宫博物院文獻館整理檔案，孜孜不息，嘗許爲畢生事業。讀此書所收各篇，不惟可以窺見其對文字訓詁學上之主張發明，文獻整理之種種方法，亦且可以知著者對其他學問亦無不有其獨到之處。

學者欲參考研究著者對各方面之論著，此爲不可不讀之書。沈氏於三十五年夏間，即命其弟子葛信益着手蒐集編印，故全書各篇，多經其審定。不幸三十六年八月間著者忽病逝，致稍延數月，始行出版。

五月二十二日，私立北平輔仁大學返校節，舉辦已故文學院院長沈兼士遺物展覽。

5月22日　輔仁大學返校節，陳垣在大會上致詞。

本年返校節舉辦了三個展覽：一是已故文學院長沈兼士先生遺物展覽；二是啓功、柴德賡發起的明清學者書畫展覽會，由陳垣、余季豫、溥雪齋、張百齡、啓功等供給大批名家墨蹟。……

（劉乃和、周少川等著《陳垣年譜配圖長編》下，第530—532頁）

六月十五日，《新學生》雜誌第五卷第二期刊登何福同《一些容易讀錯或寫錯的字——敬以此紀念沈兼士先生》一文。節録如下：

説明

沈兼士先生教過我“文字學史”一學期，我記憶中有關沈先生的事情，一是他常鼓勵學生做筆記，二是考試嚴格，三是他講書時“的”字用得分外多，并且讀得很響亮。

日前大家在南京毘盧寺公祭沈先生，我也去參加。回想到二十年前上課時，沈先生未必知道我名字，但因我是以英文系學生修習國文系學程之故，頗承假以辭色。爪哇陷敵，我在海外做了三年半難民，自己立身行事，也還有千分一萬分一像沈先生的地方，可無内愧於心。祭堂中，我也記起守正不屈，立志做蘇武，而惜未及見國軍受降的錢玄同先生。錢先生病故，我在爪哇報紙上用“一丁”或“懷沙”的筆名，寫過一篇文章紀念他。我全部存放桂林和在爪哇逃亡前放在山埠的文稿、日記、衣服，已經都成爲灰燼，那篇文字，當如石沈大海，不易再見，我也真個身無長物了。種種舊事上心頭，我不禁傷感！

沈先生子女的教育費，與祭的人都自動捐助。我能力所限，捐得最少，秋風寒士，天地無知，我有什麼辦法？

字讀錯，寫别字，不一定可以説那人書讀得不好，即書讀得不好，人做得好，事辦得妙，也就够了，這小節，我向不重視。我還有一種意見，若干以訛傳訛，積非成是的讀錯寫錯的字，簡直可由教育部下一命令可以通假，通讀作某，通寫作某等等。但在没有這道命令以前，仍以讀正音寫正字爲是，否則本文即可以不作。

這裏祇集些常見常用的字詞而爲一般人容易大意弄錯的，字書中不難找到，我把它們簡略的擺在一起，算是給大家服務，希望有人用得着。至於文字學上的理論，自有專著，這裏不談，我也不配談！

易讀錯的字，在字下加括弧注同音字，或寫明平上去入。如需説明，則加解説。易寫錯的字，則分條簡單説明之，或寫出易混的字詞相對比。

我在爪哇先後十一個年頭，朋友來往談天，有時聽到習用的詞彙、成語有讀錯了的，總覺得有點刺耳，每每於談言微中之間加以糾正。忘年交去年去世的旅爪唯一前清舉人關友希先生，也不時訂正我的讀音。患難中和王生金土有時談及些粗淺的文字學之類，他便做成易讀錯字表、易寫錯字表、通用字一覽表、正體俗體字對照表等，抄在一個本子上，但過後他仍找不到，該是失掉了。敵寇既降，我回到巴達維亞教書，偶爾也講到文字音、形、義之辨，學生劉君晋敦筆記得最詳細。我今年春間要回國的時候，承他費心從幾本高中國文課本的書頭抄下我講過的容易讀錯的這一部〈門〉［分］的字給我，還用國音符號注音。現在即頗多取材於此而寫出，并匆匆整理補充順筆加上易寫錯的一些字，且改用同音字注音，以便讀者。

易讀錯的字（略）

九月二十四日，余嘉錫告楊樹達有關沈兼士事。

季豫告余沈兼士事，并及孫子書之荒謬情形。 （《積微翁回憶録》）

是年，私立北平輔仁大學《輔大年刊》刊登王福蔭《紀念沈故院長兼士先生》一文。作者懷著沉痛的心情，從一個學生的角度，回憶了老師沈兼士的活動片斷。照録如下：

一面受着豐富的西洋文學思想的陶洗，另一面仍保持着濃厚的東方文士的氣質與精神，數十年來在中國文學界上貢獻他所有的精力，但在物質上，幾乎没有使他或是他的家庭過着舒適的生活，一年到頭，總是沉酣在研討文字與聲韻的起源演變中的沈兼士先生——我的老師，他那瘦長的個子，温和微笑的面容，布鞋，長袍，鼻上架着一幅寬邊眼鏡，走起路來輕快無聲，由這些條件，形成一個博學而高傲的學者的影子，這個影子，消失將近一年了。

我每次走過樓下一七五教室，總會增加着無限的追念與抱憾。在那教室裡，我曾聽見過沈院長講授《釋名》。那是前年秋季的事，我剛昇入三年級，選了《釋名》課之後，不幸發生了問題，因爲原教授《釋名》的劉盼遂先生因事辭職，而這門課又是一種專門學問，輕易不容易請到能教授者，於是衹好暫時擱置。那時沈院長剛從南方歸來不久，擔任着許多學校之外的職務，非常忙碌，可是對於學校的事，仍是很關心，聽到了我們所選的《釋名》因爲没有教授，行將取消，同學們的學分因此很受影響，同時學校當局和我們的余系主任都爲此非常焦急，於是不顧本身的勞累，毅然决然地答應了擔任這門課程。消息傳來，我們該是多麽欣喜！不但我們選課有了解决辦法，同時還能辱蒙一代國學宗師的教誨，預想這一年之中，我們將要得到很多新的學識是無疑的了。可是又有使我們愁悵的事，因爲那時沈院長因操勞過度，染病不能即來上課，雖然請假單屢次揭示在布告欄裡，而每當星期一、三下午，我們仍在教室裡等待着，祈禱着，盼望着沈院長病體痊癒，早日來給我們上課，這樣一直過了將近兩個月。終於有一天，沈院長出現在我們面前了，清癯的面龐，深沉的態度，使人由敬生畏。講解的清晰，剖理的細密，更顯現出一個學者的特色，我們大家慶幸着，慶幸我們又得到一個良師。

去年暮春，芳草萋萋，落紅遍地的時節，我們發起了一次國文系師生聯合旅行，懷着一顆忐忑的心去請各位師長來參加，深恐他們不肯賞臉。可是在各個被派出去請師長的同學回來時，大家的臉都含着笑，各人報告自己的成績。出乎意外的是年高德劭的余主任和沈院長居然也肯參加。我們大家高興得跳起來，像是遇到了一件最榮譽的事，到了出發的那天，天也彷彿在給我們助興，天清氣朗，風和日暖，我們先到西山周家花園。在那裡，我驚奇着兩位老年人的精神矍鑠，步履輕健，竟不亞於年紀〈青〉〔輕〕（“青”字錯——編者注）的人。余主任興緻很好，滿面笑容，這使我們争先恐後地來看，因爲在平常主任總是一幅懔懔不可犯的莊嚴態度，輕易不見一笑，至此見了笑容不覺希罕了。沈院長更是雅興不淺，一路和幾位先生們談論着詩、文、考證，一顆樹，一塊石頭都能成爲他們談話的資料，我想，我們國文系的師長們真是學者文人本色，游山尚不忘學問啊。中午大家到玉泉山去野餐，餐後别的師長和同學們都先到各處游玩去了，衹有沈院長、余主任兩位老先生和我們三四個同學留在茶座上。沈院長問我爲甚麽不去爬山，我當時胡謅説“我的血壓高，上山吃力”——其實我們是在想，假如大家都去玩，衹留兩位老先生在此，實在太失禮了，所以留幾個人陪兩位先生——沈院長笑着説：“小孩子甚麽血壓高，我才真是血壓高呢！我時時〈堤〉〔提〕（“堤”字錯——編者注）防我的血壓上昇，這是很危險的。”當時我聽了這話，并不以爲意，誰知那竟成了讖語呢！

草長鶯飛的季節過去，轉瞬就荷香池畔，蟬鳴枝頭了。我們修完了三年級第二學期的功課，在放暑假時自己檢討，覺得文字學的造詣因得沈院長教誨，獲益良非淺鮮。我在計劃着暑假後看沈院長還開甚麼課，再選一門以便多得些指示與學識，沈院長逝世的消息傳來，打破了我求知的美夢。我懷疑着這不會是真的——因爲那滿頭黑髮，腰不弓，背不駝，步履快捷的沈院長根本不像年過六旬的人，更不像會一病不起的樣子。可是事實告訴我在兩小時短促的時間内腦溢血就結束了這一代宗師的生命，事業和一切，這消息該是多麼令人驚愕啊！當然，這不僅是文學界一大損失，而且是多少欲得沈院長教誨的同學們的損失。我們再不能看到那博學而高傲的影子，更聽不到那諄諄善誘不憚煩瑣的講解了；我爲此抱憾！

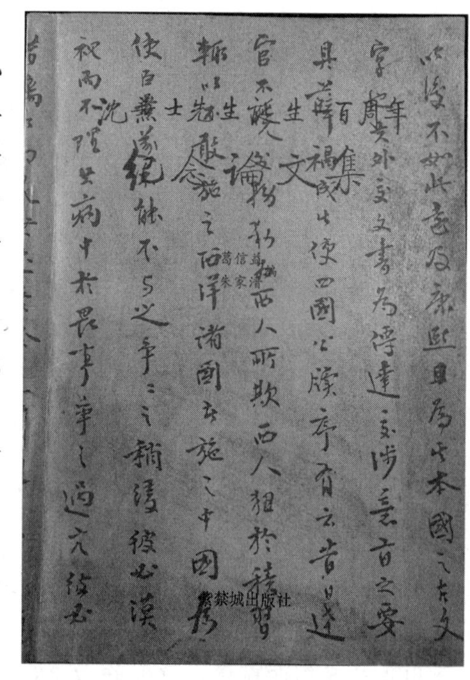

《沈兼士先生誕生一百周年紀念論文集》書影
(1990年出版)

沈院長逝世去了，像一顆彗星消失了，可是他在文學界留下了不朽的光芒，這一代國學宗師將永遠被人紀念着，尤其是受過他教誨的學生們！

譜主部分著述

第一部分　詩歌

虞美人　香山除夜

兒時除夜貪迎歲，歡笑何曾睡。中年除夜感飄蓬，風雪征程南北復西東。
而今病臥西山下，兩度逢除夜。粥餘藥罷百無宜，静對寒梅數點且忘機。

十六字令　香山冬日

寒，木落山空白日閑。無人處，雀糞點朱闌。

見心齋看雪

千甕擁瓊樓，萬松張玉蓋。乘興一行吟，不勞索笠戴。

（劉運祺、蔡炘生《現代名家詩詞選注》，廣西人民出版社 1987 年版）

第二部分　散文

兒童公育

徹底的婦人問題解决法　處理新世界一切問題之鎖鑰

解决婦人問題，其最大之障碍物，即爲家族制度。家族制度者，人類私有財產制度的歷史上之惡性傳統物。自來社會種種進化，莫不受其累而形遲滯焉，不過亞洲與歐美其受毒程度有深淺之别耳。今世界大戰告終，社會行將改造，建設此新世界之惟一原則，人莫不知其爲 Democracy 矣。假使不趁此時機打破家族制度，則婦人終竟不能脱離向日之羈絆，而社會之重心，仍屬於男子方面。是 Democracy 云者，但爲片面的而非普遍的。

今世與婦人問題并爲人所重視之勞動問題，其最重要之條件，曰“工資增加”。假使家族制度不先打破，則生活程度逐日增高，贍妻養子，終莫能釋内顧之憂。此種不均等的經濟支配法，殊難維持長久之治安。是工資增加云者，但爲治標的而非治本的。

婦人解放，其難點不在未生育之前，而在既生育之後，此爲研究婦人問題者最當注意之處。歐美婦人智識程度，未必遽遜於男子，而卒未能與男子并駕齊驅，共同活動於社會中心者，亦家族制度爲之累故耳。家族制度重要之元素，實爲兒女。今欲解决婦人問題，若不先從處置兒童方法着手，是婦人解放云者，但爲一時的而非到底的。

年來國人對於婦人問題，發表之文章頗多；或據事迹以評現狀，或本理想以定目的。至於處此現狀之下，當用如何手段，而後可以排除障碍，完全達到理想中所定之目的，此種方法，却少精密之討論。間有言之者，亦不過一枝一節，絶鮮道及根本的具體進行方法者。今本一己之見解，粗分進行方法爲四級，陳説於次。

四級方法：——

（1）女子須與男子受同等之教育，備有同等之智識。由小學以至大學，男女均須同校。破除向來以“良母賢妻”爲惟一標準之女子教育。

（2）智識既備，生計自廣；然後可以脱離男子之羈絆，爲社會服一切職務。

（3）男女既能各謀生計，夫婦當以分居爲常法，合居爲例外，破除固有之家庭形式。

（4）婦人問題最難解決之點，在於既生育之後。今研究婦人問題者，對於兒童，若無相當之良法以處置之，則婦人問題終無澈底解決之一日。良法惟何？吾以爲即“兒童公育”是也。

兒童公育之組織　社會先當立一調查機關，酌定每若干人口之間，於適當地方設一公共教養兒童之區。其中如胎兒所、收生所、哺乳所、幼稚園、小學校、兒童工場、兒童圖書館、兒童病院等，及其他衛生設置，均須完備。擔任教養之人材，以體格壯健、常識完備、秉性親切爲合格之三大要件。此外更當設一兒童學研究會，聘任兒童學專家（如兒童心理學者、兒童生理學者、兒童教育學者之類），隨時調查討論。每年聯合若干區，開一兒童比賽會，請專門兒童學者評定成績之優劣，以期競争改良兒童公育之組織，至於盡善盡美。

兒童公育之經費　凡爲父母者，每一兒童，須年助金若干；極貧者得酌减助金，或免助金；資産家除年助金之外，尚須納開辦臨時助金，及特别常年助金。大率以資産之多寡比例出金。凡助金額數，及减免納金，均須由本區人民公决之。至於遺産，統須歸入兒童公育機關，不得授與私人。如遇特别情形，可由本區人民公决辦法。

四級方法關於社會各方面之利益。

（每條下附識之（1）（2）（3）（4），即上方所列之四級方法。兹欲表明其與各方面有因果關係，故分識於各條之下。）

關於女子方面之利益：——

（a）女子之智力、體力，原與男子無大差别。其後因女子爲男子所私有，遂終身埋頭於生育中饋之職務。數千年來，乃養成男優女劣之習慣，今將桎梏女子之制度一切解放，女子之智力體力，不久必可恢復本來面目。（1）（3）（4）

（b）不至因養育而廢學問、失職業，終身可以不依夫賴子。（3）（4）

（c）永無操婢、妾、娼妓諸賤業者。（1）（2）

(d) 不必人人備有賢妻良母之惟一智識。(3) (4)

(e) 長於教養兒童者可以作爲專業，在兒童公育機關爲一般兒童造福。(3) (4)

(f) 獨身，結婚，離婚，夫死再嫁，或不嫁，可以絶對自由，無家庭之拘束與兒女之牽掣。(3) (4)

關於男子方面之利益：——

(a) 可以終身免負家累。(2) (3) (4)

(b) 可以改良納妾宿娼之惡習。(1) (2) (3) (4)

(注) 男子納妾宿娼，實爲蔑視女子之人格。由心理方面觀察之，其最大原因，則惟厭故喜新。此層，(1) (3) 法足以防止之。此外尚有特別情形，如爲求嗣續納妾者，(4) 法足以防止之。如畏負家累，甯宿娼而不娶者，(2) (3) (4) 法足以防止之。

關於兒童方面之利益：——

(a) 使自覺其個人在於社會上之位置，以發達其對於人類互助之觀念。(3) (4)

(b) 不受父母之溺愛或壓制，可以掃除崇拜祖先、依賴家長之惡習。使其有發揮本能之機會，了解獨立之精神。(3) (4)

(c) 先天遺傳之惡根性或病質（如腺病質之類），得賴合於學理的教養以救正之，不致將來遺害於社會。(3) (4)

(d) 婦人解放後，爲社會上種種之活動，不能家居撫顧兒女，往往於兒童健全上發生影響。兒童公育之後，可毋慮矣。(4)

(e) 依分功原則教養兒童，其德育、智育、體育可以平行發達，成效必在舊式專賴父母爲生活者之上。(3) (4)

關於教育方面之利益：——

(a) 聯合家庭教育、學校教育、社會教育爲一氣，可免向來學校與家庭格閡矛盾之弊，且可化學校之死教育爲適應社會需要之活教育。(4)

(b) 各種兒童教養機關合而爲一，自人力、財力兩方面言之，亦爲最經濟的組織。(4)

(c) 無憑藉世產，或因貧乏而失教育之兒童。(4)

關於社會方面之利益：——

(a) 純粹以個人爲單位，男女平行發展，共同盡力於各種事業，社會生產之能率自必倍增。(2) (3)

(b) 家族制度，權貴階級，資產階級，均可藉此打破，永無復活之機緣；然後勞動問題，經濟均等問題，得有根本之解決。(2) (3) (4)

(c) 家族破除，兒童公育之後，無產階級間接可以得有產階級之挹注（參考上文“兒童公育之經費”節）。又公共宿所及食所，自必應勢而興，當然騰出許多土地，節省許多糧食，以調節過與不足。此亦均貧富之一方法也。(3)(4)

（注）或以兒童公育之後，人人對於養育子女不負責任，恐將來發生人滿之患。此固爲理想上必有之問題。故上文規定：凡爲父母者，均須以子女之多少爲比例，助金於兒童公育機關；即所以令其負責任也。此外如禁止早婚，可於法律上規定之；節制性慾，可於道德上提倡之；皆消極的防止人口增多之法也。倘因此而竟謂兒童公育之必不可實行，則亦因噎廢食之論已。

綜觀上説，欲解决社會一切問題，非先解决婦人問題不可；欲解决婦人問題，非先解决家族問題不可；欲解决家族問題，非先解决兒童問題不可。解决兒童問題之惟一良法，曰“兒童公育”。美總統威爾遜嘗謂“國際同盟爲解决和會一切問題之鎖鑰”。我於兒童公育之對於新世界一切問題亦深信其有此鎖鑰之價值。頗欲趁戰後社會組織須變動之時機，將此主義宣傳，以供同志之研究。

或有以兒童公育難於實行爲慮者，不知理想爲事實之先導，易卜生、托爾斯泰當時所主張之正義人道，世多疑其太迂。遲至今日，已得發展之機勢，人莫不以其所主張爲事理之當然矣。兒童歸國家教養之説，昔日柏拉圖輩早已引其端緒，今時機已經成熟，人類私有財產制度的歷史行將告終，兒童本爲社會之分子，今歸之於社會公共教養，實合於自然之原理。吾深信欲立 Democracy 穩健完密之基礎，破除舊世界之種種惡業。舍此別無根本的良法。

（附言一）此種組織，與舊式之“育嬰堂”“貧兒院”，其性質根本不同。此爲根本的、互助的、平等的，彼爲補救的、慈善的、階級的，不能混爲一談，認此爲含有彼之擴張性也。

（附言二）此稿成於病餘，無力參考成説，僅抒己見而已。尚望研究社會問題專家有以教之，幸甚。

八、一、三〇。

（《新青年》第六卷第六號）

第三部分　學術論文

中學國文之選授方法

九月十八日在公共學術講演會講

（一）叙論

這個題目我從先在基督教直隸、山西教育會的夏令講習會裏邊曾經講過，何以今天又把他拿到這個會來講演呢？這却有一個理由可説！因爲暑假後我經見許多新從外省回京的朋友們，衆口一辭的説：“現在各省中學的國文教育頗有破産的現象，從前教學生死讀四書五經和古文釋義的舊式教員，都被學生排斥掉了，新近請來號稱新文學派的教員，却大半衹會拿幾篇白話文來迎合學生的心理，而不能切實指示文章的作法，其對於古體文的學識，尤其缺乏，故往往露出進退失據的大毛病。”

所以我今天很想趁着這個機會，拿我的意見再與大學和男女高等師範學校之專攻國文的諸公討論討論，或者引起大家一點研究興味；但是時間過於短促，有許多地方不能够〈子〉〔仔〕（“子”字錯——編者注）細説明，僅能粗舉我所主張的大要而已。

今天所講的是偏於國文（即指古體文而言）方面，因爲中學很有講習古體文的必要，其理由有三：（一）國語在小學校已經有了六七年的訓練，應該够用了，可以進而學習國文。（二）中國語法比較文法似乎精密一點，但是言語中所用的“詞”頗感缺乏，須藉助於“文”的地方很多，爲完成國語的組織起見，對於國文不得不加一番研究。（三）專門學科中如“文學”“哲學”“史學”等，都有參考中國古文書籍之必要，中學時代應該作一番預備的工夫（但不是説中學作文須作古體文，幸勿錯會）。

（二）中學選文之範圍及方法

拿文字來代表語言，應用文法的各種原則，連詞成句，綴句成篇，就叫做“文”，因爲所代表的言語性質不同，所以文的性質和體裁也不一樣，大約分起來，可以成爲三類：

（一）描寫情感的，詩詞、戲曲……等及一部分的駢散文等。

（二）記叙事物的，傳記、典誌……等。

（三）表示思想的，論著、平議……等。

（一）類的文，屬於文學的（於客觀的事物之中，加以主觀的情感。用有藝術組織的文字表示出來，使閲者自然發生一種同情，凡合於這個條件的文章，可以謂之“文學”的文）。（二）類（三）類的文，屬於實用的。凡姚鼐所分之十三類、曾國藩所分之十一類，都可以歸納在這三類裏邊。

上面所説的是就横面從性質異同上區别體裁。現在再就縱面從氣體流變上劃分時期，大約可以分：周秦至西漢爲第一期，東漢至六朝爲第二期，唐至清爲第三期，清末至現代爲第四期。時代的劃分，在事實上固然不能使其“斠若畫一”，但是爲了講説時候的便利上起見，却不能不把他粗粗的立個標準。

至於中學選文之範圍，前者——横方面——應該注重（二）（三）兩類實用的文，文學的文，不必多選，略選數篇足以陶冶性靈、活潑精神就够了。後者——縱方面——除古代文法及字義和現代迥相懸殊者外，其餘於各時期中均應選數家以代表當時的文潮。所選篇數，有三百首就够了。——凡出於一派者，衹講授其代表作品，其餘附録如次，以備學生自己參考就是了。但必須受一番科學的裁判，凡立言不合邏輯、設辯不重分析的文，概不可選。

選文時最須注意一點，就是要知道文章的潮流有“明潮”“暗潮”“正流”

"别流"的區别：自來古文家明了其傳授源流者，叫做"明潮"；雖不明其傳授源流，而彼此直接或間接確有因果之關係者，叫做"暗潮"；自來古文家承認其爲文章正宗者，叫做"正流"；古文家不承認其爲文章正宗，然在當時確能獨立成派，或其影響有關於後世某派文章者，叫做"别流"。現在試舉幾個例來説明他：譬如第二期中楊雄的《法言》，他彰明較著在那裏模仿《論語》，古文家都承認他爲"摹古派"的正宗，那末他就可以算是"明潮"了。至於王充的《論衡》，古文家不把他放在眼裏，但是他隱然開一種"自然派"的局面，——或者説他是私淑《墨子》的不以能文爲本，也未嘗不可。——那末他就可以算是"暗潮"了。又如第二期中《文選》一類的文，可以謂之"明潮""正流"。而《通典》中所載定淑議、禮諸文，論理精嚴，開後世疏證文派之端緒，實有"暗潮""别流"之價值。又如第三期中除古文家所承認之"正流"唐宋八家及桐城派外，又有"别流"如佛經、語録及戴震、王念孫諸家之"疏證文"等。第四期中王闓運、章炳麟等之"摹古派"外，——王、章所學雖不同，其爲摹古則一。——又有梁啓超之"革新派"。而文章氣體之流變，又與思想之流變相應，大抵都爲縱横兩方面的潮流化合而成爲一種新潮。譬如宋學思想，縱方面承接的是所謂周公、孔子相傳下來的道，横方面化合的是印度流來的佛學，語録體的文章亦遂與此相應而生；又如清學家的疏證方法，縱方面承接的是漢學家法，横方面化合的是歐洲教士所傳來的數學方法（當是經學大師多通數學），疏證派的文章亦遂與此相應而生。這種因果的關係，是尤其不可不把他搜討明了的。

我們現在本着上面所説的理論，拿歷代的古文來作個對象，平心静氣的考查他們的傳授源流（明潮、正流），及其因果影響（暗潮、别流），凡關於"明潮""暗潮""正流""别流"的各派文章，均須起廢鉤沉，平等選取，其於系統關鍵必要説明的地方，略加詮解。如此辦法，可以得到三樣的利益：（一）不致束縛學生性靈及文筆。（二）可以顯出歷代文章之真價值。（三）可以作一部文學史觀，——中學章程本有文學史一科，有此即可不必另設一門——萬不可拿"論著類的文章以孟莊韓蘇爲宗，叙記類的文章以《左傳》《通鑑》爲宗"一類桐城派的眼光來抹殺衆流，定於一尊。

（三）中學國文之教授方法

（一）選讀。（1）於開始講授時，先把"訓詁"的條例如"轉注"（一義數字）、"假借"（一字數義）、"通假"（即同音相借）等定律教給學生，叫他明了於胸中，以後文章中的詁訓，就可以令學生自查字書，不必逐字講解。（2）所教的文章，須令學生自加新式標點符號。（3）由學生自動的質疑問難。（4）關於文章之立論、作法以及文法、修辭等，教員可以提出論點，大家解釋討論。

（二）讀書。讀書所以補助選讀功課之不足：（1）預備日後升入專門學校看整部書籍的能力。（2）可藉此機會練作扎記。（3）每一部書必須用分析的方法來研究他，譬如看《莊子》可以分作三種研究：第一次研究他的訓詁詞例，第二次研究他的文章作法，第三次研究他的哲學方法。

（三）作文。現在分作“形式”“内容”二部來講：（甲）形式。出題目作文，是一般學生最怕的功課。出作文的題目，也是一般教員最討厭的事情。我現在想一個方法來解决這個問題，就是把作文題目的範圍擴張大來，使學生和教員兩方面都不感受枯燥無味的痛苦，方法是：（1）由學生自己命題。（2）教員若出題目，切不可太抽象，太籠統（這一層胡適之先生也曾經説過），教作者無以下筆。譬如與其出地方自治論，不如令其調查某地方選舉的弊病。與其出富國强兵策，不如令其叙某地方的物産出品及其用途。（3）文語互譯。文語對照，於學習文法上極有幫助。（4）扎記。作扎記可以增長批評的力。（5）記録。古人的文章，教員或講義，教員拿來口講，令學生筆録，以爲日後入專門學校筆録講義的預備（中國專門學校的學生，不能抄講義的，實居多數，所以中學時代不能不作此種練習工夫）。以上所説各種方法，可由教員斟酌情形，輪流應用。（乙）内容。自來學問的方法，大别之可分三種：（1）獨斷的。（2）懷疑的。（3）批評的。獨斷的方法，有“信他的”“信己的”二類：“信他的”是對於傳言、師説和古典的記載、宗教的信條等，一味盲從而不加以分析研究；“信己的”是這自己的見聞思想所得之資料即以爲究竟之知識，而不加以分析研究。二者皆是以“學問無用”爲主義，作文立論不可采取此種態度，是决無疑義的。懷疑的方法，是因懷疑智識之存在，進而對於實在之存在與否，亦起疑惑，這種消極的態度，作文立論也是不應該有的。批評的方法，是以實證的手段（推理和觀察），求知支配現象之理法（因果律和同異律）。這種方法是真能够副求學問之目的之一種科學方法，也就是作文立論之唯一的方法。譬如要斷定古代倫理之所謂“忠”的一種道德，是否適用於現代？那末就要先把“忠”裹面所包含的一些要件，分析清楚，再拿他來比較現代社會的情狀，然後再斷定他是否適用。决不能用“獨斷的”或“懷疑的”方法，下一鹵莽或糊塗的斷語的。

（四）改文。從前書院式的改文，動輒塗改一段或全篇，那是吃力不能討好的辦法。現在的批改文章，應該注意的：（1）是文法上的錯誤（但教文法而不注重實地練習，是不會有益處的）。（2）是修辭的拙劣——客觀的描寫事物方面和主觀的表示思想方面。（3）是持論不合選輯。至於思想若有紕繆之處，衹可批示理由，不宜抹改。或令學生自己講解自己的文章，也是令其自動的覺悟錯誤之一種方法。

（五）演説和辯論。演説和辯論，不但可以補助作文之不及，簡直應該與作文功課并重才對。這個理由是：

（1）發展本能。文字原來是救濟言語之不足的一種工具，其作用各有特長，不是説有了文字就可以不要言語。中國文人衹知道摇筆弄墨，考究什麽義法筆仗，至於能够説條理暢達的話的，實難多得。偏廢了口的本能，成就一種畸形的發展，實在是不對的辦法。照生理學和教育學的原理來講，應該使口耳的運動與手眼的運動平行發展，以耳治與目治兩種方法來研究學問，那才是真能盡本能之極致哩。再青年時代正是争競本能發現的時候，容易發生一些危險的事情，教育者應該本“化無用爲有用”的主義，引他利用這種本能來研究學問，使其不致誤入歧途，現在把争鬥消納於辯論之中，就是一個絶好的方法。（2）言語對於文章的功用。①文章是言語的代表，若是不懂語言的構造法，説話没有層次或是不講韻律，文章也是斷難做得生動的。②文章雖可以流傳久遠，然欲於會場廣衆之中，唤起群衆的同情，則非有一番沉痛之講演，莫能奏效。這個功用所補於文章者甚大。（3）言語對於學問的功用。歐美學校很注重演説辯論，其效果足以令人志氣發皇，思想縝密，研究學問之勇力和興趣，因之增加，所以學問也就成就得多。反觀我國人的志氣消沉，思想和説話往往不合於邏輯，實在是學問向上發展的一個最大阻力，這都是學校不注重演説和辯論的原故。

（六）應用圖畫。古代圖畫的發達，本來在文字之先。叙事記物，先用圖畫，後用文字。六書中以“指事”“象形”居首，就是一個證據了。以後文字的勢力逐漸拓張，文人學士把圖畫衹當做一種賞玩品，把他的記事作用完全消滅掉了。我以爲這是一件很可惜的事情。譬如儀禮的宫室、考工記的器物，當初倘是有圖畫，豈不是省了後人許多研究揣測的力量。又如古文家所做的游記，慣以繚繞的文筆，記叙山水亭臺的方向位置，閲者往往看得頭昏眼花，還是弄不清楚，何妨拿簡明的圖式來幫助説明，豈不是令人一目了然，容易明白得多嗎。我以爲實用文之作用最要的條件是簡單與明了，倘是遇着用文字表示，不及用畫圖式表示來得簡單明了的場合，當然應該舍文字而取圖式。其他科學中所用的各種符號圖式，亦可斟酌采用於文章之中。這種“汎符號主義”，似乎也很有討論的價值呵。

（《北京大學日刊》1921年9月27、28日）

整理國故的幾個題目

（1）諸子所用學術專門名詞索引

説明：研究學問的要件，材料與方法必須并重，而搜集材料的方法，尤須精密，蓋不如此則不能得真確完備的材料；没有真確完備的材料，則研究所得的結果，决計是不能美滿的。研究中國古代哲學，其重要的材料，就是諸子書中所用的各種學術專門名詞。譬如“天”“道”“性”“聖人”等名詞，不但諸子各家的解釋互有異同，就是一家的書裏面，也有前後所説廣狹之義不同的，也有自己竟和自己衝突的；研究者於此：第一、倘是不觀其全，僅取一端以爲之説，則陷於偏而不全的毛病。第二、雖能通觀其全，然蔽於重觀的成見，或急欲己説之成立，則留舉其同於己者，而棄置其異於己者。於此則失却研究學問之忠寔的道德，而陷於自欺欺人的毛病。現擬仿外國書籍索引的辦法，搜取周秦以宋明諸子書中所用學術專門名詞及其解釋，分類匯纂。（原文不加刪節）其目的：①與後人以分析研究的便利。②各家所用以解釋各種學術專門名詞的説話，歸納之便可定其名詞之界説。③有此完備真確的客觀材料，後世研究古代哲學者，可以減少許多爲人暗中蒙蔽的苦處，一切學者所慣弄的主觀武斷或斷章取義的毛病，可以一掃而空。戴震所謂“不以人蔽己，不以己自蔽”，非如此辦法，不能達到這個目的。

（2）分類書目提要

説明：研究學問，必有賴於圖書館；而圖書館最大之作用，則在於書目。有良好之分類書目，及精細之提要，然後可以引起研究者觸類旁通、左右逢源的興趣，這是幫助自動研究的唯一方法。分類書目及提要的辦法，第一要打散叢書，依各書的內容、性質來歸類。——兼跨兩類或三類的，不妨互見。——第二古人文集、筆記中之有關學術的部分，宜分其性質，作成提〈實〉〔要〕（“實”字錯——編者注）。——亦不妨各類互見。——編纂書目雖然是圖書館的職務，但也是研究國學中的一個重要題目，不妨由圖書館和研究所國學門兩方奮力同作的來做，或者比較的容易成功。

（3）方言和方音之調查與研究

説明：統一國語音辦法，照理論上講起來，必須經過一番精密的調查和分析的研究，然後可以尋出一個比較自然標準來，如此才可以算得不是顢頇的統一。現在對於方言和方音，亟應立表調查其分布之狀況，以供學理的研究。

（4）古代民族語言之調查與研究

説明：考古學家所憑籍以爲采□無文之世或載籍以外之事蹟的材料，約有三類：①爲地質。②爲古器物。③爲言語。而古代民族之語言，尤爲考古學上絶可寶貴之研究材料，其中可以考見古人思想、遠古風俗及現代言語之發達及其系統的地方，一定不少。日本古民族蝦夷之語言，已由其國之學者搜集研究，於學問界有極大之供獻。我國古民族如西南各省諸苗蠻族之語言，雖略經外國人研究，但是外國人多不深通我國的古音學和文字學，當然難得到圓滿的結果。這件事情我們現在倘不及時努力來研究他，將來國語漸漸統一，這些絶好的考古資料，就有湮没之患，豈不可惜得很嗎？

（5）日本吴漢音與中國古音之關係

説明：自來古音學家莫不以歌韻爲古本音，麻韻爲其變音；然考之日本音讀，則凡、魚、韻三字，無不讀入歌韻，而歌韻之字，無不讀入麻韻者——唐人譯佛經亦皆以歌韻字譯麻韻——因思自來古音學家之假定，或未必的。現在應該多搜求日本關於吴音、漢音諸書，加以研究，或能在古音分部上得一種新的假定，亦未可知。案吴音是晉宋以來——西曆紀元三四百年的時候。——由南方傳至日本的音，漢音是隋唐以來——西曆紀元六七百年的時候。——由長安方面傳至日本的音。（尚有唐音及支那音二種之唐音是宋代傳至日本之音，支那音是清代傳至日本之音）據此，則我國古代南北方音之異同，亦可以藉此比較而知。

整理國故的事業，千頭萬緒，有以私家及個人的力量就可以做得到；有非藉公家的幫助及多數人的研究，不能成功的；上面所提出的幾個問題，除末了一條外，那是屬於後者的，所以把他宣布出來，請大學注意及此。

（《北京大學日刊》1922年2月18日）

廣新方言

廣新方言叙

今世士夫，輒謂中國方言參互，文語殊凃，斁不溥及。寔緣於此，遂相率詭叜舊文，變亂常道。師心造作，目營世俗者夥矣。於戲，古斁不講，婁務唯異觚是尚，舍本逐末，將焉用諸。夫中國俚辭殊語，審陵雜無友紀，貴能窮究音變，尋其緫理，然後諭於俚辭，動與雅訓冥合。殊語多因聲類相受，又何參互殊涂之足慮乎？孫卿有云：“越人安越，楚人安楚，君子安雅。”察琁目疑衆宿，循凃轍而知會歸。惟彼通人，明而能融。鄉者吾師太炎先生，嘗從事於茲，刱訂六例，成《新方言》十一篇，昭𧇊振俗，厥功至姴。堅以菲質，獲聞緒論，竊嘗就所見聞，規摹成例，茜苴遺賸，尋若干條。愧未能多識舊章，博覽載紀，引證不洽，意必是虞。比於師作，其猶一累壤目增大山，不知之加。吾知弗免，昭昜赤奮若陬月。沈堅。

廣新方言

幩　《説文》：“幩，以囊盛穀，大滿而裂也。方吻切。”《穀梁·僖十年傳》：“地賁。”范甯注：“賁，沸起也。”《詩·周南·桃夭》：“有蕡其實。”《毛傳》：“蕡，實皃。”案：蕡本訓雜香艸。此言實皃者，謂果實中滿㘷裂之形也，皆當作幩。今北地尚存此語，讀若崩，古音輕脣多歸重脣也。

侹　《説文》：“侹，長皃。一曰箸地，一曰代也。”案：“一曰箸地”者，通俗文，平直曰侹。今北方謂到地直臥曰侹是也。“一曰代也”者，《方言》：“侹，代也。”江淮陳楚之間曰侹。今俗尚有“侹替”之語，誤書作“頂”。章師《新方言》作“鼎”，亦通。蓋皆“當”之通叚字。

夥伎　《説文》：“夥齊謂多也。”《方言》：“凡物盛多，齊宋之郊、楚巍之際曰夥。”《説文》：“伎，與也。”“與，黨與也。”《廣均》：“伎，侶也。”今合語謂“朋輩”爲“火計”，正當作“夥伎”。“夥伎”猶言“儔伴”，儔假爲醜。《爾疋》：“醜，眾也。與夥同誼。”《新方言》謂“火計”語出於“火伴計偕”，茲不從。

竨子　《説文》：“竨，短人立竨竨皃。”薄蟹切，或作“矲”。《方言》：“矲，短也。”桂林之中謂短矲。案：《周禮·司弓矢·庳矢》注：“鄭司農讀爲人罷短之罷。”𦗗假爲䠋，猶庳讀爲罷也。今川陝間呼跛者爲“䠋子”，言其雙足差短䠋䠋然也。

竭 《説文》：“竭，負舉也。”“豕”下云：“竭其尾故謂之豕。”《禮運》：“五行之動，迭相竭也。”注：“竭猶負載也。”今陝西人謂以肩任物爲竭。

㥦 《説文》：“㥦，忍也。胡田切。”今陝西人以㥦爲危詞，凡謂事之不可儌倖者曰“㥦得很”，殆其引申之誼，欲速則不達也。

肥膿膿 《説文》：“膿，益州鄙言人盛諱其肥謂之膿。如兩切。”《廣疋》：“膿膿，肥也。”今陝西尚有“肥膿膿”之語。膿讀若嚢，古音孃曰二紐，并歸於泥。

訬孃 《説文》：“訬，訬擾也。”“孃，煩擾也。”今陝西人謂叫囂爲訬孃。孃讀如壤。

狡獪 《廣均》：“狡獪，小兒戲。”《説文》：“訬，訬擾也。一曰訬獪。”訬蓋假爲“狡”字。凡《説文》中“一曰”多言假借。今陝西謂“欺誑人”曰“狡獪”。狡正讀如訬，楚交切。狡獪也者，猶云其言如兒戲也。

㜷鹵 《説文》：“㜷，㜷鹵，貪也。”“㜷鹵”爲疊均連語，引申之爲曉事之柟，通俗書作“糊塗”。案：《説文》：“冒，冡而前也。”“冡，覆也。”冡即“蒙昧”正字。《廣疋·釋訓》：“蒙蒙，暗也。”是“冒”有不明之義，引申訓“貪”。賈子《道術》：“厚人自薄謂之讓，反讓爲冒。”“貪冒”字本誼爲“冡而前”，正與“㜷鹵”訓“貪”引申爲不曉事之義相成。凡貪人心地無光明者，諺有之曰“利令智昏”。

娄 《説文》：“娄，不媚前却娄陵也。失甘切。”《玉篇》作“陾”云：“女子態。”《廣均》：“陾，前却陾媚也。”案：《詩》：“無爲夸毗。”《傳》云：“夸毗，體柔人也。”《正義》：“便僻其足，前却爲恭。”以形體順從於人，故云以體柔人。“娄”字義殆與“夸毗”相近。今陝西人謂婦人妖冶作態曰“娄電婆”。言“電”者，前却娄輪有如電光之不定也。又俗謂人來而曰“避閃”，亦當作“娄”，言隨勢前却以避人也。“閃”本訓窺頭門中，無“避”義。

拒 《説文》：“拒，給也。一曰約也。章刃切。”陝西謂以繩纏束物爲“拒”，即其別義也。

嫸 《説文》：“嫸，好枝輅人語也。旨善切。”今陝西人謂凋哲多言爲“嫸”，是其引申之誼。多言者輙喜儳和人語，《曲禮》所謂“儳言”是也。

踼 《説文》：“踼，跌也。徒郎切。”俗作“䠀”。《漢書·王式傳》：“式恥之，陽醉䠀墜。”注：“失據而倒也。”服虔音湯厺豆皮之湯（去聲）。今北方人謂横臥爲“踼”，正如服音。跌則横臥地矣。又《説文》：“踼，一曰搶也。”“搶，歫也。”今俗尚謂拒止爲踼，書作“擋”，俗字也。桂未谷謂《説文》“搶也”之“搶”當作“蹌”，恐非。蹌，動也。

蹶子 陝西俗謂跛者爲“蹶子”。案：《説文》：“蹶，僵也。一曰跳也。”“跳，蹶也。”《鄖子·非相篇》“禹跳湯偏”。《尚書·大傳》：“禹其跳。”“其跳者，踦也”。注：“踦步足不折相過也。”是跳即跛足之謂也。

㲉 四川、陝西間謂物曲縮爲㲉。案：《説文》：“㲉，揉屈也。”《廣均》：“㲉，㲉屈。”居又切，與今同音。

节 今陝西謂賭簙不置錢注，但以籌馮計其勝負曰“片”。案：“片”即“节”一聲之轉。《説文》：“节，相當也。讀〈茹〉〔若〕（“茹”字錯——編者注）宀。”《廣均》：“今人賭物相折謂之节。”《廣雅》：“莭，當也。”段茂堂云：“莭即节之譌。”戴侗謂越人尚有“节折”語。

瘁 《説文》：“瘁，寒病也。”今陝西猶謂“寒”爲“瘁”，所臻切。

僚傪 《説文》“僚”與“傪”均訓“好皃”。上力小切，下倉含切。今陝西人猶以“僚傪”爲贊美之詞。

𩟊 《説文》：“𩟊，楚謂小兒嬾𩟊，從臥食。尼見切。”《玉篇》：“楚人謂小嬾曰𩟊。”段茂堂云：“《説文》有兒，衍字也。”今陝西西安人謂小兒病嬾思臥不事游嬉曰𩟊，音轉爲厺聲，北土本無入聲也。據此則《説文》有“兒”字爲是，段説佀未允也。

傫 《説文》：“傫，𠂹皃。一曰嬾解。”力僞切。《廣疋·釋訓》：“傫傫，疲也。”《廣均》：“儽，極困也。”今川陝間尚謂力乏爲“傫”，古音古義也。

僄輕 《説文》：“僄，輕也。”今川陝間謂輕爲“僄輕”，合語也。

捎揥 陝西謂托人寄物爲捎揥。案：《説文》：“揥，撮取也。”《廣均》：“揥，撮取。”張衡《西京賦》：“揥飛鼯。”薛綜注：“揥，捎取之也。”今曰“捎揥”者，合語也。俗作“帶”，非。

撟捎 《説文》：“自關巳西凡取物之上者曰撟捎。”《方言》：“撟捎選也。”撟，居少切；捎，所交切。今陝西言人之佼出類者爲撟捎。撟讀如挑，喉音與舌頭音掍矣。

帗子 《説文》：“帗，幓裂也。卑履切。”“幓，殘帛也。”《急就篇》：“帗敝囊槖不直錢。”顔注：“帗者，幓殘之帛也。”北方人謂以鬻䊤綴賸布可作履空之用者曰帗子，音猶作卑履切也。

奓 《説文》：“奓，厚脣皃。”《廣均》：“奓，唇下𠂹皃。陟加切。”陝西謂撮脣使其突出爲奓起嘴，音轉如都。古音舌上埽舌頭，且魚部、歌部㝷旁轉，如“何作胡撝”之“作”華類也。

哆 《説文》：“哆，張口也。敕加切。”今四川尚謂張大其口曰哆，正作敕加切。

圣地 《説文》：“圣，汝穎之間謂致力於地曰圣。”苦骨切，或作㔚。《廣均》：“㔚，力作也。”今俗謂農夫墾地爲挖地，作鳥括切，喉牙迆轉，猶骨聲之有滑也。案：許書有“宮無挖”。宮，空也。《廣均》：“宮，手坋爲穴。”與墾地誼别。

坋 《説文》：“坋，塵也。”《五行誌》：“棄灰於道者黥。”孟康曰：“商鞅以棄灰於道必〔人〕（“人”字衍——編者注）坋人，坋人必鬥，故設黥刑以絶其源。”杭州人謂凡物澳垢曰坋，讀落風去聲，諄、東二部隔越相轉也。又北地謂塵埃飛揚曰坋，讀如蓬，則復轉入重脣音矣。

塺 《説文》：“塺，塵也。從土麻聲。”《楚辭》：“愈氛霧其如塺。”引申之則凡物之細如塵者皆可曰塺。俗謂研物成粉爲末，一聲之轉也。案：《説文》：“末，木上曰末。”雖亦可引申訓細，不如“塺”字于誼切近也。

坒塵 《説文》：“坒，塵也。從土非聲。”今俗有合言“坒塵”者。坒讀如灰，輕脣轉入牙音，亦猶四川、湖南之言飯，如换也。俗誤書作灰，非是。灰訓死火餘盡，不當爲一切塵埃之稱。

米糂 《説文》：“糂，以米和羹也。一曰粒也。”籀文從替作糣。今北方人謂磨米成粉用以作鬻曰米糂，側吟切，與替聲之簪同音。

訐 《説文》：“訐，面相斥罪告訐也。居謁切。”《廣均》：“訐，持人短。”《玉篇》：“訐，攻人之陰私也。”今陝西西安、同州間謂罵人曰訐人。

懲 《説文》：“懲，㣻也。”《禮記·表記》注：“懲謂懲艾。”今陝西尚謂虐苦人爲懲，亦曰懲治。

儹錢 《説文》：“儹，最也。”“最，積也。”《廣均》：“儹，聚也。”作管切。凡從贊聲之字，多有積聚誼。如“瓚”訓“三至二石”；“籫”一訓“叢”；“攢”爲積竹杖，一曰叢木也；“酇”爲百家立稱是也。通俗謂居積財貨曰儹錢，此與《新方言》稱得利爲“篡錢”之“篡”誼别。

暫 《左〈待〉[傳]》：“婦人暫而免諸國。”注：“暫，猶卒也。”《漢書·李廣傳》：“暫騰而上胡兒馬。”案：《説文》“暫”訓“不久”。今俗語云“霎時間”，即此字之音變也。

奎 《説文》：“奎，大也。古回切。”今俗謂大爲奎，如人之臂壯者曰“大奎頭”，栗之大者曰“奎栗”。俗書作“魁”，非也。

歙 《説文》：“歙，縮鼻也。”今人尚謂涕欲垂而收攝之曰“歙鼻涕”。

阬 《禮記·明堂位》：“崇坫康圭。”鄭注：“康讀爲亢龍之亢。”又爲高坫，亢所受圭於上焉。案：鄭注之“亢”爲“阬”之省叚字。《説文》：“阬，閬也。”“閬，門高也。”《詩·綿》“臯門有阬”，《傳》：“阬高皃。”《釋文》：“伉本又作亢。”《韓詩》作“閌”，説素無“閌”字。亢、伉之訓又無高義，是“伉”亦叚爲“阬”。臯門是天子郭門，上有台觀，阬然高也。凡高處便於閣物，遂引申爲藏庋品物之稱，今南人尚有此語也。

阬之本誼，既爲高閌，然今俗又謂地之孔穴爲阬，何也？蓋高而廣者曰阬，深而廣者亦得曰阬，以言其幎積則一耳，故《説文》"叡，阬也""塹，阬也"。"㕡"下云："深通川也，從谷從歺。歺，殘地阬坎意也。"又"埂"下云："秦謂㕡爲阬。"段氏注引《廣均》曰"吴人謂堤封爲埂"。今江東語謂畦埒爲埂，是則周帀窊受，得以互稱同名，猶"池塘"古祗作"隄唐"也。

土阬 又北方謂土牀亦曰阬，蓋"阬"之製隆高，本是閣物之所，其後浸淫乃爲人所坐臥之處耳。亦猶几，《説文》本訓"踞几"，"尻"字從人在几上。《儀禮・有司徹》"受宰几"，注："几所以坐安體。"是几本所以居人，後乃用以閣物，故《釋名》云"几，庪也，所以庪物也"，得此足以證明"阬"之義矣。

閬阬 《楊雄傳》："閬阬閬其寥郭兮。"注："閬閬，空虚也。"閬是阬之叚體。《釋詁》："阬，虚也。""閬阬"二字有虚而高大之義，故今人謂凡物之蓬鬆龐大曰閬阬。

弦 《説文》："弦，屋響也。户萌切。"今陝西人謂音浪有所障碍不能四達曰弦，本義木音也。一曰弦洞，洞乃餘音，猶"匼董"之董也。

蕃 《説文》："蕃，小蒜。附袁切。"今北人尚謂小蒜爲蒜蕃，讀爲重唇音。

嬾甍 《説文》："甍，高也。一曰極也。一曰困劣也。"是甍之别義爲嬾。今陝西人謂倦於操作曰嬾，甍去作，合語也。甍讀如帶。

娷 《説文》："娷，訬疾也。""訬，訬（"訬"字衍——編者注）擾也。"訬即"炒閙"本字，然則訬疾者，利口捷給之謂也。今浙江嘉興人謂讘吺多言爲訬，眧禾切。桂未谷云"訬疾之訬當作眇"，恐非。

芳香 《説文》："芳，艸初生其香分布也。"今四川人謂香爲"芳香"，合語也。讀如蓬去聲者，輕唇歸重唇，且諄東隔越相轉，如"伯宗"或作"伯尊"，"鑫門"之爲"逢蒙"也。

如何 魯論"吾末如之何"，即奈之何。鄭康成讀如爲那。今江浙人言"如""何"皆在麻均，音之轉也。

酓《説文》："酓，酒味苦也。于剡切。"今北地謂茶苦亦曰"酓"，俗作"釅"。

句倨 倨句之名見於《周官》，其義則以程氏瑶田《磬折古義》之説最爲詳碻。蓋倨句者，曲矩申屈所成之角也。由一倨之折而漸申之，出乎一矩之外，名之曰"倨"。其倨之角，悉數之不能終其物也。由一矩之折而復屈之，入乎一矩之内，名之曰"句"。其句之角，亦悉數之之不能終其物也，以其可句可倨也。於是合"倨""句"二字以名之。凡見無定形之角，則呼爲"倨句"。是鈍角稱倨，鋭角稱句，本屬二名，不妨顛到之曰"句倨"也。今陝西西安、同州人謂"踞"爲"句倨"，倨讀若ㄐ，魚幽旁轉，如甫聲之有牖也。踞曰"句倨"者，人蹲踞時，脛折如曲矩，隨股高下而成無定形之角也。"倨"之與"踞"，古本通用，《史記・酈陸傳》"方倨牀"是也。

木宣 《攷工記》："車人之事，半矩謂之宣。"程瑶田曰："宣之言發也。"當是起土句鉏之最句者，蓋句庇利發之義。《詩·大雅·綿》"迺宣迺畝"，箋："時耕曰宣。"《正義》："宣，徧也，發也。"《周語》："王耕一墢，班三之。"《吕氏春秋·孟春紀》高注"引作一發"。今川陝閒謂犂曰"鐵宣"，㰏曰"木宣"。(從許説，金謂之犂，木謂之㰏)

餈餥 《説文》："餈，稻餅也。""餥，餱也。"今四川人以糯米蒸熟舂之作餅謂之餥餈。餥讀若巴，脂歌迤轉，如"柀木"即"桬木"也。

硈實 《説文》："硈，石堅也。"《爾雅·釋言》："硈，鞏也。"俗言結實，當作此。

隔起來 隔，《方言》《廣雅》均訓爲益，莫駕切。通俗言累物使高次弟相重曰"隔起來"，正當作此。《新方言》以爲籌馬字。

滅 《方言》："滅，清也。"《廣雅》訓同，匹減切。今俗尚謂挹其清去其濁曰滅。

熚㸋 《説文》："熚㸋，火皃。"上卑吉切，下敷勿切（重唇音）。今俗言火盛然時熚㸋有聲，蓋古語也。

緁緶 《説文》："緁，緶衣也。""緶，緁衣也。"《喪服傳》曰："斬者何？不緝也；齊者何？緝也。"齊即□，緝即緁之叚藉字也。今通語謂緣衣之邊曰緁或緶。

䁧 《説文》："䁧，病人視也。讀若迷。"段氏據《廣均》改作䁧。今俗謂視而張目不轂曰䁧，讀爲去聲。

䚋 《説文》："䚋，私出頭視也。讀若郴。"今俗尚謂竊視爲䚋，讀如張。昜部與昜侈聲侵部旁轉，若昜朋"盍臧"或爲"盍簪"。是其例也。

覒 《説文》："覒，目有察省見也。方小切。"段氏注曰："目偶有所見也。伺者有意，覒者無心。今俗語尚云覒，與目部之瞟音義皆同。"

屈 《説文》："屈，無尾也。九勿切。"《淮南子》："屈奇之服。"許叔重曰："屈，短也。"《埤倉》《廣均》皆訓屈爲短尾。今北人謂磬折其要以屈向上曰屈，正作九勿切。段氏從玄應書《廣均》云"九勿當爲衢勿"，蓋一字容有二音也。

県磬 《禮記·文王世子》："則磬於甸人。"注："縣縊殺之曰磬。"今俗語，謂自經爲虡磬，古"弔""到"通用，皆叚爲県，県猶縣也。《方言》作"佻"，言縊者若磬之縣虡也。

磬 《詩·大叔於田》"抑磬控忌"。《傳》："騁馬曰磬，止馬曰控。"馬元伯曰："罄控雙聲字，不當如《毛傳》字各爲義。"案：載馳控於大邦，《一切經音義》引《韓詩》曰"控，赴也；赴者，走告也"。是"控"不僅有"止"義。然則此詩"磬、控"字兼有"騁""止"兩義。今浙人謂⺕手按物使不得動曰"磬住"，即止住也。又《釋名》："磬，罄也。其聲罄罄然堅緻也。"《周書·太子晉》："師曠礊然又稱曰"注："目嚴整也。"《説文·車部》："𨏖，車堅也。"是磬、礊、𨏖皆以聲訓，有"堅緻"義。今北方俗語謂液體凝結曰"磬"，亦言其堅緻也。

誂姘子 《説文》："誂，相呼誘也。"姘，《漢律》："齊民與妻婢姦曰姘。"今俗謂狂且引誘婦女與之厶合爲"弔膀子"，正當作誂。誂、弔音近。姘讀若膀者，青陽旁轉也。

礱穅 《説文》："礱，䃺也。""穅，穀之皮也。"今江浙人謂磨穀去其皮曰礱糠。

傀魑子 四川人謂鬼爲矮羅子。案：《説文》："傀，鬼變也，從鬼化聲。""魑，見鬼驚詞，從鬼，難省聲。讀若《詩》'受福不儺'。"是呼鬼之詞當作傀魑，傀音轉如矮者。矮，《説文》新附"從矢委聲"。《周禮》注作"罷"，《廣雅·玉篇》作"庨"，皆與傀爲同歌部字也。

僞 《説文》："僞，詐也。"爲聲，古音在歌部，故《堯典》"平秩南訛"，《漢書·王莽傳》作"南僞"。今俗謂詐取人財曰僞，音仍歌部也。《新方言》以"俄"字當之，兹不從。

瞫 《説文》"瞫，一訓竊見。式荏切。"今嘉興人尚謂偷視曰"瞫看"，讀若□，余箴切。

袇 《説文》："袇，棺中縑裹。讀若雕。"朱豐芑曰："今蘇俗製裘通曰袇，不知非吉語。"案：此通語也。

些 《廣雅》："些，詞也。息計反。又息賀反，謂語餘聲也。"今湖州語助言"息個"，即些之合音。

盄灌 《説文》："盄，器也。"朱豐芑曰："今蘇俗煎茶器曰吊子，即此盄字。"案：通語融之深者曰"盄罐"。罐爲《説文》新附字，《衆經音義》卷八云："瓶罐又作灌，汲器。"是罐以灌注得名，從缶俗改。

䒜倞 通語顔色鮮明曰"漂亮"。亮爲倞之隸變，明也。漂當作䒜，縹色也。《玉篇》引《楚辭·遠游》"玉色䒜以晚顔"，今《楚辭》作"頩"。䒜謂顔色鮮好也，引申之，人性明慧者亦曰"䒜倞"。《新方言》作"暴亮"，兹不從。

（《獨立周報》第二十一、二十二、二十三期）

小學起廢

漢志小學，附入六藝。今世論小學者，亦多以此爲研治經學之筌蹏。先儒戴氏之言曰"經以載道"，所以明道者辭也，所以成辭者字也。學者由字以通其辭，由辭以通其道。宋儒譏訓詁之學，而輕語言文字，是猶度江河而棄舟楫也。比者學制更新，六藝既不列於學官，是宜倉疋之訓、篆籒之體。等諸殷彝周鼎，雖雲𩂣𩃬，衹龔玩好，而無服食之用矣。此説不然，蓋小學之功，不僅在於尚論古昔，敷繹成説，亦將有以便民宜俗而致於用。其用維何，今約舉數耑於下。

在昔倉沮，象法蹏迒，創制文字、分理事形以引其緒，繹演聲意以濟其窮。侖脊秩然，如調瑟之有準。其後篆籀遞變，體不失古。分隸繼起，乃踰大閑。增減妄施，分合無定，陵夷至今。俗體譌作，慮多無以下筆。更有甚於馬缺足、早蟲屈中者，俗師莫理其本，童而習之，白首紛如，持此以喻學子，宜其跛蹇艱行也。於是耳食之倫，故國起詬病，謂中華合體字，果不若異域合音字之易識，豈知言哉！夫中華千祼故國，經略遼遠，音有古今之殊，言有夏楚之異，然而通欲達志，不資象寄之材，諷籀詩書，無有隔閡之患。惟字有定形，故尚足以攷合舊文，郵通殊語。今若廢形用聲，必至邦勢分崩，文亡道喪。蕭墻之禍，莫此爲甚。苟能上撢《説文》，歸本六書，明古人造字之例，既據形以成文，復演聲而益字，形聲并重，相輔以彰，視彼合音字之利於識音而拙於察義者，短長相斠，正未得任聲褒貶，此求識字不可不明小學也。

太上文言，合而不離。《大戴禮記》："發志爲言，發言爲名。"尹文子"形以定名，名以定事，事以驗名"。是名本爲辨指事物之稱。既而緣名制文，亦得通謂之名。《周禮》"外史……掌達書名於四方"，《小戴禮記》"百名以上則書之於策"。文言一致，此其明徵。降及後世，浸稍乖分，揆娺厥由，則有二焉。一因五帝三王之世改易字體，代靡有同；一因周末諸侯各本方音造作文字，重以古今音紐，無不流變。自爾以來，日益參互。近世士夫莫達其原，以爲我國學不溥及實由於此，相率詭更正則，師心改制，棄昔日均紐之學弗講。聲晉惟譎觚之尚，求是、致用兩無所麗，不亦傎乎？夫九服俚辭，多與雅訓冥符；異代殊名，每緣聲類互受。必當溯音聲流變之軌迹，索名辭殊異之根株，以及訓詁之學，正名之方，溥教國人，俾知極準。庶幾殊辭絶語，甄明不惑，安用妄設科條彊施檃栝哉！此統一文言不可不明小學也。

郇子之論《正名》曰："名聞而實喻，名之用也。累而成文，名之麗也。用麗俱得，謂之知名。"又曰："單足以喻則單，單不足以喻則兼，單與兼無所避則共。"推此以求詞篆，中國文字本不患其簡也。《説文》一書，字列九千，囊括萬有。凡天地、鬼神、山川、艸木、鳥獸、蚰蟲、雜物、奇怪、王制、禮儀、世間、人事，莫不畢載。學者觀於象形，可以知先代宫室器用之制度，觀於會意，可以察古人社會心理之趨向。至於鳥獸、艸木之名，博物者所當資；骨肉、耳目之部，生理學所當攷。其間字頗切用，誼已久微，沈而未鉤，往往多有。苟能單、兼綜互以宏其用，曷患術語之不足。而世人輒謂歐洲字多，漢土字少，斯不達麗名之術也。譯述之徒，非妄造新字，即捃摭東瀛名詞，奉爲金科玉律，未敢稍事修飾，良以不知小學，故一切字誼未能恣意熔化。其弊至於文辭佶屈，詮釋不㓹。此研究科學者不可不明小學也。

今之主學者徒知培植師範人材，而不知注重六書小學，是去皮存毛之策也！

夫學問之道，規矩受於師，機巧發於心。曩者塾師鼓篋孫業，大抵躐等雜施，固無規矩之可言。然佔畢之功，孳孳不輟，故學僮容有不費訓豢豁然貫通者。語曰“巧生於熟”。信夫今學校於國文一科，教授之方不加良，諷籀篇什又非所課，規矩無由受，機巧無由生，二者并廢，安所得通材乎？

救之之道，當以造就六書教師，編輯六書課本，爲先事之急，務使束修之僮明，造字之例於事、形、聲、意，悟用字之法於通假、引申，然後教育溥及之效，庶幾可期。苟於此不加之意，即學校之數，倍蓰今茲，師範之才，門量車載，不揣本而齊其末，庸有濟乎？此小學教師，不可不明小學也。

此外造作文辭、吟詠詩賦、雅訓莫明，鄙倍難免，縱復襲用故實，堆砌詞藻，而命字遣言，不能分合由己，欲求文章爾雅，安可得乎？劉勰有言：“人之立言，因字而生句，積句而成章，積章而成篇。篇之彪炳，章無疵也；章之明靡，句無玷也；句之清英，字不妄也。”韓愈亦雲：“凡作文辭，宜略識字。”此又小學之足以拚今日文學陵遲之弊者也。蓋倉聖作書，其用至於百工叙萬民察；孔子正名，其效歸於禮樂與刑罰。中小學之切於時用，如此其鉅。是非專爲通經之學，乃一切學問之單位之學，而爲國人所應備之常識也，又何可廢乎？

（原載《獨立周報》第二十五期。一九一四年發表於《庸言》第二卷第六號時有增删）

參考文獻

一、日記、書信、口述、回憶録

1. 陳萬里著《西行日記　北京大學研究所國學門實地調查報告》，北京：樸社，1926 年

2. 沈尹默著《我和北大》，政協全國委員會文史資料委員會編《文史資料選輯》第六十輯，北京：中華書局，1979 年

3. 吴虞著《吴虞日記》，成都：四川人民出版社，1984 年

4. 周海嬰編，北京魯迅博物館注釋《魯迅、許廣平所藏書信選》，長沙：湖南文藝出版社，1987 年

5. 黄文弼遺著，黄烈整理《黄文弼蒙新考察日記（1927—1930）》，北京：文物出版社，1990 年

6. 周作人著《周作人日記》，鄭州：大象出版社，1996 年

7. 高平叔、王世儒編注《蔡元培書信集》，杭州：浙江教育出版社，2000 年

8. 胡適著《胡適日記》，《胡適全集》，合肥：安徽教育出版社，2003 年

9. 魯迅著《魯迅日記》，《魯迅全集》，北京：人民文學出版社，2005 年

10. 魯迅著《魯迅書信》，北京：人民文學出版社，2006 年

11. 鄧之誠著，鄧瑞整理《鄧之誠日記》，北京：北京圖書館出版社，2007 年

12. 蔡元培著，王世儒編《蔡元培日記》，北京：北京大學出版社，2010 年

13. 顧頡剛著《顧頡剛日記》，《顧頡剛全集》，北京：中華書局，2010 年

14. 陳智超編注《陳垣來往書信集》，北京：生活、讀書、新知三聯書店，2010 年

15. 顧頡剛著《顧頡剛全集 39　顧頡剛書信集 卷一》，北京：中華書局，2010 年

16. 朱希祖著，朱元曙、朱樂川整理《朱希祖日記》，北京：中華書局，2012 年

17. 中國社會科學院近代史研究所中華民國史研究室編《胡適來往書信選》，北京：社會科學文獻出版社，2013 年

18. 楊樹達著《積微翁回憶録 積微居詩文鈔》，上海：上海古籍出版社，2013 年

19. 周作人、俞平伯著，孫玉蓉編注《周作人俞平伯往來通信集》，上海：上海譯文出版社，2014 年

20. 劉半農著《半農日記》，《半農自述》，合肥：安徽文藝出版社，2014 年

21. 錢玄同著，楊天石主編《錢玄同日記》（整理本），北京：北京大學出版社，2014 年

22. 丁山著《四十自序》，《中國文化》2017 年第 1 期

23. 鄭天挺著《鄭天挺西南聯大日記》，北京：中華書局，2018 年

24. 丁山著《丁山日記選刊》，《中國文化》2018 年第 1 期

25. 柴德賡著《柴德賡日記》[未刊稿]，蘇州大學柴念東藏

26.《沈兑口述實録》[未刊稿]

27.《費安琦費安瑋口述實録》[未刊稿]

28.《王新南口述實録》[未刊稿]

29.《吴盈口述實録》[未刊稿]

二、史料彙編、檔案類

1. 北平輔仁大學編《北平輔仁大學文學院概況》（民國二十四年度），北京：輔仁大學，1935 年

2. 中國第二歷史檔案館編《中華民國史檔案資料彙編［第五輯第三編 文化］》，南京：鳳凰出版社，1998 年

3. 王學珍、郭建榮主編《北京大學史料》，北京：北京大學出版社，2000 年

4. 南京市檔案館編《審訊汪僞漢奸筆録》，南京：鳳凰出版社，2004 年

5. 北京輔仁大學校友會編《北京輔仁大學校史》，北京：中國社會出版社，2005 年

6. 北京魯迅博物館、湖州市博物館編《疑古玄同——錢玄同文物圖録》，鄭州：大象出版社，2016 年

7. 中國第二歷史檔案館藏檔

8. 北京市檔案館藏檔

9. 北京大學檔案館藏檔

10. 北京師範大學檔案館藏檔

三、報紙、雜誌類

1.《北京大學日刊》 1917—1931

2.《晨報》 1919—1928

3.《申報》 1921—1948

4.《晨報副刊》 1921—1923

5.《順天時報》 1924—1926

6.《益世報》 1925—1948

7.《京報》 1925—1931

8.《大公報》（天津） 1929—1948

9.《北平晨報》 1934—1935

10.《世界日報》 1935—1946

11.《中央日報》 1945—1947

12.《大公報》（上海） 1947

13.《獨立周報》 1913

14.《新青年》 1918—1921

15.《歌謡周刊》 1922—1924

16.《國學季刊》 1923—1936

17.《北京大學研究所國學門周刊》 1925—1926

18.《北京大學研究所國學門月刊》 1926—1927

19.《語絲》 1927

20.《輔大校刊》 1929—1930

21.《磐石雜誌》 1933—1935

22.《中國博物館協會會報》 1935

23.《考古社刊》 1935—1937

24.《輔仁學誌》 1936—1947

25.《輔仁大學年刊》 1936—1942

26.《文獻論叢》 1936、1948

27.《輔仁生活》 1939—1942

28.《輔仁生活返校節特刊》 1946

四、其他著述類

1. 沈尹默著《秋明集》，北京：北京書局，1929 年

2. 王古魯編著《最近日人研究中國學術之一斑》，上海：上海生活書店，1936 年

3. 郭伯恭著《四庫全書纂修考》，上海：商務印書館，1937 年

4. 沈兼士著《段硯齋雜文》，北京：北平輔仁大學，1947 年

5. 司鐸書院成立十周年紀念刊委員會編《輔仁大學司鐸書院成立十周年紀念刊（1938—1948）》，北京：輔仁大學，1948 年

6. 高平叔編《蔡元培全集》，北京：中華書局，1984 年

7. 韓一德、姚維斗著《李大釗生平紀年》，哈爾濱：黑龍江人民出版社，1987 年

8. 葛信益、朱家溍編《沈兼士先生誕生一百周年紀念論文集》，北京：紫禁城出版社，1990 年

9. 劉乃和著《勵耘承學録》，北京：北京師範大學出版社，1992 年

10. 高平叔撰著《蔡元培年譜長編》，北京：人民教育出版社，1996 年

11. 劉乃和、周少川等著《陳垣年譜配圖長編》，瀋陽：遼海出版社，2000 年

12. 魏建功著《魏建功文集》，南京：江蘇教育出版社，2001 年

13. 周作人著《知堂回想録》，石家莊：河北教育出版社，2002 年

14. 胡適著《胡適全集》，合肥：安徽教育出版社，2003 年

15. 朱玉麒《元白先生所藏〈窺園圖記〉題跋》，《文獻季刊》2006 年第 2 期

16. 王世襄著《錦灰不成堆：王世襄自選集》，北京：生活、讀書、新知三聯書店，2007 年

17. 馬嘶著《一代宗師魏建功》，北京：文化藝術出版社，2007 年

18. 謝維揚、房鑫亮主編《王國維全集》，杭州：浙江教育出版社，2010 年

19. 沈長慶著《沈尹默家族往事》，北京：中國文史出版社，2013 年

20. 顧隨著《顧隨全集》，石家莊：河北教育出版社，2014 年